Programming in

Scala

4/e

Programming in
Scala

4/e

창시자가 직접 집필한 **스칼라 언어의 바이블**

마틴 오더스키 · 렉스 스푼 · 빌 베너스 지음
오현석 · 반영록 · 이동욱 옮김

에이콘

 에이콘출판의 기틀을 마련하신 故 정완재 선생님 (1935-2004)

나스타란에게, 마틴 오더스키

페이에게, 렉스 스푼

슈에게, 빌 베너스

이 책은 지금까지 내가 읽어본 최고의 프로그래밍 책 중 하나다. 이 책의 문체와 간결성, 철저한 설명이 마음에 든다. 이 책은 내가 던질 수 있는 모든 의문에 답한다. 항상 책이 나보다 한발 앞서 있다. 저자들은 그냥 코드를 던져주고 모든 걸 받아들이라고 강요하지 않는다. 어떤 일이 벌어지는지 제대로 알 수 있도록 항상 자세한 설명을 제공한다.

— **켄 에거베리**Ken Egervari / **수석 소프트웨어 아키텍트**

이 책은 명확하고 철저하며, 따라가기 쉽게 구성되어 있다. 게다가 예제도 훌륭하고 유용한 팁도 제공한다. 우리 회사는 이 책 덕분에 스칼라 언어를 빠르고 효과적으로 적용할 수 있었다. 스칼라 언어의 유연함과 우아함을 깊이 느껴보고 싶은 프로그래머에게 가장 좋은 책이다.

— **래리 모로니**Larry Morroni / **모로니 테크놀로지스 사**Morroni Technologies, Inc. **대표**

훌륭한 스칼라 자습서다. 각 장의 개념이나 예제를 설명할 때, 앞에서 다룬 내용만으로 설명하기 때문에 따라가기가 쉽다. 언어 구성요소를 정성 들여 깊이 있게 설명하며, 때때로 자바와의 차이점을 설명하는 예제도 제공한다. 또한 스칼라 언어 외에 컨테이너와 액터 같은 라이브러리도 일부 설명한다.

읽기도 쉬운 이 책은 내가 최근에 읽은 책 중 잘 쓰여진 책으로 꼽을 만하다. 스칼라 언어를 더 잘 알고 싶은 모든 프로그래머에게 추천하고 싶다.

— **매튜 토드**Matthew Todd

저자들의 노고에 감명받았다. 이 책은 내가 평소 스칼라를 '코딩을 더 잘하기 위한 플랫폼'이라고 부르는 것에 대한 타당한 근거가 될 만한 귀중한 가이드이며, 스칼라 소프트웨어 설계와 구현에 대해 끊임없이 영감을 부여한다. 내가 2004년 아테네 올림픽 포탈 인프라를 구축할 당시에는 스칼라가 지금처럼 성숙한 상태가 아니었고, 이 책도 세상에 없었다는 점이 아쉽다.

모든 독자에게 이 말을 하고 싶다. 여러분이 어떤 배경을 지녔든 스칼라 프로그래밍은 자유롭고 신선한 일이며, 이 책은 여러분의 스칼라 여행에 충실한 동반자가 되리라고 말이다.

— 크리스토스 러버도스Christos KK Loverdos / 소프트웨어 컨설턴트, 연구가

뛰어나며 자세한 스칼라 소개서다. 또한 훌륭한 참고서이기도 하다. 앞으로도 이 책이 내 책꽂이의 한 켠에 계속 꽂혀 있을 것이라고 장담한다. 다만, 지금은 항상 책을 가지고 다니기 때문에 서가에 꽂혀 있을 시간이 없다.

— 브라이언 클래퍼Brian Clapper / 아르덴텍스 사ArdenTex, Inc. 사장

사려 깊은 예제를 사용해 잘 저술한 정말 대단한 책이다. 경험이 많든 적든, 모든 프로그래머에게 이 책을 권하고 싶다.

— 하워드 로바트Howard Lovatt

스칼라로 프로그래밍하는 방법에 대한 책일 뿐 아니라, 더 중요한 질문인 왜 스칼라로 프로그래밍을 해야 하는가에 대한 책이기도 하다. 이 책은 객체지향과 함수형 프로그래밍을 실용적으로 다루며, 스칼라가 어떤 언어인가에 대한 독자의 의문을 추호도 남기지 않고 잘 설명한다.

— 에르빈 바르가 박사Dr. Ervin Varga / 엑스프로 아이티EXPRO I.T. 컨설팅의 CEO이자 설립자

객체지향 프로그래머에게 함수형 프로그래밍을 소개하는 훌륭한 책이다. 함수형 프로그래밍을 배우는 것이 내 주목적이었지만, 케이스 클래스나 패턴 매치 같은 스칼라 기능에도 익숙해질 수 있었다. 스칼라는 흥미진진한 언어이며, 이 책은 스칼라를 잘 설명해 준다.

언어를 소개하는 책에는 언제나 정보 부족과 정보 과다를 나누는 아주 정교한 경계가 있다. 이 책은 그런 면에서 완벽히 균형 잡힌 책이라 할 수 있다.

– 제프 히언^{Jeff Heon} / 프로그래머 애널리스트

나는 세 저자가 쓴 이 책의 초기 버전 전자책을 읽었다. 그리고 그 즉시 팬이 되었다. 그 책이 스칼라에 대해 가장 자세한 정보를 담고 있을 뿐만 아니라, 전자책 형식에 인상 깊은 특징이 있었기 때문이다. 나는 링크를 제대로 사용하는 PDF를 본 적이 없다. 하지만 이 책에서는 북마크뿐 아니라, 목차나 색인에도 잘 작동하는 링크가 달려 있었다. 왜 다른 저자들은 사용자에게 큰 즐거움을 주는 이런 기능을 활용하지 않는지 모르겠다. 내게 인상 깊게 다가온 또 다른 특징은, 포럼으로 연결하는 '토의^{Discuss}' 링크와 제안이나 견해를 저자에게 바로 전자우편으로 보낼 수 있는 '제안^{Suggest}' 링크였다. 이런 기능 자체가 보기 어려운 것은 아니지만, 그 링크에서 자동으로 페이지 번호까지 붙여주는 기능은 독자나 저자 모두에게 귀중한 것이다. 이런 기능이 좀 더 복잡했다면, 내가 이 책에 제안을 보내거나 기여하는 일은 쉽지 않았을 것이다.

책의 내용을 읽으시라. 혹 전자책으로 읽게 된다면, 저자들이 노력을 기울여 집어 넣어둔 디지털 기능의 장점을 더욱 잘 활용해보기 바란다.

– 다이앤 마시^{Dianne Marsh} / SRT 솔루션즈^{SRT Solutons}의 창업자이자 소프트웨어 컨설턴트

명료함과 기술적 완전함은 잘 쓰여진 책의 중요한 특징이다. 오더스키, 스푼, 베너스에게 경하를 보낸다. 정말 잘했다! 이 책은 기본 개념으로 튼튼한 기초를 만든 다음, 독자를 중급 또는 그보다 높은 수준으로 끌어 올려준다. 스칼라를 배우는 사람이라면 반드시 사서 읽어야 할 책이다.

– 제이건 남비^{Jagan Nambi} / GMAC 파이낸셜 서비스의 엔터프라이즈 아키텍트

즐겁게 읽을 수 있는 책이다. 이 책은 주제를 깊고 폭넓게 다루면서, 아주 간결하고 우아한 방식으로 설명하는 잘 쓰여진 책 중 하나다. 이 책의 구조는 아주 자연스럽고 논리적이다. 최신 트렌드를 따라잡고 싶은 기술전문가나 스칼라 언어의 핵심 특성과 설계 철학을 깊이 이해하고 싶어 하는 기술자 양쪽을 만족시킬 수 있는 균형 잡힌 책이다. 또한 일반적인 함수형 프로그래밍에 관심이 많은 사람에게도 이 책을 추천한다. 스칼라 개발자라면 무조건 읽어봐야 하는 책이다.

— 이고르 홀리스토프Igor Khlystov /
그레이스톤 사Greystone Inc.의 소프트웨어 아키텍트이자 리드 프로그래머

이 책을 보면 저자들의 노고가 바로 느껴진다. 주제를 이렇게 잘 소개하면서도 포괄적으로 설명하는 자습서 스타일의 책은 한 번도 본 적이 없다. 대부분의 자습서는 독자를 덜 '혼란스럽게' 하기 위한 (잘못된) 시도로, 주제를 설명하다가 너무 어려운 측면은 은근슬쩍 넘어가곤 한다. 이는 독자에게 나쁜 경험을 제공한다. 왜냐하면 지금까지 어떤 진전이 있었는지를 확실히 알 수 없기 때문이다. 그런 책에는 언제나 독자들이 잘 판단할 수 없는, 아직 설명하지 않은 '마법적인' 부분이 남아 있게 마련이다. 그러나 이 책은 다르다. 하나라도 그냥 넘어가는 법이 없다. 내용을 충분히 자세히 설명하고, 나중에 설명할 부분을 미리 언급해둔다. 실제로 이 책의 내용은 서로를 잘 참조하며, 훌륭한 색인도 있다. 그래서 복잡한 주제에 대해 완벽한 그림을 그리기가 상대적으로 쉽다.

— 제럴드 뢰플러Gerald Loeffler / 엔터프라이즈 자바 아키텍트

좋은 프로그래밍 책이 드문 요즘, 중급 프로그래머를 위한 훌륭한 소개서인 이 책은 정말 군계일학이다. 전도유망한 언어인 스칼라에 대해 여러분이 배워야 할 모든 내용이 이 책에 들어 있다.

— 크리스티안 뇌키르헨Christian Neukirchen

2004년 프로그래밍을 시작하면서 당시 잘 알려지지 않았던 언어인 스칼라를 선택했을 때만 해도, 내가 어떤 탐험과 발견의 항해를 떠나고 있는지를 미처 깨닫지 못했다.

처음 스칼라를 실험해본 경험은 그 전에 사용해본 다른 언어와 거의 비슷했다. 시행착오, 실험을 통한 발견, 오해 후의 깨달음 등이 있었다. 당시에는 스칼라를 배울 만한 문서가 거의 없고 자습서나 블로그도 없었으며 나를 가르쳐줄 만큼 스칼라 경험이 많은 사용자도 없었다. 당연히 『Programming in Scala』 같은 책도 없었다. 단지 놀랄 만큼 새로운 기능을 제공하는 언어만 있고 누구도 이런 기능을 제대로 쓰는 법을 확실히 알지 못했다. 그런 상황은 의욕이 넘치게 하는 동시에 당황스럽기도 했다!

자바 개발자로 지내며 경험한 내용으로 인해 프로그래밍 방식은 예상할 수 있었지만, 매일매일 스칼라로 일상적인 코딩을 진행해본 경험은 다르게 느껴졌다. 초반에 스칼라 사용법을 배우는 모험을 했던 것과 중간 규모의 프로젝트를 다른 사람들과 진행했던 일이 생각난다. 리팩토링을 하기로 결정한 적도 있고(계속해서 새로운 특징과 패턴을 발견하고 배움에 따라 리팩토링을 꽤 자주 해야 했다), 컴파일을 여러 번 해야 했던 적도 있다. 컴파일러는 매번 다양한 오류를 소스 코드 줄 번호와 함께 뱉어냈다. 그럴 때마다 해당 코드를 살펴보고, 어떤 부분이 잘못됐는지 알아낸 다음, 오류를 고치기 위해 코드를 수정했다(물론 코드를 수정하면서 오류가 다른 위치로 옮겨간 경우도 자주 있다). 하지만 이런 단계마다 컴파일러가 정확히 문제의 근원으로 나를 이끌어줬다. 때로는 한 번도 컴파일에 성공하지 못하고 며칠 동안 코드 수정을 반복한 적도 있다. 하지만 컴파일 오류 숫자를 몇백 개에서 십여 개로 줄이고, 다시 이런 오류를 하나로 줄이고, 결국에는 오류를 없애면서(즉, 컴파일에 성공했다는 말이다) 아주 많이 리팩토링을 거친 소프트웨어를 처음 실행할 수 있었다.

그리고 내 예상과 다르게 컴파일이 된 코드는 처음부터 잘 실행됐다. 자바, 펄, 파스칼, 베이직, PHP, 자바스크립트만 경험해봤던 젊은 프로그래머였던 나에게, 이런 경험이 얼마나 인상적이었는지 말로는 제대로 표현할 수가 없다.

2015년 내가 조직했던 스칼라 월드^{Scala World} 콘퍼런스 키노트에서 루나 비야나슨^{Rúnar} Bjarnason은 "제약은 자유를 주고 자유는 제약을 가한다."라고 주장했다. 이 말이 사실임은 스칼라로 컴파일할 때 가장 극명하게 드러난다. scalac가 여러 가지 제약사항을 강제로 부여하는 주목적은 실행 시점에 발생할 것으로 예상되는 오류(여러 오류 중 이런 오류가 최악이다)를 프로그래머가 저지르지 못하게 하는 것이고, 이는 모든 프로그래머를 자유롭게 해준다. 이로 인해 종합적인 테스트 스위트가 없어도 프로그래머가 자신감을 가지고 실험하고, 탐험하고, 소프트웨어를 마음대로 엄청나게 바꿀 수 있다.

그로부터 몇 년이 지났고, 나는 오늘날까지 계속 스칼라를 배우면서 새로운 가능성, 미묘한 의미 차이, 여러 기능 간의 흥미로운 상호작용 등을 발견하고 있다. 이렇게 여러 해 동안 사용자가 열중할 수 있을 정도의 깊이를 제공하는 다른 프로그래밍 언어가 있는지 모르겠다.

스칼라는 엄청난 변화의 시기를 겪으려 한다. 다음에 나올 주 버전인 스칼라 3은 15년 전 내가 자바에서 스칼라 2로 옮겨왔을 때만큼 큰 변화를 포함할 것이다. 스칼라를 사용하는 매일매일의 프로그래밍 경험은 거의 그대로 유지되겠지만, 스칼라 언어의 거의 전 영역을 관통하는 새로운 특성 레퍼토리가 스칼라 3에 들어온다. 이 글을 쓰고 있는 지금, 스칼라 3이 폭넓게 도입되려면 몇 년이 더 걸리고, 여전히 당분간은 스칼라 2가 사실상 표준 역할을 할 것이다.

이 책은 스칼라 2 최신 릴리스인 스칼라 2.13을 폭넓게 다룬다. 또한 스칼라 2.8에서 도입했던 대규모 재설계 이후 알게 된 내용을 포함시키면서 구조를 더 단순화하기 위해 재설계해서 표준 라이브러리에 도입된 컬렉션 라이브러리를 소개한다. 새 컬렉션 라이브러리는 스칼라 2나 3에서 모두 컴파일될 수 있다. 따라서 다음 10년간 사용할 코드의 기반을 이 컬렉션 라이브러리가 제공하게 된다. 따라서 새로운 스칼라의 등장에 흥분하기에 앞서, 이 책을 집어 들고 공부를 시작하기에 아주 좋은 때다!

존 프레티^{Jon Pretty}
폴란드 크라쿠프
2019년 9월 12일

| 지은이 소개 |

마틴 오더스키^{Martin Odersky}

스칼라 언어의 창시자다. 스위스 로잔의 EPFL 대학 교수로, 2001년부터 스칼라 언어, 라이브러리, 컴파일러를 개발하는 팀을 이끌어오고 있다. 또한 라이트벤드^{Lightbend, Inc.}의 창립자이며, 자바 제네릭스를 설계한 사람 중 한 명이고, 현재 사용 중인 javac 참조 컴파일러를 맨 처음 작성한 사람이다.

렉스 스푼^{Lex Spoon}

EPFL에서 2년간 스칼라를 개발했으며, 지금은 스퀘어^{Square, Inc.}의 소프트웨어 엔지니어다.

빌 베너스^{Bill Venners}

아티마^{Artima, Inc.}의 회장이다. 스칼라테스트^{ScalaTest} 테스팅 프레임워크와, 함수형 객체지향 프로그래밍을 위한 스칼라틱^{Scalactic} 라이브러리를 설계했다.

| 감사의 글 |

수많은 사람이 이 책과 이 책이 다루는 주제에 기여했다. 그 모든 분들께 감사드린다.

스칼라 자체는 수많은 사람들의 협력의 산물이다. Philippe Altherr, Vincent Cremet, Gilles Dubochet, Burak Emir, Stéphane Micheloud, Nikolay Mihaylov, Michel Schinz, Erik Stenman, Matthias Zenger는 1.0 버전의 설계와 구현을 도왔다. Phil Bagwell, Antonio Cunei, Iulian Dragos, Gilles Dubochet, Miguel Garcia, Philipp Haller, Sean McDirmid, Ingo Maier, Donna Malayeri, Adriaan Moors, Hubert Plociniczak, Paul Phillips, Aleksandar Prokopec, Tiark Rompf, Lukas Rytz, Geoffrey Washburn은 두 번째 버전과 현재 버전의 언어와 도구 개발에 참여해왔다.

Gilad Bracha, Nathan Bronson, Caoyuan, Aemon Cannon, Craig Chambers, Chris Conrad, Erik Ernst, Matthias Felleisen, Mark Harrah, Shriram Krishnamurti, Gary Leavens, David MacIver, Sebastian Maneth, Rickard Nilsson, Erik Meijer, Lalit Pant, David Pollak, Jon Pretty, Klaus Ostermann, Jorge Ortiz, Didier Rémy, Miles Sabin, Vijay Saraswat, Daniel Spiewak, James Strachan, Don Syme, Erik Torreborre, Mads Torgersen, Philip Wadler, Jamie Webb, John Williams, Kevin Wright, Jason Zaugg 는 스칼라 언어 설계의 현재를 있게 했다. 이들은 고맙게도 우리와 아이디어를 활발하게 공유했으며, 그들과의 토의는 많은 영감을 불러일으켰다. 또한 코드에서 중요한 부분에 대해 오픈소스 활동을 통해 기여했고, 이 책의 이전 버전에 대해서도 비판을 통해 도움을 주었다. 스칼라 메일링 리스트에 기여한 여러 사람도 또한 여러 가지 유용한 피드백을 통해 스칼라 언어와 도구를 향상하는 데 도움을 주었다.

George Berger는 이 책을 만드는 과정과 웹에 배포하는 과정에 엄청난 기여를 했다. 그 덕분에 이 프로젝트가 기술적인 문제 없이 진행될 수 있었다.

많은 사람이 이 책의 초기 버전에 조언을 보내주었다. Eric Armstrong, George Berger, Alex Blewitt, Gilad Bracha, William Cook, Bruce Eckel, Stéphane Micheloud, Todd Millstein, David Pollak, Frank Sommers, Philip Wadler, Matthias Zenger에게 감사드린다. 또한 Dave Astels, Tracy Bialik, John Brewer, Andrew Chase, Bradford Cross, Raoul Duke, John P. Eurich, Steven Ganz, Phil Goodwin, Ralph Jocham, Yan-Fa Li, Tao Ma, Jeffery Miller, Suresh Pai, Russ Rufer, Dave W. Smith, Scott Turnquest, Walter Vannini, Darlene Wallach, Jonathan Andrew Wolter 등 실리콘 밸리 패턴 그룹 Silicon Valley Patterns group의 리뷰에 감사드린다. 또한 표지 그림에 대해 Dewayne Johnson과 Kim Leedy에게도 감사드리며, 색인 작업에 수고한 Frank Sommers에게도 감사드린다.

특히, 여러 조언을 해준 모든 독자에게 감사드린다. 여러분의 조언이 이 책을 더 나은 책으로 만드는 데 크나큰 도움이 되었다. 모든 사람의 이름을 여기 적을 수는 없지만, eBook PrePrint™ 단계에서 '제안하기Suggest' 링크를 눌러서 5개 이상의 의견을 남겨준 독자를 제안 횟수에 따라, 그리고 알파벳순으로 열거하면 다음과 같다. David Biesack, Donn Stephan, Mats Henricson, Rob Dickens, Blair Zajac, Tony Sloane, Nigel Harrison, Javier Diaz Soto, William Heelan, Justin Forder, Gregor Purdy, Colin Perkins, Bjarte S. Karlsen, Ervin Varga, Eric Willigers, Mark Hayes, Martin Elwin, Calum MacLean, Jonathan Wolter, Les Pruszynski, Seth Tisue, Andrei Formiga, Dmitry Grigoriev, George Berger, Howard Lovatt, John P. Eurich, Marius Scurtescu, Jeff Ervin, Jamie Webb, Kurt Zoglmann, Dean Wampler, Nikolaj Lindberg, Peter McLain, Arkadiusz Stryjski, Shanky Surana, Craig Bordelon, Alexandre Patry, Filip Moens, Fred Janon, Jeff Heon, Boris Lorbeer, Jim Menard, Tim Azzopardi, Thomas Jung, Walter Chang, Jeroen Dijkmeijer, Casey Bowman, Martin Smith, Richard Dallaway, Antony Stubbs, Lars Westergren, Maarten Hazewinkel, Matt Russell, Remigiusz Michalowski, Andrew Tolopko, Curtis Stanford, Joshua Cough, Zemian Deng, Christopher Rodrigues Macias, Juan Miguel Garcia Lopez, Michel Schinz, Peter Moore, Randolph Kahle, Vladimir Kelman, Daniel Gronau, Dirk Detering, Hiroaki Nakamura, Ole Hougaard, Bhaskar Maddala, David Bernard, Derek Mahar, George Kollias, Kristian Nordal, Normen Mueller, Rafael Ferreira, Binil Thomas, John Nilsson, Jorge Ortiz, Marcus Schulte,

Vadim Gerassimov, Cameron Taggart, Jon-Anders Teigen, Silvestre Zabala, Will McQueen, Sam Owen

또한 초판 및 2판 출판 후 오류와 제언을 보내준 Felix Siegrist, Lothar Meyer-Lerbs, Diethard Michaelis, Roshan Dawrani, Donn Stephan, William Uther, Francisco Reverbel, Jim Balter, Freek de Bruijn, Ambrose Laing, Sekhar Prabhala, Levon Saldamli, Andrew Bursavich, Hjalmar Peters, Thomas Fehr, Alain O'Dea, Rob Dickens, Tim Taylor, Christian Sternagel, Michel Parisien, Joel Neely, Brian McKeon, Thomas Fehr, Joseph Elliott, Gabriel da Silva Ribeiro, Thomas Fehr, Pablo Ripolles, Douglas Gaylor, Kevin Squire, Harry-Anton Talvik, Christopher Simpkins, Martin Witmann-Funk, Jim Balter, Peter Foster, Craig Bordelon, Heinz-Peter Gumm, Peter Chapin, Kevin Wright, Ananthan Srinivasan, Omar Kilani, Donn Stephan, Guenther Waffler 등의 독자에게 감사드린다.

렉스는 Aaron Abrams, Jason Adams, Henry와 Emily Crutcher, Joey Gibson, Gunnar Hillert, Matthew Link, Toby Reyelts, Jason Snape, John과 Melinda Weathers, 그리고 모든 애틀랜타 스칼라 모임Atlanta Scala Enthusiasts에 감사드린다. 언어 설계와 수학적인 근거, 현업 엔지니어에게 스칼라를 어떻게 제시할 수 있을지 등에 대한 조언은 큰 도움이 되었다.

3판을 리뷰해준 Dave Briccetti와 Adriaan Moors에게 특별히 감사하고 싶다. 또한 리뷰를 해줬을 뿐만 아니라, '『Programming in Scala』가 나온 이후 달라진 것이 무엇인가?'라는 발표를 통해 3판에 대한 동기를 부여해준 Marconi Lanna에게 감사한다.

빌은 책 출판에 대해 충고해주고 통찰을 제공해준 Gary Cornell, Greg Doench, Andy Hunt, Mike Leonard, Tyler Ortman, Bill Pollock, Dave Thomas, Adam Wright에게 감사하고 싶다. 또한 '스칼라로 오르는 계단Stairway to Scala' 교육 과정을 함께 개발한 Dick Wall에게 감사한다. 그 과정을 가르치면서 수년간 경험한 내용이 이 책을 개선하는 데 도움이 됐다. 마지막으로, 3판을 마칠 수 있도록 도와준 Darlene Gruendl과 Samantha Woolf에게 감사하고 싶다.

마지막으로, 스칼라 2.13에 맞춰 이 책의 4판을 펴낼 때 힘써준 Julien Richard-Foy에게 감사하며, 특히 스칼라 컬렉션을 재설계하는 과정에서 그의 공헌에 감사한다.

| 옮긴이 소개 |

오현석(enshahar@gmail.com)

비사이드소프트^{BSIDESOFT} 이사로 일하면서 매일매일 고객의 요청에 따라 코드를 만들어내고 있는 현업 개발자다. 어릴 때 처음 컴퓨터를 접하고 매혹된 후 계속 컴퓨터를 사용해왔다. 직장에서는 코틀린이나 자바를 사용한 서버 프로그래밍을 주로 하고, 주말이나 빈 시간에는 번역을 하거나 공부를 하면서 즐거움을 찾는다. 시간이 아주 많이 남을 때는 시뮬레이션 게임을 하면서 머리를 식히고 논다.

『코어 파이썬 애플리케이션 프로그래밍 Core Python Applications Programming Third Edition』(에이콘, 2014)을 시작으로 『Kotlin in Action』(에이콘, 2017), 『순수 함수형 데이터 구조』(에이콘, 2019), 『파이썬 코딩의 기술(개정 2판)』(길벗, 2020) 등 20권 이상의 책을 번역했다.

책을 번역하는 동안 함께 고생하신 이동욱 님과 반영록 님, 그리고 역자들을 도와 멋진 책을 펴내주신 권성준 사장님, 황영주 상무님 외 모든 에이콘 식구들께 감사드린다. 항상 옆에 있어준 계영과 사랑스러운 혜원, 성원, 정원에게도 감사와 사랑을 보낸다.

반영록(yrbahn@gmail.com)

뉴욕대^{NYU}에서 컴퓨터 사이언스 석사학위를 받았다. 학부 시절부터 여러 함수형 언어에 관심이 많았고 2012년에 스칼라를 알게 되어 공부하기 시작해, 현업에서 애플리케이션 서버 개발에 스칼라를 많이 사용했다. 현재는 카카오에서 기계 번역 연구 및 개발에 참여하고 있다.

이동욱(i015005@gmail.com)

2009년 스칼라를 우연히 접하고, 스칼라가 제시하는 문제 해결 방법에 매력을 느껴 이를 개발자들과 공유하고자 한국 스칼라 사용자 모임을 개설했다. LG CNS R&D 부문을 거쳤으며, SK Planet의 사내 벤처인 여행 서비스 VOLO의 창립 멤버로 SK techX에서 해당 서비스를 계속 진행하고 있다.

『Programming in Scala』 2판을 번역했던 2014년만 해도 우리 나라에서 스칼라에 대한 관심은 그리 크지 않았다. 하지만 2판이 나오는 것과 거의 비슷한 시점에 아파치 스파크가 인기를 끌고 기술 창업이 늘어남에 따라 자바 등의 언어보다는 사용하기 편리한 파이썬이나 스칼라 등의 언어에 대한 관심이 급격히 늘어났다. 그로 인해 스칼라 커뮤니티에 유입되는 개발자도 늘고, 각종 스터디나 세미나에서도 스칼라가 예전에 비해 더 많은 관심을 받게 됐다.

스칼라 버전이 높아짐에 따라 기존 버전에서 사용하던 일부 기능이 없어지고, 일부는 용어나 용법이 바뀌었으며, 새로 도입된 기능도 몇 가지 있다. 한국어나 영어 같은 일상 언어가 변해가는 것처럼, 프로그래밍 언어에서도 사용 환경이나 사용자의 요구에 따라 자연스럽게 그런 변화가 채택되는 것은 언어와 그 언어를 사용하는 커뮤니티가 건강하고 활력 있게 존재한다는 증거라 할 수 있다. 특히 스칼라 3(Dotty)의 등장을 앞두고 좀 더 간편하게 재설계된 컬렉션 라이브러리 내용이 보강된 4판이 나왔고 이를 이번에 번역해 내놓게 되어 기쁘다.

3판 옮긴이의 말에서도 이야기했지만, 다양한 패러다임의 언어를 사용하면 절차적 프로그래밍이나 객체지향 프로그래밍을 진행할 때도 더 나은 프로그래머가 될 수 있다. 이 책을 통해 독자 여러분이 스칼라를 잘 배우고, 배운 것을 스칼라와 함수형 프로그래밍에서 잘 활용하며, 더 나아가 어떤 프로그래밍 언어를 사용하더라도 적재적소에 딱 알맞은 개념을 활용해 읽기 쉽고 유지보수하기 편한 코드를 만들어내는 프로그래머로 자리 잡을 수 있기를 바란다.

오현석
2020년 12월 호주 브리즈번에서

| 차례 |

이 책은 스칼라 언어 개발에 직접 관여한 사람들이 쓴 스칼라 프로그래밍 언어에 대한 자습서다. 독자가 생산적인 스칼라 프로그래머가 되는 데 필요한 모든 것을 배우게 하는 것이 목표다. 모든 예제는 스칼라 2.13.1에서 컴파일할 수 있다.[1]

이 책의 대상 독자

주 대상 독자층은 스칼라로 프로그램을 작성하는 법을 배우고 싶은 프로그래머다. 다음 프로젝트를 스칼라로 진행하고 싶다면 이 책이 바로 당신을 위한 것이다. 또한 새로운 개념을 배워서 생각의 지평을 넓히고 싶은 프로그래머에게도 재미있을 것이다. 예를 들어, 자바 프로그래머는 이 책을 읽음으로써 다양한 함수형 프로그래밍 개념을 익히고 더 발전된 객체지향 아이디어도 배울 수 있다. 스칼라와 그 아이디어에 대해 배우고 나면 여러분은 분명 더 나은 프로그래머가 되어 있으리라 믿는다.

독자 여러분이 일반적인 프로그래밍 지식을 갖췄다고 가정한다. 스칼라 자체는 프로그래밍을 처음 배울 때도 적합한 언어이긴 하지만, 이 책이 프로그래밍을 가르쳐주지는 않는다.

하지만 프로그래밍 언어에 대한 선행 지식이 필요하지는 않다. 대부분의 프로그래머가 스칼라를 자바 플랫폼에서 사용하기는 하지만, 독자들이 자바에 대해 알고 있으리라 가정하지는 않는다. 그러나 많은 독자가 자바에 익숙하리라 예상하기 때문에, 때때로 자바와 스칼라를 비교해서 자바 개발에 익숙한 독자들의 이해를 도울 것이다.

---

1   2020년 12월 현재 스칼라 2.13.4가 최신 버전이며, 한글판은 2.13.4에서 코드를 테스트하고 책과 실제 2.13.4에서 실행한 결과가 차이가 있는 부분은 별도로 각주를 달았다. – 옮긴이

이 책의 활용 방법

이 책은 자습서이기 때문에, 책의 맨 처음부터 끝까지 순서대로 읽을 것을 권장한다. 한 번에 한 주제만을 소개하고, 책에서 앞서 기술한 내용을 바탕으로 새로운 주제를 설명하기 위해 많은 노력을 기울였다. 따라서 무언가를 간단하게 살펴보려고 책의 뒤편을 바로 펼쳐본다면, 아마도 여러분이 잘 알지 못하는 개념으로 해당 주제를 설명하고 있을 것이기에 이해하기 어려울 수도 있다. 어느 정도 각 장을 순서대로 읽어본다면, 한 번에 한 단계씩 스칼라 실력을 쉽게 쌓을 수 있을 것이다.

모르는 용어를 발견했다면, '찾아보기'와 '용어 해설'을 살펴보라. 책을 대강 읽으면서 지나치는 독자도 있을 것이다. 그래도 좋다. '용어 해설'과 '찾아보기'는 간과한 부분을 다시 살펴볼 수 있게 도와줄 것이다.

이 책은 한 번 읽고 난 후에도 언어 참고서로 활용할 수 있다. 스칼라 언어에 대한 정식 명세가 있긴 하지만,[2] 언어 명세는 정확성을 위해 가독성을 희생한 면이 있다. 이 책에서 스칼라의 세부사항을 모두 다루진 않지만 폭넓은 범위를 다루고 있으므로, 여러분이 스칼라 프로그래밍에 더 능숙해질수록 쉽게 찾아볼 수 있는 언어 참고서 역할을 할 것이다.

스칼라를 어떻게 배울 것인가?

이 책을 쭉 읽어보는 것만으로도 스칼라를 많이 배울 수 있다. 하지만 수고를 좀 더 들인다면 스칼라를 더 빠르고 완벽하게 익힐 수 있을 것이다.

무엇보다도, 이 책이 제공하는 다양한 프로그래밍 예제의 이점을 살릴 수 있을 것이다. 직접 예제를 타이핑해보는 것은 마음이 코드를 한 줄 한 줄 따라가게 만드는 한 가지 방법이다. 여러 가지로 변형해보는 것은 예제를 더 재미있게 만들고, 각 동작을 제대로 이해했는지 확인할 수 있는 방법이기도 하다.

두 번째로, 여러 온라인 포럼에 들어가 보라. 이를 통해 여러분을 비롯한 스칼라 사용자들이 서로 도울 수 있다. 수많은 메일링 리스트, 토론 포럼, 채팅방, 위키, 스칼라 관련 글

---

2 언어 명세는 스칼라 문서의 http://scala-lang.org/files/archive/spec/2.12/ 페이지에서 찾아볼 수 있다. - 옮긴이

등이 있다. 여러분에게 필요한 정보를 제공하는 곳에서 시간을 보내라. 그렇게 하면 작은 문제 때문에 허비하는 시간이 훨씬 줄어서, 더 중요하고 어려운 문제를 푸는 데 시간을 쓸 수 있을 것이다.

마지막으로, 책을 충분히 읽었다면 스스로 프로그래밍 프로젝트를 만들어보라. 작은 프로그램을 바닥부터 만들어보고, 더 큰 프로그램에 들어가는 애드인add-in을 만들어보라. 책을 읽기만 해서는 그리 멀리 나아갈 수 없다.

이 책의 편집 규약

문장 속에서 코드는 다음과 같이 표기한다.

"Int 타입은 scala 패키지의 Int 클래스를 말한다."

코드 블록은 다음과 같이 표기한다.

```
def hello() {
  println("Hello, world!")
}
```

대화식 셸에서 실행한 결과를 보여줄 때는 다음과 같이 표기한다.

```
scala> 3 + 4
res0: Int = 7
```

이 책의 구성

- 1장, '확장 가능한 언어' 스칼라 설계와 그 이유를 설명하고, 배경 역사를 설명한다.

- 2장, '스칼라 첫걸음' 기초 프로그래밍 과업을 스칼라로 처리하는 방법을 보여준다. 각각이 왜 작동하는지를 자세히 설명하지는 않는다. 2장의 목표는 독자 여러분이 스칼라 코드를 직접 타이핑하고 실행해보게 하는 것이다.

- 3장, '스칼라 두 번째 걸음' 스칼라에 더 빨리 적응할 수 있도록 기본 프로그래밍 과제를 좀 더 보여준다. 3장을 마치고 나면 간단한 스크립트 작업에 스칼라를 활용할 수 있을 것이다.

- 4장, '클래스와 객체' 스칼라의 기본 객체지향 빌딩 블록을 자세히 설명하고, 스칼라 애플리케이션을 컴파일하고 실행하는 방법을 보여준다.

- 5장, '기본 타입과 연산' 스칼라의 기본 타입과 그 리터럴을 설명한다. 그리고 각 타입에 사용할 수 있는 연산과 우선순위 및 결합 법칙을 설명한다. 마지막으로, 풍부한 래퍼wrapper에 대해 설명한다.

- 6장, '함수형 객체' 스칼라의 객체지향적 측면을 더 깊이 파고든다. 변경 불가능한 함수형 유리수functional rational number를 예제로 사용한다.

- 7장, '내장 제어 구문' 스칼라가 제공하는 제어 구조인 if, while, for, try, match를 어떻게 활용할 수 있는지 보여준다.

- 8장, '함수와 클로저' 함수 언어의 기본 빌딩 블록인 함수에 대해 자세히 설명한다.

- 9장, '흐름 제어 추상화' 어떻게 독자가 스스로 제어 추상화를 만들어서 스칼라의 기본 제어 구조를 보완할 수 있는지 설명한다.

- 10장, '상속과 구성' 스칼라가 객체지향 프로그래밍을 어떻게 지원하는지 논의한다. 다루는 주제는 4장만큼 기초적인 부분은 아니지만, 실무에서는 더 자주 부딪치는 부분이다.

- 11장, '스칼라의 계층구조' 스칼라의 상속 계층을 설명하고, 모든 계층에서 사용할 수 있는 일반적인 메서드와 바닥(최하층) 타입에 대해 설명한다.

- 12장, '트레이트' 스칼라의 믹스인mixin 조합의 메커니즘을 다룬다. 12장에서는 트레이트trait가 어떻게 작동하는지를 보여주고, 일반적인 용례를 설명하며 트레이트가 전통적인 다중 상속을 어떻게 향상시키는지 보여준다.

- 13장, '패키지와 임포트' 대규모 프로그래밍에서 생기는 문제점을 논의한다. 최상위 패키지, 임포트 명령, protected나 private 같은 접근 제어 수식자 등에 대해 설명한다.

- 14장, '단언문과 테스트' 스칼라의 단언문assert 메커니즘을 다루고, 스칼라에서 사용할 수 있는 여러 테스트 도구를 간략히 살펴본다. 특히, 스칼라테스트ScalaTest에 초점을 맞춰 설명한다.

- **15장, '케이스 클래스와 패턴 매치'** 캡슐화하지 않은 일반적인 데이터 구조를 작성하도록 지원하는 구성요소 쌍을 소개한다. 특히 케이스 클래스^{case class}와 패턴 매치^{pattern match}는 트리 구조 같은 재귀적 데이터를 만들 때 유용하다.

- **16장, '리스트'** 스칼라 프로그램에서 가장 일반적으로 사용하는 데이터 구조인 리스트에 대해 자세히 설명한다.

- **17장, '컬렉션'** 리스트, 배열, 튜플^{tuple}, 집합^{set}, 맵^{map} 같은 기본 스칼라 컬렉션 사용법을 보여준다.

- **18장, '변경 가능한 객체'** 변경 가능한 객체를 설명하고, 스칼라에서 이를 표현하는 방법을 배운다. 18장 뒷부분에서는 변경 가능한 객체를 실제 활용하는 이산 이벤트 시뮬레이션^{discrete event simulation}을 다룬다.

- **19장, '타입 파라미터화'** 13장에서 소개한 정보 은닉 기법의 일부를 구체적인 예를 들어 설명한다. 예제는 완전히 함수형인 큐 클래스를 만드는 것이다. 19장에서는 타입 파라미터의 변성^{variance}에 대해 설명하고, 변성과 정보 은닉의 관계를 이야기한다.

- **20장, '추상 멤버'** 스칼라가 지원하는 모든 추상 멤버를 설명한다. 메서드뿐 아니라 필드나 타입도 추상 멤버로 정의할 수 있다.

- **21장, '암시적 변환과 암시적 파라미터'** 소스 코드에서 프로그래머가 지겨워할 수 있는 부분을 생략해도 컴파일러가 대신 필요한 내용을 채워 넣도록 돕는 두 가지 요소를 알려준다.

- **22장, '리스트 구현'** List 클래스 구현을 설명한다. 스칼라 리스트가 어떻게 동작하는지 이해하는 일은 중요하다. 더 나아가, 이 구현을 통해 스칼라의 특징 중 몇 가지를 활용하는 방법을 보여주기도 한다.

- **23장, 'for 표현식 다시 보기'** for 표현식을 어떻게 map, flatMap, filter, foreach 등을 호출하는 명령으로 바꿀 수 있는지 보여준다.

- **24장, '컬렉션 자세히 들여다보기'** 스칼라 컬렉션 라이브러리를 자세히 설명한다.

- **25장, '스칼라 컬렉션의 아키텍처'** 컬렉션 라이브러리를 어떻게 만들었는지 보여주고, 독자 여러분이 컬렉션을 직접 구현하는 방법을 설명한다.

- **26장, '익스트랙터'** 케이스 클래스뿐 아니라, 임의의 클래스에 대해 패턴 매치를 어떻게

할 수 있는지 보여준다.

- **27장, '애노테이션'** 애노테이션annotation을 통한 언어 확장을 사용하는 방법을 알려준다. 표준 애노테이션에 대해 설명하고, 직접 애노테이션을 만드는 방법도 알아본다.

- **28장, 'XML 다루기'** 스칼라로 XML을 처리하는 방법을 설명한다. XML을 생성하고, 파싱하고, 파싱한 XML을 처리할 수 있는 여러 숙어를 보여준다.

- **29장, '객체를 사용한 모듈화 프로그래밍'** 스칼라의 객체를 모듈 시스템으로 활용하는 방법을 알려준다.

- **30장, '객체의 동일성'** equals 메서드를 작성할 때 고려해야 할 사항을 설명한다. 피해야 할 함정이 몇 가지 있다.

- **31장, '스칼라와 자바의 결합'** 스칼라와 자바를 한 프로젝트에서 함께 사용할 경우 생기는 문제를 논의하고, 그 해결책을 제안한다.

- **32장, '퓨처와 동시성'** 스칼라의 Future 사용법을 보여준다. 자바의 동시성 기본 요소나 라이브러리를 스칼라 프로그램에 활용할 수도 있지만, 퓨처를 사용하면 전통적인 '스레드와 락'을 사용한 접근 방식을 감염시키곤 하는 교착 상태와 경합 조건을 피하는 데 도움이 된다.

- **33장, '콤비네이터 파싱'** 스칼라의 파서 콤비네이터parser combinator 라이브러리를 사용해 파서를 만드는 방법을 보여준다.

- **34장, 'GUI 프로그래밍'** 스칼라 라이브러리로 간단한 스윙 GUI 프로그래밍을 하는 과정을 보여준다.

- **35장, 'SCells 스프레드시트'** 지금까지 배운 것을 한데 모아서 스칼라로 완전한 스프레드시트 애플리케이션을 작성한다.

자원

스칼라의 중심 웹사이트인 http://www.scala-lang.org에서 최신 스칼라 배포판과 문서나 커뮤니티 자원에 대한 링크를 찾을 수 있다. 스칼라 관련 자료에 대해 좀 더 정제된 링크를 보고 싶다면 이 책의 웹사이트인 http://booksites.artima.com/programming_in_

scala_4ed를 보라. 이 책의 다른 독자들과 소통하고 싶다면 http://www.artima.com/ forums/forum.jsp?forum=282에 있는 '프로그래밍 인 스칼라 포럼^{Programming in Scala Forum}'을 방문해보라.

예제 코드

예제 코드는 아파치 2.0 오픈소스 라이선스를 따르며, http://booksites.artima.com/ programming_in_scala_4ed에서 다운로드할 수 있다. 에이콘출판사의 도서정보 페이지 http://www.acornpub.co.kr/book/programming-in-scala-4e에서도 예제 코드를 내려받을 수 있다.

정오표

자세히 퇴고하고 검증했음에도 불구하고, 부지불식간에 남아 있는 오류가 있기 마련이다. 이 책의 정오표는(바라건대 그리 길지 않은) http://booksites.artima.com/ programming_in_scala_4ed/errata에서 찾아볼 수 있다. 한국어판은 에이콘출판사의 도서정보 페이지 http://www.acornpub.co.kr/book/programming-in-scala-4e에서 찾아볼 수 있다. 오류를 발견한다면 위 사이트를 통해 알려주기 바란다. 한국어판의 오류는 이 책의 옮긴이나 에이콘출판사 편집팀(editor@acornpub.co.kr)으로 보내주길 바란다.

Chapter
01
확장 가능한 언어

스칼라[Scala]라는 이름은 '확장 가능한[scalable][1] 언어'라는 뜻이다. 이름을 이렇게 지은 이유는 스칼라를 사용자의 요구에 따라 자랄 수 있는 언어로 설계했기 때문이다. 작은 스크립트를 작성하는 것부터 커다란 시스템을 구축하는 것까지, 광범위한 프로그래밍 과업에 스칼라를 활용할 수 있다.[2]

스칼라에 처음 접근하는 것은 쉽다. 스칼라는 표준 자바 플랫폼에서 실행할 수 있고, 모든 자바 라이브러리와 매끈하게 연동할 수 있다. 스칼라는 자바 컴포넌트를 한데 묶는 스크립트를 작성할 때 좋은 언어다. 하지만 커다란 시스템을 구축하거나, 재사용 가능한 컴포넌트로 이뤄진 프레임워크를 만들 때 더 강점을 발휘할 수 있다.

기술적으로, 스칼라는 객체지향[object oriented]과 함수형[functional] 프로그래밍 개념을 정적 타입 언어[statically typed language]에 합쳐놓은 언어다. 객체지향과 함수형 프로그래밍의 융합은 스칼라의 여러 가지 측면에서 드러난다. 스칼라는 널리 쓰이는 여타 언어들에 비해 더 광범위하다고 말할 수 있다. 규모 확장성 측면에서 두 프로그래밍 스타일에는 상호 보완적인 강점이 있다. 스칼라의 함수형 프로그래밍 구성요소를 사용하면 관심 대상을 간단한 부품으로부터 빠르고 쉽게 만들 수 있다. 스칼라의 객체지향 구성요소를 사용하면 더 큰

---

1 'scalable'은 규모를 줄이고 늘리는 게 자유롭다는 뜻이며, 보통 규모가 늘어나거나 줄어들어도 성능이나 비용이 선형적으로 증가한다는 의미. 본문에서는 확장성이라고 하거나, 규모 확장성이라고 번역할 것이다. – 옮긴이

2 Scala는 '스칼라'라고 발음한다.

시스템을 구조화하고 새로운 요구에 맞춰 구조를 쉽게 변형할 수 있다. 스칼라에서 두 스타일을 조합하면 새로운 유형의 프로그래밍 패턴과 컴포넌트 추상화를 표현할 수 있다. 또한 스칼라는 가독성이 좋으면서 간결한 프로그래밍 스타일로 이끈다. 또한 유연성이 뛰어나기 때문에 스칼라 프로그래밍은 아주 재미있기도 하다.

1장에서는 "왜 스칼라인가?"라는 질문에 답을 제시할 것이다. 스칼라 설계를 높은 수준에서 살펴보면서 그 설계의 이유를 설명한다. 이번 장을 읽고 나면, 스칼라가 어떤 언어이고 어떤 일을 할 때 스칼라가 도움이 될 수 있는지 기본적인 감을 잡게 될 것이다. 이책이 스칼라 자습서이긴 하지만, 사실 1장은 자습서의 일부가 아니다. 스칼라 코드를 빨리 작성하고 싶은 마음이 간절한 독자라면, 2장으로 넘어가는 편이 좋다.

1.1 여러분의 마음에서 점점 자라가는 언어[3]

크기가 다른 프로그램은 각기 다른 프로그래밍 구성요소를 필요로 하는 경향이 있다. 예를 들어, 다음과 같은 짧은 스칼라 프로그램을 생각해보자.

```
var capital = Map("US" -> "Washington", "France" -> "Paris")
capital += ("Japan" -> "Tokyo")
println(capital("France"))
```

이 프로그램은 국가와 그 수도 간의 연관 관계(이를 맵map이라 한다)를 만든다. 그리고 새로운 연관 관계(다른 말로 바인딩binding이라고도 한다)인 "Japan" -> "Tokyo"를 그 맵에 추가한다. 그런 다음, France라는 나라와 연관 관계에 있는 수도를 출력한다.[4] 이 예제의 표현은 높은 수준이고, 간결하며, 불필요한 세미콜론이나 타입 지정으로 인해 지저분하지 않다. 실제로, 이 프로그램의 느낌은 펄Perl, 파이썬Python, 루비Ruby 같은 최근의 '스크립트script' 언어와 비슷하다. 위 예제와 이런 언어의 공통적인 특징은 이들이 '연관 맵'을 언어 문법 수준에서 지원한다는 점이다.

---

3 원어는 'a language that grows on you'다. 이는 어떤 대상에 대한 여러분의 마음이 점점 자라난다는 뜻(즉, 점점 더 좋아진다는 뜻)으로 해석할 수도 있고, 여러분 위에서 언어가 커간다는 뜻으로 해석할 수도 있다. – 옮긴이

4 아무쪼록 이 프로그램이 이해되지 않더라도 참아주기 바란다. 이런 프로그램에 대해서는 2장과 3장에서 설명할 것이다.

연관 맵은 프로그램을 간결하고 읽기 쉽게 유지하는 데 도움이 되기 때문에 아주 유용하다. 하지만 이런 언어의 '모든 경우에 사용하는 맵' 철학에 동의하지 않는 경우도 있을 것이다.[5] 여러분이 맵의 특성을 더 미세하게 제어하고 싶을 수도 있기 때문이다. 스칼라에서는 맵이 언어의 기본 문법에 속한 것이 아니기 때문에, 필요할 때 더 미세하게 제어할 수 있다. 스칼라에서는 맵이 프로그래머가 확장하고 변경할 수 있는 라이브러리 추상화 library abstraction다.

앞의 프로그램에서 여러분은 디폴트 Map 구현을 얻을 것이다. 하지만 이것은 쉽게 변경할 수 있다. 예를 들어, HashMap이나 TreeMap 같은 구체적인 구현을 지정할 수도 있다. 또는 par 메서드method를 호출해서 연산을 병렬로 실행하는 ParMap을 얻을 수도 있다. 맵에 디폴트값을 지정할 수도 있고, 원한다면 맵의 메서드를 오버라이드override할 수도 있다.[6] 어떤 변경을 가하든, 위 예제에서 사용했던 쉬운 문법은 그대로 사용 가능할 것이다.

이 예제는 스칼라가 편리함과 유연성을 동시에 제공한다는 사실을 보여준다. 스칼라는 빠르게 익혀서 시작할 수 있고 간결한 스타일로 즐겁게 프로그래밍할 수 있는 편리한 구성요소를 제공한다. 동시에, 스칼라는 여러분의 생각이 언어에 의해 제약받는 일이 없도록 보장한다. 원한다면 프로그램을 요구사항에 맞춰 언제나 입맛에 맞게 수정할 수 있다. 왜냐하면 모든 것이 필요에 따라 선택해 적용할 수 있는 라이브러리 모듈에 바탕을 두고 있기 때문이다.

새로운 타입을 키워가기

에릭 레이먼드Eric Raymond는 성당과 시장을 소프트웨어 개발에 대한 은유로 소개했다.[7] 성당은 완벽에 가까운 건물로 짓는 데 오랜 시간이 걸린다. 일단 다 건설하고 나면, 성당은 오랫동안 그대로 남는다. 반면, 시장은 내부에서 일하는 사람들이 매일 상황에 맞게 변경하고 확장한다. 레이먼드의 글에서 시장은 오픈소스 소프트웨어 개발에 대한 은유였다. 가이 스틸Guy Steele은 '언어 키우기Growing a language'라는 발표(1998 OOPSLA)에서 같은 구분

---

5   '모든 경우에 사용하는 맵'의 원문은 'one size fits all'로 프리사이즈(모든 사람이 입을 수 있는 크기)라는 뜻이며, 나쁘게 말하면 천편일률적이라고도 번역할 수 있다. 다만, 여기서는 맵의 경우를 이야기하는 것이기 때문에 이를 의역했다. – 옮긴이

6   이런저런 용어가 많이 나왔지만, 따로 설명하지 않겠다. 이 책의 나머지 부분에 자세한 설명이 나온다. – 옮긴이

7   레이먼드(Raymond), 『The Cathedral and the Bazaar(성당과 시장)』[Ray99]

을 언어 설계에도 적용할 수 있다고 말했다.[8] 스칼라는 성당보다는 시장에 가까운 언어다. 이 언어를 사용하는 사람들이 확장하고 변경할 수 있도록 설계했다는 점에서 그렇다. 사람들이 언젠가 필요로 할지 모르는 모든 구성요소를 하나의 '완벽히 완전한' 언어에 담아서 제공하는 대신, 스칼라는 프로그래머가 직접 그런 구성요소를 만들 수 있도록 도구를 제공한다.

이제 예제를 하나 보자. 여러 애플리케이션에서 산술 연산 시 오버플로[overflow]나 '되돌아오기[wrap around](최댓값보다 더 커지면 음수나 최솟값으로 값이 바뀌는 현상)'가 없이 무한정 커질 수 있는 정수 타입이 필요하다. 스칼라는 이를 라이브러리 클래스인 scala.math. BigInt에 정의해두었다. 다음은 그 타입을 사용해 인자로 들어온 정수의 계승[factorial]을 계산하는 메서드를 보여준다.[9]

```
def factorial(x: BigInt): BigInt =
  if (x == 0) 1 else x * factorial(x - 1)
```

이제 factorial(30)을 호출하면 다음과 같은 결과를 볼 수 있다.

```
265252859812191058636308480000000
```

BigInt는 내장 타입인 것처럼 보인다. 정수 리터럴[literal]이나 *, - 등의 연산자를 해당 타입의 값에 그대로 사용할 수 있기 때문이다. 하지만 이 클래스도 스칼라의 표준 라이브러리에 들어 있는 평범한 클래스일 뿐이다.[10] 만약 그 클래스가 없었다면, 어떤 스칼라 프로그래머든지 구현을 하기가 어렵지 않을 것이다. 예를 들어, 자바의 java.math.BigInteger를 감싸서 그런 클래스를 만들 수 있다(실제로, 스칼라의 BigInt도 그런 식으로 만든 것이다).

물론 자바의 클래스를 바로 사용할 수도 있지만, 사용감은 그리 좋지 않다. 자바에서 프로그래머가 만든 새로운 타입을 사용하는 느낌과 언어가 기본적으로 지원하는 타입을 사용할 때는 느낌이 같지 않기 때문이다.

---

8 스틸(Steele), '언어 키우기(Growing a language)'[Ste99]

9 factorial(x)(수학적인 표기를 사용하면 x!)는 1 * 2 * ... * x를 계산한 결과를 의미한다. 0!은 1로 정의한다.

10 스칼라에는 표준 라이브러리가 있다. 이 중 일부는 이 책에서 다룰 것이다. 추가 정보가 필요하다면 라이브러리의 스칼라독(Scaladoc) 문서를 참고할 수 있다. 주소는 http://www.scala-lang.org다.

```scala
import java.math.BigInteger

def factorial(x: BigInteger): BigInteger =
  if (x == BigInteger.ZERO)
    BigInteger.ONE
  else
    x.multiply(factorial(x.subtract(BigInteger.ONE)))
```

BigInt는 수와 비슷한 타입의 대표다. 그런 타입에는 큰 십진수big decimal, 복소수complex number, 유리수rational number, 신뢰구간confidence interval, 다항식polynomial 등이 있다. 리스프Lisp, 하스켈Haskell, 파이썬은 큰 정수를 제공하고, 포트란Fortran과 파이썬은 복소수를 제공하는 등, 언어에서 이런 타입을 직접 제공하는 경우도 있다. 하지만 이런 타입을 모두 제공하는 건 너무 큰 일이다. 게다가 설령 이 모든 타입을 제공한다고 해도, 수처럼 다룰 수 있는 또 다른 타입이 필요한 경우가 얼마든지 있다. 따라서 한 언어에서 모든 것을 제공하려는 시도는 그리 확장성이 좋지 못하다. 대신에 스칼라는 언어가 기본 지원하는 것처럼 느껴지는, 쉽게 사용할 수 있는 라이브러리를 정의하는 방식을 통해 언어를 사용자가 필요한 방향으로 확장하고 고칠 수 있게 허용한다.

새로운 제어 구조 키워가기

앞의 예제는 스칼라에서 새로운 타입을 만들고 이를 내장 타입만큼 편하게 사용할 수 있음을 보여준다. 스칼라는 확장성 원칙을 제어 구조에도 마찬가지로 적용한다. 이런 확장성을 '액터 기반' 동시성 프로그래밍actor-based concurrent programming 스칼라 API인 아카Akka에서 볼 수 있다.

다중 프로세서가 계속해서 급격히 확산됨에 따라 인정받을 만한 성능을 달성하기 위해서는 애플리케이션에서 병렬성을 더 많이 살려야 할 것이다. 때로, 이는 코드를 재작성해서 여러 스레드에 연산을 분산해야 한다는 뜻이다. 하지만 불행히도 믿을 만한 다중 스레드 애플리케이션을 작성하는 일은, 실제로는 꽤 어렵다고 알려져 있다. 자바의 스레드 모델은 공유 메모리shared memory와 락lock을 기반으로 하며, 코드를 보고 논리적으로 추론하기가 어렵다. 특히나 시스템의 크기와 복잡도가 증가할수록 더 그렇다. 코드에 숨어 있는 경합 조건race condition이나 교착 상태deadlock가 없다고 확신하기는 어렵다. 테스트 단계에서는 숨어서 보이지 않더라도, 프로덕션^{production} 환경에서는 그런 것이 드러날 수 있다. 분명 더 안전한 대안은 얼랭^{Erlang} 프로그래밍 언어에서 사용하는 '액터' 같은 메시지 전달 아키텍처일 것이다.

자바에는 다양한 스레드 기반 동시성 라이브러리가 있다. 스칼라는 여타 자바 API와 마찬가지로 이를 활용할 수 있다. 하지만 아카는 얼랭의 액터 모델을 구현하는 추가 스칼라 라이브러리다.

액터는 스레드 위에 구현할 수 있는 동시성 추상화 요소다. 액터들은 서로 메시지를 보냄으로써 통신한다. 액터가 수행할 수 있는 기본 연산은 메시지 송신과 수신이다. 송신 연산은 느낌표(!)로 표시하며, 메시지를 다른 액터에 보낸다. 다음은 recipient라는 액터에 메시지를 보내는 문장이다.

```
recipient ! msg
```

송신은 비동기적^{asynchronous}이다. 즉, 메시지를 보낸 액터는 수신자가 메시지를 수신할 때까지 기다릴 필요 없이 즉시 다음 작업을 진행할 수 있다는 뜻이다. 모든 액터에는 들어오는 메시지가 들어가 대기하는 **우편함**^{mailbox}이 있다. 또한 액터는 우편함에 도착한 메시지를 receive 블록을 사용해 처리한다.

```
def receive = {
  case Msg1 => ... // Msg1을 처리함
  case Msg2 => ... // Msg2를 처리함
  // ...
}
```

receive 블록은 우편함의 메시지를 패턴에 따라 처리하는 여러 가지 case 문장으로 이뤄져 있다. 우편함에 있는 메시지에서 이런 case 중 하나를 만족하는 최초의 메시지를 선택해서, 그에 따른 동작을 수행한다. 만약 주어진 여러 case를 만족하는 메시지가 우편함에 하나도 없다면, 액터는 동작을 멈추고 다음 메시지가 도착할 때까지 기다린다.

예를 들어, 다음은 체크섬^{checksum} 계산 서비스를 구현하는 아카 액터다.

```
class ChecksumActor extends Actor {
  var sum = 0
  def receive = {
    case Data(byte) => sum += byte
    case GetChecksum(requester) =>
      val checksum = ~(sum & 0xFF) + 1
      requester ! checksum
  }
}
```

이 액터는 먼저 sum이라는 변수를 0으로 초기화한다. 그다음에 메시지를 처리할 receive 블록을 정의한다. Data 메시지를 받으면, 그 안에 들어 있는 데이터(byte)를 sum 변수에 더한다. GetChecksum 메시지를 받으면, sum의 현재 값을 사용해 체크섬을 계산한 다음, 요청한 requester에게 requester ! checksum이라는 송신 명령을 사용해 결괏값을 전송한다. requester 필드는 GetChecksum 메시지 안에 포함되어 송신되며, 보통은 요청을 보냈던 액터를 나타낼 것이다.

이 시점에 여러분이 액터를 모두 이해하리라 기대하지는 않는다. 확장성이라는 측면에서 볼 때 이 예에서 중요한 내용은, receive 블록과 메시지 송신(!)이 모두 다 스칼라가 제공하는 내장 기능이 아니라는 점이다. receive는 스칼라 기본 제어 구조처럼 보이고, 그렇게 작동한다. 하지만 실제로는 아카 액터 라이브러리에 정의된 메서드다. 마찬가지로, '!'가 내장 연산자인 것처럼 보이지만, 이것 역시도 아카 액터 라이브러리에서 정의한 메서드에 불과하다. 이 두 가지는 모두 스칼라 프로그래밍 언어와는 완전히 별개다.

스칼라의 receive 블록이나 송신(!) 문법은 얼랭과 아주 비슷하다. 하지만 얼랭은 이런 요소를 언어에 내장해 제공한다. 아카는 얼랭이 제공하는 그 밖의 동시성 프로그래밍 구성요소도 구현해 제공한다. 예를 들면, 실패한 액터를 모니터링하는 기능이나 타임아웃 등이 아카에 들어 있다. 대체로 액터 모델은 동시적인 분산 컴퓨팅을 표현하기에 아주 쾌적한 도구임이 드러났다. 라이브러리임에도 불구하고, 액터는 스칼라 언어와 완전히 하나인 것처럼 보인다.

이 예제는 스칼라 언어를 동시성 프로그래밍 같은 특별한 분야로까지 '키울' 수 있음을 보여준다. 물론 이를 위해서는 훌륭한 아키텍트와 프로그래머가 설계해야 하겠지만, 그런 일이 가능하다는 사실 자체가 중요하다. 즉, 전혀 새로운 애플리케이션 분야를 처리하는 추상화를 스칼라에서 설계하고 구현할 수 있으며, 그럼에도 그 기능을 사용할 때 마치 언어가 원래부터 지원하는 것처럼 느끼게 할 수 있다.

1.2 스칼라의 확장성이 가능한 이유

규모 확장성은 문법적인 세부사항부터 시작해서 컴포넌트를 추상화하는 구성요소까지 여러 가지 요인에 영향을 받는다. 하지만 스칼라의 확장성에 가장 큰 영향을 끼치는 요인이 무엇인지 한 가지 측면만 말하라고 한다면 객체지향과 함수형 프로그래밍의 조합이라고 답할 것이다(사실, 약간 반칙을 하긴 했다. 엄밀히 말하면 하나가 아니고 두 가지 측면이니까. 하지만 스칼라에서는 이 둘이 밀접하게 서로 엮여 있다).

객체지향과 함수형 프로그래밍을 일관성 있게 언어 설계에 녹여낸다는 측면에서 스칼라는 그 밖의 잘 알려진 언어보다 훨씬 더 나아갔다. 예를 들어 다른 언어에서는 객체와 함수가 별개의 개념일 수 있지만, 스칼라에서는 함숫값도 객체다. 함수 타입은 서브클래스가 상속할 수 있는 클래스다. 이런 특징이 학문적인 아름다움에 불과한 것 같아 보이겠지만, 확장성 측면에서 미치는 결과가 크다. 실제로 앞에서 보여준 액터 개념은 이렇게 함수와 객체를 통합하지 않았다면 구현할 수 없었을 것이다. 이번 절은 스칼라에서 객체지향과 함수적인 개념을 서로 결합한 방법을 설명한다.

스칼라는 객체지향적이다

객체지향 프로그래밍은 엄청난 성공을 거뒀다. 1960년대 중반 시뮬라^{Simula}와 1970년대의 스몰토크^{Smalltalk}로부터 시작한 이 개념은 이제는 도입하지 않은 언어보다 도입한 언어가 훨씬 많을 정도로 널리 퍼졌다. 일부 분야는 객체가 완전히 장악했다. 객체지향에 대한 정확한 정의가 없기는 하지만, 객체가 프로그래머를 매혹하는 측면이 분명히 있다.

원칙적으로, 객체지향 프로그래밍의 동기는 아주 간단하다. 아주 간단한 프로그램을 제외하면, 모든 프로그램은 일종의 구조가 필요하다. 구조를 만드는 가장 직접적인 방법은 데이터와 연산을 어떤 그릇에 담는 것이다. 객체지향 프로그래밍의 위대한 아이디어는 이런 그릇을 아주 일반적으로 만들어서, 내부에 데이터뿐만 아니라 연산까지 포함시키고, 이런 그릇을 다시 다른 그릇에 담거나, 연산에 파라미터로 넘길 수 있는 값으로 취급하는 데 있다. 이런 그릇을 일컬어 객체object라 한다. 스몰토크를 만든 앨런 케이Alan Kay는 이런 방법을 사용하면 가장 간단한 객체에도 완전한 컴퓨터와 마찬가지 구축 원칙(즉, 데이터를 연산과 한데 묶어서 잘 정의한 인터페이스를 통해 제공하는 것)을 적용할 수 있다고 말한다.[11] 따라서 작은 프로그램을 작성하는 데 사용한 기법과 동일한 기법을 큰 프로그램을 작성할 때도 적용할 수 있다는 점에서 객체는 언어의 확장성과 많은 관련이 있다.

객체지향 프로그래밍이 오랫동안 주류에 있었지만, 스몰토크를 따라 프로그램 구성 원칙을 논리적인 귀결에 이르기까지 밀어붙인 언어는 상대적으로 별로 없다. 예를 들어 많은 언어는 객체가 아닌 값을 인정하는데, 자바에는 원시 타입의 값이 있다. 또한 일부 언어는 어떤 객체의 멤버도 아닌 정적static 필드나 메서드를 허용한다. 이렇게 순수 객체지향 프로그램으로부터 파생된 요소들은 처음에는 그리 해롭지 않아 보이지만, 여러 가지를 복잡하게 만들고 확장성을 제한하는 성가신 경향이 있다.

반면, 스칼라는 순수한 형태의 객체지향 언어다. 모든 값이 객체이며, 모든 연산은 메서드 호출이다. 예를 들어 스칼라에서 1 + 2라고 쓰면, 실제로는 Int 클래스가 정의한 +라는 이름의 메서드를 호출하는 것이다. API 사용자가 연산자 표기법으로 사용할 수 있는, 연산자와 비슷한 이름을 가진 메서드를 정의할 수 있다. 이런 기능을 활용했기 때문에, 앞 절의 예제에서 아카의 액터 API를 사용할 때도 requester ! checksum 같은 표현식을 사용할 수 있었다. 여기서 '!'는 Actor 클래스의 메서드다.

객체를 조합함에 있어, 스칼라는 다른 대부분의 언어보다 더 뛰어나다. 그런 예로 스칼라의 **트레이트**trait를 들 수 있다. 트레이트는 자바의 인터페이스와 비슷하다. 하지만 트레이트 안에서 메서드를 정의할 수 있고, 심지어 필드도 정의할 수 있다.[12] 객체는 **믹스인**mixin(섞어 넣기) **조합**을 통해 만들 수 있다. 믹스인은 한 클래스의 멤버에 다른 트레이트에서 가져온 멤버들을 추가하는 것이다. 이런 방법을 사용해, 클래스의 여러 가지 측면을 각각 별도의 트레이트에 캡슐화encapsulate할 수 있다. 믹스인은 다중 상속multiple inheritance과 비슷해 보이지만, 자세히 살펴보면 그 둘은 서로 다르다. 꼭 상속을 통해야만 하는 클래

---

11 케이(Kay), '스몰토크의 초기 역사(The Early History of Smalltalk)'[Kay96]

12 자바 8부터는 인터페이스에 디폴트 메서드 구현을 넣을 수 있다. 하지만 자바의 인터페이스는 스칼라 트레이트가 제공하는 기능을 완전히 제공하지는 못한다.

스와 달리, 트레이트는 새로운 기능을 아무 서브클래스에나 섞어 넣을 수 있다. 이로 인해 트레이트는 클래스보다 더 '끼워 넣기 좋은pluggable' 구성요소다. 특히, 트레이트를 사용하면 다중 상속의 고전적 문제인 '다이아몬드 상속'을 피할 수 있다. 다이아몬드 상속은 동일한 클래스를 여러 경로를 통해 여러 번 상속하는 경우 생긴다.

스칼라는 함수형이다

순수 객체지향이라는 점 외에, 스칼라는 완전한 함수형 언어이기도 하다. 함수형 프로그래밍의 아이디어는 (전자적인) 컴퓨터보다도 더 오래됐다. 함수형 프로그래밍의 기초는 1930년대 알론조 처치Alonzo Church가 만든 람다 계산법lambda calculus에 있다. 첫 번째 함수형 프로그래밍 언어는 리스프이며, 1950년대 후반으로 거슬러 올라갈 수 있다. 그 밖의 유명한 프로그래밍 언어로는 스킴Scheme, SML, 얼랭, 하스켈, 오캐멀OCaml, F# 등이 있다. 함수형 프로그래밍은 약간 변두리에 있어왔으며, 학계에서는 유명했지만 산업계에서는 별로 널리 쓰이지 못했다. 하지만 최근 몇 년간 함수형 프로그래밍 언어나 기법에 대한 관심이 계속해서 늘어나고 있다.

함수형 프로그래밍은 두 가지 주요 아이디어에 따라 방향이 정해진다. 첫 번째 아이디어는 함수가 1급 계층first class 값이라는 점이다.[13] 함수형 언어에서 함수는 정수나 문자열과 동일한 자격을 갖는 값이다. 함수를 다른 함수에 인자로 넘길 수 있고, 함수 안에서 결과로 함수를 반환할 수도 있고, 함수를 변수에 저장할 수도 있다. 또한 함수 안에서 정숫값을 정의할 수 있는 것처럼, 다른 함수의 내부에서 함수를 정의할 수도 있다. 심지어는 함수 이름을 지정하지 않고 함수를 정의할 수도 있다. 이런 기능을 사용하면 42 같은 정수 리터럴을 프로그램 여기저기에 사용할 수 있는 것처럼, 함수 리터럴을 코드 적재적소에 원하는 대로 집어넣을 수 있다.

1급 계층 값인 함수를 사용하면, 연산을 추상화하거나 새로운 제어 구조를 만들어낼 때

---

13 'first class'라는 말은 크리스토퍼 스트라키(Christopher Strachey)가 논문에서 처음으로 사용한 용어다. 1급 계층이란 말은 언어에서 제약 없이 다룰 수 있는 대상이란 뜻으로, 정상적인 시민이 권리를 법대로 행사할 수 있듯이 언어에서도 제약 없이 쓰일 수 있는 값이라는 의미다. 보통 본문에서처럼 인자로 넘길 수 있고, 변수에 저장 가능하고, 함수에서 반환 가능한 특징을 지닌 대상을 1급 계층 객체나 값이라고 말하지만, 수학 용어처럼 엄밀한 정의가 있는 것은 아니기 때문에 말이나 글에 따라 몇 가지 추가 조건을 붙이기도 한다. 보통은 그냥 일급 객체나 일등 객체라는 말을 번역 시 많이 사용한다. 한 가지 덧붙이자면, (논쟁의 여지는 있지만) 기술적으로나 프로그래밍 기법에서 아주 큰 의미가 있는 말은 아니기 때문에 '일반적인 값하고 큰 차이 없이 자유자재로 다룰 수 있는 값' 정도로 이해해도 좋다. – 옮긴이

편하다. 이렇게 함수를 일반화해두면 표현력이 엄청나게 늘어나기 때문에, 아주 읽기 쉬우면서 간결한 프로그램을 만들 수 있다. 또한 1급 계층 함수는 규모 확장성 측면에서도 중요한 역할을 한다. 예를 들어, 다음의 스칼라 테스트^{ScalaTest} 라이브러리는 함수를 인자로 받는 eventually라는 요소를 제공한다. 사용법은 다음과 같다.

```
val xs = 1 to 3
val it = xs.iterator
eventually { it.next() shouldBe 3 }
```

eventually 안에 있는 코드(단언문인 it.next() shouldBe 3)는 실행되지 않은 상태로 eventually 메서드에 전달된다. 미리 지정한 시간이 지나고 나면, eventually는 단언문이 성공할 때까지 해당 함수를 반복해서 실행할 것이다.

반면, 대부분의 전통적인 언어에서 함수는 값이 아니다. 함숫값을 제공하는 언어라 할지라도 이들을 2급 계층으로 격하시키곤 한다. 예를 들어, C나 C++의 함수 포인터는 같은 언어의 일반적인 값(예: int나 double, float 등의 타입에 속하는 값)과 다른 취급을 받는다. 함수 포인터는 전역 함수만을 가리킬 수 있으며, 함수 안에서 그 함수의 환경^{environment}[14]에 있는 다른 값을 참조하는 1급 계층 함수 정의를 내포할 수 없다. 또한 이런 언어에서는 이름 없는 함수 리터럴을 사용할 수도 없다.[15]

함수형 프로그래밍의 두 번째 주 아이디어는 프로그램은 입력값을 출력값으로 변환해야 하며, 데이터를 그 자리에서 변경하지 말아야 한다는 점이다. 차이를 알아보기 위해, 루비와 자바의 문자열 구현을 생각해보자. 루비에서 문자열은 문자의 배열이다. 문자열에 있는 문자를 따로따로 변경할 수 있다. 예를 들어, 어떤 문자열에 있는 세미콜론을 동일한 객체 안에서 마침표로 바꿀 수 있다. 반면, 자바나 스칼라의 문자열은 문자의 시퀀스라는 수학적인 의미 그대로다. 문자열 안에 있는 문자를 s.replace(';', '.')와 같이 변경하면 새로운 문자열 객체가 생기며, 이 객체는 s와 다르다. 다시 말해, 자바의 문자열은

---

14 여기서 환경(environment)이란 프로그램의 어떤 지점에서 보이는 이름의 집합을 의미한다. 스코프 규칙은 바로 이 환경을 결정하는 방법을 말한다. 어휘적 스코프(lexical scope) 규칙을 따르는 언어에서 함수를 1급 계층으로 만들면 한 가지 문제가 생긴다. 즉, 어떤 함수가 내부에서 만들어낸 함수를 반환한다면 그 함숫값 안에서 사용하는 모든 변수를 담은 환경을 저장해 둬야 나중에 문제가 생기지 않는다. 이런 처리를 위해 생겨난 것이 바로 클로저(closure)다. C나 C++는 내포 함수 정의나 클로저를 모두 지원하지 않는다. - 옮긴이

15 C++도 C++ 11부터 람다와 클로저를 지원한다. 최근 새로 생긴 언어인 스위프트나 코틀린도 그렇다. 이런 특징이 주류 언어에 채택되고 있다는 사실이 스칼라가 취한 방향이 올바르다는 사실을 뒷받침해준다고 말할 수도 있겠다. - 옮긴이

변경 불가능^{immutable}하지만 루비의 문자열은 변경 가능^{mutable}하다고 말할 수 있다. 따라서 문자열만 생각한다면 자바는 함수형 언어이지만 루비는 아니다. 변경 불가능한 데이터 구조는 함수형 프로그래밍의 초석 중 하나다. 스칼라 라이브러리는 자바 API에 있는 것 외에도 수많은 변경 불가능한 데이터 타입을 제공한다. 예를 들어 스칼라는 변경 불가능한 리스트^{list}, 튜플^{tuple}, 맵^{map}, 집합^{set}을 제공한다.

이런 함수형 프로그래밍의 두 번째 아이디어는 '메서드에는 **부수 효과**^{side effect}가 없어야 한다'라고 다르게 표현할 수 있다. 메서드는 인자를 받아서 결과를 반환하는 방식으로만 주변 환경과 통신해야 한다. 예를 들어, 자바 String 클래스의 replace 메서드는 이런 설명에 부합한다. 그 메서드가 문자열 하나와 두 문자를 인자로 받아서, 그 문자열에 있는 특정 문자를 모두 다 다른 문자로 바꾼 새로운 문자열을 돌려주기 때문이다. replace를 호출해도 이렇게 새로운 문자열을 만들어 반환하는 것 외에 다른 영향을 시스템에 주지는 못한다. replace 같은 메서드를 **참조 투명**^{referentially transparent}하다고 한다. 이는 주어진 입력에 대해, 프로그램의 의미에 전혀 영향을 주지 않고 어떤 메서드 호출 부분을 그 메서드를 호출해 얻은 결괏값으로 치환할 수 있다는 말이다.

함수형 언어는 변경 불가능한 데이터와 참조 투명한 메서드를 장려한다. 몇몇 함수형 언어는 이런 성질만을 사용하도록 요구하기도 한다. 스칼라에서는 여러분이 원하는 대로 선택이 가능하다. 원한다면 변경 가능한 데이터와 부수 효과를 사용하는 **명령형**^{imperative} 프로그램을 작성할 수도 있다. 하지만 여러분이 원한다면, 스칼라가 이미 좋은 함수형 대안을 제공하기 때문에 명령형 구성요소의 사용을 쉽게 피할 수 있다.

1.3 왜 스칼라인가?

스칼라가 여러분을 위한 언어일까? 이는 여러분이 스스로 살펴보고 결정해야 한다. 우리는 확장성 말고도 스칼라를 사용한 프로그래밍을 좋아할 만한 이유를 여러 가지 찾아냈는데, 가장 중요한 네 가지 측면을 이번 절에서 설명할 것이다. 그 네 가지는 바로 호환성, 간결성, 고수준 추상화, 고급 정적 타입이다.

스칼라는 호환성이 좋다

스칼라를 사용한다면, 자바 언어에서 한 걸음 더 나아가기 위해 자바 플랫폼을 떠날 필요가 없다. 스칼라를 사용하면 기존 코드에 가치를 더할 수 있다. 즉, 여러분이 이미 구축한 것 위에 더 많은 것을 만들어낼 수가 있다. 왜냐하면 자바와 매끈하게 연동할 수 있게 스칼라를 설계했기 때문이다.[16] 스칼라 프로그램은 JVM의 바이트코드로 컴파일된다. 그래서 스칼라의 실행 시점 성능은 자바와 필적할 만하다. 스칼라 코드는 자바 메서드를 호출할 수 있고, 자바 필드에 접근할 수 있으며, 자바 클래스를 상속하거나, 자바 인터페이스를 구현할 수 있다. 하지만 이런 작업을 위해 특별한 문법을 사용하거나, 자바와의 연결을 위한 인터페이스를 별도로 기술하거나, 양쪽을 결합하기 위한 별도의 연결 코드가 필요하지는 않다. 실제로 대부분의 스칼라 코드는 자바 라이브러리를 많이 사용하지만, 프로그래머는 그 사실을 전혀 느끼지 못하는 경우가 많다.

완전한 상호운용성interoperability의 또 다른 측면으로는 스칼라가 자바 타입을 아주 많이 재사용한다는 점이 있다. 스칼라는 Int를 자바의 원시 정수 타입인 int로 표현한다. 스칼라 Float는 자바 float, 스칼라 Boolean은 자바 boolean 등으로 가능한 한 자바 타입을 사용하고자 노력한다. 스칼라의 배열도 자바 배열에 대응된다. 또한 스칼라는 자바 표준 라이브러리의 타입을 대부분 재사용한다. 예를 들어, 스칼라에서 문자열 리터럴 "abc"는 java.lang.String이며, 던질throw 수 있는 예외는 모두 java.lang.Throwable의 서브클래스다.

스칼라가 자바의 타입을 단순히 재사용만 하는 것은 아니다. 대신에, 자바 타입을 더 좋게 만들기 위해 '제대로 옷 입히기'를 한다. 예를 들어, 스칼라 문자열은 자신을 정수나 부동소수점 수로 바꾸는 toInt나 toFloat를 지원한다. 따라서 Integer.parseInt(str) 대신에 str.toInt라고 쓸 수 있다. 어떻게 상호운용성을 깨지 않고 이런 일이 가능할까? 자바의 String 클래스에는 toInt 메서드가 없는데 말이다! 실제로, 스칼라는 이런 식의 더 나은 라이브러리 설계와 상호운용성 사이의 긴장 관계를 해결할 수 있는 일반적인 해법을 제공한다. 스칼라에서는 **암시적 변환**implicit conversion을 정의할 수 있다. 어떤 타입을 찾을 수 없거나 존재하지 않는 멤버를 선택하는 경우, 스칼라는 항상 이런 변환을 적용하려 시

---

16 원래는 닷넷(.Net)에서 작동하는 스칼라 구현도 있었다. 하지만 이제 그 프로젝트는 더 이상 진행되고 있지 않다. 최근에는 스칼라를 자바스크립트로 변환해 실행하는 구현인 Scala.js가 유명해지고 있다.

도한다. 앞의 예에서 문자열의 toInt 메서드를 호출하면, 스칼라 컴파일러는 그런 메서드가 String 클래스에 없음을 발견할 것이다. 하지만 컴파일러는 자바의 String을 toInt라는 멤버가 있는 스칼라 StringOps 클래스의 인스턴스로 변환하는 암시적 변환을 찾을 수 있다. 따라서 컴파일러는 그 변환을 암시적으로 적용하고, 그다음에 toInt 연산을 호출한다.

자바 코드에서 스칼라 코드를 호출할 수도 있다. 스칼라 자바보다 더 풍부한 언어이기 때문에, 그런 호출이 더 어려울 수도 있다. 스칼라에 있는 더 고급 기능을 자바로 되돌리기 위해서는 자바에 맞게 인코딩해야 할 수도 있기 때문이다. 이에 대해서는 31장에서 더 자세히 다룬다.

스칼라는 간결하다

스칼라 프로그램은 보통 더 짧다. 스칼라 프로그래머들은 자바와 비교할 때 코드 줄 수가 10배 정도 줄어든다고 말하곤 하는데, 이는 극단적인 경우일 수 있다. 좀 더 보수적인 추정에서는 동일한 프로그램을 자바로 작성했을 때에 비해 전형적인 스칼라 프로그램은 절반 정도 코드 줄 수가 줄어든다고 한다. 코드가 짧다는 건 단순히 타이핑할 게 더 적다는 뜻만은 아니다. 프로그램을 이해하고 읽기 위한 노력이 덜 들고, 그에 따라 오류 가능성이 줄어든다는 의미이기도 하다. 이렇게 코드가 더 짧아질 수 있는 데는 몇 가지 요인이 있다.

먼저, 스칼라 문법은 자바 프로그램이라면 꼭 있어야 할 지루하고 무거운 얼개 코드를 피한다. 예를 들어 스칼라에서는 세미콜론이 선택적이며, 보통은 사용하지 않는다. 또한 스칼라 문법이 더 잡음이 적은 부분이 많이 있다. 일례로, 자바와 스칼라에서 클래스와 생성자를 만드는 방법을 비교해보자. 생성자가 있는 자바 클래스는 보통 다음과 같이 생겼다.

```
// 자바 코드
class MyClass {
  private int index;
  private String name;

  public MyClass(int index, String name) {
    this.index = index;
```

```
    this.name = name;
  }
}
```

스칼라에서는 위 코드를 다음과 같이 쓸 수 있다.

```
class MyClass(index: Int, name: String)
```

스칼라 컴파일러가 이 코드를 보면 두 비공개 인스턴스 변수(Int 타입의 index, String 타입의 name)를 만들고, 이런 인스턴스 변수를 초기화하기 위한 값을 파라미터로 받는 생성자를 만든다. 이 생성자의 코드는 인자로 받은 값으로 두 인스턴스 변수를 설정한다. 간단히 말해서, 스칼라 버전은 더 긴 자바 버전과 근본적으로 동일한 기능을 한다.[17] 스칼라 클래스는 더 빨리 작성할 수 있고, 읽기 쉽다. 가장 중요한 것은, 자바 클래스보다 스칼라 클래스 쪽이 오류를 낼 가능성이 더 낮다는 점이다.

스칼라의 타입 추론type inference은 이런 간결성을 가능하게 하는 또 다른 요소다. 반복적으로 타입 정보를 쓸 필요가 없기 때문에, 프로그램이 덜 어수선하고 더 읽기 좋아진다.

하지만 간결한 코드의 가장 핵심적인 요소는 바로 라이브러리에 이미 코드가 있어서 여러분이 직접 작성할 필요가 없어지는 코드일 것이다. 스칼라는 일반적인 동작을 묶어서 잡아내어 강력한 라이브러리를 정의할 수 있는 도구를 많이 제공한다. 예를 들어, 라이브러리 클래스의 여러 측면을 각각 별도의 트레이트에 분리해넣을 수 있다. 그 후, 각각을 유연하게 섞어 사용할 수 있다. 또한 라이브러리 메서드가 다른 연산을 파라미터로 받을 수 있다. 그에 따라, 사실상 여러분만의 제어 구조를 제공하는 구성요소를 만들 수 있다. 이런 요소를 한데 모으면, 고수준이면서 유연하게 쓸 수 있는 라이브러리를 정의할 수 있다.

스칼라는 고수준이다

프로그래머는 계속 복잡함과 격렬히 싸우고 있다. 생산성 있게 프로그램을 만들려면, 여러분이 작업하는 코드를 잘 이해해야만 한다. 너무 복잡한 코드는 여러 소프트웨어 프로

---

17 유일한 실제 차이점은 스칼라가 만들어낸 인스턴스 변수가 final이라는 것뿐이다. 10.6절에서 final이 아닌 인스턴스 변수를 만드는 방법을 배우게 될 것이다.

젝트 몰락의 원인이다. 불행히도, 중요한 소프트웨어는 보통 요구사항이 복잡하다. 이런 복잡성을 피할 수는 없다. 대신에, 복잡성을 관리해야만 한다.

스칼라를 사용하면 여러분이 설계하고 사용하는 인터페이스의 추상화 수준을 높여서 복잡성을 관리할 수 있다. 예를 들어, name이라는 String 타입의 값이 있다고 하자. 그리고 그 문자열에 대문자가 들어 있는지 확인하고 싶다고 치자. 자바 8 이전 버전에서라면 다음과 같이 할 수 있을 것이다.

```
// 자바 코드
boolean nameHasUpperCase = false;
for (int i = 0; i < name.length(); ++i) {
  if (Character.isUpperCase(name.charAt(i))) {
    nameHasUpperCase = true;
    break;
  }
}
```

반면, 스칼라에서는 다음과 같이 쓸 것이다.

```
val nameHasUpperCase = name.exists(_.isUpper)
```

자바 코드는 루프 안에서 각 문자를 하나하나 다루는 방식으로 문자열을 낮은 수준의 대상으로 다룬다. 스칼라 코드는 같은 문자열을 **술어**predicate를 사용해 질의가 가능한 더 높은 수준의 문자 시퀀스로 다룬다. 스칼라 코드가 분명히 더 짧고, 자바 코드보다 (훈련을 받은 사람이 본다면) 이해하기 쉽다. 따라서 스칼라 코드는 전체 복잡성을 계산해보면 자바보다 훨씬 더 가볍다. 스칼라를 사용하면 실수를 저지를 기회도 줄어든다.

술어 _.isUpper는 스칼라 함수 리터럴function literal의 한 예다.[18] 이 표현식은 문자를 인자로 받아서 그 문자가 대문자인지 검사하는 함수를 표현한다.[19]

자바 8에는 **람다**lambda와 **스트림**stream에 대한 지원이 들어갔다. 그에 따라 자바에서도 스칼라와 비슷한 연산이 가능해졌다. 다음은 그런 코드를 보여준다.

---

18 함수 리터럴의 결과 타입이 Boolean인 경우에 이를 술어(predicate)라 부른다.

19 인자의 위치를 표시하기 위해 밑줄을 사용하는 것에 대해서는 8.5절에서 설명한다.

```
// 자바 8 코드
boolean nameHasUpperCase =
  name.chars().anyMatch(
    (int ch) -> Character.isUpperCase((char) ch)
  );
```

예전 버전의 자바 코드와 비교하면 엄청난 개선이지만, 자바 8 코드는 여전히 동등한 스칼라 코드보다 좀 더 번잡스러워 보인다. 자바 코드의 이런 추가적 '무거움'과 오랫동안 전통적으로 사용해온 루프로 인해, 많은 자바 프로그래머가 exists 같은 새로운 메서드가 필요한 경우에도 루프를 작성하고, 그 복잡도에 순응해 사는 것일지도 모르겠다.

반면, 스칼라의 함수 리터럴은 아주 가볍기 때문에 프로그램의 곳곳에서 자주 쓰인다. 스칼라를 더 잘 알아갈수록 추상적인 제어 구조를 직접 정의해 사용할 기회가 더더욱 많아질 것이다. 또한 그렇게 만든 제어 구조가 코드 중복을 피하고, 프로그램을 더 짧고 깔끔하게 유지하는 데 도움이 된다는 사실을 깨달을 것이다.

스칼라는 정적 타입 언어다

정적 타입 시스템static type system은 변수나 표현식이 저장하거나 계산하는 값의 종류에 따라 이들을 분류한다. 스칼라는 아주 진보적인 정적 타입 시스템을 가진 언어로 돋보인다. 자바와 비슷한 중첩 클래스 타입으로부터 시작해서, **제네릭**generic과 파라미터화한 타입을 허용하며, **교집합**intersection을 사용해 타입을 조합할 수도 있고, **추상 타입**abstract type을 사용해 어떤 타입에서 상세 내용을 감출 수도 있다.[20] 스칼라 타입 시스템은 여러분이 안전하면서 동시에 사용하기에 유연한 인터페이스를 설계할 수 있도록 타입을 조합하고 만들어내는 데 있어 튼튼한 기초를 제공한다.

펄, 파이썬, 루비, 그루비Groovy 같은 동적인 언어를 좋아하는 독자라면, 타입 시스템이 스칼라의 강점 중 하나라고 말한 것에 대해 약간 의아해할지도 모르겠다. 무엇보다도, 정적 타입 시스템이 없는 게 동적인 언어의 주요 장점 중 하나라고 많은 사람들이 말하곤 한다. 정적 타입에 대한 가장 큰 공격은 타입 지정이 프로그램을 너무 장황하게 만들고, 프로그래머가 원하는 것을 표현하지 못하게 막고, 소프트웨어 시스템을 동적으로 변경하는

---

20 제네릭은 19장, 교집합은 12장, 추상 타입은 20장에서 설명한다.

명백하게 중요한 패턴들을 활용할 수 없다는 것이다. 하지만 이런 주장이 정적 타입이라는 아이디어 전체를 반대하는 게 아니라, 너무 장황하거나 유연성이 떨어진다고 알려진 특정 타입 시스템을 반대하는 것인 경우도 많다. 예를 들어, 스몰토크를 만든 앨런 케이는 "난 타입을 반대하지 않는다. 하지만 내가 아는 타입 시스템들은 모두 완전히 골칫거리다. 그래서 나는 아직 동적인 타입을 좋아한다."라고 말했다.[21]

이 책을 통해 스칼라 타입 시스템이 '완전한 골칫거리'와는 거리가 멀다는 사실을 여러분에게 납득시키고 싶다. 실제로 스칼라 타입 시스템은 정적 타이핑에 대한 두 가지 우려를 멋지게 해결한다. 장황함은 타입 추론을 통해 피하며, 패턴 매치pattern match와 타입을 쓰고 합성하는 새로운 방법들을 통해 유연성을 확보한다. 이런 기능으로 인해 앞에서 설명한 장애는 더 이상 문제가 되지 않으며, 정적 타입 시스템의 전통적인 이점을 더 많이 누릴 수 있다. 이런 이점 중 가장 중요한 것으로는 프로그램 추상화를 검증할 수 있고, 안전하게 리팩토링refactoring할 수 있으며, 문서화가 잘 이뤄짐을 들 수 있다.[22]

프로퍼티 검증

정적 타입 시스템은 어떤 종류의 실행 시점 오류가 없음을 증명할 수 있다. 예를 들어, 타입 시스템은 불리언Boolean을 정수에 결코 더하지 않는다는 점, 비공개 변수를 클래스 외부에서 접근하지 않는다는 사실, 함수 적용 시 인자 개수를 틀리지 않았다는 점, 문자열 집합에 문자열만 추가하는지 여부 등을 검증할 수 있다.

그 밖의 오류 유형은 현재의 정적 타입 시스템으로는 감지할 수 없다. 예를 들어 함수가 끝나지 않는지 여부를 알 수 없고, 배열의 범위를 넘어선 인덱스를 사용하는지, 0으로 나

---

21 케이(Kay), 객체지향 프로그래밍의 의미에 대한 전자우편 중에서[Kay03]

22 타입(type)이란, 프로그램에서 어떤 변수 등이 취할 수 있는 값의 범위와 그 변수에 적용할 수 있는 연산의 종류를 정하고, 컴파일러나 인터프리터가 이를 미리 검증해주는 것이다. 예를 들어 동적 언어에서 어떤 함수 정의 'def factorial(x) ...'를 본다면, 이름으로 물론 계승을 계산하는 함수임을 알 수는 있지만, x에 정수가 아닌 값이 들어가면 어떤 일이 벌어질지는 함수의 본문을 보기 전에는 예상하기 어렵다. 하지만 스칼라에서 def factorial(x:Int):BigInt를 본다면, 적어도 이 함수가 정수를 입력받아 큰 정수를 돌려준다는 사실은 알 수 있다. 이런 경우 factorial을 사용하는 사람은 적어도 저기에 정수가 아닌 값을 넣으면 안 된다는 사실을 알 수 있고, factorial을 작성하는 프로그래머는 들어오는 x 값이 모두 최소한 정수라는 사실을 알고 정수에 대한 연산을 사용해 함수를 작성할 수 있으며(그리고 혹시라도 정수에 적용할 수 없는 연산을 실수로 사용하면 타입 오류가 나기 때문에 실수를 빨리 알 수 있다), 나중에 프로그램을 보더라도 파라미터와 반환값의 타입이 없는 경우보다 상대적으로 동작이나 적용 가능한 범위를 추정하기가 쉽다. 타입 검사와 타입 추론은 말하자면 프로그램의 각 문장에 타입을 사용해 선행조건(precondition)과 후행조건(postcondition)을 부여하고 이를 잘 정의한 검증 논리(타입 시스템과 타입 추론 규칙)를 사용해 검증하는 과정이며, 변수나 함수 등에 타입을 병기하는 것은 각 변수가 취할 수 있는 값의 범위를 문서화하는 것이라고 생각할 수도 있다. – 옮긴이

누는지 등을 알 수 없다. 또한 여러분이 만든 프로그램이 명세를 준수하는지 여부도 알지 못한다(물론 명세가 있어야 할 수 있는 말이다!). 그래서 어떤 사람들은 정적 타입 시스템이 별로 유용하지 않다고 무시하곤 한다. 그들의 주장은 단위 테스트는 좀 더 넓은 범위 coverage를 테스트하는 반면, 타입 시스템은 간단한 예외만 감지할 수 있기 때문에 정적인 타입을 따지느라 방해받을 이유가 없다는 것이다. 우리는 이런 주장이 논점을 벗어났다고 생각한다. 분명히 정적 타입 시스템이 단위 테스트를 대치할 수는 없지만, 타입을 잘 설계한다면 타입이 없을 경우 단위 테스트에서 다뤄야만 했을 여러 테스트 케이스를 줄여줄 수 있다. 마찬가지로, 단위 테스트가 정적 타입을 대치할 수도 없다. 무엇보다도 다익스트라Edsger Dijkstra가 말했듯이 테스트는 오류의 존재를 드러낼 뿐이지, 오류의 부재를 증명할 수는 없다.[23] 반면에 정적 타입은 보장해주는 내용이 단순할 수는 있지만, 아무리 테스트를 많이 추가해도 보장할 수 없는 것을 실제적으로 보장해준다.

안전한 리팩토링

정적 타입은 여러분이 코드 베이스를 상당한 자신감을 가지고 변경할 수 있는 안전망 역할을 한다. 메서드에 파라미터를 하나 더 넣는 리팩토링을 생각해보자. 정적 타입을 사용하는 언어에서는 코드를 변경하고, 시스템을 재컴파일해서 타입 오류를 일으킨 모든 행을 수정하면 된다. 이 과정이 끝나고 나면, 여러분은 변경이 필요한 모든 곳을 제대로 고쳤다고 확신할 수 있다. 마찬가지 명제가 메서드 이름 바꾸기, 메서드를 한 클래스에서 다른 클래스로 옮기기 등의 단순한 리팩토링에도 성립한다. 이 모든 경우, 정적인 타입 검사를 사용하면 새로운 시스템이 예전 것과 마찬가지로 잘 동작하리라는 확신을 가질 수 있다.

문서화

정적 타입은 컴파일러가 정확성을 검증하기 위해 사용하는 프로그램 문서화다. 일반적인 주석과 달리, 타입 표기는 소스 코드의 갱신을 못 따라가는 일이 없다(적어도 소스 파일이 마지막으로 컴파일에 성공한 코드를 담고 있는 한 그렇다). 게다가, 컴파일러나 IDE Integrated Development Environment(통합 개발 환경)는 타입 정보를 사용해 문맥 도움말을 더 좋게 만들 수

---

23 다익스트라(Dijkstra), '구조화 프로그래밍에 대하여(Notes on Structured Programming)'[Dij70]

있다. 예를 들어, IDE는 어떤 표현식의 정적 타입을 결정한 다음 그 타입에 속한 멤버를 살펴봐서 사용자가 선택 가능한 멤버 목록을 표시해줄 수 있다.

정적 타입이 프로그램 문서화에 유용하기는 하지만, 타입 표기가 프로그램을 어수선하게 만들면 때로는 짜증스럽기도 하다. 보통, 문서화가 유용하려면 독자가 프로그램을 보고 쉽게 알 수 없는 내용을 기술해야 한다. 다음과 같은 메서드 정의가 있다고 하자.

```
def f(x: String) = ...
```

f의 인자가 String이어야 한다는 사실을 아는 것은 유용하다. 하지만 아래 예제에 있는 두 타입 표기 중 적어도 하나는 짜증 나는 것이다.

```
val x: HashMap[Int, String] = new HashMap[Int, String]()
```

여기서는 분명 x의 타입을 Int가 키이고 String이 값인 HashMap이라고 표시하는 것으로 충분하다. 같은 구문을 두 번 반복할 필요가 전혀 없다.

스칼라는 아주 정교한 타입 추론 시스템을 사용해 프로그래머가 짜증 낼 만한 위치에 타입 표기를 하는 일이 없도록 돕는다. 앞의 예를 보자면, 다음과 같이 짜증이 덜 나는 표현을 사용해도 된다.

```
val x = new HashMap[Int, String]()
val x: Map[Int, String] = new HashMap()
```

스칼라 타입 추론은 훨씬 더 멀리 나아갈 수 있다. 실제로, 사용자가 코드에 타입을 전혀 명시하지 않는 경우도 드물지 않다. 따라서 스칼라 프로그램이 동적 타입 언어로 작성한 코드와 어느 정도 비슷해 보이는 경우도 종종 있다. 특히 이미 존재하는 라이브러리를 서로 이어붙이는 클라이언트 애플리케이션 코드의 경우에는 더 그렇다. 하지만 라이브러리 코드 자체는 덜 그렇다. 라이브러리 코드는 유연한 사용 패턴을 허용하기 위해 아주 정교하게 설계한 타입을 적용하는 경우가 많기 때문이다. 이건 자연스러운 일일 뿐이다. 어쨌든, 재사용 가능한 컴포넌트의 인터페이스를 이루는 멤버의 타입 시그니처signature는 명시해야만 한다. 이런 멤버는 컴포넌트와 그 컴포넌트를 사용하는 클라이언트 사이의 계약에 있어 핵심적인 부분이기 때문이다.

1.4 스칼라의 뿌리

스칼라는 설계 당시 여러 프로그래밍 언어와 프로그래밍 언어 학계의 아이디어로부터 영향을 받았다. 실제로, 스칼라의 특징 중 스칼라가 원조인 것은 거의 없다. 대부분은 다른 언어에서 어떤 형태로든 이미 사용해봤던 것이다. 스칼라의 혁신은 주로 이런 구성요소를 함께 조합하는 방법에 있다. 이번 절에서는 스칼라 설계에 큰 영향을 끼친 요소를 살펴볼 것이다. 프로그래밍 언어 설계에 있어 뛰어난 아이디어가 너무나 많기 때문에, 스칼라에 채택한 그런 요소를 모두 여기에 나열할 수는 없다.

표면적으로 보면, 스칼라는 대부분의 문법을 자바와 C#에서 빌려왔다. 물론 자바나 C# 역시 C나 C++의 문법적인 관습을 많이 차용했다. 표현식, 명령문, 블록 등은 자바와 거의 같고, 클래스, 패키지, 임포트 등도 마찬가지다.[24] 스칼라는 문법 외에도 기본 타입, 클래스 라이브러리, 실행 모델 등에 있어 자바의 요소를 도입했다.

스칼라는 그 밖의 언어에도 빚을 많이 지고 있다. 스칼라가 채택한 일관성 있는 객체 모델uniform object model은 스몰토크가 선구적으로 사용했고, 루비가 그 뒤를 이어왔다. 보편적인 내포(스칼라에서는 거의 대부분의 구성요소 내부에 다른 구성요소를 내포할 수 있다)는 알골Algol, 시뮬라, 그리고 최근의 베타Beta와 gbeta에서 볼 수 있다. 메서드 호출과 필드 선택을 동일하게 처리하는 단일 접근 원칙은 에펠Eiffel에서 온 것이다. 스칼라가 택한 함수형 프로그래밍 접근 방식은 ML 계열 언어의 정신과 매우 비슷하다. ML 계열 언어의 주 멤버로는 SML, 오캐멀OCaml, F#이 있다. 스칼라 표준 라이브러리에 있는 고차 함수high order function 중 다수는 ML이나 하스켈에도 있는 것이다. 스칼라의 암시적 파라미터는 하스켈의 타입 클래스로부터 영향을 받았다. 하스켈은 더 전통적인 객체지향 환경하에서 타입 클래스를 통해 비슷한 결과를 얻을 수 있었다. 스칼라가 사용하는 액터 기반 동시성 라이브러리인 아카는 얼랭에서 큰 영향을 받았다.

---

24 자바와 가장 차이가 나는 부분은 타입 지정 문법과 관련한 것이다. 즉, 자바에서는 '타입 변수' 형태로 쓰지만 스칼라에서는 '변수: 타입'을 사용한다. 이렇게 스칼라에서 타입을 뒤에 붙이는 방식은 파스칼(Pascal), 모듈라-2(Modula-2), 에펠(Eiffel)을 닮았다. 이렇게 바꾼 가장 큰 이유는 타입 추론 때문이다. 타입 추론을 사용하면 변수 타입이나 메서드의 반환 타입을 생략할 수 있다. '변수: 타입'을 사용하면 이렇게 타입을 생략한 문장을 해석하기가 쉽다. 콜론을 없애고, 타입도 생략하면 된다. 하지만 C처럼 '타입 변수'를 사용하면 타입을 그냥 생략할 수가 없다. 정의의 시작 부분임을 알 수 있는 표식이 없어지기 때문이다. 따라서 생략한 타입의 위치를 대신할 다른 키워드를 도입해야 한다(타입 추론을 일부 사용하는 C# 3.0은 이를 위해 var 라는 키워드를 사용한다). 그렇게 키워드를 새로 추가하는 것은 스칼라가 택한 방법보다 더 임시변통처럼 느껴지고 덜 일반적이다.

스칼라가 규모 확장성scalability과 확장성extensibility을 강조한 최초의 언어는 아니다. 확장 가능한 언어의 역사적인 뿌리는 다른 적용 분야까지 폭넓게 고려하면 피터 란딘Peter Landin의 1966년 논문 '새로운 700개의 프로그래밍 언어The Next 700 Programming Languages'[25]로 거슬러 올라갈 수 있다(이 논문에서 설명한 이즈윔Iswim 언어는 리스프와 더불어 함수형 언어를 탐험한 선구적 언어다). 중위 연산자를 함수처럼 다루자는 아이디어는 이즈윔이나 스몰토크까지 거슬러 올라갈 수 있다. 또 다른 중요한 아이디어는 함수 리터럴(또는 블록)을 파라미터로 넘길 수 있게 허용하는 것이다. 이를 통해 라이브러리에서 제어 구조를 정의할 수 있다. 이 또한 이즈윔과 스몰토크에서 비롯된 것이다. 스몰토크와 리스프는 둘 다 내부에 도메인 특화 언어DSL, domain-specific language를 정의해서 확장할 수 있는 유연한 문법을 제공했다. C++도 연산자 오버로딩operator overloading과 템플릿template 시스템을 통해 적용하고 확장할 수 있는 또 다른 확장 가능한 언어다. 다만, 스칼라와 비교해보면 C++는 더 저수준이고, 더 시스템 지향적인 핵심core 언어를 사용한다.

스칼라는 함수형 프로그래밍과 객체지향 프로그래밍을 통합한 첫 번째 언어도 아니다. 다만, 아마도 그런 방향으로 가장 발전한 언어일 것이다. 함수형 프로그래밍의 요소 중 일부라도 OOPobject-oriented programming에 통합한 언어로는 루비, 스몰토크, 파이썬 등을 들 수 있다. 자바 플랫폼의 경우 피자Pizza, 나이스Nice, 멀티자바Multi-Java 언어가 자바와 비슷한 핵심 언어를 함수형 아이디어로 확장했다(이런 흐름에는 자바 언어 자체(자바 8)도 포함된다). 또한 오캐멀, F#, PLT-스킴PLT-Scheme처럼 함수형이 주인 언어에 객체 시스템을 통합한 것도 있다.

스칼라가 프로그래밍 언어 분야의 혁신에 기여한 부분도 있다. 예를 들어, 스칼라의 추상 타입은 제네릭 타입보다 더 객체지향적인 대안이 될 수 있다. 스칼라 트레이트는 더 유연한 컴포넌트 조립을 허용하며, 익스트랙터extractor는 패턴 매치를 내부 표현과 분리하는 방법을 제공한다. 최근의 여러 프로그래밍 언어 학술회의에서 이런 혁신을 발표해왔다.[26]

---

25 란딘(Landin), '새로운 700개의 프로그래밍 언어(The Next 700 Programming Languages)'[Lan66]
26 관심 있는 독자는 참고 문헌에서 [Ode03], [Ode05], [Emi07]을 참조하라.

1.5 결론

1장에서는 스칼라가 어떤 것이고, 그 언어가 여러분의 프로그래밍에 어떤 도움이 될지를 간략하게 살펴봤다. 분명한 건, 스칼라가 여러분을 더 생산적으로 만들어줄 수 있는 마법의 물약은 아니라는 점이다. 더 나아가기 위해서는 스칼라를 솜씨 좋게 적용할 필요가 있다. 그러기 위해서는 학습과 연습이 필요하다. 자바에서 넘어온 사람이 스칼라를 배우는 경우 가장 힘든 분야는 아마도 스칼라의 타입 시스템(자바보다 훨씬 풍부하다)과 함수형 프로그래밍일 것이다. 이 책의 목적은 여러분이 한 번에 한 걸음씩 스칼라의 학습 곡선에 부드럽게 올라타도록 돕는 것이다. 스칼라 프로그래밍이 여러분의 지평을 넓히고 프로그램 설계 시 사고방식을 바꿀 수 있는 지적인 경험을 제공한다는 사실을 체감하리라 생각한다. 또한 스칼라 프로그래밍을 통해 재미와 영감도 얻기 바란다.

2장에서는 직접 스칼라 코드를 작성해볼 것이다.

Chapter

02

스칼라 첫걸음

스칼라 코드를 써볼 때가 됐다. 스칼라를 자세히 살펴보기 전에 2개 장에 걸쳐 스칼라의 큰 그림을 그려보일 텐데, 그보다 더 중요한 건 여러분이 코드를 직접 써볼 것이란 점이다. 2, 3장에 있는 예제를 실제로도 실행해보기를 권한다. 스칼라를 배우는 가장 좋은 방법은 스칼라로 프로그램을 작성해보는 것이다.

2장의 예제를 실행하려면 시스템에 표준 스칼라를 설치해야 한다. http://www.scala-lang.org/downloads에 가서 여러분이 사용하는 환경에 맞는 설치 절차를 따르면 된다. 또한 이클립스^{Eclipse}, 인텔리제이^{IntelliJ}, 넷빈즈^{NetBeans} 등에서 사용하는 스칼라 플러그인을 사용할 수도 있지만, 2장을 따라 하는 데 필요한 건 아니다. 여기서는 여러분이 scala-lang.org에 있는 스칼라 배포판을 사용한다고 가정할 것이다.[1]

스칼라는 모르지만 그 밖의 언어는 잘 아는 역전의 용사라면, 2장과 3장만 읽어도 쓸모 있는 프로그램을 작성할 수 있을 정도로 스칼라를 이해할 수 있을 것이다. 그보다 경험이 적은 독자라면 여기서 설명하는 내용 중 일부는 이해하기 어려울 수도 있다. 하지만 걱정하지 마라. 여러분이 빨리 전체를 살펴볼 수 있게 여기서는 일부 세부사항을 빼먹을 수밖에 없었다. 모든 것은 4장부터 '욱여넣지' 않는 방식으로 설명할 것이다. 또한 다음 장까지는 더 자세한 설명을 찾아볼 수 있도록 각주를 상당히 많이 달아뒀다.

---

1   이 책의 예제는 스칼라 2.13.4에서 테스트했다.

2.1 1단계: 스칼라 인터프리터 사용법을 익히자

스칼라를 시작하는 가장 쉬운 방법은 스칼라 인터프리터, 즉 스칼라 표현식과 프로그램을 쓸 수 있는 대화형 '셸shell'을 사용하는 것이다. 표현식expression을 입력하면 인터프리터가 그 표현식을 계산해서 결괏값을 출력할 것이다. 스칼라의 대화형 셸은 그냥 scala라고 부른다. 다음과 같이 scala라고 명령행command line에서 입력해 셸을 시작할 수 있다.[2]

```
$ scala
Welcome to Scala version 2.11.7.
Type in expressions to have them evaluated.
Type :help for more information.

scala>
```

1 + 2와 같은 표현식을 입력하고 엔터를 눌러라.

```
scala> 1 + 2
```

인터프리터는 다음과 같이 응답할 것이다.

```
res0: Int = 3
```

이 줄에 있는 정보는 다음과 같다.

- 계산 결괏값을 나타낼 때 사용할 수 있는, 자동으로 만들어졌거나 사용자가 정의한 이름(여기서는 res0였다. 이는 0번째 결과result라는 뜻이다.)
- 콜론(:)과 결과의 타입(여기서는 Int)
- 등호(=)
- 사용자가 입력한 표현식을 계산해 얻은 결괏값(여기서는 3)

Int 타입은 scala 패키지의 Int 클래스를 말한다. 스칼라 패키지는 정보 은닉information hiding을 위한 메커니즘을 제공하고 전역 네임스페이스global namespace를 분할해준다는 점에

---

2 윈도우를 사용한다면, '커맨드(Command Prompt)' 도스창에서 scala를 입력해야 한다.

서 자바 패키지와 비슷하다.[3] Int 클래스의 값은 자바 int 값에 대응한다. 더 일반적으로, 자바의 모든 원시 타입은 스칼라 패키지에 그와 대응하는 클래스가 들어 있다. 예를 들어 scala.Boolean은 자바 boolean과, scala.Float는 자바 float와 대응한다. 또한 원시 타입을 사용해 성능상 이점을 얻을 수 있도록, 이런 클래스에 속한 값을 사용하는 스칼라 코드를 자바 바이트코드로 컴파일하면, 컴파일러는 가능한 자바 원시 코드를 사용한 코드를 생성한다.

'res번호' 식별자[identifier]는 나중에 사용할 수 있다. 예를 들어, 앞에서 res0가 3으로 정해졌기 때문에 res0 * 3은 9이다.

```
scala> res0 * 3
res1: Int = 9
```

모든 자습서의 필요조건이지만 충분조건은 아닌, "Hello, world!"를 출력하려면 다음과 같이 하면 된다.

```
scala> println("Hello, world!")
Hello, world!
```

println 함수는 인자로 받은 문자열을 표준 출력[standard output]에 찍는다. 자바의 System.out.println과 비슷하다.

2.2 2단계: 변수를 정의해보자

스칼라에는 두 종류의 변수가 있는데, 바로 val과 var이다. val은 자바의 final 변수와 비슷하다. 일단 초기화하고 나면 val을 결코 다시 할당할 수는 없다. 반면, var는 자바의 final이 아닌 변수와 비슷하다. var는 없어질 때까지 계속 재할당이 가능하다. 다음은 val 정의다.

---

3 자바 패키지를 잘 모르는 독자라면, 이를 클래스의 완전한 이름을 제공하는 방법이라 생각해도 좋다. Int가 scala라는 패키지의 멤버이기 때문에, 'Int'는 그 클래스를 편하게 부르는 간단한 이름이고, 'scala.Int'는 전체 이름이다. 패키지에 대해서는 13장에서 자세히 설명한다.

```
scala> val msg = "Hello, world!"
msg: String = Hello, world!
```

이 문장은 "Hello, world!"라는 문자열의 이름으로 msg를 지정한다. msg의 타입은 java.
lang.String이다. 스칼라는 문자열을 자바 String 클래스로 구현하기 때문이다.

자바에서 변수를 정의해본 독자라면, 한 가지 놀라운 차이를 눈치챘을 것이다. val 정의
에서 어느 부분에도 String이나 java.lang.String이 없다. 이 예제는 **타입 추론**, 즉 여러
분이 표시하지 않은 타입을 스칼라가 알아내는 능력을 보여준다. 여기서는 msg를 문자열
리터럴로 초기화했기 때문에, msg가 String이라고 추론했다. 스칼라 인터프리터(또는 컴
파일러)가 타입을 추론할 수 있는 경우라면, 군이 불필요하게 타입 지정을 추가해서 코드
를 채우느니 그냥 컴파일러가 추론하게 두는 편이 더 낫다. 하지만 원한다면 타입을 직접
지정할 수도 있고, 때에 따라서는 꼭 그래야만 하는 경우도 있다. 타입 지정을 해두면 스
칼라 컴파일러가 여러분이 의도한 타입을 추론하는지 확실히 할 수 있고, 나중에 코드를
읽을 독자들에게 코드를 문서화하는 효과도 있다. 변수 이름 앞에 타입을 지정해야 하는
자바와 달리, 스칼라에서는 변수 이름 뒤에 콜론으로 분리해서 타입을 적는다. 예를 들면
다음과 같다.

```
scala> val msg2: java.lang.String = "Hello again, world!"
msg2: String = Hello again, world!
```

또는 java.lang에 있는 타입은 모두 스칼라 프로그램에서도 간단한 이름[4]으로 사용 가능
하기 때문에, 다음과 같이 간단하게 쓸 수도 있다.

```
scala> val msg3: String = "Hello yet again, world!"
msg3: String = Hello yet again, world!
```

원래의 msg로 돌아가자. 이제는 변수가 있다. 따라서 다음과 같이 원하는 대로 그 변수를
사용할 수 있다.

---

4   java.lang.String의 간단한 이름은 String이다.

```
scala> println(msg)
Hello, world!
```

var가 아니라 val로 정의한 msg로 할 수 없는 일은 바로 재할당이다.[5] 예를 들어, 다음과 같은 시도를 하면 인터프리터가 어떤 불만을 표시하는지 한번 살펴보자.

```
scala> msg = "Goodbye cruel world!"
       ^
       error: reassignment to val
```

정말 재할당을 하고 싶었다면, 다음과 같이 var를 사용해야 한다.

```
scala> var greeting = "Hello, world!"
greeting: String = Hello, world!
```

greeting이 val이 아닌 var이기 때문에, 나중에 재할당이 가능하다. 예를 들어, 나중에 화가 나면 인사를 다음과 같이 바꿀 수 있다.

```
scala> greeting = "Leave me alone, world!"
mutated greeting
```

인터프리터에 여러 줄에 걸친 내용을 넣고 싶다면, 그냥 첫 줄 이후 두 번째 줄을 계속 입력하면 된다. 코드가 아직 다 끝나지 않았다면 인터프리터는 다음 줄 앞에 수직 막대(|)를 표시할 것이다.

```
scala> val multiLine =
     |     "This is the next line."
multiLine: String = This is the next line.
```

무언가 잘못 입력했음을 깨달았는데, 인터프리터는 계속해서 여러분이 무언가를 입력하기를 기다린다면 엔터를 두 번 눌러서 이 상황을 벗어날 수 있다.

---

5 하지만 인터프리터 안에서는 앞에서 val로 이미 정의했던 것을 val을 사용해 다시 정의할 수 있다. 어떻게 그것이 가능한지에 대해서는 7.7절에서 설명할 것이다.

```
scala> val oops =
     |
     |
You typed two blank lines.    Starting a new command.
scala>
```

앞으로 이 책에서는 가독성을 위해 수직 막대를 표시하지 않을 것이다.

2.3 3단계: 함수를 정의해보자

이제 스칼라 변수를 써봤으니, 아마도 함수를 만들 수 있었으면 하고 바랄 것이다. 다음은 스칼라에서 함수를 작성하는 방법이다.

```
scala> def max(x: Int, y: Int): Int = {
         if (x > y) x
         else y
       }
max: (x: Int,y: Int)Int
```

함수 정의는 def로 시작한다. 그다음에 함수 이름(여기서는 max)이 오고, 그 뒤에 괄호 안에 콤마(,)로 구분한 파라미터^{parameter}[6] 목록이 온다. 스칼라 컴파일러(인터프리터도 마찬가지이지만, 앞으로는 그냥 컴파일러라고 말할 것이다)가 파라미터 타입을 추론하지 않기 때문에, 모든 파라미터에는 콜론 뒤에 타입 지정을 반드시 덧붙여야 한다. 이 예에 있는 max 함수는 Int 타입의 인자 x와 y를 받는다. max의 파라미터 목록을 닫는 괄호 뒤에는 또 다른 ': Int' 타입 지정이 있다. 이 타입은 max 함수의 **결과 타입**^{result type}을 정의한다.[7] 함수 결과 타입 뒤에는 등호(=)와 중괄호({})가 온다. 중괄호 안에는 함수의 본문이 들어간다.

---

6 파라미터(parameter)와 인자(argument)를 가능하면 구분해 사용한다. 파라미터는 형식 인자(formal parameter)라고 하기도 하고 매개변수라고 부르기도 하는 변수로, 함수 본문에서 함수가 전달받은 값을 가리킬 때 사용하는 이름이다. 반면 인자는 실인자(actual parameter)라고도 하며, 함수를 호출하면서 실제로 함수에 넘기는 값을 의미한다. 가능하면 이 둘을 구분해 사용하려 노력하지만 가끔 혼용하는 경우도 있는데, 문맥에 따라 판단하기 바란다. – 옮긴이

7 자바에서는 메서드가 반환하는 값의 타입을 반환 타입(return type)이라 부른다. 스칼라에서는 같은 개념을 결과 타입(result type)이라 부른다.

이 예제에서는 함수 본문에 if 표현식 하나만 들어가 있다. 이 if 식은 x나 y 중 더 큰 쪽을 max 함수의 결과로 선택한다. 여기서 보인 것처럼 스칼라의 if 표현식은 값을 결과로 내놓는다. 이는 자바의 3항 연산자와 같다. 예를 들어, 스칼라 표현식 if (x > y) x else y는 자바의 (x > y) ? x : y와 비슷하다. 함수형 프로그래밍에서는 함수가 결과를 내놓는 표현식을 정의한다. 함수 본문 앞의 등호는 그런 관점을 보여준다. 기본적인 함수 구조는 그림 2.1에 표현해뒀다.

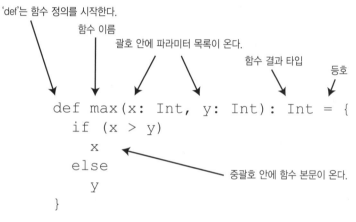

그림 2.1 스칼라 함수 정의의 기본 형식

때로 스칼라 컴파일러가 함수의 결과 타입을 지정하도록 요구하는 경우가 있다. 예를 들어, 함수가 **재귀적**recursive[8]이라면 함수의 결과 타입을 반드시 명시해야만 한다. 하지만 max의 경우 결과 타입을 생략해도 좋다. 그러면 컴파일러가 결과 타입을 추론할 것이다.[9] 또한 함수 본문에 문장이 하나밖에 안 들어 있다면, 중괄호를 생략할 수도 있다. 따라서 max 함수를 다음과 같이 쓸 수도 있다.

```
scala> def max(x: Int, y: Int) = if (x > y) x else y
max: (x: Int, y: Int)Int
```

---

8 본문 안에서 자기 자신을 호출하는 함수를 재귀적이라 한다.

9 하지만 컴파일러가 추론할 수 있는 경우라도 함수 결과 타입을 명시하는 건 좋은 생각이다. 결과 타입을 명시하면 코드를 보는 사람이 함수의 본문을 살펴보고 결과 타입을 알아낼 필요가 없기 때문에, 코드를 읽기가 더 쉬워진다.

함수를 정의하고 나면, 그 이름을 사용해 다음과 같이 호출할 수 있다.

```
scala> max(3, 5)
res4: Int = 5
```

여기 아무 파라미터도 받지 않고 관심이 있을 만한 어떤 결과도 돌려주지 않는 함수 정의가 있다.

```
scala> def greet() = println("Hello, world!")
greet: ()Unit
```

greet() 함수를 정의하면 인터프리터가 greet: ()Unit이라고 응답할 것이다. greet는 물론 정의한 함수의 이름이다. 빈 괄호는 함수 파라미터가 아무것도 없음을 의미한다. Unit은 greet의 결과 타입이다. Unit이라는 결과 타입은 함수가 우리가 관심을 가질 만한 값을 반환하지 않는다는 뜻이다. 스칼라의 Unit 타입은 자바의 void 타입과 비슷하며, 실제로도 자바에서 void를 반환하는 메서드는 스칼라에서 모두 Unit을 반환하는 메서드가 된다. 따라서 결과 타입이 Unit인 메서드는 부수 효과를 위해서만 실행하는 함수다. greet()의 부수 효과는 표준 출력에 친절한 인사말을 출력하는 것이다.

다음 단계로는, 스칼라 코드를 파일에 넣고 스크립트로 실행할 것이다. 인터프리터를 나갈 때는 :quit나 :q를 입력하면 된다.

```
scala> :quit
$
```

2.4 4단계: 스칼라 스크립트를 작성해보자

프로그래머가 아주 큰 시스템을 잘 구축할 수 있도록 스칼라를 설계했지만, 스크립트를 만들 때도 역시 잘 사용할 수 있다. 스크립트는 파일에 들어 있는 문장들을 말한다. 스칼라는 스크립트의 각 문장을 파일에 있는 순서대로 실행한다. 다음을 hello.scala라는 파일에 넣자.

```
println("Hello, world, from a script!")
```

그리고 실행해보자.[10]

```
$ scala hello.scala
```

그러면 또 다른 인사말을 볼 수 있다.

```
Hello, world, from a script!
```

스칼라 스크립트는 args라는 스칼라 배열^{array}에 명령행 인자를 받는다. 스칼라의 배열은 0번부터 시작하며, 인덱스^{index}를 괄호 안에 넣어서 배열의 원소^{element}에 접근할 수 있다. 따라서 스칼라 배열의 첫 번째 원소는 steps[0]이 아니고 steps(0)이다. 이를 테스트하기 위해, 다음 코드를 helloarg.scala라는 파일에 저장하라.

```
// 첫 번째 인자에게 인사한다.
println("Hello, " + args(0) + "!")
```

그리고 실행해보자.

```
$ scala helloarg.scala planet
```

이 명령은 "planet"을 명령행 인자로 넘긴다. 스크립트에서는 이 인자를 args(0)으로 접근할 수 있다. 따라서 다음을 볼 수 있어야 한다.

```
Hello, planet!
```

이 스크립트에는 주석^{comment}이 들어 있다. 스칼라 컴파일러는 //부터 그 줄의 끝까지를 무시하고, /*와 */ 사이의 문자들을 무시한다. 이 예제는 또한 String을 + 연산자로 이어붙일 수 있다는 사실을 보여준다. 이 코드는 예상대로 잘 작동한다. "Hello, " + "world!"라는 표현식을 계산한 결과는 "Hello, world!"가 된다.

---

10 유닉스나 윈도우에서 'scala'를 입력하지 않고도 스크립트를 실행하는 방법이 있다. 바로 '파운드뱅(#!)'을 사용하는 것이다. 부록 A를 참고하라.

2.5   5단계: while로 루프를 돌고, if로 결정해보자

while을 테스트하기 위해 다음을 printargs.scala라는 파일에 입력해넣자.

```
var i = 0
while (i < args.length) {
  println(args(i))
  i += 1
}
```

> **참고**
>
> 이번 절의 예제가 while 루프를 설명하는 데 도움이 되긴 하지만, 이 예제는 바람직한 스칼라 프로그램은 아니다. 다음 절에서 배열을 인덱스를 사용해 이터레이션하는 것보다 더 나은 접근 방법을 배울 것이다.

이 스크립트는 var i = 0이라는 변수 정의로 시작한다. 타입 추론 결과, i는 scala.Int라는 타입이다. 초깃값 0의 타입이 scala.Int이기 때문이다. 다음 줄에 있는 while 문은 **블록**block(중괄호 사이의 코드)을 불리언 표현식 i < args.length가 참인 동안 반복 수행한다. args.length는 args라는 배열의 길이를 돌려준다. 블록에는 2개의 문장이 들어 있다. 각 문장은 스칼라에서 추천하는 들여쓰기indentation에 따라 두 칸 들여 써두었다. 첫 문장인 println(args(i))는 i번째 명령행 인자를 출력한다. 두 번째 문장 i += 1은 i를 1 증가시킨다. 스칼라에서는 자바의 ++i나 i++를 사용할 수 없다. 스칼라에서 어떤 변수를 증가시키려면 i = i + 1이나 i += 1이라고 해야 한다. 이 스크립트를 다음과 같이 실행해보자.

```
$ scala printargs.scala Scala is fun
```

결과는 다음과 같다.

```
Scala
is
fun
```

좀 더 재미있게 만들기 위해, 다음 코드를 echoargs.scala라는 새로운 파일에 집어넣자.

```
var i = 0
while (i < args.length) {
  if (i != 0)
    print(" ")
  print(args(i))
  i += 1
}
println()
```

이 버전에서는 모든 명령행 인자를 한 줄에 표시하기 위해 println을 print로 바꿨다. 출력을 읽기 좋게 만들기 위해 if (i != 0)을 사용해 첫 인자를 제외한 모든 인자 앞에 빈칸을 추가했다. while 루프 안에서 맨 처음 진입한 경우에 i != 0은 false이다. 따라서 첫번째 원소 앞에는 아무 공백도 출력하지 않는다. 마지막으로, 맨 마지막에 println을 하나 추가했다. 모든 인자를 다 출력한 다음에 줄을 바꾸기 위한 것이다. 이제 정말 멋진 출력을 볼 수 있을 것이다. 이 스크립트를 다음과 같이 실행해보자.

```
$ scala echoargs.scala Scala is even more fun
```

다음과 같은 출력을 볼 수 있을 것이다.

```
Scala is even more fun
```

스칼라에서도 자바와 마찬가지로 while이나 if에서 불리언 조건식을 쓸 때 괄호 안에 넣어야만 한다(다시 말해, 스칼라에서는 루비 같은 언어처럼 if i < 10과 같이 쓸 수가 없다. 스칼라에서는 반드시 if (i < 10)처럼 써야 한다). 자바와 비슷한 또 다른 점은 블록 안에 문장이 하나만 있으면 중괄호를 생략할 수 있다는 점이다. echoargs.scala에서 그 예를 이미 보았다. 그리고 아직까지 본 적은 없었지만 스칼라에서도 자바와 마찬가지로 세미콜론을 사용해 문장을 구분한다. 하지만 스칼라에서는 세미콜론을 생략해도 되는 경우가 아주 흔하기 때문에, 프로그래머의 오른손 새끼손가락이 행복하게 쉴 수 있다. 혹시라도 여러분이 조금 장황하게 떠들고 싶은 기분이었다면, echoargs.scala 스크립트를 다음과 같이 작성할 수도 있었을 것이다.

```
var i = 0;
while (i < args.length) {
  if (i != 0) {
    print(" ");
  }
  print(args(i));
  i += 1;
}
println();
```

2.6 6단계: foreach와 for를 사용해 이터레이션해보자

깨닫지 못했을지 모르겠지만, 앞의 5단계에서 while 루프를 사용해 작성한 프로그램은 **명령형**imperative 스타일이다. 명령형 스타일은 보통 자바, C++, C 등에서 사용하는 프로그래밍 방식이다. 작동을 지시하는 명령을 한 번에 하나씩 사용하고, 루프로 이터레이션하면서, 다른 여러 함수 사이에 공유하는 상태를 변경한다. 스칼라에서는 명령형 스타일도 사용 가능하지만, 여러분이 스칼라를 잘 알게 될수록 점점 더 **함수형**functional 스타일로 프로그래밍하고 있는 자신을 발견하게 될 것이다. 실제로 이 책의 주목적 중 하나는 여러분이 지금 현재 명령형 스타일에 익숙한 것만큼 함수형 스타일에도 익숙해지도록 만드는 것이다.

함수형 언어의 주요 특징 중 하나는 함수가 1급 계층 요소라는 것이다. 스칼라도 마찬가지다. 예를 들어, 명령행 인자를 모두 다 출력하는 또 다른(그리고 더 간결한) 방법은 다음과 같다.

```
args.foreach(arg => println(arg))
```

이 코드는 args에 있는 foreach 메서드를 호출한다. 그리고 인자로 함수를 넘긴다. 여기서는 arg라는 파라미터를 받는 **함수 리터럴**function literal을 사용했다. 이 함수의 본문은 println(arg)이다. 만약 위의 코드를 pa.scala라는 파일에 저장하고 다음 명령으로 실행해본다면,

```
$ scala pa.scala Concise is nice
```

다음과 같은 결과를 볼 수 있다.

```
Concise
is
nice
```

앞의 예에서 스칼라 인터프리터가 arg의 타입이 String임을 추론했다. String이 foreach
를 호출한 대상 객체인 배열 args의 원소 타입이 String이기 때문이다. 더 명시적으로 하
고 싶다면, 타입을 적으면 된다. 대신 다음과 같이 인자 부분을 괄호로 감싸야 한다(사실
은 다음과 같은 형태가 정상적인 함수 리터럴 문법이다).

```
args.foreach((arg: String) => println(arg))
```

이 스크립트를 실행해도 앞의 것과 같은 동작을 볼 수 있다.

명확한 것보다 간결한 것을 더 바란다면, 스칼라가 제공하는 축약형을 쓸 수 있다. 함수
리터럴이 인자를 하나만 받는 문장인 경우에는 해당 인자에 이름을 붙일 필요가 없다.[11]
따라서 다음과 같은 코드도 마찬가지로 잘 동작한다.

```
args.foreach(println)
```

정리하면, 함수 리터럴의 문법은 파라미터 이름의 목록이 괄호 안에 오고, 그 뒤에 오
른쪽 화살표, 마지막으로 함수의 본문이 있어야 한다. 이를 그림으로 표현한 것이 그림
2.2다.

---

11 이런 단축형을 일컬어 부분 적용 함수(partially applied function)라 한다. 8.6절에 자세한 설명이 있다.

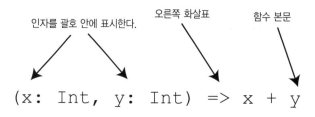

인자를 괄호 안에 표시한다.　　오른쪽 화살표　　함수 본문

$$(x:\ Int,\ y:\ Int)\ =>\ x\ +\ y$$

그림 2.2 스칼라 함수 리터럴의 문법

이쯤 되면 자바나 C 같은 명령형 언어에서 익숙하게 사용해왔던 믿음직한 for 루프에게 어떤 일이 생겼는지 궁금할 것이다. 여러분을 함수형 프로그래밍으로 안내하기 위해, 스칼라에서는 명령형 for에 대한 함수형 친척(for 표현식expression이라 부른다)을 사용할 수 있다. 7.3절에 도달할 때까지는(또는 7.3절을 한번 들춰볼 때까지는) for 표현식이 얼마나 강력하고 표현력이 풍부한지 알 수 없겠지만, 여기서 일단 사용해볼 것이다. 새로 forargs.scala라는 파일을 만들고 다음을 입력하라.

```
for (arg <- args)
  println(arg)
```

for 뒤의 괄호에는 arg <- args[12]가 있다. <- 기호의 오른쪽에는 이제는 친근해진 args 배열이 있다. <- 왼쪽에는 arg가 있는데, 이는 val의 이름이며, 결코 var의 이름이 아니다 (이 변수가 항상 val이기 때문에 val arg라고 쓰지 않고 arg라고 변수 이름만 쓰면 된다). for 루프를 돌 때마다 arg에 새 값이 들어가기 때문에, arg가 변수처럼 보일지 몰라도 실제로는 val이다. 그래서 for 표현식의 본문에서 arg를 재할당할 수 없다. 대신에 args 배열의 원소마다 arg라는 이름의 val을 새로 만들어서 원소의 값으로 초기화한 다음에 for 표현식의 본문을 실행한다.

forargs.scala 스크립트를 다음 명령으로 실행하면,

```
$ scala forargs.scala for arg in args
```

---

12 <- 기호를 영어로는 'in'이라고 말할 수 있다. 따라서 for (arg <- args)는 'for arg in args'가 된다(우리말로는 'args에 있는 arg에 대해'라고 번역할 수 있지만 영어처럼 물 흐르듯 읽히지는 않는다).

다음 결과를 볼 수 있다.

```
for
arg
in
args
```

스칼라 for 표현식은 이보다 더 많은 일을 할 수 있다. 하지만 출발점으로는 이 예제면 충분하다. for에 대해서는 7.3절과 23장에서 더 자세히 설명할 것이다.

2.7 결론

2장에서는 스칼라의 기본을 배우고, 스칼라 코드를 작성해볼 기회를 가져봤다. 3장에서도 이번 장에서 진행한 소개를 계속하면서 좀 더 어려운 주제를 살펴볼 것이다.

Chapter
03

스칼라 두 번째 걸음

3장에서는 2장에서 시작한 스칼라 소개에 이어, 몇 가지 고급 주제를 더 소개할 것이다. 이번 장을 마치고 나면 스칼라로 쓸모 있는 스크립트를 작성할 수 있을 정도로 충분한 지식을 쌓을 수 있으리라 확신한다. 2장과 마찬가지로 3장의 예제도 읽으면서 실행해보기를 바란다. 스칼라에 대해 감을 잡는 가장 좋은 방법은 스칼라 코드를 써보는 것이다.

3.1 7단계: 배열에 타입 파라미터를 지정해보자

스칼라에서는 new를 사용해 객체를 인스턴스화할 수 있다. 즉, 클래스의 인스턴스를 만들 수 있다. 스칼라에서 객체를 인스턴스화할 때, 값과 타입을 파라미터로 넘길 수 있다. **파라미터화**parameterization라는 말은 인스턴스를 생성할 때 그 인스턴스를 '설정configure'한다는 뜻이다. 인스턴스를 값으로 파라미터화하려면 괄호 안에 객체들을 넣어서 생성자에게 넘긴다. 예를 들어, 다음 스칼라 코드는 새로운 java.math.BigInteger 인스턴스를 만들고 값 "12345"로 그 인스턴스를 파라미터화한다.

```
val big = new java.math.BigInteger("12345")
```

인스턴스를 타입으로 파라미터화할 때는 하나 이상의 타입을 각괄호([]) 사이에 지정한다. 리스트 3.1에 예제가 있다. 이 예제에서 greetStrings는 Array[String]이라는 타입의 값이다('String의 배열'이라고 하는데, 영어로는 'array of string'이라서 말의 순서와 타입의 순서가 같다). 이 배열을 3이라는 값으로 파라미터화함으로써 길이를 초기화한다. 만약 리스트 3.1의 코드를 스크립트로 실행한다면 또 다른 "Hello, world!" 인사말을 볼 수 있다. 타입과 값을 가지고 인스턴스를 파라미터화할 때는 먼저 타입을 각괄호 사이에 지정하고, 값을 괄호 사이에 지정한다.

리스트 3.1 배열을 타입으로 파라미터화하기

```
val greetStrings = new Array[String](3)

greetStrings(0) = "Hello"
greetStrings(1) = ", "
greetStrings(2) = "world!\n"

for (i <- 0 to 2)
  print(greetStrings(i))
```

참고

리스트 3.1의 코드가 중요한 개념을 보여주기는 하지만 이 예제에서 배열을 초기화하는 방식은 스칼라가 추천하는 방식이 아니다. 더 좋은 방법을 리스트 3.2에서 볼 수 있다.

좀 더 명시적으로 코드를 만들고 싶은 기분이라면, 다음과 같이 greetStrings의 타입을 지정할 수도 있다.

```
val greetStrings: Array[String] = new Array[String](3)
```

스칼라 타입 추론에 의해 이 코드는 리스트 3.1에 있는 첫 줄의 코드와 실제 의미상 동일하다. 하지만 이 문장은 타입 파라미터화 부분(각괄호 사이에 타입을 넣은 것)은 인스턴스의 타입의 일부이지만 값을 파라미터화한 것(괄호 안에 값 3을 넣은 부분)은 그렇지 않다는 사실을 보여준다. greetStrings의 타입은 Array[String]이지 Array[String](3)이 아니다.

리스트 3.1에서 다음 세 줄의 코드는 greetStrings 배열의 원소를 초기화한다.

```
greetStrings(0) = "Hello"
greetStrings(1) = ", "
greetStrings(2) = "world!\n"
```

앞에서 말했듯이 스칼라에서는 배열 인덱스를 괄호에 넣어서 배열 원소에 접근한다. 각 괄호를 사용하는 자바와는 다르다. 따라서 배열의 0번째 원소는 greetStrings(0)이지 greetStrings[0]이 아니다.

이 세 줄의 코드는 스칼라 val의 의미와 관련해 중요한 개념을 보여준다. 어떤 변수를 val로 지정하면 그 변수를 재할당할 수 없다. 하지만 그 변수가 나타내는 객체는 잠재적으로 여전히 변경 가능하다. 이 경우, greetStrings에 다른 변수를 넣을 수는 없다. 즉, greetStrings는 항상 초기화 시 설정한 것과 같은 Array[String] 타입의 배열을 가리킨다. 하지만 Array[String]의 원소는 언제나 변경할 수 있다. 따라서 배열 자체는 변경 가능^{mutable}하다.

리스트 3.1의 마지막 두 줄은 각 greetStrings 배열의 원소를 하나하나 출력하는 for 표현식이다.

```
for (i <- 0 to 2)
  print(greetStrings(i))
```

이 코드의 첫 줄은 '메서드가 파라미터를 하나만 요구하는 경우, 그 메서드를 점(.)과 괄호 없이 호출할 수 있다'는 스칼라의 또 다른 일반 규칙을 보여준다. 이 예에 있는 to는 실제로는 Int 인자를 하나만 받는 메서드다. 0 to 2는 (0).to(2)라는 메서드 호출로 바뀐다.[1] 호출 대상 객체를 명시적으로 지정할 때만 이런 문법을 사용할 수 있다는 사실에 유의하라. 그래서 println 10이라고 쓸 수는 없지만, Console println 10이라고는 쓸 수 있다.

스칼라는 기술적으로는 연산자 오버로드를 제공하지 않는다. 스칼라에는 실제로 전통적인 의미의 연산자가 없기 때문이다. 대신에 +, -, *, / 등의 문자를 메서드 이름으로 사용할 수 있다. 따라서 여러분이 1단계에서 1 + 2를 스칼라 인터프리터에 입력했을 때 실제로 일어난 일은, 1이라는 Int 객체에 있는 +라는 이름의 메서드를 인자로 2를 넣어서 호출한 것이다. 그림 3.1에서 설명한 것처럼, 1 + 2를 전통적인 메서드 호출 형태인 (1).+(2)라고 쓸 수도 있다.

---

1 to 메서드는 실제로는 배열이 아니라 0, 1, 2라는 값을 포함하는 다른 종류의 시퀀스를 돌려준다. 그리고 for 표현식은 그 시퀀스를 이터레이션한다. 시퀀스나 그 밖의 컬렉션에 대해서는 17장에서 다룬다.

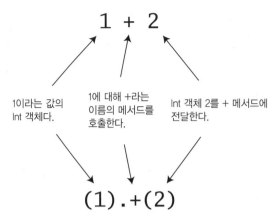

그림 3.1 스칼라에서는 모든 연산자가 메서드 호출이다.

이 예가 보여주는 또 다른 중요한 아이디어는 스칼라에서 왜 괄호를 사용해 배열에 접근할 수 있는가이다. 스칼라는 자바보다 예외적인 경우가 적다. 스칼라 배열도 여타 객체와 마찬가지로 평범한 클래스의 인스턴스다. 변수 뒤에 하나 이상의 값을 괄호로 둘러싸서 호출하면 스칼라는 그 코드를 변수에 대해 `apply`라는 메서드를 호출하는 것으로 바꾼다. 따라서 `greetStrings(i)`는 `greetStrings.apply(i)`로 바뀐다. 이렇게 스칼라에서 배열의 원소에 접근하는 것은 일반적인 메서드 호출과 같다. 이런 원칙은 배열에만 국한되지 않는다. 어떤 종류의 객체이든 괄호 안에 인자를 넣어서 호출하면 `apply` 메서드를 호출하는 것과 같다. 물론, 해당 객체 안에 `apply` 메서드가 있어야만 코드를 제대로 컴파일할 수 있다. 따라서 배열 원소 접근은 특별한 형태가 아니고 일반적인 규칙에 따른 것이다.

마찬가지로, 어떤 변수 뒤에 괄호로 둘러싼 인자들이 있는 표현식에 할당을 하면, 컴파일러는 괄호 안에 있는 인자와 등호 오른쪽의 값을 모두 인자로 넣어서 `update` 메서드를 호출한다. 예를 들어, 스칼라는 다음 식을

```
greetStrings(0) = "Hello"
```

다음과 같이 변환한다.

```
greetStrings.update(0, "Hello")
```

따라서 다음 코드는 리스트 3.1의 코드와 의미상 동일하다.

```
val greetStrings = new Array[String](3)
greetStrings.update(0, "Hello")
greetStrings.update(1, ", ")
greetStrings.update(2, "world!\n")
for (i <- 0.to(2))
  print(greetStrings.apply(i))
```

스칼라는 배열부터 수식에 이르는 모든 것을 메서드가 있는 객체로 다룬다. 이를 통해 개념을 단순화한다. 스칼라에서는 특별한 경우를 기억해둘 필요가 없다. 예를 들어 자바는 원시 타입(예: int)과 그를 감싸는 래퍼wrapper 타입(예: Integer)이 다르고, 배열과 일반적인 객체가 다르다. 더 나아가, 이런 균일성에도 불구하고 심각한 성능상 비용이 들지는 않는다. 스칼라 컴파일러는 컴파일한 코드에서 가능하면 자바 배열, 원시 타입, 네이티브 연산을 사용한다.

이번 단계에서 지금까지 본 예제들은 모두 다 잘 컴파일해서 실행할 수 있다. 하지만 스칼라에는 배열을 초기할 수 있는 더 간편한 방법이 있다. 리스트 3.2를 보자. 이 코드는 "zero", "one", "two"를 인자로 지정해 3개의 원소가 있는 배열을 만든다. Array에 문자열을 넘겼기 때문에, 컴파일러는 배열의 타입을 Array[String]으로 추론한다.

리스트 3.2 배열을 만들고 초기화하기

```
val numNames = Array("zero", "one", "two")
```

실제로 리스트 3.2는 apply라는 이름의 팩토리 메서드factory method를 호출한다. 이 메서드는 새로운 배열을 만들어서 반환한다. apply 메서드는 임의 개수의 인자를 받을 수 있으며,[2] Array의 **동반 객체**companion object에 정의가 들어 있다. 동반 객체에 대해서는 4.3절에서 살펴볼 것이다. 자바 프로그래머라면 이 표현식을 Array라는 클래스에 있는 정적 메서드static method를 호출하는 것으로 생각할 수 있다. apply를 호출하는 더 장황한 방법은 다음과 같다.

```
val numNames2 = Array.apply("zero", "one", "two")
```

---

2 가변 길이 인자 목록(variable length argument list), 또는 반복 파라미터(repeated parameter)는 8.8절에서 다룰 것이다.

3.2 8단계: 리스트를 사용해보자

함수형 프로그래밍의 가장 큰 착안점 하나는 메서드에 부수 효과가 없어야 한다는 것이다. 메서드의 유일한 동작은 계산을 해서 값을 반환하는 것뿐이어야 한다. 이런 접근 방법을 택할 때 얻을 수 있는 이점은 메서드가 덜 얼기설기 얽히기 때문에, 더 많이 신뢰할 수 있고 재사용할 수 있다는 점이다. 또 다른 장점은 (정적 타입의 언어에서는) 어떤 메서드에 들어가고 나오는 모든 것을 타입 검사기가 검사하기 때문에 논리적인 오류가 타입 오류라는 형태로 드러날 확률이 더 높아진다는 것이다. 이런 함수적인 철학을 객체의 세계에 적용하면, 객체를 변경 불가능하게 만든다는 뜻이 된다.

지금까지 본 것처럼 스칼라의 배열은 모든 원소의 타입이 같은 객체로 이뤄진 변경 가능한 시퀀스다. 일례로 Array[String]은 String만을 원소로 포함한다. 배열을 인스턴스화한 다음에 그 길이를 변경할 수는 없지만, 원소는 바꿀 수 있다.[3] 따라서 배열은 변경 가능한 객체다.

같은 타입의 객체로 이뤄진 변경 불가능한 시퀀스를 위해서는 스칼라의 List 클래스를 사용할 수 있다. 배열과 마찬가지로 List[String]에는 문자열만 들어갈 수 있다. 스칼라의 리스트인 scala.List는 변경 불가능하다는 점에서 자바의 java.util.List 타입과 다르다(즉, 자바의 리스트는 원소를 바꿀 수 있다). 더 일반적으로 말하자면, 스칼라의 리스트는 함수 스타일의 프로그래밍을 위해 설계한 클래스다. 리스트 3.3에서 볼 수 있듯이 리스트를 만드는 방법은 쉽다.

리스트 3.3 리스트를 만들고 초기화하기

```
val oneTwoThree = List(1, 2, 3)
```

리스트 3.3의 코드는 oneTwoThree라는 새로운 val을 만들면서 원소가 1, 2, 3인 List[Int]로 초기화한다.[4] List가 변경 불가능하기 때문에 자바 문자열과 약간 비슷하게 동작한다.

---

3 스칼라만 그런 것이 아니고 자바나 C, C++도 배열 크기를 변경할 수 없다. 배열의 길이를 변경하는 데는 비용이 많이 들기 때문이다. 한마디 덧붙이자면, 어떤 언어에서든 배열의 크기 변경은 크게 두 가지 방식을 사용한다. 하나는 자동으로 원소 추가에 따라 크기를 조정할 수 있고, 원소 접근 시간은 상수 시간이나 상수 시간에 한없이 가까운 시간이 걸리는 Vector 등의 클래스(또는 데이터 타입)를 사용하는 방법이 있다. 그리고 다른 하나는(사실은 특별한 방법은 아닌데) 프로그래머가 직접 malloc()이나 new 등의 방법을 사용해 새로운 크기의 배열을 만들고, 기존 배열의 정보를 직접 복사하는 방법이다. – 옮긴이

4 new List라고 쓸 필요가 없다. scala.List의 동반 객체에는 List.apply() 팩토리 메서드 정의가 들어 있다. 동반 객체에 대해서는 4.3절에서 자세히 살펴볼 것이다.

즉, 리스트의 내용을 변경하는 것 같아 보이는 메서드를 호출하면, 리스트 자체를 변경하지 않고 새 값을 갖는 리스트를 새로 만들어서 반환한다. 예를 들어, 리스트에 있는 ':::' 라는 메서드는 두 리스트를 이어붙인다. 다음은 사용법이다.

```
val oneTwo = List(1, 2)
val threeFour = List(3, 4)
val oneTwoThreeFour = oneTwo ::: threeFour
println(oneTwo + " and " + threeFour + " were not mutated.")
println("Thus, " + oneTwoThreeFour + " is a new list.")
```

이 스크립트를 실행하면 다음을 볼 수 있다.

```
List(1, 2) and List(3, 4) were not mutated.
Thus, List(1, 2, 3, 4) is a new list.
```

아마도 리스트에서 가장 자주 사용하는 연산자는 '::'일 것이다. 이 메서드를 '콘즈cons' 라 부른다. 콘즈는 새 원소를 기존 리스트의 맨 앞에 추가한 새 리스트를 반환한다. 예를 들어, 다음 스크립트를 실행하면

```
val twoThree = List(2, 3)
val oneTwoThree = 1 :: twoThree
println(oneTwoThree)
```

다음과 같은 결과를 볼 수 있다.

```
List(1, 2, 3)
```

참고

'1 :: twoThree'라는 표현식에서 ::는 왼쪽에 있는 피연산자인 리스트 twoThree의 메서드다. 여러분이 :: 메서드의 결합성과 관련해 무언가 잘못된 것이 아닌가 생각할지도 모르겠다. 하지만 실제로는 아주 기억하기 쉬운 규칙이 하나 있을 뿐이다. 어떤 메서드를 a * b와 같은 연산자 표기법으로 사용할 때, 일반적으로는 a.*(b)와 같이 왼쪽 피연산자의 메서드를 호출하는 것이다. 하지만 메서드 이름이 콜론(:)으로 끝나면 다르다. 메서드 이름이 콜론으로 끝나면, 연산자 방식으로 사용 시 오른쪽 피연산자에 대해 호출을 한다. 따라서 1 :: twoThree에서 ::는 towThree를 호출 대상 객체로, 1을 인자로 받는 메서드 호출인 twoThree.::(1)로 해석한다. 연산자 결합 법칙에 대해서는 5.9절에서 설명한다.

빈 리스트를 Nil이라고 줄여 쓸 수 있다는 사실을 안다면, 새롭게 리스트를 초기화하기 위해 각 원소를 콘즈 연산자로 결합하되, 맨 뒤에 Nil을 넣는 방식을 사용할 수 있다.[5] 예를 들어, 다음 스크립트는 앞의 예제와 같은 List(1, 2, 3)을 출력한다.

```
val oneTwoThree = 1 :: 2 :: 3 :: Nil
println(oneTwoThree)
```

스칼라의 리스트는 유용한 메서드로 가득 차 있다. 그런 메서드 중 상당수를 표 3.1에 정리해뒀다. 리스트의 강력함에 대해서는 16장에서 전체적으로 다룰 것이다.

> **왜 리스트 뒤에 추가하지 않을까?**
>
> List 클래스는 ':+'라는 이름의 '추가' 메서드를 제공하기는 한다(24장에서 설명). 하지만 이 연산을 사용하는 경우는 드물다. 리스트 뒤에 원소를 추가하는 연산은 리스트의 길이에 비례하는 시간이 걸리기 때문이다. 반면 ::를 사용해 맨 앞에 추가하는 데는 상수 시간이 걸린다. 리스트 뒤에 원소를 추가하면서 효율적으로 리스트를 만들어내려면, 리스트 앞에 원소를 추가한 다음에 뒤집거나, ListBuffer를 사용해야 한다. ListBuffer는 뒤에 효율적으로 원소를 삽입할 수 있고, 삽입을 다 마치면 toList를 호출할 수 있는 변경 가능한 리스트다. ListBuffer에 대해서는 22.2절에서 다룰 것이다.

표 3.1 List 메서드와 사용법

형태	설명
List() 또는 Nil	빈 리스트다.
List("Cool", "tools", "rule")	세 원소 "Cool", "tools", "rule"이 들어간 List(String)을 새로 만든다.
val thrill = "Will" :: "fill" :: "until" :: Nil	"Will", "fill", "until"이 들어간 List(String)을 새로 만든다.
List("a", "b") ::: List("c", "d")	두 리스트를 붙인다("a", "b", "c", "d"가 들어간 List(String)을 만든다).
thrill(2)	thrill 리스트에서 인덱스가 2(첫 번째 원소는 0임)인 원소(여기서는 "until")를 반환한다.
thrill.count(s => s.length == 4)	thrill에 들어 있는 문자열 중 길이가 4인 것의 개수를 센다(따라서 2를 반환한다).

(이어짐)

---

5 리스트 끝에 Nil을 필요로 하는 이유는 ::가 List 클래스의 멤버이기 때문이다. 만약 1 :: 2 :: 3만을 사용했다면, 3이 Int라서 :: 메서드가 없기 때문에 컴파일에 실패한다.

형태	설명
thrill.drop(2)	thrill 리스트에서 처음 두 원소를 없앤 새로운 리스트를 반환한다(여기서는 List("until")을 반환한다).
thrill.dropRight(2)	thrill 리스트에서 맨 오른쪽의 두 원소를 없앤 새로운 리스트를 반환한다(여기서는 List("Will")을 반환한다).
thrill.exists(s => s == "until")	thrill에 "until"이라는 문자열이 있는지 여부를 반환한다(따라서 true를 반환한다).
thrill.filter(s => s.length == 4)	리스트 thrill에 있는 순서대로, 길이가 4인 문자열의 리스트를 반환한다(이 경우 List("Will", "fill")을 반환한다).
thrill.forall(s => s.endsWith("l"))	thrill의 모든 원소가 끝이 "l"인 문자열인지 여부를 반환한다(여기서는 true를 반환한다).
thrill.foreach(s => print(s))	print 함수를 thrill 리스트의 모든 문자열에 대해 호출한다(여기서는 "Willfilluntil"을 출력한다).
thrill.foreach(print)	윗줄과 같지만 좀 더 간단하다(물론 출력도 "Willfilluntil"로 같다).
thrill.head	thrill 리스트의 첫 번째 원소를 반환한다(여기서는 "Will"을 반환한다).
thrill.init	thrill 리스트에서 마지막 원소를 제외한 나머지 리스트를 반환한다(여기서는 List("Will", "fill")을 반환한다).
thrill.isEmpty	thrill 리스트가 비어 있는지 여부를 반환한다(여기서는 false를 반환한다).
thrill.last	thrill 리스트의 첫 번째 원소를 반환한다(여기서는 "until"을 반환한다).
thrill.length	thrill 리스트의 길이를 반환한다(여기서는 3을 반환한다).
thrill.map(s => s + "y")	thrill 리스트의 각 원소 문자열의 뒤에 "y"를 추가한 문자열로 이뤄진 새 리스트를 반환한다(List("Willy", "filly", "untily")를 반환한다).
thrill.mkString(", ")	리스트의 원소를 가지고 문자열을 만든다("Will, fill, until"을 반환한다).
thrill.filterNot(s => s.length == 4)	thrill 리스트의 모든 원소 중 길이가 4인 것을 제외한 나머지 원소를 thrill 리스트에 있는 순서대로 반환한다(List("until")을 반환한다).
thrill.reverse	thrill 리스트의 원소를 역순으로 담은 리스트를 반환한다(List("until", "fill", "Will")을 반환한다).
thrill.sortWith((s, t) => s.charAt(0).toLower < t.charAt(0).toLower)	thrill 리스트를 알파벳 순서대로 정렬하되, 원소 문자열의 첫 글자를 소문자로 만들어서 비교한 정렬 순서대로 원래 리스트의 원소를 나열한다(List("fill", "until", "Will")을 반환한다. 비교 시에만 소문자를 사용하고 반환 결과는 원래 문자열과 같음에 유의하라).
thrill.tail	thrill 리스트의 첫 원소를 제외한 나머지 리스트를 반환한다(List("fill", "until")을 반환한다).

3.3 9단계: 튜플을 사용해보자

튜플^{tuple}은 또 다른 유용한 컨테이너 객체다. 리스트와 마찬가지로 변경 불가능하지만 튜플에는 각기 다른 타입의 원소를 넣을 수 있다. 리스트가 List[Int]나 List[String]인 반면, 튜플에는 동시에 문자열과 정수를 함께 넣을 수 있다. 튜플은 예를 들어 메서드에서 여러 객체를 반환해야 하는 경우 아주 유용하다. 자바에서라면 여러 반환값을 담기 위해 자바 빈^{JavaBean}과 비슷한 클래스를 만들어야 하는 경우, 스칼라에서는 단지 튜플을 반환하면 된다. 또한 튜플은 단순하다. 새 튜플을 인스턴스화해서 객체를 담으려면, 단지 넣을 객체들을 쉼표(,)로 구분해 괄호로 둘러싸기만 하면 된다. 튜플을 인스턴스화하고 나서 각 원소에 접근하려면, 점(.)과 밑줄(_) 다음에 1부터 시작하는 인덱스를 넣는다. 리스트 3.4를 보라.

리스트 3.4 튜플을 만들고 사용하기

```
val pair = (99, "Luftballons")
println(pair._1)
println(pair._2)
```

리스트 3.4의 첫 줄에서는 정수 99가 첫 원소이고 문자열 "Luftballons"가 두 번째 원소인 새로운 튜플을 만든다. 스칼라는 튜플의 타입이 Tuple2[Int, String]이라는 사실을 추론하고, pair 변수에도 같은 타입을 지정한다. 두 번째 줄에서 _1 필드에 접근하면 결과로 첫 번째 원소인 99를 볼 수 있다. 두 번째 줄의 '.'은 객체의 필드나 메서드 호출 시 사용하는 점과 같은 것이다. 여기서는 _1이라는 이름의 필드에 접근한다. 이 스크립트를 실행하면 다음을 볼 수 있다.

```
99
Luftballons
```

튜플의 실제 타입은 내부에 들어 있는 원소의 개수와 각각의 타입에 따라 바뀐다. 따라서 (99, "Luftballons")의 타입은 Tuple2[Int, String]이고, ('u', 'r', "the", 1, 4, "me")의 타입은 Tuple6[Char, Char, String, Int, Int, String]이다.[6]

---

6 개념적으로는 원하는 길이의 튜플을 마음대로 만들 수 있지만 현재 스칼라 라이브러리는 Tuple22까지만 지원한다.

3.4 10단계: 집합과 맵을 써보자

스칼라의 목적은 프로그래머들이 함수형 스타일과 명령형 스타일의 장점을 모두 취할 수 있게 돕는 것이다. 이를 위해 스칼라 컬렉션 라이브러리에서 변경 가능한 컬렉션과 변경 불가능한 컬렉션을 구분해둔 곳이 있다. 예를 들어, 배열은 항상 변경 가능하지만 리스트는 항상 변경 불가능하다. 하지만 집합이나 맵에 대해서는 변경 가능한 것과 변경 불가능한 것을 모두 제공한다. 다만, 두 버전 모두 동일한 간단한 이름을 사용한다. 집합이나 맵 모두 스칼라에서는 클래스 계층 안에서 변경 가능성을 모델링한다.

예를 들어, 스칼라 API에는 집합을 위한 기반 **트레이트**^{trait}가 있다. 트레이트는 자바 인터페이스와 비슷하다(트레이트에 대해서는 12장에서 자세히 다룬다). 스칼라는 이 기반 트레이트에 대해 (이를 상속한) 두 서브트레이트를 제공한다. 하나는 변경 가능 집합, 다른 하나는 변경 불가능 집합을 위한 것이다.

그림 3.2에서 보듯, 이 세 트레이트의 간단한 이름은 Set으로 모두 동일하다. 하지만 각각이 서로 다른 패키지 안에 있기 때문에, 긴 이름(완전한 이름)은 서로 다르다. 스칼라 API가 제공하는 구체적인 집합(예: 그림 3.2에 있는 HashSet)은 변경 가능하거나 불가능한 Set 트레이트를 확장^{extend}한다(자바에서는 인터페이스를 구현^{implement}하지만 스칼라에서는 트레이트를 '확장'하거나 '혼합^{mix in}'한다). 따라서 HashSet을 사용하고 싶다면, 필요에 따라 변경 가능한 것이나 변경 불가능한 것 중 하나를 골라서 사용할 수 있다. 집합을 만드는 기본적인 방법은 리스트 3.5에 있다.

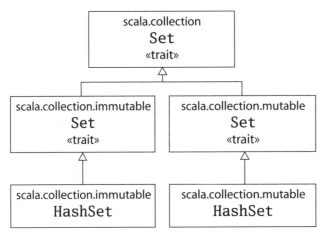

그림 3.2 스칼라 집합의 클래스 계층도

리스트 3.5 변경 불가능한 집합을 만들고, 초기화하고, 사용하기

```
var jetSet = Set("Boeing", "Airbus")
jetSet += "Lear"
println(jetSet.contains("Cessna"))
```

리스트 3.5의 첫 줄에서는 jetSet이라는 새로운 var 변수를 정의한 다음, 두 문자열 "Boeing"과 "Airbus"를 포함하는 변경 불가능한 집합으로 초기화한다. 위 예제에서 볼 수 있듯, 스칼라에서는 리스트나 배열을 생성하는 방법과 비슷하게 집합을 만들 수 있다. 즉, Set의 동반 객체에 있는 apply 팩토리 메서드를 호출하면 된다. 리스트 3.5에서는 scala.collection.immutable.Set에 대한 동반 객체에 있는 apply를 호출했다. 이 호출은 변경 불가능한 디폴트 Set 타입의 객체를 반환한다. 스칼라 컴파일러는 jetSet의 타입이 변경 불가능한 Set[String]이란 사실을 추론해낸다.

새 원소를 변경 불가능한 집합에 추가하려면, +를 호출하면서 추가할 원소를 넘기면 된다. + 메서드는 원소를 추가한 새로운 변경 불가능한 집합을 반환한다. 변경 가능한 집합은 실제로 += 메서드를 제공하지만 변경 불가능한 집합은 그렇지 않다.

리스트 3.5의 두 번째 줄에 있는 jetSet += "Lear"라는 코드는 실제로는 다음 코드를 짧게 적은 것이다.

```
jetSet = jetSet + "Lear"
```

그렇기 때문에, 리스트 3.5의 두 번째 줄에서 jetSet 변수를 "Boeing", "Airbus", "Lear" 라는 세 원소가 들어 있는 새로운 집합으로 재할당한 것이다. 마지막으로, 리스트 3.5의 마지막 줄은 해당 집합에 "Cessna"라는 문자열이 있는지 여부를 출력한다(여러분도 예상 했겠지만, false를 출력한다).

변경 가능한 집합을 사용하고 싶다면 리스트 3.6과 같이 **임포트**^{import}를 사용해야 한다.

리스트 3.6 변경 가능한 집합을 만들고, 초기화하고, 사용하기

```
import scala.collection.mutable

val movieSet = mutable.Set("Hitch", "Poltergeist")
movieSet += "Shrek"
println(movieSet)
```

리스트 3.6의 첫 줄에서는 scala.collection.mutable을 임포트한다. 임포트 문장을 사용하면 긴 전체 이름 대신 간단한 이름을 사용할 수 있다. 결과적으로, 세 번째 줄에서 mutable.Set이라고 적으면 컴파일러는 그 Set이 scala.collection.mutable.Set을 의미한다는 사실을 안다. 그 줄에서 movieSet을 "Hitch"와 "Poltergeist"가 들어간 변경 가능한 집합으로 초기화한다. 그다음 줄에서는 변경 가능한 집합의 += 메서드에 "Shrek"을 인자로 넘겨서 추가한다. 앞에서 설명한 것처럼, +=는 실제로 변경 가능 집합에 있는 메서드다. 따라서 원한다면 movieSet += "Shrek" 대신에 movieSet.+=("Shrek")이라고 쓸 수도 있다.[7]

지금까지 보여준 변경 가능한 집합과 변경 불가능한 집합의 팩토리 메서드가 만들어주는 디폴트 집합이 대부분의 경우 충분하겠지만, 때로는 어떤 집합 클래스를 사용할지 지정하고 싶을 수도 있다. 다행히, 문법은 비슷하다. 단지 필요한 클래스를 임포트하고, 해당 클래스에 대한 동반 객체의 팩토리 메서드를 사용하면 된다. 예를 들어, 변경 불가능한 HashSet이 필요하다면 다음과 같이 할 수 있다.

```
import scala.collection.immutable.HashSet

val hashSet = HashSet("Tomatoes", "Chilies")
println(hashSet + "Coriander")
```

---

7   리스트 3.6의 집합이 변경 가능하기 때문에, movieSet을 재할당할 필요는 없다. 그래서 movieSet을 val로 선언했다. 반면, 리스트 3.5에서 변경 불가능한 집합에 +=를 사용할 때는 jetSet을 재할당해야만 했다. 이를 위해, 반드시 var를 사용해야만 했다.

스칼라에서 유용한 또 다른 트레이트로 Map이 있다. 집합과 마찬가지로, 맵도 변경 가능한 것과 변경 불가능한 것이 있다. 그림 3.3에서 보면, 맵의 클래스 계층도도 집합의 계층도와 비슷해 보인다. scala.collection에 기반 Map 트레이트가 있고, 두 가지 서브트레이트로 scala.collection.mutable에 변경 가능한 Map이, scala.collection.immutable에 변경 불가능한 Map이 있다.

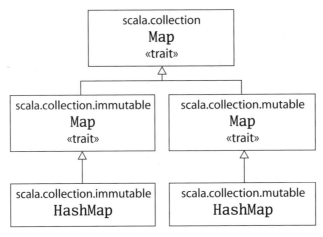

그림 3.3 스칼라 맵 클래스 계층도

Map의 구현은 그림 3.3에 있는 클래스 계층도에서 HashMap 등의 클래스다. 이런 구현도 변경 가능한 것과 변경 불가능한 트레이트가 있다. 배열, 리스트, 집합에서와 마찬가지로 팩토리 메서드를 사용해 맵을 만들고 초기화할 수 있다.

리스트 3.7 변경 가능 맵을 만들고, 초기화하고, 사용하기

```
import scala.collection.mutable

val treasureMap = mutable.Map[Int, String]()
treasureMap += (1 -> "Go to island.")
treasureMap += (2 -> "Find big X on ground.")
treasureMap += (3 -> "Dig.")
println(treasureMap(2))
```

예를 들어 리스트 3.7은 변경 가능한 맵을 사용하는 경우를 보여준다. 리스트 3.7의 첫 줄에서, 변경 가능한 Map을 임포트한다. 그리고 treasureMap이라는 val을 만들어서 정수 키와 문자열값을 담을 수 있는 변경 가능한 빈 Map으로 초기화했다. 팩토리 메서드에 아무

것도 전달하지 않았기 때문에(Map[Int, String]()의 괄호 부분 안에 아무것도 없다) 이 맵은 비어 있다.[8] 다음 세 줄에 걸쳐 맵에 ->와 += 메서드를 사용해 키/값 쌍을 집어넣는다. 앞에서 설명한 것처럼, 스칼라는 1 -> "Go to island." 같은 연산자 표현식을 (1).->("Go to island.")로 바꾼다. 따라서 1 -> "Go to island."를 호출하는 것은 1이라는 정수에 들어 있는 ->라는 메서드를 "Go to island."를 인자로 호출하는 것이다. 스칼라에서 이 -> 메서드를 아무 객체에 대해 호출하면, 해당 객체를 키로 하고 인자로 받은 다른 객체를 값으로 하는 원소가 2개인 튜플을 만든다.[9] 그 후 이 튜플을 treasureMap이 가리키는 맵 객체의 += 메서드에 넘긴다. 마지막 줄은 treasureMap에서 2라는 키에 대응하는 값을 출력한다. 이 코드를 실행하면 다음과 같은 결과를 볼 수 있다.

```
Find big X on ground.
```

변경 불가능한 맵을 더 선호한다면 임포트를 할 필요가 없다. 왜냐하면 변경 불가능한 맵이 디폴트이기 때문이다. 예제로 리스트 3.8을 보라.

리스트 3.8 변경 불가능한 맵을 만들고, 초기화하고, 사용하기

```
val romanNumeral = Map(
  1 -> "I", 2 -> "II", 3 -> "III", 4 -> "IV", 5 -> "V"
)
println(romanNumeral(4))
```

리스트 3.8에는 임포트 문장이 없다. 따라서 첫 줄에서 Map을 사용하면 기본 맵인 scala.collection.immutable.Map을 사용하는 것이다. 이 맵의 팩토리 메서드에 키/값 쌍을 넘기면, 팩토리 메서드는 그 키/값 쌍이 들어간 변경 불가능한 Map을 반환한다. 리스트 3.8의 코드를 실행하면 IV를 출력할 것이다.

---

8 리스트 3.7에서는 타입 파라미터 [Int, String]을 명시해야만 한다. 팩토리 메서드에 아무 값도 전달하지 않아서 컴파일러가 맵의 타입 파라미터를 추론할 수 없기 때문이다. 반면, 리스트 3.8에서는 리스트에 전달한 값으로부터 맵 팩토리의 타입 파라미터를 추론할 수 있기 때문에 이를 명시할 필요가 없다.

9 스칼라가 ->를 모든 객체에 적용 가능하게 만들 수 있는 메커니즘인 암시적 변환(implicit conversion)에 대해서는 21장에서 설명할 것이다.

3.5 11단계: 함수형 스타일을 인식하는 법을 배우자

1장에서도 언급했듯이 스칼라를 사용해 명령형 프로그래밍을 할 수도 있다. 하지만 함수형 스타일을 더 활용할 것을 권장한다. 만약 여러분이 명령형 언어를 배경으로 스칼라를 접했다면(예를 들어 자바 프로그래머라면) 함수형 스타일로 프로그래밍하는 방법을 알아내는 일이 스칼라를 배울 때 직면해야 할 어려움 중 하나일 것이다. 이런 스타일이 처음에는 낯설겠지만 여러분이 함수형 사고방식으로 원활히 전환할 수 있도록 최대한 도울 것이다. 여러분도 많은 노력이 필요하겠지만, 그런 노력을 기꺼이 감내하길 바란다. 명령형 배경을 가진 프로그래머가 함수형 스타일로 프로그래밍하는 방법을 배우면, 더 나은 스칼라 프로그래머가 될 수 있을 뿐만 아니라 생각의 지평을 넓혀서 더 나은 프로그래머가 될 수 있으리라 믿는다.

첫 단계는 코드상에서 이 두 스타일의 차이를 인지하는 것이다. 한 가지 숨길 수 없는 표지는 코드에 var가 있다면 아마도 명령형 스타일일 것이란 점이다. 코드에 var가 전혀 없다면(즉, 오직 val만 코드에 있다면) 그 코드는 아마도 함수형 스타일일 것이다. 따라서 함수형으로 한 걸음 더 나아가는 방법은 var를 사용하지 않고 프로그래밍하려 노력하는 것이다.

자바, C++, C# 등의 명령형 언어를 배경으로 하는 독자라면, var가 일반적인 변수이고 val은 특별한 변수라고 생각할지도 모르겠다. 반면 하스켈이나 오캐멀, 얼랭 등 함수형 언어 배경을 가진 독자라면, val을 일반적인 변수라고 생각하고 var는 무언가 신성모독에 가까운 것처럼 생각할지도 모른다. 하지만 스칼라의 관점은 var나 val이 모두 연장통에 있는 각기 다른 연장에 불과하다는 것이다. 둘 다 유용하며 어느 쪽도 선천적으로 악한 것이 아니다. 스칼라는 val을 더 많이 사용하도록 권한다. 하지만 무엇보다도 과업을 수행하는 데 가장 좋은 도구를 사용하도록 권장한다. 그러나 여러분이 이런 균형 잡힌 관점에 동의한다고 해도, 아마 처음에는 어떻게 var를 코드에서 없앨 수 있는지 생각해내기가 여전히 어려울 것이다.

2장에서 가져온 while 루프 예제를 보자. 다음 예제에는 var가 있기 때문에 명령형 스타일이다.

```
def printArgs(args: Array[String]): Unit = {
  var i = 0
  while (i < args.length) {
    println(args(i))
    i += 1
  }
}
```

이 코드를 var를 없애고 더 함수적으로 만들 수 있다. 예를 들어, 다음과 같이 할 수 있다.

```
def printArgs(args: Array[String]): Unit = {
  for (arg <- args)
    println(arg)
}
```

또는 다음과 같이 할 수도 있다.

```
def printArgs(args: Array[String]): Unit = {
  args.foreach(println)
}
```

이 코드는 변수를 덜 사용해서 프로그래밍할 때의 장점을 보여준다. 리팩토링한 (더 함수형인) 코드는 더 명확하고 간결하며, 원래의 (더 명령형인) 코드에 비해 오류 가능성이 낮다.

하지만 더 멀리 나아갈 수도 있다. 리팩토링한 printArgs 메서드는 완전히 함수형 코드는 아니다. 왜냐하면 내부에 부수 효과가 있기 때문이다. 여기서는 표준 출력 스트림에 글자를 찍는 것이 바로 부수 효과다. 부수 효과가 있는 함수를 나타내는 분명한 지표는 결과 타입이 Unit인가 하는 점이다. 어떤 함수가 관심의 대상이 될 만한 값을 반환하지 않는다면(바로 그것이 Unit이라는 결과 타입이 의미하는 바인데), 그런 함수가 주변 세계에 영향을 끼칠 수 있는 유일한 방법은 어떤 형태로든 부수 효과를 통하는 것일 수밖에 없다. 더 함수적인 접근 방식은 인자로 받은 것을 출력을 위해 형식화하는 메서드를 정의하고, 그렇게 만들어낸 문자열을 반환하는 것이다. 리스트 3.9와 같이 할 수 있다.

리스트 3.9 var나 부수 효과가 없는 함수

```
def formatArgs(args: Array[String]) = args.mkString("\n")
```

이제 정말 함수적인 코드로 바뀌었다. var나 부수 효과를 찾아볼 수 없다. mkString 메서드는 이터러블(iterable) 컬렉션(배열, 리스트, 집합, 맵도 물론 여기에 속한다)에 호출 가능하며, toString을 각 원소에 호출해서 얻은 문자열 사이에 인자로 넘긴 문자열을 끼워 넣은 문자열을 반환한다. 따라서 "zero", "one", "two" 세 원소가 있는 args에 대해 formatArgs는 "zero\none\ntwo"를 반환한다. 물론, 이 함수는 printArgs와는 달리 실제 아무 값도 출력하지 않는다. 하지만 결과를 println에 넘기면 쉽게 화면에 출력할 수 있다.

```
println(formatArgs(args))
```

모든 유용한 프로그램에는 어떤 형태로든 부수 효과가 들어가기 마련이다. 부수 효과 없이 외부 세계에 값을 전달할 방법이 없기 때문이다. 부수 효과가 없는 메서드를 더 우선시하면, 부수 효과가 있는 코드를 최소로 사용하면서 프로그래밍하는 습관을 들일 수 있다. 이런 접근 방법의 이점 중 하나는 프로그램을 테스트하기가 더 쉽다는 것이다.

예를 들어 이번 절에서 본 printArgs 메서드 세 가지 중 어느 하나라도 테스트하려면, println을 수정해서 자신에게 인자로 들어온 출력을 원하는 값과 비교하도록 바꿔야 한다. 반면, formatArgs 함수는 그냥 결괏값을 원하는 문자열과 비교하면 테스트가 가능하다.

```
val res = formatArgs(Array("zero", "one", "two"))
assert(res == "zero\none\ntwo")
```

스칼라의 assert 메서드는 전달받은 Boolean이 거짓이라면 AssertionError를 던진다. 만약 인자가 true라면 assert는 아무 일도 하지 않는다. assert와 테스트에 대해서는 14장에서 더 살펴볼 것이다.

그렇긴 하지만 var나 부수 효과가 근본적으로 나쁜 것이 아님을 기억하라. 스칼라는 모든 프로그램을 함수형 스타일로 강제로 작성하게 만드는 순수 함수형 언어가 아니다. 스칼라는 명령형과 함수형을 혼합한 언어다. 풀어야 할 문제에 따라 어떤 경우에는 명령형 스타일이 더 적합하고, 그런 경우 명령형 방법을 사용하는 것을 주저하지 않아야 한다. 하지만 var를 사용하지 않고 프로그램을 작성하는 방법을 배우는 과정을 돕기 위해, 7장에서 여러 가지 구체적인 예제 코드를 보며 각 경우 어떻게 var를 val로 바꿀 수 있는지 설명할 것이다.

3.6 12단계: 파일의 내용을 줄 단위로 읽자

일상적인 자잘한 업무를 수행하는 스크립트는 파일의 내용을 줄 단위로 읽어야 할 경우가 자주 있다. 이번 절에서는 파일에서 줄 단위로 내용을 읽어서, 각 줄의 문자 개수를 맨 앞에 덧붙여서 출력하는 스크립트를 작성할 것이다. 첫 버전은 리스트 3.10에 있다.

리스트 3.10 파일에서 줄 단위로 내용 읽기

```
import scala.io.Source
if (args.length > 0) {
  for (line <- Source.fromFile(args(0)).getLines())
    println(line.length.toString + " " + line)
}
else
  Console.err.println("Please enter filename")
```

이 스크립트는 Source라는 클래스를 scala.io 패키지에서 임포트하는 문장으로 시작한다. 그다음에 명령행에서 인자를 최소한 하나 이상 받았는지 검사한다. 인자가 있다면, 첫 번째 인자를 열어서 처리해야 할 파일 이름으로 생각한다. Source.fromFile(args(0))은 지정한 파일을 열고, Source 객체를 반환한다. 그 Source 타입의 객체에 대해 getLines를 호출한다. getLines 메서드는 각 이터레이션마다 파일의 내용을 한 줄씩 돌려주는 Iterator[String]을 반환한다. 이때 반환하는 문자열의 끝에는 개행 문자도 함께 들어 있다. for 식은 이터레이터를 사용해 각 줄을 받아서 각각의 길이와 공백, 그리고 해당 줄 자체를 출력한다. 명령행에서 인자를 지정하지 않았다면, 마지막 else 절에서 표준 오류

standard error 스트림에 메시지를 표시한다. 이 코드를 countchars1.scala라는 이름으로 저장하고, 그 파일 자체에 대해 실행해보자.

```
$ scala countchars1.scala countchars1.scala
```

다음과 같은 결과를 볼 수 있어야 한다.

```
22 import scala.io.Source
0
22 if (args.length > 0) {
0
51   for (line <- Source.fromFile(args(0)).getLines())
37     println(line.length + " " + line)
1 }
4 else
46   Console.err.println("Please enter filename")
```

스크립트가 필요한 정보를 잘 출력하기는 한다. 하지만 다음과 같이 각 줄 맨 앞의 수를 출력할 때 오른쪽 끝을 맞추고, 파이프(|) 문자를 추가하길 바란다.

```
22 | import scala.io.Source
 0 |
22 | if (args.length > 0) {
 0 |
51 |   for (line <- Source.fromFile(args(0)).getLines())
37 |     println(line.length + " " + line)
 1 | }
 4 | else
46 |   Console.err.println("Please enter filename")
```

이렇게 하기 위해, 각 줄을 두 번 이터레이션할 수 있다. 처음에는 각 줄의 문자 개수를 나타내는 문자열의 최대 폭을 결정하기 위해 전체를 이터레이션한다. 그런 다음, 방금 계산한 최대 폭을 활용해 실제 각 줄을 출력하기 위해 전체를 다시 이터레이션한다. 각 줄을 두 번 방문해야 하기 때문에, 이를 변수에 넣어두면 좋을 것이다.

```
val lines = Source.fromFile(args(0)).getLines().toList
```

마지막에 toList가 필요한 이유는, getLines가 반환하는 것이 이터레이터이기 때문이다. 이터레이터는 전체를 방문하고 나면 모두 다 사용했기 때문에 더 이상 이터레이션을 할 수 없다. toList를 호출해 리스트로 만들면 원하는 만큼 여러 번 원소에 접근할 수 있다. 물론, 파일의 모든 줄을 메모리에 한꺼번에 다 넣는 만큼 비용이 든다. 따라서 lines 변수는 명령행에서 지정한 파일의 모든 내용이 들어간 문자열의 리스트를 참조한다. 다음으로, 각 줄의 문자 개수의 너비를 두 번(한 번은 표시할 너비 계산을 위한 이터레이션에서 최대 너비를 결정하기 위해, 한 번은 전체 줄을 출력하는 이터레이션에서 오른쪽 정렬을 위해 공백을 앞에 얼마나 추가할지 결정하기 위해) 계산하기 때문에, 이를 간단한 함수로 분리해서 인자로 전달받은 문자열의 길이가 몇 문자로 되어 있는지 계산하도록 리팩토링한다.

```
def widthOfLength(s: String) = s.length.toString.length
```

이 함수가 있으면, 문자열의 최대 너비를 다음과 같이 계산할 수 있을 것이다.

```
var maxWidth = 0
for (line <- lines)
  maxWidth = maxWidth.max(widthOfLength(line))
```

여기서는 for 식을 사용해 각 줄을 이터레이션하면서 해당 줄의 길이가 몇 문자인지 계산해, 현재의 최댓값(maxWidth)보다 그 값이 더 크면 maxWidth의 값에 현재 줄의 길이를 재할당한다. maxWidth는 var 변수로, 0으로 초기화한다. Int에 대해 호출한 max 메서드는 호출 대상 Int와 인자로 전달받은 Int 값 사이에 더 큰 값을 반환한다. var가 없이 최댓값을 찾고 싶다면 먼저 가장 긴 줄을 찾아볼 수 있다.

```
val longestLine = lines.reduceLeft(
  (a, b) => if (a.length > b.length) a else b
)
```

reduceLeft 메서드는 전달받은 함수를 lines의 첫 두 원소에 대해 호출하고, 그 호출 결과와 lines의 다음 원소에 대해 다시 또 전달받은 함수를 호출하며, 이를 전체 리스트 원소에 대해 반복한다. 함수 (a, b) => if (a.length > b.length) a else b가 인자로 받은 두 문자열 중 더 긴 문자열을 반환하기 때문에, reduceLeft가 이 함수를 호출할 때마다 그 결과는 lines에서 지금까지 함수에 전달했던 각 줄의 길이 중 최댓값이다. reduceLeft 는 이 함수를 마지막으로 호출해서 얻은 결과를 반환한다. 따라서 lines에서 가장 긴 문자열을 반환할 것이다.

이 결과를 widthOfLength에 넘기면 최대 너비를 계산할 수 있다.

```
val maxWidth = widthOfLength(longestLine)
```

이제 남은 것은 각 줄을 적절한 형식에 맞춰 출력하는 것이다. 다음과 같이 할 수 있다.

```
for (line <- lines) {
  val numSpaces = maxWidth - widthOfLength(line)
  val padding = " " * numSpaces
  println(padding + line.length + " | " + line)
}
```

이 for 표현식은 다시 lines를 이터레이션한다. 각 줄에 대해, 먼저 해당 줄의 길이를 표시하기 전에 추가로 출력해야 하는 공백 개수를 계산해 numSpaces에 할당한다. 그 후, numSpaces만큼의 공백으로 이뤄진 문자열을 " " * numSpaces라는 표현식을 통해 만든다. 마지막으로, 원하는 형식에 맞춰 정보를 출력한다. 전체 스크립트는 리스트 3.11과 같다.

리스트 3.11 어떤 파일의 모든 줄의 문자 개수를 줄을 잘 맞춰 출력하기

```
import scala.io.Source
def widthOfLength(s: String) = s.length.toString.length
if (args.length > 0) {
  val lines = Source.fromFile(args(0)).getLines().toList
  val longestLine = lines.reduceLeft(
    (a, b) => if (a.length > b.length) a else b
  )
  val maxWidth = widthOfLength(longestLine)

  for (line <- lines) {
    val numSpaces = maxWidth - widthOfLength(line)
    val padding = " " * numSpaces
    println(padding + line.length + " | " + line)
  }
}
```

```
else
  Console.err.println("Please enter filename")
```

3.7 결론

3장에서 배운 내용만으로도 스칼라를 이런저런 소소한 작업에, 특히 스크립트를 통해 사용할 준비가 되었을 것이다. 이제부터는 각 주제를 더 자세히 파고들고, 여기서 보여주지 않았던 새로운 주제도 소개할 것이다.

Chapter
04

클래스와 객체

2장과 3장에서 스칼라의 클래스와 객체에 대한 기본적인 사항을 이미 살펴봤다. 4장에서는 더 깊이 들어가 본다. 클래스^{class}, 필드^{field}, 메서드^{method}에 대해 살펴보고, 세미콜론 추론^{semicolon inference}에 대해 전반적으로 다룰 것이다. 싱글톤 객체^{singleton object}에 대해서도 더 배울 것이다. 또한 스칼라 애플리케이션을 작성하기 위해 싱글톤을 어떻게 사용하는지도 살펴볼 것이다. 자바를 아는 독자라면 스칼라에서도 관련 개념이 비슷하지만 완전히 같지는 않다는 사실을 알게 될 것이다. 따라서 자바 고수라 해도 이번 장을 읽어두면 그만큼 값어치를 할 것이다.

4.1 클래스, 필드, 메서드

클래스는 객체에 대한 청사진이다. 클래스를 정의하고 나면, 그 클래스 청사진으로부터 new를 사용해 객체를 만들 수 있다. 다음과 같은 클래스 정의가 있다고 하자.

```
class ChecksumAccumulator {
  // 여기 클래스 정의가 들어간다.
}
```

ChecksumAccumulator 타입의 객체를 만들고 싶다면 다음과 같이 할 수 있다.

```
new ChecksumAccumulator
```

클래스 정의 안에는 필드와 메서드를 넣을 수 있다. 이 둘을 합쳐 **멤버**[member]라고 부른다. 필드는 var나 val로 정의하며 객체를 나타내는 변수다. 메서드는 def로 정의하며 실행할 코드를 담는다. 필드가 객체가 사용할 상태 또는 데이터를 담는 반면, 메서드는 그 데이터를 사용해 객체의 계산 업무를 담당한다. 클래스를 인스턴스화[instantiate]할 때, 스칼라 런타임[runtime]은 해당 객체의 상태(즉, 각 변수들의 내용)를 담아둘 메모리를 확보한다. 예를 들어, ChecksumAccumulator 클래스에 sum이라는 var 필드를 부여해보자.

```
class ChecksumAccumulator {
  var sum = 0
}
```

그러면, 이를 다음과 같이 두 번 인스턴스화할 수도 있다.

```
val acc = new ChecksumAccumulator
val csa = new ChecksumAccumulator
```

메모리에서 각 객체의 모양은 다음과 비슷할 것이다.

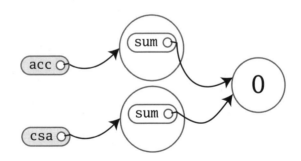

ChecksumAccumulator 내에 정의한 sum이 val이 아닌 var이기 때문에, 나중에 다른 Int 값을 sum에 재할당할 수 있다.

```
acc.sum = 3
```

이제, 메모리 그림은 다음과 같이 될 것이다.

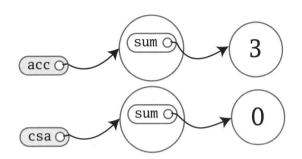

이 그림에서 눈치챌 수 있는 것은 sum 변수가 2개 있다는 사실이다. 하나는 acc로 참조하는 객체에, 다른 하나는 csa로 참조하는 객체에 들어 있다. 필드는 다른 말로 **인스턴스 변수**instance variable라고도 한다. 모든 인스턴스에는 자신만의 변수 집합이 있기 때문이다. 객체의 인스턴스 변수들이 한데 모여 해당 객체의 메모리상의 이미지를 만들어낸다. 앞에서 본 그림에서는, 그런 사실을 2개의 sum 변수를 통해 보여준다. 또한 어느 한 인스턴스 변수를 바꿔도 다른 인스턴스에는 전혀 영향이 없다는 사실도 보여준다.

이 예제에서 알아둬야 할 또 다른 사항은, acc가 val임에도 불구하고 acc가 참조하는 객체의 내부를 변경할 수 있었다는 사실이다. acc(또는 csa)를 가지고 할 수 없는 일은, 그 두 변수가 var가 아닌 val이기 때문에 다른 객체를 할당하지 못한다는 것이다. 예를 들어, 다음과 같이 시도하면 실패할 것이다.

```
// acc가 val이기 때문에 컴파일할 수 없다.
acc = new ChecksumAccumulator
```

따라서 acc가 항상 최초에 초기화한 ChecksumAccumulator 객체와 동일한 객체를 나타낸다는 사실을 믿을 수 있다. 반면, 해당 객체의 필드는 프로그램 진행에 따라 변할 수도 있다.

객체의 강건성robustness을 추구하는 한 가지 중요한 방법은 객체의 상태(인스턴스 변수의 값 전체)를 해당 인스턴스가 살아 있는 동안 항상 바르게 유지하는 것이다. 첫 단계는 필드를 **비공개**private로 만들어서 외부에서 직접 접근할 수 없게 하는 것이다. 비공개 필드는 같은 클래스 안에 정의한 함수에서만 접근 가능하기 때문에, 상태를 변경하는 코드를 클래스 내부로 한정하는 효과가 있다. 필드를 비공개로 만들고 싶으면 다음과 같이 private 접근 수식자^{access modifier}를 필드 앞에 붙인다.

```scala
class ChecksumAccumulator {
  private var sum = 0
}
```

ChecksumAccumulator 정의를 이렇게 한 경우, 외부에서 sum에 접근하려고 하는 모든 시도 는 실패한다.

```scala
val acc = new ChecksumAccumulator
acc.sum = 5 // sum이 비공개라서 컴파일할 수 없다.
```

> **참고**
>
> 스칼라에서 멤버를 공개(public)하려면 어떤 접근 수식자도 지정하지 않아야 한다. 다시 말해, 자바에서 'public'을 사용해야 하는 경우라면 스칼라에서는 아무것도 하지 않아야 한다. 스칼라의 기본 접근 수준은 전체 공개다.

이제 sum이 비공개이기 때문에, sum에 접근할 수 있는 모드는 클래스 자체의 본문 안에 정 의해놓은 코드들뿐이다. 따라서 몇 가지 메서드를 정의하기 전까지 ChecksumAccumulator 는 별로 쓸모가 없다.

```scala
class ChecksumAccumulator {
  private var sum = 0
  def add(b: Byte): Unit = {
    sum += b
  }
  def checksum(): Int = {
    return ~(sum & 0xFF) + 1
  }
}
```

ChecksumAccumulator에 이제 add와 checksum이라는 메서드가 생겼다. 둘 다 2장의 그림 2.1에서 보인 기본적인 함수 정의 형태를 따른다.

메서드 파라미터를 메서드 안에서 사용할 수 있다. 스칼라 메서드 파라미터에 있어 중요한 한 가지는 이들이 val이지 var가 아니라는 점이다.[1] 스칼라 메서드 본문에서 파라미터에 값을 재할당하면 컴파일을 할 수 없다.

```scala
def add(b: Byte): Unit = {
  b = 1             // b가 val이라서 컴파일할 수 없다.
  sum += b
}
```

여기 있는 ChecksumAccumulator의 add와 checksum이 원하는 기능을 바르게 구현하긴 했지만, 이를 좀 더 간결한 스타일로 표현할 수 있다. 먼저, checksum 메서드의 맨 끝에 있는 return은 쓸데없는 중복이므로 없앨 수 있다. 명시적으로 return을 사용하지 않아도 스칼라 메서드는 맨 나중에 계산한 값을 반환한다.

실제로 메서드 작성 시 권장하는 스타일은 return을 명시적으로 사용하지 않는 것, 특히 여러 번 사용하지 않는 것이다. 대신 각 메서드가 한 값을 계산하는 표현식인 것처럼 생각하라. 이렇게 계산한 값이 바로 메서드의 반환값이다. 이런 철학을 가지고 코딩하면, 메서드를 아주 작게 유지하고 커다란 메서드를 더 작은 여러 메서드로 나누게 된다. 반면 환경에 따라 설계 시 선택사항이 달라지므로, 스칼라는 필요한 경우 명시적으로 여러 번 return을 사용하는 것도 쉽게 해두었다.

checksum이 하는 일은 값을 계산하는 것뿐이다. 따라서 return을 명시할 필요가 없다. 메서드를 더 간결하게 만들 수 있는 방법 하나는, 어떤 메서드가 오직 하나의 표현식만 계산하는 경우 중괄호({})를 없애는 것이다. 결과식이 짧다면 def 문이 있는 줄에 식을 함께 쓸 수도 있다. 가장 간결하게 만들려면 결과 타입을 생략하고 스칼라가 추론하게 할 수도 있다. 이렇게 바꾸고 나면 ChecksumAccumulator 클래스는 다음과 같아진다.

```scala
class ChecksumAccumulator {
  private var sum = 0
  def add(b: Byte) = sum += b
  def checksum() = ~(sum & 0xFF) + 1
}
```

---

1 파라미터가 val인 이유는 val이 더 분석하기 쉽기 때문이다. val의 경우 분석을 위해 나중에 재할당해서 값이 바뀌는지 살펴볼 필요가 없다. 반면 var의 경우에는 이를 추적해야만 한다.

스칼라 컴파일러가 add와 checksum 메서드의 타입을 제대로 추론하기는 하지만, 코드를 읽는 사람도 결과 타입을 추론하기 위해 메서드의 본문을 연구해야 할 것이다. 따라서 컴파일러가 추론할 수 있는 경우라도 클래스에서 외부에 공개된 메서드의 결과 타입을 명시적으로 남겨두는 편이 더 나은 경우가 자주 있다. 리스트 4.1은 그런 스타일을 보여준다.

리스트 4.1 ChecksumAccumulator 최종 버전

```
// ChecksumAccumulator.scala 파일에 저장
class ChecksumAccumulator {
  private var sum = 0
  def add(b: Byte): Unit = { sum += b }
  def checksum(): Int = ~(sum & 0xFF) + 1
}
```

ChecksumAccumulator의 add처럼 Unit이 결과 타입인 메서드는 부수 효과를 위해 실행된다. 부수 효과는 일반적으로 해당 메서드 밖에 있는 상태를 변경하거나, I/O를 수행하는 것으로 정의된다. add의 경우 부수 효과는 sum을 재할당하는 것이었다. 부수 효과만을 위해 실행되는 메서드를 **프로시저**^procedure라고 부른다.

4.2 세미콜론 추론

스칼라 프로그램에서는 보통 문장 끝의 세미콜론(;)을 생략할 수 있다. 원한다면 입력해도 되긴 하지만, 한 줄에 한 문장인 경우 꼭 입력할 필요는 없다. 반면, 한 줄에 여러 문장을 넣으려면 다음과 같이 꼭 중간에 세미콜론을 넣어야 한다.

```
val s = "hello"; println(s)
```

여러 줄에 걸쳐 문장을 입력하려면, 보통은 그냥 입력하기만 하면 스칼라가 알아서 문장을 분리해준다. 예를 들어, 다음은 4줄에 걸쳐 한 문장이 있는 경우다.

```
if (x < 2)
  println("too small")
else
  println("ok")
```

하지만 가끔은 스칼라가 여러분의 의도와 다르게 문장을 나누는 경우가 있다.

```
x
+ y
```

스칼라는 이 문장을 x와 +y로 파싱한다. 만약 의도가 x + y였다면 언제든지 괄호로 감싸서 의도를 표현할 수 있다.

```
(x
+ y)
```

또는 그렇게 하지 않고 +를 줄의 끝에 넣을 수 있다. 이런 이유로 인해, + 같은 중위 연산자를 사용할 때는 줄의 시작보다는 줄의 끝에 연산자를 배치하는 것이 일반적인 스칼라코딩 스타일이다.

```
x +
y +
z
```

세미콜론 추론 규칙

정확한 문장 분리 규칙은 그 규칙이 대부분의 경우 잘 작동하는 것에 비하면 놀랄 만큼 간단하다. 간단히 말해, 줄의 끝은 다음 세 가지 경우가 아니면 세미콜론과 똑같이 취급한다.

1. 어떤 줄의 끝이 어떤 명령을 끝낼 수 있는 단어로 끝나지 않는다. 즉, 마침표(.)나 중위 연산자 등이 줄의 맨 끝에 있다.

2. 다음 줄의 맨 앞이 문장을 시작할 수 없는 단어로 시작한다.

3. 줄이 (...) 같은 괄호 사이에 있거나, [...] 같은 각괄호 사이에서 끝난다. 어차피 이런 경우 내부에 여러 문장이 들어갈 수 없다.

4.3 싱글톤 객체

1장에서 언급했듯이, 스칼라가 자바보다 더 객체지향인 이유 중 하나는 스칼라 클래스에는 정적static 멤버가 없다는 것이다. 대신에, 스칼라는 **싱글톤 객체**singleton object를 제공한다. 싱글톤 객체 정의는 클래스 정의와 같아 보이지만, class라는 키워드 대신 object라는 키워드로 시작한다. 리스트 4.2에 예제가 있다.

리스트 4.2 ChecksumAccumulator 클래스의 동반 객체

```scala
// ChecksumAccumulator.scala에 저장
import scala.collection.mutable

object ChecksumAccumulator {

  private val cache = mutable.Map.empty[String, Int]

  def calculate(s: String): Int =
    if (cache.contains(s))
      cache(s)
    else {
      val acc = new ChecksumAccumulator
      for (c <- s)
        acc.add(c.toByte)
      val cs = acc.checksum()
      cache += (s -> cs)
      cs
    }
}
```

이 싱글톤 객체는 이름이 ChecksumAccumulator다. 이 이름은 앞 절의 예제에서 정의한 클래스와 같다. 어떤 싱글톤 객체의 이름이 어떤 클래스와 같을 때, 그 객체를 클래스의 **동반 객체**companion object라고 한다. 다만, 클래스와 동반 객체는 반드시 같은 소스 파일 안에 정의해야 한다. 이때 역으로 해당 클래스는 싱글톤 객체의 **동반 클래스**companion class라 부른다. 클래스와 동반 객체는 상대방의 비공개 멤버에 접근할 수 있다.

ChecksumAccumulator 싱글톤 객체에는 calculate라는 메서드가 있다. 이 메서드는 String을 받아서 그 안에 있는 문자들의 체크섬을 계산한다. 또한 비공개 필드인 cache도 있

다. cache는 한 번 계산한 체크섬을 캐싱하기 위한 변경 가능한 맵이다.[2] 메서드 첫 줄의 if (cache.contains(s)) 부분은 캐시에 인자로 받은 문자열을 키로 넘겨서 맵에 데이터가 있는지 검사한다. 만약 맵에 해당 키가 있다면 맵에 있는 값을 cache(s)로 반환한다. 그렇지 않다면 else 절을 실행해서 체크섬을 계산한다. else 절의 첫 줄은 acc라는 val을 만들어서 새로운 ChecksumAccumulator 인스턴스로 초기화한다.[3] 그다음 줄은 for 식이다. 인자로 받은 문자열의 모든 문자를 이터레이션하면서 문자에 toByte 메서드를 호출해 Byte로 바꾼다. 그리고 그 바이트값을 가지고 acc가 가리키는 ChecksumAccumulator 인스턴스의 add 메서드를 호출한다. for 식 실행이 끝나면, calculate 메서드는 acc의 checksum을 호출한다. 이 메서드는 문자열에 대한 체크섬을 계산한다. 이제, 그 값을 cs라는 val에 저장한다. 그다음 줄인 cache += (s -> cs)는 키 s와 체크섬 cs 사이에 연관 관계를 만들어서 맵 cache에 저장한다. 메서드의 마지막 줄에 있는 cs는 메서드의 결과를 계산한 체크섬으로 만든다.

자바 프로그래머라면 싱글톤을 자바의 정적 메서드를 담아두는 집처럼 생각하는 것도 한 가지 방법이다. 싱글톤 객체의 메서드도 정적 메서드와 비슷한 방식으로 호출할 수 있다. 즉, 싱글톤 객체 이름 다음에 점을 찍고, 그다음에 메서드 이름이 온다. 예를 들어, ChecksumAccumulator 싱글톤 객체의 calculate 메서드는 다음과 같이 호출한다.

```
ChecksumAccumulator.calculate("Every value is an object.")
```

하지만 싱글톤 객체는 정적 메서드를 보관하는 곳 이상이다. 싱글톤 객체는 1급 계층이다. 따라서 싱글톤 객체의 이름을 해당 객체에 붙은 '이름표'처럼 생각할 수 있다.

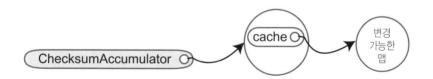

---

2 여기서는 필드가 있는 싱글톤을 보여주기 위해 캐시를 만들었다. 이런 식의 캐시 사용은 메모리를 약간 희생해서 계산 시간을 버는 것이다. 일반적으로 성능 문제가 있어서 캐시가 이를 해결할 수 있는 경우에만 캐시를 사용하는 편이 좋다. 또한 scala.collection.mutable에 있는 WeakHashMap 같은 약한 맵을 사용할 수 있다. 그렇게 하면 메모리가 부족할 때 캐시의 원소를 쓰레기 수집기가 수집할 수 있다.

3 new라는 키워드는 클래스를 인스턴스화할 때만 사용하기 때문에, 여기서 만든 객체는 ChecksumAccumulator 클래스의 인스턴스이지 이름이 같은 싱글톤 객체의 인스턴스가 아니다.

싱글톤 객체 정의는 타입을 정의하지 않는다(스칼라 수준의 추상화에서는 그렇다). ChecksumAccumulator라는 객체 정의만 있다면 ChecksumAccumulator 타입의 객체를 만들 수 없다. ChecksumAccumulator라는 타입은 싱글톤 객체의 동반 클래스를 정의해야만 생긴다. 하지만 싱글톤은 슈퍼클래스를 확장extend하거나 트레이트를 믹스인mix in할 수 있다. 각 싱글톤 객체는 슈퍼클래스나 믹스인 트레이트의 인스턴스다. 따라서 그런(슈퍼타입 또는 슈퍼트레이트) 타입에 있는 메서드를 호출할 수도 있고, 그런 타입의 변수가 싱글톤 객체를 참조하게 할 수도 있으며, 그런 타입을 인자로 받는 메서드에 싱글톤을 넘길 수도 있다. 클래스와 트레이트를 상속하는 싱글톤 객체의 예를 13장에서 볼 것이다.

클래스와 싱글톤 객체의 한 가지 차이는 싱글톤 객체는 파라미터를 받을 수 없고 클래스는 받을 수 있다는 점이다. 싱글톤을 new로 인스턴스화할 수 없기 때문에 파라미터를 싱글톤에 넘길 방법이 없다. 컴파일러는 각 싱글톤 객체를 **합성한 클래스**sythetic class의 인스턴스로 구현하고, 이를 정적 변수가 참조한다. 따라서 이들의 초기화는 자바의 정적 요소를 초기화하는 것과 의미가 동일하다.[4] 특히, 어떤 싱글톤 객체의 초기화는 어떤 코드가 그 객체에 처음 접근할 때 일어난다.

동반 클래스가 없는 싱글톤 클래스를 **독립 객체**standalone object라 한다(독립 싱글톤 객체와 독립 객체를 혼용한다). 독립 객체를 여러 가지 목적에 활용할 수 있다. 예를 들어, 필요한 도구 메서드를 한데 모아두거나 스칼라 애플리케이션의 진입점을 만들 때 사용할 수 있다. 후자의 경우를 다음 절에서 살펴볼 것이다.

4.4 스칼라 애플리케이션

스칼라 프로그램을 실행하려면 Array[String]을 유일한 인자로 받고 Unit을 반환하는 main이라는 메서드가 들어 있는 독립 싱글톤 객체 이름을 알아야 한다. 타입이 맞는 main 메서드만 있으면 어떤 독립 객체든 애플리케이션의 시작점 역할을 할 수 있다. 리스트 4.3에 있는 객체도 그런 독립 객체다.

---

4 컴파일러는 싱글톤 객체의 이름 뒤에 달러 기호($)를 붙여서 클래스를 만들어낸다. 따라서 ChecksumAccumulator 싱글톤 객체를 위해 만들어낸 클래스의 이름은 ChecksumAccumulator$다.

```scala
// Summer.scala에 저장
import ChecksumAccumulator.calculate

object Summer {
  def main(args: Array[String]) = {
    for (arg <- args)
      println(arg + ": " + calculate(arg))
  }
}
```

리스트 4.3의 싱글톤 객체의 이름은 Summer다. 그 안에 있는 main 메서드의 시그니처는 앞에서 설명한 타입과 일치하므로, 애플리케이션 시작점으로 적절하다. 이 파일의 첫 문장은 앞의 예에서 본 ChecksumAccumulator 객체에 있는 calculate 메서드를 임포트한다. 이 임포트 문장은 이 파일의 나머지 부분에서 해당 메서드를 간단한 이름만으로 참조할 수 있게 해준다.[5] main 메서드의 본문은 단지 각 인자와 인자에 대한 체크섬을 콜론(:)으로 구분해 출력하기만 한다.

> **참고**
>
> 스칼라는 항상 java.lang과 scala 패키지의 멤버를 암시적으로 임포트한다. 또한 scala 패키지에 있는 Predef라는 싱글톤 객체의 멤버도 항상 임포트한다. Predef에는 유용한 메서드가 많이 있다. 예를 들어 스칼라 소스 파일에서 println을 사용하면, 실제로는 Predef의 println을 호출하는 것이다(Predef.println 은 다시 Console.println을 호출하고, 그 메서드가 실제 출력을 수행한다). assert를 사용할 때도 역시 Predef.assert를 사용하는 것이다.

Summer 애플리케이션을 실행하려면 리스트 4.3의 코드를 Summer.scala에 저장해야 한다. 또한 Summer가 ChecksumAccumulator를 호출하므로, 리스트 4.1의 클래스 ChecksumAccumulator와 리스트 4.2의 동반 객체 ChecksumAccumulator를 함께 ChecksumAccumulator.scala라는 파일에 저장해야 한다.

스칼라와 자바가 다른 부분 하나는, 자바에서는 공개 클래스를 그 클래스 이름과 같은 이름의 파일(예를 들어, SpeedRacer는 SpeedRacer.java)에 저장해야 하지만, 스칼라에서는 원

5　자바 프로그래머라면, 이 import를 자바 5부터 사용 가능해진 정적 임포트(static import)로 생각할 수 있다. 스칼라에서 다른 점 한 가지는, 싱글톤뿐만 아니라 어느 객체에서라도 멤버를 임포트할 수 있다는 것이다.

하는 대로 .scala로 끝나는 파일 이름을 정할 수 있다는 점이다. 그 파일 안에는 마음대로 아무 클래스나 코드를 넣을 수 있다. 하지만 스크립트가 아닌 경우 자바와 마찬가지로 파일에 들어갈 클래스 이름을 따라 파일 이름을 짓는 것을 권장한다. 그렇게 하면 프로그래머가 파일 이름만 보고 클래스를 더 쉽게 찾을 수 있기 때문이다. 앞에서 두 파일 Summer.scala와 ChecksumAccumulator.scala의 이름을 붙일 때도 이런 방식을 택했다.

ChecksumAccumulator.scala나 Summer.scala는 모두 다 스크립트가 아니다. 왜냐하면 파일 안에 정의만 들어 있기 때문이다. 반면, 스크립트는 결과를 계산하는 표현식이 끝에 와야만 한다. 따라서 Summer.scala를 스크립트로 실행하면 스칼라 인터프리터가 Summer.scala 안에 결과 표현식이 없다고 오류 메시지를 표시할 것이다(여러분이 Summer 객체 정의 뒤에 어떤 표현식도 입력하지 않았다는 가정하에 그렇다). 대신에, 실제로 이 두 파일을 스칼라 컴파일러로 컴파일해서 결과로 나온 클래스 파일을 실행해야 한다. 한 가지 방법은 기본 스칼라 컴파일러인 scalac를 사용하는 것이다. 다음과 같이 할 수 있다.

```
$ scalac ChecksumAccumulator.scala Summer.scala
```

이렇게 하면 소스 파일을 컴파일할 수 있다. 하지만 컴파일이 다 끝날 때까지 꽤 시간이 걸린다. 그 이유는 매번 컴파일러를 시작할 때마다 소스 코드를 처리하기도 전에 jar 파일의 내용을 검사하고 다른 초기화 작업을 수행하느라 많은 시간이 걸리기 때문이다. 그래서 스칼라에는 fsc^{fast Scala compiler}(빠른 스칼라 컴파일러)라고 하는 스칼라 컴파일러 **데몬**^{daemon}이 들어 있다. 다음과 같이 fsc를 사용할 수 있다.

```
$ fsc ChecksumAccumulator.scala Summer.scala
```

맨 처음 fsc를 실행하면, 컴퓨터의 특정 포트에서 접속을 기다리는 로컬 서버 데몬을 시작한다. 그 후, 컴파일할 파일의 목록을 데몬의 포트를 통해 전달한다. 그러면 데몬은 파일을 컴파일한다. 그다음부터는 fsc를 실행할 때마다 이미 데몬이 실행 중이기 때문에, 파일 목록을 그냥 그 데몬에 보내고 데몬은 즉시 각 파일을 컴파일한다. fsc를 사용하면 최초 실행할 때만 자바 런타임 시작을 기다리면 된다. fsc 데몬을 중지하고 싶다면 fsc -shutdown 명령을 내리면 된다.

scalac나 fsc 명령 중 어느 쪽을 사용해도 자바 클래스 파일이 생긴다. 이제, 인터프리터를 실행할 때와 마찬가지로 scala 명령으로 그 클래스 파일을 실행할 수 있다. 하지만 지금까지 봤던 모든 예제를 실행할 때처럼 .scala 확장자로 끝나는 파일 이름을 지정하는 대신,[6] 적절한 시그니처의 main 메서드가 들어 있는 독립 싱글톤 객체의 이름을 지정한다. 따라서 다음과 같이 Summer 애플리케이션을 실행할 수 있다.

```
$ scala Summer of love
```

그러면 명령행 인자로 넘긴 두 문자열에 대한 체크섬을 볼 수 있다.

```
of: -213
love: -182
```

4.5 App 트레이트

스칼라는 여러분의 타이핑 수고를 덜 수 있는 scala.App이라는 트레이트를 제공한다. 이 트레이트가 하는 일을 이해할 만큼 충분히 진도를 나간 상태는 아니지만, 어쨌든 궁금해하는 독자들이 있으리라 본다. 리스트 4.4에 예제가 있다.

리스트 4.4 App 트레이트 사용

```scala
import ChecksumAccumulator.calculate

object FallWinterSpringSummer extends App {
  for (season <- List("fall", "winter", "spring"))
    println(season + ": " + calculate(season))
}
```

트레이트를 사용하기 위해 우선 여러분이 정의할 싱글톤 뒤에 extends App이라고 써야 한다. 그 후, main 메서드를 적는 대신 메인 메서드에 넣고 싶은 코드를 직접 싱글톤 객체의 중괄호 사이에 넣는다. 이때 args라는 문자열의 배열을 사용해 명령행 인자에 접근할

---

6 스칼라 소스 프로그램을 '해석(interpret)'하기 위해서, scala 프로그램은 실제로는 스칼라 소스 코드를 자바 바이트코드로 컴파일한 다음에 그 바이트코드를 클래스 로더로 읽어서 실행하는 메커니즘을 사용한다.

수 있다. 이 애플리케이션도 여타 애플리케이션과 똑같은 방법으로 컴파일하고 실행할
수 있다.

4.6 결론

4장에서는 스칼라 클래스와 객체에 대한 기본적인 사항을 알아봤다. 또한 애플리케이션
을 컴파일하고 실행하는 법을 보여줬다. 5장에서는 스칼라의 기본 타입과 각 타입을 활
용하는 방법을 배울 것이다.

Chapter

05

기본 타입과 연산

클래스와 객체의 동작을 살펴봤으므로, 스칼라의 기본 타입과 연산을 더 자세히 살펴보기 좋은 시점이다. 자바에 익숙한 독자라면 자바의 기본 타입과 연산자가 스칼라에서도 같다는 사실이 기쁠 것이다. 하지만 자바 고수 개발자가 이번 장을 보더라도 가치 있다고 느낄 만한 재미있는 차이점도 일부 있다. 5장에서 다루는 스칼라에 관한 내용 중 일부는 근본적으로 자바와 동일하다. 빠른 진행을 돕기 위해 자바 개발자라면 넘어가도 되는 부분은 따로 그런 사실을 알릴 것이다.

5장에서는 스칼라의 기본 타입을 전반적으로 살펴볼 것이다. 기본 타입에는 String이 있고, 값 타입^{value type}인 Int, Long, Short, Byte, Float, Double, Char, Boolean이 있다. 이런 타입에 어떤 연산을 수행할 수 있는지 살펴보고, 스칼라 표현식에서 연산자 우선순위가 어떻게 작동하는지도 설명할 것이다. 또한 암시적 변환^{implicit conversion}을 통해 자바가 제공하는 연산 외의 여러 연산을 추가로 제공함으로써 기본 타입이 얼마나 풍부해질 수 있는지 배울 것이다.

5.1 기본 타입

스칼라의 기본 타입과 각 타입의 인스턴스가 취할 수 있는 값의 범위를 표 5.1에서 볼 수 있다. Byte, Short, Int, Long, Char 타입을 한꺼번에 **정수적인 타입**^{integral type}이라 부른다. 이런 정수적인 타입에 Float과 Double을 덧붙여서 **수 타입**^{numeric type}이라 부른다.

표 5.1 기본 타입

기본 타입	범위
Byte	8비트 2의 보수 표현을 사용하는 부호 있는 정수(-2^7 이상 $2^7 - 1$ 이하)
Short	16비트 2의 보수 표현을 사용하는 부호 있는 정수(-2^{15} 이상 $2^{15} - 1$ 이하)
Int	32비트 2의 보수 표현을 사용하는 부호 있는 정수(-2^{31} 이상 $2^{31} - 1$ 이하)
Long	64비트 2의 보수 표현을 사용하는 부호 있는 정수(-2^{63} 이상 $2^{63} - 1$ 이하)
Char	16비트 부호 없는 유니코드(Unicode) 문자(0 이상 $2^{16} - 1$ 이하)
String	Char의 시퀀스
Float	32비트 IEEE 754 단정도(단일 정밀도) 부동소수점 수(single-precision float)
Double	64비트 IEEE 754 배정도(2배 정밀도) 부동소수점 수(double-precision float)
Boolean	true 또는 false

java.lang 패키지에 있는 String을 제외하면, 표 5.1에 있는 모든 타입은 scala 패키지의 멤버다.[1] 예를 들어, Int의 전체 이름은 scala.Int다. 하지만 스칼라는 scala와 java.lang 패키지 안에 있는 모든 멤버를 자동으로 임포트하기 때문에, 언제 어디서나 단지 간단한 이름(Boolean, Char, String 등)만을 사용하면 된다.

자바에 정통한 개발자라면 스칼라의 기본 타입 범위가 그와 상응하는 자바 타입 범위와 정확히 일치함을 눈치챘을 것이다. 그렇기 때문에 스칼라 컴파일러는 Int나 Double 같은 스칼라값 **타입**^{value type}의 인스턴스를 바이트코드를 만들 때 자유롭게 자바의 원시 타입으로 변환할 수 있다.

---

1   2.1절에서 간단하게 봤던 패키지에 대해서는 13장에서 자세히 설명할 것이다.

5.2 리터럴

표 5.1에 쓴 기본 타입은 모두 **리터럴**^{literal}로 적을 수 있다. 리터럴은 상숫값을 코드에 직접 적는 방법을 의미한다.

> **자바 개발자를 위한 지름길**
>
> 이번 절의 리터럴 문법 대부분은 자바와 같다. 따라서 자바를 잘 알고 있다면, 이번 절을 넘어가도 안전하다. 여러분이 반드시 읽어야 할, 자바와는 다른 스칼라 리터럴의 특징인 로(raw) 문자열과 심볼(symbol)에 대해서는 125페이지에서 설명하며, 문자열 인터폴레이션(interpolation)에 대해서는 127페이지에서 설명한다. 또한 스칼라는 8진 리터럴을 지원하지 않기 때문에, 0으로 시작하는 031 같은 정수 리터럴은 컴파일되지 않는다.

정수 리터럴

정수 리터럴은 Int, Long, Short, Byte에 사용하며, 10진^{decimal}, 16진^{hexadecimal} 리터럴이 있다. 정수 리터럴의 시작 부분이 진법을 결정한다. 수가 0x나 0X로 시작하면 16진수(밑이 16)이며, 0부터 9까지의 숫자와 A부터 F까지의 문자를 각 자리에 사용할 수 있다. 예를 들면 다음과 같다.

```
scala> val hex = 0x5
hex: Int = 5

scala> val hex2 = 0x00FF
hex2: Int = 255

scala> val magic = 0xcafebabe
magic: Int = -889275714
```

정수를 초기화하기 위해 리터럴에 사용한 진법과 관계없이 스칼라는 항상 밑을 10으로 하는 정수를 출력해준다는 사실에 유의하라. 따라서 0x00FF로 초기화한 hex2 변수에 대해 255라는 값을 인터프리터가 표시한다(물론 이를 설명을 읽고 알 필요는 없다. 언어에 대한 감을 잡는 가장 좋은 방법은 이 책을 읽으면서 보는 코드를 인터프리터에서 실행해보는 것이다). 어떤 수가 영(0)이 아닌 숫자로 시작하고 그 밖의 추가 장식이 없다면, 이는 십진수(밑이 10)다. 예를 보자.

```
scala> val dec1 = 31
dec1: Int = 31

scala> val dec2 = 255
dec2: Int = 255

scala> val dec3 = 20
dec3: Int = 20
```

정수 리터럴이 L이나 l로 끝나면 Long이고, 끝에 아무것도 없으면 Int다. Long 리터럴의
예는 다음과 같다.

```
scala> val prog = 0XCAFEBABEL
prog: Long = 3405691582

scala> val tower = 35L
tower: Long = 35

scala> val of = 31l
of: Long = 31
```

Int 리터럴을 Short나 Byte 변수에 할당하면, 스칼라는 그 리터럴의 값이 각 대상 타입의
범위 안에 있는 한 해당 타입으로 취급한다.[2] 예를 들면 다음과 같다.

```
scala> val little: Short = 367
little: Short = 367

scala> val littler: Byte = 38
littler: Byte = 38
```

부동소수점 리터럴

부동소수점 리터럴은 십진 숫자들로 이뤄진다. 소수점이 있을 수도 있으며, 마지막에 E나
e 다음에 지수 부분exponent이 있을 수 있다. 다음은 몇 가지 예다.

```
scala> val big = 1.2345
big: Double = 1.2345

scala> val bigger = 1.2345e1
```

---

2 범위 밖의 값을 넣으면 '타입이 맞지 않음(type mismatch)' 오류가 난다. – 옮긴이

```
bigger: Double = 12.345

scala> val biggerStill = 123E45
biggerStill: Double = 1.23E47
```

지수 부분은 10의 지수부 제곱만큼을 앞의 다른 부분의 값에 곱한다는 뜻이다. 따라서
1.2345e1은 1.2345에 10^1을 곱한 12.345다. 부동소수점 리터럴이 F나 f로 끝나면 그 수는
Float 타입이며, 그렇지 않으면 Double이다. 원한다면 리터럴 뒤에 D나 d를 붙여서 Double
임을 명시할 수도 있다. Float 리터럴의 예는 다음과 같다.

```
scala> val little = 1.2345F
little: Float = 1.2345

scala> val littleBigger = 3e5f
littleBigger: Float = 300000.0
```

마지막 값을 Double로는 다음과 같이 표현할 수 있다(물론 더 많은 방법이 있다).

```
scala> val anotherDouble = 3e5
anotherDouble: Double = 300000.0

scala> val yetAnother = 3e5D
yetAnother: Double = 300000.0
```

문자 리터럴

문자 리터럴은 작은따옴표 안에 유니코드 문자를 넣어서 만든다. 다음과 같다.

```
scala> val a = 'A'
a: Char = A
```

위에서처럼 실제 문자를 작은따옴표 사이에 넣는 방법 말고, 문자를 유니코드 코드 포인
트Unicode code point를 사용해 지정할 수도 있다. 그렇게 하려면 \u 다음에 4자리 16진수를
넣는다. 다음과 같다.

```
scala> val d = '\u0041'
d: Char = A
```

```
scala> val f = '\u0044'
f: Char = D
```

실제로는 이런 유니코드 문자를 스칼라 프로그램 아무 데나 사용할 수 있다. 예를 들어, 원한다면 다음과 같이 식별자^{identifier} 이름을 정할 수도 있다.

```
scala> val B\u0041\u0044 = 1
BAD: Int = 1
```

이 식별자는 두 유니코드 문자를 확장한 결과인 **BAD**와 똑같다. 일반적으로, 식별자의 이름을 이렇게 붙이면 코드가 읽기 어려워지므로 좋은 생각이 아니다. 이런 문법을 제공하는 이유는, 아스키^{ASCII} 코드가 아닌 유니코드 문자가 들어간 스칼라 소스 파일을 아스키로만 표현하기 위해서다.

마지막으로, 표 5.2와 같이 특수한 이스케이프 시퀀스$^{escape\ sequence}$로 표현 가능한 문자가 몇 가지 있다.

```
scala> val backslash = '\\'
backslash: Char = \
```

표 5.2 특수문자 리터럴 이스케이프 시퀀스

리터럴	의미
\n	줄바꿈(line feed, 개행, \u000A)
\b	백스페이스(backspace, \u0008)
\t	탭(tab, \u0009)
\f	폼 피드(form feed, 페이지 넘김, \u000C)
\r	캐리지 리턴(carriage return, 줄 맨 앞으로, \u000D)
\"	큰따옴표(\u0022)
\'	작은따옴표(\u0027)
\\	역슬래시(\u005C)

124

문자열 리터럴

문자열 리터럴은 큰따옴표(")둘로 둘러싼 문자들로 이뤄진다.

```
scala> val hello = "hello"
hello: String = hello
```

큰따옴표 사이의 문자에 대한 문법은 문자 리터럴과 동일하다. 예를 들면 다음과 같다.

```
scala> val escapes = "\\\"\'"
escapes: String = \"'
```

이스케이프 시퀀스가 많거나 여러 줄에 걸친 문자열 같은 경우, 이런 문법을 사용해 문자열을 표시하면 읽기 어렵다. 그래서 스칼라에는 **로**[raw](익히지 않은 날 것) **문자열**을 위한 특별한 문법을 추가했다. 로 문자열은 큰따옴표를 3개 연속으로 사용해(""") 시작한다. 로 문자열의 내부에는 큰따옴표를 3개 연속으로 사용하는 것을 제외하면 개행 문자, 따옴표, 큰따옴표, 특수문자 등 모든 문자를 넣을 수 있다. 예를 들어, 다음 프로그램은 메시지를 로 문자열을 사용해 출력한다.

```
println("""Welcome to Ultamix 3000.
           Type "HELP" for help.""")
```

하지만 이 코드를 실행해보면 예상과 꽤 다른 결과를 볼 수 있다.

```
Welcome to Ultamix 3000.
           Type "HELP" for help.
```

문제는 두 번째 줄의 맨 앞에 있는 여러 공백도 문자열에 들어갔기 때문이다! 이런 일은 흔하기 때문에, stripMargin을 문자열에 대해 호출할 수 있다. 이 메서드를 사용하려면 파이프 문자(|)를 각 줄의 시작 부분에 넣은 다음, stripMargin을 그 문자열에 대해 호출해야 한다.

```
println("""|Welcome to Ultamix 3000.
           |Type "HELP" for help.""".stripMargin)
```

이제 코드가 원하는 대로 작동한다.

```
Welcome to Ultamix 3000.
Type "HELP" for help.
```

심볼 리터럴

심볼 리터럴은 '*ident*처럼 쓴다. 작은따옴표 뒤에 오는 식별자 부분은 알파벳과 숫자를 혼합한 올바른 식별자라면 아무것이나 가능하다. 스칼라는 이런 리터럴을 scala.Symbol이라는 클래스의 인스턴스로 매핑한다. 구체적으로 말하자면, 스칼라 컴파일러는 'cymbal을 Symbol("cymbal")이라는 팩토리 메서드 호출로 바꿀 것이다. 동적으로 타입이 정해지는 언어였다면 단순 식별자를 사용할 만한 경우를 스칼라에서 표현하기 위해 심볼 리터럴을 쓴다. 예를 들어, 데이터베이스의 레코드를 변경하는 메서드를 정의하고 싶다고 하자.

```
scala> def updateRecordByName(r: Symbol, value: Any) = {
          // 코드가 들어감
       }
updateRecordByName: (Symbol,Any)Unit
```

이 메서드는 레코드 필드의 이름을 지정하는 심볼과 레코드에서 그 필드에 새로 들어갈 값을 인자로 받는다. 동적으로 타입을 정하는 언어라면 선언하지 않은 필드 식별자를 이 메서드에 전달해 연산을 수행할 수 있었을 것이다. 하지만 스칼라에서는 이런 코드를 컴파일할 수 없다.

```
scala> updateRecordByName(favoriteAlbum, "OK Computer")
<console>:6: error: not found: value favoriteAlbum
       updateRecordByName(favoriteAlbum, "OK Computer")
                          ^
```

대신에 심볼 리터럴을 넘기면 거의 비슷하게 깔끔하게 표현 가능하다.

```
scala> updateRecordByName('favoriteAlbum, "OK Computer")
```

심볼의 이름을 찾는 것 외에 심볼로 할 수 있는 일은 그리 많지 않다.

```
scala> val s = 'aSymbol
s: Symbol = 'aSymbol

scala> val nm = s.name
nm: String = aSymbol
```

한 가지 더 말해둬야 할 사항은 심볼을 **인턴**intern한다는 점이다. 만약 같은 심볼 리터럴을
두 번 사용하면, 두 표현식 모두 완전히 동일한 **Symbol** 객체를 참조할 것이다.

불리언 리터럴

Boolean 타입의 리터럴에는 true와 false가 있다.

```
scala> val bool = true
bool: Boolean = true

scala> val fool = false
fool: Boolean = false
```

이게 전부다. 여러분은 이제 리터럴하게[3] 스칼라 전문가가 되었다.[4]

5.3 문자열 인터폴레이션

스칼라는 문자열 인터폴레이션interpolation을 위한 유연한 메커니즘을 포함한다. 그것을 활
용해 문자열 리터럴 내부에 표현식을 내장시킬 수 있다. 가장 일반적인 용례는 문자열을
이어붙이는 대신 더 간결하고 읽기 쉬운 코드를 작성하는 것이다. 다음 예를 보자.

```
val name = "reader"
println(s"Hello, $name!")
```

---

3   비유적으로 말하자면 그렇다는 말이다.

4   'literally'는 원래 '문자 그대로'라는 뜻에서 출발해, '그야말로', '진짜로'와 같은 뜻까지 지닌 단어다. 여기서는 스칼라의
    literal(리터럴)을 배웠으니, 리터럴 부분에서 전문가가 되었다는 뜻이면서, 이제 스칼라를 시작하는 독자들에게 말 그대로 전
    문가라고 이야기를 하는 말장난이기도 하다. - 옮긴이

여기서 s"Hello, $name!"은 문자열 리터럴로 **처리**된다. 문자열을 시작하는 따옴표 직전에 s라는 문제가 오는 경우, 스칼라는 해당 리터럴을 처리하기 위해 s **문자열 인터폴레이터**^{string interpolator}를 사용한다. s 인터폴레이터는 내장된 각 표현식을 평가하고, 그 결과에 대해 toString을 호출한 다음, 내장된 표현식을 toString의 결과로 대치해준다. 따라서 s"Hello, $name!"은 "Hello, reader!"라는 문자열을 만든다. 이는 "Hello, " + name + "!" 와 같다.

이렇게 처리하는 문자열 리터럴 안에서는 달러 기호($) 뒤에 원하는 표현식을 아무것이나 넣을 수 있다. 변수가 하나뿐인 표현식의 경우에는 $ 다음에 바로 변수 이름을 쓸 수 있다. 스칼라는 식별자에 속할 수 없는 첫 번째 문자 직전까지를 변수 이름으로 취급한다. 식 안에 식별자에 포함될 수 없는 문자가 있다면, 그것을 중괄호({}) 안에 넣어야 한다. 이때 여는 중괄호 기호의 바로 앞에 달러 기호가 있어야 한다. 아래 그 예가 있다.

```
scala> s"The answer is ${6 * 7}."
res0: String = The answer is 42.
```

스칼라는 디폴트로 s 인터폴레이터 외에 raw와 f라는 두 가지 인터폴레이터를 더 제공한다. raw 문자열 인터폴레이터는 s처럼 작동하지만 (표 5.2에 있는 것과 같은) 문자열 이스케이프 시퀀스를 인식하지 못한다. 예를 들어, 다음 명령은 2개가 아닌 4개의 역슬래시를 출력한다.

```
println(raw"No\\\\escape!") // 출력: No\\\\escape!
```

f 문자열 인터폴레이터를 사용하면 내장된 표현식에 대해 printf 스타일의 형식 지정을 사용할 수 있다. 내장시킨 식 바로 다음에 퍼센트 기호(%)를 넣고, 그 뒤에 형식 지정 명령을 추가하면 된다. 예를 들어, 다음은 원주율의 출력 형식을 지정하는 것을 보여준다.

```
scala> f"${math.Pi}%.5f"
res1: String = 3.14159
```

내장된 식에 대해 아무런 형식을 지정하지 않으면 f 문자열 인터폴레이터는 디폴트로 %s를 사용한다. 따라서 toString을 한 값으로 식을 대치하며, 그 결과는 s 문자열 인터폴레이터의 것과 같다. 예는 다음과 같다.

```
scala> val pi = "Pi"
pi: String = Pi

scala> f"$pi is approximately ${math.Pi}%.8f."
res2: String = Pi is approximately 3.14159265.
```

스칼라에서 문자열 인터폴레이션은 컴파일 시점에 코드를 재작성하는 형태로 구현돼 있다. 컴파일러는 식별자 바로 다음에 문자열 리터럴을 여는 큰따옴표가 오는 경우를 모두 문자열 인터폴레이터 식으로 취급한다. s, f, raw 인터폴레이터는 이런 일반적인 메커니즘을 따라 구현된 것이다. 라이브러리나 사용자는 자신의 목적에 맞게 다른 문자열 인터폴레이터를 작성해 사용할 수 있다.

5.4 연산자는 메서드다

스칼라는 기본 타입에 대해 풍부한 연산자를 제공한다. 앞에서 설명했듯이, 이런 연산자는 실제로는 일반적인 메서드 호출에 대해 더 나은 문법을 제공해주는 것일 뿐이다. 예를 들어, 1 + 2는 1.+(2)와 같다. 다시 말해, Int 클래스에는 Int를 인자로 받아 Int를 결과로 돌려주는 +라는 이름의 메서드가 있다. 두 Int를 더하면 이 + 메서드를 호출하는 것이다.

```
scala> val sum = 1 + 2          // 스칼라는 1.+(2)를 호출한다.
sum: Int = 3
```

위의 표현식을 명시적으로 메서드 호출로 바꾸면 이를 직접 증명할 수 있다.

```
scala> val summore = 1.+(2)
summore: Int = 3
```

실제로 Int에는 파라미터 타입에 따라 **오버로드**overload한 + 메서드가 여럿 존재한다.[5] 예를

---

5 오버로드한 메서드들은 이름은 같지만 인자 타입이 서로 다르다. 메서드 오버로드에 대해서는 6.11절에서 다룬다.

들어, Int에는 Long을 받고 반환하는 + 메서드도 있다. Long을 Int에 더하면, 스칼라는 다음과 같이 이 + 메서드를 호출한다.

```scala
scala> val longSum = 1 + 2L          // 스칼라는 1.+(2L)을 호출한다.
longSum: Long = 3
```

+ 기호는 연산자다. 더 구체적으로 말하자면 중위 연산자^{infix operator}다. 연산자 표기법은 다른 언어의 연산자 같아 보이는 + 같은 메서드에만 가능한 게 아니다. 어떤 메서드라도 연산자 표기법을 사용할 수 있다. 예를 들어, String에는 Char 파라미터를 하나 받는 indexOf라는 메서드가 있다. 이 메서드는 문자열에서 인자로 받은 문자가 위치한 최초의 위치를 반환하며, 해당 문자를 문자열에서 찾을 수 없으면 -1을 반환한다. indexOf도 다음과 같이 연산자처럼 사용할 수 있다.

```scala
scala> val s = "Hello, world!"
s: String = Hello, world!

scala> s indexOf 'o'        // 스칼라는 s.indexOf('o')를 호출한다.
res0: Int = 4
```

추가로, String에는 파라미터를 2개 받는 indexOf 메서드도 있다. 각각은 검색 대상 문자와 검색을 시작할 인덱스다(앞에서 설명한 indexOf는 0번 인덱스, 즉 문자열의 첫 번째 문자부터 검색을 시작한다). 이 indexOf 메서드는 인자를 2개 받지만, 이런 메서드도 연산자 표기법을 사용할 수 있다. 하지만 여러 인자를 받는 메서드를 연산자로 사용하는 경우에는 인자들을 괄호로 묶어줘야만 한다. 예를 들어, 다음은 (앞에서 든 예 뒤에 계속해서) 이 indexOf 메서드를 연산자처럼 사용하는 경우를 보여준다.

```scala
scala> s indexOf ('o', 5) // 스칼라는 s.indexOf('o', 5)를 호출한다.
res1: Int = 8
```

> **모든 메서드는 연산자가 될 수 있다**
>
> 스칼라에서 연산자는 문법적으로 특별한 것이 아니다. 어떤 메서드든 연산자가 될 수 있다. 메서드가 연산자 역할을 할지 여부는 프로그래머가 메서드를 사용하는 방법에 따라 결정된다. s.indexOf('o')라고 쓴다면 indexOf는 연산자가 아니다. 하지만 s indexOf 'o'라고 쓴다면 연산자 표기법을 썼기 때문에 indexOf가 연산자다.

지금까지 중위 연산자 표기법을 살펴봤다. **중위**^{infix}라는 말은 7 + 2처럼 연산자가 객체와 파라미터(또는 여러 파라미터) 사이에 위치한다는 뜻이다. 스칼라는 다른 두 가지 연산자 표기법인 전위^{prefix}와 후위^{postfix} 연산자도 지원한다. 전위 표기법에서는 메서드 이름을 호출 대상 객체 앞에 표시한다(예를 들어 -7에서 '-'가 그렇다). 후위 표기법에서는 메서드 이름을 호출 대상 객체 뒤에 놓는다(7 toLong에서 'toLong'이 그렇다).

피연산자가 연산자 오른쪽과 왼쪽에 하나씩 2개 있는 중위 표기와 달리, 전위나 후위 연산자는 **단항**^{unary} 연산자다. 즉, 피연산자가 하나뿐이다. 전위 표기법에서 피연산자는 연산자 오른쪽에 온다. 전위 연산자의 예로는 -2.0, !found, ~0xFF 등이 있다. 중위 연산자와 마찬가지로 전위 연산자도 메서드 호출을 간략하게 적는 방법일 뿐이다. 하지만 이 경우에는 메서드 기호 앞에 unary_를 붙인다. 예를 들어, -2.0이라는 표현식을 스칼라는 (2.0).unary_-로 변환한다. 여러분 스스로 메서드 호출 표현과 전위 연산자 형태의 표현을 입력해서 이를 시도해볼 수 있다.

```scala
scala> -2.0                 // 스칼라는 (2.0).unary_-를 호출한다.
res2: Double = -2.0

scala> (2.0).unary_-
res3: Double = -2.0
```

전위 연산자로 쓰일 수 있는 식별자는 +, -, !, ~ 네 가지뿐이다. 따라서 unary_!라는 메서드를 정의하면, 전위 연산자 표현을 사용하기에 적절한 타입의 값이나 변수 앞에 !p와 같이 연산자를 사용할 수 있다. 하지만 unary_*라는 메서드를 정의한다고 해도, *가 전위에 쓸 수 있는 식별자가 아니기 때문에 전위 연산자로 *를 사용할 수는 없다. 물론 p.unary_*라는 일반 메서드 형태로 사용할 수는 있다. 하지만 *p라고 쓴다면 스칼라는 이를 *.p로 적은 것처럼 파싱할 테고, 아마도 그건 여러분이 바라는 것과는 다를 것이다![6]

후위 연산자는 인자를 취하지 않는 메서드를 '.'이나 괄호 없이 호출하는 경우다. 스칼라에서는 메서드 호출 시 빈 괄호를 생략할 수 있다. 관례상 메서드에 부수 효과가 있다면 괄호를 넣고, 그렇지 않다면 아래 있는 문자열에 대한 toLowerCase 호출처럼 괄호를 사용하지 않는다.

```
scala> val s = "Hello, world!"
s: String = Hello, world!
scala> s.toLowerCase
res4: String = hello, world!
```

두 번째 경우와 같이 메서드에 인자가 필요 없는 경우에는 점(.)도 생략해서 후위 연산자 형태로 사용할 수 있다.

```
scala> s toLowerCase
res5: String = hello, world!
```

이 경우, toLowerCase는 피연산자 s에 대한 후위 연산자로 쓰인 것이다.

그러므로 스칼라 기본 타입에 어떤 연산자를 사용할 수 있는지 보고 싶다면, 해당 타입의 클래스가 정의해둔 메서드를 스칼라 API 문서에서 살펴볼 필요가 있다. 하지만 이 책은 스칼라 자습서이기 때문에 이제부터 몇 절에 걸쳐 간단하게 이런 메서드를 대부분 설명할 것이다.

자바 개발자를 위한 지름길

지금부터 설명할 내용은 자바와 거의 비슷하다. 여러분이 성미 급한 자바 고수라면 스칼라 객체 동일성이 자바와 어떤 차이가 있는지를 설명하는 5.8절까지는 그냥 넘어가도 좋다.

---

6 하지만 전혀 쓸모없는 건 아니다. *p가 들어간 프로그램을 C++로 컴파일해서 성공할 가능성이 극히 작지만 있긴 있다.

5.5 산술 연산

모든 수 타입에 대해 더하기(+), 빼기(-), 곱하기(*), 나누기(/), 나머지(%)를 중위 연산자를 사용해 계산할 수 있다. 다음은 몇 가지 예다.

```
scala> 1.2 + 2.3
res6: Double = 3.5

scala> 3 - 1
res7: Int = 2

scala> 'b' - 'a'
res8: Int = 1

scala> 2L * 3L
res9: Long = 6

scala> 11 / 4
res10: Int = 2

scala> 11 % 4
res11: Int = 3

scala> 11.0f / 4.0f
res12: Float = 2.75

scala> 11.0 % 4.0
res13: Double = 3.0
```

양쪽의 피연산자가 모두 다 정수형 타입(Int, Long, Byte, Short, Char)이라면, / 연산자는 몫에서 소수 이하 부분을 제외한 정수 부분만을 돌려줄 것이다. % 연산자는 이런 정수 나눗셈의 나머지를 돌려준다.

%로 구할 수 있는 부동소수점 나머지는 IEEE 754 표준과 다르다. IEEE 754 표준에서는 나머지 계산 시 반올림^{rounding} 나눗셈을 사용하며, 버림^{truncating} 나눗셈을 사용하지 않기 때문에 정수 나머지 연산과 많이 다르다. 만약 IEEE 754 나머지가 정말 필요하다면, 다음과 같이 scala.math의 IEEEremainder를 호출한다.

```
scala> math.IEEEremainder(11.0, 4.0)
res14: Double = -1.0
```

수 타입은 단항 전위 연산자인 +(unary_+ 메서드), -(unary_- 메서드)를 제공한다. 이 두 연산자는 -3이나 +4.0처럼 리터럴이 양수인지 음수인지 표시한다.

```
scala> val neg = 1 + -3
neg: Int = -2

scala> val y = +3
y: Int = 3

scala> -neg
res15: Int = 2
```

5.6 관계 연산과 논리 연산

수 타입을 크다(>), 작다(<), 크거나 같다(>=), 작거나 같다(<=)라는 관계 연산자를 사용
해 비교 가능하다. 각 연산자는 Boolean 값을 결과로 내놓는다. 추가로, 단항 '!' 연산자
(unary_! 메서드)를 사용해 Boolean 값을 반전시킬 수 있다. 다음은 몇 가지 예다.

```
scala> 1 > 2
res16: Boolean = false

scala> 1 < 2
res17: Boolean = true

scala> 1.0 <= 1.0
res18: Boolean = true

scala> 3.5f >= 3.6f
res19: Boolean = false

scala> 'a' >= 'A'
res20: Boolean = true

scala> val untrue = !true
untrue: Boolean = false
```

논리 연산으로는 논리곱logical-and(&&, &), 논리합logical-or(||, |)이 있다. 각각은 두 Boolean
피연산자를 취하며 Boolean 결괏값을 내놓는다. 예를 들면 다음과 같다.

```
scala> val toBe = true
toBe: Boolean = true
```

```
scala> val question = toBe || !toBe
question: Boolean = true

scala> val paradox = toBe && !toBe
paradox: Boolean = false
```

&&와 || 연산은 자바와 마찬가지로 **쇼트 서킷**short circuit 연산이다. 이 두 연산자로 구성한 표현식은 결과를 결정하기 위해 필요한 부분만 값을 계산한다. 다시 말해, &&와 ||의 결과를 좌항(왼쪽 피연산자)만으로 결정할 수 있는 경우에는 우항(오른쪽 피연산자)은 계산하지 않는다. 예를 들어, && 표현식의 왼쪽에 있는 표현식을 계산한 결과가 false라면 &&의 결과는 false가 될 수밖에 없다. 따라서 오른쪽의 표현식은 계산하지 않는다. 마찬가지로, ||의 좌항이 true라면 전체 결과가 true라는 것이 자명하므로 우항을 계산하지 않는다. 예를 살펴보자.

```
scala> def salt() = { println("salt"); false }
salt: ()Boolean

scala> def pepper() = { println("pepper"); true }
pepper: ()Boolean

scala> pepper() && salt()
pepper
salt
res21: Boolean = false

scala> salt() && pepper()
salt
res22: Boolean = false
```

첫 && 표현식은 pepper와 salt를 호출하지만 두 번째 &&는 salt만 호출한다. salt가 false를 반환했기 때문에 pepper를 호출할 필요가 없다.

좌항의 값과 관계없이 우항의 표현식을 항상 평가하고 싶다면, &와 |를 대신 사용하라. & 메서드는 논리곱을, |는 논리합을 계산하지만 &&나 ||와 달리 쇼트 서킷 연산자가 아니다. 아래에 예가 있다.

```
scala> salt() & pepper()
salt
pepper
res23: Boolean = false
```

연산자가 단순한 메서드인데 어떻게 쇼트 서킷이 가능한지 궁금할 것이다. 보통 모든 인자를 메서드에 전달하기 전에 먼저 계산하는데, 어떻게 연산자 메서드가 두 번째 피연산자를 계산하지 않을 수가 있을까? 해답은 스칼라 메서드에는 인자 계산을 미루는 기능이 있다는 것이다. 심지어 사용할 필요가 없으면 인자를 전혀 계산하지 않을 수도 있다. 이런 기능을 이름에 의한 호출(call by name) 파라미터라 부르며, 9.5절에서 설명할 것이다.

5.7 비트 연산

스칼라에서는 몇 가지 비트 연산자를 사용해 정수 타입의 각 비트별로 연산을 수행할 수 있다. 비트 연산자는 비트곱bitwise-and(&), 비트합bitwise-or(|), 비트 배타합bitwise-xor(^)이 있다.[7] 단항 비트 반전complement 연산자(~, unary_~ 메서드)는 피연산자의 각 비트의 0과 1을 반대로 바꾼다. 예를 들면 다음과 같다.

```
scala> 1 & 2
res24: Int = 0

scala> 1 | 2
res25: Int = 3

scala> 1 ^ 3
res26: Int = 2

scala> ~1
res27: Int = -2
```

첫 표현식인 1 & 2는 피연산자 1(0001)과 2(0010)의 비트 논리곱을 구한다. 결과는 0(0000)이다. 두 번째 표현식 1 | 2는 같은 피연산자에 대해 비트 논리합을 구한다. 결과는 3(0011)이다. 세 번째 식인 1 ^ 3은 1(0001)과 3(0011)의 비트 배타 논리합을 구한다. 따라서 결과는 2(0010)다. 마지막 식인 ~1은 1(0001)의 모든 비트를 0은 1로, 1은 0으로 바꾼다. 결과로 11111111111111111111111111111110이라는 2진수가 나오며, 이는 -2다.

---

[7] 비트 배타합은 피연산자 간의 배타적 합(exclusive or)을 계산한다. 두 비트가 같으면 0, 두 비트가 다르면 1이다. 따라서 0011 ^ 0101의 결과는 0110이다.

또한 스칼라의 정수 타입은 세 가지 시프트[shift] 메서드를 제공하는데, 왼쪽 시프트(<<), 오른쪽 시프트(>>), 그리고 부호 없는 오른쪽 시프트(>>>)다. 중위 연산자 표기로 사용하는 경우, 시프트 메서드는 좌항의 값을 우항에 있는 정숫값만큼 이동시킨다. 왼쪽 시프트나 부호 없는 오른쪽 시프트는 시프트를 하면서 비트가 밀려난 빈 자리에 0을 채워 넣는다. 오른쪽 시프트는 좌항의 최상위 비트(부호 비트)를 채워 넣는다. 다음 예제를 보라.

```
scala> -1 >> 31
res28: Int = -1

scala> -1 >>> 31
res29: Int = 1

scala> 1 << 2
res30: Int = 4
```

-1을 이진수로 표현하면 11111111111111111111111111111111이다. 첫 예제에서 -1 >> 31을 하면, -1을 오른쪽으로 31비트만큼 움직인다. Int가 32비트이기 때문에, 이 연산은 결과적으로 가장 왼쪽 비트가 가장 오른쪽 비트가 될 때까지 시프트하는 것이다.[8] 그런데 -1의 부호 비트(가장 왼쪽 비트)가 1이기 때문에, >> 메서드는 시프트하면서 1을 가장 왼쪽에 채워 넣는다. 결과는 원래 좌항의 값인 -1(32개의 값이 1인 비트들)과 같다. 두 번째 예인 -1 >>> 31에서는 마찬가지로 가장 왼쪽 비트를 가장 오른쪽으로 시프트해 보내지만, 시프트하면서 1이 아니라 0을 채워 넣는다. 따라서 결과는 2진수 00000000000000000000000000000001, 즉 1이다. 마지막 예 1 << 2에서는 왼쪽 피연산자 1을 2비트만큼(0으로 맨 오른쪽 비트를 채워 넣으면서) 시프트한다. 결과는 00000000000000000000000000000100, 즉 4다.

5.8 객체 동일성

두 객체가 같은지 비교하고 싶다면 ==를 사용할 수 있고, 같지 않은지를 비교하려면 !=를 사용한다. 다음은 간단한 예다.

---

8 정수 타입에서 가장 왼쪽의 비트는 부호 비트다. 이 비트가 1이면 해당 정수는 음수이고, 이 비트가 0이면 양수다.

```
scala> 1 == 2
res31: Boolean = false

scala> 1 != 2
res32: Boolean = true

scala> 2 == 2
res33: Boolean = true
```

이런 연산은 실제로는 기본 타입의 객체뿐 아니라 모든 객체에 적용할 수 있다. 예를 들어, 리스트를 비교하는 데 ==를 쓸 수도 있다.

```
scala> List(1, 2, 3) == List(1, 2, 3)
res34: Boolean = true

scala> List(1, 2, 3) == List(4, 5, 6)
res35: Boolean = false
```

더 나아가서, 타입이 각기 다른 두 객체도 비교 가능하다.

```
scala> 1 == 1.0
res36: Boolean = true

scala> List(1, 2, 3) == "hello"
res37: Boolean = false
```

객체를 null과 비교하거나, 역으로 null을 객체와 비교할 수도 있다. 어떻게 해도 예외가 발생하지 않는다.

```
scala> List(1, 2, 3) == null
res38: Boolean = false

scala> null == List(1, 2, 3)
res39: Boolean = false
```

예에서 보듯, 스칼라의 ==는 대부분의 경우 여러분이 원할 만한 결과를 내어놓도록 주의 깊게 설계했다. 이는 아주 간단한 규칙을 사용해 달성할 수 있다. 먼저 좌항이 null인지 검사하고, 좌항이 null이 아니라면 해당 객체의 equals 메서드를 호출한다. equals가 메서드이기 때문에, 실제 어떤 비교를 수행할지는 왼쪽 인자의 타입에 따라 달라진다. 자동

으로 null을 체크하기 때문에 직접 null을 검사할 필요가 없다.[9]

이런 식으로 비교하면 각기 다른 객체라 해도 그 내용이 동일하고 equals 메서드가 내용을 바탕으로 동일성을 판단하게 되어 있는 한 true를 반환할 것이다. 다음은 같은 글자가 같은 순서대로 5개 들어가 있는 두 문자열을 비교하는 예다.

```
scala> ("he" + "llo") == "hello"
res40: Boolean = true
```

> **스칼라의 ==는 자바와 어떻게 다른가?**
>
> 자바에서는 ==를 사용해 참조 타입과 원시 타입을 비교할 수 있다. 자바의 ==는 원시 타입에서 값이 같은지 비교한다. 이는 스칼라와 동일하다. 하지만 참조 타입에서 자바의 ==는 참조가 같은지(즉, 두 변수가 JVM 힙(heap)에서 같은 객체를 가리키고 있는지)를 비교한다. 스칼라도 참조 동일성을 검사하는 기능을 제공하는데, 그 이름은 eq다. 하지만 eq와 그 역인 ne는 자바 객체에 직접 매핑한 객체에만 사용할 수 있다. eq나 ne에 대한 자세한 내용은 11.1절과 11.2절에서 다룬다. 또한 30장에서 equals 메서드를 잘 작성하는 방법을 찾아볼 수 있다.

5.9 연산자 우선순위와 결합 법칙

표현식에서 어떤 부분을 먼저 실행할지를 결정할 때 연산자 우선순위precedence를 사용한다. 예를 들어 2 + 2 * 7은 28이 아니고 16인데, *가 +보다 우선순위가 높기 때문이다. 따라서 먼저 곱셈을 한 다음에 덧셈을 한다. 물론 괄호를 사용해 계산 순서를 명확히 표현하거나, 우선순위가 다르게 계산이 이뤄지도록 할 수 있다. 예를 들어, 위 식의 결과가 28이 되기를 정말 원한다면 다음과 같이 쓸 수 있다.

```
(2 + 2) * 7
```

스칼라에서 연산자라는 개념은 홀로 존재하는 것이 아니고 메서드를 연산자 표기로 쓸

---

9 하지만 오른쪽 인자에 대해서는 null 검사를 수행하지 않는다. 물론 제대로 된 equals 메서드라면 인자로 null을 받으면 false를 반환해야 한다.

뿐이다. 따라서 스칼라가 연산자 우선순위를 어떻게 처리하는지 궁금할 것이다. 여러분이 연산자 표기법으로 표현식을 쓰면, 스칼라는 메서드의 첫 글자를 보고 우선순위를 결정한다(한 가지 예외가 있는데, 그에 대해서는 잠시 후에 설명할 것이다). 예를 들어 메서드 이름이 *로 시작한다면, 이 메서드는 +로 시작하는 이름의 메서드보다 우선순위가 더 높다. 따라서 2 + 2 * 7은 2 + (2 * 7)과 같다. 또한 a +++ b *** c(a, b, c는 모두 변수, +++와 ***는 모두 메서드)도 a +++ (b *** c)로 계산한다. *** 메서드가 +++ 메서드보다 연산 우선순위가 더 높기 때문이다.

표 5.3 연산자 우선순위

(그 밖의 모든 특수문자)
* / %
+ -
:
= !
〈 〉
&
^
|
(모든 문자)
(모든 할당 연산자)

표 5.3은 메서드 첫 글자에 따른 연산자의 우선순위를 높은 쪽부터 낮은 쪽으로 보여준다. 같은 줄에 있는 연산자는 우선순위가 같다. 이 표에서 더 높은 쪽에 문자가 있으면, 그 문자로 시작하는 메서드는 우선순위가 더 높다. 다음은 우선순위가 어떤 영향을 끼치는지 보여주는 예다.

```
scala> 2 << 2 + 2
res41: Int = 32
```

<<는 <로 시작하며, 표 5.3을 보면 우선순위가 +보다 낮다. +는 +라는 메서드의 첫 글자이
자 유일한 글자다. 따라서 <<가 +보다 우선순위가 더 낮고, 이 표현식은 2 << (2 + 2)처
럼 + 메서드를 먼저 호출해 계산한 다음에 << 메서드를 호출한다. 내가 계산해본 바로는
2 + 2는 4이고, 2 << 4는 32다. 연산자를 서로 바꾸면 다른 결과가 나온다.

```
scala> 2 + 2 << 2
res42: Int = 16
```

앞에서와 첫 글자가 동일한 연산자를 사용했기 때문에, 각 메서드도 동일한 순서로 계산
한다. 먼저 +를 호출하고, 그 뒤에 <<를 호출한다. 따라서 여기서도 2 + 2가 먼저 4라는
결과를 내놓고, 4 << 2를 계산한 16이 최종 결과다.

앞에서 잠시 언급하고 지나갔던 우선순위 규칙의 한 가지 예외는 **할당 연산자**assignment
operator다. 할당 연산자란 등호(=)로 끝나는 메서드들이다. 어떤 연산자가 등호로 끝나고,
그 연산자가 비교 연산자인 <=, >=, ==, != 중 하나가 아니라면, 해당 연산자의 우선순위는
간단한 할당(=) 연산과 같다. 즉, 다른 모든 연산자보다 우선순위가 낮다는 뜻이다. 예를
들어

```
x *= y + 1
```

은 다음과 같다.

```
x *= (y + 1)
```

스칼라는 *= 연산자의 첫 글자가 +보다 우선순위가 높은 *이지만, *=를 할당 연산자로 분
류해서 +보다 우선순위를 낮게 부여한다.

우선순위가 같은 연산자가 표현식에서 나란히 나올 때가 있다. 이런 경우 연산자의 **결합
법칙**associativity이 어떻게 연산자를 묶을지 결정한다. 스칼라는 연산자의 마지막 글자를 기
준으로 결합 법칙을 정한다. 3장의 87페이지에서 말한 것처럼, ':'으로 끝나는 메서드는
오른쪽 피연산자를 수신 객체로, 왼쪽 피연산자를 인자로 호출한다. 다른 문자로 끝난다
면 방향이 반대로 바뀐다. 그런 연산자는 오른쪽 피연산자를 인자로, 왼쪽 피연산자를 호
출한다. 따라서 a * b는 a.*(b)로 취급되지만, a ::: b는 b.:::(a)로 취급된다.

연산자 결합 법칙과 관계없이, 각 연산자의 피연산자를 계산할 때는 항상 왼쪽을 오른쪽보다 먼저 한다. 따라서 a ::: b에서 a가 변경 불가능한 값에 대한 단순 참조가 아니라면, 이를 아래의 블록과 같은 방식으로 처리한다고 할 수 있다.

```
{ val x = a; b.:::(x) }
```

이 블록 안에서도 여전히 a를 b보다 먼저 계산하며, 그 계산 결과를 b의 ::: 메서드에 인자로 넘긴다.

스칼라는 이런 결합 법칙을 우선순위가 같은 여러 연산자가 나란히 있을 때도 적용한다. 마찬가지로, 메서드 이름이 ':'으로 끝나면 오른쪽부터 왼쪽으로 짝을 지어 나가고, ':'이 아닌 글자로 끝나면 왼쪽에서 오른쪽으로 짝을 지어 나간다. 예를 들어 a ::: b ::: c는 a ::: (b ::: c)인 반면, a * b * c는 (a * b) * c다.

연산자 우선순위는 스칼라 언어의 일부다. 이를 활용하는 것을 두려워할 필요가 없다. 물론 어떤 연산자가 어떤 피연산자에 대해 작용하는지를 명확히 보이고자 괄호를 사용하는 건 좋은 프로그래밍 스타일이다. 아마도, 다른 프로그래머들이 혼동하지 않으리라 믿어도 될 만한 것은 곱셈 관련 연산자인 *, /, %가 덧셈 관련 연산자인 +나 -보다 우선순위가 더 높다는 사실뿐이다. 따라서 a + b << c에 괄호를 치지 않아도 원하는 결과가 나오리라는 사실을 여러분이 안다고 해도, (a + b) << c라고 좀 더 명확히 해주는 편이 좋다. 그렇게 하면 동료들이 bills !*&^%~ code! 같은 연산자 표현을 보고 넌더리를 내면서 여러분의 이름을 외치는 경우를 줄일 수 있을 것이다.[10]

5.10 풍부한 래퍼

실제로는 앞에서 설명한 것보다 더 많은 메서드를 스칼라의 기본 타입에 대해 호출할 수 있다. 몇 가지를 표 5.4에 정리해뒀다. 이런 메서드는 21장에서 설명할 **암시적 변환**implicit conversion이라는 기법을 통해 사용 가능한 것이다. 현재 시점에는 이번 장에서 설명한 각 기본 타입에 대해 '풍부한 래퍼'가 있어서 추가 메서드를 제공한다는 사실을 알아두는

---

10 이제는 이 코드를 보고, 스칼라 컴파일러가 (bills.!*&^%~(code)).!()를 호출하리라 예상할 수 있을 것이다.

것만으로도 충분하다. 따라서 기본 타입에서 사용한 모든 메서드를 보려면 각 기본 타입에 대한 래퍼 클래스의 API 문서도 살펴봐야만 한다. 각 클래스는 표 5.5에 있다.

표 5.4 풍부한 래퍼가 제공하는 연산

코드	결과
0 max 5	5
0 min 5	0
-2.7 abs	2.7
-2.7 round	-3L
1.5 isInfinity	false
(1.0 / 0) isInfinity	true
4 to 6	Range(4, 5, 6)
"bob" capitalize	"Bob"
"robert" drop 2	"bert"

표 5.5 풍부한 래퍼 클래스

기본 타입	풍부한 래퍼
Byte	scala.runtime.RichByte
Short	scala.runtime.RichShort
Int	scala.runtime.RichInt
Char	scala.runtime.RichChar
Float	scala.runtime.RichFloat
Double	scala.runtime.RichDouble
Boolean	scala.runtime.RichBoolean
String	scala.collection.immutable.StringOps

5.11 결론

5장에서 꼭 기억하고 넘어가야 할 사항은 스칼라에서는 연산자가 메서드 호출이라는 사실과, 스칼라 기본 타입에 더 유용한 메서드를 제공해주는 풍부한 래퍼 클래스로 변환하는 암시적 변환이 존재한다는 점이다. 6장에서는 이번 장에서 살펴본 연산자를 새로 구현해 제공하는 객체를 함수형 스타일로 설계하는 것이 무엇을 의미하는지 보여줄 것이다.

Chapter
06
함수형 객체

지금까지 스칼라의 기본적인 내용을 이해했다면, 이제는 좀 더 완전한 기능을 갖춘 스칼라 클래스 작성법을 알아볼 차례다. 6장에서는 변경 가능한 상태를 전혀 갖지 않는 함수형 객체functional object를 다룬다. 실제 동작하는 예제로, 분수(유리수)를 나타내는 변경 불가능한 클래스를 몇 가지 작성한다. 내용을 진행하면서 클래스 파라미터, 생성자, 메서드, 연산자, 비공개 멤버, 오버라이드, 선결 조건 확인, 오버로드, 자기 참조 같은 스칼라의 객체지향 프로그래밍 요소를 설명할 것이다.

6.1 분수 클래스 명세

분수rational number는 n과 d가 정수이고 d가 0이 아닐 때 $\frac{n}{d}$으로 표시한다. n은 **분자**numerator이고, d는 **분모**denominator다. 분수의 예로는 $\frac{1}{2}$, $\frac{2}{3}$, $\frac{112}{239}$, $\frac{2}{1}$ 등이 있다. 부동소수점 수와 비교해 볼 때, 분수를 사용하면 내림한 값이나 근삿값이 아닌 정확한 값을 표현할 수 있다는 장점이 있다.

우리가 만들 클래스는 덧셈, 뺄셈, 곱셈, 나눗셈 같은 분수의 일부 기능을 구현해야 한다. 두 분수를 더하려면 공통 분모를 찾은 다음 분자를 서로 더해야 한다. 예를 들어, $\frac{1}{2} + \frac{2}{3}$의 경우 왼쪽 항의 분모, 분자에 3을 곱하고 오른쪽 항에는 2를 곱해야 한다. 그러면 $\frac{3}{6}$ +

$\frac{4}{6}$가 된다. 이제 두 분자를 더하면 $\frac{7}{6}$을 얻을 수 있다. 두 분수를 곱하려면 간단하게 분자는 분자끼리, 분모는 분모끼리 곱하면 된다. 이를 적용하면 $\frac{1}{2} * \frac{2}{5}$는 $\frac{2}{10}$다. 약분하면 좀 더 간단하게 $\frac{1}{5}$로 표기할 수 있다. 분수의 나누기를 하려면 오른쪽 항의 분모와 분자를 바꾼 다음 왼쪽 항에 곱하면 된다. 예를 들어 $\frac{1}{2} / \frac{3}{5}$은 $\frac{1}{2} * \frac{5}{3}$와 같고, 이를 계산하면 $\frac{5}{6}$다.

별거 아닌 것으로 보일지 모르겠지만, 잘 살펴보면 수학의 분수에는 변경 가능한 상태가 없음을 알 수 있다. 물론 한 분수에 다른 분수를 더할 수 있지만, 결과는 또 다른 새로운 분수다. 원래 있던 두 분수 자체를 '변경'한 것은 아니다. 변경 불가능한 Rational 클래스 또한 동일한 속성을 지닌다. 각 분수는 서로 다른 Rational 객체다. 어떤 두 Rational 객체를 더하면 그 합에 해당하는 새로운 Rational 객체가 생긴다.

6장에서는 스칼라를 이용해 언어가 원래 지원하는 것처럼 동작하는 라이브러리를 작성하는 방법 또한 살짝 살펴볼 예정이다. 예를 들어, 이번 장을 마치면 Rational 클래스를 사용해 다음과 같은 일을 할 수 있다.

```scala
scala> val oneHalf = new Rational(1, 2)
oneHalf: Rational = 1/2

scala> val twoThirds = new Rational(2, 3)
twoThirds: Rational = 2/3

scala> (oneHalf / 7) + (1 - twoThirds)
res0: Rational = 17/42
```

6.2 Rational 생성

프로그래머들이 어떻게 새 Rational 객체를 생성할지 고민해보는 건 Rational 클래스 설계를 시작하기 좋은 지점이다. Rational 객체가 변경 불가능하다고 결정했으니, 인스턴스에 필요한 정보(분수 객체라면 분자와 분모의 값)를 생성 시점에 모두 제공해야 한다.[1] 따라서 다음과 같이 클래스 설계를 시작할 수 있다.

```scala
class Rational(n: Int, d: Int)
```

---

1 생성한 다음에 분자나 분모의 값을 설정할 수 있게 만들면 변경 가능한 객체가 된다. – 옮긴이

이 코드에서 먼저 주목할 점은 클래스에 본문이 없다는 것이다. 본문이 없으면 굳이 빈 중괄호를 표기하지 않아도 된다(물론 원하면 표기해도 상관없다). 그리고 클래스 이름인 Rational 뒤에 괄호가 오고, 그 안에 n과 d라는 식별자가 있다. 이를 **클래스 파라미터**^{class parameter}라고 부른다. 스칼라 컴파일러는 내부적으로 두 클래스 파라미터를 종합해서, 클래스 파라미터와 같은 두 인자를 받는 **주 생성자**^{primary constructor}를 만든다.

변경 불가능한 객체의 장단점 비교

변경 불가능한 객체는 변경 가능한 객체에 비해 몇 가지 장점이 있다. 첫째, 변경 가능한 객체는 시간에 따라 변하는 상태 공간을 갖지 않기 때문에, 변경 가능한 객체보다 추론이 쉬운 경우가 종종 있다. 둘째, 변경 불가능한 객체는 전달을 비교적 자유롭게 할 수 있다. 상태를 갖는 변경 가능한 객체의 경우, 코드의 다른 부분에 전달하기 전에 복사를 해놓는 등의 방어적인 조치가 필요하다. 셋째, 두 스레드가 동시에 객체에 접근하는 경우라고 해도 변경 불가능한 객체는 말 그대로 상태를 바꿀 수 없기에 상태를 망쳐놓는 일이 발생할 수 없다. 넷째, 변경 불가능한 객체는 안전한 해시 테이블 키다. HashSet에 변경 가능한 객체를 키로 설정했는데, 나중에 상태를 변경했다면 HashSet에서 해당 객체를 찾을 수 없는 경우가 발생한다.

변경 불가능한 객체의 단점은, 그 자리에서 바로 상태를 변경하면 간단할 수 있는데도 거대한 객체 그래프²를 복사해야 하는 경우가 있다는 것이다. 때로는 이런 알고리즘을 표현하기가 매우 어색하고, 성능상의 병목 또한 발생할 수 있다. 그러므로 많은 라이브러리가 변경 불가능한 클래스를 대신할 수 있는 변경 가능한 클래스를 함께 제공한다. 예를 들어, 변경 가능한 StringBuilder 클래스를 변경 불가능한 String 대신 사용할 수 있다. 스칼라에서 변경 가능한 객체를 작성하는 내용에 대해서는 18장에서 다룰 것이다.

참고

첫 번째 Rational 예제는 자바와 스칼라의 한 가지 차이를 보여준다. 자바에서는 클래스에 인자를 받는 생성자가 있지만, 스칼라에서는 클래스가 바로 인자를 받는다. 이러한 스칼라의 표기는 클래스 내부에서 파라미터를 바로 사용할 수 있어서 좀 더 간결하다. 필드를 정의하고 생성자의 인자를 필드로 복사하는 할당문을 작성할 필요가 없다. 이런 특성은 특히 작은 클래스의 경우 틀에 박힌 코드 작성을 상당히 줄여준다.

스칼라 컴파일러는 클래스 내부에 있으면서 필드나 메서드 정의에 들어 있지 않은 코드를 주 생성자 내부로 밀어 넣는다. 예를 들면, 다음과 같이 디버깅용 메시지를 출력하는 코드를 작성할 수 있다.

---

2 객체 그래프란 특정 시점에 메모리에서 객체들 사이의 참조 관계를 말한다. – 옮긴이

```
class Rational(n: Int, d: Int) {
  println("Created " + n + "/" + d)
}
```

스칼라 컴파일러는 println을 호출하는 이 코드를 Rational 클래스의 주 생성자에 넣는다. 따라서 Rational 인스턴스를 새로 생성할 때마다 println을 통해 디버그 메시지를 출력한다.

```
scala> new Rational(1, 2)
Created 1/2
res0: Rational = Rational@6121a7dd
```

6.3 toString 메서드 다시 구현하기

이전 예제에서 Rational의 인스턴스를 생성할 때, 인터프리터는 Rational@6121a7dd라는 메시지를 출력했다. 인터프리터는 Rational 객체의 toString 메서드를 호출해 그와 같은 다소 웃긴 문자열을 얻었다. 기본적으로 Rational 클래스는 java.lang.Object 클래스에 있는 toString 구현을 물려받는데, toString은 클래스 이름, @ 표시, 16진수 숫자를 출력한다. toString의 결과는 디버그 출력문, 로그 메시지, 테스트 실패 보고, 인터프리터 디버거 출력 시 프로그래머에게 정보를 제공해 도움을 주기 위한 것이다. 하지만 toString이 현재 반환하는 결과는 그다지 유용하지 않다. 분수의 값에 대한 정보가 전혀 담겨 있지 않기 때문이다. Rational 객체의 분자와 분모의 값을 출력에 포함해야 좀 더 쓸모 있는 toString 구현일 것이다. toString 메서드를 Rational 클래스에 추가하면 기존의 구현을 **오버라이드**할 수 있다.

```
class Rational(n: Int, d: Int) {
  override def toString = s"$n/$d"
}
```

메서드 정의 앞에 override라고 쓴 오버라이드 수식자modifier는 이미 있는 메서드 정의를 오버라이드하겠다는 신호다(이에 대해서는 10장에서 자세히 다룬다). 이제 분수가 제대로 출력될 것이므로, 클래스 내부에 있던 디버그용 println 문을 제거한다. Rational 클래스의 동작은 인터프리터에서 다음과 같이 확인 가능하다.

```scala
scala> val x = new Rational(1, 3)
x: Rational = 1/3

scala> val y = new Rational(5, 7)
y: Rational = 5/7
```

6.4 선결 조건 확인

다음 단계로, 주 생성자가 어떻게 동작하는지 생각해보자. 6장을 시작하며 언급했듯이 분수의 분모는 0일 수 없다. 하지만 주 생성자의 분모 d에는 0을 전달할 수 있다.

```scala
scala> new Rational(5, 0)
res1: Rational = 5/0
```

객체지향 프로그램의 이점 중 하나는 정보를 객체 내부에 캡슐화^{encapsulation}해서, 객체의 일생 동안 그 정보가 유효하다고 확신할 수 있다는 점이다. Rational처럼 변경 불가능한 객체의 경우에는 객체를 생성할 때 정보가 유효한지 확인해야 한다. 분모가 0인 상태를 유효하지 않다고 생각한다면, 생성자의 인자로 0을 받으면 Rational 객체를 생성해서는 안 된다.

가장 좋은 해결책은 주 생성자 안에 d는 0이 아니라는 **선결 조건**^{precondition}을 정의하는 것이다. 선결 조건은 메서드나 생성자가 전달받은 값에 대한 제약이고, 호출하는 이가 지켜야 할 요구 조건이다. require 문[3]은 이러한 선결 조건을 만드는 한 가지 방법이다.

```scala
class Rational(n: Int, d: Int) {
  require(d != 0)
  override def toString = s"$n/$d"
}
```

---

3 require 메서드 정의는 Predef 독립 객체에 들어 있다. 4.4절에서 언급했듯이 모든 스칼라 소스 파일은 자동으로 Predef의 멤버를 임포트한다.

require 메서드는 인자로 불리언값을 하나 받는다. 이 값이 참[true]이면 require 문이 정상적으로 끝나고 다음으로 진행한다. 전달받은 값이 참이 아니라면 IllegalArgument Exception 예외가 발생해 객체의 생성을 막는다.

6.5 필드 추가

주 생성자를 이용해 선결 조건을 지정했으니, 이제 본격적으로 덧셈 기능을 추가해보자. 이 기능을 수행하기 위해 Rational 클래스 안에 다른 Rational 객체를 인자로 받는 add 라는 이름의 공개 메서드를 정의하자. Rational을 변경 불가능한 객체로 유지하려면, add 메서드가 객체 자체의 값을 수정해 인자를 더해서는 안 된다. 그보다는, 더한 결괏값을 담는 새로운 Rational 객체를 생성해 반환해야 한다. 여러분이 생각한 코드도 다음과 비슷했을 것이다.

```
class Rational(n: Int, d: Int) { // 컴파일할 수 없다.
  require(d != 0)
  override def toString = s"$n/$d"
  def add(that: Rational): Rational =
    new Rational(n * that.d + that.n * d, d * that.d)
}
```

하지만 위 코드에 대해 컴파일러는 다음과 같이 오류를 표시한다.

```
<console>:11: error: value d is not a member of Rational
          new Rational(n * that.d + that.n * d, d * that.d)
                              ^
<console>:11: error: value d is not a member of Rational
          new Rational(n * that.d + that.n * d, d * that.d)
                                                      ^
```

클래스 파라미터 n과 d는 작성한 add 메서드의 스코프[scope]에 있다. 하지만 add 메서드가 호출된 대상 인스턴스에 속한 n과 d만 접근이 가능하다. 따라서 add 메서드 안에서 n, d를 사용하면 컴파일러는 클래스 파라미터의 값을 제공할 수 있다. 하지만 that.n이나 that. d 같은 값을 다룰 때는 이야기가 다르다. 호출한 add가 들어 있던 객체와는 다른 Rational

객체를 호출했기 때문이다.[4] 다른 Rational 객체의 분모, 분자 값에 접근하기 위해서는 필드로 만들어야 한다. 리스트 6.1은 해당 필드를 추가한 Rational 클래스다.[5]

리스트 6.1 필드를 갖춘 Rational 클래스

```scala
class Rational(n: Int, d: Int) {
  require(d != 0)
  val numer: Int = n
  val denom: Int = d
  override def toString = s"$numer/$denom"
  def add(that: Rational): Rational =
    new Rational(
      numer * that.denom + that.numer * denom,
      denom * that.denom
    )
}
```

리스트 6.1의 Rational을 보면 numer와 denom이라는 이름의 필드 2개를 추가하고, 클래스 파라미터 n과 d 값으로 초기화한다.[6] toString과 add 메서드의 구현을 클래스 파라미터가 아니라 새로 추가한 필드를 이용하도록 변경했다. 변경한 버전의 Rational 클래스를 문제없이 컴파일할 수 있다. 분수의 덧셈을 수행하며 테스트해보자.

```scala
scala> val oneHalf = new Rational(1, 2)
oneHalf: Rational = 1/2

scala> val twoThirds = new Rational(2, 3)
twoThirds: Rational = 2/3

scala> oneHalf add twoThirds
res2: Rational = 7/6
```

이전과는 달리 객체 바깥에서 분자와 분모 값에 접근할 수 있다. 다음과 같이 간단하게 공개 필드인 numer와 denom을 사용할 수 있다.

---

4 사실 Rational 객체 자신을 자기 자신에 더할 수도 있을 것이다. 이 경우, that이 바로 add를 호출한 대상 객체와 같기 때문에 이론상 수행이 가능하다. 하지만 다른 Rational 객체를 add 메서드에 전달하는 경우 또한 충분히 가능하기 때문에 컴파일러는 that.n을 다루지 못하게 한다.

5 10.6절에서 더욱 간단하게 동일한 코드를 작성할 수 있는 파라미터 필드(parametric field)를 다룬다.

6 n과 d가 클래스 내부에서 쓰이긴 했지만 생성자 내부에서만 쓰인 경우, 스칼라 컴파일러는 그들에 해당하는 필드를 생성하지 않는다. 마찬가지로, 여기 있는 코드를 스칼라 컴파일러로 컴파일하면 numer와 denom이라는 2개의 정수 필드가 들어 있는 코드가 만들어진다.

```
scala> val r = new Rational(1, 2)
r: Rational = 1/2

scala> r.numer
res3: Int = 1

scala> r.denom
res4: Int = 2
```

6.6 자기 참조

현재 실행 중인 메서드의 호출 대상 인스턴스에 대한 참조를 자기 참조^{self reference}라고 한다. 생성자 내부에서는 자기 참조가 생성 중인 객체의 인스턴스를 가리킨다. 일례로, 인자로 받은 Rational과 비교해 더 작은지 여부를 확인하는 lessThan 메서드를 추가해보자.

```
def lessThan(that: Rational) =
  this.numer * that.denom < that.numer * this.denom
```

this.numer는 lessThan 메서드가 속한 객체의 분자를 나타낸다. this를 빼고 그냥 numer 라고 써도 같다.

this를 생략할 수 없는 경우를 살펴보자. 해당 객체가 나타내는 분수와 인자로 전달받은 분수 중 큰 수를 반환하는 max 메서드를 Rational 클래스에 추가해보자.

```
def max(that: Rational) =
  if (this.lessThan(that)) that else this
```

여기서 첫 번째 this는 불필요한 중복이다. lessThan(that)이라고 this를 빼도 무방하다. 하지만 두 번째 this는 if 수행 결과가 false일 경우 수행 결과로 반환할 값이다. 이를 생략하면 반환할 값이 아무것도 없어져 버린다!

6.7 보조 생성자

하나의 클래스에 여러 생성자가 필요한 경우도 있다. 스칼라에서 주 생성자가 아닌 다른 생성자는 **보조 생성자**auxiliary constructor라고 부른다. 예를 들어, 분모가 1인 분수는 분자만을 이용해 좀 더 간결하게 표현할 수 있다. 즉 $\frac{5}{1}$ 대신에 간단하게 5라고 쓸 수 있다. 이와 같이 하려면 new Rational(5, 1) 대신에, 분모는 1로 미리 정해져 있고 분자만을 인자로 받는 생성자가 필요하다. 리스트 6.2는 이런 생성자를 보여준다.

리스트 6.2 보조 생성자를 사용한 Rational 클래스

```
class Rational(n: Int, d: Int) {

  require(d != 0)

  val numer: Int = n
  val denom: Int = d

  def this(n: Int) = this(n, 1) // 보조 생성자

  override def toString = s"$numer/$denom"

  def add(that: Rational): Rational =
    new Rational(
      numer * that.denom + that.numer * denom,
      denom * that.denom
    )
}
```

스칼라에서 보조 생성자는 def this(...)로 시작한다. Rational의 보조 생성자 본문은 그냥 유일한 인자를 분자로 하고 분모를 1로 하는 주 생성자 호출뿐이다. 다음과 같이 인터프리터에서 입력하면 보조 생성자가 동작하는 모습을 볼 수 있다.

```
scala> val y = new Rational(3)
y: Rational = 3/1
```

스칼라에서, 모든 보조 생성자는 반드시 같은 클래스에 속한 다른 생성자를 호출하는 코드로 시작해야 한다. 다시 말해, 모든 보조 생성자의 첫 구문은 this(...)여야 한다. 호출하는 생성자는 리스트 6.2와 같이 주 생성자일 수도 있고, 해당 보조 생성자보다 소스 코드에서 더 앞에 있는 다른 보조 생성자일 수도 있다. 이러한 규칙은 스칼라의 모든 생성자 호출을 거슬러 올라가면 결국 주 생성자를 호출하게 만드는 효과가 있다. 따라서 주

생성자는 클래스의 유일한 진입점이다.

6.8 비공개 필드와 메서드

지금까지 작성했던 Rational에서는 단순히 numer를 n의 값으로, denom을 d의 값으로 초기화하기만 했다. 그에 따라 Rational 클래스의 분자와 분모는 필요 이상으로 커질 수 있다. $\frac{66}{42}$의 값을 가진 Rational이 일례인데, $\frac{11}{7}$로 약분할 수 있다. 하지만 Rational의 주 생성자는 이러한 약분을 처리하지 않는다.

```
scala> new Rational(66, 42)
res5: Rational = 66/42
```

이와 같이 약분하려면, 분모와 분자를 각각의 **최대공약수**로 나누어야 한다. 예를 들어, 66과 42의 최대공약수는 6이다. 다시 말해, 66과 42를 동시에 나눌 수 있는 수 중 6이 가장 크다는 뜻이다. $\frac{66}{42}$에서 분모와 분자를 각각 6으로 나누면 $\frac{11}{7}$로 약분할 수 있다. 리스트 6.3은 이를 수행하는 방법 중 하나를 보여준다.

리스트 6.3 비공개 필드와 메서드가 있는 Rational 클래스

```
class Rational(n: Int, d: Int) {

  require(d != 0)

  private val g = gcd(n.abs, d.abs)
  val numer = n / g
  val denom = d / g
```

```
  def this(n: Int) = this(n, 1)

  def add(that: Rational): Rational =
    new Rational(
      numer * that.denom + that.numer * denom,
      denom * that.denom
    )

  override def toString = s"$numer/$denom"

  private def gcd(a: Int, b: Int): Int =
    if (b == 0) a else gcd(b, a % b)
}
```

이번 버전의 Rational 클래스에서는 비공개 필드인 g를 추가했고, numer와 denom의 초기화 코드를 수정했다(초기화 코드^{initializer}는 말 그대로 변수를 초기화하는 코드다. 예를 들어, n / g 는 numer의 초기화 코드다). g는 비공개이기 때문에, 클래스 내부에서는 접근이 가능하지만 외부에서는 접근이 불가능하다. 비공개 메서드인 gcd도 새로 추가했다. gcd는 인자로 전달받은 두 정수의 최대공약수를 구한다. 예를 들어, gcd(12, 8)은 4다. 4.1절에서 살펴봤듯이, 필드나 메서드를 비공개로 만들려면 private 키워드를 추가한다. 비공개 '도우미 메서드' gcd는 클래스의 다른 부분에서 필요한 기능을 따로 추출해 모아놓는다. 예제에서는 주 생성자가 gcd를 사용한다. g가 항상 양수임을 보장하기 위해 Int 타입의 어떤 값에도 호출 가능한 abs를 이용해 n과 d의 절댓값을 전달했다.

스칼라 컴파일러는 Rational 클래스의 필드 3개와 관련된 초기화 코드를 소스 코드에 나온 순서대로 주 생성자에 위치시킨다. 따라서 첫 줄에 등장하는 g의 초기화 코드 gcd(n.abs, d.abs)를 다른 두 초기화 코드보다 먼저 수행한다. 이 초기화 코드의 결과인 n과 d의 절댓값의 최대공약수로 g를 초기화하고, 다음 코드에서는 이 g를 활용해 numer와 denom을 초기화한다. n과 d의 값을 최대공약수인 g로 나누기 때문에 모든 Rational 객체는 약분 상태로 만들어진다.

```
scala> new Rational(66, 42)
res6: Rational = 11/7
```

6.9 연산자 정의

현재의 Rational 더하기 구현도 나쁘지는 않다. 하지만 좀 더 쓰기 편하게 만들 수도 있다. 다음과 같이 쓰면 좋겠다고 이미 생각해봤을지도 모르겠다.

```
x + y
```

x와 y가 정수나 부동소수점 수라면 위와 같은 표현이 가능하지만, 분수에서는 다음과 같이 작성해야 한다.

```
x.add(y)
```

그게 아니라도 다음과 같이는 표현해야 한다.

```
x add y
```

굳이 이렇게 표현해야 할 이유는 없다. 분수도 다른 수와 마찬가지로 수의 일종일 뿐이다. 수학적인 면에서 본다면, 말하자면 부동소수점 수보다 오히려 더 직관적이다. 왜 수학에서 사용하는 연산자를 분수에 그대로 사용하지 못할까? 스칼라에서는 가능하다. 지금부터 어떻게 하면 되는지 살펴볼 것이다.

첫 단계는 수학적인 기호로 add 메서드를 대체하는 것이다. 스칼라에서 +는 적법한 식별자이므로 이러한 메서드 이름은 문제될 게 전혀 없다. 단지 메서드 이름을 +로 정의하면 된다. 마찬가지로 곱셈을 수행하는 * 메서드도 구현할 수 있다. 리스트 6.4를 살펴보자.

리스트 6.4 연산자 메서드를 추가한 Rational 클래스

```
class Rational(n: Int, d: Int) {
  require(d != 0)
  private val g = gcd(n.abs, d.abs)
  val numer = n / g
  val denom = d / g
  def this(n: Int) = this(n, 1)
  def + (that: Rational): Rational =
    new Rational(
```

```
      numer * that.denom + that.numer * denom,
      denom * that.denom
    )
  def * (that: Rational): Rational =
    new Rational(numer * that.numer, denom * that.denom)

  override def toString = s"$numer/$denom"

  private def gcd(a: Int, b: Int): Int =
    if (b == 0) a else gcd(b, a % b)
}
```

Rational 클래스를 이와 같이 정의하면, 다음과 같은 활용이 가능하다.

```
scala> val x = new Rational(1, 2)
x: Rational = 1/2

scala> val y = new Rational(2, 3)
y: Rational = 2/3

scala> x + y
res7: Rational = 7/6
```

마지막 줄의 연산에서 사용한 문법은 메서드 호출이다. 다음과 같이 써도 무방하다.

```
scala> x.+(y)
res8: Rational = 7/6
```

하지만 처음의 이항 연산 표기만큼 읽기 편하지는 않다.

연산자 메서드를 구현할 때 5.9절에서 설명한 연산자 우선순위를 주의 깊게 살펴봐야 한다. Rational 클래스의 * 메서드는 +보다 결합 우선순위가 높다. 다시 말하면, +와 * 연산을 모두 포함한 표현식은 일반적인 예상대로 동작한다. 예를 들어, x + x * y는 (x + x) * y가 아니라 x + (x * y)다.

```
scala> x + x * y
res9: Rational = 5/6

scala> (x + x) * y
res10: Rational = 2/3

scala> x + (x * y)
res11: Rational = 5/6
```

6.10 스칼라의 식별자

지금까지 스칼라에서 식별자를 만드는 가장 중요한 두 가지 방법을 살펴봤다. 하나는 알파벳과 숫자로 만드는 방법이고, 다른 하나는 연산자를 활용하는 방법이다. 스칼라의 식별자 규칙은 아주 유연하다. 지금까지 살펴본 두 가지 방법 외에 두 가지가 더 있다. 네 가지 식별자 구성 방법을 이번 절에서 설명한다.

영숫자 식별자alphanumeric identifier는 문자나 밑줄(_)로 시작한다. 두 번째 글자부터는 문자, 숫자, 밑줄이 모두 가능하다. 특수문자 $도 문자로 취급하며 컴파일도 가능하긴 하지만, 스칼라 컴파일러가 내부적으로 생성하는 식별자에 사용하는 예약 문자다. 따라서 일반 사용자가 프로그램을 작성할 때는 $를 식별자로 사용해서는 안 된다. 스칼라 컴파일러가 만들어낸 식별자와 충돌할 가능성이 있기 때문이다.

스칼라에서도 자바의 관례에 따라 `toString`, `HashSet`처럼 식별자를 낙타등 표기법 camel-case[7]으로 쓴다. 밑줄도 식별자로 사용 가능한 문자이지만, 스칼라 프로그램에서 자주 사용하지는 않는다. 자바와의 일관성 때문이기도 하고, 밑줄이 스칼라 코드에서는 식별자 외의 용도로도 쓰이기 때문이다. 결과적으로 `to_string`, `__init__`, `name_` 같은 식별자는 피하는 게 가장 좋다. 필드, 메서드 인자, 지역 변수, 함수의 낙타등 표기는 `length`, `flatMap`, `s`처럼 소문자로 시작해야 한다. 클래스나 트레이트는 `BigInt`, `List`, `UnbalancedTreeMap`[8]처럼 대문자로 시작한다.

> **참고**
>
> 식별자에서 밑줄로 끝나는 식별자를 사용할 때 초래하는 결과 중 하나를 살펴보자. val name_: Int = 1이라고 정의하면 컴파일 오류가 발생한다. 컴파일러는 name_:이라는 val 변수를 선언하려 했다고 가정하고 컴파일을 시도하기 때문이다. 이를 방지하려면 val name_ : Int = 1과 같이 콜론 앞에 공백을 하나 추가해야 한다.

자바와 스칼라가 다른 관례를 따르는 것 중 하나는 상수 이름이다. 스칼라에서 **상수**constant라는 말은 단순히 `val`만을 의미하지 않는다. 일단 초기화하고 나면 변경이 불가능하지만,

---

7 낙타의 등처럼 소문자 문자열 중간에 대문자로 이뤄진 혹이 있기 때문에 이러한 표기를 낙타등 표기법이라고 부른다.

8 16.5절에서 등장하는데, 케이스 클래스(case class)라 불리는 특별한 클래스를 연산자에 쓰는 글자로만 작명해야 할 경우가 있다. 일례로, 스칼라 API에는 List의 패턴 매치를 위해 ::라는 이름의 클래스가 존재한다.

val은 여전히 변수다. 예를 들어, 메서드의 인자가 val이라 해도 메서드가 호출될 때마다 다른 값을 갖는다. 상수는 val보다 더욱 영구적이다. 예를 들어, scala.math.Pi는 원호와 지름의 비율인 π에 가까운 Double 값이다. 이 비율이 바뀌지는 않을 것이므로 Pi 값은 확실한 상수다. 상수는 코드 내의 쓰임만 보고 의미를 파악하기 어려운 값에 이름을 부여할 때 활용할 수 있다. 설명도 없이 어디에 쓰이는지 이해할 수 없는 값이 여러 군데에서 나타난다면 매우 혼란스러울 것이다. 패턴 매치에 활용하기 위해 상수를 정의하기도 한다. 15.2절에서 그런 사례를 확인할 수 있다. 자바에서 상수의 이름은 MAX_VALUE, PI처럼 모두 대문자로 표기하고, 단어와 단어 사이는 밑줄로 구분한다. 스칼라에서는 첫 글자만 대문자로 표기한다. X_OFFSET 같은 자바 스타일 상수 표기는 스칼라에서도 동작은 하겠지만, XOffset처럼 낙타등 표기를 사용하는 것이 관례다.

연산자 식별자operator identifier는 하나 이상의 연산자 문자operator character로 이뤄져 있다. 연산자 문자는 +, :, ?, ~, # 등의 출력 가능한 아스키ASCII 문자다.[9] 다음은 연산자 식별자의 예다.

```
+  ++  :::  <?>  :->
```

스칼라 컴파일러는 내부적으로 $를 사용해 연산자 식별자를 '해체mangle'하여 적합한 자바 식별자로 다시 만드는 작업을 수행한다. 예를 들어, 식별자 :->는 내부적으로 $colon$minus$greater로 바뀐다. 자바 코드에서 해당 식별자에 접근하려면 내부 변환 이름을 알고 있어야 한다.

스칼라의 연산자 식별자 길이를 원하는 대로 늘릴 수 있기 때문에, 자바와 스칼라 사이에 작은 차이가 생긴다. 자바는 x<-y를 x, <, -, y라는 4개의 어휘 심볼로 해석한다. 하지만 스칼라에서는 <-를 식별자 하나로 해석하기 때문에 x, <-, y와 같다. 만일 전자처럼 4개로 해석하려면, <과 - 사이에 공백을 넣어서 분리해야 한다. x<-y과 같이 연산자 사이에 공백을 넣지 않는 이가 거의 없기 때문에 실제로 이와 같은 사실이 문제가 되지는 않는다.

---

9 좀 더 정확히 표현하면, 연산자 문자는 유니코드 문자의 수학 심볼(Sm)이나 기타 심볼(So)에 속하거나, 7비트 아스키 문자 중 영문자, 숫자, 괄호, 대괄호, 중괄호, 큰따옴표, 작은따옴표, 밑줄, 마침표, 세미콜론, 쉼표, 역따옴표(back tick, `)를 제외한 문자를 말한다.

혼합 식별자mixed identifier는 영문자와 숫자로 이뤄진 식별자의 뒤에 밑줄이 오고, 그 뒤에 연산자 식별자가 온다. 예를 들어, unary_+는 단항 연산자인 +를 정의하는 메서드 이름이다. 또한 myvar_=는 할당 연산자를 정의하는 메서드의 이름이다. myvar_= 같은 혼합 식별자는 스칼라 컴파일러가 프로퍼티를 지원하기 위해 내부적으로 생성한다(자세한 내용은 18장에서 다룬다).

리터럴 식별자literal identifier는 `...`처럼 역따옴표로 둘러싼 임의의 문자열이다. 리터럴 식별자의 예를 들면 다음과 같다.

```
`x` `<clinit>` `yield`
```

런타임이 인식할 수 있는 어떤 문자열이라도 역따옴표 사이에 넣을 수 있다는 게 핵심이다. 역따옴표를 한 결과는 항상 스칼라 식별자다. 스칼라에서 예약한 단어조차도 리터럴 식별자로 정의할 수 있다. 전형적인 리터럴 식별자 활용 예를 하나 알아보자. 자바의 Thread 클래스에 있는 정적 메서드static method인 yield에 접근하고 싶을 때, yield가 스칼라의 예약어이므로 Thread.yield()와 같이 사용할 수 없다. 하지만 Thread.`yield`()처럼 메서드 이름을 지정하면 문제가 없다.

6.11 메서드 오버로드

Rational 클래스로 돌아가자. 지금까지 수학에서 사용하는 자연스러운 표기를 사용해 더하기와 곱하기를 수행할 수 있게 변경했다. 그렇지만 여전히 *의 연산 대상은 항상 Rational이어야 한다. 따라서 분수와 정수를 곱하는 것과 같은 여러 종류의 수에 대한 연산을 수행하는 기능은 아직 존재하지 않는다. 분수 r에 대해 r * 2를 수행할 수 없고, r * new Rational(2)와 같이 좋지 않은 방법을 사용해야 한다.

정수와 분수를 더하고 곱하는 연산을 수행할 수 있도록 메서드를 추가해 Rational 클래스를 좀 더 편리하게 만들 것이다. 작업을 진행하면서, 빼기와 나누기 연산도 추가할 것이다. 결과는 리스트 6.5를 확인하라.

```scala
class Rational(n: Int, d: Int) {

  require(d != 0)

  private val g = gcd(n.abs, d.abs)

  val numer = n / g
  val denom = d / g

  def this(n: Int) = this(n, 1)

  def + (that: Rational): Rational =
    new Rational(
      numer * that.denom + that.numer * denom,
      denom * that.denom
    )

  def + (i: Int): Rational =
    new Rational(numer + i * denom, denom)

  def - (that: Rational): Rational =
    new Rational(
      numer * that.denom - that.numer * denom,
      denom * that.denom
    )

  def - (i: Int): Rational =
    new Rational(numer - i * denom, denom)

  def * (that: Rational): Rational =
    new Rational(numer * that.numer, denom * that.denom)

  def * (i: Int): Rational =
    new Rational(numer * i, denom)

  def / (that: Rational): Rational =
    new Rational(numer * that.denom, denom * that.numer)

  def / (i: Int): Rational =
    new Rational(numer, denom * i)

  override def toString = s"$numer/$denom"

  private def gcd(a: Int, b: Int): Int =
    if (b == 0) a else gcd(b, a % b)

}
```

산술 연산을 수행하는 메서드 각각에 대해 분수와 정수를 인자로 받아들이는 두 가지 버전이 존재한다. 복수의 메서드가 동일한 메서드 이름을 사용했으므로, 메서드 이름을 **오**

버로드overload한 것이다. 예를 들면, +라는 메서드 이름을 Rational을 인자로 받는 메서드와 Int를 인자로 받는 메서드에 사용한다. 메서드 호출 시점에 컴파일러는 오버로드한 메서드 중 인자의 타입이 일치하는 메서드를 선택한다. 예를 들면, x.+(y)에서 y의 타입이 Rational이면 컴파일러는 Rational 타입을 인자로 사용하는 + 메서드를 선택한다. 만일 인자가 Int이면 컴파일러는 Int 인자를 받는 + 메서드를 선택한다. 다음과 같이 확인해보자.

```scala
scala> val x = new Rational(2, 3)
x: Rational = 2/3

scala> x * x
res12: Rational = 4/9

scala> x * 2
res13: Rational = 4/3
```

어떤 * 메서드를 호출하는지는 우측의 피연산자에 따라 정해짐을 확인할 수 있다.

> **참고**
>
> 스칼라에서 오버로드 메서드를 처리하는 방법은 자바와 거의 유사하다. 오버로드한 메서드 중 인자의 정적인 타입과 가장 잘 일치하는 버전을 선택한다. 최적의 일치 결과가 없을 경우가 종종 있다. 이런 경우 컴파일러는 'ambiguous reference' 오류를 출력해 모호한 참조라는 사실을 알린다.

6.12 암시적 타입 변환

이제 r * 2 같은 표현을 사용할 수 있다. 아쉽게도 2 * r을 사용하면 다음과 같은 오류가 발생한다.

```
error: overloaded method value * with alternatives:
  (x: Double)Double <and>
  (x: Float)Float <and>
  (x: Long)Long <and>
  (x: Int)Int <and>
```

```
  (x: Char)Int <and>
  (x: Short)Int <and>
  (x: Byte)Int
cannot be applied to (Rational)
```

2 * r은 2.*(r)과 같기 때문에 결국 Int인 2의 메서드를 호출해 문제가 발생했다. Int 클래스에는 Rational 인자를 받는 곱셈 메서드가 없다. Rational 클래스는 스칼라 표준 라이브러리에 속하지 않기 때문에 해당 메서드가 없는 것은 당연하다.

하지만 스칼라에는 이런 문제를 해결할 수 있는 또 다른 방법이 존재한다. 필요할 때 정수를 분수로 변환하는 암시적 타입 변환을 지정할 수 있다. 다음 한 줄을 인터프리터에서 수행해보자.

```
scala> implicit def intToRational(x: Int) = new Rational(x)
```

이 내용은 Int를 Rational로 변환하는 메서드 정의다. 메서드 앞에 있는 implicit 수식자는 컴파일러에게 몇몇 상황에 해당 메서드를 활용해 변환을 수행하라고 알려준다. 변환방법을 정의했으므로, 실패했던 이전 예를 다시 수행해보자.

```
scala> val r = new Rational(2,3)
r: Rational = 2/3

scala> 2 * r
res15: Rational = 4/3
```

암시적 타입 변환이 동작하기 위해서는 해당 스코프 안에 변환 메서드가 존재해야 한다. 암시적 타입 변환 메서드를 Rational 클래스 내부에 정의했다면, 인터프리터의 스코프에는 존재하지 않으므로 변환이 이뤄지지 않는다. 방금 예제에서는 인터프리터에서 직접 암시적 타입 변환 메서드를 정의했다.

예제에서 살펴봤듯이, 암시적 타입 변환은 라이브러리를 좀 더 유연하고 사용하기 편리하게 만들어주는 아주 강력한 기법이다. 하지만 너무나도 강력해 잘못 사용하기도 쉽다. 21장에서 필요한 스코프 안으로 암시적 타입 변환 메서드를 가져오는 방법 등 암시적 타입 변환에 대해 좀 더 자세한 내용을 다룬다.

6.13 주의사항

지금까지 살펴본 것처럼 메서드 이름으로 연산자 식별자를 사용하고 암시적 타입 변환을 정의하면, 이용자들이 좀 더 간결하고 이해하기 쉽게 코드를 작성할 수 있는 라이브러리를 만들 수 있다. 스칼라는 쉽게 사용할 수 있는 라이브러리를 설계할 수 있는 막강한 권한을 준다. 하지만 커다란 권한에는 커다란 책임 또한 따른다는 사실을 명심하자.

미숙하게 사용하면 연산자 메서드와 암시적 타입 변환 모두 클라이언트 코드를 읽고 이해하기 힘들게 만든다. 타입 변환은 말 그대로 소스 코드에 명시적으로 지정하지 않은 것을 컴파일러가 암묵적으로 적용하기 때문에, 라이브러리를 이용하는 프로그래머는 어떤 암시적 변환이 적용될지 명확하게 알 수 없기 때문이다. 또한 연산자 메서드가 일반적으로 클라이언트 코드를 간결하게 만들어주지만, 클라이언트 프로그래머가 해당 연산자를 이해하고 의미를 기억할 수 있는 경우에만 가독성이 높아진다.

라이브러리를 설계하며 항상 염두에 두어야 할 목표는 단순히 클라이언트 코드를 간결하게 하는 것뿐만 아니라, 가독성을 높이고 이해하기 쉽게 만드는 것이다. 간결성은 종종 가독성에서 큰 부분을 차지하지만, 뭐든 지나치면 나쁜 법이다. 클라이언트가 우아하고 간결한 동시에 이해하기 쉬운 코드를 작성할 수 있게 돕는 라이브러리를 설계할 수 있다면, 클라이언트 프로그래머의 생산성을 크게 높일 수 있다.

6.14 결론

6장에서는 스칼라 클래스의 더 많은 면모를 확인했다. 클래스 파라미터를 추가하는 방법, 여러 생성자를 정의하는 방법, 연산자를 메서드로 정의하는 방법을 확인했다. 또한 클래스를 다듬어서 좀 더 자연스럽게 사용할 수 있게 만들었다. 무엇보다, 변경 불가능한 객체를 정의하는 것이 스칼라에서는 매우 자연스러운 방법임을 살펴봤다는 사실이 중요하다.

여기서 작성한 Rational 클래스의 최종 버전이 6장의 맨 앞에서 정의했던 요구사항을 만족하기는 하지만, 여전히 개선의 여지가 있다. 예를 들어, 30장에서는 equals와 hashCode 메서드를 오버라이드하여 ==를 사용한 비교 시 Rational을 사용하거나, 해시 테이블에 저장할 때 좀 더 잘 동작하게 만들 것이다. 또한 21장에서는 Rational 클래스의 동반 객체에 암시적 타입 변환 메서드를 넣어서 Rational 클래스를 사용할 때 편리하게 원하는 스코프로 불러올 수 있게 하는 방법을 설명할 것이다.

Chapter

07

내장 제어 구문

스칼라가 제공하는 내장 제어 구문은 몇 가지 없다. if, while, for, try, match, 함수 호출 function call이 전부다. 스칼라에 제어 구문의 수가 적은 이유는 설계 초기부터 함수 리터럴 을 포함했기 때문이다. 스칼라는 기본 문법에서 제어 구문 위에 다른 제어 구문을 하나하 나 추가하기보다는 라이브러리에 제어 구문을 추가하는 편을 택했다(9장에서는 정확히 그 와 같은 내용이 어떻게 이뤄지는지 알아볼 것이다). 7장에서는 그 기반이 될 내장 제어 구문 을 살펴본다.

곧 알게 되겠지만, 스칼라의 제어 구문은 대부분 어떤 값을 결과로 내놓는다. 이는 프로 그램 전체를 값을 계산하는 관점에서 바라보고 프로그램 구성요소 또한 값을 도출해야 한다는 함수 언어적 접근을 채용한 결과다. 이런 접근 방법은 명령형 언어에도 이미 존재 하는 경향의 논리적 귀결이기도 하다. 명령형 언어에서는 함수가 자신이 받은 인자를 직 접 변경해 결과를 전달하는 방식이 잘 동작함에도 불구하고 함수가 값을 반환하는 형태 를 사용한다. 추가로 명령형 언어에서는 C, C++, 자바의 ?:과 같이, if와 동일하지만 값 을 결과로 반환하는 삼항 연산자도 종종 볼 수 있다. 스칼라에서는 삼항 연산자 모델을 채용하되, 삼항 연산자와 if를 합쳐서 if 구문으로만 사용한다. 다시 말해, 스칼라의 if는 값을 결과로 내놓을 수 있다. 스칼라는 이러한 방식을 for, try, match에도 적용했다. 이들 은 모두 결과로 값을 내놓는다.

프로그래머는 이러한 결괏값 반환을 이용해 함수의 반환값을 이용하듯 코드를 간단하게 만들 수 있다. 이러한 기능이 없다면 프로그래머가 직접 임시 변수를 만들어 계산한 값을 저장해야 한다. 임시 변수를 없애면 코드가 약간 더 간단해지며, 특정 변수를 일부 분기 코드에만 설정하고 다른 분기에는 설정하지 않는 등의 여러 가지 버그를 방지할 수 있다.

결국, 스칼라의 기본 제어 구문은 최소한의 요소를 갖췄지만 명령형 언어에서 핵심적인 개념을 모두 제공한다. 게다가, 값을 반환함으로써 코드를 더욱 짧게 만들 수 있다. 어떻게 그럴 수 있는지 기본 제어 구문을 자세히 알아보자.

7.1 if 표현식

스칼라의 if는 다른 여러 언어와 마찬가지로 동작한다. 조건을 테스트하고 결과가 참인지 여부에 따라 2개의 코드 분기 중 하나를 실행한다. 명령형 스타일로 작성한 코드의 예는 다음과 같다.

```
var filename = "default.txt"
if (!args.isEmpty)
  filename = args(0)
```

위 코드는 변수 filename을 선언하고, 디폴트값으로 초기화한다. 그리고 if 문을 사용해 인자가 있는지 여부를 조사한다. 만일 인자가 있다면 filename 변수에 인자 목록의 값을 할당한다. 인자가 없다면 이미 설정한 디폴트값을 유지한다.

2.3절에서 언급한 대로, 스칼라의 if 표현식은 값을 내놓기 때문에 위 코드를 더욱 근사하게 작성할 수 있다. 리스트 7.1은 var 변수 없이 동일한 내용을 구현한 코드를 보여준다.

리스트 7.1 전형적인 스칼라 조건별 초기화 구문

```
val filename =
  if (!args.isEmpty) args(0)
  else "default.txt"
```

이번에는 if 문에 2개의 분기가 존재한다. args가 비어 있지 않으면 목록의 첫 요소인 args(0)을 선택한다. args가 비어 있으면 디폴트값을 선택한다. if 표현식은 선택한 값이 그 결과이기 때문에, filename 변수를 해당 값으로 초기화한다. 제시한 코드의 길이는 이전 코드에 비해 아주 조금 짧은 정도이지만, 진짜 장점은 var가 아닌 val을 사용했다는 것이다.

var가 아닌 val을 사용함에 따른 두 번째 장점은 **동일성 추론**equational reasoning에 더욱 유리하다는 것이다. 부수 효과가 없다는 가정하에서 어떤 변수는 그 값을 도출하는 표현식과 동등하다. 따라서 항상 변수명을 표현식으로 대체할 수 있다. 예를 들어 println(filename) 대신, 다음과 같이 쓸 수 있다.

```
println(if (!args.isEmpty) args(0) else "default.txt")
```

선택은 여러분의 몫이다. 두 방식 중 어느 쪽으로도 쓸 수 있다. val을 사용하면 코드가 진화하는 동안에도 안전하게 리팩토링을 할 수 있다.

> val을 사용할 기회를 노려보자. val은 코드를 더 가독성 높고 리팩토링하기 쉽게 해준다.

7.2 while 루프

스칼라의 while 루프는 여타 언어와 마찬가지로 동작한다. while에는 조건condition과 본문body이 하나씩 존재하며, 조건이 참인 동안 본문을 반복 수행한다. 리스트 7.2에 예가 있다.

리스트 7.2 최대공약수를 계산하는 while 루프

```
def gcdLoop(x: Long, y: Long): Long = {
  var a = x
  var b = y
  while (a != 0) {
    val temp = a
```

```
      a = b % a
      b = temp
    }
    b
}
```

스칼라에는 do-while 루프도 있다. while 루프와 유사하나 본문을 수행하고 나서 조건을 검사한다는 차이가 있다. 리스트 7.3은 표준 입력으로부터 읽은 문장이 빈 줄일 때까지 입력받은 줄을 출력하는 스칼라 스크립트다.

리스트 7.3 do-while로 표준 입력 읽기

```
var line = ""
do {
  line = readLine()
  println("Read: "+ line)
} while (line != "")
```

while과 do-while이 이루는 구조는 수행 결과가 관심을 가질 만한 값이 아니기 때문에 표현식이라 하지 않고 '루프loop'라 부른다. 루프의 결과 타입은 Unit이다. Unit 타입에는 **유닛값**unit value밖에 없고, 이 값을 빈 괄호 ()로 표기한다. ()라는 값이 존재한다는 점에서 자바의 void와 스칼라의 Unit은 다르다. 다음을 인터프리터에서 실행해보자.

```
scala> def greet() = { println("hi") }
greet: ()Unit

scala> val wahtAmI = greet()
hi
whatAmI: Unit = ()
```

println("hi") 표현식의 타입이 Unit이기 때문에 greet은 결과 타입이 Unit인 프로시저 procedure[1]다. 따라서 greet은 유닛값인 ()를 반환한다. 두 번째 줄에서 whatAmI 변수의 타입이 Unit이고 변수에 저장된 값이 greet의 결괏값인 ()라는 사실로부터 이를 확인할 수 있다.

---

1   결괏값이 있으면 함수, 결괏값이 없으면 프로시저라고 한다. Unit 타입의 ()는 엄연한 값이긴 하지만 아무 쓸모가 없고, 이를 반환하더라도 결국 호출하는 쪽에서는 이를 무시할 것이므로, 이 책에서도 이런 함수를 프로시저라고 부른다. – 옮긴이

유닛값이 결과인 또 다른 구성요소는 var 변수에 대한 재할당이다(여기서는 결괏값을 사용한다). 예를 들어, 다음과 같이 자바에서 사용하는(C, C++에서도 마찬가지다) 일반적인 형태로 while 루프를 스칼라에서 사용하면 문제가 생긴다.

```
var line = ""
while ((line = readLine()) != "") // 작동하지 않음!
  println("Read: " + line)
```

이 코드를 컴파일하면, 스칼라는 Unit 타입의 값과 문자열을 !=를 사용해 비교한 결과는 언제나 참이라고 경고한다. 자바에서 할당의 결과는 할당한 값이다(예제에서는 표준 입력에서 전달받은 한 줄이다). 스칼라에서 할당의 결과는 유닛값인 ()이다. 따라서 line = readLine()의 결과는 항상 ()이므로 ""(빈 문자열)과는 같을 수 없다. 이 while 문의 조건은 거짓이 될 수 없기에, 루프가 끝나지 않고 무한 반복된다.

while 루프는 결과가 특정 값이 아니기 때문에 순수한 함수형 언어는 이를 종종 제외하곤 한다. 그러한 언어에는 표현식은 있지만 루프는 없다. 그렇지만 스칼라에는 while 루프가 존재하는데, 때로는 명령형의 해법이(특히 명령형 언어 기반에 익숙한 프로그래머에게는 더욱이) 가독성이 뛰어나기 때문이다. 예를 들어 특정 조건이 바뀔 때까지 정해진 절차를 반복하는 알고리즘을 작성한다면 while 문은 해당 내용을 직접 표현할 수 있지만, 함수형 언어에서 대안으로 제시하는 재귀를 사용한다면 코드를 읽는 어떤 이들에게는 명확해 보이지 않을 것이다.

예를 들어, 리스트 7.4는 두 수의 최대공약수를 구하는 또 다른 방법을 보여준다.[2] x와 y, 2개의 같은 값이 주어졌다면 리스트 7.4의 gcd 함수는 리스트 7.2에서 살펴본 gcdLoop 함수와 같은 결과를 반환할 것이다. 두 가지 접근의 차이는 gcdLoop는 var 변수와 while 루프를 사용하는 명령형 스타일이고, gcd는 자신을 호출하는 재귀를 사용하고 var 변수는 사용하지 않는 함수형 스타일이라는 점이다.

리스트 7.4 재귀를 사용한 최대공약수 계산

```
def gcd(x: Long, y: Long): Long =
  if (y == 0) x else gcd(y, x % y)
```

---

2 리스트 7.4에 보이는 gcd 함수는 Rational 클래스의 최대공약수를 계산하기 위해 리스트 6.3에 처음 등장한 비슷한 이름의 함수와 동일한 접근법을 취한다. 주된 차이점은 리스트 7.4의 gcd는 Int가 아닌 Long 타입을 기반으로 동작한다는 것이다.

일반적으로, while 루프는 var 변수를 사용할 때와 마찬가지로 최대한 이를 적게 사용하기 위해 노력할 것을 권장한다. 사실 while 루프와 var 변수를 함께 사용하는 경우가 많다. while 루프는 결과로 값을 내놓지 않기 때문에, 프로그램에 어떤 변화를 주려면 I/O를 수행하거나 var 변수를 갱신해야만 한다. gcdLoop 예제에서 이와 같은 내용을 확인했다. while 루프는 역할을 다하며 a와 b 변수(var)를 갱신한다. 따라서 while 루프를 꼭 사용해야 하는지 의심해보기를 권한다. 특별히 while이나 do-while 루프를 사용할 충분히 정당한 이유가 없다면, 이런 루프를 사용하지 않고 문제를 해결할 방법을 찾아보라.

7.3 for 표현식

스칼라의 for 표현식은 반복 처리를 위한 스위스 만능 칼이라 할 수 있다. 몇 가지 간단한 재료를 여러 가지 방법으로 조합해 다양한 반복 작업을 처리할 수 있다. 연속적인 정수를 이터레이션하는 일과 같이 일반적인 작업을 처리하는 것은 간단한 방법으로도 가능하며, 여러 종류의 컬렉션을 이터레이션하며 조건에 맞는 요소를 가려내고 새로운 컬렉션을 만드는 등의 고급 표현도 가능하다.

컬렉션 이터레이션

for로 할 수 있는 가장 간단한 일은 컬렉션에 있는 모든 요소를 이터레이션하는 것이다. 예를 들면, 리스트 7.5는 현재 디렉토리의 모든 파일을 출력하는 코드다. I/O에는 자바 API를 사용한다. 첫째로, 현재 디렉토리 "."에 대한 java.io.File을 생성하고 listFiles 메서드를 호출한다. listFiles를 호출하면 현재 디렉토리 내 파일과 디렉토리를 내용으로 하는 File 객체의 배열을 얻는다. filesHere 변수에 결과 배열을 저장한다.

리스트 7.5 for 표현식으로 디렉토리 내 파일의 목록 구하기

```
val filesHere = (new java.io.File(".")).listFiles

for (file <- filesHere)
  println(file)
```

제너레이터^{generator}라고 부르는 file <- filesHere 문법을 이용해 filesHere의 원소를 이 터레이션한다. 각 반복 단계마다, file이라는 새로운 val을 각 원소의 값으로 초기화한 다. 컴파일러는 filesHere가 Array[File] 타입이기 때문에 file의 타입이 File임을 추 론해낸다. 반복의 각 단계에는 for 표현식의 본문인 println(file)을 실행한다. File의 toString 메서드는 파일이나 디렉터리의 이름을 반환하기 때문에, 현재 디렉터리 내 모 든 파일과 디렉터리의 이름을 출력한다.

for 표현식은 배열뿐 아니라 어떤 종류의 컬렉션에도 동작한다.[3] 한 가지 간편한 특별한 경우는 5장의 표 5.4에서 잠시 살펴본 Range 타입이다. Range는 1 to 5와 같은 문법을 이 용해 만들 수 있고, for 문을 이용해 Range를 이터레이션할 수 있다. 다음은 그 예다.

```scala
scala> for (i <- 1 to 4)
         println("Iteration " + i)
Iteration 1
Iteration 2
Iteration 3
Iteration 4
```

이터레이션 대상 값의 범위에서 최댓값을 제외하고 싶다면 to 대신에 until을 사용한다.

```scala
scala> for (i <- 1 until 4)
         println("Iteration " + i)
Iteration 1
Iteration 2
Iteration 3
```

이와 같이 정수에 대해 반복 수행하는 일은 스칼라에서 흔하게 볼 수 있다. 아마 다른 언 어에서는 다음과 같이 배열 반복을 사용했을지도 모르겠다.

```scala
// 스칼라에서는 일반적이지 않다.
for (i <- 0 to filesHere.length - 1)
  println(filesHere(i))
```

---

3   엄밀히 말하면 for 표현식의 <- 기호 오른쪽에는 정해진 메서드(이 예제에서는 foreach)를 갖고 있는 어떤 타입의 표현식이 라도 올 수 있다. 스칼라 컴파일러가 어떻게 for 표현식을 처리하는지는 23장에서 설명한다.

앞의 예제에서 for 표현식은 반복 단계마다 0부터 filesHere.length - 1 사이의 각 정수를 변수 i에 설정한 다음, 설정한 i를 사용해 filesHere의 i번째 원소를 구해서 처리한다.

이와 같은 반복 처리가 스칼라에서 일반적이지 않은 이유는 간단하게 컬렉션을 직접 이터레이션할 수 있기 때문이다. 컬렉션을 직접 이터레이션하면 코드도 더욱 짧아지고 배열을 이터레이션하면서 인덱스를 잘못 처리해 발생할 수 있는 실수를 피할 수 있다. 0에서 시작할지, 1에서 시작할지, +1을 더할지, -1을 더할지, 마지막 이터레이션에서 특별한 처리는 안 해도 되는지 등의 의문은 풀기 어렵지는 않지만 틀리기가 쉽다. 이러한 질문을 아예 피한다면 훨씬 안전할 것이다.

필터링

컬렉션의 모든 원소를 이터레이션하고 싶지 않은 경우도 많다. 전체 컬렉션을 걸러내서 그 일부만 사용하고 싶은 경우가 그렇다. for 표현식에 **필터**^{filter}를 추가하면 가능하다. 예를 들어, 리스트 7.6의 코드는 현재 디렉터리에서 이름이 '.scala'로 끝나는 파일만 표시한다.

리스트 7.6 필터를 이용해 .scala 파일 찾기

```
val filesHere = (new java.io.File(".")).listFiles

for (file <- filesHere if file.getName.endsWith(".scala"))
  println(file)
```

동일한 목적을 다음의 코드로 달성할 수도 있다.

```
for (file <- filesHere)
  if (file.getName.endsWith(".scala"))
    println(file)
```

이 코드는 이전 코드와 같은 결과를 출력한다. 명령형 프로그래밍에 익숙한 프로그래머라면 이런 방법이 더 친숙할 것이다. 그렇지만 명령형 프로그래밍 형태로 작성하는 것은 가능한 방법 중 하나일 뿐이다. 왜냐하면 여기서 사용한 for는 println을 통한 출력 부수 효과만을 사용하고, for의 결과로 발생하는 유닛값 ()는 사용하지 않기 때문이다. 이번 절의 뒷부분에서 예를 확인하겠지만, for 표현식이 '표현식'이라고 불리는 이유는 사용

하기 위한 값을 결과로 내놓기 때문이다. for 문의 결괏값은 <- 절에 의해 타입이 정해지는 컬렉션이다.

원한다면 필터를 여러 개 추가할 수 있다. if 절만 더 넣으면 된다. 예를 들어, 더 방어적이라 할 수 있는 리스트 7.7은 디렉터리가 아닌 파일만 출력하는 코드다. file의 isFile 메서드를 통해 검사하는 필터를 추가해서 디렉터리를 제외한다.

리스트 7.7 for 표현식에 여러 개의 필터 적용하기

```
for (
  file <- filesHere
  if file.isFile
  if file.getName.endsWith(".scala")
) println(file)
```

중첩 이터레이션

2개의 루프를 중첩한 리스트 7.8의 코드처럼 여러 개의 <- 절을 추가하면 중첩 루프를 작성할 수 있다. 바깥쪽 루프는 filesHere 내의 .scala로 끝나는 파일을, 안쪽 루프는 바깥 루프에서 얻은 file에 fileLines(file)을 호출한 결과를 이터레이션한다.

리스트 7.8 for 표현식에서 여러 개의 제너레이터 사용하기

```
def fileLines(file: java.io.File) =
  scala.io.Source.fromFile(file).getLines()toArray

def grep(pattern: String) =
  for (
    file <- filesHere
    if file.getName.endsWith(".scala");
    line <- fileLines(file)
    if line.trim.matches(pattern)
  ) println(s"$file: ${line.trim}"

grep(".*gcd.*")
```

원한다면 괄호 대신 중괄호를 사용해 제너레이터와 필터를 감싸도 된다. 중괄호를 사용하면 4.2절에서 설명한 대로 스칼라 컴파일러가 세미콜론을 추론하기 때문에, 괄호를 사용할 때 써야만 했던 세미콜론을 제거할 수 있다.

for 중에 변수 바인딩하기

방금 살펴본 코드는 line.trim이라는 표현식을 반복한다. 무시해도 좋은 하찮은 계산은 아니므로 단 한 번만 계산하고 싶다. 등호를 이용해 새로운 변수에 결과를 할당해놓으면 가능하다. 바운드한 변수는 val 변수처럼 선언하고 사용하면 되는데, val이라는 키워드를 사용하지는 않는다. 리스트 7.9는 한 가지 예를 보여준다.

리스트 7.9 for 표현식의 흐름 중간에 값 할당하기

```scala
def grep(pattern: String) =
  for {
    file <- filesHere
    if file.getName.endsWith(".scala")
    line <- fileLines(file)
    trimmed = line.trim
    if trimmed.matches(pattern)
  } println(s"$file: $trimmed")
grep(".*gcd.*")
```

리스트 7.9에서는 trimmed라는 변수가 for 표현식의 중간에 등장한다. trimmed에는 line.trim의 결괏값이 들어간다. for 표현식의 나머지 부분에서도 trimmed 변수를 두 번 사용한다. if와 println에 한 번씩 등장한다.

새로운 컬렉션 만들어내기

지금까지의 모든 예제에서는 값들을 이터레이션하면서 조작하기만 하고 결과는 무시했다. 하지만 이터레이션의 매 반복 단계의 결과를 저장하기 위한 값을 만들 수 있다. 값을 만들려면, for 표현식의 본문 앞에 yield라는 키워드를 사용한다. .scala 파일을 식별하고 결과를 배열에 저장하는 함수는 다음과 같다.

```scala
def scalaFiles =
  for {
    file <- filesHere
    if file.getName.endsWith(".scala")
  } yield file
```

for 표현식의 본문을 수행할 때마다 값(여기서는 file)을 하나씩 만들어낸다. for의 전체

결괏값은 각 이터레이션마다 yield에서 나온 값이 모두 들어 있는 컬렉션이다. 처리 대상 컬렉션의 타입이 결과 컬렉션의 타입을 결정한다. 이 예제의 경우 filesHere가 배열이고, yield가 만들어내는 각각의 결과는 File 타입이므로 전체 결과는 Array[File]이다.

하지만 yield 키워드의 위치에 주의해야 한다. for-yield 표현식의 문법은 다음과 같다.

```
for 절 yield 본문
```

yield는 전체 본문의 앞에 위치한다. 본문이 중괄호 안에 들어 있는 코드 블록이라 할지라도, yield는 코드 블록의 마지막이 아니라 여는 중괄호 앞에 위치해야 한다. 다음과 같이 쓰기 쉽지만, 이를 피해야 한다.[4]

```
for (file <- filesHere if file.getName.endsWith(".scala")) {
  yield file  // 문법 오류
}
```

예를 들어, 리스트 7.10의 for 표현식은 먼저 현재 디렉터리의 모든 파일이 들어 있는 filesHere라는 Array[File] 타입 컬렉션을 .scala 파일만 포함하도록 변환한다. 그 결과로 나온 각 파일(file에 저장됨)을 기반으로 리스트 7.8에서 살펴본 fileLines 메서드를 호출해 Array[String]을 만든다. Array[String]의 각 원소는 처리 중인 파일의 각 줄이다. 이 Array[String]에 들어 있는 줄을 변환해 "for" 문자열이 들어간 줄의 앞뒤 공백을 제거한 다른 Array[String]을 얻는다. 마지막으로, yield를 사용해 각 줄의 길이를 구해서 Array[Int]로 만든다.

리스트 7.10 for 표현식으로 Array[File]을 Array[Int]로 변환하기

```
val forLineLengths =
  for {
    file <- filesHere
    if file.getName.endsWith(".scala")
    line <- fileLines(file)
    trimmed = line.trim
    if trimmed.matches(".*for.*")
  } yield trimmed.length
```

4 yield가 어떤 결과를 만들어낸다고 가정하면, for 본문의 맨 마지막에 yield가 위치해야 할 것 같으므로 착각하기 쉽다는 뜻이다. yield는 전체 코드 블록(for의 본문)의 이터레이션마다 만들어내는 결괏값을 모은다는 사실을 기억하라. – 옮긴이

지금까지 for 표현식의 주요 특징을 살펴봤다. 다소 급하게 살펴봤는데, for 표현식에 대한 자세한 내용을 23장에서 익힐 예정이다.

7.4 try 표현식으로 예외 다루기

스칼라에서도 예외는 여타 언어와 유사하게 동작한다. 메서드는 보통의 경우 값을 반환하지만, 예외를 발생시키며 종료할 수도 있다. 메서드를 호출한 측에서는 발생한 예외를 잡아서 처리할 수도 있고, 그냥 종료할 수도 있다. 호출한 메서드가 별다른 처리를 하지 않고 종료하면 해당 메서드를 호출한 메서드, 즉 호출자의 호출자 메서드로 예외를 전파한다. 이런 식의 예외 전파는 해당 예외를 처리하는 메서드를 만나거나 더 이상 메서드가 남아 있지 않을 때까지 이뤄진다.

예외 발생시키기

스칼라에서 예외를 발생시키는 방법은 자바와 같다. 예외 객체를 생성하고, throw 키워드를 이용해 생성한 예외를 던진다.

```
throw new IllegalArgumentException
```

모순처럼 보일 수도 있는데, 스칼라에서는 throw가 결과 타입이 있는 표현식이다. 다음은 결과 타입의 예다.

```
val half =
  if (n % 2 == 0)
    n / 2
  else
    throw new RuntimeException("n must be even")
```

n이 짝수이면 half에는 n의 반에 해당하는 값이 들어간다. 만일 n이 짝수가 아니면 어떤 값으로도 초기화하지 않고, 그 전에 예외를 발생시킨다. 그렇기 때문에, else 부분에서 어떤 예외를 던지더라도 이를 원하는 타입으로 다뤄도 아무 문제가 없다. 어차피 어떤 문

맥 내에서 throw가 던지는 예외를 사용하려 해도 결과(예외)를 사용할 수 있는 경우는 없기 때문에, 이렇게 타입을 처리해도 아무 문제가 없다.

기술적으로 말하면, 예외는 Nothing이라는 타입을 갖는다. 따라서 비록 어떤 값을 만들어내는 일은 없지만 throw를 표현식처럼 사용할 수 있다. 이런 기술적으로 약간 어려운 세부사항이 이상하게 들릴지 모르겠지만, 앞서 살펴본 예와 같이 유용한 경우가 종종 있다. 코드의 한쪽 분기는 어떤 값을 계산하는 반면, 다른 쪽 분기에서는 예외를 발생시키면서 결과가 Nothing 타입이다. 이런 경우 무언가를 계산하는 분기의 결과 타입이 if 표현식 전체의 타입이다.[5] Nothing에 대한 내용은 11.3절에서 좀 더 자세히 살펴본다.

발생한 예외 잡기

리스트 7.11과 같은 문법을 이용해 발생한 예외를 잡는다. catch 절의 문법은 스칼라의 중요한 부분을 차지하는 **패턴 매치**pattern match와의 일관성을 유지하기 위해 예제와 같은 형태를 채용했다. 패턴 매치는 강력한 기능이다. 여기서 간략하게 설명하고, 다시 15장에서 자세히 다룰 것이다.

리스트 7.11 스칼라로 작성한 try-catch 절

```
import java.io.FileReader
import java.io.FileNotFoundException
import java.io.IOException

try {
  val f = new FileReader("input.txt")
  // 파일을 사용하고 닫는다.
} catch {
  case ex: FileNotFoundException => // 파일을 못 찾는 경우 처리
  case ex: IOException => // 그 밖의 IO 오류 처리
}
```

---

5 앞 문단에서 설명했지만, Nothing이 결괏값의 타입이라고 해도 이 결과를 실제로 써먹는 경우는 없다. 예외가 발생한다면 결괏값을 돌려주기도 전에 제어 흐름이 호출한 쪽으로 넘어간다. throw를 표현식으로 다루고 Nothing으로 타입을 지정하는 것은 단지 throw 문을 식으로 만들고 타입 시스템(스칼라의 지역 타입 추론 기능)에도 잘 들어맞게 해서, 스칼라 프로그램 안에서 자유롭게 throw를 쓸 수 있게 하기 위한 기술적 장치일 뿐이다. 예를 들면, if 문의 두 코드 분기는 모두 표현식이어야 한다. 만약 throw 문만 특별한 취급을 한다면 이런저런 문법 구조나 컴파일러 처리가 복잡해질 수도 있다. 그래서 throw 문도 표현식으로 취급하고, 특별한 타입(모든 타입의 하위 타입인 Nothing)을 부여해서 자연스럽게 전체 문법이 조화를 이루게 만드는 편을 스칼라 설계자가 택한 것이다. – 옮긴이

try-catch의 동작도 예외를 다룰 수 있는 여타 언어와 마찬가지로 동작한다. 본문을 수행하다가 예외가 발생하면 각 catch 절을 차례로 시도한다. 예제에서 발생한 예외 타입이 FileNotFoundException이면, 첫 case 절을 수행할 것이다. 예외 타입이 IOException일 경우 두 번째 절을 수행한다. 발생한 예외가 이 두 가지 타입이 아니라면 try-catch가 끝나고 예외는 계속 전파될 것이다.

> **참고**
>
> 스칼라에서 쉽게 알 수 있는 차이점 한 가지는, 스칼라의 경우 체크드 예외(checked exception)를 catch를 이용해 잡거나 메서드 선언 시 throws로 선언하지 않아도 된다는 점이다. 원한다면 애노테이션인 @throws를 이용해 throws 절을 선언할 수도 있지만, 이는 선택사항이다. 31.2절에서 @throws에 대해 설명한다.

finally 절

표현식의 결과가 어떻든 특정 코드를 반드시 수행하고 싶은 경우, 원하는 표현식을 finally 절로 감쌀 수 있다. 예외가 발생해 메서드를 빠져나가더라도 열어둔 파일을 닫고 싶은 경우가 그렇다. 리스트 7.12는 그 예를 보여준다.[6]

리스트 7.12 스칼라로 작성한 try-finally 절

```
import java.io.FileReader

val file = new FileReader("input.txt")
try {
  // 파일을 사용한다.
} finally {
  file.close()  // 파일을 확실히 닫는다.
}
```

---

6 catch 절 안에 있는 case 문을 항상 중괄호로 감싸줘야 하지만, try와 finally 안에 식을 단 하나만 포함하는 경우 중괄호가 필요 없다. 예를 들어, try t() catch { case e: Exception => ... } finally f()처럼 쓸 수도 있다.

값 만들어내기

대부분의 스칼라 제어 구조와 마찬가지로 try-catch-finally도 결과는 값이다. 예를 들어, 리스트 7.13은 URL을 해석하되 형식이 잘못된 경우 디폴트값을 사용하게 하는 내용이다. 예외가 발생하지 않을 경우 전체 결과는 try 절의 수행 결과다. 예외가 발생하고 해당 예외를 잡았다면 해당 catch 절의 수행 결과가 전체 결과다. 예외가 발생했는데도 처리하지 못했다면 해당 표현식의 결과는 전혀 없다. finally 절에 결괏값이 있다면 버려진다. 보통 finally 절은 파일을 닫는 등의 정리 작업을 수행하므로, try 절의 본문이나 catch 절의 결과를 수정하지 않아야 한다.

리스트 7.13 값을 만들어내는 catch 절

```
import java.net.URL
import java.net.MalformedURLException

def urlFor(path: String) =
  try {
    new URL(path)
  } catch {
    case e: MalformedURLException =>
      new URL("http://www.scala-lang.org")
  }
```

자바에 익숙하다면, 자바의 경우 try-finally의 결과가 값이 아니기 때문에 스칼라는 동작이 다르다는 사실을 알아두면 유용하다. 자바에서는 finally 절 안에서 명시적으로 return 문을 사용하거나, 예외를 발생시키면 try 블록이나 catch 절에서 발생한 원래의 결과를 덮어쓴다. 예를 들어, 다음과 같은 다소 억지스런 함수 정의를 생각해보자.

```
def f(): Int = try return 1 finally return 2
```

f()를 호출하면 결과는 2다. 그에 반해, 다음에서

```
def g(): Int = try 1 finally 2
```

g()를 호출하면 그 결과는 1이다.[7] 대부분의 프로그래머는 그 결과에 다소 놀라는데, 결국 finally 구문에서는 값을 반환하지 않는 게 최선이다. finally 절은 결괏값을 만들어내기보다는 파일을 닫거나 정리 작업을 하는 등의 부수 효과를 제공하는 방법이라고 생각하는 게 가장 좋다.

7.5 match 표현식

스칼라의 match 표현식은 여타 언어의 switch 문과 유사하게, 다수의 대안alternative 중 하나를 선택하게 해준다. 일반적으로 match 표현식에서는 15장에서 설명할 패턴pattern을 사용해 원하는 내용을 선택한다. 전반적인 내용은 나중에 알아보기로 하고, 지금은 match로 대안 중 하나를 고르는 방법부터 알아보자.

예를 들어, 리스트 7.14의 스크립트는 인자 목록에서 음식의 이름을 읽어 이에 어울리는 짝을 출력한다. match 표현식은 인자 목록의 첫 번째 요소인 firstArg를 조사한다. firstArg가 문자열 "salt"이면 "pepper"를 출력하고, "chips"이면 "salsa"를 출력하는 식이다. 디폴트 case는 밑줄(_)로 표시하는데, 스칼라에서는 완전히 알려지지 않은 값을 표시하기 위한 위치 표시자placeholder로 밑줄을 종종 사용한다.

---

7 본문에서 설명했듯이 스칼라는 finally 절의 값을 무시한다. 다른 식으로 생각해본다면, 'try 본문 catch 오류 처리 finally 최종 처리'에서 try나 finally는 본래의 로직과는 관계없는 예외 상황(오류 발생이나 최종 정리)을 위한 것으로, 정상적인 로직의 결괏값 흐름과는 관계가 없다고 보는 편이 정당하다. 오류가 나지 않은 경우, 본문의 최종 결과가 전체 try-catch-finally 표현식의 최종 결과인 편이 훨씬 자연스럽다. 자바에서도 finally에서 무언가 다른 값을 반환하는 것은 좋은 프로그래밍 습관이 아니다. - 옮긴이

리스트 7.14 부수 효과가 있는 match 표현식

```scala
val firstArg = if (args.length > 0) args(0) else ""

firstArg match {
  case "salt" => println("pepper")
  case "chips" => println("salsa")
  case "eggs" => println("bacon")
  case _ => println("huh?")
}
```

자바의 switch 문과는 중요한 차이점이 있다. 그중 하나는 자바의 case 문에는 enum 값이나 정수 타입의 값 또는 문자열값만 쓸 수 있지만 스칼라의 case 내에는 어떤 종류의 상수라도 사용할 수 있다는 점이다. 리스트 7.14에서는 case 문에 문자열을 사용했다. 또 다른 차이점은 각 선택의 끝에 break 문이 없다는 점이다. 대신 모든 case마다 break 문이 암묵적으로 있어서, break 문이 없어도 다음 선택으로 넘어가지 않는다. 일반적인 경우 break 문이 없는 쪽이 코드가 짧으며, 프로그래머의 실수로 다음 선택으로 넘어가 버리는 오류를 아예 막을 수 있다.

자바 switch와의 가장 중요한 차이는 match 표현식의 결과가 값이라는 점이다. 방금 살펴본 예제에서 각 선택 후보들은 값을 출력한다. 이 예를 리스트 7.15와 같이 값을 만들어내도록 바꿔도 잘 동작한다. match 표현식의 결과를 friend 변수에 저장한다. 코드가 줄어들었음은 물론, 엉켰던 코드를 음식을 선택하고 이를 출력하는 2개의 각기 다른 관심사로 분리할 수 있었다.

리스트 7.15 값을 만들어내는 match 표현식

```scala
val firstArg = if (!args.isEmpty) args(0) else ""
val friend =
  firstArg match {
    case "salt" => "pepper"
    case "chips" => "salsa"
    case "eggs" => "bacon"
    case _ => "huh?"
  }
println(friend)
```

7.6 break와 continue 문 없이 살기

지금까지 break나 continue 문에 대한 언급이 없었음을 알아챘을지 모르겠다. 8장에서 설명할 함수 리터럴과 어울리지 않기 때문에 스칼라에서는 break와 continue를 제외했다. while 루프 내에서 continue가 지니는 의미는 명확하지만, 함수 리터럴에서는 어떤 의미가 있을까? 스칼라가 명령형과 함수형 스타일을 모두 지원하지만, 방금 설명한 경우에는 단순명료하게 만들기 위해 함수형으로 다소 치우친 선택을 했다. 하지만 break나 continue 없이도 프로그램을 작성할 수 있는 방법이 많이 있으므로 걱정하지 않아도 된다. 더구나 함수 리터럴의 장점을 활용하면 이렇게 작성한 코드가 원래의 코드보다 짧아지기도 한다.

가장 간단한 접근법은 모든 continue 문을 if로, 모든 break 문을 불리언 변수로 대체하는 것이다. 불리언 변수는 while 루프가 계속 진행해야 하는지 여부를 나타낸다. 예를 들어, 인자 목록에서 '.scala'로 끝나고 하이픈(-)으로 시작하지 않는 문자열을 검색한다고 가정하자. 자바의 경우 while 루프, break, continue를 사용하길 좋아한다면 다음과 같이 작성할 수 있다.

```java
int i = 0;                // 자바 코드
boolean foundIt = false;

while (i < args.length) {
  if (args[i].startsWith("-")) {
    i = i + 1;
    continue;
  }
  if (args[i].endsWith(".scala")) {
    foundIt = true;
    break;
  }
  i = i + 1;
}
```

자바 코드를 스칼라로 그대로 옮기려면 while 루프의 나머지 전체를 감싸는 if 문을 작성하면 된다. 일반적인 방법으로 지속 여부를 담고 있는 불리언 변수를 추가해 break를 없애면 foundIt을 재사용할 수 있다. 이 두 가지 기법을 사용한 코드는 리스트 7.16과 같다.

리스트 7.16 **리스트 7.16** break나 continue 없이 루프 돌기

```
var i = 0
var foundIt = false

while (i < args.length && !foundIt) {
  if (!args(i).startsWith("-")) {
    if (args(i).endsWith(".scala"))
      foundIt = true
  }
  i = i + 1
}
```

리스트 7.16의 스칼라 코드는 원래의 자바 코드와 유사하다. 기본적인 조각의 순서가 자바에서와 같다. while 루프에는 2개의 재할당 가능한 배열이 있다. 루프 내부에서는 i가 args.length보다 작은지 검사하는 부분과 "-"와 ".scala"를 각각 조사하는 부분이 존재한다.

리스트 7.16에서 var를 제거하고 싶다면, 기존 루프를 재귀 함수로 다시 작성하는 방법이 있다. 예를 들어, 정수를 인자로 받아 해당 위치의 인자에서 검색을 시작해서 발견한 인자의 위치를 반환하는 searchFrom이라는 함수를 정의할 수 있다. 리스트 7.17은 해당 기법을 사용한 코드다.

리스트 7.17 var를 사용해 루프를 도는 대신 재귀를 사용한 코드

```
def searchFrom(i: Int): Int =
  if (i >= args.length) -1
  else if (args(i).startsWith("-")) searchFrom(i + 1)
  else if (args(i).endsWith(".scala")) i
  else searchFrom(i + 1)

val i = searchFrom(0)
```

리스트 7.17의 코드는 함수의 역할을 말해주는 이름을 부여하고, 루프 대신에 재귀를 사용했다. continue를 i + 1을 인자로 전달하는 재귀 호출로 바꿨다. 일단 재귀에 익숙해지고 나면 이런 형태의 프로그램이 더 이해하기 쉽다.

스칼라 컴파일러는 실제로 리스트 7.17의 코드에 대해 재귀 함수를 만들어내지 않는다. 모든 재귀 호출이 꼬리 재귀 호출이기 때문에, 컴파일러는 while 루프와 비슷한 코드를 만들어낸다. 각 재귀 호출은 함수 시작 부분으로 가는 점프로 바뀐다. 꼬리 재귀 최적화에 대해서는 8.9절에서 다룬다.

지금까지 읽고도 여전히 break가 필요하다고 생각하는 독자가 있다면, 비슷한 역할을 할 수 있는 게 스칼라 표준 라이브러리에 있다. scala.util.control에 있는 Breaks 클래스는 break 메서드를 제공한다. 그 메서드를 사용하면 breakable로 표시해둔 블록 바깥으로 제어 흐름을 나가게 만들 수 있다. 다음은 이 라이브러리가 제공하는 break 메서드를 사용하는 예다.

```
import scala.util.control.Breaks._
import java.io._

val in = new BufferedReader(new InputStreamReader(System.in))

breakable {
  while (true) {
    println("? ")
    if (in.readLine() == "") break
  }
}
```

이 코드는 표준 입력에서 비어 있지 않은 줄이 들어오는 동안 루프를 돈다. 사용자가 빈 줄을 입력하면 제어는 루프를 둘러싼 breakable에서 빠져나온다. 따라서 그 안의 while 루프도 빠져나온다.

Breaks 클래스는 break에서 예외를 던지고 바깥의 breakable 메서드에서 그 예외를 잡는 방법으로 이를 구현한다. 따라서 심지어는 break 호출이 breakable을 호출한 메서드와 같지 않아도 된다.

7.7 변수 스코프

스칼라의 내장 제어 구조를 살펴봤다. 이제 내장 제어 구조를 사용해 스칼라에서 스코프가 어떻게 동작하는지 살펴보자.

> **자바 개발자를 위한 지름길**
>
> 자바 프로그래머라면 스칼라의 스코프 규칙이 자바와 거의 동일하다는 사실을 알게 된다. 한 가지 차이는, 스칼라에서는 내부 스코프에 동일한 이름의 변수를 정의해도 된다는 점이다. 따라서 자바 프로그래머라면 이번 절을 대강 읽어도 좋다.

스칼라 프로그램 내에서 변수 정의는 해당 변수를 사용할 수 있는 범위인 **스코프**scope를 갖는다. 스코프의 가장 일반적인 예는 중괄호를 사용하면 새로운 스코프가 생기고, 그 안에서 정의한 것은 중괄호를 닫으면 모두 스코프를 벗어나 사라진다는 것이다.[8] 그 예로 리스트 7.18에 정의한 함수를 생각해보자.

리스트 7.18 곱셈을 표로 출력하는 코드에서의 변수 스코프

```scala
def printMultiTable() = {
  var i = 1
  // i만이 스코프 안에 있다.

  while (i <= 10) {

    var j = 1
    // 여기서는 i와 j가 스코프 안에 있다.

    while (j <= 10) {

      val prod = (i * j).toString
      // i, j, prod가 스코프 안에 있다.
      var k = prod.length
      // i, j, prod, k가 모두 스코프 안에 있다.

      while (k < 4) {
        print(" ")
        k += 1
      }

      print(prod)
```

---

8   스칼라는 때로 괄호 대신 중괄호를 사용하기 때문에, 중괄호가 스코프를 정의한다는 규칙에는 몇 가지 예외가 있다. 7.3절에서 살펴본 중괄호를 사용한 for 표현식은 그런 예외의 한 예다.

```
    j += 1
  }
  // i와 j는 여전히 스코프 안이지만, prod와 k는 스코프를 벗어난다.

  println()
  i += 1
  }
  // i는 여전히 스코프 안이지만, j, prod, k는 스코프를 벗어난다.
}
```

리스트 7.18의 printMultiTable 함수는 곱셈 테이블을 출력한다.[9] printMultiTable 함수의 첫 문장은 i라는 변수를 정수 1로 초기화하며 시작한다. 이제 변수 i를 함수의 나머지 부분에서 사용할 수 있다.

printMultiTable 내의 다음 구문은 while 루프다.

```
while (i <= 10) {
  var j = 1
  ...
}
```

i가 여전히 스코프 안에 있기 때문에 i를 사용할 수 있다. while 루프의 첫 구문은 다른 변수인 j를 역시 1로 초기화한다. 변수 j의 선언이 while 루프 내부에 있기 때문에, while 루프 안에서만 j를 쓸 수 있다. while 루프의 중괄호가 끝나고, 다시 말해 'j, prod, k는 스코프를 벗어남'이라는 주석 이후에 j를 사용하면 그 프로그램은 컴파일에 실패할 것이다.

i, j, prod, k와 같이 예제에 등장하는 모든 변수는 **지역 변수**[local variable]다. 변수들이 말 그대로 함수 내에 '지역적으로[local]' 존재한다. 함수가 호출될 때마다 새로운 지역 변수를 만들어서 사용한다.

일단 변수를 정의하고 나면, 동일한 스코프에서 이미 존재하는 이름으로 새로운 변수를 정의할 수 없다. 예를 들어, 동일한 이름을 가진 2개의 변수를 정의하는 다음 코드는 컴

---

9 리스트 7.18에 나오는 printMultiTable 함수는 절차형 스타일이다. 다음 절에서 함수형 프로그래밍 스타일로 리팩토링할 예정이다.

파일할 수 없다.

```
val a = 1
val a = 2 // 컴파일할 수 없다.
println(a)
```

한편 안쪽의 스코프에서는 바깥 스코프에 있는 변수와 같은 이름의 변수를 선언할 수 있다. 다음 코드는 컴파일 후 실행 가능하다.

```
val a = 1;
{
  val a = 2 // 컴파일할 수 있다.
  println(a)
}
println(a)
```

스크립트를 실행하면 처음에 2를 출력하고, 이어서 1을 출력한다. 중괄호 안에서 정의한 변수는 닫는 중괄호를 만날 때까지 해당 스코프 안에 존재하는, 중괄호 밖의 변수와는 다른 변수이기 때문이다.[10] 스칼라와는 달리 자바에서는 바깥 스코프에 존재하는 것과 동일한 이름의 변수를 안쪽 스코프에 선언하지 못한다. 스칼라에서는 동일한 이름의 변수를 선언하면 안쪽 스코프에서 바깥 스코프에 있는 동일한 이름의 변수가 보이지 않는 것처럼 동작한다. 따라서 안쪽의 변수가 바깥 스코프의 변수를 **가렸다**shadow고 표현한다.

이와 같이 동일한 이름의 변수를 가리는 것을 인터프리터에서 이미 살펴봤을지도 모르겠다.

```
scala> val a = 1
a: Int = 1

scala> val a = 2
a: Int = 2

scala> println(a)
2
```

인터프리터에서 변수 이름을 마음대로 재사용할 수 있다. 그래서 인터프리터에서 처음에

---

10 참고로, 세미콜론 추론 메커니즘이 동작하지 않기 때문에 a 변수의 첫 번째 정의 다음에 세미콜론을 추가해야 한다.

변수를 정의할 때 저지른 실수가 있다면 이를 변경할 수 있다. 이러한 재사용이 가능한 이유는 개념적으로 여러분이 입력한 모든 구문마다 인터프리터가 새로운 스코프를 만들기 때문이다. 인터프리터에서 동작하는 이전 코드를 다음과 같이 나타낼 수도 있다.

```
val a = 1;
{
  val a = 2;
  {
    println(a)
  }
}
```

위의 코드는 스칼라 스크립트로 컴파일하고 실행 가능하며, 인터프리터에서 작성한 이전 코드와 마찬가지로 2를 출력한다. 하지만 같은 이름의 변수가 더 안쪽의 스코프 안에서 새로운 의미를 갖게 되면, 읽는 사람을 매우 혼란스럽게 할 수 있다. 보통은 바깥 스코프의 변수를 가리는 것보다는 새롭고 의미 있는 이름을 작성하는 편이 더 낫다.

7.8 명령형 스타일 코드 리팩토링

함수형 스타일에 대한 이해를 돕기 위해 명령형 프로그래밍의 접근법을 사용한 리스트 7.18의 곱셈표 출력 코드를 리팩토링해보자. 함수형으로 작성한 코드는 리스트 7.19에서 확인 가능하다.

리스트 7.19 함수형 방식으로 곱셈표 만들기

```
// 하나의 행을 시퀀스로 반환
def makeRowSeq(row: Int) =
  for (col <- 1 to 10) yield {
    val prod = (row * col).toString
    val padding = " " * (4 - prod.length)
    padding + prod
  }
// 하나의 행을 문자열로 반환
def makeRow(row: Int) = makeRowSeq(row).mkString
// 표를 한 줄에 한 행의 내용을 담고 있는 문자열로 반환
def multiTable() = {
```

```
  val tableSeq = // 한 행에 해당하는 문자열의 시퀀스
    for (row <- 1 to 10)
    yield makeRow(row)

  tableSeq.mkString("\n")
}
```

리스트 7.18은 명령형 스타일의 두 가지 특징을 지니고 있다. 우선 printMultiTable은 곱셈표를 표준 출력으로 인쇄하는 부수 효과가 있다. 반면 리스트 7.19에서는 함수를 리팩토링해 곱셈표를 문자열로 반환한다. 이제는 더 이상 출력을 하지 않기 때문에 함수명을 multiTable이라고 바꿨다. 이미 언급했지만 부수 효과가 없는 함수는 단위 테스트가 용이하다는 장점이 있다. printMultiTable을 테스트하려면, print와 println을 다시 정의해 정확하게 출력했는지 검사하도록 만들어야 한다. multiTable은 결과 문자열을 검사하면 쉽게 테스트할 수 있다.

명령형 스타일임을 말해주는 그 밖의 특징은 while 루프와 var 변수다. 이와 대조적으로 multiTable은 val과 for 표현식, **도우미 함수**helper function를 사용하며, mkString을 호출한다.

코드를 좀 더 읽기 쉽게 만들기 위해 관련 기능을 모아 makeRow와 makeRowSeq라는 2개의 도우미 함수를 만들었다. makeRowSeq 함수는 열 번호를 1부터 10까지 이터레이션하는 for 표현식을 사용한다. for의 본문은 행과 열의 수를 곱해, 자릿수에 맞추기 위해 필요한 빈칸을 이어붙인 결과 문자열을 만든다. for 표현식의 결과는 각 문자열을 원소로 담고 있는 시퀀스(scala.Seq의 서브클래스)다. 또 다른 도우미 함수인 makeRow는 makeRowSeq의 반환 결과에 mkString을 호출하기만 한다. mkString은 시퀀스에 있는 문자열을 이어붙여 하나의 문자열로 연결한다.

multiTable 메서드는 우선 tableSeq 변수를 for 표현식의 결괏값으로 초기화한다. for 표현식은 행 번호 1부터 10까지 이터레이션하는 제너레이터를 포함하며, 이터레이션할 때마다 해당 행의 문자열을 얻기 위해 makeRow를 호출한다. yield를 사용해 행에 해당하는 문자열을 만들어내기 때문에 for 표현식의 결과는 문자열의 시퀀스다. 이제 시퀀스에 담긴 문자열을 하나의 문자열로 만드는 일만 남았다. mkString을 호출하면 되는데, "\n"을 인자로 전달했기 때문에 문자열 사이에 개행 문자가 들어간다. multiTable이 반환한 문

자열을 println의 인자로 넘기면 printMultiTable의 호출 결과와 동일한 내용을 확인할
수 있다.

```
 1  2  3  4  5  6  7  8  9  10
 2  4  6  8 10 12 14 16 18  20
 3  6  9 12 15 18 21 24 27  30
 4  8 12 16 20 24 28 32 36  40
 5 10 15 20 25 30 35 40 45  50
 6 12 18 24 30 36 42 48 54  60
 7 14 21 28 35 42 49 56 63  70
 8 16 24 32 40 48 56 64 72  80
 9 18 27 36 45 54 63 72 81  90
10 20 30 40 50 60 70 80 90 100
```

7.9 결론

스칼라의 내장 제어 구조는 그 수는 적지만 역할을 제대로 수행한다. 명령형 언어에 존재
하는 구문과 유사한 역할을 수행하지만, 값이 결과가 되도록 의도했기 때문에 함수형 스
타일로도 작성이 가능하다. 이들은 중요하기 때문에, 다음 장에서 설명할 스칼라의 가장
강력한 특징인 함수 리터럴과 잘 들어맞도록 설계 시 주의 깊게 버릴 것은 버리고 남길
것은 남겼다.

Chapter

08

함수와 클로저

프로그램이 커질수록 관리가 가능한 작은 조각으로 나눌 수 있는 방법이 필요하다. 제어 흐름을 나누기 위해, 스칼라는 프로그램 작성 경험이 있는 사람이라면 누구나 친숙한 방법인 코드를 분리해 함수로 만드는 방법을 제시한다. 사실, 스칼라는 자바에 존재하지 않는 함수 정의 방법을 몇 가지 제공한다. 특정 객체의 멤버로 있는 함수인 메서드 외에도 함수 안에서 정의한 내포 함수, 함수 리터럴, 함숫값[1]이 있다. 스칼라에 존재하는 여러 종류의 함수가 지닌 특징을 알아보자.

8.1 메서드

함수를 정의하는 가장 흔한 방법은 특정 객체의 멤버로 함수를 만드는 것이다. 객체의 멤버인 함수를 메서드method라고 부른다. 예를 들어, 리스트 8.1에는 인자로 전달받은 이름의 파일을 읽고, 주어진 길이를 넘는 줄을 모두 출력하기 위한 2개의 메서드가 있다. 출력 시에는 앞에 각 줄이 속한 파일의 이름을 덧붙여 출력한다.

---

1   일반적인 값처럼 다룰 수 있는 함수 객체를 함숫값(function value)이라 한다. 일단 프로그램 안에서 자유롭게 쓸 수 있는 정수를 정숫값이라 하듯, 어떤 함수를 제약 없이 쓸 수 있다면 함숫값이라 한다고 알아두자. – 옮긴이

```scala
import scala.io.Source

object LongLines {

  def processFile(filename: String, width: Int) = {
    val source = Source.fromFile(filename)
    for (line <- source.getLines())
      processLine(filename, width, line)
  }

  private def processLine(filename: String,
      width: Int, line: String) = {

    if (line.length > width)
      println(filename + ": " + line.trim)
  }
}
```

processFile 메서드는 파일명인 filename과 기준이 될 길이인 width를 인자로 취한다. 파일 이름을 이용해 Source 객체를 생성하고, for 표현식의 제너레이터에서 getLines를 호출한다. 3.6절에서 언급했듯이, getLines는 반복의 각 단계마다 개행 문자를 제거한 한 줄을 반환하는 이터레이터를 반환한다. for 표현식은 각 줄을 처리하기 위해 도우미 메서드인 processLine을 호출한다. processLine 메서드는 파일 이름(filename), 기준 길이 (width), 한 줄의 문자열(line)을 인자로 받는다. 그리고 기준 길이보다 주어진 한 줄 문자열이 더 긴지 확인한다. 문자열이 기준 길이보다 길면 파일명과 해당 줄의 내용을 콜론으로 연결해 출력한다.

명령행에서 LongLines를 이용하기 위해, 명령행에서 전달받은 첫 번째 인자를 기준 길이로, 두 번째 인자를 파일명으로 처리하는 애플리케이션을 작성한다.[2]

```scala
object FindLongLines {
  def main(args: Array[String]) = {
    val width = args(0).toInt
    for (arg <- args.drop(1))
      LongLines.processFile(arg, width)
  }
}
```

---

2 이 책의 예제에서는 명령행 인자의 유효성을 검사하지 않는다. 지면을 아끼고, 중요한 코드를 애매하게 만드는 틀에 박힌 코드를 줄이기 위해서다. 그에 따른 대가로, 나쁜 입력에 대해 유용한 오류 메시지를 보여주는 대신 예외가 발생한다.

LongLines.scala 파일에서 45자 이상의 줄을 찾아내기 위해 작성한 애플리케이션을 다음과 같이 사용한다. 조건에 맞는 긴 줄은 한 줄 존재한다.

```
$ scala FindLongLines 45 LongLines.scala
LongLines.scala: def processFile(filename: String, width: Int) = {
```

지금까지는 다른 객체지향 언어와 매우 비슷했다. 하지만 스칼라 함수는 메서드를 포함하는 더 일반적인 개념이다. 이제부터 스칼라의 다른 함수 표현법을 설명하겠다.

8.2 지역 함수

앞 절에서 살펴본 processFile 메서드의 구성을 살펴보면, 잘 정의한 작업을 수행하는 다수의 작은 함수로 프로그램을 나눠야 한다는 함수형 프로그래밍의 중요한 설계 원칙을 확인할 수 있다. 상당히 작은 함수도 종종 존재한다. 이와 같은 방식은 프로그래머에게 더 어려운 일을 처리하기 위해 유연하게 조립할 수 있는 빌딩 블록^{building block}을 제공한다는 장점이 있다. 각 빌딩 블록은 개별적으로 이해가 가능할 정도로 단순해야 한다.

이러한 접근법의 한 가지 문제는 도우미 함수들이 프로그램의 네임스페이스를 오염시킬 수 있다는 점이다. 인터프리터에서는 큰 문제가 되지 않지만, 재사용을 위해 함수를 클래스와 오브젝트로 패키징하려면, 클래스를 사용하는 측에 대해 도우미 함수들을 감추는 것이 바람직하다. 도우미 함수는 하나의 개별 단위로는 의미가 없기도 하며, 설계자는 나중에 도우미 함수를 지우고 다른 방법으로 클래스를 작성할 정도로 충분히 유연하기를 원하기 때문이다.

자바에서는 주로 비공개^{private} 메서드를 이용해 이러한 목적을 달성한다. 비공개 메서드를 사용하는 방법은 리스트 8.1에서 살펴봤듯이 스칼라에서도 유효하다. 하지만 스칼라에서는 다른 방법을 쓸 수도 있다. 스칼라에서는 함수 안에 함수를 정의할 수 있다. 지역 변수와 마찬가지로, 함수 안에 정의한 지역 함수도 그 정의를 감싸고 있는 블록 내에서만 접근할 수 있다. 다음은 한 가지 예다.

```
def processFile(filename: String, width: Int) = {

  def processLine(filename: String,
      width: Int, line: String) = {

    if (line.length > width)
      println(filename + ": " + line.trim)
  }

  val source = Source.fromFile(filename)
  for (line <- source.getLines()) {
    processLine(filename, width, line)
  }
}
```

이 예에서는 리스트 8.1에 보여준 원래의 LongLines를 리팩토링해서, 비공개 메서드 processLine을 processFile의 지역 함수로 만들었다. 그러기 위해 멤버에만 적용할 수 있는 비공개 수식자 private를 없애고, processLine의 정의를 processFile 함수 내부로 옮겼다. 지역 함수인 processLine의 스코프는 processFile의 내부뿐이며, 외부에서는 접근할 수 없다.

이제 processLine이 processFile 안에 있기 때문에, 또 한 번 개선할 여지가 생겼다. filename과 width를 도우미 함수에 전달하는 방식을 눈여겨봤는가? 지역 함수는 감싸고 있는 블록의 파라미터에 접근할 수 있기 때문에, 이는 불필요하다. 리스트 8.2와 같이 바깥쪽 processFile 함수의 파라미터를 그냥 사용할 수 있다.

리스트 8.2 processLine 지역 함수를 포함하는 LongLines

```
import scala.io.Source
object LongLines {
  def processFile(filename: String, width: Int) = {
    def processLine(line: String) = {
      if (line.length > width)
        println(filename + ": " + line.trim)
    }
    val source = Source.fromFile(filename)
    for (line <- source.getLines())
      processLine(line)
  }
}
```

좀 더 간단하지 않은가? 둘러싸고 있는 바깥 함수의 인자를 사용하는 것은 스칼라에서 제공하는 일반적인 중첩을 보여주는 좋은 예다. 7.7절에서 설명한 중첩과 스코프는 함수를 포함한 모든 스칼라 구문에 적용할 수 있다. 중첩 규칙은 간단하지만 매우 강력하다. 특히 1급 계층 함수를 제공하는 언어라면 더욱 효과를 발휘할 수 있다.

8.3 1급 계층 함수

스칼라는 **1급 계층 함수**first-class function[3]를 제공한다. 즉, 함수를 정의하고 호출할 뿐만 아니라 이름 없이 **리터럴**로 표기해 **값**처럼 주고받을 수 있다. 참고로 2장에서 함수 리터럴을 소개했고, 2.2절에서 기본 문법을 익혔다.

함수 리터럴은 클래스로 컴파일하는데, 해당 클래스를 실행 시점에 인스턴스화하면 **함숫값**function value이 된다.[4] 함수 리터럴과 값의 차이는 함수 리터럴은 소스 코드에 존재하는 반면, 함숫값은 실행 시점에 객체로 존재한다는 점에 있다. 이 차이는 소스 코드에 존재하는 클래스와 실행 시점에 존재하는 객체의 차이와도 유사하다.

어떤 수에 1을 더하는 함수 리터럴의 간단한 예는 다음과 같다.

```
(x: Int) => x + 1
```

=> 기호는 왼쪽의 내용(임의의 정수 x)을 오른쪽의 내용(x + 1)으로 변환하는 함수라는 표시다. 따라서 위 코드는 정수 x를 x + 1로 매핑하는 함수다.

함숫값은 객체이기 때문에 원하면 변수에 저장할 수 있다. 동시에 함숫값은 엄연히 함수이기도 하기에 함수를 호출하는 일반적인 방법대로 괄호를 이용해 실행(호출)할 수도 있

---

3   1급 계층 함수란 말은 '함수가 1급 시민(first-class citizen)이다'라고도 표현한다. 사회 계층에 빗대 제약 없는 값을 일컫는 말로, 본문에 있는 대로 할당, 인자로 넘김, 함수에서 반환이 가능한 특징을 지녀야 한다. C 언어의 함수는 호출할 수 있고 함수 포인터를 전달하거나 할당할 수는 있지만, 함수를 실행 시점에 만들어서 반환하는 것이 안 되기 때문에 1급 계층이 아니다(이럴 때 2급이라 한다). 반면 스칼라에서는 함수를 일반적인 다른 값과 마찬가지로 자유롭게 반환, 할당, 전달이 가능하기 때문에 1급 시민 또는 1급 함수라 할 수 있다. 다른 예를 들자면, 자바의 클래스는 자바 객체와 달리 1급 시민이 아니다. – 옮긴이

4   모든 함숫값은 FunctionN 트레이트 중 하나를 확장한 클래스로부터 만든 인스턴스다. 예를 들어 Function0은 인자가 없는 함수이고, Function1은 인자가 1개인 식이다. 각 FunctionN 트레이트에는 함수 호출 시 사용하는 apply 메서드가 들어 있다.

다. 다음의 실행 예를 살펴보자.

```scala
scala> var increase = (x: Int) => x + 1
increase: Int => Int = $$Lambda$988/1232424564@cf01c2e

scala> increase(10)
res0: Int = 11
```

위의 예에서 increase는 var 변수이기에 나중에 다른 함숫값을 할당할 수 있다.

```scala
scala> increase = (x: Int) => x + 9999
mutated increase

scala> increase(10)
res1: Int = 10009
```

함수 리터럴의 본문에 둘 이상의 문장이 필요하다면 본문을 중괄호로 감싸서 블록을 만들면 된다. 메서드와 마찬가지로 함숫값을 호출할 때는 본문의 모든 구문을 실행하고, 함수의 반환값은 마지막 줄에 있는 표현식을 평가한 값이다.

```scala
scala> increase = (x: Int) => {
         println("We")
         println("are")
         println("here!")
         x+1
       }
mutated increase

scala> increase(10)
We
are
here!
res2: Int = 11
```

함수 리터럴과 함숫값의 기본적인 구성요소를 살펴봤다. 많은 스칼라 라이브러리에서 함수 리터럴과 함숫값을 사용해볼 수 있다. 예를 들면, 모든 컬렉션에서 foreach 메서드[5]를 사용할 수 있다. foreach는 인자로 받은 함수에 컬렉션의 각 요소를 차례로 전달해 호출

---

5 foreach 메서드 정의는 List, Set, Array, Map의 공통 슈퍼클래스인 Iterable 트레이트에 있다. 좀 더 자세한 내용은 17장에서 살펴보자.

한다. 리스트의 모든 요소를 출력하는 예는 다음과 같다.

```
scala> val someNumbers = List(-11, -10, -5, 0, 5, 10)
someNumbers: List[Int] = List(-11, -10, -5, 0, 5, 10)
scala> someNumbers.foreach((x: Int) => println(x))
-11
-10
-5
0
5
10
```

또 다른 예로, 컬렉션에는 filter라는 메서드가 존재한다. 해당 메서드는 컬렉션 중 사용자가 제공한 테스트를 통과한 요소만 선택한다. 예를 들어, 함수 (x: Int) => x > 0은 양의 정수에 대해서는 참이고 그 밖의 경우는 모두 거짓이다. 다음은 필터를 사용하는 예다.

```
scala> someNumbers.filter((x: Int) => x > 0)
res4: List[Int] = List(5, 10)
```

foreach나 filter 같은 메서드는 책의 뒷부분에서도 다룬다. 16장에서 List를 이용해 이들을 사용하는 방법을 논의하고, 17장에서는 그 밖의 컬렉션 타입에서 어떻게 활용하는지도 살펴본다.

8.4 간단한 형태의 함수 리터럴

스칼라는 함수 리터럴에서 정보의 중복을 제거하고, 더 간략하게 작성할 수 있는 몇 가지 방법을 제시한다. 각 방법을 사용하면 너저분한 코드를 정리할 수 있으므로, 자신의 코드를 간략하게 만들 수 있는 여지가 있는지 주의 깊게 살펴보자.

함수 리터럴을 좀 더 간단하게 만드는 방법은 인자의 타입을 제거하는 것이다. 이렇게 하면 앞에서 살펴본 필터링 예제는 다음과 같이 작성할 수 있다.

```
scala> someNumbers.filter((x) => x > 0)
res5: List[Int] = List(5, 10)
```

someNumbers라는 정수의 리스트를 걸러내는 필터 함수를 사용하기 때문에, 스칼라 컴파일러는 함수 리터럴의 인자 x가 정수라는 사실을 안다. 이를 **타깃 타이핑**^{target typing}이라고 하는데, 표현식을 어떤 방식으로 사용하느냐에 따라 컴파일러가 추론하는 타입이 달라지기 때문이다. 이 예제에서는 함수 리터럴을 sumNumbers.filter()에 넘기기 때문에, 그 함수 리터럴의 인자 x의 타입이 filter의 타입의 영향을 받는다. 타깃 타이핑의 정확한 내용은 중요하지 않다. 간단히 인자 타입 없이 함수 리터럴을 작성하고, 컴파일러가 혼란스러워하면 타입을 추가하면 된다. 익숙해지면 어떤 상황에서 컴파일러가 타입을 추론할 수 있는지 가늠할 수 있게 된다.

불필요한 문자를 제거하는 두 번째 방법은 타입 추론이 이뤄진 인자를 둘러싸는 괄호를 제거하는 것이다. 이전 예제의 경우, x를 둘러싸는 괄호는 불필요하다.

```
scala> someNumbers.filter(x => x > 0)
res6: List[Int] = List(5, 10)
```

8.5 위치 표시자 문법

함수 리터럴을 좀 더 간결하게 만들기 위해, 밑줄을 하나 이상의 파라미터에 대한 위치 표시자로 사용할 수 있다. 단, 함수 리터럴에서 각 인자는 한 번씩만 나타나야 한다. 예를 들어 _ > 0은 값이 0보다 큰지 검사하는 함수를 매우 짧게 표기한 것이다.

```
scala> someNumbers.filter(_ > 0)
res7: List[Int] = List(5, 10)
```

밑줄을 '채워 넣어야 할 빈칸'으로 생각해도 좋다. 빈칸은 함수가 호출 시 전달받은 인자로 채워질 것이다. 예를 들어 someNumbers를 List(-11, -10, -5, 0, 5, 10)으로 초기화하고, filter 메서드의 _ > 0을 첫 원소인 -11로 채우면 -11 > 0이 된다. 그리고 두 번째 원소인 -10을 채워 넣은 결과는 -10 > 0이다. 같은 요령으로 -5 > 0과 같은 식으로 주어진 리스트의 끝까지 진행한다. 따라서 함수 리터럴 _ > 0은 좀 더 긴 표현 방법인 x => x > 0과 같다.

```scala
scala> someNumbers.filter(x => x > 0)
res8: List[Int] = List(5, 10)
```

때로는 밑줄을 인자의 위치 표시자로 사용할 때 컴파일러가 인자의 타입 정보를 찾지 못할 경우가 있다. 예를 들어, _ + _이라고 적었다고 가정해보자.

```scala
scala> val f = _ + _
              ^
       error: missing parameter type for expanded function
((x$1: <error>, x$2) => x$1.$plus(x$2))
```

그러한 경우엔 콜론을 이용해 타입을 명시하면 된다.

```scala
scala> val f = (_: Int) + (_: Int)
f: (Int, Int) => Int = $$Lambda$1075/1481958694@289fff3c
scala> f(5, 10)
res9: Int = 15
```

_ + _을 해석하면 인자를 2개 받는 함수의 리터럴임에 유의하자. 축약 형태로 표현할 수 있으려면, 각 인자가 함수에 정확히 한 번씩만 등장해야만 하는 이유가 이것이다. 여러 개의 밑줄은 하나의 인자를 반복해서 사용하는 게 아니라, 여러 개의 인자를 의미한다. 첫 밑줄은 첫 번째 인자를, 두 번째 밑줄은 두 번째 인자를 나타낸다. 세 번째 이후의 밑줄도 마찬가지로 각각 세 번째 이후의 인자를 의미한다.

8.6 부분 적용한 함수

이전의 예제에서 각 파라미터를 밑줄로 대체했지만, 전체 파라미터 목록을 밑줄로 바꿀 수도 있다. 예를 들어, println(_)이라고 쓰지 않고 println _이라고 쓸 수도 있다. 다음

예를 살펴보자.

```
someNumbers.foreach(println _)
```

스칼라는 이렇게 축약한 형태를 다음과 완전히 동일하게 간주한다.

```
someNumbers.foreach(x => println(x))
```

이 경우 밑줄은 하나의 인자에 대한 위치 표시자가 아니라, 전체 인자 목록에 대한 위치 표시자다. 함수 이름과 밑줄 사이에 공백이 있어야 한다는 점에 유의하자. 공백이 없으면 컴파일러는 의도한 이름과 다르게 println_이라는 존재하지 않는 이름으로 해석할 수 있다.

밑줄을 이런 방법으로 사용하면 **부분 적용한 함수**partially applied function를 작성하는 것이다. 스칼라에서 함수를 호출할 때 필요한 어떤 인자를 전달하는 것을 함수를 해당 인자에 **적용한다**apply고 말한다. 다음과 같은 함수가 있다고 하자.

```
scala> def sum(a: Int, b: Int, c: Int) = a + b + c
sum: (a: Int, b: Int, c: Int)Int
```

인자 1, 2, 3을 이 함수 sum에 적용하면 다음과 같다.[6]

```
scala> sum(1, 2, 3)
res10: Int = 6
```

부분 적용 함수는 함수에 필요한 인자를 전부 적용하지 않은 표현식을 말한다. 대신에, 인자를 아무것도 제공하지 않거나 일부만 제공한다. 앞에서 살펴본 sum을 부분 적용 함

---

6 원서에서는 호출(call, invoke)이란 말과 적용(apply)이라는 말을 혼용한다. 다만 우리말 번역에서는 명령형 언어에 익숙한 독자를 위해 적용이라는 말보다 호출이라는 말을 주로 사용할 것이다(아마도 본 절이나 '부분 적용 함수'라는 단어를 제외하고는 적용이란 단어를 자주 보는 일이 없을 것이다). 하지만 함수형 언어에서는 호출보다는 적용이라는 말을 사용한다. 아마도 가장 큰 이유는 다음과 같을 것이다. 함수형 언어에서는 프로그램 계산 모델을 명령을 실행하는 것이 아니라 값을 바꿔치기하면서 식을 점점 축약(더 이상 축약 규칙을 줄일 수 없을 때까지 줄여나감)하는 과정으로 이해한다. 그래서 '함수(인자들)'이라는 식은 함수 본문의 식에 등장하는 모든 파라미터를 실제 전달받은 인자들의 값으로 바꿔치기 해서 다시 축약(이를 베타 축약(beta reduction)이라 한다)하는 과정으로 이해한다. 그래서 호출(서브루틴으로 실행 제어를 넘긴다는 의미로 이해할 수 있음)보다는 적용(어떤 베타 축약 규칙을 적용하고, 다시 본문에 대해 계속 축약을 수행)이란 말을 사용하는 것이 일반적이다. – 옮긴이

수로 만들되 인자를 전혀 제공하지 않으려는 경우, sum 뒤에 밑줄만 위치시키면 된다. 이렇게 만든 함수를 변수에 저장할 수도 있다. 다음 예를 살펴보자.

```scala
scala> val a = sum _
a: (Int, Int, Int) => Int = $$Lambda$1091/1149618736@6415112c
```

이런 코드를 읽으면 스칼라 컴파일러는 부분 적용 함수 표현식 sum _에서 빠진 인자 3개를 받는 함숫값을 인스턴스화한다. 그리고 그 새로운 함숫값에 대한 참조를 변수 a에 할당한다. 이렇게 만든 새로운 함숫값에 3개의 인자를 전달하면, 그 함숫값은 결국 전달받은 세 인자를 그대로 사용해 sum을 호출할 것이다.

```scala
scala> a(1, 2, 3)
res11: Int = 6
```

발생한 일을 설명하면 다음과 같다. 변수 a는 함숫값 객체를 나타낸다. 함숫값은 스칼라 컴파일러가 sum _을 해석해 자동으로 만든 클래스의 인스턴스다. 컴파일러가 만들어낸 클래스에는 인자 3개를 받는 apply 메서드가 있다.[7] 자동 생성 클래스의 apply 메서드는 sum _ 표현식에서 빠진 인자가 3개이기 때문에 3개의 인자를 받는다. 스칼라 컴파일러는 a(1, 2, 3)을 함숫값의 apply 메서드에 대한 호출로 해석해 인자 1, 2, 3을 전달한다. 따라서 a(1, 2, 3)은 다음을 짧게 쓴 것이다.

```scala
scala> a.apply(1, 2, 3)
res12: Int = 6
```

스칼라 컴파일러가 표현식 sum _로부터 자동으로 만들어낸 apply 메서드는 단순하게 빠진 인자 3개를 sum에 전달하고 그 호출 결과를 반환한다. 주어진 예에서는 sum(1, 2, 3)을 호출하고 sum이 반환하는 결과인 6을 돌려준다.

밑줄이 전체 파라미터 목록을 나타내는 표현식을 이해하는 또 다른 방법은 def를 함숫값으로 변환한다고 생각하는 것이다. 예를 들어, sum(a: Int, b: Int, c: Int): Int 같은

---

7 자동으로 만들어진 클래스는 Function3이라는 트레이트를 상속하는데, 이 트레이트에는 인자가 3개인 apply 메서드 선언이 있다.

지역 함수가 있다면 이를 동일한 파라미터 목록과 결과 타입을 갖는 apply 메서드를 지닌 함숫값으로 감쌀 수 있다. 이 함숫값에 어떤 인자를 넘기면, 그 함숫값은 다시 sum에 동일한 인자들을 적용해 그 결과를 반환한다. 메서드나 중첩 함수를 변수에 할당하거나, 다른 함수에 인자로 전달할 수 없다. 하지만 메서드나 중첩 함수를 밑줄 있는 함숫값으로 감싸면 가능하다.[8]

sum _은 실제로 부분 적용 함수이지만, 왜 부분 적용 함수인지 명확하게 와 닿지 않을 것이다. 부분 적용이라는 이름은 함수를 적용할 때 인자를 모두 넘기지 않았기 때문이다. sum _의 경우에는 인자를 전혀 넘기지 않고 모두 빠진 인자로 처리한다. 다음과 같이 필요한 인자 중 일부만을 넘겨서 부분 적용 함수를 만들 수도 있다.

```
scala> val b = sum(1, _: Int, 3)
b: Int => Int = $$Lambda$1092/457198113@280aa1bd
```

제시한 부분 적용 함수는 첫 번째와 마지막 인자는 sum에 제공하지만 두 번째 인자는 제공하지 않는다. 인자 하나만 빠져 있기 때문에 스칼라 컴파일러는 인자를 하나만 받는 apply 메서드가 들어 있는 새로운 함수 클래스를 만든다. 만들어진 함수에 하나의 인자를 전달해 수행하면, 해당 함수의 apply 메서드는 1, 전달한 인자, 3을 가지고 sum을 호출한다. 다음 예를 살펴보자.

---

8 (클래스 안에서 def로 선언한) 메서드나 (함수 본문 안에서 def로 선언한) 중첩 함수는 함수와는 다르다. 따라서 해당 이름을 바로 다른 변수에 할당하거나, 함수나 메서드의 결과로 반환할 수 없다. 예를 들면, 다음과 같은 경우 컴파일 오류가 발생한다.

```
def f(x:Int) = {
  def g(y:Int) = x + y
  g      // 실제로는 여기서 오류 발생
}
val add10 = f(10)
add10(20)    // 10+20 = 30을 반환하리라 예상함
```

이를 제대로 처리하려면 함수 리터럴을 사용해 함수를 정의하거나, 본문에서 설명한 대로 부분 적용을 사용할 수밖에 없다.

```
def f(x:Int) = {
  def g(y:Int) = x + y
  g _
}
val add10 = f(10)
add10(20)    // 10+20 = 30을 반환하리라 예상함
```

– 옮긴이

```
scala> b(2)
res13: Int = 6
```

2를 전달한 경우에는 b.apply가 sum(1, 2, 3)을 호출한다.

```
scala> b(5)
res14: Int = 9
```

5를 전달한 경우에는 b.apply가 sum(1, 5, 3)을 호출한다.

모든 인자가 빠진 println _이나 sum _ 같은 부분 적용 함수 표현식을 적을 때, 함수가 필요한 위치라는 것이 명확하다면 아예 밑줄을 빼고 표기할 수도 있다. 예를 들어, someNumbers의 각 숫자를 출력할 때 다음과 같이 사용하는 대신

```
someNumbers.foreach(println _)
```

다음과 같이 작성할 수 있다.

```
someNumbers.foreach(println)
```

이렇게 _을 생략할 수 있는 경우는 foreach와 같이 함수가 필요한 시점뿐이다. foreach는 함수를 인자로 받기 때문에 컴파일러는 함수가 필요하다는 사실을 알고 있다. 함수가 필요한 시점이 아니라면 위와 같은 표현은 컴파일 오류를 낸다.

```
scala> val c = sum
      error: missing argument list for method sum
      Unapplied methods are only converted to functions when
 a function type is expected.
      You can make this conversion explicit by writing `sum
_` or `sum(_,_,_)` instead of `sum`.
scala> val d = sum _
d: (Int, Int, Int) => Int = $$Lambda$1095/598308875@12223aed

scala> d(10, 20, 30)
res14: Int = 60
```

8.7 클로저

지금까지 8장을 진행하며 본 모든 함수 리터럴 예제는 전달받은 인자만을 참조했다. 예를 들면, (x: Int) => x > 0의 함수 본문에서 사용한 변수는 함수의 인자인 x뿐이다. 하지만 다른 곳에서 정의한 변수를 참조할 수도 있다.

```
(x: Int) => x + more  // 얼마나 더(more)일까?
```

위 함수는 인자에 more를 더하는데, more가 무엇일까? 주어진 함수의 관점으로 보면 변수 more는 함수 리터럴에서 의미를 부여한 것이 아니기 때문에 **자유 변수**free variable다. 대조적으로 변수 x는 주어진 함수의 문맥에서만 의미가 있으므로 **바운드 변수**bound variable다. x는 주어진 함수의 유일한 인자다. 스코프 내에 more가 없는 상태에서 작성한 함수 리터럴을 그대로 사용하려고 하면 컴파일러가 다음과 같은 오류를 발생시킨다.

```
scala> (x: Int) => x + more
                       ^
       error: not found: value more
```

> **왜 밑줄이 따라다니는가?**
>
> 부분 적용 함수에 대한 스칼라의 문법은 하스켈, ML 같은 전통적인 함수형 언어와 스칼라의 설계 개념상 차이를 보여준다. 전통적인 함수형 언어에서는 부분 적용 함수를 일반적인 경우로 간주한다. 게다가 상당히 엄격한 정적 타입 시스템을 통해, 부분 적용 함수를 사용하다 저지를 수 있는 대부분의 실수를 경고해줄 수 있다. 스칼라는 부분 적용 함수와 관련해 자바 같은 명령형 언어의 관점을 취한다. 이에 따라, 모든 인자를 넘기지 않고 메서드를 호출하면 오류로 간주한다. 더 나아가 전통적인 객체지향의 서브타입 (subtype) 관계나, 모든 타입의 부모인 유니버셜 루트 타입(universal root type)으로 인해 전통적인 함수형 언어에서는 타입 오류가 발생할 수 있는 일부 프로그램을 컴파일할 수 있는 경우도 있다.
>
> 예를 들어 List의 drop(n: Int) 메서드를 tail로 착각해, 버릴 원소 개수를 지정하는 n을 빼먹고 println(xs.drop) 같은 코드를 작성했다고 가정하자. 만일 스칼라가 어디서나 함수의 부분 호출을 허용하는 함수형 언어의 전통 방식을 따랐다면, 주어진 코드는 타입 검사를 통과할 것이다. 하지만 println의 출력 결과를 확인하면, 항상 〈function〉이라 놀랐을 것이다. 여기서는 drop이라는 표현식을 함수 객체로 취급했다. println은 어떤 타입의 인자든 받기 때문에 컴파일이 이상 없이 이뤄지지만, 결과는 예상을 벗어난다.
>
> 이러한 혼란스러운 상황을 막기 위해 스칼라는 빠진 함수의 인자를 '_'과 같이 간단하게나마 명시적으로 표시하도록 요구한다. 함수 타입이 와야 하는 자리에서만 _을 생략할 수 있다.

반면, more라는 이름에 접근할 수 있다면 동일한 함수 리터럴이 이상 없이 동작한다.

```
scala> var more = 1
more: Int = 1

scala> val addMore = (x: Int) => x + more
addMore: Int => Int = $$Lambda$1103/2125513028@11cb348c

scala> addMore(10)
res16: Int = 11
```

주어진 함수 리터럴로부터 실행 시점에 만들어낸 객체인 함숫값(객체)을 **클로저**closure라고 부른다. 클로저라는 이름은 함수 리터럴의 본문에 있는 모든 자유 변수에 대한 바인딩binding(변수 이름과 스코프상에서 실제 값 또는 변수 위치 등에 대한 연결)을 '포획capturing'해서 자유 변수가 없게 '닫는closing' 행위에서 따온 말이다. (x: Int) => x + 1처럼 자유 변수가 없는 함수 리터럴을 **닫힌 코드 조각**closed term이라고 부른다. 이렇게 닫힌 함수 리터럴에서 실행 시점에 생긴 함숫값은 엄밀히 말해 클로저가 아니다. (x: Int) => x + 1은 이미 닫혀 있기 때문이다. 하지만 (x: Int) => x + more처럼 자유 변수가 있는 함수 리터럴은 **열린 코드 조각**open term이다. 따라서 (x: Int) => x + more를 가지고 실행 시점에 만들어내는 함숫값은 정의에 따라 자유 변수인 more의 바인딩을 포획해야 한다. 그렇게 해서 만들어진 함숫값에는 캡처한 more 변수에 대한 참조가 들어 있기 때문에 클로저라 부른다. 함숫값은 열린 코드 조각 (x: Int) => x + more를 닫는 행위의 최종 결과물이기 때문이다.

이 예제를 보면 more를 클로저가 생긴 후 바꾸면 어떻게 될까 하는 궁금함이 생긴다. 스칼라에서는 클로저가 변화를 감지한다는 것이 답이다.

```
scala> more = 9999
mutated more

scala> addMore(10)
res17: Int = 10009
```

직관적으로 스칼라의 클로저는 변수가 참조하는 값이 아닌 변수 자체를 포획한다.[9] 이전

---

9   대조적으로 자바의 내부 클래스(inner class)는 둘러싸고 있는 바깥 스코프의 변경 가능한 변수에 전혀 접근할 수 없다. 따라서 포획한 변수와 지금 유지하고 있는 값을 포획하는 것은 차이가 없다.

예제가 보여주듯, (x: Int) => x + more에서 생겨난 클로저는 클로저 밖에서 more에 발생한 변화를 감지한다. 반대 방향도 마찬가지다. 클로저 안에서 포획한 변수를 변경하면 클로저 밖에서도 볼 수 있다. 다음 예를 살펴보자.

```
scala> val someNumbers = List(-11, -10, -5, 0, 5, 10)
someNumbers: List[Int] = List(-11, -10, -5, 0, 5, 10)

scala> var sum = 0
sum: Int = 0

scala> someNumbers.foreach(sum += _)

scala> sum
res19: Int = -11
```

예제에서는 List 내의 숫자를 더하되 우회적으로 더한다. sum 변수는 sum에 숫자를 더하는 함수 리터럴 sum += _의 외부 스코프에 있다. sum을 변경하는 것은 실행 시점에 만들어진 클로저이지만, 최종 합인 -11은 클로저 외부에서도 참조 가능하다.

프로그램을 수행할 때 다수의 복사본을 갖고 있는 변수를 클로저에서 접근하면 어떻게 될까? 예를 들어 클로저가 어떤 함수의 지역 변수를 사용하고, 그 함수를 여러 번 호출한다면 어떻게 될까? 매번 클로저가 그 변수에 접근할 때 어떤 변수를 사용하게 될까?

답은 스칼라 언어의 나머지 부분과 일관성이 있다. 즉, 클로저를 만들 때 사용할 수 있었던 인스턴스를 사용한다. 다음은 '증가시키는' 클로저를 만들어서 반환하는 함수다.

```
def makeIncreaser(more: Int) = (x: Int) => x + more
```

이 함수를 호출할 때마다 새로운 클로저가 생긴다. 각 클로저는 생성 시점에 활성화되어 있던 more 변수에 접근한다.

```
scala> val inc1 = makeIncreaser(1)
inc1: Int => Int = $$Lambda$1126/1042315811@4262a8d2

scala> val inc9999 = makeIncreaser(9999)
inc9999: Int => Int = $$Lambda$1126/1042315811@4c8bbc5e
```

makeIncreaser(1)을 호출하면, 클로저가 하나 생기고 그 안에서 more를 1로 바인딩한다.

마찬가지로, makeIncreaser(9999)를 호출하면 more에 9999가 들어가 있는 클로저를 반환한다. 이들 클로저에 인자를 적용하면(이 경우 인자가 오직 x 하나밖에 없다. 이를 반드시 전달해야 계산이 이뤄진다), 클로저 생성 시 more의 값이 어떤 것이었는지에 따라 결과가 달라진다.

```
scala> inc1(10)
res20: Int = 11

scala> inc9999(10)
res21: Int = 10009
```

여기서는 (앞서 인터프리터에서 보여줬던 예외와는 달리) 클로저 안의 more가 이미 호출이 끝난 메서드(makeIncreaser)의 인자를 사용하지만, 그렇다고 차이가 생기지는 않는다. 스칼라 컴파일러가 인자를 포획하면서 클로저를 만들어내는 메서드보다 더 오래 살아남을 수 있게 힙heap에 재배치하기 때문이다. 포획한 인자가 스택이 아닌 힙에 있기 때문에 makeIncreaser 메서드보다 더 오래 살아남을 수 있다.[10] 컴파일러가 자동으로 이런 재배치를 처리해주므로 걱정할 필요가 없다. 결론적으로 val, var, 파라미터, 어떤 변수이든 캡처해도 좋다.

8.8 특별한 형태의 함수 호출

앞으로 볼 대부분의 함수나 함수 호출은 지금까지 살펴본 것과 유사할 것이다. 함수 파라미터 개수는 미리 정해져 있고, 호출 시 파라미터 개수와 동일한 수의 인자를 전달하면서 해당 함수를 호출할 것이다. 그리고 이때 인자들은 파라미터와 개수나 순서가 같아야 한다.

하지만 함수 호출은 스칼라 프로그래밍의 핵심이기 때문에, 몇 가지 특별한 필요를 충족시키기 위한 특별한 형태의 함수 정의와 함수 호출 방식을 언어에 추가했다. 스칼라는 반

---

10 함수 호출 시 인자는 스택에 쌓이며(push), 함수의 수행이 끝나면 해당 스택 프레임을 제거(pop)한다. 따라서 makeIncreaser 안에서 만들어내는 클로저에서 포획한 more가 스택에 있는 more를 가리키게 구현한다면, makeIncreaser 실행이 끝난 다음 클로저를 호출(예: inc9999(10))하면 스택 안에 올바른 정보가 남아 있을지 보장할 수가 없다. 따라서 컴파일러가 이를 재배치해야만 한다. – 옮긴이

복 파라미터^{repeated parameter}, 이름 붙인 인자^{named argument}, 디폴트 인자^{default argument}를 지원한다.

반복 파라미터

스칼라에서는 함수의 마지막 파라미터를 반복 가능하다고 지정할 수 있다. 이를 이용하면 길이가 변하는 인자 목록을 함수에 전달할 수 있다. 반복 가능 인자를 표기하려면, 별표(*)를 인자의 타입 다음에 추가하면 된다. 다음 예를 살펴보자.

```scala
scala> def echo(args: String*) =
         for (arg <- args) println(arg)
echo: (args: String*)Unit
```

이렇게 정의하고 나면, echo에 0개 이상의 문자열 인자를 전달하며 다음과 같이 호출할 수 있다.

```scala
scala> echo()

scala> echo("one")
one

scala> echo("hello", "world!")
hello
world!
```

함수 내부에서 반복 파라미터의 타입은 지정한 파라미터 타입의 Seq다. 따라서 echo 함수 내부에서 String*으로 선언한 args의 타입은 실제로는 Seq[String]이다. 그렇지만 적절한 타입의 배열을 반복 파라미터로 직접 전달하려고 하면 컴파일 오류가 발생한다.

```scala
scala> val Seq = Seq("What's", "up", "doc?")
seq: Seq[String] = Seq(What's, up, doc?)

scala> echo(Seq)
          ^
       error: type mismatch;
        found   : Seq[String]
        required: String
```

배열을 반복 인자로 전달하기 위해서는 다음과 같이 콜론(:)에 _* 기호를 추가해야 한다.

```
scala> echo(seq: _*)
What's
up
doc?
```

이렇게 하면, 컴파일러는 배열 전체를 하나의 인자로 다루지 않고 seq의 원소를 echo의 각 인자로 전달한다.

이름 붙인 인자

일반적인 함수 호출에서는 함수 정의의 파라미터 순서에 맞게 인자를 전달한다.

```
scala> def speed(distance: Float, time: Float): Float =
          distance / time
speed: (distance: Float, time: Float)Float

scala> speed(100, 10)
res27: Float = 10.0
```

뒤의 speed 함수 호출에서 100은 distance, 10은 time이 된다. 100, 10은 파라미터 목록에 제시한 것과 같은 순서로 맞춰진다.

이름 붙인 인자named argument는 파라미터 목록에 정해진 순서와 다른 순서로 함수에 인자를 전달하게 해준다. 문법은 간단히 각 인자 앞에 이름과 등호 표시만 위치시키는 것이다. 예를 들어, 다음의 speed 함수 호출은 speed(100, 10)과 동일하다.

```
scala> speed(distance = 100, time = 10)
res28: Float = 10.0
```

이름 붙인 인자를 이용해 호출하면 인자들의 순서를 바꾸어 전달해도 호출의 의미가 변하지 않는다.

```
scala> speed(time = 10, distance = 100)
res29: Float = 10.0
```

위치 기반 인자와 이름 붙인 인자를 혼용할 수도 있다. 이런 경우에는 위치 기반 인자를 먼저 쓴다. 이름 붙인 인자는 보통 디폴트 인잣값과 함께 사용하는 경우가 많다.

디폴트 인잣값

스칼라에서 파라미터의 디폴트값을 지정할 수 있다. 디폴트값을 지정한 파라미터가 있다면, 함수 호출 시 해당 인자를 생략할 수 있다. 생략한 인자는 디폴트값으로 채워진다.

리스트 8.3의 예제를 살펴보자. printTime 함수는 인자가 out 하나다. 그리고 out은 Console.out이라는 디폴트값을 갖는다.

리스트 8.3 디폴트값이 있는 파라미터

```
def printTime(out: java.io.PrintStream = Console.out) =
  out.println("time = " + System.currentTimeMillis())
```

printTime()과 같이 out에 대한 인자 없이 함수를 호출하면, out은 디폴트값인 Console.out으로 채워진다. 명시적으로 다른 출력 스트림을 지정해 호출할 수도 있다. 예를 들어, 표준 오류 출력으로 로그를 남기려면 printTime(Console.err)과 같이 호출하면 된다.

디폴트 인자는 이름 붙인 인자와 조합하면 특히 유용하다. 리스트 8.4를 보면, 함수 printTime2에는 생략 가능한 인자가 둘 있다. out 파라미터는 Console.out을, divisor 파라미터는 1이라는 디폴트값을 갖는다.

리스트 8.4 두 디폴트 인자를 가진 함수

```
def printTime2(out: java.io.PrintStream = Console.out,
               divisor: Int = 1) =
  out.println("time = " + System.currentTimeMillis()/divisor)
```

printTime2 함수를 printTime2()라고 호출하면 두 파라미터가 모두 디폴트값이 된다. 이름 붙인 인자를 이용해 호출하면, 나머지 한쪽을 디폴트값으로 유지한 채 어떤 값이라도 명시할 수 있다. 출력 스트림을 지정하고 싶으면 다음과 같이 호출한다.

```
printTime2(out = Console.err)
```

시간을 나누는 기준을 명시하고 싶으면 다음과 같이 호출한다.

```
printTime2(divisor = 1000)
```

8.9 꼬리 재귀

7.2절에서 var를 변경하는 while 루프를 val만 사용하는 더 함수형인 스타일로 바꾸려면 재귀를 사용해야 할 수도 있다고 언급했다. 다음은 계산한 어림값이 충분히 좋아질 때까지 추정을 반복하는 재귀 함수다.

```
def approximate(guess: Double): Double =
  if (isGoodEnough(guess)) guess
  else approximate(improve(guess))
```

이런 식으로 isGoodEnough와 improve를 함께 사용하는 형태의 함수를 검색에 사용하는 일이 자주 있다. 이 approximate 함수를 보면 while 루프를 활용해 다음과 같이 속도를 개선하고 싶다는 생각이 들 것이다.

```
def approximateLoop(initialGuess: Double): Double = {
  var guess = initialGuess
  while (!isGoodEnough(guess))
    guess = improve(guess)
  guess
}
```

두 함수 중에서 어느 쪽이 더 좋을까? 간결성이나 var를 피한다는 측면에서는 함수형이 우세하다. 하지만 명령형 스타일의 접근이 좀 더 효율적이지 않나? 사실 수행 시간을 측정해보면 두 가지 방법이 거의 동일하다. 보통 루프의 끝에서 시작 부분으로 가는 것보다 재귀 호출이 훨씬 비용이 많이 드는 것처럼 보이기 때문에 조금 의아할지도 모르겠다.

하지만 위의 근사치 추정 같은 경우에는 스칼라 컴파일러가 중요한 최적화를 적용할 수 있다. 함수 approximate의 본문을 계산하는 과정에서 맨 마지막에 벌어지는 일이 재귀 호출임을 주목하자. approximate 함수와 같이 마지막에 자신을 재귀 호출하는 경우를 **꼬리**

재귀(tail recursive)라고 한다. 스칼라 컴파일러는 꼬리 재귀를 감지해 다음에 사용할 새로운 값과 함께 함수의 첫 부분으로 돌아가는 내용으로 변경한다.[11]

문제를 해결할 때 재귀를 사용하는 것을 두려워하지 않아도 된다. 재귀를 사용하는 해법이 루프를 사용하는 해법보다 간결하고 우아한 경우가 종종 있다. 재귀 해법이 꼬리 재귀라면 실행 시점에 겪어야 할 성능상의 초과 비용도 발생하지 않는다.

꼬리 재귀 최적화

approximate를 컴파일한 코드는 approximateLoop를 컴파일한 코드와 근본적으로 동일하다. 두 함수 모두 13개의 자바 바이트코드 명령어(instruction)로 되어 있다. 꼬리 재귀를 사용하는 approximate 함수를 스칼라 컴파일러가 컴파일한 결과를 살펴보면 해당 함수가 isGoodEnough와 improve를 모두 호출하지만 approximate를 호출하지 않았음을 알 수 있다. 스칼라 컴파일러는 해당 재귀 호출을 최적화한다.

```
public double approximate(double);
  Code:
   0:   aload_0
   1:   astore_3
   2:   aload_0
   3:   dload_1
   4:   invokevirtual     #24; // 메서드 isGoodEnough:(D)Z
   7:   ifeq    12
   10:  dload_1
   11:  dreturn
   12:  aload_0
   13:  dload_1
   14:  invokevirtual     #27; // 메서드 improve:(D)D
   17:  dstore_1
   18:  goto    2
```

---

11 코드에서 재귀 호출이 함수의 끝에 있다고 해서 무조건 꼬리 재귀는 아니다. 재귀 호출한 결과가 바로 함수의 결괏값이 될 수 있어야만 꼬리 재귀가 된다. 즉, 재귀 호출이 함수에서 가장 마지막에 실행되는 문장인 경우만 꼬리 재귀다. 예를 들어, 다음과 같은 경우

```
def foo(x:Int):Int =
  if(x%2==1)
    foo(x/2)
  else
    1+foo(x/2)
```

else 뒤의 구문은, 비록 foo(x/2) 호출이 맨 마지막에 오지만 그 결괏값에 1을 더하는 추가 작업이 필요하기 때문에 꼬리 재귀 호출이 아니고, if가 참인 경우 실행되는 구문은 꼬리 재귀 호출이다. 꼬리 재귀 호출은 단순한 점프(goto나 루프)로 만들 수 있기 때문에 함수 호출 부가 비용이 들지 않는다. – 옮긴이

꼬리 재귀 함수 추적

꼬리 재귀 함수는 재귀 호출마다 새로운 스택을 만들지 않고 같은 스택 프레임을 재활용한다. 프로그램이 실패해 스택 추적 로그를 살펴보면 놀랄지도 모르겠다. 자신을 몇 번 재귀 호출한 다음 예외를 발생시키는 다음 예를 살펴보자.

```
def boom(x: Int): Int =
  if (x == 0) throw new Exception("boom!")
  else boom(x - 1) + 1
```

함수 boom은 재귀 호출 후에 더하기 연산을 수행하기 때문에 꼬리 재귀가 아니다. 실행하면 예상대로 다음과 같은 결과를 볼 수 있다.

```
scala>  boom(3)
java.lang.Exception: boom!
      at .boom(<console>:5)
      at .boom(<console>:6)
      at .boom(<console>:6)
      at .boom(<console>:6)
      at .<init>(<console>:6)
...
```

boom을 수정해 정말 꼬리 재귀로 만든다면 다음과 같다.

```
def bang(x: Int): Int =
  if (x == 0) throw new Exception("bang!")
  else bang(x - 1)
```

이제 이를 수행하면 다음과 같은 결과를 얻는다.

```
scala> bang(5)
java.lang.Exception: bang!
      at .bang(<console>:5)
      at .<init>(<console>:6) ...
```

이번엔 bang에 단 하나의 스택만 보인다. 재귀를 호출하기 전에 예외가 발생했다고 생각할지도 모르겠지만 그렇지는 않다. 스택 트레이스로 확인할 때 꼬리 재귀 최적화 때문에 혼란스럽다면 스칼라 셸이나 스칼라 컴파일러에 다음 옵션을 전달해 꼬리 재귀 최적화를 하지 않을 수 있다.

```
-g:notailcalls
```

꼬리 재귀 최적화를 하지 않게 만들면, 좀 더 긴 내용의 스택 트레이스를 확인할 수 있다.

```
scala> bang(5)
java.lang.Exception: bang!
     at .bang(<console>:5)
     at .bang(<console>:5)
     at .bang(<console>:5)
     at .bang(<console>:5)
     at .bang(<console>:5)
     at .bang(<console>:5)
     at .<init>(<console>:6) ...
```

꼬리 재귀의 한계

JVM 명령어 집합만으로 고수준의 꼬리 재귀를 구현하기에는 어려움이 있기 때문에, 스칼라의 꼬리 재귀 최적화에는 한계가 있다. 스칼라는 동일한 함수를 직접 재귀 호출하는 경우에만 최적화를 수행한다. 다음은 2개의 함수가 서로 번갈아 호출하는 예인데, 이와 같이 재귀가 간접적으로 일어날 경우 최적화가 불가능하다.

```
def isEven(x: Int): Boolean =
  if (x == 0) true else isOdd(x - 1)
def isOdd(x: Int): Boolean =
  if (x == 0) false else isEven(x - 1)
```

마지막 호출이 함숫값을 호출하는 경우에도 꼬리 재귀 최적화는 일어나지 않는다. 다음의 재귀 코드를 살펴보자.

```
val funValue = nestedFun _
def nestedFun(x: Int) : Unit = {
  if (x != 0) { println(x); funValue(x - 1) }
}
```

변수 funcValue는 nestedFun의 호출을 감싼 함숫값을 가리킨다. 해당 함숫값에 인자를 전달해 실행하면, 해당 함수는 다시 nestedFun에 동일한 인자를 전달해 수행하고, nestedFun의 수행 결과를 반환한다. 스칼라 컴파일러가 해당 꼬리 재귀를 최적화하길 기대할지 모르겠지만, 이런 경우 꼬리 재귀 최적화가 일어나지 않는다. 꼬리 재귀 최적화는 메서드나 중첩 함수가 마지막 연산으로서 자신을 직접 호출하는 경우에만 이뤄진다. 함숫값을 통하는 등의 다른 중간 경로가 있어서는 안 된다(만일 꼬리 재귀를 아직 확실히 이해하지 못했다면 8.9절을 살펴보자).

8.10 결론

8장은 스칼라의 함수를 알아보기 위한 대장정이었다. 스칼라는 메서드 외에도 지역 함수, 함수 리터럴, 함숫값을 더 제공한다. 일반적인 함수 호출 외에, 부분 적용 함수와 반복 인자 등을 사용할 수도 있다. 가능하다면 함수 호출은 최적화한 꼬리 재귀로 구현할 수 있다. 그렇기 때문에, 보기 좋은 재귀 함수가 while 루프를 이용해 손으로 직접 최적화한 것과 유사한 빠르기를 보여주는 경우가 많다. 9장에서는 8장에서 닦은 기초를 바탕으로, 스칼라가 제공하는 풍부한 함수 지원을 통해 흐름 제어를 얼마나 편하게 추상화할 수 있는지 살펴볼 것이다.

Chapter

09

흐름 제어 추상화

7장에서 스칼라에는 내장 제어 추상화가 많지 않다는 사실을 확인했다. 대신 자신의 고유한 제어 추상화를 작성할 수 있다. 8장에서 함숫값에 대해 배웠는데, 9장에서는 함숫값을 활용해 흐름 제어를 추상화하는 방법을 알아본다. 더불어 커링^{currying}과 이름에 의한 호출 파라미터^{by-name parameter}도 살펴볼 예정이다.

9.1 코드 중복 줄이기

모든 함수는 호출에 따라 달라지는 비공통 부분과 호출과 관계없이 일정한 공통 부분으로 나눠볼 수 있다. 공통 부분은 함수 본문이며, 비공통 부분은 반드시 인자로 주어져야 한다. 함숫값을 인자로 전달하면, 어떤 알고리즘을 다른 알고리즘의 비공통 부분으로 만들 수 있다! 이런 함수를 호출할 때마다 다른 함숫값을 인자로 전달할 수 있고, 그 함수는 전달받은 함숫값을 다시 호출할 것이다. 이렇게 함수를 인자로 받는 함수를 **고차 함수**_{higher-order function}라 한다. 이러한 고차 함수는 코드를 간단하게 압축할 수 있는 더 많은 기회를 제공한다.

고차 함수를 사용할 때의 장점 중 하나는 자신만의 추상화한 흐름 제어를 작성할 수 있어서 코드의 중복을 줄일 수 있다는 것이다. 예를 들어, 파일 브라우저를 작성하면서 사용자가 조건식을 만족하는 파일을 찾을 수 있는 API를 제공하고 싶다고 가정하자. 먼저, 이름이 특정 문자열로 끝나는 파일을 찾도록 기능을 추가한다. 이제 사용자는 확장자가 '.scala'인 파일을 찾을 수 있다. 다음과 같이 싱글톤 객체에 filesEnding이라는 공개 메서드를 추가해 해당 API를 제공할 수 있다.

```scala
object FileMatcher {
  private def filesHere = (new java.io.File(".")).listFiles

  def filesEnding(query: String) =
    for (file <- filesHere; if file.getName.endsWith(query))
      yield file
}
```

filesEnding 메서드는 비공개 도우미 메서드인 filesHere를 이용해 현재 디렉토리의 파일 전체 목록을 가져오고, 사용자가 제시한 질의 문자열을 이용해 파일 이름을 걸러낸다. filesHere가 비공개이기 때문에, FileMatcher의 메서드 중에는 사용자에게 제공할 API 메서드인 filesEnding만 유일하게 외부 접근이 가능하다.

지금까지는 중복 코드도 없고 아무 문제도 없다. 하지만 나중에 파일 이름의 어느 부분이든 검색 가능하게 하기로 결정했다고 하자. 예를 들어, 사용자가 파일 이름을 phb-important.doc, stupid-phb-report.doc, may2003salesdoc.phb처럼 'phb' 같은 특정 단어를 제외하고는 중구난방으로 붙인 경우 이런 검색이 유용하다. 이제 FileMatcher API에 해당 함수를 추가해보자.

```scala
def filesContaining(query: String) =
  for (file <- filesHere; if file.getName.contains(query))
    yield file
```

filesContaining 함수는 filesEnding과 아주 비슷하게 동작한다. filesHere에 있는 파일을 가져와서 이름을 확인한 다음, 질의를 만족하는 이름을 반환한다. 유일한 차이는 endsWith 대신 contains 메서드를 사용한다는 것뿐이다.

다시 몇 달이 지나고, 프로그램은 아주 성공적이었다. 그리고 결국, 정규식 검색 기능을 요구하는 파워 유저들의 요구에 굴복했다. 이 게으른 사용자들은 수천 개의 파일이 들어 있는 큰 디렉토리를 사용한다. 그리고 예를 들자면, 'pdf' 확장자를 가진 파일 중 제목에

'oopsla' 같은 단어[1]를 포함하고 있는 파일을 검색하고 싶어 한다. 요구사항을 구현하기 위해 다음과 같은 함수를 작성했다.

```
def filesRegex(query: String) =
  for (file <- filesHere; if file.getName.matches(query))
    yield file
```

경험이 있는 프로그래머라면 비슷한 내용이 반복됨을 알아채고, 공통의 도우미 함수로 따로 만들어낼 수 없을까 고민할 것이다. 하지만 명확한 방법이 보이지는 않는다. 다음과 같이 작성할 수 있다면 좋을 것이다.

```
def filesMatching(query: String, method) =
  for (file <- filesHere; if file.getName.method(query))
    yield file
```

제시한 방법은 몇몇 동적 언어에서는 적용이 가능하다. 하지만 스칼라는 이런 식으로 실행 시점에 코드를 조합하는 것을 허용하지 않는다. 그렇다면 어떻게 해야 할까?

함숫값이 해결책이 될 수 있다. 메서드 이름을 값으로 제공할 수는 없지만, 원하는 메서드를 호출하는 함숫값을 사용해 동일한 효과를 얻을 수 있다. 함숫값을 사용하면 다음과 같이 파일이 질의에 부합하는지 확인하는 함수(matcher)를 인자로 전달할 수 있다.

```
def filesMatching(query: String,
    matcher: (String, String) => Boolean) = {
  for (file <- filesHere; if matcher(file.getName, query))
    yield file
}
```

이 메서드는 if 절에서 matcher를 사용해 파일 이름이 질의에 부합하는지 검사한다. 정확히 어떤 검사를 수행할지는 조건 확인 함수가 어떤 내용인가에 따라 달라진다. 이제, matcher의 타입을 생각해보자. matcher는 함수다. 따라서 =>가 타입에 있어야 한다. 또한

---

1 OOPSLA(Object-Oriented Programming, Systems, Languages & Applications, '웁슬라'라고 읽음)는 미국 전산 학회인 ACM에서 진행하는 연례 학회로, 객체지향뿐만 아니라 프로그래밍 전반에 걸쳐 학계와 산업계 등에서 온 여러 사람들의 다양한 발표가 이어진다. – 옮긴이

이 함수는 인자로 문자열을 2개 받는다. 하나는 파일 이름, 하나는 질의다. 그리고 불리언 값을 결과로 내어놓는다. 따라서 이 함수의 타입은 (String, String) => Boolean이다.

이렇게 새로 만든 filesMatching을 이용하면, 기존의 세 검색 메서드를 간단하게 만들 수 있다. 다음과 같이 filesMatching이 적절한 도우미 메서드를 호출할 수 있도록 함숫값을 전달하면 된다.

```
def filesEnding(query: String) =
  filesMatching(query, _.endsWith(_))
def filesContaining(query: String) =
  filesMatching(query, _.contains(_))
def filesRegex(query: String) =
  filesMatching(query, _.matches(_))
```

예제에 있는 함수 리터럴은 8장에서 소개한 위치 표시자 문법을 사용한다. 아직은 생소할 수 있는 문법이므로 위치 표시자에 대해 좀 더 살펴보자. filesEnding 메서드에 적용한 함수 리터럴 _.endsWith(_)는 위치 표시자를 쓰지 않으면 다음과 같다.

```
(fileName: String, query: String) => fileName.endsWith(query)
```

하지만 문자열을 2개 받는 함수를 filesMatching이 인자로 받기 때문에, 리터럴에서는 인자 타입을 굳이 명시할 필요가 없다. 따라서 이를 (fileName, query) => fileName.endsWith(query)라 작성해도 무방하다. 또한 함수 본문에서 각 인자를 한 번씩만 사용하고, 첫 번째 인자를 본문에서도 맨 처음 사용하고, 두 번째 인자도 본문에서 두 번째로 사용하기 때문에, _.endsWith(_)와 같이 위치 표시자 문법을 사용할 수 있다. 첫 밑줄은 첫 번째 인자인 파일 이름을, 두 번째 밑줄은 두 번째 인자인 질의 문자열을 나타낸다.

코드는 이미 단순해졌지만, 더 간단하게 만들 여지가 아직 남아 있다. filesMatching이 query를 어떻게 처리하는지 살펴보자. filesMathcing은 인자로 받은 query를 그냥 다시 조건 함수에 인자로 넘기기만 한다. 하지만 호출한 함수(filesEnding, filesContaining, filesRegex)는 이미 질의 문자열을 알고 있기 때문에, 굳이 이렇게 query를 여러 번 주고받을 필요가 없다! 그러므로 query 인자를 filesMatching과 matcher 양쪽에서 간단히 제거할 수 있다. 결과는 리스트 9.1과 같다.

리스트 9.1 코드 중복을 줄이기 위한 클로저 사용

```scala
object FileMatcher {
  private def filesHere = (new java.io.File(".")).listFiles

  private def filesMatching(matcher: String => Boolean) =
    for (file <- filesHere; if matcher(file.getName))
      yield file

  def filesEnding(query: String) =
    filesMatching(_.endsWith(query))

  def filesContaining(query: String) =
    filesMatching(_.contains(query))

  def filesRegex(query: String) =
    filesMatching(_.matches(query))
}
```

이 예는 1급 계층 함수를 이용해 코드 중복을 제거할 수 있음을 보여준다. 함수가 1급 계층이 아니라면 중복을 제거하기가 아주 어려웠을 것이다. 예를 들어 자바의 경우 `String`을 인자로 받아서 `Boolean`을 반환하는 메서드를 포함한 인터페이스를 작성하고, 그 인터페이스를 구현한 익명 내부 클래스anonymous inner class의 인스턴스를 생성해, `filesMatching`에 전달해야 한다.[2] 이 또한 코드 중복을 없애주지만, 동시에 없앤 것과 비슷한 양의 새로운 코드를 만들어낸다. 얻을 수 있는 효용이 비용보다 적기 때문에 코드 중복을 그대로 유지할 수도 있다.

그뿐 아니라, 이 예제는 클로저가 코드 중복을 줄이는 데 어떻게 도움이 되는지 보여준다. 예전 예제에서 사용했던 `_.endsWith(_)`와 `_.contains(_)` 같은 함수 리터럴은 실행 시점에 클로저가 아닌 함숫값을 만들어낸다. 자유 변수를 하나도 캡처하지 않기 때문이다. `_.endsWith(_)` 같은 코드에서 사용한 두 변수를 모두 밑줄로 표현할 수 있었다. 밑줄은 함수가 전달받은 인자를 의미한다. 따라서 `_.endsWith(_)`에는 2개의 바운드 변수만 있고, 자유 변수는 없다. 대조적으로, 마지막 예제에서 `_.endsWith(query)` 같은 함수 리터럴에는 밑줄로 표현한 1개의 바운드 변수와 query라는 이름의 자유 변수 1개가 들어 있다. 마

---

2 자바 8에 람다 표현식이 들어가면서 이런 문법상의 번거로움이 사라졌다. 자바 개발자인 독자라면 관련 내용을 스칼라와 비교해보는 것도 재미있을 것이다. 또한 자바 스트림(java.util.stream)에 대한 문서를 찾아서 스칼라 컬렉션의 스트림이나 그 안에 있는 고차 함수들과 비교해봐도 흥미롭다. 느리지만 점차 자바에도 새로운 변화가 도입되는 것은 고무적인 일이다. – 옮긴이

지막 예제에서 query 인자를 filesMatching에서 제거하고 코드를 간결하게 만들 수 있었던 이유는 오직 스칼라가 클로저를 지원하기 때문이다.

9.2 클라이언트 코드 단순하게 만들기

고차 함수가 API 구현 시 코드 중복을 제거할 수 있음을 예제를 통해 보였다. 고차 함수의 또 다른 중요한 용도는 API에 고차 함수를 포함시켜 클라이언트 코드를 더 간결하게 만드는 것이다. 스칼라 컬렉션 타입의 특별 루프 메서드는 그 좋은 예다.[3] 3장에 나온 표 3.1의 목록에 많은 루프가 들어 있다. 하지만 왜 이런 메서드가 중요한지 한 가지 예만 살펴보자.

어떤 컬렉션에 특정 값이 포함되어 있는지 알려주는 exists 메서드를 생각해보자. 물론 var 변수를 하나 false로 초기화하고, 컬렉션을 이터레이션하며 각 원소를 비교해서 존재 여부를 알 수도 있다. 다음은 리스트에 음수가 들어 있는지 결정하는 예다.

```
def containsNeg(nums: List[Int]): Boolean = {
  var exists = false
  for (num <- nums)
    if (num < 0)
      exists = true
  exists
}
```

인터프리터에서 이 메서드를 정의했다면 다음과 같이 호출할 수 있다.

```
scala> containsNeg(List(1, 2, 3, 4))
res0: Boolean = false
scala> containsNeg(List(1, 2, -3, 4))
res1: Boolean = true
```

다음과 같이 고차 함수인 exists를 호출하면 좀 더 간결하게 그 메서드를 정의할 수

---

3 이런 특수 루프 메서드 정의는 Iterable이라는 트레이트에 있다. List, Set, Map은 Iterable 트레이트를 확장한다. 17장에서 자세히 논의할 것이다.

있다.

```
def containsNeg(nums: List[Int]) = nums.exists(_ < 0)
```

새로 만든 containsNeg도 이전과 같은 결과를 출력한다.

```
scala> containsNeg(Nil)
res2: Boolean = false

scala> containsNeg(List(0, -1, -2))
res3: Boolean = true
```

exists 메서드는 흐름 제어 추상화를 보여준다. exists 메서드는 스칼라 언어 차원에서 지원하는 while이나 for와는 달리 스칼라 라이브러리에서 제공하는 특수한 루프 구조다. 9.1절에서 고차 함수인 filesMatching을 이용해 FileMatcher 구현의 코드 중복을 제거했다. exists 메서드도 비슷한 이점을 제공한다. 하지만 스칼라 컬렉션 API에서 exists를 제공하기 때문에, exists가 줄여주는 것은 해당 API를 사용하는 클라이언트의 코드다. exists 메서드 없이 containsOdd를 작성해 홀수가 리스트에 들어 있는지 검사하려면 다음과 같이 해야 한다.

```
def containsOdd(nums: List[Int]): Boolean = {
  var exists = false
  for (num <- nums)
    if (num % 2 == 1)
      exists = true
  exists
}
```

containsOdd의 본문을 containsNeg와 비교하면 검사 조건을 제외한 나머지가 모두 반복됨을 확인할 수 있다. 하지만 exists를 쓸 수 있다면, 다음과 같이 작성할 수 있다.

```
def containsOdd(nums: List[Int]) = nums.exists(_ % 2 == 1)
```

exists를 사용한 메서드 본문 역시 이와 상응하는 exists를 사용한 containsNeg 메서드와 검색 조건을 제외하고는 동일하다. 하지만 루프를 도는 것과 관계있는 부분이 exists 메서드로 빠져 있기 때문에, 코드 중복이 매우 적다.

스칼라 표준 라이브러리에는 루프 메서드가 많이 있다. exists와 마찬가지로 이러한 루프 메서드를 사용하면 코드를 줄일 수 있다.

9.3 커링

1장에서 언급했듯이, 스칼라에서는 마치 언어 차원에서 지원하는 것처럼 제어 추상화 구문을 새로 작성할 수 있다. 지금까지 살펴본 내용은 제어 추상화 구문의 실제 예이기는 하지만, 언어에서 기본적으로 지원하는 구문으로는 보이지 않는다. 본래 언어에서 지원하는 듯한 제어 추상화 구문을 만드는 방법을 이해하려면, 먼저 함수 언어에서 사용되는 기법 중 **커링**currying을 이해해야 한다.[4]

커링한 함수는 인자 목록이 하나가 아니고 여럿이다. 리스트 9.2는 Int 타입 인자 x와 y를 더하는, 커링하지 않은 일반적인 함수를 보여준다.

리스트 9.2 '전형적인' 형태의 함수 정의와 호출

```
scala> def plainOldSum(x: Int, y: Int) = x + y
plainOldSum: (x: Int, y: Int)Int

scala> plainOldSum(1, 2)
res4: Int = 3
```

이에 반해 리스트 9.3은 비슷한 내용의 커링한 함수를 보여준다. 하나의 인자 목록 안에 Int 타입 인자를 2개 넣어서 호출하는 대신, Int 인자가 하나만 들어간 인자 목록을 2개 사용해 함수를 호출한다.

리스트 9.3 커링한 함수의 정의와 호출

```
scala> def curriedSum(x: Int)(y: Int) = x + y
curriedSum: (x: Int)(y: Int)Int

scala> curriedSum(1)(2)
res5: Int = 3
```

---

4 커링은 미국의 수학자인 하스켈 B. 커리(Haskell Brooks Curry)의 이름에서 온 것이다. 커리는 그 이름을 본딴 언어만 세 가지(하스켈, 브룩스, 커리)가 있을 정도로 콤비네이터 로직(combinatory logic)에 큰 족적을 남겼다. – 옮긴이

curriedSum을 호출하는 것은 실제로는 2개의 전통적인 함수를 연달아 호출한 것이다. 첫 번째 함수 호출은 Int 타입인 x를 인자로 받고, 호출 가능한 함숫값을 반환한다. 그 함숫값은 Int 타입의 인자 y를 취한다. 다음은 curriedSum 호출 시 첫 번째 함수가 하는 것과 근본적으로 같은 일을 하는 함수다.

```
scala> def first(x: Int) = (y: Int) => x + y
first: (x: Int)Int => Int
```

first 함수에 1을 적용하면(다시 말해, first 함수를 호출하면서 1을 전달하면), 다음과 같이 두 번째 함수를 얻는다.

```
scala> val second = first(1)
second: Int => Int = $$Lambda$1044/1220897602@5c6fae3c
```

이제 second 함수에 2를 적용하면, 다음과 같이 덧셈 결과를 얻게 된다.

```
scala> second(2)
res6: Int = 3
```

first와 second 함수는 단지 커링 과정을 보여주기 위한 예일 뿐이다. 이들이 curriedSum 함수와 직접적인 관련이 있진 않다. 하지만 curriedSum의 실제 second 함수에 대한 참조를 얻을 수 있는 방법이 있다. 위치 표시자를 이용하면 다음과 같이 curriedSum을 부분 적용 함수로 사용할 수 있다.

```
scala> val onePlus = curriedSum(1)_
onePlus: Int => Int = $$Lambda$1054/711248671@3644d12a
```

curriedSum(1)_에서 밑줄은 두 번째 인자 목록에 대한 위치 표시자다.[5] 이 표현식의 결과는 Int 인자를 하나 받아서 거기에 1을 더한 다음 반환하는 함수에 대한 참조다.

---

5 8장에서, 위치 표시자를 전통적인 메서드에 사용하는 경우에는 println _처럼 메서드 이름과 밑줄 사이에 공백을 넣어야 했다. 하지만 여기서는 그럴 필요가 없다. println_이라고 표현하면 문법에 맞는 스칼라 식별자가 되어버리지만, curriedSum(1)_은 그렇지 않기 때문이다.

```
scala> onePlus(2)
res7: Int = 3
```

마찬가지로, Int 인자를 받아서 2를 더하는 함수는 다음과 같이 얻을 수 있다.

```
scala> val twoPlus = curriedSum(2)_
twoPlus: Int => Int = $$Lambda$1055/473485349@48b85dc5

scala> twoPlus(2)
res8: Int = 4
```

9.4 새로운 제어 구조 작성

함수가 1급 계층인 언어에서는 언어의 문법이 고정되어 있더라도 새로운 제어 구조를 작성할 수 있다. 함수를 인자로 받는 메서드만 작성하면 된다.

예를 들어, twice라는 제어 구조가 있다고 가정하자. twice는 연산을 두 번 수행하고 그 결과를 반환한다.

```
scala> def twice(op: Double => Double, x: Double) = op(op(x))
twice: (op: Double => Double, x: Double)Double

scala> twice(_ + 1, 5)
res9: Double = 7.0
```

예제에서 op의 타입은 Double => Double이다. 이는 Double 타입의 인자를 받아 또 다른 Double 타입을 반환한다는 뜻이다.

여러 곳에서 제어 패턴의 반복을 찾았다면, 새로운 제어 구조의 구현을 고려해보길 권한다. 9장 앞부분에서 특별한 제어 패턴인 filesMatching을 살펴봤다. 이제 좀 더 널리 쓰이는 코딩 패턴인 자원을 열고, 조작하고, 닫아주는 구조를 생각해보자. 다음과 같은 메서드를 이용해 해당 내용을 제어 추상화 구조에 담을 수 있다.

```
def withPrintWriter(file: File, op: PrintWriter => Unit) = {
  val writer = new PrintWriter(file)
```

```
  try {
    op(writer)
  } finally {
    writer.close()
  }
}
```

작성한 메서드는 다음과 같이 활용할 수 있다.

```
withPrintWriter(
  new File("date.txt"),
  writer => writer.println(new java.util.Date)
)
```

이 메서드를 사용하는 경우, 사용자 코드가 아니라 withPrintWriter가 파일 닫기를 보장한다는 장점이 있다. 이러한 기법을 **빌려주기 패턴**^{loan pattern}이라고 부른다. withPrintWriter처럼 제어 추상화를 하는 함수가 자원을 열어 특정 함수에게 해당 자원을 빌려주기 때문이다. 예제에서 withPrintWriter는 PrintWriter를 함수 op에게 빌려준다. op 함수의 수행이 끝나면 이제 빌린 자원은 더 이상 필요 없다. finally 블록 안에서 자원을 닫기 때문에함수가 정상적으로 결과를 반환하든 예외를 발생시키든 관계없이 이를 보장할 수 있다.

코드를 작성하면서 좀 더 내장 제어 구조처럼 보이게 하는 방법 중 하나는, 인자 목록을감쌀 때 소괄호가 아닌 중괄호를 사용하는 것이다. 스칼라에서는 어떤 메서드를 호출하든 인자를 단 하나만 전달하는 경우 소괄호 대신 중괄호를 사용할 수 있다.

예를 들어, 다음과 같이 호출하는 대신

```
scala> println("Hello, world!")
Hello, world!
```

다음과 같이 쓸 수 있다.

```
scala> println { "Hello, world!" }
Hello, world!
```

두 번째 예에서는 println의 인자를 감싸고 있던 소괄호 대신 중괄호를 사용했다. 하지만 중괄호를 이용한 기법은 인자를 단 1개 전달하는 경우에만 가능하다. 이 규칙을 위반한 예는 다음과 같다.

```
scala> val g = "Hello, world!"
g: String = Hello, world!
scala> g.substring { 7, 9 }
              ^
       error: ';' expected but ',' found.
```

substring에 2개의 인자를 전달하려 하기 때문에, 중괄호로 둘러싸면 에러가 발생한다. 대신, 소괄호를 사용해야 한다.

```
scala> g.substring(7, 9)
res12: String = wo
```

인자 하나를 전달할 때 소괄호 대신 중괄호로 대체해 사용할 수 있게 한 이유는 클라이언트 프로그래머가 중괄호 내부에 함수 리터럴을 사용하도록 하기 위해서다. 이렇게 작성한 메서드는 호출 시 제어 추상화 구문과 좀 더 비슷해진다. 예를 들어, 이전에 정의한 withPrintWriter 메서드를 살펴보자. 조금 전에 설명한 내용에 따르면, withPrintWriter는 인자를 2개 받기 때문에 중괄호를 사용할 수 없다. 하지만 withPrintWriter에 인자로 전달하는 함수는 인자 목록 중 마지막에 있으므로 커링을 이용해 첫 인자인 파일을 별도의 인자 목록으로 뽑아낼 수 있다. 커링을 하고 나면 함수가 두 번째 인자 목록의 유일한 인자가 된다. 리스트 9.4는 withPrintWriter를 어떻게 재정의해야 하는지 보여준다.

리스트 9.4 빌려주기 패턴을 사용해 파일 쓰기

```
def withPrintWriter(file: File)(op: PrintWriter => Unit) = {
  val writer = new PrintWriter(file)
  try {
    op(writer)
  } finally {
    writer.close()
  }
}
```

이전과 다른 점은 파라미터를 하나씩만 갖고 있는 파라미터 목록 2개를 사용한다는 것뿐이다. 두 파라미터 사이를 살펴보자. 이전 버전의 `withPrintWriter`에서는 `...File, op...`였지만, 바뀐 버전에서는 `...File)(op...`이다. 이렇게 정의하고 나면, 이제 좀 더 맘에 드는 문법을 이용해 다음과 같이 호출할 수 있다.

```
val file = new File("date.txt")
withPrintWriter(file) {
  writer => writer.println(new java.util.Date)
}
```

`File` 인자를 포함하는 첫 인자 목록은 소괄호로 감쌌다. 함수 인자를 포함하는 두 번째 인자 목록에는 중괄호를 사용했다.

9.5 이름에 의한 호출 파라미터

앞 절에서 살펴본 `withPrintWriter` 메서드는 중괄호 사이에 위치한 것이 하나의 인자라는 점에서 `if`나 `while` 같은 언어가 기본 제공하는 제어 구조와는 다르다. `withPrintWriter`는 `PrintWriter` 타입의 인자를 하나 필요로 한다. 해당 인자는 전달 시 다음 예제의 `writer =>` 같은 형태로 나타난다.

```
withPrintWriter(file) {
  writer => writer.println(new java.util.Date)
}
```

하지만 `if` 및 `while`과 좀 더 유사하게, 중괄호 사이에 값을 전달하는 내용이 없는 형태로 구현하고 싶다면 어떻게 해야 할까? 그러한 상황에 스칼라에서 사용할 수 있는 것이 이름에 의한 호출 파라미터^{by-name parameter}다.[6]

---

6 이름에 의한 호출 파라미터(by-name parameter)를 이름 붙인 인자(named parameter)와 혼동하지 않기 바란다. 함수 호출 시 인자 계산 방식의 차이임을 밝히기 위해 이름에 의한 호출 파라미터라고 번역했다. 'by-name'이라는 말은 'call by name'에서 따온 것 같다. 값에 의한 호출(call by value), 참조에 의한 호출(call by reference), 이름에 의한 호출(call by name)이나 엄격한 계산(strict evaluation), 미리 계산(eager evaluation), 지연 계산(lazy evaluation) 등의 차이에 대해서는 프로그래밍 언어 교재나 인터넷의 여러 문서 등을 살펴보자. – 옮긴이

구체적인 예로 myAssert라는 단언문을 만들려 한다고 가정하자.[7] myAssert 함수는 함숫값을 입력받고, (함수 밖에 있는) 플래그를 참조해 어떠한 일을 할지 결정한다. 만일 플래그가 참이면 myAssert는 인자로 전달받은 함수를 호출해 결과가 참인지 확인한다. 반면 플래그가 거짓이라면 myAssert는 아무런 일도 하지 않는다.

이름에 의한 호출을 사용하지 않는다면 myAssert를 다음과 같이 만들 수밖에 없다.

```
var assertionsEnabled = true
def myAssert(predicate: () => Boolean) =
  if (assertionsEnabled && !predicate())
    throw new AssertionError
```

정의 자체야 문제가 없지만, 써먹으려 하면 조금 이상하다.

```
myAssert(() => 5 > 3)
```

함수 리터럴에서 다음과 같이 빈 파라미터 목록과 => 기호를 없앨 수 있으면 훨씬 좋을 것이다.

```
myAssert(5 > 3) // 함수 리터럴의 () =>이 없어서 작동하지 않는다.
```

이름에 의한 호출 파라미터는 바로 이러한 동작을 가능하게 하려고 존재한다. 이름에 의한 호출을 이용하려면 () => 대신 =>를 사용하면 된다. 예를 들어, myAssert의 술어 인자의 타입을 이름에 의한 호출이 이뤄지도록 변경할 수 있다. '() => Boolean'을 '=> Boolean'으로 바꾸면 된다. 리스트 9.5는 해당 코드를 보여준다.

리스트 9.5 이름에 의한 호출 사용

```
def byNameAssert(predicate: => Boolean) =
  if (assertionsEnabled && !predicate)
    throw new AssertionError
```

이제 불필요한 괄호를 쓰지 않아도 된다. 결과적으로 byNameAssert를 언어가 기본 제공

---

7 스칼라에 이미 assert 문이 있기 때문에 이름을 myAssert라고 했다. 14.1절에서 assert 문을 설명한다.

하는 제어 구조와 똑같이 사용할 수 있게 됐다.

```
byNameAssert(5 > 3)
```

빈 파라미터 목록인 ()를 생략할 수 있는 이름에 의한 호출 파라미터 타입은 파라미터에서만 사용할 수 있다. 이름으로 전달하는 변수[by-name variable]나 이름으로 전달하는 필드[by-name field]는 존재하지 않는다.

어쩌면 다음과 같이 일반적인 Boolean을 인자 타입으로 사용하면 간단할 것이라 생각할지도 모르겠다.

```
def boolAssert(predicate: Boolean) =
  if (assertionsEnabled && !predicate)
    throw new AssertionError
```

물론 이 메서드는 문제가 없고, boolAssert를 사용하는 코드도 이전과 정확히 같다.

```
boolAssert(5 > 3)
```

그렇지만 이 두 접근법에는 주의 깊게 살펴볼 만한 중요한 차이가 존재한다. boolAssert의 인자 타입이 Boolean이므로, boolAssert(5 > 3)의 괄호 안에 위치한 표현식을 boolAssert 호출 직전에 계산한다. 표현식 5 > 3의 결과는 true이므로, boolAssert를 호출할 때는 true를 전달한다. 반면, byNameAssert에서 predicate는 => Boolean 타입이기 때문에 byNameAssert를 호출하기 전에 괄호 안에 있는 표현식을 계산하지 않는다. 대신에, 5 > 3을 계산하는 내용의 apply 메서드가 들어간 함숫값[8]을 만들어서 byNameAssert로 넘긴다.

따라서 두 접근 방식의 차이는 이렇다. 단언문을 사용하지 않도록 플래그를 설정해놓아도, boolAssert에서는 괄호 안의 표현식을 계산한다. 따라서 그 표현식을 계산함에 따른 부수 효과도 그대로 발생한다. 반면 boolAssert에서는 플래그가 꺼져 있다면 표현식을 계산하지 않고, 부수 효과도 발생하지 않는다. 예를 들어, 플래그를 꺼두어도 boolAssert

---

8 이런 식으로 이름에 의한 호출이나 지연 계산(앞으로 배울 것임) 등을 처리해주기 위해 컴파일러가 프로그래머 대신 만들어주는 도우미 함수를 썽크(thunk)라고 부른다. – 옮긴이

의 x / 0 == 0은 예외를 발생시킨다.

```scala
scala> val x = 5
x: Int = 5

scala> var assertionsEnabled = false
mutated assertionEnabled

scala> boolAssert(x / 0 == 0)
java.lang.ArithmeticException: / by zero
   ... 27줄 생략
```

하지만 같은 코드를 byNameAssert로 확인하면 예외가 발생하지 않는다.

```scala
scala> byNameAssert(x / 0 == 0)
```

9.6 결론

9장에서는 스칼라의 풍부한 함수 지원을 이용해 제어 흐름 추상화 구문을 작성하는 방법을 살펴봤다. 함수를 이용해 공통의 제어 패턴을 추출하고, 스칼라 라이브러리의 고차 함수를 활용해 모든 프로그래머의 코드에서 공통으로 쓰이는 제어 패턴을 재사용할 수 있다. 또한 커링과 이름에 의한 호출 파라미터를 이용해, 작성한 고차 함수를 좀 더 간결한 문법으로 활용하는 방법도 살펴봤다.

8장과 9장에서 함수에 대해 많은 것을 살펴봤다. 앞으로 몇 장에 걸쳐, 다시 스칼라의 객체지향 측면으로 돌아가 더 자세히 논의할 것이다.

Chapter

10

상속과 구성

6장에서 스칼라가 갖추고 있는 객체지향의 기본적인 내용을 살펴봤다. 10장에서는 6장에서 다루지 않은 객체지향 관련 내용을 자세히 다룰 것이다.

클래스 간의 근본적인 두 가지 관계인 상속inheritance과 구성composition을 비교할 것이다. 구성은 어떤 클래스가 다른 클래스의 참조를 갖는 것을 말한다. 참조를 가진 클래스는 가지고 있는 참조 클래스를 이용해 자신이 맡은 임무를 수행한다. 상속은 슈퍼클래스/서브클래스 관계를 이룬다.

상속과 구성 외에도, 추상 클래스, 파라미터 없는 메서드, 클래스 확장, 메서드 및 필드 오버로드, 파라미터 필드, 슈퍼클래스 생성자 호출, 다형성 및 동적 바인딩, final 멤버와 final 클래스, 팩토리 객체와 팩토리 메서드에 대해서도 알아본다.

10.1 2차원 레이아웃 라이브러리

10장에서 다룰 예제는 요소를 2차원 레이아웃으로 배치하고 표현하는 라이브러리다. 각 요소는 문자열로 채워진 사각형이다. 작성할 라이브러리는 편의를 위해 elem이라는 팩토리 메서드[1]를 제공할 것이다. 팩토리 메서드 elem은 전달받은 데이터를 가지고 새로운 요소를 생성한다. 다음과 같은 시그니처의 팩토리 메서드를 사용하면 문자열을 포함하는 레이아웃 요소를 만들 수 있다.

```
elem(s: String): Element
```

보는 바와 같이, 요소는 Element 타입으로 모델링한다. 어떤 요소에 대해 above나 beside 메서드를 호출할 수 있다. 이때 요소를 인자로 전달하면, 두 요소를 결합한 새로운 요소가 만들어진다. 예를 들어, 다음 표현식은 높이가 2인(즉, 요소 2개가 세로로 나란히 있음) 열 2개가 옆으로 나란히 있는 더 큰 요소를 만든다.

```
val column1 = elem("hello") above elem("***")
val column2 = elem("***") above elem("world")
column1 beside column2
```

이 표현식의 결과를 출력하면 다음과 같다.

```
hello ***
 *** world
```

요소를 배치하는 프로그램은 간단한 부품을 조립하는 연산자를 조합해 시스템을 만들어내는 좋은 예다. 이번 장을 진행하면서 배열이나 줄, 사각형 같은 단순한 부품을 만들어낼 수 있는 클래스를 정의할 것이다. 또한 조립을 담당하는 연산자인 above와 beside도 정의할 것이다. 이러한 조립 연산자는 특정 도메인의 요소를 결합해 새로운 요소를 만들어내기 때문에 **콤비네이터**combinator라고도 부른다.

콤비네이터의 관점에서 생각하는 것은 일반적으로 라이브러리 설계 시 좋은 접근 방법이다. 애플리케이션에서 객체를 생성하는 근본적인 방법에 대해 고민하면 나중에 그만한 값어치를 한다. 간단한 객체는 무엇인가? 어떻게 하면 간단한 객체를 가지고 좀 더 흥미로운 객체를 만들어낼까? 어떻게 콤비네이터를 서로 조합할 수 있을까? 가장 일반적인 콤비네이터는 어떤 것일까? 이런 콤비네이터들이 만족하는 재미있는 법칙이 있을까?

---

1 팩토리 메서드는 10.13절에서 다룬다. – 옮긴이

이런 종류의 질문에 좋은 답안을 제시할 수 있다면, 라이브러리를 제대로 만들고 있는 셈이다.

10.2 추상 클래스

가장 먼저 레이아웃 대상 요소인 Element 타입을 정의해야 한다. 각 요소는 여러 글자로 이뤄진 2차원 사각형이다. 따라서 내용을 나타내는 contents가 멤버로 있어야 한다. contents는 각 원소가 한 줄을 나타내는, 문자열의 배열로 표현할 수 있다. 따라서 contents가 반환하는 결과는 Array[String]이 될 것이다. 리스트 10.1은 해당 코드를 나타낸다.

리스트 10.1 추상 메서드와 추상 클래스 정의

```
abstract class Element {
  def contents: Array[String]
}
```

이 클래스에서 contents는 구현이 없는 메서드 선언이다. 다시 말해, contents는 Element 클래스의 **추상 멤버**abstract member다. 추상 멤버가 있는 클래스는 추상 클래스로 선언해야만 한다. class 앞에 abstract 수식자를 붙여서 추상 클래스를 선언한다.

```
abstract class Element ...
```

abstract 수식자는 해당 클래스 안에 구현이 없는 추상 멤버가 있음을 알려준다. 그렇기 때문에 추상 클래스를 인스턴스로 만들 수 없다. 생성을 시도하면 다음과 같은 컴파일 오류가 난다.

```
scala> new Element
<console>:5: error: class Element is abstract;
    cannot be instantiated
      new Element
        ^
```

10장 뒷부분에서 Element 클래스의 서브클래스를 작성하는 방법을 살펴볼 것이다. 그 경우, 서브클래스가 비어 있는 contents 구현을 채워 넣기 때문에 인스턴스를 생성할 수 있다.

Element 클래스의 contents 메서드에는 abstract 수식자가 붙어 있지 않음에 유의하자. 메서드의 경우 구현이 없으면(다시 말해, 등호 표시나 메서드 본문이 없으면) 추상 메서드다. 자바와는 달리 메서드 정의에 abstract 수식자를 추가할 필요가 없다. 메서드 구현이 있다면 **구체 메서드**concrete method라고 한다.

구별해야 할 또 다른 용어는 **선언**declaration과 **정의**definition다. Element 클래스는 추상 메서드인 contents를 선언한다. 하지만 구체 메서드를 **정의**하지는 않는다. 다음 절에서 Element를 발전시켜 구체 메서드를 정의할 것이다.

10.3 파라미터 없는 메서드 정의

다음 단계로 리스트 10.2와 같이 Element에 너비와 높이를 알려주는 width와 height 메서드를 추가하자. height는 내용이 몇 줄인지 반환하고, width는 첫 번째 줄의 길이가 얼마인지를 반환하거나, 줄이 없다면 0을 반환한다(따라서 height가 0이면 반드시 width도 0이다).

리스트 10.2 파라미터 없는 메서드 width와 height 정의하기

```scala
abstract class Element {
  def contents: Array[String]
  def height: Int = contents.length
  def width: Int = if (height == 0) 0 else contents(0).length
}
```

Element의 메서드 3개에는 모두 파라미터 목록이 없다. 다시 말하면, 다음과 같이 빈 파라미터 목록조차도 없다.

```scala
def width(): Int
```

실제 width 정의를 보면 아예 괄호가 없다.

```
def width: Int
```

스칼라에서는 **파라미터 없는 메서드**parameterless method를 사용하는 일이 자주 있다. 한편, def height(): Int처럼 정의에 빈 괄호가 있는 메서드는 **빈 괄호 메서드**empty-paren method라고 부른다. 추천하는 관례는, 어떤 메서드가 인자도 받지 않고 그 메서드가 속한 객체의 필드를 읽는 방식으로만 변경 가능한 상태에 접근하는 경우(즉, 객체의 상태를 변경하지 않는 경우)에는 파라미터 없는 메서드를 사용하는 것이다. 이러한 관례는, 필드나 메서드 중 어떤 방식으로 속성을 정의하더라도 클라이언트 코드에는 영향을 끼치지 말아야 한다는 **단일 접근 원칙**uniform access principle[2]에 부합한다.

예를 들어, width와 height를 메서드 대신 필드로 정의하기로 결정했다면 각 정의의 def를 val로 변경하기만 하면 된다.

```
abstract class Element {
  def contents: Array[String]
  val height = contents.length
  val width =
    if (height == 0) 0 else contents(0).length
}
```

라이브러리를 이용하는 클라이언트 관점에서 보면 이 두 정의는 완전히 같다. 유일한 차이는 필드를 사용하면 클래스가 초기화될 때 값을 미리 계산해두기 때문에 매번 계산을 수행하는 메서드 방식보다 약간 빠르다는 점이다. 하지만 필드로 구현하면 각 Element 객체마다 값을 저장할 별도의 메모리 공간이 필요하다. 클래스를 어떻게 사용하느냐에 따라 필드나 메서드 중 어떤 방식이 더 좋은지가 달라진다. 그런데 클래스의 이용 행태는 시간이 지남에 따라 달라질 수 있다. 이런 경우 중요한 것은 Element 클래스를 사용하는 클라이언트가 Element의 내부 구현에 영향을 받아서는 안 된다는 사실이다.

특히, Element의 클라이언트는 Element 클래스가 자신의 필드를 접근 함수access function로 변경하더라도, 그 함수가 **순수**하다면(즉, 함수에 어떤 부수 효과도 없고 함수의 결괏값이 변경

---

2 메이어(Mayer), 『Object-Oriented Software Construction』[Mey00]

가능한 상태에 의존하지도 않는다면) 재작성할 필요가 없어야 한다. 클라이언트는 자신이 사용하는 객체의 필드가 저장해둔 값인지 접근 함수인지 신경 쓸 필요가 없어야 한다.

지금까지는 괜찮다. 하지만 자바가 이와 같은 문제를 다루는 방식을 고려한다면 여전히 복잡한 부분이 남는다. 자바는 단일 접근 원칙을 구현하지 않기 때문에 문제가 생긴다. 자바에서는 string.length가 아니라 string.length()이면서, array.length()는 아니고 array.length다. 두말할 필요도 없이 이는 매우 혼란스럽다.

이러한 차이를 극복하기 위해, 스칼라에서는 파라미터 없는 메서드와 빈 괄호 메서드를 자유롭게 섞어 쓸 수 있게 했다. 특히, 파라미터 없는 메서드를 빈 괄호 메서드로 오버라 이드할 수 있고, 그 반대도 가능하다. 또한 인자가 필요하지 않다면 메서드 호출 시 빈 괄호를 아예 생략할 수도 있다. 예를 들어, 다음의 두 줄은 모두 적법한 스칼라 코드다.

```
Array(1, 2, 3).toString
"abc".length
```

원칙적으로는 스칼라의 함수 호출에서 빈 괄호를 모두 생략할 수도 있지만, 해당 함수 호출이 호출 대상 객체receiver의 프로퍼티에 접근하는 것 이상의 작업을 수행한다면 빈 괄호를 사용하기를 권한다. 예를 들어 메서드가 I/O 작업을 수행하거나, var 변수를 재할당하거나, 직간접적으로 변경 가능한 객체를 이용해 호출 대상 객체의 필드 외의 var 변수를 읽는 경우에는 빈 괄호를 사용하는 편이 좋다. 이렇게 하면, 해당 함수를 호출할 경우 무언가 관심을 가질 만한 작업이 발생한다는 사실을 알려주는 시각적 요소로 빈 파라미터 목록이 쓰일 수 있다. 다음 예를 살펴보자.

```
"hello".length  // 부수 효과가 없으므로 ()를 사용하지 않음
println()       // ()를 사용하는 편이 더 나음
```

요약하면, 스칼라에서는 인자를 받지 않고 부수 효과도 없는 메서드는 파라미터 없는 메서드로 (빈 괄호도 아예 붙이지 않고) 정의할 것을 권장한다. 한편 부수 효과가 있다면 필드로 접근하는 것과 동일하게 보일 수 있으므로 괄호를 생략해서는 안 된다. 만일 괄호를 생략한다면 부수 효과에 클라이언트가 놀랄 수도 있다. 마찬가지로, 부수 효과가 있는 함수를 호출할 때마다 호출 시 빈 괄호를 붙였는지 확인하자. 다른 방식으로 설명하자면,

호출하는 함수가 어떠한 작업을 수행한다면 빈 괄호를 사용하라. 하지만 프로퍼티에 대한 접근만을 수행한다면 괄호를 떼버려라.

10.4 클래스 확장

아직도 새로운 원소 객체를 만들 수 있도록 코드를 작성할 필요가 있다. Element가 추상 클래스이므로 new Element와 같이 생성할 수는 없다. 어떤 요소의 인스턴스를 생성하려면 Element를 상속한 서브클래스에서 추상 메서드인 contents를 구현해야 한다. 리스트 10.3은 한 가지 예다.

리스트 10.3 Element의 서브클래스인 ArrayElement 정의

```
class ArrayElement(conts: Array[String]) extends Element {
  def contents: Array[String] = conts
}
```

ArrayElement 클래스가 Element 클래스를 **확장**extend하도록 정의했다. 자바와 마찬가지로, extends로 시작하는 절을 클래스 이름 뒤에 표기해 상속 관계를 나타낸다.

```
... extends Element ...
```

extends 절은 두 가지 효과를 지닌다. ArrayElement는 Element에서 비공개private가 아닌 멤버를 모두 **물려받는다**. 또한 ArrayElement를 Element의 **서브타입**subtype으로 만든다. ArrayElement가 Element를 확장한 경우 ArrayElement를 Element의 **서브클래스**subclass라고 한다. 반대로 Element는 ArrayElement의 **슈퍼클래스**superclass다. extends 절을 생략하면 스칼라 컴파일러는 암묵적으로 그 클래스가 scala.AnyRef를 상속한다고 가정한다. 자바 플랫폼에서는 AnyRef가 java.lang.Object와 같다. Element 클래스는 암묵적으로 AnyRef 클래스를 상속한다. 그림 10.1은 이러한 상속 관계를 나타낸다.

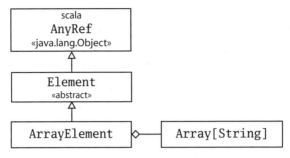

그림 10.1 ArrayElement의 클래스 다이어그램

상속inheritance은 슈퍼클래스의 모든 멤버는 서브클래스의 멤버이기도 하다는 뜻이다. 하지만 두 가지 예외가 있다. 첫째, 서브클래스는 슈퍼클래스의 비공개 멤버를 상속하지 않는다. 둘째, 슈퍼클래스의 멤버와 이름과 파라미터가 모두 동일한 멤버 정의가 서브클래스 안에 있으면 슈퍼클래스의 것을 상속하지 않는다. 두 번째 경우를 서브클래스가 슈퍼클래스의 멤버를 **오버라이드**override했다고 표현한다. 다만, 슈퍼클래스의 멤버가 추상 멤버이고 서브클래스에서 이를 구체적으로 작성한 경우에는 슈퍼클래스의 추상 멤버를 **구현**implement했다고 표현하기도 한다.

예를 들어, ArrayElement의 contents 메서드는 Element 클래스의 추상 메서드인 contents를 오버라이드(혹은 구현)했다.[3] ArrayElement 클래스는 Element 클래스로부터 width, height를 상속한다. 예를 들어 ArrayElement 타입의 ae가 있다면, ae.width와 같이 마치 ArrayElement 클래스에 width가 있는 것처럼 사용할 수 있다.

```scala
scala> val ae = new ArrayElement(Array("hello", "world"))
ae: ArrayElement = ArrayElement@5ae66c98

scala> ae.width
res0: Int = 5
```

서브타입 관계는 슈퍼클래스의 값을 필요로 하는 곳이라면 어디에서나 서브클래스의 값을 쓸 수 있다는 뜻이다. 다음 예를 살펴보자.

---

3 이 구현에서 한 가지 흠은, contents가 반환한 배열이 변경 가능하기 때문에 이용하는 측에서 조작할 수 있다는 점이다. 책에서는 코드를 단순하게 작성하지만, ArrayElement를 실제 프로젝트에서 활용한다면 방어 조치로 원본 배열이 아닌 복사본을 전달할 것을 고려해봐야 한다. 또 다른 문제는 contents 배열에 들어가는 모든 문자열의 길이가 같도록 보장하지 않았다는 점이다. 이 단점은 주 생성자에 선결 조건을 추가해서 위배 시 예외를 발생시키는 방법으로 해결할 수 있다.

```
val e: Element = new ArrayElement(Array("hello"))
```

변수 e의 타입은 Element다. 따라서 초기화 시 Element 타입의 값을 전달해야 한다. 사실 이 코드에서 초기화에 사용한 값은 ArrayElement 타입이다. 하지만 아무 문제가 없다. ArrayElement가 Element를 상속했기 때문에, ArrayElement 타입은 Element 타입과 호환할 수 있다.[4]

그림 10.1은 ArrayElement와 Array[String] 사이의 **구성**composition 관계도 보여준다. 이런 관계를 구성이라 부르는 이유는 Array[String]이 ArrayElement 클래스를 '구성하기 compose' 때문이다. 스칼라 컴파일러가 ArrayElement에 대해 만들어내는 이진 클래스 코드에 conts 파라미터로 전달받은 배열을 가리킬 참조 필드를 집어넣는다는 의미에서 그렇다. 상속이나 구성과 관련해 설계 시 고려할 사항을 10.11절에서 논의할 것이다.

10.5 메서드와 필드 오버라이드

단일 접근 원칙은 스칼라가 자바에 비해 메서드와 필드를 좀 더 균일하게 다루는 한 단면에 불과하다. 또 다른 차이는 스칼라에서는 필드와 메서드가 같은 네임스페이스에 속한다는 점이다. 이러한 특징으로 인해 필드가 파라미터 없는 메서드를 오버라이드할 수 있다. 예를 들어, 메서드로 구현한 ArrayElement의 contents를 Element에 있는 원래의 추상 메서드 정의를 변경하지 않고도 필드로 변경할 수 있다. 리스트 10.4를 보라.

리스트 10.4 파라미터 없는 메서드를 필드로 오버라이드하기

```
class ArrayElement(conts: Array[String]) extends Element {
  val contents: Array[String] = conts
}
```

이 경우, ArrayElement에 있는 contents 정의는(val을 사용했음) Element 클래스에 있는 파라미터 없는 추상 메서드(def를 사용해 선언)를 완벽하게 잘 구현한다.

---

4 서브클래스와 서브타입의 차이를 좀 더 깊이 있게 이해하려면 부록 B '용어 해설'에서 '서브타입'을 찾아보기 바란다.

반면, 자바에서는 가능하지만 스칼라에서는 한 클래스에 같은 이름의 필드와 메서드를 동시에 정의하지 못한다. 예를 들면, 자바에서는 다음 코드를 문제없이 컴파일할 수 있다.

```
// 자바 코드
class CompilesFine {
  private int f = 0;
  public int f() {
    return 1;
  }
}
```

그러나 이를 스칼라 클래스로 바꾼 코드는 컴파일에 실패한다.

```
class WontCompile {
  private var f = 0 // 필드와 메서드가 같은 이름이므로
  def f = 1          // 컴파일할 수 없음
}
```

일반적으로 자바에는 4개의 네임스페이스가 있지만, 스칼라에는 단 2개만 있다. 자바에는 필드, 메서드, 타입, 패키지라는 네 가지 네임스페이스가 있다. 반면 스칼라에는 다음과 같은 오직 두 가지 네임스페이스만 있다.

- **값**(필드, 메서드, 패키지, 싱글톤 객체)
- **타입**(클래스와 트레이트 이름)

스칼라가 필드와 메서드를 동일한 네임스페이스로 취급하는 이유는 정확히 파라미터 없는 메서드를 val로 오버라이드하기 위해서다. 자바에서는 불가능하다.[5]

10.6 파라미터 필드 정의

지금까지 살펴본 ArrayElement 클래스의 정의를 다시 생각해보자. 그 클래스에는 conts라는 파라미터가 있다. 그런데 conts의 유일한 존재 이유는 contents 필드로 복사하기 위

---

5 스칼라에서 패키지도 필드 및 메서드와 같은 네임스페이스를 공유하는 이유는 (타입을 임포트하는 것은 물론) 싱글톤 객체의 필드와 메서드를 임포트할 수 있게 하기 위해서다. 이 또한 자바에서는 불가능하다. 13.3절에서 이에 대해 설명한다.

한 것이다. conts라는 이름은 contents라는 이름과 최대한 비슷하면서도 충돌을 피하기 위해 정한 것이다. 이는 불필요한 중복이나 반복이 코드에 있을지도 모름을 나타내는 '코드 냄새code smell'다.

이런 코드 냄새는 리스트 10.5와 같이, 해당 파라미터와 필드를 결합해 하나의 **파라미터 필드**parametric field로 정의하면 피할 수 있다.

리스트 10.5 contents를 파라미터 필드로 정의하기

```
class ArrayElement(
  val contents: Array[String]
) extends Element
```

contents 앞에 val이 붙어 있음에 유의하라. 이런 표기는 동일한 이름의 파라미터와 필드를 동시에 정의하는 단축 표기다. 구체적으로 살펴보면, ArrayElement에는 재할당이 불가능하며 클래스 외부에서 접근 가능한 contents 필드가 생긴다. 또한 객체 생성 시 contents 필드를 전달받은 인자의 값으로 초기화한다. 따라서 마치 다음과 같이 코드를 작성한 것처럼 동작한다. x123은 임의로 택한 인자 이름이다.

```
class ArrayElement(x123: Array[String]) extends Element {
  val contents: Array[String] = x123
}
```

클래스에 전달하는 인자를 var로 정의할 수도 있다. 그러면 해당 필드를 재할당할 수 있다. 마지막으로, 클래스 멤버와 마찬가지로 파라미터 필드에도 private, protected[6], override 같은 수식자를 추가할 수 있다. 예를 들어, 다음 클래스 정의를 보자.

```
class Cat {
  val dangerous = false
}
class Tiger(
  override val dangerous: Boolean,
  private var age: Int
) extends Cat
```

---

6 서브클래스의 접근을 허용하는 protected 수식자는 13장에서 자세히 다룬다.

Tiger의 정의는 dangerous를 오버라이드하고, 비공개 멤버 age를 정의한다. 이는 다음의 클래스 정의를 간략하게 표현한 것이다.

```
class Tiger(param1: Boolean, param2: Int) extends Cat {
  override val dangerous = param1
  private var age = param2
}
```

두 멤버는 각각에 대응하는 인자로 초기화된다. 인자의 이름을 임의로 param1, param2라고 붙였다. 중요한 것은 인자 이름이 스코프에 있는 다른 이름과 충돌하지 않아야 한다는 것이다.

10.7 슈퍼클래스의 생성자 호출

이제 2개의 클래스가 전부인 완전한 시스템을 만들었다. ArrayElement 클래스가 추상 클래스인 Element를 상속했다. 어쩌면, 배열 말고 Element를 나타내는 다른 방법을 생각해 봤을지도 모르겠다. 예를 들어, 한 줄짜리 문자열로 이뤄진 레이아웃 원소를 표현하고 싶다고 하자. 객체지향 프로그래밍을 사용하면 기존 데이터를 파생시켜 시스템을 확장하기가 쉽다. 단순히 서브클래스를 추가하면 된다. 예를 들어, 리스트 10.6은 ArrayElement를 상속하는 LineElement 클래스를 보여준다.

리스트 10.6 슈퍼클래스의 생성자 호출

```
class LineElement(s: String) extends ArrayElement(Array(s)) {
  override def width = s.length
  override def height = 1
}
```

LineElement는 ArrayElement를 상속했고, ArrayElement의 생성자는 Array[String] 타입의 인자 하나를 받는다. 따라서 LineElement는 슈퍼클래스의 생성자에 인자를 하나 전달해야 한다. 슈퍼클래스의 생성자를 호출하려면, 원하는 인자를 슈퍼클래스 이름 뒤에 괄호로 묶어서 넘기면 된다. 예를 들어, LineElement 클래스는 Array(s)를 ArrayElement 뒤에 괄호로 묶어 표기함으로써 ArrayElement의 주 생성자에 전달한다.

```
... extends ArrayElement(Array(s)) ...
```

새로 작성한 서브클래스를 포함한 레이아웃 요소의 상속 계층은 그림 10.2과 같다.

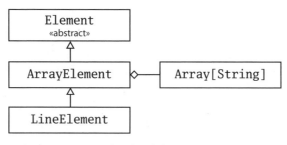

그림 10.2 LineElement의 클래스 다이어그램

10.8 override 수식자 사용

LineElement에 있는 width와 height 정의에는 override 수식자가 붙어 있다. 6.3절에서 toString 메서드를 정의할 때 override를 본 적이 있다. 스칼라에서는 부모 클래스에 있는 구체적^{concrete} 멤버를 오버라이드하는 모든 멤버에 override 수식자를 붙여야 한다. 하지만 추상 멤버를 구현할 경우에는 override 수식자를 생략할 수 있다. 기반 클래스에 있는 멤버를 오버라이드하거나 구현하는 경우가 아니라면 override 수식자를 사용해서는 안 된다. LineElement의 height와 width는 Element 클래스에 존재하는 구체적인 정의를 오버라이드하기 때문에 override 수식자가 있어야 한다.

이러한 규칙은 컴파일러가 발견하기 어려운 오류를 방지하고, 시스템을 안전하게 발전시킬 수 있게 해준다. 예를 들면 override 수식자가 있는 메서드 이름을 실수로 틀리거나, 인자 목록을 다르게 작성해 컴파일러에게 전달하면 다음과 같은 오류 메시지로 응답한다.

```
$ scalac LineElement.scala
.../LineElement.scala:50:
error: method hight overrides nothing
  override def hight = 1
       ^
```

살펴본 오버라이드 작성 관례는 시스템을 진화시키는 데 더욱 중요하다. 2차원 그리기 메서드를 제공하는 라이브러리를 공개했고, 널리 사용 중이라 하자. 다음 버전에서 Shape 라는 기반 클래스에 아래와 같은 시그니처의 새 메서드를 추가할 예정이다.

```
def hidden(): Boolean
```

이 메서드는 다양한 그리기 메서드가 모양을 실제로 그려야 할지 결정하기 위해 사용한다. 그로 인해 큰 속도 향상이 가능하겠지만, 기존 클라이언트 코드를 망가뜨리는 일은 없어야 한다. 무엇보다도, 클라이언트가 Shape의 서브클래스를 만들면서 hidden이라는 메서드를 다른 방식으로 구현해 사용하고 있을지도 모른다. 클라이언트가 작성한 메서드는 대상이 숨겨져 있는지를 확인하는 게 아니라, 대상을 숨기는 역할을 할지도 모른다. 이 두 hidden 메서드가 서로 오버라이드 관계에 있기 때문에, 여러분이 hidden을 사용해 만든 그리기 메서드가 특정 대상을 사라지게 만들어버릴 수도 있다. 이는 분명 원하는 결과가 아니다.

'우연한 오버라이드'는 '깨지기 쉬운 기반 클래스fragile base class'라고 불리는 문제의 가장 흔한 사례다. 깨지기 쉬운 기반 클래스 문제는 클래스 계층에서 기반 클래스(슈퍼클래스)에 추가한 멤버로 인해 클라이언트의 코드가 깨지는 위험을 말한다. 스칼라가 깨지기 쉬운 기반 클래스 문제를 완전히 해결하는 건 아니지만, 자바에 비해 좀 더 개선된 해결책을 제시한다.[7] 위 예에서 라이브러리와 이를 이용하는 클라이언트 코드가 스칼라였다면, 클라이언트가 만든 hidden에는 override 수식자가 붙을 수 없다. 이름이 같은 메서드가 슈퍼클래스에 없기 때문이다.

이제 라이브러리 버전을 올리면서 Shape 클래스에 hidden 메서드를 추가했다. 이 라이브러리 버전을 가지고 클라이언트 코드를 컴파일하면 다음과 같이 오류가 발생한다.

```
.../Shapes.scala:6: error: error overriding method
   hidden in class Shape of type ()Boolean;
method hidden needs `override' modifier
def hidden(): Boolean =
^
```

---

7   자바 1.5에 추가된 @Override 애노테이션도 스칼라의 수식자와 유사하게 동작하지만, 스칼라와 달리 필수가 아니다.

다시 말하면, 잘못 동작하는 대신 컴파일 시점에 오류를 발생시킨다. 보통 이러는 편이 더 낫다.

10.9 다형성과 동적 바인딩

10.4절에서 Element 타입의 변수가 ArrayElement 타입의 객체를 참조할 수 있음을 확인했다. 이러한 현상을 **다형성**^{polymorphism}이라고 한다. 이 단어는 '여러 모양'이나 '여러 형태'를 의미한다. Element 객체는 지금까지 작성한 ArrayElement와 LineElement 등의 여러 형태로 활용 가능하다.[8] Element의 서브클래스를 새로 작성하면 Element의 다른 형태를 추가할 수 있다. 예를 들어, 다음은 주어진 너비와 높이만큼을 지정한 문자로 채우는 새로운 형태의 Element다.

```
class UniformElement(
  ch: Char,
  override val width: Int,
  override val height: Int
) extends Element {
  private val line = ch.toString * width
  def contents = Array.fill(height)(line)
}
```

Element 클래스의 상속 계층을 나타내면 그림 10.3과 같다. 결과적으로 다음 할당문은 모두 표현식의 타입이 변수의 타입에 부합하기 때문에 스칼라에서 문제없이 동작한다.

```
val e1: Element = new ArrayElement(Array("hello", "world"))
val ae: ArrayElement = new LineElement("hello")
val e2: Element = ae
val e3: Element = new UniformElement('x', 2, 3)
```

---

8 이러한 방식의 다형성은 서브타입 다형성(subtyping polymorphism)이라고 부른다. 스칼라에는 다른 방식의 다형성도 존재하는데, 이는 19장에서 다룬다.

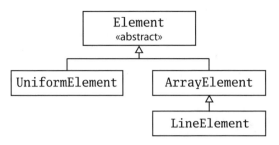

그림 10.3 레이아웃 요소의 클래스 계층도

네 가지 val 정의 모두 등호 오른쪽에 있는 표현식의 타입이 등호 왼쪽의 val 변수에 지정된 타입보다 상속 계층에서 아래에 위치한다.

하지만 아직 언급하지 않은 이야기의 절반은, 변수나 표현식에 대한 메서드 호출을 **동적으로 바인딩**한다는 것이다. 이는 실제로 불리는 메서드를 표현식이나 변수의 (컴파일 시점의) 타입이 아니라, 실행 시점에 실제 그 객체가 어떤 타입인가를 따른다는 뜻이다. 이해를 돕기 위해, 임시로 Element 클래스에서 모든 멤버를 제거하고 demo라는 새로운 메서드를 추가하자. demo 메서드를 ArrayElement와 LineElement에서는 오버라이드하고, UniformElement에서는 오버라이드하지 말자.

```
abstract class Element {
  def demo() = {
    println("Element's implementation invoked")
  }
}
class ArrayElement extends Element {
  override def demo() = {
    println("ArrayElement's implementation invoked")
  }
}
class LineElement extends ArrayElement {
  override def demo() = {
    println("LineElement's implementation invoked")
  }
}
// UniformElement는 Element의 demo를 상속한다.
class UniformElement extends Element
```

인터프리터에 이 코드를 입력하고 나서, 다음과 같이 인자로 받은 Element의 demo 메서드를 호출하는 메서드를 정의하자.

```
def invokeDemo(e: Element) = {
  e.demo()
}
```

ArrayElement를 invokeDemo에 전달하면, demo를 호출할 때 사용한 e의 타입이 Element임에도 불구하고 ArrayElement의 demo가 출력하는 메시지를 볼 수 있다.

```
scala> invokeDemo(new ArrayElement)
ArrayElement's implementation invoked
```

마찬가지로, LineElement를 invokeDemo에 전달하면 LineElement의 demo가 호출됐음을 확인할 수 있다.

```
scala> invokeDemo(new LineElement)
LineElement's implementation invoked
```

UniformElement를 전달하는 경우의 동작은 처음 보면 다소 이상해 보일 수 있지만, 바른 결과다.

```
scala> invokeDemo(new UniformElement)
Element's implementation invoked
```

UniformElement는 demo를 오버라이드하지 않았으므로 슈퍼클래스인 Element에 있는 demo 구현을 물려받는다. 따라서 어떤 객체의 (실행 시점) 타입이 UniformElement일 때 호출돼야 할 정확한 demo 구현은 Element에 있는 메서드가 맞다.

10.10 final 멤버 선언

상속 계층을 설계하다 보면 서브클래스가 특정 멤버를 오버라이드하지 못하게 막고 싶을 때가 있다. 이 경우, 자바와 마찬가지로 스칼라에서는 final 수식자를 멤버에 붙인다.

리스트 10.7과 같이 ArrayElement의 demo 메서드에 final 수식자를 추가해보자.

```scala
class ArrayElement extends Element {
  final override def demo() = {
    println("ArrayElement's implementation invoked")
  }
}
```

이 ArrayElement의 서브클래스인 LineElement에서 demo 메서드의 오버라이드를 시도하면 컴파일이 실패한다.

```
elem.scala:18: error: error overriding method demo
    in class ArrayElement of type ()Unit;
method demo cannot override final member
    override def demo() = {
                 ^
```

때로는 클래스 전체를 상속하지 못하게 막아야 할 때도 있다. final 수식자를 클래스 선언 앞에 추가하면 클래스 전체를 서브클래싱 불가능하게 만들 수 있다. 리스트 10.8에서는 ArrayElement를 final로 만들었다.

리스트 10.8 final 클래스 선언

```scala
final class ArrayElement extends Element {
  override def demo() {
    println("ArrayElement's implementation invoked")
  }
}
```

이렇게 작성한 ArrayElement를 사용하면 서브클래스를 만들려는 모든 시도는 컴파일 시 오류가 난다.

```
elem.scala: 18: error: illegal inheritance from final class
    ArrayElement
  class LineElement extends ArrayElement {
                            ^
```

이제 final 수식자와 demo 메서드를 제거하고 이전의 Element 및 관련 클래스 구현으로
다시 돌아가자. 이제부터는 실제 동작하는 레이아웃 라이브러리를 완성할 것이다.

10.11 상속과 구성 사용

구성과 상속은 이미 존재하는 클래스를 이용해 새로운 클래스를 정의하는 두 가지 방법
이다. 주로 코드 재사용을 추구한다면, 상속보다는 구성을 선호할 것이다. 상속을 사용할
경우에는 깨지기 쉬운 기반 클래스 문제를 피할 수 없다.

상속 관계에서 스스로에게 물어봄 직한 질문 중 하나는 상속 관계가 is-a 관계를 모델
링한 것인지 여부다.[9] 예를 들면 'ArrayElement는 Element다(is-a 관계)'라고 해도 합당하
다. 가능한 또 다른 질문은 코드를 사용하는 클라이언트 쪽에서 슈퍼클래스의 타입으로
서브클래스 타입을 이용하길 원하는가다.[10] ArrayElement의 경우, 클라이언트가 실제로
ArrayElement를 Element로 사용하고 싶어 할 것이다.

그림 10.3의 상속 관계에 앞서 살펴본 질문을 던져보면서, 혹시 의심스러운 관계가 존재
하지 않나 살펴보자. 특히, 'LineElement는 ArrayElement다'라는 is-a 관계가 명백해 보이
는가?

사실, LineElement를 ArrayElement의 서브클래스로 정의한 주된 이유는 ArrayElement에
있는 contents 정의를 재사용하기 위해서다. 따라서 다음과 같이 LineElement를 Element
를 직접 상속하는 서브클래스로 정의하는 편이 나을 것이다.

```
class LineElement(s: String) extends Element {
  val contents = Array(s)
  override def width = s.length
  override def height = 1
}
```

이전 버전의 LineElement는 ArrayElement와 상속 관계를 갖고 ArrayElement의 내용을 상

---

9 마이어스(Meyers), 『Effective C++』[Mey91](한국어판: 『Effective C++』, 곽용재 역, 피어슨에듀케이션코리아)

10 에켈(Eckel), 『Thinking in Java』[Eck98](한국어판: 『Thinking in JAVA』 4/e, 심재철/최정국 공역, 지앤선)

속받았다. 하지만 변경한 LineElement는 자신의 필드에 문자열 배열에 대한 참조를 갖는다. 즉, LineElement는 Array와 구성composition 관계를 갖는다.[11] 이렇게 간단하게 만든 LineElement의 구현을 반영하면 Element의 상속 계층은 그림 10.4와 같이 바뀐다.

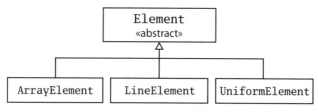

그림 10.4 바뀐 LineElement를 포함한 클래스 계층

10.12 above, beside, toString 구현

다음 단계로 Element 클래스의 above 메서드를 구현할 예정이다. 어떤 요소를 또 다른 요소 위에 올려놓는다는 것은 2개의 요소가 가진 내용을 이어붙인다는 뜻이다. 따라서 above 메서드의 초안은 다음과 같이 작성할 수 있다.

```
def above(that: Element): Element =
  new ArrayElement(this.contents ++ that.contents)
```

++ 연산은 두 배열을 이어붙인다. 스칼라에서 배열은 자바 배열의 다른 표현이지만, 더 많은 메서드를 지원한다. 특히, 스칼라의 배열은 시퀀스(어떤 대상을 순서대로 나열한 것) 구조를 나타내는 scala.Seq 클래스의 인스턴스로 변환이 가능하다. scala.Seq에는 시퀀스에 접근하거나 변환할 수 있는 메서드가 여럿 들어 있다. 이번 장에서 배열과 관련 있는 메서드를 몇 가지 소개할 것이다. 하지만 17장에서 더욱 깊이 살펴볼 것이다.

코드 초안은 충분하지 않다. 어떤 원소 위에 너비가 다른 요소를 올려놓을 수 없기 때문이다. 우선은 단순하게 같은 길이의 요소만 above 메서드에 전달하는 것으로 가정하겠다.

---

11 ArrayElement 클래스도 파라미터 필드에 문자열 배열의 참조를 포함하기 때문에 Array와 구성 관계를 갖는다. ArrayElement 코드는 리스트 10.5에 있다. 그림 10.1을 보면 알 수 있듯이, 클래스 다이어그램에서는 구성 관계를 다이아몬드 모양으로 표시한다.

10.14절에서 above를 개선해서 너비와 관계없이 above를 호출할 수 있게 할 것이다.

다음으로 구현할 메서드는 beside다. 두 요소를 서로의 옆에 놓기 위해, 두 요소의 각 줄을 한 줄로 합친 결과가 새로운 요소의 각 줄이 되게 만들 것이다. above에서와 마찬가지로, 두 요소의 높이가 같다고 가정한다. 그렇다면 beside 메서드를 다음과 같이 만들 수 있다.

```scala
def beside(that: Element): Element = {
  val contents = new Array[String](this.contents.length)
  for (i <- 0 until this.contents.length)
    contents(i) = this.contents(i) + that.contents(i)
  new ArrayElement(contents)
}
```

beside 메서드는 새로운 배열인 contents를 만들고, this.contents와 that.contents 배열에서 서로 대응하는 원소를 이어붙여 새 배열의 내용을 채운다. 이런 방식으로 새로운 내용이 담긴 ArrayElement를 만든다.

방금 살펴본 beside의 구현도 동작은 하지만 명령형 스타일이다. 배열에 접근하는 루프를 보면 명령형 스타일임을 명백히 알 수 있다. 대신, 이 메서드를 다음과 같이 한 표현식으로 축약할 수 있다.

```scala
new ArrayElement(
  for (
    (line1, line2) <- this.contents zip that.contents
  ) yield line1 + line2
)
```

여기서는 this.contents와 that.contents를 zip 연산을 이용해 순서쌍(Tuple2라 부른다)으로 이뤄진 하나의 배열로 변환했다. zip 연산자는 두 인자에서 차례로 대응하는 원소들을 추출해 순서쌍의 배열을 만든다. 예를 들면, 다음의 표현식은

```scala
Array(1, 2, 3) zip Array("a", "b")
```

다음과 같은 결과를 낳는다.

```
Array((1, "a"), (2, "b"))
```

zip 연산의 대상인 두 배열 중 하나가 다른 배열보다 길이가 길면, zip 메서드는 나머지 원소를 생략한다. 위 예를 보면 왼쪽 피연산자의 세 번째 원소인 3은 결과에 나타나지 않는데, 우측 연산 대상에 대응하는 (세 번째) 원소가 없기 때문이다.

이렇게 zip으로 만든 배열을 for 표현식을 이용해 이터레이션한다. for ((line1, line2) <- ...) 문법을 이용하면 하나의 **패턴**으로 순서쌍 내의 두 원소에 이름을 부여할 수 있다(line1은 순서쌍의 첫 번째 원소를 나타내며, line2는 두 번째 원소를 나타낸다). 스칼라의 패턴 매치 체계는 15장에서 자세히 설명한다. 지금으로선, 각 이터레이션마다 line1과 line2, 2개의 val을 정의하는 것으로 이해하자.

예제에서 사용한 for 표현식은 yield가 있기 때문에 결과를 만들어낸다. 결과는 for 표현식에서 이터레이션한 대상과 같은 종류(배열)다. 배열의 각 원소는 대응하는 줄인 line1, line2를 이어붙인 결과다. 따라서 첫 버전의 beside와 결과가 같다. 하지만 명시적으로 배열의 인덱스를 사용했던 이전 방식에 비해 오류 발생 가능성이 더 적다.

여전히 요소를 화면에 표시할 방법이 없다. 언제나처럼, 요소를 원하는 형식의 문자열로 반환하는 toString 메서드를 정의해 이를 해결한다. 다음은 toString 정의다.

```
override def toString = contents mkString "\n"
```

여기 있는 toString 메서드 구현은 배열 등의 모든 시퀀스에서 사용 가능한 mkString을 이용한다. 7.8절에서 살펴봤듯이, arr mkString sep 같은 표현식은 배열 arr의 모든 원소를 이용해 만든 하나의 문자열을 반환한다. 이때 각 원소를 문자열로 반환하기 위해 원소마다 toString 메서드를 호출한다. sep은 구분을 위한 것으로, 연속으로 있는 두 원소 사이에 들어간다. contents mkString "\n"이라는 표현식은 contents 배열을 문자열로 만드는데, 배열 원소를 한 줄에 하나씩 들어가게 한다.

toString에 빈 파라미터 목록(빈 괄호)을 사용하지 않았음에 유의하라. 이는 단일 접근 원칙의 권고를 따른 것이다. toString은 인자를 받지 않는 순수 메서드다. 3개의 메서드를 추가했으니, Element 클래스는 리스트 10.9와 같을 것이다.

```
abstract class Element {
  def contents: Array[String]

  def width: Int =
    if (height == 0) 0 else contents(0).length

  def height: Int = contents.length

  def above(that: Element): Element =
    new ArrayElement(this.contents ++ that.contents)

  def beside(that: Element): Element =
    new ArrayElement(
      for (
        (line1, line2) <- this.contents zip that.contents
      ) yield line1 + line2
    )

  override def toString = contents mkString "\n"
}
```

10.13 팩토리 객체 정의

지금까지 요소 배치 클래스의 계층을 갖추었다. 이 클래스 계층을 있는 그대로 클라이언트에게 공개해서 사용하게 할 수도 있지만, 팩토리 객체 뒤로 감추고 제공하는 방법도 있다.

팩토리 객체는 다른 객체를 생성하는 메서드를 제공하는 객체다. 팩토리 객체가 있으면, 클라이언트는 new를 이용해 직접 객체를 만들기보다는 팩토리 메서드로 객체를 생성할 것이다. 팩토리 객체를 사용하는 경우의 이점은 객체 생성 기능을 한곳에 모아서 제공하고, 구체적인 내부 표현을 감출 수 있다는 것이다. 이렇게 세부사항을 숨기면 클라이언트는 라이브러리를 좀 더 쉽게 이해할 수 있다. 또한 나중에 클라이언트의 코드를 깨지 않고 라이브러리 구현을 변경하기에도 더 유리하다.

레이아웃 요소의 팩토리 객체를 생성하려면 우선 팩토리 메서드의 위치를 선택해야 한다. 싱글톤 객체의 멤버가 돼야 할까? 아니면 클래스의 멤버가 돼야 할까? 팩토리 메서드를 포함한 싱글톤 객체나 클래스를 뭐라고 부르면 좋을까? 선택의 여지가 많이 있다. 가장 직관적인 해결책은 Element 클래스의 동반 객체를 만들고, 이 동반 객체를 레이아웃 요소의 팩토리 객체로 만드는 것이다. 이런 방식을 사용하면, Element 클래스와 싱글톤 객체만 노출하고 ArrayElement, LineElement, UniformElement 구현은 감출 수 있다.

이런 방식으로 작성한 Element의 코드가 리스트 10.10이다. Element 객체에는 세 가지 형태로 오버로드한 elem 메서드가 있고, 각 메서드는 각기 다른 레이아웃 객체를 생성한다.

리스트 10.10 팩토리 메서드를 갖춘 팩토리 객체

```scala
object Element {

  def elem(contents: Array[String]): Element =
    new ArrayElement(contents)

  def elem(chr: Char, width: Int, height: Int): Element =
    new UniformElement(chr, width, height)

  def elem(line: String): Element =
    new LineElement(line)
}
```

팩토리 메서드가 있으므로, 명시적으로 새로운 ArrayElement를 생성하는 것보다 Element 클래스의 구현을 변경해 팩토리 메서드를 이용하게 만드는 편이 더 합리적이다. Element.elem처럼 전체 경로를 지정하는fully qualifying 일이 없도록, Element.elem을 임포트 해서 짧은 메서드 이름인 elem만 사용해도 접근 가능하게 만들 것이다. 리스트 10.11은 해당 내용을 적용한 Element 클래스를 보여준다.

리스트 10.11 팩토리 메서드를 사용하도록 리팩토링한 Element 클래스

```scala
import Element.elem
abstract class Element {
  def contents: Array[String]

  def width: Int =
    if (height == 0) 0 else contents(0).length

  def height: Int = contents.length

  def above(that: Element): Element =
    elem(this.contents ++ that.contents)
```

```
  def beside(that: Element): Element =
    elem(
      for (
        (line1, line2) <- this.contents zip that.contents
      ) yield line1 + line2
    )
  override def toString = contents mkString "\n"
}
```

팩토리 메서드가 있다면 ArrayElement, LineElement, UniformElement는 클라이언트가 직접 접근할 대상이 아니므로 이제는 비공개로 만들어도 된다. 스칼라에서는 클래스와 싱글톤 객체를 다른 클래스나 싱글톤 객체 내부에 정의할 수 있다. Element의 서브클래스를 비공개로 만드는 방법 중 하나는 싱글톤 객체인 Element에 넣은 다음 private으로 선언하는 것이다. 비공개로 선언한 클래스는 그들을 필요로 하는 세 팩토리 메서드에서는 접근이 가능하다. 리스트 10.12에서 해당 코드를 확인하자.

리스트 10.12 비공개 클래스로 구현 감추기

```
object Element {
  private class ArrayElement(
    val contents: Array[String]
  ) extends Element

  private class LineElement(s: String) extends Element {
    val contents = Array(s)
    override def width = s.length
    override def height = 1
  }

  private class UniformElement(
    ch: Char,
    override val width: Int,
    override val height: Int
  ) extends Element {
    private val line = ch.toString * width
    def contents = Array.fill(height)(line)
  }
  def elem(contents:  Array[String]): Element =
    new ArrayElement(contents)

  def elem(chr: Char, width: Int, height: Int): Element =
```

```
    new UniformElement(chr, width, height)

  def elem(line: String): Element =
    new LineElement(line)
}
```

10.14 높이와 너비 조절

마지막으로 개선할 점이 한 가지 더 남아 있다. 리스트 10.11의 Element는 너비가 다른
요소 위에 놓거나, 높이가 다른 요소 옆에 놓을 수 없으므로 충분히 완성된 내용이라 하
기 어렵다.

예를 들어, 다음 표현식은 제대로 동작하지 않는다. 두 결합 대상 요소 중 두 번째 요소가
첫 번째 요소보다 길이가 길기 때문이다.

```
new ArrayElement(Array("hello")) above
new ArrayElement(Array("world!"))
```

마찬가지로, 다음 표현식도 제대로 동작하지 않는다. 첫 번째 ArrayElement는 높이가 2이
지만, 두 번째는 높이가 1이기 때문이다.

```
new ArrayElement(Array("one", "two")) beside
new ArrayElement(Array("one"))
```

리스트 10.13에 있는 비공개 도우미 메서드 widen은 너비를 인자로 받아 해당 너비
의 요소를 반환한다. 결과 요소의 contents는 인자로 전달받은 너비에 맞춰 원 요소의
contents를 가운데 정렬하고 좌우에 필요한 만큼 공백을 채워 넣은 문자열이다. 리스트
10.13에는 heighten이라는 유사한 메서드도 있다. heighten은 세로 방향으로 같은 기능
을 수행한다. above 메서드 안에서 두 요소의 너비가 같게 만들기 위해 widen 메서드를
호출한다. 마찬가지로, beside 메서드는 heighten 메서드를 사용해 두 요소의 높이를 같
게 만든다. 여기까지 변경사항을 반영하고 나면 모든 준비가 끝난 것이다.

리스트 10.13 widen, height 메서드를 갖춘 Element 클래스

```scala
import Element.elem

abstract class Element {
  def contents:  Array[String]

  def width: Int = contents(0).length
  def height: Int = contents.length

  def above(that: Element): Element = {
    val this1 = this widen that.width
    val that1 = that widen this.width
    elem(this1.contents ++ that1.contents)
  }

  def beside(that: Element): Element = {
    val this1 = this heighten that.height
    val that1 = that heighten this.height
    elem
      for ((line1, line2) <- this1.contents zip that1.contents)
      yield line1 + line2)
  }

  def widen(w: Int): Element =
    if (w <= width) this
    else {
      val left = elem(' ', (w - width) / 2, height)
      var right = elem(' ', w - width - left.width, height)
      left beside this beside right
    }

  def heighten(h: Int): Element =
    if (h <= height) this
    else {
      val top = elem(' ', width, (h - height) / 2)
      var bot = elem(' ', width, h - height - top.height)
      top above this above bot
    }

  override def toString = contents mkString "\n"
}
```

10.15 한데 모아 시험해보기

주어진 개수만큼 꼭짓점이 있는 나선을 그리는 문제는 레이아웃 라이브러리의 거의 모든 기능을 시험해볼 수 있는 재미있는 주제다. 리스트 10.14는 이를 수행하는 Spiral 프로그램이다.

리스트 10.14 Spiral 애플리케이션

```
import Element.elem

object Spiral {

  val space = elem(" ")
  val corner = elem("+")

  def spiral(nEdges: Int, direction: Int): Element = {
    if (nEdges == 1)
      elem("+")
    else {
      val sp = spiral(nEdges - 1, (direction + 3) % 4)
      def verticalBar = elem('|', 1, sp.height)
      def horizontalBar = elem('-', sp.width, 1)
      if (direction == 0)
        (corner beside horizontalBar) above (sp beside space)
      else if (direction == 1)
        (sp above space) beside (corner above verticalBar)
      else if (direction == 2)
        (space beside sp) above (horizontalBar beside corner)
      else
        (verticalBar above corner) beside (space above sp)
    }
  }

  def main(args: Array[String]) = {
    val nSides = args(0).toInt
    println(spiral(nSides, 0))
  }
}
```

적절한 시그니처의 main 메서드가 있는 독립 객체가 있기 때문에 Spiral은 스칼라 애플리케이션이다. Spiral은 명령행에서 정수 인자를 하나만 전달받아, 그 개수만큼 모서리를 가진 나선을 그린다. 예를 들어, 다음 예의 맨 왼쪽은 6개의 모서리가 있는 나선이고 나머지는 좀 더 큰 나선이다.

262

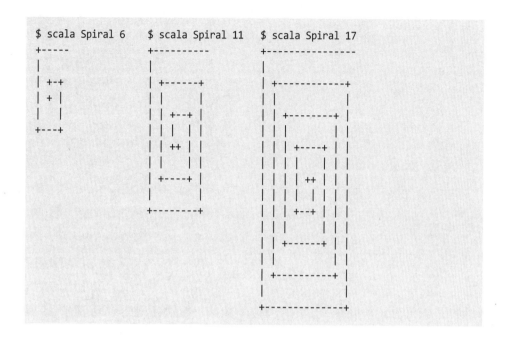

10.16 결론

10장에서는 스칼라의 객체지향 프로그래밍과 관련된 좀 더 많은 개념을 살펴봤다. 추상 클래스, 상속, 서브타입, 클래스 계층, 파라미터 필드, 메서드 오버라이드 같은 여러 개념을 배웠다. 이제 단순하지 않은 클래스 계층까지 스칼라로 작성할 수 있는 감각을 익혔을 것이다. 14장에서 다시 레이아웃 라이브러리로 설명을 계속 진행할 것이다.

Chapter

11

스칼라의 계층구조

10장에서 클래스 인스턴스에 대해 자세히 살펴봤으니, 이제 한 걸음 뒤로 물러나서 스칼라의 클래스 계층구조를 전반적으로 살펴볼 차례다. 스칼라의 모든 클래스는 공통의 슈퍼클래스 Any를 상속한다. 모든 클래스가 Any의 서브클래스이기 때문에, Any가 정의해둔 메서드는 모두 '보편적인' 메서드다. 즉, 어느 객체에 대해서든 그런 메서드를 호출할 수 있다. 스칼라 클래스 계층의 맨 밑바닥에도 Null과 Nothing 같은 재미있는 클래스가 있는데, 이들은 본질적으로 공통 서브클래스 역할을 한다. 예를 들어 Any가 모든 클래스의 슈퍼클래스인 것처럼, Nothing은 다른 모든 클래스의 서브클래스다. 11장에서는 스칼라의 클래스 계층구조를 탐험해볼 것이다.

11.1 스칼라의 클래스 계층구조

그림 11.1은 스칼라의 클래스 계층구조를 개략적으로 보여준다. 계층의 최상위에는 Any 클래스가 있고, 이 클래스는 다음과 같은 메서드를 정의한다.

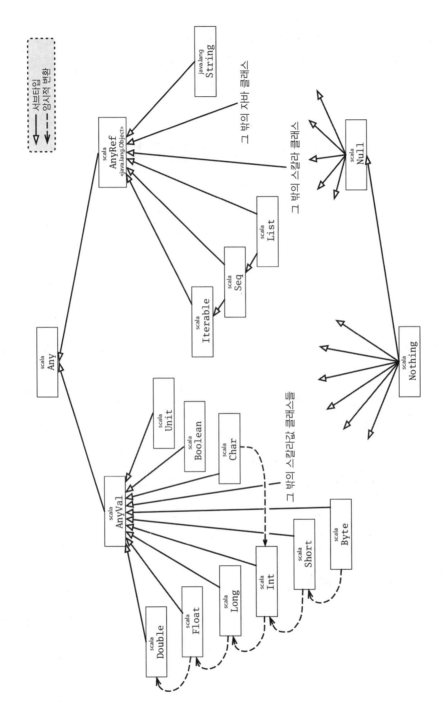

그림 11.1 스칼라의 클래스 계층구조

266

- final def ==(that: Any): Boolean

- final def !=(that: Any): Boolean

- def equals(that: Any): Boolean

- def ##: Int

- def hashCode: Int

- def toString: String

모든 클래스가 Any를 상속하기 때문에 스칼라 프로그램에 있는 모든 객체를 ==, !=, equals를 사용해 비교할 수 있다. 또한 ##이나 hashCode를 사용해 해시값을 얻을 수 있고, toString을 사용해 서식화할 수 있다. Any에서 동일성과 비동일성 메서드인 ==와 !=는 final이다. 따라서 서브클래스에서 오버라이드할 수 없다. == 메서드는 근본적으로 equals 와 같고, !=는 equals의 참, 거짓을 반전시킨 것이다.[1] 따라서 ==나 !=를 원하는 대로 재단 하고 싶은 개별 클래스는 equals를 오버라이드해야 한다. 이에 대해서는 11장 뒷부분에 서 예제를 보여줄 것이다.

루트root 클래스 Any에는 서브클래스가 둘 있는데, 바로 AnyVal과 AnyRef다. AnyVal은 모 든 스칼라값 **클래스**value class의 부모 클래스다. 여러분이 직접 값 클래스를 만들 수도 있 지만(11.4절 참고), 스칼라가 기본적으로 제공하는 값 클래스로는 Byte, Short, Char, Int, Long, Float, Double, Boolean, Unit, 이렇게 아홉 가지가 있다. 이 중 앞의 8개는 자바의 원 시 타입에 대응한다. 그래서 그런 값은 실행 시점에 자바의 원시 타입 값으로 표현한다. 이런 클래스의 인스턴스는 모두 스칼라에서 리터럴을 사용해 만들 수 있다. 예를 들어 42 는 Int의 인스턴스이고, 'x'는 Char의 인스턴스이며, false는 Boolean의 인스턴스다. 이 들 클래스는 new를 사용해 인스턴스화할 수 없다. 모든 값 클래스를 추상 클래스인 동시 에 파이널final 클래스로 만드는 '속임수'를 사용해 이런 제약을 가했다. 따라서 다음과 같 은 것을 시험해본다면,

---

1 ==가 직접 equals를 호출하지 않는 유일한 경우는 Integer나 Long처럼 수를 박싱한 클래스(boxed numeric class)다. 자바 에서 원시 값에서는 1 == 1L인데도 new Integer(1)과 new Long(1)은 같지 않다. 스칼라는 자바보다 더 일관성 있는 언어이 기 때문에, 이러한 차이를 없애기 위해 이런 클래스의 == 메서드를 특별 취급한다. 마찬가지로 ##은 자바의 hashCode에 대 응하는 기능을 스칼라에서 제공한다. ==와 마찬가지로 박싱한 수 클래스는 ##도 특별 취급한다. 예를 들어 new Integer(1)과 new Long(1)은 자바 hashCode의 경우 각기 다른 값을 반환하지만, 스칼라 ##에서는 같은 해시 코드를 반환한다.

```
scala> new Int
```

다음 오류를 볼 수 있다.

```
<console>:5: error: class Int is abstract; cannot be
instantiated
       new Int
       ^
```

단 하나 남은 마지막 값 클래스인 Unit은 대략 자바의 void 타입과 비슷하다. Unit은 관심을 가질 만한 값을 반환하지 않는 메서드의 결과 타입으로 사용한다. Unit에는 인스턴스 값이 하나뿐이다. 그 값은 ()라고 쓰며, 7.2절에서 설명한 바 있다.

5장에서 설명했듯이, 값 클래스는 일반적인 산술 연산자나 논리 연산자를 메서드로 지원한다. 예를 들어 Int에는 +와 * 메서드가 있고, Boolean에는 ||과 && 메서드가 있다. 값 클래스는 또한 Any 클래스의 모든 메서드도 상속한다. 이를 다음과 같이 인터프리터에서 시험해볼 수 있다.

```
scala> 42.toString
res1: String = 42

scala> 42.hashCode
res2: Int = 42

scala> 42 equals 42
res3: Boolean = true
```

값 클래스 공간은 평면임에 유의하라. 모든 값 클래스는 scala.AnyVal의 서브타입이지만, 각각의 값 타입은 서로 상속 관계가 없다. 대신, 각각의 값 클래스 타입 간에 암시적 변환을 제공한다. 예를 들어, scala.Int의 인스턴스는 필요할 때마다 자동으로 scala.Long 클래스의 인스턴스로 더 넓혀진다(이때 암시적 변환을 사용한다).

5.10절에서 설명한 것처럼, 값 타입에 더 많은 기능을 제공하기 위해 암시적 변환을 사용하기도 한다.

```
scala> 42 max 43
res4: Int = 43

scala> 42 min 43
res5: Int = 42

scala> 1 until 5
res6: scala.collection.immutable.Range = Range 1 until 5

scala> 1 to 5
res7: scala.collection.immutable.Range.Inclusive = Range 1 to 5

scala> 3.abs
res8: Int = 3

scala> (-3).abs
res9: Int = 3
```

위 예제가 동작하는 원리는 이렇다. min, max, until, to, abs 등의 메서드 정의는 모두 scala.runtime.RichInt에 들어 있다. 그리고 Int 클래스에서 RichInt로 바꾸는 암시적 변환이 존재한다. Int에는 정의가 없지만 RichInt에는 있는 메서드를 Int 값에 대해 호출하면, 이 암시적 변환을 적용한다. 마찬가지로 다른 값 클래스에도 이런 기능 추가 클래스와 암시적 변환이 존재한다. 암시적 변환에 대해서는 21장에서 자세히 설명할 것이다.

루트 클래스 Any의 또 다른 서브클래스는 AnyRef다. 이 클래스는 스칼라의 모든 **참조 클래스**reference class의 기반 클래스다. 앞에서 설명했듯이, 실제 자바 플랫폼에서 AnyRef는 java.lang.Object에 별명을 붙인 것에 지나지 않는다. 따라서 자바로 작성한 클래스나 스칼라로 작성한 클래스는 모두 AnyRef를 상속한다.[2] 따라서 자바 플랫폼에서는 AnyRef를 java.lang.Object로 구현했다고 생각하는 것도 이를 이해하는 한 가지 방법이다. 따라서 자바 플랫폼의 스칼라 프로그램에서는 AnyRef나 Object를 서로 바꿔서 사용할 수 있지만, 어디서나 AnyRef를 사용하는 것을 권장한다.

---

2 java.lang.Object를 그대로 사용하지 않고 AnyRef라고 별명을 만든 이유는 스칼라를 맨 처음 설계할 때 자바와 닷넷(.NET)에서 모두 사용할 것을 목표로 했기 때문이다. 닷넷에서는 AnyRef가 System.Object의 별명이었다.

11.2 여러 기본 클래스를 어떻게 구현했는가?

어떻게 이들을 구현했을까? 사실 스칼라는 자바와 같은 방법, 즉 32비트 워드로 정수를 저장한다. 이 사실은 JVM에서 효율적으로 실행할 수 있다는 점과 자바 라이브러리와의 상호 운영성 측면에서 중요하다. 덧셈이나 곱셈 같은 표준 연산은 (자바) 기본 연산을 사용해 구현한다. 하지만 스칼라는 정수가 (자바) 객체여야 하는 경우 '백업' 클래스인 java.lang.Integer를 사용한다. 예를 들어, 정수에 대해 toString 같은 메서드를 호출하거나 Any 타입의 변수에 정수를 할당하는 경우 이런 일이 발생한다. 필요할 때마다 Int 타입의 정수를 박싱한 정수인 java.lang.Integer 타입의 값으로 투명하게 변환한다.

자바 5의 자동 박싱auto-boxing과 비슷하게 들릴 것이다. 실제로도 매우 비슷하다. 하지만 스칼라의 경우 자바보다 박싱을 관찰하기가 더 어렵다는 차이가 있다. 다음을 자바에서 시도해보라.

```
// 자바 코드
boolean isEqual(int x, int y) {
  return x == y;
}
System.out.println(isEqual(421, 421));
```

분명 true를 볼 수 있을 것이다. 이제, isEqual의 인자 타입을 java.lang.Integer(또는 Object로 바꿔도 마찬가지 결과를 낳는다)로 바꿔보자.

```
// 자바 코드
boolean isEqual(Integer x, Integer y) {
  return x == y;
}
System.out.println(isEqual(421, 421));
```

false를 볼 수 있다! 여기서 벌어진 일은 421을 두 번 박싱한 것이다. 그래서 x와 y가 각기 다른 객체가 돼버렸다. ==는 참조 타입의 경우 참조(주소) 동일성이고, Integer가 참조 타입이기 때문에 false가 나왔다. 이런 예는 어떤 면에서 자바가 완전히 객체지향적인 언어가 아님을 보여준다. 원시 타입과 참조 타입 간에 명확히 관찰할 수 있는 차이가 있다.

이제 동일한 실험을 스칼라에서 해보자.

```
scala> def isEqual(x: Int, y: Int) = x == y
isEqual: (x: Int, y: Int)Boolean

scala> isEqual(421, 421)
res10: Boolean = true

scala> def isEqual(x: Any, y: Any) = x == y
isEqual: (x: Any, y: Any)Boolean

scala> isEqual(421, 421)
res11: Boolean = true
```

스칼라의 동일성 연산 ==는 타입의 표현과 관계없이 투명하게 동작한다. 값 타입의 경우, ==는 자연적인(수 또는 불리언 값을 비교하는) 동일성이다. 자바의 박싱한 수 타입이 아닌 참조 타입의 경우, ==는 Object에서 상속한 equals 메서드의 별명이다. Object의 equals 메서드는 원래 참조 동일성이지만, 대부분의 서브클래스는 자기 클래스에 가장 자연스러운 동일성을 표현할 수 있도록 이를 오버라이드한다. 이는 또한 스칼라에서는 자바에서 유명한 문자열 비교의 함정에 결코 빠지지 않는다는 이야기이기도 하다. 스칼라에서는 문자열 비교가 마땅히 그래야 하는 방식대로 작동한다.

```
scala> val x = "abcd".substring(2)
x: String = cd

scala> val y = "abcd".substring(2)
y: String = cd

scala> x == y
res12: Boolean = true
```

자바라면 x와 y를 비교한 결과가 false일 것이다. 여기서 프로그래머는 반드시 equals를 사용해야만 하지만, 이런 사실을 기억하지 못하기가 쉽다.

하지만 사용자가 정의한 동일성 대신 참조 동일성이 필요한 경우도 있다. 예를 들어, 효율이 아주 중요한 상황이라면 일부 클래스에 참조 동일성을 사용한 **해시 콘즈**^{hash cons}를 사용하고 싶을 것이다.[3] 그런 클래스를 위해서 AnyRef에는 오버라이드할 수 없고, 참조 동일성을 사용하게 만들어둔 eq라는 메서드가 더 들어 있다(즉, eq는 참조 타입에 대해 자바의 ==와 같은 동작을 한다). 또한 eq를 뒤집은 ne도 있다. 다음은 몇 가지 예다.

```
scala> val x = new String("abc")
x: String = abc

scala> val y = new String("abc")
y: String = abc

scala> x == y
res13: Boolean = true

scala> x eq y
res14: Boolean = false

scala> x ne y
res15: Boolean = true
```

스칼라의 동일성에 대해서는 30장에서 자세히 다룰 것이다.

11.3 바닥에 있는 타입

그림 11.1에 표시한 타입 계층의 밑바닥에서 scala.Null과 scala.Nothing을 볼 수 있다. 이들은 스칼라 객체지향 타입 시스템의 일부 '특이한 경우'를 처리하기 위한 특별한 타입이다.

Null 클래스는 null 참조의 타입이다. 이 클래스는 모든 참조 타입(즉, AnyRef를 상속한 모든 클래스)의 서브클래스다. Null은 값 타입과는 호환성이 없다. 예를 들어, null을 정수 타입의 변수에 할당할 수 없다.

```
scala> val i: Int = null
                    ^
```

---

3 해시 콘즈는 여러분이 만든 어떤 클래스의 모든 인스턴스를 약한 컬렉션(weak collection, 약한 포인터를 사용하는 컬렉션)에 캐시해두는 방식으로 구현한다. 그리고 해당 클래스의 새 인스턴스가 필요할 때마다 먼저 캐시를 검사한다. 캐시에 여러분이 만들려는 것과 동일한 원소가 있다면 기존 인스턴스를 재활용한다. 이런 방법을 사용하면 equals()를 사용했을 때 동일한 두 인스턴스는 참조 동일성을 검사해도 동일할 수밖에 없다.

```
    error: an expression of type Null is ineligible for
 implicit conversion
```

Nothing 타입은 스칼라 클래스 계층의 맨 밑바닥에 존재한다. 이 타입은 다른 모든 타입의 서브타입이다. 하지만 이 타입의 값은 존재하지 않는다. 값이 없는 타입을 어떤 의미로 이해해야 할까? 7.4절에서 설명했지만, Nothing의 쓸모 중 하나는 비정상적 종료를 표시하는 것이다.

예를 들어, 스칼라 표준 라이브러리의 sys 객체에는 error라는 메서드가 들어 있다. 그 정의는 다음과 같다.

```
def error(message: String): Nothing =
  throw new RuntimeException(message)
```

error의 반환 타입은 Nothing이다. 이 타입은 이 메서드가 정상적으로 값을 반환하지 않을 것임을 알려준다(실제로도 값을 반환하는 대신 예외를 던진다). Nothing이 다른 모든 타입의 서브타입이기 때문에, error 같은 메서드를 다양한 곳에서 유연하게 사용할 수 있다. 예를 들면 다음과 같다.

```
def divide(x: Int, y: Int): Int =
  if (y != 0) x / y
  else sys.error("can't divide by zero")
```

이 조건식의 '성립' 쪽 가지인 x / y의 타입은 Int다. 반면, 반대 가지에는 error 메서드 호출이 들어 있어서 타입이 Nothing이다. Nothing이 Int의 서브타입이기 때문에 전체 조건식의 타입은 메서드의 반환 타입에서 요구하는 대로 Int가 될 수 있다.

11.4 자신만의 값 클래스 정의

11.1절에서 언급했듯이, 스칼라가 기본 제공하는 값 클래스를 보조하는 여러분 자신만의 값 클래스를 정의할 수도 있다. 내장된 값 클래스와 마찬가지로, 여러분의 값 클래스의 인스턴스도 보통은 래퍼 클래스를 사용하지 않고 자바 바이트코드로 컴파일될 것이다.

제네릭 코드처럼 래퍼가 필요한 문맥에서는 자동으로 박싱과 언박싱이 이뤄진다.

특정 클래스들만 값 클래스로 만들 수 있다. 클래스가 값 클래스가 되기 위해서는 파라미터를 오직 하나만 취하며, def들을 제외한 어떤 필드도 내부에 없어야 한다. 또한 값 클래스를 확장할 수는 없고, 값 클래스가 equals나 hashCode를 재정의할 수도 없다.

값 클래스를 정의하고 싶다면 AnyVal의 서브클래스로 만들면 된다. 그리고 유일한 파라미터 앞에 val을 넣어라. 다음은 값 클래스의 한 예다.

```scala
class Dollars(val amount: Int) extends AnyVal {
  override def toString() = "$" + amount
}
```

10.6절에서 설명했듯이, val을 사용하면 amount 파라미터를 필드로 사용할 수 있다. 예를 들어, 다음 코드는 이 값 클래스의 인스턴스를 만들고 그로부터 amount 값을 읽는다.

```scala
scala> val money = new Dollars(1000000)
money: Dollars = $1000000

scala> money.amount
res16: Int = 1000000
```

이 예제에서 money는 값 클래스의 인스턴스를 가리킨다. 스칼라 소스 코드에서 그것의 타입은 Dollars로, 컴파일된 자바 코드에서는 Int를 직접 사용할 것이다.

이 예제에는 toString 메서드 정의가 들어 있고, 컴파일러는 언제 그것을 사용해야 할지를 알 수 있다. 그래서 money를 출력하면 $1000000처럼 달러 기호가 앞에 붙는다. 반면, money.amount는 1000000을 반환한다. 같은 Int 타입의 값을 저장하는 다양한 값 클래스를 만들 수 있는데, 예를 들면 다음과 같다.

```scala
class SwissFrancs(val amount: Int) extends AnyVal {
  override def toString() = s"$amount CHF"
}
```

Dollars와 SwissFrancs 모두 정수로 표현되지만, 그 둘을 동일한 영역 안에서 사용해도 아무 문제가 없다.

```
scala> val dollars = new Dollars(1000)
dollars: Dollars = $1000

scala> val francs = new SwissFrancs(1000)
francs: SwissFrancs = 1000 CHF
```

한 가지 타입만 남용하는 것을 막기

스칼라의 클래스 계층을 가장 잘 활용하고 싶다면, 문제 영역에 잘 들어맞는 새로운 클래스를 정의하라. 심지어 동일한 클래스를 다른 목적에 재활용할 수 있는 경우에도 가능하면 새로운 클래스를 정의하는 편이 좋다. 그렇게 만든 클래스 내에 메서드나 필드가 없어서 소위 아주 **작은 타입**^{tiny type}이라고 불릴 만한 것이라 할지라도, 클래스를 하나 더 정의하면 컴파일러가 여러분을 더 잘 돕게 만들 수 있다.

예를 들어, 여러분이 HTML을 만들어내는 코드를 작성한다고 하자. HTML에서 스타일의 이름은 문자열로 표현된다. HTML 자체도 문자열이다. 따라서 여러분이 다음과 같이 문자열로부터 이 모든 것을 표현할 수 있는 함수를 정의하고 싶어 할 수도 있다.

```
def title(text: String, anchor: String, style: String): String =
  s"<a id='$anchor'><h1 class='$style'>$text</h1></a>"
```

이 메서드의 시그니처에는 문자열이 4개나 있다! 이렇게 문자열 타입을 남발한 코드는 기술적으로는 **강하게 타입이 지정된 코드**이지만, 눈에 보이는 모든 것이 String 타입이기 때문에 여러분이 다른 타입을 표현하는 문자열을 사용하는 것을 컴파일러가 감지해낼 수 없다. 예를 들어, 여러분이 다음과 같이 쓰더라도 컴파일러가 이를 막을 방법이 없다.

```
scala> title("chap:vcls", "bold", "Value Classes")
res17: String = <a id='bold'><h1 class='Value
    Classes'>chap:vcls</h1></a>
```

이 HTML은 내용이 뒤섞였다. 원래 의도는 'Value Classes'를 스타일 클래스로 사용하고, 'chap.vcls'를 앵커로 사용하는 것이다. 게다가 실제 앵커의 식별자는 'bold'라고 돼 있는데, 그것은 스타일 클래스에 들어가야 하는 것이다. 이런 희극적인 오류가 발생했음에도 불구하고, 컴파일러는 찍소리도 하지 못한다.

여러분이 이 영역에 맞게 작은 타입을 정의하면 컴파일러가 더 많은 도움을 제공할 수 있다. 예를 들어 스타일, 앵커 식별자, 표시 텍스트를 표현하는 작은 클래스들을 정의할 수 있다. 각 클래스의 파라미터가 하나뿐이고 멤버가 없기 때문에, 이들을 값 클래스로 정의할 수 있다.

```scala
class Anchor(val value: String) extends AnyVal
class Style(val value: String) extends AnyVal
class Text(val value: String) extends AnyVal
class Html(val value: String) extends AnyVal
```

이런 클래스가 있다면 좀 더 자세한 타입 시그니처를 갖는 title 함수를 만들 수 있다.

```scala
def title(text: Text, anchor: Anchor, style: Style): Html =
  new Html(
    s"<a id='${anchor.value}'>" +
        s"<h1 class='${style.value}'>" +
        text.value +
        "</h1></a>"
  )
```

이 버전에서 인자를 잘못된 순서로 지정하면 컴파일러가 오류를 감지한다. 예를 들면 다음과 같다.

```scala
scala> title(new Anchor("chap:vcls"), new Style("bold"),
             new Text("Value Classes"))
             ^
error: type mismatch;
 found   : Anchor
 required: Text

error: type mismatch;
 found   : Style
 required: Anchor
    new Text("Value Classes"))
    ^
On line 2: error: type mismatch;
 found   : Text
 required: Style
```

11.5 결론

11장에서는 스칼라 클래스 계층구조에서 가장 위와 바닥에 있는 클래스를 설명했다. 이제 여러분은 스칼라의 클래스 상속에 대해 확고한 기초를 다졌다. 따라서 이제 믹스인^{mix in} 합성을 이해할 준비가 되었다. 12장에서는 트레이트에 대해 배울 것이다.

Chapter

12

트레이트

스칼라에서 트레이트는 코드 재사용의 근간을 이루는 단위다. 트레이트로 메서드와 필드 정의를 캡슐화하면 트레이트를 조합한 클래스에서 그 메서드나 필드를 재사용할 수 있다. 하나의 슈퍼클래스만 갖는 클래스의 상속과는 달리, 트레이트의 경우 몇 개라도 혼합해 사용(믹스인^{mix in})할 수 있다. 12장에서는 트레이트가 어떻게 동작하는지 살펴본 뒤, 트레이트를 유용하게 써먹는 가장 일반적인 방법 두 가지를 알아본다. 하나는 간결한 인터페이스^{thin interface}를 확장해 풍부한 인터페이스^{rich interface}를 만드는 것이고, 다른 하나는 쌓을 수 있는 변경^{stackable modification}을 정의하는 것이다. 또한 Ordered 트레이트의 사용법을 익히고, 여타 언어에서 사용하는 다중 상속과는 어떻게 다른지 비교해본다.

12.1 트레이트의 동작 원리

트레이트의 정의는 trait 키워드를 사용한다는 점을 제외하면 클래스의 정의와 같다. 리스트 12.1을 보자.

Philosophical 트레이트 정의

```
trait Philosophical {
  def philosophize() = {
    println("I consume memory, therefore I am!")
  }
}
```

리스트 12.1의 트레이트 이름은 Philosophical이다. 슈퍼클래스를 지정하지 않았기 때문에 일반적인 클래스와 마찬가지로 디폴트로 AnyRef가 슈퍼클래스다. philosophize라는 이름의 메서드가 하나 있으며, 그 메서드의 구현도 함께 제공한다. Philosophical은 트레이트가 어떻게 동작하는지 보여주기 위한 간단한 트레이트다.

트레이트를 정의하고 나면 extends나 with 키워드를 사용해 클래스에 조합하여 사용할 수 있다. 스칼라 프로그래머는 트레이트를 사용할 때 상속보다는 **믹스인**^{mix in}을 사용하려고 한다. 트레이트의 믹스인은 다른 여러 언어에서 지원하는 다중 상속과는 중요한 차이가 있는데, 이에 대해서는 12.6절에서 살펴볼 것이다. 리스트 12.2는 extends 키워드를 사용해 Philosophical 트레이트를 믹스인한 클래스의 예다.

리스트 12.2 extends 키워드를 이용해 트레이트를 믹스인한 클래스

```
class Frog extends Philosophical {
  override def toString = "green"
}
```

트레이트를 믹스인할 때에는 extends 키워드를 사용한다. extends를 사용하면 트레이트의 슈퍼클래스를 암시적으로 상속한다. 리스트 12.2의 Frog 클래스는 Philosophical의 슈퍼클래스인 AnyRef의 서브클래스이며, Philosophical을 믹스인한다. 트레이트에서 물려받은 메서드는 슈퍼클래스에서 물려받은 경우와 같이 사용 가능하다. 다음 예를 보자.

```
scala> val frog = new Frog
frog: Frog = green

scala> frog.philosophize()
I consume memory, therefore I am!
```

또한 트레이트도 타입을 정의한다. Philosophical을 타입으로 사용한 경우는 다음과 같다.

```
scala> val phil: Philosophical = frog
phil: Philosophical = green

scala> phil.philosophize()
I consume memory, therefore I am!
```

phil 변수의 타입은 Philosophical 트레이트다. 따라서 phil 변수를 Philosophical 트레이트를 믹스인한 어떤 객체로도 초기화할 수 있다.

트레이트를 어떤 슈퍼클래스를 명시적으로 상속받은 클래스에 혼합할 수도 있다. extends 키워드를 사용해 슈퍼클래스를 지정하고, with를 사용해 트레이트를 믹스인한다. 리스트 12.3을 참고하라. 여러 트레이트를 믹스인하려면 with 구문을 추가하면 된다. HasLegs라는 트레이트가 있다면, 리스트 12.4와 같이 Philosophical과 HasLegs 트레이트를 둘 다 믹스인할 수 있다.

리스트 12.3 with를 이용한 트레이트 믹스인

```
class Animal

class Frog extends Animal with Philosophical {
  override def toString = "green"
}
```

리스트 12.4 여러 트레이트의 믹스인

```
class Animal
trait HasLegs

class Frog extends Animal with Philosophical with HasLegs {
  override def toString = "green"
}
```

지금까지 살펴본 예에서, Frog 클래스는 Philosophical 트레이트의 philosophize 구현을 그대로 상속했다. Frog 클래스에서 philosophize를 오버라이드할 수도 있다. 오버라이드 문법은 슈퍼클래스에서 선언된 메서드를 오버라이드하는 경우와 같다.

```
class Animal

class Frog extends Animal with Philosophical {
  override def toString = "green"
  override def philosophize() = {
    println("It ain't easy being " + toString + "!")
  }
}
```

방금 본 Frog 정의도 여전히 Philosophical 트레이트를 믹스인하기 때문에, Philosophical 타입의 변수에 사용할 수 있다. 하지만 Frog가 Philosophical의 philosophize 구현을 오버라이드했기 때문에, 이를 호출하면 새로 정의한 메서드에 따라 작동한다.

```
scala> val phrog: Philosophical = new Frog
phrog: Philosophical = green

scala> phrog.philosophize()
It ain't easy being green!
```

지금까지 살펴본 것만 가지고 트레이트는 메서드 구현이 더 들어간 자바 인터페이스 정도라고 고찰[1]할지도 모르겠지만, 실제 트레이트는 그 이상의 것이다. 예를 들면, 트레이트에 필드를 선언해 상태를 유지할 수 있다. 정확히 말하면, 트레이트를 정의할 때 클래스를 정의하면서 할 수 있는 모든 것이 가능하다. 문법도 두 가지 경우를 제외하고는 정확히 같다.

첫째로, 트레이트는 '클래스' 파라미터(즉, 클래스의 주 생성자에 전달할 파라미터)를 가질 수 없다. 따라서 클래스는 다음과 같이 정의할 수 있지만,

```
class Point(x: Int, y: Int)
```

트레이트에 다음과 같은 시도를 하면 컴파일할 수 없다.

```
trait NoPoint(x: Int, y: Int) // 컴파일할 수 없다.
```

---

1 원문은 'philosophize'로, 예제에서 사용한 메서드 이름과 동일하다. – 옮긴이

20.5절에서 이러한 제약을 우회하는 방법을 알아본다.

클래스와 트레이트의 또 다른 차이는 클래스에서는 super 호출을 정적으로 바인딩하지만, 트레이트에서는 동적으로 바인딩한다는 점이다. super.toString이라는 표현을 어떤 클래스에서 사용하면 어떤 메서드 구현을 호출할지 정확히 알 수 있다. 하지만 트레이트에 같은 내용을 작성해도 트레이트를 정의하는 시점에는 super가 호출할 실제 메서드 구현을 알 수 없다. 호출할 메서드 구현은 트레이트를 클래스 구현에 믹스인할 때마다 (클래스에 따라) 새로 정해진다. super가 이렇게 특이하게 동작함으로써, 트레이트를 이용해 변경 위에 변경을 쌓아 올리는(쌓을 수 있는 변경^{stackable modification}이라 부를 것이다) 일을 가능하게 만든다. 쌓을 수 있는 변경은 12.5절에서, super 호출의 대상을 결정하는 규칙에 대해서는 12.6절에서 살펴본다.

12.2 간결한 인터페이스와 풍부한 인터페이스

트레이트의 주된 사용 방법 중 하나는 어떤 클래스에 그 클래스가 이미 갖고 있는 메서드를 기반으로 하는 새로운 메서드를 추가하는 것이다. 다시 말해, **간결한 인터페이스**^{thin interface}를 **풍부한 인터페이스**^{rich interface}로 만들 때 트레이트를 사용할 수 있다.

간결한 인터페이스냐 풍부한 인터페이스냐는 객체지향 설계에서 흔히 마주치는 일장일단이 있는 의사결정이다. 인터페이스를 구현하는 사람과 인터페이스를 사용하는 사람에 따라 한쪽이 얻는 게 있으면 다른 쪽이 잃는 게 있다. 풍부한 인터페이스는 많은 수의 메서드를 갖고 있다. 이는 메서드를 사용하는 측, 즉 클라이언트에 편의를 제공한다. 클라이언트는 자기 필요와 정확하게 일치하는 메서드를 골라서 쓸 수 있기 때문이다. 반면 메서드 수가 적은 간결한 인터페이스는 구현하는 측이 편리하다. 그러나 호출하는 쪽에서는 좀 더 많은 코드를 작성해야 한다. 호출할 수 있는 메서드의 수가 적다면, 필요한 내용과 완벽하게 일치하는 메서드를 선택하기는 어려울 것이다. 따라서 추가로 코드를 작성해 필요를 충족시켜야만 한다.

자바의 인터페이스는 풍부하기보다는 간결한 경향을 띤다. 예를 들어, 자바 1.4에 들어간 CharSequence는 일련의 문자를 저장하는 문자열과 유사한 클래스가 공통으로 사용하는 간결한 인터페이스다. 스칼라의 트레이트로 CharSequence 인터페이스를 정의한다면 다음과 같다.

```
trait CharSequence {
  def charAt(index: Int): Char
  def length: Int
  def subSequence(start: Int, end: Int): CharSequence
  def toString(): String
}
```

String 클래스의 십여 개 메서드 대부분을 CharSequence에 적용할 수도 있었을 테지만, 자바의 CharSequence에는 단지 4개의 메서드만 있다. CharSequence가 String의 모든 메서드를 포함했다면, CharSequence의 구현은 부담이 큰 작업이었을 것이다. 그리고 CharSequence를 구현하는 모든 자바 프로그래머는 모두 수십 개의 메서드를 더 정의해야 했을 것이다. 스칼라의 트레이트에는 메서드 구현을 넣을 수 있기 때문에, 풍부한 인터페이스를 더 편하게 만들 수 있다.

구체적인 메서드 구현을 트레이트에 더할 수 있으면 풍부한 인터페이스 쪽의 비용 대비 효용이 더 좋아진다. 자바와는 달리, 스칼라에서 트레이트에 메서드 구현을 추가하는 일은 한 번만 하면 되는 일이다. 트레이트를 믹스인한 모든 클래스마다 메서드를 다시 구현하는 대신, 트레이트 내부에 한 번만 구현하면 된다. 이와 같이 스칼라는 트레이트가 없는 언어보다 풍부한 인터페이스를 제공하기가 더 쉽다.

트레이트를 이용해 인터페이스를 풍부하게 만들고 싶다면, 트레이트에 간결한 인터페이스 역할을 하는 추상 메서드를 구현하고, 풍부한 인터페이스 역할을 할 여러 메서드를 추상 메서드를 사용해 같은 트레이트 안에 구현하면 된다. 풍부해진 트레이트를 클래스에 믹스인하고, 추상 메서드로 지정한 간결한 인터페이스만 구현하면, 결국 풍부한 인터페이스의 구현을 모두 포함한 클래스를 완성할 수 있다.

12.3 예제: 직사각형 객체

그래픽 라이브러리의 경우 흔히 직사각형 모양의 여러 클래스를 포함하는데, 창, 비트맵

이미지, 마우스로 선택한 영역 등이 그 예다. 이런 직사각형 객체를 편리하게 쓸 수 있게 만들고 싶다면, 너비, 높이, 좌측 위치, 우측 위치, 좌상단 위치 같은 기하학적 속성을 조회할 수 있는 기능을 이 라이브러리가 제공한다면 좋을 것이다. 그렇게 수많은 메서드를 제공한다면 사용하기엔 편리할 것이다. 하지만 라이브러리 구현을 자바로 한다면, 개발자가 모든 사각형 클래스마다 이런 기능을 구현한다는 건 큰 부담이다. 이와 대조적으로, 같은 라이브러리를 스칼라로 작성한다면 트레이트를 이용해 적용하고자 하는 모든 클래스에 손쉽게 기능을 제공할 수 있다.

트레이트가 실제로 편리한지 살펴보기 위해, 먼저 트레이트가 없는 코드를 상상해보자. 우선 Point와 Rectangle 같은 기본적인 기하 클래스가 필요할 것이다.

```scala
class Point(val x: Int, val y: Int)
class Rectangle(val topLeft: Point, val bottomRight: Point) {
  def left = topLeft.x
  def right = bottomRight.x
  def width = right - left
  // 여러 기하 관련 메서드...
}
```

Rectangle 클래스는 주 생성자에서 좌상단(topLeft)과 우하단(bottomRight), 2개의 좌표 (Point)를 인자로 받는다. 그리고 인자로 받은 두 좌표를 기반으로 좌측 위치(left), 우측 위치(right), 너비(width) 같은 메서드를 구현해 편의를 제공한다.

그래픽 라이브러리라면, 2차원 그래픽 위젯^{widget}도 들어 있을 것이다.

```scala
abstract class Component {
  def topLeft: Point
  def bottomRight: Point

  def left = topLeft.x
  def right = bottomRight.x
  def width = right - left
  // 여러 기하 관련 메서드...
}
```

left, right, width 정의는 두 클래스가 모두 동일함을 확인하자. 직사각형 객체를 표현하는 그 밖의 클래스들도 소소한 차이는 있겠지만 여전히 동일할 것이다.

풍부한 트레이트를 사용해 이런 코드 반복을 피할 수 있다. 트레이트에는 2개의 추상 메서드만 있으면 된다. 즉, 객체의 좌상단과 우하단 좌표를 반환하는 두 메서드만으로 충분하다. 그러면 이를 사용해 기하 관련 정보를 조회하기 위한 메서드를 구현할 수 있다. 리스트 12.5에서 해당 메서드를 살펴보자.

리스트 12.5 풍부한 트레이트 정의

```
trait Rectangular {
  def topLeft: Point
  def bottomRight: Point

  def left = topLeft.x
  def right = bottomRight.x
  def width = right - left
  // 여러 기하 관련 메서드...
}
```

Component 클래스는 Rectangular를 믹스인해서 기하학적 속성을 조회하는 메서드를 모두 갖출 수 있다.

```
abstract class Component extends Rectangular {
  // 기타 메서드
}
```

비슷하게 Rectangle도 트레이트를 믹스인할 수 있다.

```
class Rectangle(val topLeft: Point, val bottomRight: Point)
    extends Rectangular {
  // 기타 메서드
}
```

정의를 마쳤으면 이제 Rectangle을 생성하고 바로 width, left 같은 기하학적 속성을 조회할 수 있다.

```
scala> val rect = new Rectangle(new Point(1, 1),
          new Point(10, 10))
rect: Rectangle = Rectangle@5f5da68c

scala> rect.left
res2: Int = 1
```

```
scala> rect.right
res3: Int = 10

scala> rect.width
res4: Int = 9
```

12.4 Ordered 트레이트

풍부한 인터페이스를 이용하면 편리해지는 또 다른 영역으로 비교가 있다. 순서가 있는 두 객체를 비교할 때마다, 한 번의 메서드 호출만으로 원하는 비교를 정확히 수행할 수 있다면 편할 것이다. 예를 들어 '~보다 작은가'를 비교하려면 <를 사용하고, '~보다 작거나 같은가'를 비교하려면 <=를 호출할 것이다. 만약 간결한 인터페이스만 있어서 <만 사용할 수 있다면, '~보다 작거나 같은가'를 비교하기 위해 (x < y) || (x == y)와 같이 코드를 작성해야 한다. 풍부한 인터페이스라면 비교 연산자를 모두 제공하기 때문에 직접 x <= y를 쓸 수 있다.

Ordered를 살펴보기 이전에, Ordered가 없는 상황을 먼저 상상해보자. 6장에서 사용한 Rational 클래스를 다시 가져와 비교 연산자를 추가하자. 작성을 마치면 다음과 같은 모습일 것이다.[2]

```
class Rational(n: Int, d: Int) {
  // ...
  def < (that: Rational) =
    this.numer * that.denom < that.numer * this.denom
  def > (that: Rational) = that < this
  def <= (that: Rational) = (this < that) || (this == that)
  def >= (that: Rational) = (this > that) || (this == that)
}
```

이 Rational 클래스에는 4개의 비교 연산자(<, >, <=, >=)가 있다. 이 코드는 풍부한 인터페이스 작성에 드는 비용을 전형적으로 보여준다. 먼저, 4개의 비교 연산자 중 3개가 첫 번

---

2 Rational 클래스의 전체 코드는 6장의 리스트 6.5를 바탕으로 equals와 hashCode를 추가하고, denom이 항상 양수가 되도록 변경한 것이다.

째 비교 연산자를 기반으로 만들어졌음에 유의하자. 예를 들어 >는 <를 반대로 적용했고, <=는 말 그대로 '작거나 같은지'를 비교했다. 게다가, 비교가 가능한 클래스라면 이 세 가지 연산자 모두가 항상 똑같을 것임을 주목하자. 분수라고 <=의 의미가 특별히 달라지지 않는다. 비교라는 문맥에서는 <=는 언제나 '작거나 같은지'를 나타낸다. 결국, 이 클래스에는 다른 비교 연산자를 구현하는 클래스에서도 반복할 것이 뻔한 코드가 꽤나 많은 셈이다.

이 문제는 너무 흔한 일이기 때문에, 스칼라에서는 이를 해결할 Ordered라는 트레이트를 제공한다. Ordered를 사용할 경우 하나의 비교 연산자만 작성하면 모든 비교 연산자 구현을 대신할 수 있다. Ordered 트레이트가 그 하나의 메서드 구현을 기반으로 <, >, <=, >=를 제공한다. compare 메서드만 구현하면, Ordered 트레이트가 비교 메서드를 제공해 클래스를 풍부하게 해준다.

Ordered 트레이트를 이용해 Rational의 비교 연산자를 정의한 모습은 다음과 같다.

```
class Rational(n: Int, d: Int) extends Ordered[Rational] {
  // ...
  def compare(that: Rational) =
    (this.numer * that.denom) - (that.numer * this.denom)
}
```

두 가지 일만 하면 된다. 첫째, Ordered 트레이트를 믹스인한다. 지금까지 살펴본 트레이트와는 달리, Ordered는 **타입 파라미터**type parameter를 명시해야 한다. 타입 파라미터는 19장에서 살펴보니 그때까지는 따로 논의하지 않겠다. 일단은 Ordered를 믹스인할 때 Ordered[C]와 같이 비교하고자 하는 클래스 C를 명시해야 한다고만 알고 있자. 예에서는 Ordered[Rational]을 믹스인했다.

두 번째로, 두 객체를 비교하는 compare 메서드를 정의한다. compare 메서드는 호출 대상 객체와 인자로 전달받은 객체를 비교하고, 두 객체가 동일하면 0, 호출 대상 객체 자신이 인자보다 작으면 음수, 더 크면 양수를 반환해야 한다.

이 경우, Rational 클래스를 비교하려면 공통 분모를 갖도록 각 분수를 변환하고 분자끼리 빼면 된다. 이렇게 compare 메서드 정의를 제공하고 Ordered를 믹스인하면, Rational 클래스에 대해 4개의 비교 메서드를 모두 사용할 수 있다.

```
scala> val half = new Rational(1, 2)
half: Rational = 1/2

scala> val third = new Rational(1, 3)
third: Rational = 1/3

scala> half < third
res5: Boolean = false

scala> half > third
res6: Boolean = true
```

어떤 비교에 의해 순서를 매길 수 있는 클래스를 구현한다면 언제나 Ordered 트레이트를
믹스인하는 것을 고려해야 한다. 그렇게 하면 해당 클래스 사용자에게 풍부한 비교 메서
드를 제공할 수 있다.

Ordered 트레이트가 여러분 대신 equals를 정의하지 않음에 유의하라. 왜냐하면 정의가
불가능하기 때문이다. 비교 관점에서 equals를 구현하려면 전달받을 객체의 타입을 알아
야 한다. 하지만 타입 소거type erasure[3] 때문에 Ordered 트레이트는 이러한 검사를 수행할
수 없다. 따라서 Ordered를 상속하더라도 equals는 직접 정의해야 한다. 이를 우회할 수
있는 방법은 30장에서 익힌다.

12.5   트레이트를 이용해 변경 쌓아 올리기

트레이트의 주 용도 중 하나로 간결한 인터페이스를 풍부한 인터페이스로 바꾸는 것을
살펴봤다. 이제 두 번째 용도로 클래스에 '쌓을 수 있는 변경'을 적용하는 방법을 살펴본
다. 트레이트를 사용하면 클래스의 메서드를 변경할 수 있을 뿐만 아니라, 이런 변경 위
에 다른 변경을 계속 쌓을 수 있다.

예를 들어, 정수로 된 큐queue에 변경을 쌓아나가 보자. 큐에는 정수를 넣는 put과 정수를

---

3   자바 등에서 컴파일러가 타입을 검사하고 나서 바이트코드를 만들면서 타입 관련 정보를 제거하는 것을 타입 소거라 한
    다. 예를 들어, 자바 제네릭스(generics)에 있는 타입 파라미터(List⟨Integer⟩에서 Integer)가 바로 이런 식으로 없어지기
    때문에 자바 제네릭스의 원소 타입을 실행 시점에 파악할 수가 없다. 그래서 ArrayList⟨Integer⟩를 인스턴스화한 객체와
    ArrayList⟨Float⟩를 인스턴스화한 객체의 클래스를 실행 시점에 getClass() 등을 사용해 비교해보면 같다고 나온다. 스칼라에
    서도 마찬가지다. List(1,2,3).getClass() == List('a','b').getClass()를 스칼라 REPL에서 한번 시험해보자. – 옮긴이

꺼내는 get이라는 두 메서드가 존재한다. 큐는 선입선출first-in, first-out 구조다. 따라서 get
은 큐에 들어간 순서대로 원소를 반환해야 한다.

그러한 큐 클래스가 있다고 가정하고 다음과 같이 변경하는 트레이트를 각각 정의해
보자.

- Doubling(두 배 만들기): 큐에 있는 모든 정수를 두 배로 만든다.

- Incrementing(1씩 증가시키기): 큐에 있는 모든 정수에 1을 더한다.

- Filtering(걸러내기): 큐에 있는 음수를 걸러낸다.

이 세 트레이트는 각각 변경을 나타낸다. 왜냐하면 전체 큐 클래스를 정의하기보다는 기
반 큐 클래스의 동작을 정의하기 때문이다. 이 세 트레이트를 겹쳐서 사용할 수도 있다.
셋 중 원하는 것을 아무거나 골라 클래스에 믹스인하면, 그 트레이트에 있는 모든 변경
내용을 반영한 새로운 클래스를 얻을 수 있다.

리스트 12.6의 추상 클래스 IntQueue를 살펴보자. IntQueue에는 새로운 정수를 큐에 추가
하는 put 메서드와 추가한 정수를 제거하고 반환하는 get 메서드가 있다. 리스트 12.7은
ArrayBuffer를 이용한 IntQueue 구현이다.

리스트 12.6 IntQueue 추상 클래스

```
abstract class IntQueue {
  def get(): Int
  def put(x: Int): Unit
}
```

리스트 12.7 ArrayBuffer로 구현한 BasicIntQueue

```
import scala.collection.mutable.ArrayBuffer

class BasicIntQueue extends IntQueue {
  private val buf = new ArrayBuffer[Int]
  def get() = buf.remove(0)
  def put(x: Int) = { buf += x }
}
```

BasicIntQueue 클래스에는 ArrayBuffer를 보관하는 비공개 필드가 있다. get 메서드는
버퍼의 한쪽 끝에서 원소를 제거하고, put 메서드는 다른 쪽 끝에 원소를 추가한다. 이 구
현을 사용하는 예는 다음과 같다.

```
scala> val queue = new BasicIntQueue
queue: BasicIntQueue = BasicIntQueue@23164256

scala> queue.put(10)

scala> queue.put(20)

scala> queue.get()
res9: Int = 10

scala> queue.get()
res10: Int = 20
```

지금까지는 좋았다. 이러한 동작을 수정하는 데 트레이트를 사용하는 과정을 살펴보자.
리스트 12.8은 큐에 있는 정수를 두 배로 만드는 트레이트를 보여준다. Doubling 트레이
트에는 두 가지 재미있는 특징이 있다. 첫째는, 슈퍼클래스로 IntQueue를 선언한다는 것
이다. 이 선언은 Doubling 트레이트가 IntQueue를 상속한 클래스에만 믹스인될 수 있다
는 뜻이다. 그러므로 Doubling을 BasicIntQueue에는 믹스인할 수 있지만, Rational에는
믹스인할 수 없다.

리스트 12.8 '쌓을 수 있는 변경'을 나타내는 Doubling 트레이트

```
trait Doubling extends IntQueue {
  abstract override def put(x: Int) = { super.put(2 * x) }
}
```

두 번째로 재미있는 사실은 트레이트의 추상 메서드가 super를 호출한다는 점이다. 일
반적인 클래스라면 이런 식으로 호출할 경우 실행 시점에 호출에 실패할 게 뻔해서 이를
금지하지만, 트레이트의 경우에는 같은 호출이 실제로 성공할 수 있다. 트레이트에서는
호출을 동적으로 바인딩한다. 따라서 Doubling을 put을 제공하는 트레이트나 클래스에
믹스인한다면 Doubling 트레이트에서 super.put을 호출해도 아무 문제가 없다.

쌓을 수 있는 변경 내용을 구현한 트레이트라면 이런 방법을 자주 사용한다. 컴파일러
에게 의도적으로 super의 메서드를 호출했다는 사실을 알려주기 위해, 이런 메서드를

abstract override로 표시해야 한다. 그런 표시는 클래스에는 사용할 수 없고, 트레이트의 멤버에만 사용할 수 있다. abstract override 메서드가 어떤 트레이트에 있다면, 그 트레이트는 반드시 abstract override가 붙은 메서드에 대한 구체적 구현을 제공하는 클래스에 믹스인해야만 한다.

이와 같이 단순한 트레이트에 많은 내용이 포함되어 있지 않은가? 이 트레이트를 사용하는 방법은 다음과 같다.

```scala
scala> class MyQueue extends BasicIntQueue with Doubling
defined class MyQueue

scala> val queue = new MyQueue
queue: MyQueue = MyQueue@44bbf788

scala> queue.put(10)

scala> queue.get()
res12: Int = 20
```

인터프리터 세션의 첫 줄을 보면 BasicIntQueue를 상속하고, Doubling을 믹스인한 MyQueue라는 클래스를 정의한다. 10을 큐에 저장하면, Doubling을 믹스인했기 때문에 10의 두 배를 저장한다. 큐에서 정수를 다시 꺼내면 20이 나온다.

MyQueue에는 전혀 새로운 코드를 넣지 않았음에 주목하자. 단지 클래스에 어떤 트레이트를 믹스인했을 뿐이다. 이 경우, 클래스 이름을 따로 정의하는 대신 리스트 12.9와 같이 BasicIntQueue with Doubling을 바로 new 키워드와 함께 사용할 수도 있다.

리스트 12.9 new를 이용해 인스턴스를 생성하면서 트레이트 믹스인하기

```scala
scala> val queue = new BasicIntQueue with Doubling
queue: BasicIntQueue with Doubling = $anon$1@141f05bf

scala> queue.put(10)

scala> queue.get()
res14: Int = 20
```

변경 내용을 어떻게 누적하는지 살펴보기 위해, Incrementing과 Filtering 변경 트레이트를 작성한다. 리스트 12.10은 각 트레이트의 구현이다.

```scala
trait Incrementing extends IntQueue {
  abstract override def put(x: Int) = { super.put(x + 1) }
}
trait Filtering extends IntQueue {
  abstract override def put(x: Int) = {
    if (x >= 0) super.put(x)
  }
}
```

이러한 변경 트레이트가 있다면 특정 큐에 원하는 내용을 골라 적용할 수 있다. 예를 들어, 음수를 걸러내고 모든 수에 1을 더하는 큐는 다음과 같다.

```scala
scala> val queue = (new BasicIntQueue
          with Incrementing with Filtering)
queue: BasicIntQueue with Incrementing with Filtering...

scala> queue.put(-1); queue.put(0); queue.put(1)

scala> queue.get()
res15: Int = 1

scala> queue.get()
res16: Int = 2
```

믹스인의 순서가 중요하다.[4] 정확한 규칙은 다음 절에서 소개하겠지만, 간단히 설명하면 가장 오른쪽에 있는 트레이트의 효과를 먼저 적용한다. 믹스인한 클래스의 메서드를 호출하면 가장 오른쪽에 있는 트레이트의 메서드를 가장 먼저 호출한다. 만일 그 메서드가 super를 호출하면 왼쪽에 있는 다음 트레이트를 호출한다. 앞의 예에서는 Filtering의 put을 먼저 호출하기 때문에, 먼저 음의 정수를 제거한다. 그런 다음 Incrementing의 put을 호출해서 남아 있는 정수에 1씩 더한다.

순서를 반대로 하면 먼저 정수를 1씩 증가시킨 다음, 증가시켰는데도 여전히 음수인 정수를 제거한다.

---

4 트레이트를 클래스에 믹스인하고 나면, 그렇게 만든 전체 클래스를 믹스인이라 부르기도 한다.

```
scala> val queue = (new BasicIntQueue
            with Filtering with Incrementing)
queue: BasicIntQueue with Filtering with Incrementing...

scala> queue.put(-1); queue.put(0); queue.put(1)

scala> queue.get()
res17: Int = 0

scala> queue.get()
res18: Int = 1

scala> queue.get()
res19: Int = 2
```

이런 스타일로 작성한 코드는 매우 유연하다. 앞에서 본 트레이트 3개의 경우만 해도, 순서를 고려해 조합하면 16개의 클래스를 정의할 수 있다. 이렇게 적은 코드로 큰 유연함을 누릴 수 있기 때문에 '쌓을 수 있는 변경'을 적용할 수 있는 기회가 없는지 잘 살펴봐야 한다.[5]

12.6 왜 다중 상속은 안 되는가?

트레이트는 여러 클래스 유사 구조를 상속받는 방법이지만, 많은 언어에서 볼 수 있는 다중 상속과는 중요한 차이가 있다. 특히 super의 해석 방법 차이가 중요하다. 다중 상속 언어에서 super를 호출할 때 어떤 메서드를 부를지에 대한 결정은 호출이 이뤄지는 곳에서 (컴파일 시점에) 즉시 이뤄진다. 트레이트를 사용할 때는 특정 클래스에 믹스인한 클래스와 트레이트를 **선형화**linearization해서 어떤 메서드를 호출할지 결정한다. 이 차이로 인해 앞 절에서 언급한 '쌓을 수 있는 변경'이 가능하다.

선형화를 살펴보기 전에, 전통적인 다중 상속 언어에서 변경 내역을 어떻게 누적할지 잠시 살펴보자. 다음과 같이 이전과 동일한 코드를, 트레이트를 믹스인하지 않고 다중 상속으로 해석해보자.

---

5   비슷한 사용 예를 더 보고 싶은 독자는 케이크 패턴(cake pattern)도 찾아보기 바란다. – 옮긴이

```
// 다중 상속에 대한 사고 실험
val q = new BasicIntQueue with Incrementing with Doubling
q.put(42)  // 어떤 put을 호출할까?
```

첫 번째 질문은 어떤 put 메서드를 호출할 것인가다. 마지막 슈퍼클래스가 이기는 규칙이면 Doubling에 있는 메서드를 호출할 것이다. Doubling은 인자를 두 배로 만들고 super.put을 호출하고 끝날 것이다. 1 증가시키는 일은 이뤄지지 않는다! 마찬가지로, 첫 슈퍼클래스가 이긴다면 정수를 하나씩 더하지만 두 배로 만들지는 않을 것이다. 이와 같이 어떤 순서로 슈퍼클래스를 배열해도 제대로 동작하지 않는다.

아니면 프로그래머에게 super라고 할 때 어떤 슈퍼클래스의 메서드를 호출할지 명시하게 해주면 좋겠다고 생각할지 모르겠다. 그 예로, 명시적으로 Incrementing과 Doubling 모두에 대해 super를 호출하는 다음의 가짜 스칼라 코드를 상상해보자.

```
// 다중 상속에 대한 사고 실험
trait MyQueue extends BasicIntQueue
    with Incrementing with Doubling {

  def put(x: Int) = {
    Incrementing.super.put(x) // (스칼라 코드 아님)
    Doubling.super.put(x)
  }
}
```

이러한 접근은 새로운 문제를 일으킨다(코드가 장황해지는 것은 문제도 아니다). 문제는 슈퍼클래스의 put을 따로따로 한 번씩 호출하지, 1 증가시키고 두 배 한 값을 put 하지 않는다는 점이다.[6]

다중 상속을 사용한다면 이 문제에 대한 뾰족한 해결책은 없다. 설계를 무르고, 코드를 다르게 다듬어야 한다. 이와 대조적으로, 트레이트를 이용한 스칼라의 해결책은 명확하다. Icrementing과 Doubling을 믹스인하고 super를 특별히 다루기 때문에 트레이트를 쌓은 것이 제대로 동작한다. 분명 전통적인 다중 상속과는 무언가 다르다. 그럼 정확히 뭐가 다른 것일까?

---

6 이 코드대로라면 큐에 원소가 2개 들어가 버린다. 물론 정말로 그런 결과를 바라는 건 아닐 것이다. – 옮긴이

좀 전에 힌트를 줬지만, 답은 선형화다. 클래스를 new를 이용해 인스턴스화할 때 스칼라는 클래스 자신, 조상 클래스(들), 믹스인한 트레이트를 한 줄로 세워 순서를 정한다(맨 앞이 자기 자신이다). 그리고 super를 이런 클래스 내부에서 호출할 경우, 해당 순서에서 한 단계 다음에 있는 메서드가 호출된다. 마지막에 있는 클래스(최상위)가 아닌 모든 메서드에서 super를 호출하면 결과적으로 여러 동작을 쌓아 올리게 된다.

선형화의 정확한 순서는 스칼라 언어 명세에 있다. 조금 복잡하지만, 알아둬야 할 핵심은 모든 선형화에서 어떤 클래스는 자신의 슈퍼클래스나 믹스인해 넣은 트레이트보다 앞에 위치한다는 점이다. 그렇기 때문에, super를 호출하는 메서드를 만들면 그 메서드가 슈퍼클래스와 믹스인한 트레이트의 동작을 분명히 변화시킬 수 있다. 하지만 반대로는 동작하지 않는다.

> **참고**
>
> 이번 절의 나머지 부분에서는 선형화의 구체적인 내용을 설명한다. 당장 자세한 내용이 궁금하지 않다면 이 내용을 건너뛰어도 상관없다.

스칼라 선형화의 주요 속성을 다음 예제에서 볼 수 있다. 슈퍼클래스로 Animal을 상속하고 Furry와 FourLegged 트레이트를 믹스인한 Cat 클래스가 있다고 가정하자. FourLegged는 또 다른 트레이트인 HasLegs를 상속한다.

```
class Animal
trait Furry extends Animal
trait HasLegs extends Animal
trait FourLegged extends HasLegs
class Cat extends Animal with Furry with FourLegged
```

Cat 클래스의 상속 계층과 선형화 결과를 그림 12.1에 표현했다. 상속은 전통적인 UML 표현[7]에 따라 화살표 끝을 비워서 표현했다. 화살표가 가리키는 쪽이 슈퍼타입이다. 속이 채워진 어두운 화살표는 선형화를 나타낸다. 선형화에서 화살표 끝은 super 호출 해석 시 진행하는 방향을 가리킨다.

---

7   럼바우(Rumbaugh) 외, 『The Unified Modeling Language Reference Manual』[Rum04]

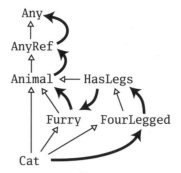

그림 12.1 Cat 클래스의 상속 계층과 선형화

표 12.1 Cat의 상속 계층에 있는 타입의 선형화

타입	선형화
Animal	Animal, AnyRef, Any
Furry	Furry, Animal, AnyRef, Any
FourLegged	FourLegged, HasLegs, Animal, AnyRef, Any
HasLegs	HasLegs, Animal, AnyRef, Any
Cat	Cat, FourLegged, HasLegs, Furry, Animal, AnyRef, Any

Cat의 선형화는 다음 설명과 같이 뒤에서 앞으로 계산한다. Cat 클래스 선형화의 마지막 부분은 Cat의 슈퍼클래스인 Animal을 선형화한 결과다. 이때 (마지막이므로) Animal의 선형화 결과를 아무 변경 없이 그대로 복사한다(각 타입별 선형화 결과를 표 12.1에 정리해뒀다). Animal은 명시적으로 다른 슈퍼클래스를 상속하거나 다른 트레이트를 믹스인하지 않았기 때문에 디폴트인 AnyRef를 상속하며, AnyRef는 다시 Any를 상속하기 때문에 Animal의 선형화는 다음과 같다.

$$Animal \rightarrow AnyRef \rightarrow Any$$

끝에서 두 번째 부분은 맨 처음 믹스인한 Furry 트레이트의 선형화다. 하지만 Animal로 이미 선형화한 부분은 제외하고, 각 클래스가 중복되지 않고 한 번씩만 나타나게 하면 결과는 다음과 같다.

$$\text{Furry} \rightarrow \text{Animal} \rightarrow \text{AnyRef} \rightarrow \text{Any}$$

이 결과의 맨 앞부분에 FourLegged의 선형화를 넣는다. Furry에서와 마찬가지로, 이미 선형화를 마친 슈퍼클래스와 처음 믹스인한 트레이트의 중복을 제외하면 다음과 같다.

$$\text{FourLegged} \rightarrow \text{HasLegs} \rightarrow \text{Furry} \rightarrow \text{Animal} \rightarrow \text{AnyRef} \rightarrow \text{Any}$$

마지막으로, Cat 클래스 선형화의 가장 첫 번째 위치에 Cat 클래스 자신을 넣어야 한다.

$$\text{Cat} \rightarrow \text{FourLegged} \rightarrow \text{HasLegs} \rightarrow \text{Furry} \rightarrow \text{Animal} \rightarrow \text{AnyRef} \rightarrow \text{Any}$$

이제 여기 있는 클래스나 트레이트 중 하나가 super를 이용해 메서드를 호출하면, 선형화 순서상 자기보다 바로 오른쪽에 있는 첫 번째 구현을 호출한다.

12.7 트레이트냐 아니냐, 이것이 문제로다

재사용 가능한 행위를 구현할 때마다, 트레이트를 사용할지 추상 클래스를 사용할지 결정해야 한다. 확고한 규칙은 없지만 몇 가지 가이드라인을 제시하면 다음과 같다.

- **어떤 행위를 재사용하지 않을 거라면, 클래스로 만들어라.** 그 내용은 어쨌든 재사용 대상이 아니다.

- **서로 관련이 없는 클래스에서 어떤 행위를 여러 번 재사용해야 한다면,** 트레이트로 작성하라. 클래스 계층의 각기 다른 부분에 믹스인할 수 있는 것은 트레이트뿐이다.

- **스칼라에서 정의한 내용을 자바 코드에서 상속해야 한다면,** 추상 클래스를 사용하라. 자바에는 코드가 들어 있는 트레이트와 유사한 개념이 없기 때문에, 자바 클래스에서 트레이트를 상속하는 것은 애매한 경우가 많다. 한편 스칼라 클래스를 자바 클래스가 상속하는 것은, 자바 클래스를 상속하는 것과 정확히 같다. 한 가지 예외가 있는데, 구현 코드 없이 추상 메서드만 들어 있는 스칼라 트레이트는 내부적으로 자바 인터페이스를 만들어내기 때문에 자바 코드에서 얼마든지 상속해도 좋다. 31장에서 자바와 스칼라를 함께 사용하는 방법을 자세히 살펴볼 것이다.

- 컴파일한 바이너리 형태로 배포할 예정이고, 배포한 내용을 누군가가 상속해 사용할 것 같다면, 추상 클래스를 더 많이 사용하게 될 것이다. 문제가 되는 부분은 특정 트레이트에 멤버를 추가하거나 제거하면 그 트레이트를 상속하는 모든 클래스는 자기 자신의 변경 여부와 관계없이 재컴파일이 필요하다는 점이다. 만일 코드를 이용하는 클라이언트 측에서 트레이트를 상속하지 않고 호출만 한다면 트레이트를 이용해도 이런 문제가 없다.

- 여기까지 설명한 내용을 모두 고려했음에도 여전히 판단이 서지 않는다면, 언제든지 이를 바꿀 수 있으며 보통 트레이트가 더 많은 가능성이 있으므로 트레이트를 사용하라.

12.8 결론

12장에서는 트레이트가 어떻게 동작하는지 알아보고, 일반적인 사용 예를 살펴봤다. 트레이트는 다중 상속과 유사하다. 하지만 선형화를 통해 super를 해석하기 때문에, 전통적인 다중 상속의 몇 가지 어려움을 피하고 원하는 기능을 스택처럼 쌓아 올릴 수 있다. 또한 Ordered 트레이트를 살펴보고, 기능을 풍부하게 만드는 트레이트를 어떻게 작성하는지도 배웠다.

지금까지 모든 측면을 자세히 살펴봤다. 이제 한 걸음 물러서서 전체적인 관점에서 트레이트를 살펴볼 때다. 트레이트를 여기서 언급한 형태로만 사용하는 것은 아니다. 트레이트는 상속을 통해 재사용할 수 있는 기본 코드 단위다. 이와 같은 특성 때문에 경험이 있는 스칼라 프로그래머들은 구현 초기 단계에 트레이트로 시작하는 경우가 많다. 각 트레이트는 전체적인 개념보다는 간단한 개념의 조각을 담는다. 설계를 구체적으로 진행해가면서 각 조각을 믹스인해 좀 더 완전한 개념으로 조합할 수 있다.

Chapter

13

패키지와 임포트

특히 규모가 큰 프로그램을 작성할 때는 프로그램의 여러 부분이 서로 의존하는 정도를 나타내는 **커플링**coupling을 최소화하는 것이 중요하다. 프로그램의 한 부분에서 언뜻 보기에 아무 문제 없을 것 같은 코드를 조금 변경했는데, 다른 부분에 엄청난 문제가 발생할 수 있다. 이런 위험을 커플링을 줄임으로써 감소시킬 수 있다. 커플링을 최소화하는 방법 중 하나는 모듈화 스타일로 프로그램을 작성하는 것이다. 프로그램을 더 작은 여러 모듈로 나눈다. 각 모듈에는 내부와 외부가 있다. 모듈의 내부(즉, 구현)에 대해 작업할 때는 같은 모듈을 가지고 작업하는 프로그래머와만 협력하면 된다. 오직 모듈의 외부(즉, 인터페이스)를 변경해야 하는 경우에만 다른 모듈을 가지고 작업하는 프로그래머와 협력하면 된다.

13장은 프로그램을 모듈화 스타일로 작성할 수 있게 도와주는 여러 구성요소를 설명한다. 패키지 안에 코드를 채우는 방법, 임포트를 사용해 외부 이름을 불러오는 방법, 접근 수식자를 통해 접근을 제어하는 방법을 설명하는데, 이러한 요소는 자바와 유사하다. 그러나 몇 가지 다른 점이 있다. 보통 스칼라 쪽이 더 일관성이 있다. 그래서 자바를 이미 잘 안다고 해도 이번 장은 읽어볼 만한 가치가 있다.

13.1 패키지 안에 코드 작성하기

스칼라 코드는 자바 플랫폼의 전역 패키지^{global package} 계층 안에 있다. 이 책에서 지금까지 봤던 코드 예제들은 **이름 없는** 패키지 안에서 작성했었다. 스칼라에는 두 가지 방법으로 이름이 있는 패키지 안에 코드를 작성할 수 있다. 첫 번째 방법은, 리스트 13.1처럼 파일 첫 줄에 package 절을 사용해 파일 전체를 패키지 안에 넣는 것이다.

리스트 13.1 모든 파일을 한 패키지 안에 넣기

```
package bobsrockets.navigation
class Navigator
```

리스트 13.1의 package 절은 bobsrockets.navigation 패키지 안에 Navigator 클래스를 넣는다. 짐작컨대, 이것은 밥^{Bob}의 로켓츠^{Rockets} 회사에서 개발한 내비게이션^{navigation} 소프트웨어일 것이다.

> **참고**
>
> 스칼라 코드는 자바 생태 시스템의 일부이기 때문에, 공개하는 패키지 이름을 만들 때 자바의 관습대로 도메인 이름을 역으로 사용하는 게 좋다. Navigator보다 더 좋은 패키지 이름은 com.bobsrockets.navigation일 것이다. 그러나 이번 장에서는 더 이해하기 쉽도록 'com'을 생략한다.

패키지 안에 코드를 작성할 수 있는 또 다른 방법은 C#의 네임스페이스와 많이 비슷하다. package 절 다음에 중괄호가 있으면, 중괄호 안에 있는 정의는 모두 그 패키지에 속한다. 이런 문법을 **패키징**^{packaging}[1]이라 부른다. 리스트 13.2의 패키징은 리스트 13.1과 효과가 같다.

리스트 13.2 간단한 패키지 선언을 길게 쓴 형태

```
package bobsrockets.navigation {
  class Navigator
}
```

이렇게 간단한 예라면, 리스트 13.1처럼 간편한 문법을 사용할 것이다. 그러나 한 파일

---

1 앞으로 패키징과 패키지를 모두 패키지라는 말로 통일할 것이다. - 옮긴이

안에 여러 패키지를 넣을 때는 더 일반적인 방식을 사용한다. 예를 들어, 원본 소스 코드와 같은 파일 안에 테스트 코드를 포함시키되 리스트 13.3처럼 별도의 패키지에 테스트 코드를 집어넣을 수 있다.

리스트 13.3 한 파일 안에 여러 패키지 넣기

```
package bobsrockets {
  package navigation {
    // bobrockets.navigation 패키지 안쪽
    class Navigator

    package tests {
      // bobsrockets.navigation.tests 패키지 안쪽
      class NavigatorSuite
    }
  }
}
```

13.2 관련 코드에 간결하게 접근하기

코드를 패키지 계층으로 나누는 이유는 사람들이 코드를 훑어볼 때 도움을 주기 위해서만은 아니다. 컴파일러도 같은 패키지 안에 있는 코드가 서로 관련 있음을 알 수 있다. 스칼라는 같은 패키지 안에 있는 코드에 접근할 때, 이 연결성을 통해 전체 경로를 포함하지 않는 간단한 이름을 사용할 수 있다.

리스트 13.4 클래스와 패키지에 간결하게 접근하기

```
package bobsrockets {
  package navigation {
    class Navigator {
      // bobsrockets.navigation.StarMap을 쓸 필요가 없다.
      val map = new StarMap
    }
    class StarMap
  }
  class Ship {
    // bobsrockets.navigation.Navigator를 쓸 필요가 없다.
```

```
    val nav = new navigation.Navigator
  }
  package fleets {
    class Fleet {
      // bobsrockets.Ship을 쓸 필요가 없다.
      def addShip() = { new Ship }
    }
  }
}
```

리스트 13.4는 간단한 예를 세 가지 보여준다. 첫째로, 예상하겠지만 어떤 클래스가 속한 패키지 안에서는 접두사가 없어도 해당 클래스에 접근할 수 있다. 그래서 new StartMap 표현식을 컴파일할 수 있다. StarMap 클래스는 new 표현식이 속한 패키지와 동일한 bobsrockets.navigation 안에 있다. 그래서 어떤 패키지 이름도 앞에 쓸 필요가 없다.

둘째로, 어떤 패키지를 포함하는 (부모) 패키지 안에서는 해당 패키지에 어떤 접두어도 붙이지 않고 접근할 수 있다. 리스트 13.4에서 Navigator를 어떻게 초기화하는지 보자. new 식은 bobsrockets 패키지 안에 있고, 그 패키지에는 bobsrockets.navigation 패키지가 들어 있다. 그래서 단순히 navigation이라고만 써도 bobsrockets.navigation 패키지에 접근할 수 있다.

셋째로, 중괄호 패키지 문법을 사용하면 그 패키지 스코프 밖에서 접근 가능한 모든 이름을 그 패키지 안에서도 쓸 수 있다. 리스트 13.4의 addShipe() 메서드는 새로운 Ship을 생성하는 방법을 보여준다. addShip() 메서드는 두 가지 패키지 안에 들어 있다. 바깥쪽은 bobsrockets 패키지이고 안쪽은 bobsrockets.fleets이다. Ship은 그중 바깥쪽 패키지 안에서 접근 가능하기 때문에, addShip() 안에서 (접두사 없이) 참조할 수 있다.

명시적으로 패키지를 끼워 넣는다면, 이런 종류의 접근만 유효하다는 점에 유의해야 한다. 자바처럼 파일 하나당 패키지 하나를 고수한다면, 현재 패키지 내부에서 정의한 것만 유효할 것이다.

리스트 13.5 상위 패키지 안에 있는 기호를 그냥 사용할 수는 없다.

```
package bobsrockets {
  class Ship
}
```

```
package bobsrockets.fleets {
  class Fleet {
    // 컴파일할 수 없다! 이 스코프 안에는 Ship이 안 들어 있다.
    def addShip() = { new Ship }
  }
}
```

리스트 13.5에서는 `bobsrockets.fleets` 패키지를 최상위로 옮겼다. 그래서 `fleets` 패키지는 더 이상 `bobsrockets` 패키지 내부에 있지 않다. 따라서 `bobsrockets` 내부의 이름은 더 이상 `fleets` 안에서 사용할 수 없다. 결국 `new Ship`은 컴파일 오류를 발생시킨다. 중첩된 패키지의 괄호로 인해 코드가 오른쪽으로 치우쳐서 불편하다면, 괄호 없이 여러 `package` 절을 사용할 수 있다.[2] 예를 들어, 다음 코드는 `Fleet` 클래스를 `bobsrockets`와 `fleets` 안에 정의한다. 이는 리스트 13.4의 `Fleet`과 마찬가지다.

```
package bobsrockets
package fleets
class Fleet {
  // bobsrockets.Ship을 쓸 필요가 없다.
  def addShip() = { new Ship }
}
```

마지막 트릭을 잘 알아둘 필요가 있다. 코딩을 하다 보면 패키지 이름들이 뒤섞여서 서로를 가리는 혼잡한 상황이 벌어지곤 한다. 리스트 13.6의 `MissionControl` 클래스 스코프에는 `launch`라는 이름의 패키지가 세 가지나 존재한다! `launch`는 `bobsrockets.navigation`에 하나, `bobsrockets` 안에 하나, 그리고 최상위에 하나 있다. 이런 경우 `MissionControl` 클래스 내부에서 `Booster1`, `Booster2`, `Booster3`를 어떻게 참조할 수 있겠는가?

리스트 13.6 숨겨진 패키지 이름에 접근하기

```
// launch.scala 파일
package launch {
  class Booster3
}
// bobsrockets.scala 파일
package bobsrockets {
```

---

2 이런 스타일로 여러 패키지 절을 중괄호 없이 표시하는 것을 연쇄 패키지 절(chained package clause)이라 한다.

```
package navigation {
  package launch {
    class Booster1
  }
  class MissionControl {
    val booster1 = new launch.Booster1
    val booster2 = new bobsrockets.launch.Booster2
    val booster3 = new _root_.launch.Booster3
  }
}
package launch {
  class Booster2
}
}
```

Booster1에 접근하는 게 가장 쉽다. launch에 대한 참조 자체는 bobsrockets.navigation.
launch 패키지를 가리킬 것이다. 왜냐하면 그 패키지가 메서드를 둘러싼 가장 좁은 패키지 스코프 안에 들어 있는 launch이기 때문이다. 그냥 launch.Booster1이라고 쓰면 첫 부스터를 사용할 수 있다. 두 번째 부스터를 참조하는 것 또한 어렵지 않다. bobsrockets.
launch.Booster2라고 쓰면 어느 것을 참조하는지 명확하다. 이제 마지막 부스터 클래스가 남는다. 패키지 안에 내포된 launch 패키지가 상위 launch 패키지를 감추는데, Booster3에 어떻게 접근할 수 있을까?

이런 상황을 해결하기 위해 스칼라는 사용자가 작성한 모든 패키지 외부에 존재하는 _root_ 패키지를 제공한다. 모든 최상위 패키지는 _root_ 패키지의 멤버로 취급한다. 예를 들어, 리스트 13.6의 launch와 bobsrockets는 _root_ 패키지의 멤버다. 그 결과, _root_.launch를 사용하면 최상위 launch 패키지를 얻을 수 있고, _root_.launch.Booster3를 사용하면 가장 바깥쪽 부스터 클래스를 표현할 수 있다.

13.3 임포트

스칼라에서 패키지와 그 멤버는 import 절을 통해 불러올 수 있다. 그래서 임포트한 항목은 java.io.File 같이 완전한 이름 대신 File 같은 단순한 이름을 사용해 접근할 수 있다.

예를 들어, 리스트 13.7을 보자.

리스트 13.7 임포트 준비가 된 밥의 과일 클래스들

```
package bobsdelights
abstract class Fruit(
  val name: String,
  val color: String
)
object Fruits {
  object Apple extends Fruit("apple", "red")
  object Orange extends Fruit("orange", "orange")
  object Pear extends Fruit("pear", "yellowish")
  val menu = List(Apple, Orange, Pear)
}
```

import 절은 객체 이름이나 패키지를 앞에 붙일 필요 없이, 그 이름 자체만으로 객체나 패키지의 멤버를 유효하게 만든다. 아래에 간단한 예가 있다.

```
// Fruit에 간단하게 접근
import bobsdelights.Fruit

// bobsdelights의 모든 멤버에 간단하게 접근
import bobsdelights._

// Fruits의 모든 멤버에 간단하게 접근
import bobsdelights.Fruits._
```

첫 번째 임포트는 자바의 싱글 타입 임포트^{single type import}에 해당한다. 두 번째는 자바의 **주문식 임포트**^{on-demand import}와 같다. 자바에서 별표(*)를 사용하는 것과 달리, 스칼라에서는 밑줄(_)을 사용한다(무엇보다도 *는 스칼라에서 사용 가능한 식별자다). 세 번째 임포트 절은 정적 클래스 필드^{static class field}를 불러오는 자바 임포트에 해당한다.

이 세 임포트는 임포트가 할 수 있는 일에 대한 맛보기다. 그러나 스칼라 임포트는 실제로 훨씬 더 일반적이다. 한 예를 들자면, 스칼라 임포트는 컴파일 단위의 시작 부분뿐만 아니라 코드의 어디에라도 들어갈 수 있다. 또한 임의의 값을 임포트할 수도 있다. 예를 들어, 리스트 13.8과 같은 임포트도 가능하다.

```
def showFruit(fruit: Fruit) = {
  import fruit._
  println(name + "s are " + color)
}
```

showFruit 메서드는 Fruit 타입인 fruit의 모든 멤버를 불러온다. 그다음에 나오는 println 문에서는 바로 name과 color를 참조할 수 있다. 그 두 참조는 fruit.name 그리고 fruit.color와 같다. 특히 객체를 모듈로 사용할 때 이 문법이 꽤 유용한데, 이에 대해서는 29장에서 설명할 것이다.

스칼라의 유연한 import

스칼라 import 절은 자바보다 더 복잡하다. 큰 차이는 세 가지로, 스칼라의 임포트는 다음과 같은 특징이 있다.

- 어느 곳에나 나타날 수 있다.
- 패키지뿐만 아니라 (싱글톤 또는 일반) 객체도 참조할 수 있다.
- 불러온 멤버 이름을 숨기거나 다른 이름을 지정할 수 있다.

스칼라 임포트가 유연한 또 다른 이유는 패키지가 아닌 것을 불러올 뿐만 아니라, 패키지 그 자체를 불러올 수도 있기 때문이다. 패키지 내부에 들어 있는 다른 패키지를 생각하면 쉬울 것이다. 예를 들어, 리스트 13.9에서는 java.util.regex 패키지를 불러온다. 임포트 하고 나면 regex를 이름만으로 사용할 수 있다. 리스트 13.9에서 java.util.regex 패키지 내부에 있는 싱글톤 객체인 Pattern에 접근할 때 간단하게 regex.Pattern이라고 쓴 것을 볼 수 있다.

리스트 13.9 패키지 이름 불러오기

```
import java.util.regex

class AStarB {
    // java.util.regex.Pattern 접근하기
    val pat = regex.Pattern.compile("a*b")
}
```

308

스칼라 임포트는 멤버를 감추거나 이름을 바꿀 수 있다. 중괄호로 둘러싼 **임포트 셀렉터**_{import selector}를 사용하면 된다. 중괄호 안에 불러올 멤버 객체를 명시하라. 예를 하나 보자.

```
import Fruits.{Apple, Orange}
```

이 임포트는 Fruits 객체에 있는 Apple과 Orange만을 불러온다.

```
import Fruits.{Apple => McIntosh, Orange}
```

이 임포트는 Fruits 객체 내부에 있는 두 멤버 Apple과 Orange를 불러온다. 그러나 Apple 객체는 McIntosh로 이름을 바꾼다. 그래서 Apple 객체를 Fruits.Apple이나 McIntosh로 참조할 수 있다. 이름 바꾸기 절은 항상 '〈원래 이름〉 => 〈새 이름〉' 형태다.

```
import java.sql.{Date => SDate}
```

이 임포트는 SQL Date 클래스를 SDate로 불러온다. 이름을 바꾼 이유는 일단 자바 날짜 클래스를 Date로 참조하고 싶기 때문이다.

```
import java.{sql => S}
```

이 예는 java.sql 패키지를 S로 이름을 바꿔 불러온다. 그래서 S.Date로 쓸 수 있다.

```
import Fruits.{_}
```

위의 예는 Fruits 객체로부터 모든 멤버를 불러온다. 이 문장은 import Fruits._과 동일하다.

```
import Fruits.{Apple => McIntosh, _}
```

여기서는 Fruits 객체의 모든 멤버를 불러오나, Apple의 이름을 McIntosh로 바꾼다.

```
import Fruits.{Pear => _, _}
```

이 문장은 Fruits에서 Pear를 제외한 모든 멤버를 불러온다. '〈원래 이름〉 => _' 절은 불러올 이름 중에서 〈원래 이름〉만 제외하는 효과가 있다. 왜냐하면 어떤 것의 이름을 _로 바꾸면 어떤 면에선 그 이름을 숨긴다는 뜻이기 때문이다. 이런 기능은 모호함을 피하고 싶을 때 유용하다. Fruits와 Notebooks라는 두 패키지가 있다고 하자. 둘 다 Apple 클래스를 정의한다. 과일 Apple이 아니고 Apple 노트북을 원한다면, 다음과 같이 두 임포트 문을 사용할 수 있다.

```
import Notebooks._
import Fruits.{Apple => _, _}
```

이 임포트 문은 Notebooks의 모든 멤버와 Apple을 제외한 Fruits의 모든 멤버를 불러온다.

이 예제는 멤버 중 일부만 불러오고, 그중 일부는 다른 이름으로 바꿔야 할 때 스칼라가 얼마나 유연한지 보여준다. 요약하자면, 임포트 셀렉터는 다음과 같은 요소로 이뤄져 있다.

- 간단한 이름 x. 이런 임포트가 있으면, 불러온 이름의 집합에 x를 추가한다.
- 이름 변경 절 x => y가 있으면 x 멤버를 y라는 이름으로 볼 수 있게 한다.
- 숨김 절 x => _. 불러온 이름의 집합에서 x를 제외한다.
- 나머지를 모두 가져오는^{catch-all} '_'. 이 '_' 직전까지 있는 임포트 절에서 언급한 멤버들을 제외한 모든 멤버를 불러온다. 이 구문은 항상 임포트 셀렉터 중 맨 나중에 와야 한다.

이번 절의 시작 부분에서 보여준 간단한 임포트 절은 셀렉터가 있는 임포트를 특별히 줄인 것으로 생각할 수 있다. 예를 들어, import p._은 import p.{_}과 같고, import p.n은 import p.{n}과 같다.

13.4 암시적 임포트

스칼라는 모든 프로그램에 몇 가지 임포트를 항상 추가한다. 실질적으로는 다음과 같은 세 가지 임포트 절을 모든 스칼라 소스 맨 위쪽에 추가하는 것과 같다.

```
import java.lang._ // java.lang 패키지에서 모든 것 불러오기
import scala._      // scala 패키지에서 모든 것 불러오기
import Predef._     // Predef 객체에서 모든 것 불러오기
```

java.lang 패키지는 표준 자바 클래스를 포함한다. 스칼라는 소스 파일에 암묵적으로 이 패키지를 항상 불러온다.[3] 예를 들면, 스칼라가 java.lang을 암시적으로 불러오기 때문에 java.lang.Thread 대신에 Thread로 쓸 수 있다.

이제는 여러분도 분명 깨달았겠지만, scala 패키지에는 많이 사용하는 클래스 및 객체와 표준 스칼라 라이브러리가 들어 있다. 예를 들면, scala를 암시적으로 불러오기 때문에 scala.List 대신 List라고 쓸 수 있다.

Predef 객체는 타입, 메서드, 그리고 스칼라 프로그램에서 일반적으로 사용하는 암시적 변환(implicit conversion)을 포함한다. 예를 들어, Predef를 자동으로 불러오기 때문에 Predef. assert 대신 assert라고 쓸 수 있다.

스칼라는 나중에 임포트한 패키지가 더 앞에서 임포트한 것을 가린다는 점에서 위의 세 임포트 절을 조금 특별하게 취급한다. 예를 들어, StringBuilder 클래스는 scala 패키지와 java.lang 패키지(자바 1.5부터)에 모두 들어 있다. 더 뒤에 임포트한 scala 패키지가 더 앞에 있는 java.lang 임포트를 가리기 때문에, 단순히 StringBuilder만 사용하면 java.lang.StringBuilder가 아니라 scala.StringBuilder를 가리킨다.

13.5 접근 수식자

패키지, 클래스, 객체 멤버 앞에 private와 protected 접근 수식자를 둘 수 있다. 이 수식 자들은 코드 영역에서 수식 대상 멤버의 접근을 제한한다. 스칼라 접근 수식자는 자바와 비슷하지만 몇 가지 중요한 차이가 있는데, 이번 절에서 이에 대해 설명할 것이다.

---

3 또한 스칼라는 원래는 닷넷(.NET)에서 구현됐다. 닷넷에서는 java.lang 패키지와 유사한 닷넷의 System 네임스페이스 (namespace)가 그 대신 임포트됐다.

비공개 멤버

비공개 멤버는 자바와 유사하다. private가 앞에 붙은 멤버는 오직 그 정의를 포함한 클래스나 객체 내부에서만 접근할 수 있다. 스칼라는 이 규칙을 내부 클래스^{inner class}에도 똑같이 적용한다. 이런 식으로 처리하는 것은 일관성이 있으나, 자바와는 다르다. 리스트 13.10의 예제를 보자.

리스트 13.10 비공개 접근은 자바와 스칼라에서 어떻게 다른가?

```
class Outer {
  class Inner {
    private def f() = { println("f") }
    class InnerMost {
      f() // 문제없음
    }
  }
  (new Inner).f() // 오류: f를 찾을 수 없음
}
```

스칼라에서는 (new Inner).f() 접근이 불법이다. Inner 클래스가 f를 비공개로 선언했는데, 클래스 외부에서 접근을 시도했기 때문이다. 반면, InnerMost 클래스 안에서 f에 접근한 첫 번째 f() 호출은 아무 문제가 없다. Inner 클래스 내부에서 접근하기 때문이다. 자바였다면, 외부 클래스가 자신의 내부 클래스에 있는 비공개 멤버에 접근 가능하기 때문에 두 접근 모두 문제가 없을 것이다.

보호 멤버

보호(protected) 멤버에 대한 접근은 자바보다 약간 더 제한적이다. 스칼라에서는 보호 멤버를 정의한 클래스의 서브클래스에서만 그 멤버에 접근할 수 있다. 자바에서는 어떤 클래스의 보호 멤버에 그 클래스와 같은 패키지 안에 있는 다른 클래스들도 접근할 수 있다. 스칼라에서는 이 효과(자바와 같은 패키지 내 보호 멤버 참조)를 다른 방식으로 달성할 수 있다.[4] 그래서 protected를 방금 설명한 스칼라 규칙에 따라 놔둬도 문제가 없다. 리스트 13.11에 있는 예는 보호 멤버 접근을 보여준다.

---

4 지정자(qualifier)를 활용한다. 313페이지의 '보호 스코프'를 참고하라.

리스트 13.11 보호 접근은 스칼라와 자바에서 어떻게 다른가?

```
package p {
  class Super {
    protected def f() = { println("f") }
  }
  class Sub extends Super {
    f()
  }
  class Other {
    (new Super).f()   // 오류: f에 접근할 수 없음
  }
}
```

리스트 13.11에서, Sub 클래스 내부에서는 f에 접근할 수 있다. f를 Super 클래스에서 protected로 선언했고, Sub 클래스가 Super를 상속했기 때문이다. Other 클래스에서는 f에 대한 접근이 불가능한데, Other 클래스는 Super와 상속 관계가 없기 때문이다. 자바였다면, Other가 Sub와 같은 패키지 안에 있기 때문에 두 접근 모두 문제가 없었을 것이다.

공개 멤버

private나 protected가 없는 멤버는 모두 공개 멤버다. 공개 멤버를 위한 수식자는 없다. 공개 멤버는 어디에서나 접근 가능하다.

보호 스코프

스칼라에서는 접근 수식자의 의미를 지정자qualifier로 확장할 수 있다. private[X]나 protected[X] 형태인 지정자는 접근이 X까지 비공개이거나 보호라는 뜻이다. 여기서 X는 그 접근 수식자를 둘러싸고 있는 패키지나 클래스 또는 싱글톤 객체를 가리킨다.

접근 지정자가 있는 수식자는 매우 세밀한 접근 제어를 가능케 한다. 특히 스칼라에서 단순 접근 수식자로 바로 표현할 수 없는 패키지 비공개package private, 패키지 보호package protected, 가장 바깥쪽 클래스 외부로는 비공개 같은 자바 접근 제어도 지정자를 사용해 할 수 있다. 게다가, 자바에서 표현 불가능한 접근 제어 규칙도 표현 가능하다.

리스트 13.12는 접근 지정자가 있는 수식자를 사용하는 여러 예를 보여준다. 이 코드에서 Navigator는 private[bobsrockets]이다. 따라서 bobsrockets 패키지 내부에 있는 모든 객체와 클래스에서 Navigator에 접근이 가능하다. 특히, Vehicle 객체 내부에서 Navigator 접근이 가능하다. Vehicle은 bobsrockets 패키지 내부에 있는 launch 패키지에 들어 있기 때문이다. 반면에, bobsrockets 패키지 밖에 있는 모든 코드는 Navigator 클래스에 접근할 수 없다.

리스트 13.12 접근 지정자를 사용해 보호 스코프를 유연하게 설정하기

```
package bobsrockets
package navigation {
  private[bobsrockets] class Navigator {
    protected[navigation] def useStarChart() = {}
    class LegOfJourney {
      private[Navigator] val distance = 100
    }
    private[this] var speed = 200
  }
}
package launch {
  import navigation._
  object Vehicle {
    private[launch] val guide = new Navigator
  }
}
```

이 기법은 여러 패키지가 서로 엮여 있는 대규모 프로젝트에서 아주 유용하다. 이런 방식을 사용해 어떤 대상을 프로젝트에 있는 여러 하위 패키지에서는 접근 가능하게 만들고, 프로젝트 외부에 있는 클라이언트에게는 숨길 수 있다. 자바에는 이와 같은 기능이 없다. 자바에서는 어떤 정의를 패키지 스코프 외부로 노출시키면 외부 세계 전체에 그 정의가 드러나 버린다.

물론, private 수식자의 지정자가 자신을 둘러싸고 있는 바로 위 패키지를 지정할 수도 있다. 그런 예로, 리스트 13.12에 Vehicle 객체 내부에 있는 guide의 접근 수식자를 보자. 이 접근 수식자는 자바의 패키지 비공개 접근과 동일하다.

모든 지정자를 private에 적용했던 것처럼 protected에도 적용할 수 있다. 이때 의미도 동일하다. 즉, [X]라는 지정자가 붙은 protected[X] 수식자가 C 클래스 안에 있다면, 그 수식자가 붙은 정의에 대한 접근은 C의 모든 서브클래스 내부와 더불어 X(C를 둘러싼 X라는 이름의 패키지이거나, X라는 이름의 클래스나 객체다)의 내부에서도 가능하다. 예를 들어 리스트 13.12에 있는 useStarChart 메서드는 Navigator의 모든 서브클래스에서 접근 가능하고, Navigator 클래스를 둘러싼 패키지 중 navigation에 있는 모든 코드 안에서 접근 가능하다. 그러므로 이는 자바의 보호 접근과 동일하다.

private 수식자의 지정자는 또한 둘러싸고 있는 어떤 클래스나 객체를 가리킬 수 있다. 예를 들어, 리스트 13.12에서 LegOfJourney 클래스 내의 distance 변수는 private [Navigator]다. 그래서 Navigator 클래스 내부라면 어디에서나 distance에 접근 가능하다. 이는 자바 내부 클래스의 비공개 멤버와 동일한 접근 제어다. C가 가장 바깥쪽에서 둘러싸고 있는 클래스인 경우, private[C]는 자바의 private와 동일하다.

마지막으로, 스칼라에는 심지어 private보다 더 제한적인 접근 수식자가 있다. private [this]라고 정의 앞에 붙이면, 그 정의를 포함하는 객체 내부에서만 접근이 가능하다. 이런 경우를 객체 비공개object-private라고 부른다. 예를 들어, 리스트 13.12의 Navigator 클래스에 있는 speed 정의가 바로 객체 비공개다. 따라서 speed에 대한 접근은 Navigator 클래스 내부에서만 가능하지만, 동시에 어떤 Navigator의 인스턴스 자신에 대해서만 가능하다. 그러므로 speed와 this.speed 접근은 Navigator 내부에서만 가능하지만, 이때 다음과 같은 코드가 Navigator 클래스 안에 있다고 해도 이런 접근은 불가능하다.

```
val other = new Navigator
other.speed // 이 줄은 컴파일할 수 없다.
```

어떤 멤버 앞에 private[this]를 두면, 같은 클래스의 다른 객체에서 접근하지 않음을 보장한다. 이는 문서화를 위해 꽤 유용하다. 또한 이를 통해 더 일반적인 변성 표기variance annotation를 작성할 수 있는 경우도 있다(이에 대해서는 19.7절을 참고하라).

정리를 위해 표 13.1에 지정자가 붙은 private 수식자의 효과를 나열해뒀다. 각 줄은 지정자가 붙은 private 수식자를 보여주고, 그 수식자가 리스트 13.12에 있는 LegOfJourney 클래스의 distance 변수에 붙어 있다고 가정하고 그 의미를 설명한다.

표 13.1 LegOfJourney.distance에 private 지정자가 붙어 있는 경우의 효과

수식자 없음	전체 접근 가능(공개)
private(bobsrockets)	바깥쪽 패키지(bobsrockets) 내부에서 접근 가능
private(navigation)	자바의 패키지 접근과 같음
private(Navigator)	자바의 private와 같음
private(LegOfJourney)	스칼라의 private와 같음
private(this)	어떤 객체 자신만 접근 가능

가시성과 동반 객체

자바에서 정적 멤버와 인스턴스 멤버는 동일한 클래스에 속한다. 따라서 접근 수식자를 그 멤버들에게 일률적으로 적용한다. 스칼라에 정적 멤버가 없다는 사실은 이미 살펴봤는데, 그 대신 여러 멤버를 포함하며 단 하나만 존재하는 동반 객체companion object가 있다. 예를 들어, 리스트 13.13에 있는 Rocket 객체는 Rocket 클래스의 동반 객체다.

리스트 13.13 동반 클래스와 객체의 비공개 멤버 접근

```
class Rocket {
  import Rocket.fuel
  private def canGoHomeAgain = fuel > 20
}
object Rocket {
  private def fuel = 10
  def chooseStrategy(rocket: Rocket) = {
    if (rocket.canGoHomeAgain)
      goHome()
    else
      pickAStar()
  }
  def goHome() = {}
  def pickAStar() = {}
}
```

스칼라 접근 규칙은 비공개 또는 보호 접근에 대해 동반 객체와 클래스에 동일한 권리를 준다. 객체는 자신의 동반 클래스와 모든 접근 권리를 공유하며, 또한 역도 마찬가지다.

특히, 클래스가 동반 객체의 비공개 멤버에 모두 접근할 수 있는 것처럼 객체도 동반 클래스의 모든 비공개 멤버에 접근할 수 있다.

예를 들어, 리스트 13.13에서 Rocket 클래스는 Rocket 객체의 fuel 비공개 메서드에 접근할 수 있다. 마찬가지로 Rocket 객체는 Rocket 클래스 내부에 있는 canGoHomeAgain 비공개 메서드에 접근할 수 있다.

스칼라와 자바 사이의 유사성을 깨는 한 가지 예외는 정적 보호(protected static) 멤버다. 자바 클래스 C의 내부에 있는 정적 보호 멤버는 C의 모든 서브클래스 내부에서 접근 가능하다. 그와 대조적으로, 싱글톤 객체의 서브클래스를 만들 수가 없으므로 동반 객체 안에서 보호 멤버를 선언하는 것은 말도 안 된다.

13.6 패키지 객체

지금까지는 패키지 내부에 오직 클래스, 트레이트, 독립 싱글톤 객체만을 작성해왔다. 물론 이 세 가지가 최상위 수준에 둘 수 있는 가장 일반적인 정의이긴 하다. 그러나 스칼라 패키지 최상위 수준에 넣을 수 있는 게 이것만은 아니다. 클래스 내부에 둘 수 있는 어떤 정의든 패키지의 최상위 수준에 둘 수 있다. 패키지 전체 스코프에 도우미 메서드^{helper method}를 두고 싶다면, 그냥 패키지 최상위 수준에 넣으면 된다.

그렇게 하려면, **패키지 객체**^{package object}를 만들고 그 안에 메서드 정의를 두면 된다. 모든 패키지는 패키지 객체를 가질 수 있다. 스칼라는 패키지 객체 내부에 있는 모든 정의를 패키지 자체에 속한 멤버로 취급한다.

리스트 13.14가 한 가지 예다. package.scala 파일에는 bobsdelights 패키지를 위한 패키지 객체가 있다. 문법적으로 패키지 객체는 이번 장의 앞부분에서 언급한 중괄호 패키지처럼 보인다. 유일한 차이점은 object 키워드가 패키지 이름 앞에 있다는 것뿐이다. object 키워드가 들어간 정의는 **패키지**가 아니라 패키지 **객체**다. 중괄호 안에는 원하는 어떤 정의라도 넣을 수 있다. 이 경우, 리스트 13.8의 패키지 객체는 showFruit라는 도구 메서드를 정의한다.

이렇게 정의하고 나면, 다른 어떤 패키지에서든 bobsdelights 패키지에 속한 클래스를 임포트하는 것처럼 이 메서드를 임포트할 수 있다. 예를 들어, 리스트 13.14는 다른 패키지 안에 있는 독립standalone 객체인 PrintMenu를 보여준다. PrintMenu는 Fruit 클래스를 불러오는 것과 같은 방법을 사용해 showFruit 메서드를 불러올 수 있다.

리스트 13.14 패키지 객체

```
// bobsdelights/package.scala 파일
package object bobsdelights {
  def showFruit(fruit: Fruit) = {
    import fruit._
    println(name + "s are " + color)
  }
}

// PrintMenu.scala 파일
package printmenu
import bobsdelights.Fruits
import bobsdelights.showFruit

object PrintMenu {
  def main(args: Array[String]) = {
    for (fruit <- Fruits.menu) {
      showFruit(fruit)
    }
  }
}
```

미리 이야기하자면, 패키지 객체를 사용하는 다른 용도가 있다. 아직 여러분이 본 적은 없지만, 패키지 내에서 사용할 타입 별명type alias과 암시적 변환implicit conversion을 넣기 위해 패키지 객체를 쓰는 경우가 많다(각각 20장과 21장에서 설명한다). 최상위에 있는 **scala** 패키지에도 패키지 객체가 있다. 그리고 그 패키지 객체 정의는 모든 스칼라 코드에서 사용할 수 있다.

패키지 객체는 package.class라는 이름의 클래스 파일로 컴파일되는데, 그 클래스 파일은 패키지 클래스와 대응하는 패키지 디렉토리에 들어간다. 이 관례를 소스 파일에도 사용하는 것이 좋다. 그래서 리스트 13.14에서 bobsdelights 패키지 객체의 소스 코드를 bobsdelights 디렉토리에 있는 package.scala 파일로 저장했다.

13.7 결론

13장에서는 프로그램을 여러 패키지로 나누는 기본적인 구조를 살펴봤다. 패키지를 사용하면 쉽고 쓸모 있게 모듈화가 가능하다. 그래서 소스 코드의 여러 부분이 서로 영향을 미치는 일이 없이 대규모 코드를 잘 다룰 수 있다. 스칼라 패키지 시스템은 기본 정신이 자바 패키지와 동일하다. 하지만 더 일반적이고 일관성 있게 만들기 위해 스칼라가 선택한 몇 가지 차이점도 있다.

미리 말해두자면 29장에서는 패키지로 나누는 것보다 더 유연한 모듈 시스템을 설명한다. 코드를 여러 네임스페이스로 나누는 것과 달리, 그 접근법은 모듈을 파라미터화할 수 있고, 모듈 간의 상속이 가능하다는 장점이 있다. 14장에서는 단언문과 단위 테스트에 대해 설명할 것이다.

Chapter

14

단언문과 테스트

단언문과 테스트는 작성한 소프트웨어가 제대로 동작하는지 확인할 수 있는 두 가지 방법이다. 14장에서는 스칼라에서 단언문이나 테스트를 작성하기 위한 여러 방법을 보여줄 것이다.

14.1 단언문

스칼라에서는 assert 메서드를 호출하는 방식으로 단언문[assertion]을 작성한다.[1] 단언문은 조건을 충족하지 않는 경우 AssertionError를 발생시킨다. 또한 인자를 2개 받는 단언문도 있다. assert(조건, 설명) 표현식은 조건을 만족하지 않는 경우 설명을 포함하는 AssertionError를 발생시킨다. 설명의 타입은 Any다. 따라서 설명에 어떤 객체라도 넘길 수 있다. assert는 AssertionError 객체 안에 있는 문자열 설명을 얻기 위해 toString 메서드를 호출할 것이다. 예를 들어, 리스트 10.13의 Element 클래스에 있는 above 메서드를 생각해보자. 너비를 늘인 다음 길이가 같은지 확인하기 위해 widen을 호출한 다음에 assert를 넣을 수도 있다. 리스트 14.1에서 이를 보여준다.

---

1   assert 메서드 정의는 Predef 싱글톤 객체에 들어 있다. 모든 스칼라 파일은 자동으로 Predef의 멤버를 임포트한다.

```
def above(that: Element): Element = {
  val this1 = this widen that.width
  val that1 = that widen this.width
  assert(this1.width == that1.width)
  elem(this1.contents ++ that1.contents)
}
```

같은 일을 하는 또 다른 방법은 값을 반환하기 직전에 widen 메서드의 끝에서 width를 검사하는 것이다. 결과를 val 변수에 넣고, 단언문으로 그 결괏값을 검사한다. 맨 마지막으로 다시 앞에서 정의했던 val 변수를 언급하면, 단언문이 성공하는 경우 결과를 정상적으로 반환한다. 하지만 이를 더 간결하게 하고 싶다면, Predef에 있는 ensuring이라는 도우미 메서드를 사용해 리스트 14.2와 같이 할 수 있다.

리스트 14.2 ensuring을 사용해 함수의 결과 확인하기

```
private def widen(w: Int): Element =
  if (w <= width)
    this
  else {
    val left = elem(' ', (w - width) / 2, height)
    var right = elem(' ', w - width - left.width, height)
    left beside this beside right
  } ensuring (w <= _.width)
```

ensuring 메서드는 암시적 변환을 사용하기 때문에, 어떠한 결과 타입이든 적용할 수 있다. 이 코드를 보면, widen의 결과(타입은 Element)에 ensuring을 호출하고 있는 것 같아 보인다. 하지만 실제로는 Element를 암시적으로 변환한 다른 타입에 대해 ensuring을 호출하고 있다. ensuring은 인자를 하나 받는데, 그 인자는 술어 함수predicate function다. 술어는 메서드 결과의 타입을 받아서 Boolean을 반환하는 함수를 말한다. ensuring은 메서드 결과를 술어에 넘길 것이다. 그리고 술어가 true를 반환하면 ensuring도 그 메서드 결과를 그대로 반환한다. 술어가 false를 반환하면 ensuring은 AssertionError를 발생시킨다.

이 예에서 술어는 w <= _.width다. 밑줄은 술어가 갖는 유일한 인자를 표시하며, 그 인자는 widen 메서드가 반환해야 하는 Element 타입의 결과다. widen 메서드가 w 인자로 전달받은 값이 결과의 width보다 작거나 같다면, 이 술어의 결과도 true다. 그러면 ensuring

도 전달받은 Element 타입의 값을 결과로 돌려준다. 이 표현식이 widen 메서드에서 마지막에 있기 때문에, widen 메서드 자체의 결과는 ensuring이 돌려주는 Element 타입의 결과가 된다.

JVM에 -ea나 -da 명령행 옵션을 사용하면 확인(assert와 ensuring 등)의 동작을 켜거나 끌수 있다. 작동 시, 각 단언문은 소프트웨어가 실행되면서 접하는 실제 데이터를 사용하는작은 테스트 역할을 한다. 이제부터는 외부 단위 테스트를 작성하는 데 주안점을 둘 것이다. 단위 테스트는 스스로 데이터를 제공하며, 애플리케이션과 독립적으로 실행할 수있다.

14.2 스칼라에서 테스트하기

여러분이 선택할 수 있는 여러 가지 테스트 도구가 있다. 정평이 난 자바 도구인 J유닛^{JUnit}이나 테스트NG^{TestNG}도 있고, 스칼라로 만들어진 새로운 툴인 스칼라테스트^{ScalaTest}, 스펙스2^{specs2}, 스칼라체크^{ScalaCheck} 등도 있다. 이 장의 나머지 부분에서는 이러한 도구들을 간략히 살펴볼 것이다. 먼저 스칼라테스트부터 시작하자.

스칼라테스트는 가장 유연한 스칼라 테스트 프레임워크로서, 다른 문제를 풀기 위해쉽게 커스터마이즈할 수 있다. 스칼라테스트가 유연하다는 건 팀의 최적의 요구에 맞게 어떠한 테스트 스타일도 사용할 수 있다는 뜻이다. 예를 들어, J유닛에 익숙한 팀은AnyFunSuite 스타일을 편안하고 익숙하게 느낄 것이다. 리스트 14.3은 예를 보여준다.

리스트 14.3 AnyFunSuite로 테스트 작성하기

```
import org.scalatest.funsuite.AnyFunSuite
import Element.elem

class ElementSuite extends AnyFunSuite {

  test("elem result should have passed width") {
    val ele = elem('x', 2, 3)
    assert(ele.width == 2)
  }
}
```

스칼라테스트에서 중심적인 개념은 테스트 집합인 **스위트**^{suite}다. **테스트**^{test}는 시작해서 성공하거나, 실패하거나, 계속해서 결과를 기다리거나^{pending}, 또는 취소될 수 있는 이름이 있는 어떤 것이다. 트레이트 Suite는 테스트들을 실행하기 위해 사전에 준비된 '생명 주기^{life cycle}' 메서드들을 선언한다. 그 메서드들은 테스트 작성과 실행 방법을 커스터마이즈하기 위해 오버라이드할 수 있다.

스칼라테스트는 다른 테스트 스타일을 지원하기 위해 Suite를 확장하고 생명 주기 메서드를 오버라이드하는 **스타일 트레이트**^{style trait}를 지원한다. 또한 특별한 테스트 요구를 해결하기 위해 생명 주기 메서드를 오버라이드하는 **믹스인 트레이트**^{mixin trait}도 지원한다. 여러분은 Suite 스타일과 믹스인 트레이트를 구성해서 테스트 클래스를 정의하고, Suite 인스턴스를 구성해서 테스트 스위트^{test suite}를 정의한다.

리스트 14.3에서 테스트 클래스에 의해 확장된 AnyFunSuite는 테스트 스타일의 예다. AnyFunSuite의 'Fun'은 함수를 의미한다. test는 AnyFunSuite에 정의된 메서드다. 따라서 ElementSuite의 주 생성자는 이 메서드를 호출한다. 괄호 사이에 테스트 이름 역할을 할 문자열을 명시하고, 중괄호 사이에 테스트 코드를 기입한다. 테스트 코드는 test에 이름에 의한 호출 파라미터^{by-name parameter}로 전달되는 함수다. test 메서드는 이렇게 전달받은 테스트 코드를 나중에 실행하기 위해 등록한다.

스칼라테스트는 일반적인 빌드 툴(예를 들어, sbt나 메이븐^{Maven})이나 IDE(예를 들어, 인텔리J IDEA^{IntelliJ IDEA}나 이클립스^{Eclipse})와 통합된다. 또한 스칼라테스트의 Runner 애플리케이션을 통하거나 스칼라 인터프리터에서 단순히 execute를 호출함으로써 Suite를 직접 실행할 수 있다. 예를 보자.

```
scala> (new ElementSuite).execute()
ElementSuite:
- elem result should have passed with
```

AnyFunSuite를 포함한 모든 스칼라테스트 스타일은 서술적인 이름을 갖는 테스트의 작성을 권장하고자 설계됐다. 게다가 모든 스타일은 프로그래머 사이에 소통을 돕는, 명세와 비슷한 출력을 생성한다. 여러분이 선택한 스타일은 단지 테스트 선언의 외양만을 결정한다. 어떤 스타일을 선택하든 스칼라테스트의 나머지 부분은 일관성 있게 같은 방법

으로 동작한다.[2]

14.3   충분한 정보를 제공하는 실패 보고

리스트 14.3에 있는 테스트는 너비가 2인 원소를 생성한 다음, 만들어진 원소의 너비가 정말로 2인지 확인한다. 이 단언문이 실패한다면, 파일 이름, 실패한 단언문의 줄 번호, 그리고 정보가 담긴 오류 메시지가 오류 보고에 포함돼야 할 것이다.

```
scala> val width = 3
width: Int = 3

scala> assert(width == 2)
org.scalatest.exceptions.TestFailedException:
    3 did not equal 2
```

단언문이 실패할 때 서술적인 오류 메시지를 보여주기 위해 스칼라테스트는 컴파일 시에 각 assert 호출에 전달된 식을 분석한다. 단언문 실패에 대해 더 상세한 정보를 원한다면, 스칼라테스트에 Diagrams를 사용할 수 있다. Diagrams를 사용하면 단언문 오류 메시지는 assert에 전달된 식의 다이어그램을 보여준다.

```
scala> assert(List(1, 2, 3).contains(4))
org.scalatest.exceptions.TestFailedException:

  assert(List(1, 2, 3).contains(4))
         |    |  |  |   |        |
         |    1  2  3   false    4
         List(1, 2, 3)
```

스칼라테스트의 assert 메서드는 오류 메시지에서 실제 결과와 기대되는 결과의 차이를 보여주지 않는다. 단지 오른쪽 피연산자와 왼쪽 피연산자가 동일하지 않다고 표시하거나, 다이어그램에 값을 보여준다. 실제와 기대치가 다르다는 사실을 강조하고 싶다면, 스칼라테스트에 있는 assertResult 메서드를 다음과 같이 사용할 수 있다.

---

2   스칼라테스트에 대한 더 많은 정보는 http://www.scalatest.org/에 있다.

```
assertResult(2) {
  ele.width
}
```

이 식은 중괄호 안에 있는 코드의 결과가 2가 될 것으로 기대한다는 뜻이다. 중괄호 안의 코드를 평가한 값이 3이라면, 테스트 실패 보고에서 "Expected 2, but got 3"이라는 메시지를 보게 될 것이다.

어떤 메서드가 발생시킬 수 있는 예외를 검사하고 싶다면, 스칼라테스트의 assertThrows 메서드를 다음과 같이 사용할 수 있다.

```
assertThrows[IllegalArgumentException] {
  elem('x', -2, 3)
}
```

중괄호 내의 코드가 다른 예외를 발생시키거나 어떤 예외도 발생시키지 않는다면, assertThrows는 TestFailedException과 함께 즉시 끝날 것이다. 다음과 같이 실패 보고에서는 도움이 될 만한 오류 메시지를 보여줄 것이다.

```
Expected IllegalArgumentException to be thrown,
  but NegativeArraySizeException was thrown.
```

반대로, 코드가 전달된 예외 클래스의 인스턴스를 발생시키면서 즉시 완료되면, assertThrows는 일반적인 방식의 결과를 반환한다. 더 나아가 어떤 예외가 발생했는지를 확인하고 싶다면, assertThrows 대신에 intercept를 사용할 수도 있다. intercept 메서드는 assertThrows와 동일하게 동작하지만, 예상한 대로 예외가 발생하는 경우 intercept만 그 예외를 반환한다는 점이 다를 뿐이다.

```
val caught =
  intercept[ArithmeticException] {
    1 / 0
  }
assert(caught.getMessage == "/ by zero")
```

요약하자면, 스칼라테스트의 단언문들은 여러분이 코드를 진단하고 문제를 고칠 수 있게 돕는 유용한 실패 메시지를 제공하기 위해 최선을 다하고 있다.

14.4 명세로 테스트하기

동작 주도 개발BDD, behavior-driven development 테스트 스타일은 기대하는 코드의 동작을 사람이 읽을 수 있는 명세로 작성하고, 코드가 그 명세에 따라 작동하는지 확인하는 테스트를 작성하는 데 중점을 둔다. 스칼라테스트는 이 테스트 스타일을 가능케 해주는 여러 트레이트를 제공한다. AnyFlatSpec의 예를 리스트 14.4에서 볼 수 있다.

리스트 14.4 스칼라테스트의 AnyFlatSpec으로 동작을 명세화하고 테스트하기

```
import org.scalatest.flatspec.AnyFlatSpec
import org.scalatest.matchers.should.Matchers
import Element.elem

class ElementSpec extends AnyFlatSpec with Matchers {
  "A UniformElement" should
      "have a width equal to the passed value" in {
    val ele = elem('x', 2, 3)
    ele.width should be (2)
  }

  it should "have a height equal to the passed value" in {
    val ele = elem('x', 2, 3)
    ele.height should be (3)
  }

  it should "throw an IAE if passed a negative width" in {
    an [IllegalArgumentException] should be thrownBy {
      elem('x', -2, 3)
    }
  }
}
```

AnyFlatSpec에서는 **명세 절**specifier clause을 사용해 테스트를 작성한다. 먼저 테스트할 **주제**subject에 대해 이름을 문자열로 붙이는 것부터 시작한다(리스트 14.4의 "A UniformElement"). 그 뒤에 should(또는 must나 can)를 넣고, 그 뒤에 해당 주제의 작동을 설명하는 문자열이

오고, 그다음에 in이 따라온다. in 다음에는, 중괄호 안에다 지정한 동작을 테스트하는 코드를 작성한다. 그다음에 오는 절에서 가장 최근에 언급한 주제에 대해 언급하고 싶으면 it을 사용할 수 있다. AnyFlatSpec을 실행하면 각 명세 절을 스칼라테스트 테스트로 실행할 것이다. AnyFlatSpec(그리고 스칼라테스트의 기타 명세 트레이트)은 실행 시 사람이 읽기 더 좋은 출력을 만들어낸다. 예를 들어, 리스트 14.4에 있는 ElementSpec을 인터프리터에서 실행하면 다음과 같은 결과가 나온다.

```
scala> (new ElementSpec).execute()
A UniformElement
- should have a width equal to the passed value
- should have a height equal to the passed value
- should throw an IAE if passed a negative width
```

리스트 14.4는 또한 스칼라테스트의 **연결자**matcher 도메인 특화 언어DSL, domain-specific language 를 설명한다. Matchers 트레이트를 혼합하면, 자연어처럼 잘 읽을 수 있는 단언문을 작성할 수 있다. 스칼라테스트는 DSL에 많은 연결자를 제공하거나, 여러분이 맞춤식 실패 메시지를 갖는 새로운 연결자를 만들 수 있게 해준다. 리스트 14.4에 있는 연결자는 should be와 an[...] should be thrownBy { ... } 문법을 포함한다. should보다 must를 선호한다면, 선택적으로 MustMatchers를 혼합할 수도 있다. 예를 들어, MustMatchers를 혼합하면 다음과 같은 표현식을 작성할 수 있다.

```
result must be >= 0
map must contain key 'c'
```

마지막 단언문이 실패하면, 다음과 비슷한 오류 메시지가 나온다.

```
Map('a' -> 1, 'b' -> 2) did not contain key 'c'
```

에릭 토레보르Eric Torreborre가 스칼라로 작성한 오픈소스 도구인 스펙스2specs2 테스트 프레임워크도 BDD 스타일을 지원한다. 그러나 문법은 조금 다르다. 예를 들어, 리스트 14.5처럼 스펙스2 테스트를 작성할 수 있다.

```scala
import org.specs2._
import Element.elem

object ElementSpecification extends Specification {
  "A UniformElement" should {
    "have a width equal to the passed value" in {
      val ele = elem('x', 2, 3)
      ele.width must be_==(2)
    }
    "have a height equal to the passed value" in {
      val ele = elem('x', 2, 3)
      ele.height must be_==(3)
    }
    "throw an IAE if passed a negative width" in {
      elem('x', -2, 3) must
        throwA[IllegalArgumentException]
    }
  }
}
```

스칼라테스트처럼 스펙스2도 연결자 DSL을 제공한다. 리스트 14.5에서 must be_==나 must throwA 등의 스펙스2 연결자를 볼 수 있다.[3] 스펙스2를 독립적으로 사용할 수 있지만, 스칼라테스트나 J유닛과 함께 통합할 수도 있다. 따라서 이러한 도구를 통해 스펙스2 테스트를 실행할 수도 있다.

BDD의 큰 아이디어 중 하나는 어떤 소프트웨어 시스템을 만들지를 결정하는 사람, 그 소프트웨어를 구현하는 사람, 그리고 그 소프트웨어가 잘 마무리되어 동작하는지를 결정하는 사람 사이의 의사소통을 테스트가 도와줄 수 있다는 것이다. 물론 스칼라테스트나 스펙스2의 어떤 스타일이든 이런 목적에 사용될 수 있다. 하지만 특히 스칼라테스트의 AnyFeatureSpec은 이런 목적으로 설계된 것이다. 리스트 14.6의 예를 보자.

---

3 http://specs2.org/에서 specs2를 내려받을 수 있다.

```
import org.scalatest._
import org.scalatest.featurespec.AnyFeatureSpec

class TVSetSpec extends AnyFeatureSpec with GivenWhenThen {

  Feature("TV power button") {
    Scenario("User presses power button when TV is off") {
      Given("a TV set that is switched off")
      When("the power button is pressed")
      Then("the TV should switch on")
      pending
    }
  }
}
```

AnyFeatureSpec은 소프트웨어 요구사항에 대한 대화를 돕기 위해 설계됐다. 여러분은 구체적인 **특징**feature을 밝혀야 하고, 그런 특징을 **시나리오**scenario로 명시해야 한다. Given, When, Then 메서드(GivenWhenThen 트레이트가 제공함)는 구체적인 개별 시나리오에 대한 대화에 초점을 맞추는 데 도움을 줄 수 있다. 맨 끝에 있는 pending 호출은 테스트나 실제 동작이 아직 구현되지 않았다는 사실을 명시한다(그것은 단지 명세일 뿐이다). 모든 테스트와 구체적인 동작이 구현되면, 테스트에 성공하고 요구사항을 만족하는 것으로 판단할 수 있다.

14.5 프로퍼티 기반 테스트

리커드 닐슨Rickard Nilsson이 작성한 오픈소스 프레임워크인 스칼라체크ScalaCheck는 스칼라로 만들어진 또 다른 유용한 테스트 도구다. 스칼라체크는 테스트할 코드가 준수해야 하는 프로퍼티를 명시하게 해준다. 스칼라체크는 각 프로퍼티에 대해 테스트 데이터를 생성한 다음, 프로퍼티를 잘 지키는지 검사하는 테스트를 실행한다. 리스트 14.7은 ScalaCheckPropertyChecks 트레이트를 믹스인하고 스칼라테스트 AnyWordSpec을 상속하는 스칼라체크를 사용하는 예를 보여준다.

```
import org.scalatest.wordspec.AnyWordSpec
import org.scalatestplus.scalacheck.ScalaCheckPropertyChecks
import org.scalatest.matchers.must.Matchers._
import Element.elem

class ElementSpec extends AnyWordSpec
        with ScalaCheckPropertyChecks {
  "elem result" must {
    "have passed width" in {
      forAll { (w: Int) =>
        whenever (w > 0) {
          elem('x', w % 100, 3).width must equal (w % 100)
        }
      }
    }
  }
}
```

AnyWordSpec은 스칼라테스트 스타일의 클래스다. PropertyChecks 트레이트는 프로퍼티
기반 테스트를 전통적인 단언문이나 연결자 기반 테스트와 혼합할 수 있는 여러 forAll
메서드를 제공한다. 위의 예에서는 elem 팩토리가 지켜야 하는 한 가지 프로퍼티를 검사
한다. 스칼라체크 프로퍼티는 해당 프로퍼티에 대한 단언문에 필요한 테스트 데이터를
인자로 받는 함숫값이다. 스칼라체크가 그런 데이터를 생성해준다. 리스트 14.7에 있는
첫 번째 프로퍼티에서 테스트 데이터는 w라는 이름의 정수이며, 너비를 나타낸다. 함수의
본문을 보면 다음과 같은 코드가 있다.

```
whenever (w > 0) {
  elem('x', w % 100, 3).width must equal (w % 100)
}
```

whenever 절은 왼쪽 편에 있는 식이 true일 때마다 오른쪽에 있는 식이 true가 되어야 함
을 명시한다. 그러므로 이 경우에는 w가 0보다 클 때마다 블록 안에 있는 식이 true가 되
어야 한다. 이 경우, elem 팩토리에 전달된 width가 그 팩토리에 의해 반환된 Element의
width와 동일하면 오른편 식이 true를 내놓을 것이다.

스칼라체크는 이렇게 적은 코드로, 프로퍼티에 맞지 않는 값을 찾기 위해 w에 들어갈 수

있는 값을 여러 개 생성하고 각각을 테스트한다. 스칼라체크가 시도하는 모든 값을 프로퍼티가 만족하는 경우 테스트를 통과하고, 그렇지 않으면 실패의 원인이 된 값이 들어 있는 TestFailedException을 즉시 던지면서 테스트가 종료된다.

14.6 테스트 조직과 실행

14장에서 언급한 각 프레임워크는 테스트를 조직하고 실행하는 몇 가지 방법을 지원한다. 여기서는 스칼라테스트의 접근 방식을 간략하게 살펴볼 것이다. 그러나 각 프레임워크의 전반적인 내용을 알기 위해서는 각 프레임워크 문서를 확인할 필요가 있다.

스칼라테스트에서는 스위트 안에 스위트를 포함시킴으로써 큰 테스트를 조직화한다. 어떤 Suite가 실행되면, 그 안에 있는 테스트뿐만 아니라 내부에 있는 Suite의 테스트도 실행될 것이다. 다시, 내포된 Suite는 그 안에 내포된 Suite를 실행한다. 이런 방식으로 내포된 모든 Suite 테스트를 실행한다. 그러므로 큰 스위트는 Suite 객체 트리로 표현할 수 있다. 스위트 트리의 루트 Suite 객체를 실행하면 트리 전체의 Suite를 실행한다.

수동 또는 자동으로 스위트를 포함시킬 수 있다. 수동으로 처리하려면 nestedSuites 메서드를 오버라이드하거나, 포함시키고 싶은 스위트를 Suite 클래스의 생성자에 전달하면 된다. 스칼라테스트는 이렇게 스위트 간의 포함 관계를 위해 추가 생성자를 제공한다. 자동으로 스위트를 포함시키기 위해서는, 스칼라테스트의 Runner에 패키지 이름을 전달하면 된다. 그렇게 하면 실행자가 자동으로 스위트를 찾아내서 루트 스위트 안에 그 스위트들을 넣고 루트 스위트를 실행한다.

명령행에서 실행하거나 sbt, maven, ant 같은 빌드 툴을 통해 스칼라테스트의 Runner 애플리케이션을 호출할 수 있다. 명령행에서 Runner를 호출하는 가장 간단한 방법은 org.scalatest.run 애플리케이션을 사용하는 것이다. 이때 애플리케이션에 테스트 클래스의 전체 경로명FQN, fully qualified name을 넘겨야 한다. 예를 들어, 리스트 14.6에 있는 테스트 클래스를 실행하려면 다음과 같이 컴파일해야 한다.

```
$ scalac -cp scalatest-app.jar:scala-xml.jar TVSetSpec.scala
```

그 후, 다음과 같이 실행할 수 있다.

```
$ scala -cp scalatest-app.jar:scala-xml.jar org.scalatest.run TVSetSpec
```

-cp 옵션을 사용해 JVM의 클래스 경로에 scalatest-app과 scala-xml JAR 파일을 추가한다(다운로드를 했다면 파일 이름에 버전이 추가될 것이다). 그 뒤에 오는 토큰인 org.scalatest.run은 애플리케이션의 전체 경로명이다. 스칼라는 이 애플리케이션을 실행하면서 나머지 토큰을 명령행 인자로 넘긴다. TVSetSpec 인자는 실행할 스위트를 가리킨다. 그 결과는 그림 14.1과 같다.

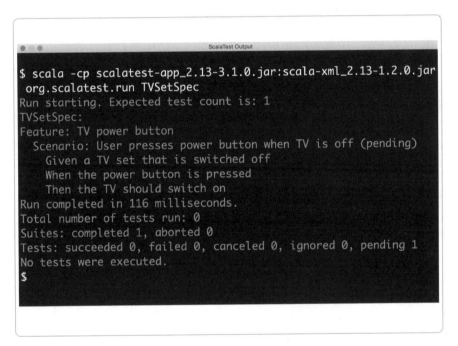

그림 14.1 org.scalatest.run의 결과

14.7 결론

14장에서는 실제 제품 코드 안에서 곧바로 단언문을 추가하고, 코드 밖의 테스트에서 그것을 작성하는 예를 보았다. 여러분은 스칼라 프로그래머로서 J유닛이나 테스트NG 같은

자바 커뮤니티에서 유명한 테스트 도구의 장점을 살릴 수도 있고, 스칼라테스트, 스칼라체크, 스펙스2 등 스칼라만을 위해 설계한 새로운 도구의 이점도 취할 수 있다. 코드 안에 있는 단언문과 외부 테스트 모두 소프트웨어의 품질 목표를 달성하는 데 유용하다. 이 책의 본래 목적인 스칼라 자습서에서 약간 벗어난 주제이긴 하지만, 이런 기법은 다룰 만한 가치가 충분하다. 다음 장은 다시 스칼라 자습서라는 주제로 돌아가서, 스칼라에서 아주 유용한 부분인 패턴 매치를 다룰 것이다.

Chapter

15

케이스 클래스와 패턴 매치

15장에서는 **케이스 클래스**^{case class}와 **패턴 매치**^{pattern match}를 소개한다. 이들은 쌍둥이 구성요소로서, 일반적이고 캡슐화되지 않은 데이터 구조를 작성할 때 쓰인다. 이 두 구성요소는 특히 트리 같은 재귀적 데이터에 유용하다.

함수형 언어로 프로그래밍을 해본 경험이 있다면 패턴 매치에 대해 알 테지만, 그렇더라도 케이스 클래스는 새로울 것이다. 케이스 클래스는 아주 많은 코드를 작성하지 않고도 객체에 대한 패턴 매치를 하게 해주는 스칼라 구성요소다. 대부분의 경우, 여러분이 해야할 일은 패턴 매치에 사용할 각 클래스 앞에 case 키워드를 추가하는 것뿐이다.

먼저 케이스 클래스와 패턴 매치의 간단한 예로 시작한다. 그런 다음 스칼라가 지원하는 모든 패턴 유형을 살펴보고, **봉인한 케이스 클래스**^{sealed case class}의 역할을 알아보고, Option 타입에 대해 논의한 다음, 언어에서 패턴 매치가 명확하지 않게 사용되는 곳을 보여줄 것이다. 마지막으로, 좀 더 실제적인 패턴 매치의 예를 살펴볼 것이다.

15.1 간단한 예

패턴 매치의 모든 규칙과 미묘한 점에 대해 깊이 알아보기 전에, 일반적인 개념을 이해하기 위해서는 간단한 예를 보는 것이 좋다. 여러분이 설계할 도메인 특화 언어^{DSL, domain-}

에 산술 표현식을 다루는 라이브러리가 필요하다고 생각해보자.

이 문제를 해결하기 위한 첫 단계는 입력 데이터를 정의하는 것이다. 문제를 간단히 하기 위해 변수와 숫자, 단항/이항 연산자로 이뤄진 산술식만 다룰 것이다. 스칼라에서는 이러한 산술식을 리스트 15.1처럼 계층구조로 표현할 수 있다.

리스트 15.1 케이스 클래스 정의

```
abstract class Expr
case class Var(name: String) extends Expr
case class Number(num: Double) extends Expr
case class UnOp(operator: String, arg: Expr) extends Expr
case class BinOp(operator: String, left: Expr, right: Expr) extends Expr
```

이 계층구조는 추상 기본 클래스 하나와 그 클래스를 상속한 4개의 서브클래스로 구성된다. 각 서브클래스는 식의 한 종류를 표현한다.[1] 모든 클래스의 내용은 비어 있다. 앞에서 언급했듯이, 스칼라에서 클래스 내용이 비어 있으면 중괄호를 생략할 수 있다. 그래서 class C와 class C {}는 같다.

케이스 클래스

리스트 15.1에 있는 클래스 선언에서 각 서브클래스 앞에 case라는 수식자가 있음을 주의 깊게 보자. 이 수식자가 붙은 클래스를 **케이스 클래스**case class라고 부른다. case 수식자는 스칼라 컴파일러에게 해당 클래스에 문법적으로 편리한 기능 몇 가지를 추가하라고 지시하는 것이다.

첫 번째로, 컴파일러는 클래스 이름과 같은 이름의 팩토리 메서드를 추가한다. 그래서 예를 들면, new Var("x") 대신에 Var("x")를 사용해 Var 객체를 생성할 수 있다.

```
scala> val v = Var("x")
v: Var = Var(x)
```

팩토리 메서드는 중첩해서 객체를 생성할 때 특히 좋다. 코드에 간간이 나오는 new 키워

---

1 추상화 클래스 대신, 클래스 계층구조의 루트를 모델링하기 위해 트레이트를 사용할 수 있다. 하지만 추상화 클래스로 하는 편이 좀 더 효율적일 것이다.

드가 없기 때문에, 산술식의 구조를 한눈에 알아볼 수 있다.

```
scala> val op = BinOp("+", Number(1), v)
op: BinOp = BinOp(+,Number(1.0),Var)
```

두 번째로 제공하는 편리한 기능은 케이스 클래스의 파라미터 목록에 있는 모든 인자에
암시적으로 val 접두사를 붙인다는 점이다. 그래서 각 파라미터가 클래스의 필드도 된다.

```
scala> v.name
res0: String = x

scala> op.left
res1: Expr = Number(1.0)
```

세 번째로, 컴파일러는 케이스 클래스에 toString, hashCode, equals 메서드의 '일반적인'
구현을 추가한다. 이런 메서드들은 케이스 클래스와 그것의 모든 인자를 (재귀적으로 구성
되는) 하나의 온전한 트리로 보고, 그것을 문자열로 만들거나 해시를 계산하거나 비교한
다. 스칼라에서는 ==를 사용한 비교를 항상 equals 메서드에 위임하기 때문에, 이는 케이
스 클래스들의 원소들을 항상 구조적으로 서로 비교한다는 뜻이다.

```
scala> println(op)
BinOp(+,Number(1.0),Var)

scala> op.right == Var("x")
res3: Boolean = true
```

마지막으로, 컴파일러는 어떤 케이스 클래스에서 일부를 변경한 복사본을 생성하는 copy
메서드를 추가한다. 이 메서드는 기존의 인스턴스에서 하나 이상의 속성을 바꾼 새로운
인스턴스를 생성할 때 매우 유용하다. 이 copy 메서드는 디폴트 파라미터와 이름 붙인 파
라미터를 제공한다(8.8절 참고). 이름 붙인 파라미터를 사용하면 변경하고 싶은 인자만을
명시할 수 있다. 이때 명시하지 않은 인자의 값은 원본 객체의 것을 사용한다. 예를 들어,
다음은 operator만 바꾸고 나머지는 op 같은 연산을 어떻게 만드는지 보여준다.

```
scala> op.copy(operator = "-")
res4: BinOp = BinOp(-,Number(1.0),Var(x))
```

이 모든 기능은 적은 비용으로 많은 편리함을 제공한다. 적은 비용은 case 수식자를 앞에 적는 것이고, 해당 클래스와 객체가 조금 커지는 것이다. 몇 가지 메서드가 생성되고, 객체의 생성자 파라미터에 대한 암시적 필드가 추가되기 때문에 크기가 커질 수밖에 없다. 하지만 케이스 클래스의 가장 큰 장점은 패턴 매치를 지원한다는 것이다.

패턴 매치

방금 제시한 산술식을 더 간단하게 만들고 싶다면, 사용할 수 있는 규칙이 아주 많다. 다음 세 가지 규칙은 단순한 예일 뿐이다.

```
UnOp("-", UnOp("-", e))  => e    // 부호를 두 번 반전
BinOp("+", e, Number(0)) => e    // 0을 더함
BinOp("*", e, Number(1)) => e    // 1을 곱함
```

패턴 매치는 스칼라에서 함수를 단순화하는 핵심이기 때문에, 그것을 사용하면 리스트 15.2에서 보여주는 규칙을 거의 그대로 사용할 수 있다. 간략화 함수인 simplifyTop은 다음과 같이 사용할 수 있다.

```
scala> simplifyTop(UnOp("-", UnOp("-", Var("x"))))
res4: Expr = Var(x)
```

리스트 15.2 패턴 매치를 사용하는 simplifyTop 함수

```
def simplifyTop(expr: Expr): Expr = expr match {
  case UnOp("-", UnOp("-", e))  => e        // 부호를 두 번 반전
  case BinOp("+", e, Number(0)) => e        // 0을 더함
  case BinOp("*", e, Number(1)) => e        // 1을 곱함
  case _ => expr
}
```

simplifyTop 함수의 오른쪽은 match 표현식이다. match는 자바의 switch와 비슷하다. 하지만 match를 셀렉터^{selector} 표현식 바로 뒤에 써야 한다. 즉, 자바에서는 다음과 같지만

```
switch (셀렉터) { 대안들 }
```

스칼라에서는 다음과 같이 쓴다.

```
셀렉터 match { 대안들 }
```

패턴 매치에는 case 키워드로 시작하는 여러 **대안**alternative이 들어간다. 각 대안은 **패턴**pattern 과 셀렉터가 일치했을 때 계산되는 하나 이상의 표현식을 포함한다. 화살표 =>는 패턴과 계산할 표현식을 분리한다.

match 식은 코드에 쓰인 순서대로 패턴을 하나씩 검사한다. 매치되는 첫 번째 패턴을 선택해서 화살표 뒤의 표현식을 실행한다.

"+"나 1 같은 **상수 패턴**constant pattern은 == 연산자를 적용해서 매치된다. e와 같이 **변수만을 사용한 패턴**variable pattern은 모든 값과 매치할 수 있다. 이때 화살표 오른쪽에 있는 표현식에 해당 변수가 있으면 그 변수는 매치된 값을 가리키게 된다. 앞의 예제를 보자. match 식의 세 case 문은 매치에 성공한 패턴에 바운드된 변수 e를 결과로 내놓는다. **와일드카드 패턴**wildcard pattern(_)은 모든 값과 매치할 수 있다. 하지만 그 값에 이름을 붙이지는 않는다 (따라서 매치된 값을 사용할 수 없다). 리스트 15.2에서 match 식의 맨 마지막에 성공한 매치가 하나도 없을 때 실행하는 디폴트 케이스를 보라. 성공한 매치가 없으면 산술식 데이터 구조에 아무 조작도 필요 없다. 그래서 원래 match의 대상이었던 표현식인 expr을 반환한다.

생성자 패턴constructor pattern은 UnOp("-", e)와 같은 형태다. 어떤 값의 타입이 UnOp이고, 첫 인자가 "-"이면 이 생성자 패턴과 매치될 수 있고, e에는 두 번째 인자가 바운드된다. 여기서 생성자 인자도 역시 패턴임을 주의하자. 이런 특성으로 인해 간결한 표현으로 깊은 패턴을 사용할 수 있다. 다음 예를 보자.

```
UnOp("-", UnOp("-", e))
```

비지터visitor 디자인 패턴을 사용해 이것과 동일한 기능을 구현하는 것을 생각해보자.[2] 마찬가지로 이상하긴 하지만, if 문, 타입 검사, 타입 변환을 길게 나열해 같은 기능을 구현하는 경우를 생각해보자.

---

2 감마(Gamma) 등, 『Design Patterns』[Gam95](한국어판: 『GoF의 디자인 패턴』, 김정애 역, 피어슨 에듀케이션 코리아, 2007)

switch와 match의 비교

match 식은 자바 스타일 switch를 일반화한 것으로 볼 수 있다. 자바 switch는 상수 패턴과 (switch의 디폴트 케이스를 나타내는) 와일드카드를 사용한 스칼라 match로 자연스럽게 표현할 수 있다.

그러나 주의해야 할 세 가지 차이점이 있다. 첫째, 스칼라의 match는 **표현식**이다. 따라서 그 식은 결괏값을 내놓는다. 둘째, 스칼라의 대안 표현식은 다음 케이스로 빠지지^{fall through} 않는다. 셋째, 매치에 성공하지 못하는 경우 MatchError 예외가 발생한다. 따라서 모든 가능한 경우를 처리하기 위해서는, 하는 일이 아무것도 없더라도 디폴트 케이스를 반드시 추가해야 한다.

리스트 15.3에서 예를 보여준다. 두 번째 케이스는 꼭 필요한데, 그 부분이 없으면 expr이 BinOp가 아닌 경우 MatchError 예외가 발생하기 때문이다. 이 예제에서 두 번째 케이스에는 어떤 코드도 없기 때문에, 그 케이스로 매치가 이뤄져도 아무 일도 일어나지 않는다. 두 케이스는 모두 유닛값인 ()를 반환하기 때문에, 전체 match 표현식도 ()를 반환한다.

리스트 15.3 비어 있는 '디폴트' 케이스가 있는 패턴 매치

```
expr match {
  case BinOp(op, left, right) =>
    println(s"$expr is a binary operation")
  case _ =>
}
```

15.2 패턴의 종류

앞의 예에서 빠르게 여러 패턴을 살펴봤다. 이제부터는 각 패턴을 자세히 살펴보자.

패턴의 문법은 쉽다. 걱정하지 말자. 모든 패턴은 그에 상응하는 표현식과 비슷해 보인다. 예를 들어, 리스트 15.1의 계층구조를 보자. Var(x) 패턴은 모든 변수 표현식과 매치시킬 수 있다. 이때 x에는 Var 표현식의 변수 이름이 들어간다. 표현식에서 이것을 사용하면, Var(x)(정확히 똑같은 패턴 문법)로 동일한 Var 객체를 다시 만들어낸다. 패턴 문법

은 너무나 명백하다. 따라서 어떤 종류의 패턴을 사용할 수 있는가에만 주의를 기울이면 된다.

와일드카드 패턴

와일드카드 패턴(_)은 어떤 객체라도 매치할 수 있다. 다음과 같이 모든 경우와 매치 가능한 디폴트 케이스로 사용하는 모습을 이미 보았다.

```
expr match {
  case BinOp(op, left, right) =>
    println(s"$expr is a binary operation")
  case _ => // 디폴트 처리
}
```

어떤 객체에서 값을 알 필요가 없는 부분을 무시하기 위해 와일드카드 패턴을 사용할 수도 있다. 예를 들어, 위 예제의 첫 패턴에서는 이항 연산자의 각 인자가 무엇인지는 전혀 상관이 없었다. 단지 타입이 BinOp인지만 검사했다. 그러므로 리스트 15.4처럼 BinOp의 인자에 대해 와일드카드 패턴을 사용할 수 있다.

리스트 15.4 와일드카드 패턴 매치

```
expr match {
  case BinOp(_, _, _) => println(s"$expr is a binary operation")
  case _ => println("It's something else")
}
```

상수 패턴

상수 패턴은 자신과 똑같은 값과 매치된다. 어떤 종류의 리터럴이든 상수로 사용할 수 있다. 예를 들어 5, ture, "hello"는 모두 상수 패턴이다. 또한 val이나 싱글톤 객체도 상수로 사용할 수 있다. 예를 들어, 싱글톤 객체인 Nil은 오직 빈 리스트에만 매치시킬 수 있는 패턴이다. 리스트 15.5는 상수 패턴의 예를 보여준다.

```
def describe(x: Any) = x match {
  case 5 => "five"
  case true => "truth"
  case "hello" => "hi!"
  case Nil => "the empty list"
  case _ => "something else"
}
```

아래는 리스트 15.5의 패턴 매치가 어떻게 실행되는지 보여준다.

```
scala> describe(5)
res6: String = five

scala> describe(true)
res7: String = truth

scala> describe("hello")
res8: String = hi!

scala> describe(Nil)
res9: String = the empty list

scala> describe(List(1,2,3))
res10: String = something else
```

변수 패턴

변수 패턴은 와일드카드처럼 어떤 객체와도 매치된다. 와일드카드와 다른 점은 변수에 객체를 바인딩한다는 사실이다. 그러면 그 객체에 어떤 일을 하기 위해 변수를 사용할 수 있다. 예를 들어 리스트 15.6은 0을 특별히 처리하고, 나머지 모든 값을 처리하는 디폴트 패턴 매치를 보여준다. 디폴트 매치에 변수 패턴을 사용했다. 그래서 값이 무엇이든 간에 그 값을 패턴에서 사용한 변수 이름으로 가리킬 수 있다.

리스트 15.6 변수 패턴을 사용한 패턴 매치

```
expr match {
  case 0 => "zero"
  case somethingElse => "not zero: " + somethingElse
}
```

변수 또는 상수?

상수 패턴이 기호로 이뤄진 이름일 수도 있다. Nil을 사용하는 패턴에서 이미 그런 경우를 보았다. 다음 예를 보면, 상수 E(2.71828...)와 Pi(3.14159...)를 패턴 매치한다.

```scala
scala> import math.{E, Pi}
import math.{E, Pi}

scala> E match {
         case Pi => "strange math? Pi = " + Pi
         case _ => "OK"
       }
res11: String = OK
```

예상대로 E는 Pi와 매치되지 않는다. 그래서 "strange math" 부분을 사용하지 않는다.

그렇다면 스칼라 컴파일러는 어떻게 Pi가 셀렉터와 매치시킬 변수가 아니라, scala.math 로부터 임포트한 상수인지 알 수 있을까? 스칼라는 이런 모호성을 없애기 위해 간단한 문법 규칙을 사용한다. 즉, 소문자로 시작하는 간단한 이름은 패턴 변수로 취급하고, 다른 모든 참조는 상수로 간주한다. 차이를 비교해보기 위해, Pi 대신 pi라는 별명을 만들어서 테스트해보자.

```scala
scala> val pi = math.Pi
pi: Double = 3.141592653589793

scala> E match {
         case pi => "strange math? Pi = " + pi
       }
res12: String = strange math? Pi = 2.718281828459045
```

이 경우, 심지어 모든 경우를 처리할 수 있는 디폴트 케이스를 추가하려 해도 컴파일러가 허락하지 않는다. pi가 변수 패턴이라서 모든 입력과 매치될 수 있기 때문이다. 그래서 다음과 같은 경우 두 번째 와일드카드 케이스에는 결코 도달할 수 없다.

```scala
scala> E match {
         case pi => "strange math? Pi = " + pi
         case _ => "OK"
       }
         case pi => "strange math? Pi = " + pi
```

```
                   ^
On line 2: warning: patterns after a variable pattern cannot
match (SLS 8.1.1)
```

군이 소문자 이름을 상수 패턴으로 사용하고 싶다면, 두 가지 방법이 있다. 우선, 상수가 어떤 객체의 필드인 경우 지정자^{qualifier}를 앞에 붙일 수 있다. 예를 들어, pi는 변수 패턴 이지만 this.pi나 obj.pi는 소문자로 시작한다 해도 상수다. 첫 번째 방법을 쓸 수 없는 경우(여기서 pi는 지역 변수다)라면 역따옴표를 사용해 변수 이름을 감쌀 수 있다. 예를 들 어, `pi`는 변수가 아닌 상수 패턴이다.

```
scala> E match {
         case `pi` => "strange math? Pi = " + pi
         case _ => "OK"
       }
res14: String = OK
```

스칼라에서 식별자에 역따옴표를 사용하는 문법은 특별한 상황에서 원하는 대로 코드를 작성할 수 있게 해준다. 이를 두 가지 목적에 사용할 수 있다. 여기서는 패턴 매치 시 소 문자 식별자를 상수로 취급하기 위해 사용할 수 있음을 보았다. 이전에 6.10절에서는 키 워드를 식별자로 하고 싶을 때 역따옴표를 사용했다. 예를 들어, Thread.`yield`()라고 쓰면 yield를 키워드가 아니라 식별자로 만든다.

생성자 패턴

생성자는 패턴 매치가 실제로 아주 큰 위력을 발휘할 수 있는 곳이다. 생성자 패턴은 BinOp("+", e, Number(0))과 같은 형태로, 여기서는 이름(BinOp) 다음에 괄호로 둘러싼 여러 패턴인 "+", e, Number(0)이 왔다. 이름이 케이스 클래스를 가리킨다면, 이 패턴의 의미는 어떤 값이 해당 케이스 클래스의 멤버인지 검사한 다음, 그 객체의 생성자가 인자 로 전달받은 값들이 괄호 안의 패턴과 정확히 매치될 수 있는지 검사하는 것이다.

이렇게 추가적인 패턴이 있다는 건, 스칼라 패턴이 **깊은 매치**^{deep match}를 지원한다는 뜻이 다. 즉, 어떤 패턴이 제공받은 최상위 객체를 매치시킬 뿐만 아니라, 추가적인 패턴으로 객체의 내용에 대해서도 매치를 시도한다. 이때 추가적인 패턴이 다시 생성자 패턴이 될 수 있기 때문에, 이런 패턴 매치로 원하는 깊이까지 객체 내부를 검사할 수 있다. 예를 들어, 리스트 15.7의 패턴은 최상위 객체가 BinOp인지 검사한다. 그리고 BinOp 객체의 세 번째 생성자 인자가 Number 타입의 객체인지 본다. 그런 다음, 그 Number 타입 객체의 값 필드가 0인지 검사한다. 이 패턴의 길이는 한 줄이지만, 실제로는 객체 트리 구조를 세 단계 내려가면서 패턴을 매치한다.

리스트 15.7 생성자 패턴을 사용한 패턴 매치

```
expr match {
  case BinOp("+", e, Number(0)) => println("a deep match")
  case _ =>
}
```

시퀀스 패턴

케이스 클래스에 대해 패턴 매치를 하는 것처럼, 배열이나 리스트 같은 시퀀스 타입에 대해서도 매치시킬 수 있다. 같은 문법을 사용할 수 있지만, 이제는 패턴 내부에 원하는 개수만큼 원소를 명시할 수 있다. 예를 들어, 리스트 15.8은 0부터 시작하는 세 원소를 가진 리스트를 검사하는 패턴을 보여준다.

리스트 15.8 길이가 정해진 시퀀스 패턴

```
expr match {
  case List(0, _, _) => println("found it")
  case _ =>
}
```

길이를 한정하지 않고 시퀀스와 매치하고 싶다면, 패턴의 마지막 원소를 _*로 표시하면 된다. 이 재미있는 패턴은 어떤 길이의 시퀀스와도 매치할 수 있다. 물론 원소가 아예 없는 경우도 매치할 수 있다. 리스트 15.9는 0으로 시작하는 모든 리스트와 길이에 상관없이 매치하는 예를 보여준다.

리스트 15.9 길이와 관계없이 매치할 수 있는 시퀀스 패턴

```
expr match {
  case List(0, _*) => println("found it")
  case _ =>
}
```

튜플 패턴

튜플도 역시 매치 가능하다. (a, b, c) 같은 패턴은 모든 3튜플과 매치될 수 있다. 리스트 15.10을 보자.

리스트 15.10 튜플 패턴을 사용하는 패턴 매치

```
def tupleDemo(expr: Any) =
  expr match {
    case (a, b, c)  =>  println("matched " + a + b + c)
    case _ =>
  }
```

이 tupleDemo 메서드를 인터프리터에 입력하고, 3튜플 하나를 이 메서드에 넘겨보자. 다음과 같은 결과를 볼 수 있다.

```
scala> tupleDemo(("a ", 3, "-tuple"))
matched a 3-tuple
```

타입 지정 패턴

타입 검사나 타입 변환을 간편하게 대신하기 위해 **타입 지정 패턴**typed pattern을 사용할 수 있다. 리스트 15.11은 한 가지 예를 보여준다.

리스트 15.11 타입 지정 패턴을 사용한 패턴 매치

```
def generalSize(x: Any) = x match {
  case s: String => s.length
  case m: Map[_, _] => m.size
  case _ => -1
}
```

다음은 스칼라 인터프리터에서 generalSize 메서드를 사용하는 예다.

```
scala> generalSize("abc")
res16: Int = 3
scala> generalSize(Map(1 -> 'a', 2 -> 'b'))
res17: Int = 2
```

```
scala> generalSize(math.Pi)
res18: Int = -1
```

generalSize 메서드는 여러 타입 객체의 길이나 크기를 반환한다. 이 메서드의 인자는 Any 타입이기 때문에 어떤 값이라도 받을 수 있다. 인자가 문자열이면, 문자열의 길이를 반환한다. s: String 패턴은 타입 지정 패턴이다. 따라서 모든 (null이 아닌) String 인스턴스와 매치할 수 있다. 이때 패턴 변수 s는 매치된 String 객체를 가리킨다.

s와 x가 동일한 값을 참조하지만, x의 타입은 Any인 반면 s의 타입은 String이다. 그래서 s의 경우 =>의 오른쪽에서 s.length를 쓸 수 있다. 그러나 Any 타입에는 length 멤버가 없기 때문에 x.length를 쓸 수 없다.

같은 역할을 하지만 코드가 더 길어지는 방법은, 타입을 검사한 다음 타입을 변환^{cast}하는 것이다. 스칼라는 그에 대해 자바와 다른 문법을 사용한다. 어떤 표현식이 String 타입인지는 다음과 같이 테스트한다.

```
expr.isInstanceOf[String]
```

동일한 표현식을 문자열 타입으로 변환할 때는 다음과 같이 한다.

```
expr.asInstanceOf[String]
```

타입 검사와 타입 변환을 사용하면 이 match 식의 첫 케이스 부분을 리스트 15.12처럼 쓸 수 있다.

리스트 15.12 isInstanceOf와 asInstanceOf 사용(좋지 않은 스타일)

```
if (x.isInstanceOf[String]) {
  val s = x.asInstanceOf[String]
  s.length
} else ...
```

isInstanceOf와 asInstanceOf 연산자는 Any 클래스 안에 미리 정의된 메서드처럼 취급되며, 각괄호 안에 타입을 인자로 받는다. 실제로, x.asInstanceOf[String]은 String을 명시적 타입 파라미터로 지정하는 특별한 메서드 호출이다.

이제 눈치챘겠지만, 타입 검사나 변환을 쓰는 스칼라 코드는 다소 장황하다. 이런 연산을 사용하는 것이 바람직하지 않기 때문에 일부러 그렇게 한 것이다. 타입 지정 패턴을 사용한 패턴 매치가 일반적으로 더 좋다. 특히 타입 검사와 변환을 동시에 사용해야 한다면 더욱 그렇다. 패턴 매치를 하나만 사용하면 두 연산을 동시에 쓰는 효과를 거둘 수 있기 때문이다.

리스트 15.11에서 match 표현식의 두 번째 케이스는 m: Map[_, _]이라는 타입 지정 패턴이다. 이 패턴은 키와 값의 타입과 관계없이 Map 타입의 값과 매치되고, m은 그런 값을 가리킨다. 그러므로 m.size를 문제없이 사용할 수 있고, 결과적으로 맵의 크기를 반환한다. 이 타입 패턴[3]에서 사용한 밑줄은 다른 패턴의 와일드카드와 같다. 밑줄 대신 (소문자로 시작하는) 타입 변수를 쓸 수도 있다.

타입 소거

어떤 맵의 원소 타입을 테스트할 수 있을까? 예를 들어, 어떤 주어진 값이 Int 타입에서 Int 타입으로 연관시켜주는 맵인지 검사할 수 있다면 편리할 것이다. 한번 시도해보자.

```
scala>  def isIntIntMap(x: Any) = x match {
          case m: Map[Int, Int] => true
          case _ => false
        }

          case m: Map[Int, Int] => true
                ^
On line 2: warning: non-variable type argument Int in type
pattern scala.collection.immutable.Map[Int,Int] (the
underlying of Map[Int,Int]) is unchecked since it is
eliminated by erasure
```

스칼라는 자바와 마찬가지로 제네릭generic에서 **타입 소거**type erasure 모델을 사용한다. 이는 실행 시점에 타입 인자에 대한 정보를 유지하지 않는다는 뜻이다. 결과적으로, 실행 시에는 어떤 맵 객체가 두 Int 타입을 타입 인자로 받아서 생성한 것인지, 다른 타입들을 받아서 생성한 것인지 알 방법이 없다. 시스템이 할 수 있는 일은 어떤 값이 임의의 타입 인

---

3 m: Map[_, _] 타입 지정 패턴 안에서, Map[_, _] 부분을 타입 패턴(type pattern)이라고 한다.

자를 받아 생성한 맵이라고 결정하는 것뿐이다. isIntIntMap에 다른 Map 타입의 인스턴스를 넘겨보면 이 동작을 확인할 수 있다.

```scala
scala> isIntIntMap(Map(1 -> 1))
res19: Boolean = true

scala> isIntIntMap(Map("abc" -> "abc"))
res20: Boolean = true
```

첫 번째 호출은 true를 반환한다. 문제가 없는 것 같다. 그러나 놀랍게도 두 번째 호출 역시 true를 반환한다. 이런 의도하지 않은 동작에 대해 경고하기 위해, 컴파일러는 이전에 본 unchecked 경고 메시지를 출력한다.

타입 소거의 유일한 예외는 배열이다. 배열은 자바뿐 아니라 스칼라에서도 특별하게 다뤄지기 때문이다. 배열에서는 원소 타입과 값을 함께 저장한다. 그래서 배열 타입과 패턴 매치를 할 수 있다. 여기 그런 예가 있다.

```scala
scala> def isStringArray(x: Any) = x match {
         case a: Array[String] => "yes"
         case _ => "no"
       }
isStringArray: (x: Any)String

scala> val as = Array("abc")
as: Array[String] = Array(abc)

scala> isStringArray
res21: String = yes

scala> val ai = Array(1, 2, 3)
ai: Array[Int] = Array(1, 2, 3)

scala> isStringArray(ai)
res22: String = no
```

변수 바인딩

변수가 하나만 있는 패턴 말고, 다른 패턴에 변수를 추가할 수도 있다. 단순히 변수 이름 다음에 @ 기호를 넣고 패턴을 쓰면 된다. 이를 변수 바인딩 패턴이라고 한다. 그 의미는 패턴에 대해 일반적인 방법대로 매치를 시도하고, 그 패턴 매치에 성공하면 변수 패턴에서처럼 매치된 객체를 변수에 저장하는 것이다.

예를 보자. 리스트 15.13은 절댓값("abs") 연산을 연속으로 두 번 적용한 패턴을 찾는 match 표현식을 보여준다. 이 표현식은 절댓값을 한 번만 계산하는 표현식으로 단순화할 수 있다.

리스트 15.13 (@ 기호를 사용한) 변수 바인딩이 있는 패턴

```
expr match {
  case UnOp("abs", e @ UnOp("abs", _)) => e
  case _ =>
}
```

리스트 15.13에서 첫 번째 케이스는 e라는 변수와 UnOp("abs", _)이라는 패턴이 있는 변수 바인딩 패턴이다. 전체 패턴을 매치시키는 데 성공했다면, 그 안에서 UnOp("abs", _) 부분과 매치된 값이 e 변수에 들어간다. 위의 코드에서는 그렇게 얻은 e를 그대로 반환한다.

15.3 패턴 가드

때때로, 문법적인 패턴 매치만으로는 정확성이 부족한 경우가 있다. 예를 들어, e + e와 같이 두 피연산자가 같은 덧셈 연산을 e * 2처럼 곱셈으로 변경하는 규칙을 만들어야 한다고 생각해보자. 즉, Expr 트리 언어에서 다음과 같은 식을

```
BinOp("+", Var("x"), Var("x"))
```

이 규칙에 따라 다음과 같이 바꾸고 싶다.

```
BinOp("*", Var("x"), Number(2))
```

이 규칙을 정의하기 위해 다음과 같이 시도할 수 있다.

```
scala> def simplifyAdd(e: Expr) = e match {
         case BinOp("+", x, x) => BinOp("*", x, Number(2))
```

```
      case _ => e
    }
    case BinOp("+", x, x) => BinOp("*", x, Number(2))
                    ^
On line 2: error: x is already defined as value x
```

이 매치는 실패할 것이다. 스칼라가 패턴을 **선형 패턴**으로 제한하기 때문이다. 즉, 어떤 패턴 변수가 한 패턴 안에 오직 한 번만 나와야 한다. 그러나 **패턴 가드**pattern guard를 사용하면 리스트 15.14처럼 match 표현식을 다시 쓸 수 있다.

리스트 15.14 패턴 가드가 있는 match 표현식

```
scala> def simplifyAdd(e: Expr) = e match {
         case BinOp("+", x, y) if x == y =>
           BinOp("*", x, Number)
         case _ => e
       }
simplifyAdd: (e: Expr)Expr
```

패턴 가드는 패턴 뒤에 오고 if로 시작한다. 어떤 불리언 표현식(그 식이 패턴 안에 있는 다른 변수를 참조하는 경우가 많다)이든 가드가 될 수 있다. 패턴에 가드가 있으면, 가드가 true가 될 때만 매치에 성공한다. 그러므로 위의 첫 번째 케이스 문은 두 피연산자가 같은 이항 연산일 때만 매치될 것이다.

그 밖의 가드 패턴 예는 다음과 같다.

```
// 양의 정수만 매치
case n: Int if 0 < n => ...
// 'a' 문자로 시작하는 문자열만 매치
case s: String if s == 'a' => ...
```

15.4 패턴 겹침

패턴 매치는 코드에 있는 순서를 따른다. 리스트 15.15에 있는 simplifyAll은 case 문의 순서가 중요하다는 사실을 보여주는 예다.

```scala
def simplifyAll(expr: Expr): Expr = expr match {
  case UnOp("-", UnOp("-", e)) =>
    simplifyAll(e)    // -를 두 번 적용하는 경우
  case BinOp("+", e, Number(0)) =>
    simplifyAll(e)    // 0은 + 연산의 항등원
  case BinOp("*", e, Number(1)) =>
    simplifyAll(e)    // 1은 * 연산의 항등원
  case UnOp(op, e) =>
    UnOp(op, simplifyAll(e))
  case BinOp(op, l, r) =>
    BinOp(op, simplifyAll(l), simplifyAll(r))
  case _ => expr
}
```

리스트 15.15의 simplifyAll은 simplifyTop과 달리 산술식의 최상위 위치뿐 아니라 식의 모든 곳에 간소화 규칙을 적용할 것이다. simplifyTop에다 두 가지 case를 더 추가하면 그렇게 할 수 있다(리스트 15.15의 네 번째와 다섯 번째 case 문).

네 번째 case는 UnOp(op, e) 패턴이다. 따라서 모든 단항 연산과 매치된다. 단항 연산의 연산자나 유일한 피연산자는 어떤 것이나 될 수 있고, 각각은 패턴 변수 op와 e에 바인딩된다. 이 경우, 다시 피연산자 e에 재귀적으로 simplifyAll을 적용하고 나서 (아마) 간단해진 피연산자를 가지고 동일한 단항 연산 산술식을 다시 만들어낸다. 다섯 번째 case의 BinOp도 비슷하다. 이 case 문은 모든 이항 연산을 처리하는 case 문이다. 이 case 문에서는 두 피연산자에 재귀적으로 simplifyAll을 적용한다.

이 예에서는 모든 경우를 처리하는 case 문^{catch-all case}이 더 구체적인 규칙 다음에 온다는 사실이 중요하다. 만약 순서를 바꾸면 모든 경우를 처리하는 case 문으로 인해 더 구체적인 경우는 아예 매치 시도 자체를 하지 않을 것이다. 대부분의 경우, 컴파일러가 이에 대해 경고를 표시할 것이다. 일례로 여기에 컴파일할 수 없는 match 식이 있다. 첫 번째 case 문이 두 번째 case 문에서 매치될 것까지 매치해버리기 때문이다.

```scala
scala> def simplifyBad(expr: Expr): Expr = expr match {
         case UnOp(op, e) => UnOp(op, simplifyBad(e))
         case UnOp("-", UnOp("-", e)) => e
       }
         case UnOp("-", UnOp("-",e)) => e
```

```
On line 3: warning: unreachable code
simplifyBad: (expr: Expr)Expr
```

15.5 봉인된 클래스

패턴 매치를 작성할 때마다 모든 가능한 경우를 다 다뤘는지 확인할 필요가 있다. 물론 match 표현식의 마지막에 디폴트 케이스를 추가해서 할 수도 있지만, 이는 합리적인 디폴트 동작이 있을 때만 적용 가능하다. 그런 동작이 없다면 어떻게 해야 할까? 어떻게 해야 모든 가능성을 다 처리했다고 안심할 수 있을까?

실제로, match 식에서 놓친 패턴 조합이 있는지 찾도록 컴파일러에게 도움을 요청할 수 있다. 이를 위해 컴파일러는 어느 것이 가능한지 알 수 있어야 한다. 일반적으로 스칼라에서 이는 불가능하다. 임의의 컴파일 단위compilation unit 아무 곳에서나 케이스 클래스를 정의할 수 있기 때문이다. 예를 들어, 앞에서 정의했던 네 가지 케이스 클래스 정의가 있는 곳이 아닌 다른 컴파일 단위에서 새롭게 Expr 클래스 계층에 속하는 다섯 번째 케이스 클래스를 정의하는 것을 막을 방법이 없다.

대안은 케이스 클래스의 슈퍼클래스를 **봉인된 클래스**sealed class로 만드는 것이다. 봉인된 클래스는 그 클래스와 같은 파일이 아닌 다른 곳에서 새로운 서브클래스를 만들 수 없다. 이는 패턴 매치에서 아주 쓸모가 있는데, 같은 소스 파일에 정의가 있는 이미 알려진 서브클래스만 고려하면 되기 때문이다. 게다가, 컴파일러의 지원을 더 잘 받을 수 있다. 봉인된 클래스를 상속한 케이스 클래스에 대해 패턴 매치를 시도하면, 컴파일러가 경고 메시지와 함께 놓친 패턴 조합을 환기해준다.

그러므로 패턴 매치를 위한 클래스 계층을 작성한다면 그 계층에 속한 클래스를 봉인하는 것을 고려해야 한다. 단순히, 계층에서 슈퍼클래스 앞에 sealed 키워드를 넣으면 된다. 이제 이 클래스 계층을 사용하는 프로그래머는 패턴 매치 시 확신할 수 있다. 그렇기 때문에 sealed 키워드는 패턴 매치를 해도 좋다는 면허처럼 쓰이곤 한다. 리스트 15.16은 Expr을 봉인된 클래스로 바꾼 예를 보여준다.

```
sealed abstract class Expr
case class Var(name: String) extends Expr
case class Number(num: Double) extends Expr
case class UnOp(operator: String, arg: Expr) extends Expr
case class BinOp(operator: String,
    left: Expr, right: Expr) extends Expr
```

이제 매치 가능한 케이스를 몇 개 빼먹고 패턴 매치를 정의해보자.

```
def describe(e: Expr): String = e match {
  case Number(_) => "a number"
  case Var(_)    => "a variable"
}
```

컴파일러가 다음과 같이 경고할 것이다.

```
warning: match is not exhaustive!
missing combination            UnOp
missing combination            BinOp
```

이 경고는 몇 가지 가능한 패턴(UnOp, BinOp)을 처리하지 않기 때문에 `MatchError` 예외가 발생할 위험이 있음을 말해준다. 경고는 잠재적인 실행 시점 오류의 근원을 알려준다. 이런 메시지는 프로그램을 바르게 만들기 위해 기꺼이 받아들일 만하다.

그러나 상황에 따라서는 컴파일러의 이런 경고 메시지 표시가 너무 심할 때가 있다. 예를 들어 반드시 Number나 Var일 수밖에 없는 식에만 위의 `describe` 메서드를 적용한다는 사실을 안다면, `MatchError`가 전혀 발생하지 않을 것임을 알 수 있다. 컴파일 시 그런 경고를 없애기 위해, 다음과 같이 세 번째 case로 나머지 경우를 다 매치시킬 수 있다.

```
def describe(e: Expr): String = e match {
  case Number(_) => "a number"
  case Var(_) => "a variable"
  case _ => throw new RuntimeException // 일어나서는 안 될 일이다.
}
```

물론 이 코드는 잘 동작한다. 하지만 이상적이지는 않다. 단지 컴파일러를 조용하게 하기 위해, 결코 실행되지 않을 코드를 추가하는 건 그다지 기분 좋은 일이 아니다.

더 간단한 대안은 매치 셀렉터에 @unchecked 애노테이션을 추가하는 것이다. 그 결과는 다음과 같다.

```
def describe(e: Expr): String = (e: @unchecked) match {
  case Number(_) => "a number"
  case Var(_)    => "a variable"
}
```

27장에서 애노테이션에 대해 설명할 것이다. 타입을 추가하는 것처럼 표현식에 애노테이션을 추가할 수 있다. 즉, 표현식 다음에 콜론(:)과 애노테이션 이름(@ 기호가 첫 글자다)을 넣는다. 예를 들어, e: @unchecked는 e라는 변수에 @unchecked 애노테이션을 추가한다. @unchecked 애노테이션은 패턴 매치 시 특별한 의미를 지닌다. 어떤 match 문의 셀렉터에 이 애노테이션이 붙으면, 컴파일러는 그 match 문의 case 문이 모든 패턴을 다 다루는지 검사하는 일을 생략한다.

15.6 Option 타입

스칼라에는 Option이라는 표준 타입이 있다. 이 타입은 선택적인 값을 표현하며, 두 가지 형태가 있다. x가 실제 값이라면 Some(x)라는 형태로 값이 있음을 표현할 수 있다. 반대로, 값이 없으면 None이라는 객체가 된다.

스칼라 컬렉션의 몇몇 표준 연산은 선택적인 값을 생성한다. 예를 들어, 스칼라 Map의 get 메서드는 인자로 받은 키에 대응하는 값이 있다면 Some(값)을 반환하고, 그 키가 없으면 None을 돌려준다. 아래 예를 보자.

```
scala> val capitals =
        Map("France" -> "Paris", "Japan" -> "Tokyo")
capitals: scala.collection.immutable.Map[String,String] =
Map(France -> Paris, Japan -> Tokyo)

scala> capitals get "France"
res23: Option[String] = Some(Paris)
```

```
scala> capitals get "North Pole"
res24: Option[String] = None
```

옵션값을 분리해내는 가장 일반적인 방법은 패턴 매치다. 예를 들면 다음과 같다.

```
scala> def show(x: Option[String]) = x match {
         case Some => s
         case None => "?"
       }
show: (x: Option[String])String

scala> show(capitals get "Japan")
res25: String = Tokyo

scala> show(capitals get "France")
res26: String = Paris

scala> show(capitals get "North Pole")
res27: String = ?
```

스칼라 프로그램에서는 옵션 타입을 자주 사용한다. 값이 없음을 표현하기 위해 null을 사용하는 자바와 이 옵션을 비교해보자. 예를 들어 java.util.HashMap의 get 메서드는 HashMap 안에 있는 값을 반환하거나, 값이 없으면 null을 반환한다. 이런 접근 방식은 작동하기는 하지만, 오류가 발생하기 쉽다. 프로그램에서 어떤 변수가 null 값이 될 수 있는지 추적하기가 어렵기 때문이다.

어떤 변수가 null이 되도록 허용했다면 그 변수를 사용할 때마다 null 여부를 검사해야만 한다. null 검사를 잊어버리면 실행 시점에 NullPointerException이 발생할 수도 있다. 그런 예외가 자주 발생하지 않으면, 테스트를 진행하는 동안 버그를 찾기가 어려울 수도 있다. 스칼라에서는 이런 접근 방식이 거의 동작하지 않는다. 해시 맵에 값 타입을 지정하는 일이 가능하고, null은 어떤 값 타입의 원소가 아니기 때문이다. 예를 들어, HashMap[Int, Int]에서 '원소 없음'을 표시하기 위해 null을 반환할 수 없다.

대조적으로, 스칼라에서는 선택적인 값을 나타내기 위해 Option을 사용하도록 권장한다. 선택적인 값을 이런 식으로 처리하면 자바의 방식보다 여러 가지 좋은 점이 있다. 먼저, Option[String] 타입의 변수가 null이 될 수도 있는 String 타입의 변수보다 선택적인 String이라는 사실을 더 명확하게 드러내준다. 더 중요한 것은, 앞에서 보여줬듯이 null

여부를 검사하지 않고 null이 될 수도 있는 변수를 사용하는 프로그램이 스칼라에서는 타입 오류라는 점이다. 어떤 변수가 Option[String] 타입이라면, 그 변수를 String으로 사용하려 하는 스칼라 프로그램은 컴파일할 수가 없다.

15.7 패턴은 어디에나

독립적인 match 표현식뿐 아니라, 스칼라의 여러 곳에서 패턴을 사용할 수 있다. 패턴을 쓸 수 있는 다른 곳을 살펴보자.

변수 정의에서 패턴 사용하기

val이나 var를 정의할 때, 단순 식별자 대신 패턴을 사용할 수 있다. 예를 들어, 패턴을 사용해 튜플의 각 원소를 변수에 할당할 수 있다. 리스트 15.17을 보라.

리스트 15.17 할당문 하나로 여러 배열 정의하기

```
scala> val myTuple = (123, "abc")
myTuple: (Int, String) = (123,abc)

scala> val (number, string) = myTuple
number: Int = 123
string: String = abc
```

이런 구성요소는 케이스 클래스와 같이 사용할 때 매우 유용하다. 여러분이 작업할 케이스 클래스 구조를 정확히 안다면, 패턴을 사용해 다음과 같이 해체할 수 있다.

```
scala> val exp = new BinOp("*", Number(5), Number(1))
exp: BinOp = BinOp(*,Number(5.0),Number(1.0))

scala> val BinOp(op, left, right) = exp
op: String = *
left: Expr = Number(5.0)
right: Expr = Number(1.0)
```

case를 나열해서 부분 함수 만들기

함수 리터럴이 쓰일 수 있는 곳이라면 중괄호 사이에 case를 나열한 표현식도 쓸 수 있다. 본질적으로 case의 나열도 함수 리터럴이다. 다만 좀 더 일반적인 함수일 뿐이다. 진입점 하나에 파라미터 리스트가 있는 일반 함수 대신, case의 나열은 여러 진입점이 있고 각 진입점마다 각기 다른 파라미터 목록이 있다. 각각의 case가 함수 진입점이고, 패턴은 파라미터를 명시한다. 각 진입점에 따른 함수 본문은 case의 오른쪽(화살표의 오른쪽)이다.

아래는 간단한 예다.

```scala
val withDefault: Option[Int] => Int = {
  case Some(x) => x
  case None => 0
}
```

이 함수에 두 case 문이 있다. 첫 번째는 Some과 매치하며, Some 내부의 수를 반환한다. 두 번째는 None과 매치하며, 0을 반환한다. 다음은 사용 예다.

```scala
scala> withDefault(Some(10))
res28: Int = 10
scala> withDefault(None)
res29: Int = 0
```

이 기능은 아카 액터^{Akka actors} 라이브러리에서 꽤 유용한데, case를 나열해 액터의 receive 메서드 정의를 가능케 한다.

```scala
var sum = 0
def receive = {
  case Data(byte) =>
    sum += byte
  case GetChecksum(requester) =>
    val checksum = ~(sum & 0xFF) + 1
    requester ! checksum
}
```

한 가지 더 언급해둘 내용이 있다. case 나열은 **부분 함수**^{partial function}다. 부분 함수에 그 함수가 처리하지 않는 값을 전달해서 호출하면 실행 시점 예외가 발생한다. 예를 들어, 정수 리스트에서 두 번째 원소를 반환하는 부분 함수가 아래에 있다.

```
val second: List[Int] => Int = {
  case x :: y :: _ => y
}
```

이를 컴파일하면, 컴파일러는 매치가 모든 경우를 포괄하지 않는다고 불만을 표시한다.

```
<console>:17: warning: match is not exhaustive!
missing combination            Nil
```

원소가 3개인 리스트를 넘기면 함수가 성공한다. 그러나 빈 리스트를 넘기면 실패한다.

```
scala> second(List(5, 6, 7))
res24: Int = 6

scala> second(List())
scala.MatchError: List()
      at $anonfun$1.apply(<console>:17)
      at $anonfun$1.apply(<console>:17)
```

부분 함수가 정의됐는지 체크하고 싶다면, 우선 컴파일러에게 부분 함수를 가지고 작업한다는 사실을 알려야 한다. List[Int] => Int 타입은 정수 리스트를 받아서 정수를 반환하는 모든 함수를 포함한다. 함수가 부분 함수인지 여부는 상관없다. 정수의 리스트를 받아 정수를 반환하는 부분 함수만을 포함하는 타입은 PartialFunction[List[Int], Int]다. 이번에는 second를 부분 함수 타입으로 다시 쓴 아래 예를 보자.

```
val second: PartialFunction[List[Int],Int] = {
  case x :: y :: _ => y
}
```

부분 함수에는 isDefinedAt이라는 메서드가 있다. isDefinedAt 메서드는 부분 함수가 어떤 값에 대해 결괏값을 정의하고 있는지를 알려준다. 여기서 second 함수는 최소한 2개 이상의 원소를 포함하는 모든 리스트에 대해 결과를 정의한다.

```
scala> second.isDefinedAt(List(5,6,7))
res30: Boolean = true

scala> second.isDefinedAt(List())
res31: Boolean = false
```

부분 함수의 전형적인 예는 앞에서 본 것과 같은 패턴 매치 함수 리터럴이다. 실제로 스칼라 컴파일러는 그런 표현식을 두 번 변환해서 부분 함수로 만든다. 먼저 실제 함수 구현으로 패턴 매치를 변환하고, 두 번째로 해당 함수가 정의됐는지 여부를 검사하기 위해 패턴 매치를 변환한다. 예를 들어, 위의 함수 리터럴 { case x :: y :: _ => y }는 다음과 같은 부분 함숫값이 된다.

```
new PartialFunction[List[Int], Int] {
  def apply(xs: List[Int]) = xs match {
    case x :: y :: _ => y
  }
  def isDefinedAt(xs: List[Int]) = xs match {
    case x :: y :: _ => true
    case _ => false
  }
}
```

어떤 함수 리터럴의 타입이 PartialFunction이면 이 변환을 수행한다. 하지만 타입이 Fuction1이거나 타입 표기가 없으면 함수 리터럴을 **완전한 함수**complete function로 변환한다.

일반적으로, 가능하다면 완전한 함수를 사용하는 편이 좋다. 부분 함수를 사용하면 컴파일러가 도와줄 수 없는 실행 시점 오류가 발생할 수도 있기 때문이다. 그렇지만 때로는 부분 함수가 정말 도움이 되는 경우가 있다. 부분 함수가 처리할 수 없는 값을 넘기는 일이 없도록 확실히 해야 할 것이다. 아니면, 부분 함수 사용을 예상하고 항상 함수를 호출하기 전에 isDefinedAt 메서드로 호출 시 문제가 없는지 검사하는 프레임워크를 사용할 수도 있다. 후자의 예가 바로 위의 receive다. receive의 결과는 바로 프로그래머가 처리하기 원하는 메시지에 대해서만 동작을 정의한 부분 함수다.

for 표현식에서 패턴 사용하기

리스트 15.18처럼 for 표현식 안에 패턴을 사용할 수 있다. for 표현식은 capitals 맵에 서 모든 키/값 쌍을 가져온다. 각 튜플은 country와 city 변수가 있는 (country, city) 패턴과 매치된다.

리스트 15.18 튜플 패턴을 사용하는 for 표현식

```
scala> for ((country, city) <- capitals)
         println("The capital of " + country + " is " + city)
The capital of France is Paris
The capital of Japan is Tokyo
```

리스트 15.18의 패턴은 매치가 결코 실패하는 일이 없기 때문에 특별하다. 실제로, capitals는 튜플의 시퀀스를 내놓는다. 따라서 이들은 튜플 패턴과 정확히 매치할 수 있 다. 그러나 생성한 값과 패턴이 매치하지 않는 것도 마찬가지로 가능하다. 리스트 15.19 는 그런 경우를 보여준다.

리스트 15.19 패턴과 매치하는 리스트 원소 고르기

```
scala> val results = List(Some("apple"), None,
           Some("orange"))
results: List[Option[String]] = List(Some(apple), None,
Some(orange))

scala> for (Some(fruit) <- results) println(fruit)
apple
orange
```

위 예를 보면 알 수 있듯이, 생성한 값 중 패턴과 일치하지 않는 값은 버린다. 예를 들어, results 리스트의 두 번째 원소인 None은 Some(fruit) 패턴에 맞지 않는다. 따라서 결과 에서 그 값을 볼 수 없다.

15.8 복잡한 예제

여러 가지 형태의 패턴을 배웠다. 이제 패턴을 사용한 좀 더 큰 예를 보고 싶을 것이다. 해야 할 일은 산술식을 2차원으로 배열해 보여주는 형식화 클래스formatter class를 작성하는 것이다. x / (x + 1) 같은 나눗셈은 다음과 같이 분자가 분모 위로 들어가게 수직으로 출력해야 한다.

```
   x
 -----
 x + 1
```

또 다른 예로서, ((a / (b * c) + 1 / n) / 3)을 2차원으로 표시하면 다음과 같다.

```
   a     1
 ----- + -
 b * c   n
 ---------
     3
```

이 예를 보면, 우리가 만들 클래스(ExprFormatter라 부를 것이다)가 레이아웃을 상당히 많이 만져야 함을 알 수 있다. 따라서 10장에서 개발한 레이아웃 라이브러리를 사용하는 것이 이치에 맞다. 또한 이번 장 앞에서 본 Expr 클래스 계층을 사용하되, 10장의 레이아웃 라이브러리와 이번 장의 산술식 형식화 코드를 이름이 있는 패키지에 넣을 것이다. 전체 코드는 리스트 15.20과 리스트 15.21에 있다.

첫 번째 단계로 유용한 것은 수평 레이아웃에 집중하는 것이다. 다음과 같은 구조의 식을 출력한다면

```
BinOp("+",
      BinOp("*",
            BinOp("+", Var("x"), Var("y")),
            Var("z")),
      Number(1))
```

(x + y) * z + 1을 출력할 것이다. x + y 주위에 있는 괄호는 필수지만, (x + y) * z 주위에는 괄호를 치든 치지 않든 상관없다. 가능한 한 읽기 쉬운 레이아웃을 유지하기 위

해, 불필요한 괄호는 생략하고 꼭 필요한 괄호는 빠뜨리지 않는 것을 목표로 해야 한다.

괄호를 어디에 넣어야 할지 정하려면 각 연산자의 상대적 우선순위를 알 필요가 있다. 먼저 이 우선순위 문제를 해결하는 것이 좋다. 상대적인 우선순위를 다음과 같이 맵으로 표현할 수 있을 것이다.

```
Map(
  "|" -> 0, "||" -> 0,
  "&" -> 1, "&&" -> 1, ...
)
```

그러나 이 맵을 만들려면 연산자 우선순위에 대해 프로그래머가 미리 계산을 해둬야 한다. 더 편리한 접근 방법은, 연산자를 우선순위가 커지는 순서로 그룹화해서 그로부터 각각의 우선순위를 계산하는 것이다. 리스트 15.20은 이런 방법을 사용하는 코드다.

리스트 15.20 표현식 형식화 코드의 앞부분

```
package org.stairwaybook.expr
import org.stairwaybook.layout.Element.elem

sealed abstract class Expr
case class Var(name: String) extends Expr
case class Number(num: Double) extends Expr
case class UnOp(operator: String, arg: Expr) extends Expr
case class BinOp(operator: String,
    left: Expr, right: Expr) extends Expr

class ExprFormatter {
  // 연산자를 우선순위가 커지는 순서로 나열한 배열
  private val opGroups =
    Array(
      Set("|", "||"),
      Set("&", "&&"),
      Set("^"),
      Set("==", "!="),
      Set("<", "<=", ">", ">="),
      Set("+", "-"),
      Set("*", "%")
    )
  // 연산자와 우선순위 간의 맵
  private val precedence = {
    val assocs =
```

```
    for {
      i <- 0 until opGroups.length
      op <- opGroups(i)
    } yield op -> i
  assocs.toMap
}
private val unaryPrecedence = opGroups.length
private val fractionPrecedence = -1

// 리스트 15.21에서 계속...
```

precedence 변수는 연산자와 그 연산자의 우선순위를 연결하는 맵이다. 우선순위는 0부터 시작하는 정수다. 제너레이터가 2개 있는 for 표현식을 사용해 우선순위를 계산한다. 첫 번째 제너레이터는 opGroups 배열에 대해 모든 인덱스 i를 생성한다. 두 번째 제너레이터는 opGroups(i) 집합에서 모든 연산자를 생성한다. 각 연산자에 대해 for 표현식은 연산자 op와 인덱스 i를 연관시킨 관계를 만들어낸다. 그러므로 어떤 연산자가 opGroups 배열에서 어떤 위치에 있는가가 바로 그 연산자의 우선순위다.

연관 관계는 중위 화살표 연산자, 즉 op -> i와 같은 표현식으로 쓴다. 지금까지, 맵 생성자에 들어가는 인자에서만 연관 관계를 봤을 것이다. 하지만 연관 관계 자체도 별도로 쓸모가 있다. 사실, op -> i라는 연관 관계는 (op, i)라는 튜플과 같다.

/를 제외한 모든 이항 연산자의 우선순위를 정했다. 이제, 이런 연산자 우선순위 개념을 일반화해서 단항 연산자에도 적용하는 것이 타당하다. 단항 연산자의 우선순위는 모든 이항 연산자의 우선순위보다 높다. 그러므로 opGroups 배열의 크기에 1을 더해서, *와 % 연산자의 우선순위보다 한 단계 더 높게 unaryPrecedence(리스트 15.20 참고)를 설정할 수 있다. 분수(/)의 우선순위는 여타 연산자와 다르게 취급해야 한다. 분수에는 수직 레이아웃을 적용해야 하기 때문이다. 그러나 나눗셈 연산자에 특별한 우선순위 값인 -1을 배정하는 것이 편하다는 사실을 알게 될 것이다. 그래서 fractionPrecedence를 -1로 초기화할 것이다(리스트 15.20 참고).

이런 코드를 만들고 나면, 핵심인 format 메서드를 작성할 준비가 된 것이다. 이 메서드에는 인자가 2개 있는데, Expr 타입의 표현식 e와 e 표현식을 둘러싼 연산자의 우선순위인 enclPrec(그런 연산자가 없다면 enclPrec는 0이다)이다. 이 메서드는 문자의 2차원 배열을 나타내는 레이아웃 요소를 반환한다.

리스트 15.21은 ExprFormatter의 나머지 부분을 보여준다. 리스트에는 세 가지 메서드가 들어 있다. 첫 번째 메서드인 stripDot는 도우미 메서드다. 두 번째 메서드인 비공개 format은 식을 형식화하기 위한 대부분의 작업을 한다. 마지막 메서드도 이름이 format이다. 이 메서드는 라이브러리가 제공하는 유일한 공개 메서드이며, 형식화할 표현식을 인자로 받는다. 비공개 format 메서드는 표현식의 종류에 따라 패턴 매치를 통해 작업을 수행한다. match 표현식에는 다섯 가지 case가 있다. 각 경우를 따로따로 설명할 것이다.

리스트 15.21 표현식 형식화 코드의 뒷부분

```scala
// 리스트 15.20으로부터 이어짐...
import org.stairwaybook.layout.Element
private def format(e: Expr, enclPrec: Int): Element =
  e match {
    case Var(name) =>
      elem(name)
    case Number(num) =>
      def stripDot(s: String) =
        if (s endsWith ".0") s.substring(0, s.length - 2)
        else s
      elem(stripDot(num.toString))
    case UnOp(op, arg) =>
      elem(op) beside format(arg, unaryPrecedence)
    case BinOp("/", left, right) =>
      val top = format(left, fractionPrecedence)
      val bot = format(right, fractionPrecedence)
      val line = elem('-', top.width max bot.width, 1)
      val frac = top above line above bot
      if (enclPrec != fractionPrecedence) frac
      else elem(" ") beside frac beside elem(" ")
    case BinOp(op, left, right) =>
      val opPrec = precedence(op)
      val l = format(left, opPrec)
      val r = format(right, opPrec + 1)
      val oper = l beside elem(" " + op + " ") beside r
      if (enclPrec <= opPrec) oper
      else elem("(") beside oper beside elem(")")
  }
def format(e: Expr): Element = format(e, 0)
}
```

첫 번째 경우를 보자.

```
case Var(name) =>
  elem(name)
```

표현식이 변수라면, 형식화한 결과는 변수의 이름으로부터 만들어낸 레이아웃 요소다.

두 번째 경우는 다음과 같다.

```
case Number(num) =>
  def stripDot(s: String) =
    if (s endsWith ".0") s.substring(0, s.length - 2)
    else s
  elem(stripDot(num.toString))
```

표현식이 수이면, 결과는 그 수의 값으로부터 만들어낸 레이아웃 요소다. stripDot 함수는 문자열에서 ".0" 접미사를 제거해 부동소수점 수의 출력을 보기 좋게 한다.

세 번째 경우를 보자.

```
case UnOp(op, arg) =>
  elem(op) beside format(arg, unaryPrecedence)
```

표현식이 단항 연산자 식인 UnOp(op, arg)이면, 결과는 연산자 op에 이 환경에서 가장 높은 우선순위[4]를 가지고 arg 인자를 형식화한 결과를 합해서 만든 레이아웃 요소다. 따라서 arg가 이항 연산(그러나 분수는 아니다)이면, arg를 형식화한 결과를 항상 괄호 안에 넣어 출력한다.

네 번째 경우는 다음과 같다.

```
case BinOp("/", left, right) =>
  val top = format(left, fractionPrecedence)
  val bot = format(right, fractionPrecedence)
  val line = elem('-', top.width max bot.width, 1)
  val frac = top above line above bot
```

---

4   unaryPrecedence 값은 이 환경에서 가장 높은 우선순위다. 그 값을 초기화할 때 *와 % 연산자의 우선순위보다 하나 더 높게 정했기 때문이다.

```
    if (enclPrec != fractionPrecedence) frac
    else elem(" ") beside frac beside elem(" ")
```

표현식이 분수라면, 중간 결과인 frac은 left와 right를 형식화한 결과를 위아래에 배치하되, 중간에 수평선 요소를 추가한 것이다. 수평선 요소의 너비는 left나 right를 형식화한 결과 중 너비가 더 긴 쪽에 맞춘다. 이렇게 만들어낸 변수가 다른 분수의 일부가 아니라면, frac을 최종 결과로 반환한다. 하지만 frac이 다른 분수의 일부라면 frac의 좌우에 공백(" ")을 추가한다. 왜 공백을 추가해야 하는지 알기 위해, (a / b) / c라는 표현식을 생각해보자.

너비를 늘리지 않는다면 이 표현식을 형식화할 때 다음과 같은 결과를 볼 수 있다.

```
        a
        -
        b
        -
        c
```

이 레이아웃의 문제는 명백하다. 더 높은 수준에 있는 분수 막대가 어디에 있는지 불명확하다. 위의 결과는 (a / b) / c나 a / (b / c)를 모두 의미할 수 있다. 이런 모호성을 없애기 위해, 내부 a / b 분수의 레이아웃 양쪽에 공백을 추가할 필요가 있다.

```
        a
        -
        b
       ---
        c
```

마지막 다섯 번째 경우는 다음과 같다.

```
  case BinOp(op, left, right) =>
    val opPrec = precedence(op)
    val l = format(left, opPrec)
    val r = format(right, opPrec + 1)
    val oper = l beside elem(" " + op + " ") beside r
    if (enclPrec <= opPrec) oper
    else elem("(") beside oper beside elem(")")
```

다른 모든 이항 연산에 대해 이 패턴을 적용한다. 이 case 문이 다음 패턴 이후에 오기 때문에, BinOp(op, left, right) 패턴에서 op는 나눗셈일 수 없다.

```
case BinOp("/", left, right) => ...
```

이항 연산을 형식화하기 위해서는 먼저 왼쪽과 오른쪽 피연산자를 형식화할 필요가 있다. 왼쪽 피연산자를 형식화할 때 사용할 우선순위는 op 연산자의 우선순위로 opPrec이다. 반면, 오른쪽 피연산자를 처리할 때는 그보다 한 단계 더 높은 우선순위를 부여한다. 이 전략은 괄호가 또한 올바른 결합 법칙을 반영하도록 보장한다.

예를 들어,

```
BinOp("-", Var("a"), BinOp("-", Var("b"), Var("c")))
```

위의 이항 연산자에는 a - (b - c)라고 괄호가 붙는다. 중간 결과인 oper는 왼쪽과 피연산자를 형식화한 결과 사이에 연산자를 넣어서 만든다. 현재 연산자의 우선순위가 현재 식을 둘러싼 연산자의 우선순위보다 작다면 oper를 괄호 사이에 넣는다. 그렇지 않으면 그대로 반환한다.

지금까지 비공개 format 함수의 설계를 살펴봤다. 하나 남아 있는 메서드는 공개 메서드인 format이다. format은 사용자가 우선순위를 전달하지 않고 최상위 식을 형식화하게 한다. 리스트 15.22는 ExprFormatter를 사용하는 데모 프로그램이다.

리스트 15.22 형식화한 표현식을 출력하는 애플리케이션

```
import org.stairwaybook.expr._
object Express extends App {
  val f = new ExprFormatter
  val e1 = BinOp("*", BinOp("/", Number(1), Number(2)),
                      BinOp("+", Var("x"), Number(1)))
  val e2 = BinOp("+", BinOp("/", Var("x"), Number(2)),
                      BinOp("/", Number(1.5), Var("x")))
  val e3 = BinOp("/", e1, e2)
  def show(e: Expr) = s"${println(f.format(e))}\n\n"
  for (e <- Array(e1, e2, e3)) show(e)
}
```

이 프로그램에 main 메서드 정의가 없다고 할지라도, Express가 App 트레이트를 상속했기 때문에 여전히 실행 가능한 애플리케이션이라는 사실에 주목하라. 다음 명령으로 Express를 실행할 수 있다.

```
scala Express
```

이렇게 실행하면 다음 출력을 볼 수 있다.

```
1
- * (x + 1)
2


x   1.5
- + ---
2    x


1
- * (x + 1)
2
-----------
  x   1.5
  - + ---
  2    x
```

15.9 결론

15장에서는 스칼라의 케이스 클래스와 패턴 매치에 대해 자세히 배웠다. 이것을 사용하면 보통의 객체지향 언어에서는 지원하지 않는 간결한 표현법의 이점을 누릴 수 있다. 하지만 스칼라 패턴 매치는 이번 장에서 설명한 게 다가 아니다. 어떤 클래스에 대해 패턴 매치를 사용하고 싶지만 케이스 클래스처럼 클래스 필드를 외부에 노출하고 싶지는 않다면, 26장에서 설명할 **익스트랙터**extractor를 사용할 수 있다. 하지만 16장에서는 일단 리스트로 관심을 돌릴 것이다.

16

리스트

스칼라 프로그램에서 가장 많이 사용하는 데이터 구조는 아마도 리스트일 것이다. 16장에서는 리스트를 좀 더 자세히 설명한다. 리스트에 수행할 수 있는 일반적인 연산을 소개한 다음, 리스트를 사용하는 데 있어 중요한 설계 원칙을 알려줄 것이다.

16.1 리스트 리터럴

앞에서 이미 리스트를 보았다. 그래서 'a', 'b', 'c'를 포함하는 리스트를 List ('a', 'b', 'c')라고 쓴다는 사실을 알고 있다. 다음은 몇 가지 예다.

```
val fruit = List("apples", "oranges", "pears")
val nums = List(1, 2, 3, 4)
val diag3 =
  List(
    List(1, 0, 0),
    List(0, 1, 0),
    List(0, 0, 1)
  )
val empty = List()
```

리스트는 배열과 꽤 비슷하다. 그러나 중요한 차이점이 두 가지 있다. 첫째, 리스트는 변경 불가능하다. 즉, 리스트 원소를 할당문으로 변경할 수 없다. 둘째, 리스트의 구조는 재귀적이지만(즉, 연결 리스트^{inked list}),[1] 배열은 평면적이다.

16.2 리스트 타입

배열과 마찬가지로 리스트도 **동종**^{homogeneous} 원소로 이뤄진다. 즉, 어떤 리스트에 속한 모든 원소의 타입은 같다. 원소의 타입이 T인 리스트의 타입을 List[T]라고 쓴다. 다음은 앞에서 본 네 가지 리스트에 타입을 명시한 것이다.

```
val fruit: List[String] = List("apples", "oranges", "pears")
val nums: List[Int] = List(1, 2, 3, 4)
val diag3: List[List[Int]] =
  List(
    List(1, 0, 0),
    List(0, 1, 0),
    List(0, 0, 1)
  )
val empty: List[Nothing] = List()
```

스칼라 리스트 타입은 **공변적**^{covariant}이다. 이는 S가 T의 서브타입이면, List[S]도 List[T]의 서브타입이라는 뜻이다. 예를 들어, List[String]은 List[Object]의 서브타입이다. 모든 문자열 리스트는 객체 리스트로 볼 수 있기 때문에 이런 서브타입 관계가 자연스럽다.[2]

빈 리스트의 타입이 List[Nothing]이라는 점에 유의하라. 11.3절에서 Nothing이 스칼라 클래스 계층구조의 맨 아래에 있는 타입임을 배웠다. 즉, Nothing은 모든 스칼라 타입의 서브타입이다. 리스트가 공변성이기 때문에, 모든 타입 T에 대해 List[Nothing]은 List[T]의 서브타입임을 도출할 수 있다. 따라서 타입이 List[Nothing]인 빈 리스트 객체를 타입이 List[T]인 다른 모든 리스트 타입의 객체로 생각할 수 있다. 이에 따라 다음과 같은 코드가 가능해진다.

---

1 22장의 그림 22.2는 리스트의 구조를 그림으로 표현하고 있다.

2 19장에서 공변성(covariance)뿐만 아니라 다른 여러 종류의 변성(variance)에 대해서도 설명할 것이다.

```
// List()는 List[String] 타입이기도 하다!
val xs: List[String] = List()
```

16.3 리스트 생성

모든 리스트는 기본적인 빌딩 블록인 Nil과 ::(콘즈cons라고 부름), 두 가지로 만들 수 있다. Nil은 빈 리스트를 의미하고, 중위infix 연산자 ::는 리스트의 앞에 원소를 추가한다. 즉, x :: xs는 첫 번째 원소가 x이고 그 뒤에 xs 리스트(의 원소들)가 오는 리스트를 나타낸다. 그러므로 앞에서 봤던 리스트값들은 다음과 같이 정의할 수 있다.

```
val fruit = "apples" :: ("oranges" :: ("pears" :: Nil))
val nums  = 1 :: (2 :: (3 :: (4 :: Nil)))
val diag3 = (1 :: (0 :: (0 :: Nil))) ::
            (0 :: (1 :: (0 :: Nil))) ::
            (0 :: (0 :: (1 :: Nil))) :: Nil
val empty = Nil
```

실제로는, 앞에서 봤던 List(...)로 만든 fruit, nums, diag3, empty는 위의 리스트 정의로 확장해주는 래퍼wrapper에 불과하다. 예를 들어, List(1, 2, 3)은 1 :: (2 :: (3 :: Nil)) 이라는 리스트를 생성한다.

콜론으로 끝나기 때문에 :: 연산자는 오른쪽 결합 법칙을 사용한다. 따라서 A :: B :: C 는 A :: (B :: C)다. 이런 특성을 활용하면 앞의 정의에서 괄호를 없앨 수 있다. 따라서 다음 정의는

```
val nums = 1 :: 2 :: 3 :: 4 :: Nil
```

괄호를 여럿 써서 정의했던 nums 정의와 같다.

16.4 리스트 기본 연산

리스트의 모든 연산은 다음 세 가지를 가지고 표현할 수 있다.

- head는 어떤 리스트의 첫 번째 원소를 반환한다.
- tail은 어떤 리스트의 첫 번째 원소를 제외한 나머지 원소로 이뤄진 리스트다.
- isEmpty는 리스트가 비어 있다면 true를 반환한다.

이 연산은 모두 List 클래스의 메서드다. 몇 가지 예가 표 16.1에 있다.

표 16.1 기본 리스트 연산

연산의 예	설명
empty.isEmpty	true 반환
fruit.isEmpty	false 반환
fruit.head	"apples" 반환
fruit.tail.head	"oranges" 반환
diag3.head	List(1, 0, 0) 반환

head와 tail 메서드는 비어 있지 않은 리스트에서만 유효하다. 이 메서드를 빈 리스트에 적용하면 예외를 발생시키는데, 예를 들면 다음과 같다.

```
scala> Nil.head
java.util.NoSuchElementException: head of empty list
```

리스트를 처리하는 방법을 보여주는 예로, 수의 리스트를 오름차순으로 정렬해보자. 한 가지 간단한 방법은 삽입 정렬이다. **삽입 정렬**insertion sort은 빈 리스트가 아닌 x :: xs를 정렬하기 위해, 먼저 xs를 정렬하고, 그 결과 안에서 x가 있어야 할 위치에 x를 넣는다. 빈 리스트를 정렬하면 빈 리스트다. 삽입 정렬을 스칼라로 작성하면 알고리즘은 다음과 같다.

```
def isort(xs: List[Int]): List[Int] =
  if (xs.isEmpty) Nil
  else insert(xs.head, isort(xs.tail))

def insert(x: Int, xs: List[Int]): List[Int] =
  if (xs.isEmpty || x <= xs.head) x :: xs
  else xs.head :: insert(x, xs.tail)
```

16.5 리스트 패턴

리스트에 패턴 매치를 사용해 각 부분으로 나눌 수 있다. 리스트 패턴은 리스트 표현식과
일대일로 대응된다. List(...) 형태의 패턴을 사용해 리스트의 모든 원소를 매치할 수도
있고, :: 연산자와 Nil 상수가 들어간 패턴을 사용해 리스트를 분리할 수도 있다.

다음은 리스트 원소 패턴의 예다.

```
scala> val List(a, b, c) = fruit
a: String = apples
b: String = oranges
c: String = pears
```

List(a, b, c) 패턴은 크기가 3인 리스트와 매치되며, 3개의 원소가 차례로 a, b, c 패턴
변수에 들어간다. 리스트 원소의 개수를 미리 알 수 없다면, 그 대신 ::를 사용하는 것이
좋다. 예를 들어, a :: b :: rest 패턴은 크기가 2 이상인 리스트와 매치할 수 있다.

```
scala> val a :: b :: rest = fruit
a: String = apples
b: String = oranges
rest: List[String] = List(pears)
```

패턴으로 리스트를 분해하는 것은 기본 연산자인 head, tail, isEmpty를 호출해서 리스트 내부 필드를 분리하는 것에 대한 대안이다. 예를 들어, 삽입 정렬을 다시 살펴보자. 이번에는 패턴 매치를 사용한다.

```
def isort(xs: List[Int]): List[Int] = xs match {
  case List()   => List()
  case x :: xs1 => insert(x, isort)
}
def insert(x: Int, xs: List[Int]): List[Int] = xs match {
  case List()  => List
  case y :: ys => if (x <= y) x :: xs
                  else y :: insert(x, ys)
}
```

때로는 리스트에 대한 패턴 매치가 메서드를 사용해 리스트를 분해하는 것보다 더 명확하다. 그래서 패턴 매치는 리스트를 처리하는 개발 도구상자에 있는 연장 중 하나가 되어야만 한다.

여기까지만 알아도 스칼라에서 리스트를 올바르게 사용하는 데 아무런 문제가 없다. 그러나 리스트에 적용하는 연산의 공통 패턴을 찾아내는 여러 메서드가 있다. 이러한 메서드는 리스트를 처리하는 프로그램을 더 간결하게 만들고, 때로는 더 명확하게 해준다. 이어지는 2개의 절에서는 List 클래스에서 가장 중요한 메서드들을 설명할 것이다.

16.6 List 클래스의 1차 메서드

이번 절에서는 List 클래스에 있는 1차 메서드를 설명할 것이다. 어떤 메서드가 함수를 인자로 받지 않는다면, 그 메서드를 **1차 메서드**first-order method라 부른다. 또한 본 절에서는 리스트를 처리하는 프로그램을 구조화하는 권장할 만한 두 가지 방법을 예제로 소개할 것이다.

두 리스트 연결하기

::와 비슷한 연산자로, :::라는 리스트 연결 연산이 있다. ::와 달리, :::의 두 인자는 리스트다. xs ::: ys의 결과는 xs의 모든 원소 뒤에 ys의 모든 원소가 따라오는 새로운 리스트다.

몇 가지 예를 보자.

```scala
scala> List(1, 2) ::: List(3, 4, 5)
res0: List[Int] = List(1, 2, 3, 4, 5)

scala> List() ::: List(1, 2, 3)
res1: List[Int] = List(1, 2, 3)

scala> List(1, 2, 3) ::: List
res2: List[Int] = List(1, 2, 3, 4)
```

콘즈와 마찬가지로, 리스트 연결도 오른쪽으로 결합한다. 다음과 같은 표현식은

```scala
xs ::: ys ::: zs
```

다음과 같이 해석된다.

```scala
xs ::: (ys ::: zs)
```

분할 정복 원칙

연결(:::)은 List 클래스 안에 구현되어 있는 메서드다. 하지만 리스트에 패턴 매치를 사용해 :::를 직접 구현할 수도 있다. 리스트를 사용하는 알고리즘을 구현하는 일반적인

방법을 보여주기 때문에, 공부 삼아 직접 구현해보는 게 좋다. 먼저, 연결 메서드의 용법을 결정하고 이름은 append라고 할 것이다. 너무 많은 것이 섞이지 않도록, append는 리스트 클래스 밖에 정의한다. append는 연결할 두 리스트를 인자로 받는다. 이 두 리스트의 원소 타입은 일치해야 하지만, 타입은 어떤 타입이든 가능하다. append 함수에 두 입력 리스트의 원소 타입을 나타내는 타입 파라미터[3]를 넣어서 임의의 타입을 표현할 수 있다.

```
def append[T](xs: List[T], ys: List[T]): List[T]
```

append 구현을 설계할 때 리스트 같은 재귀적 데이터 구조를 처리하는 프로그램을 위한 '분할 정복divide and conquer' 설계 기법을 기억해두면 도움이 된다. 리스트에 대한 여러 알고리즘은 먼저 입력 리스트를 패턴 매치를 통해 더 간단한 경우의 리스트로 쪼개는 일부터 시작한다. 바로 이 부분이 **분할**divide이다. 그런 다음, 더 간단하게 나눈 각각의 경우에 대해 결과를 생성한다. 분할한 각 부분이 빈 리스트가 아니라면, 동일한 알고리즘을 재귀적으로 호출해 결과를 생성할 수도 있다. 이런 부분이 바로 **정복**conquer 부분이다.

append 메서드를 구현하면서 분할 정복 원리를 적용할 때 우선적으로 할 질문은 리스트의 어느 부분을 매치할 것인가에 관한 것이다. 선택 가능한 경우가 두 가지(xs와 ys)이기 때문에 append의 경우는 어떤 패턴에 매치시켜야 할지가 다른 리스트 메서드보다 덜 명확하다. 어찌 됐든, 다음 단계인 정복 단계에는 분할한 두 입력 리스트의 모든 원소로 이뤄진 리스트를 생성할 필요가 있다. 리스트는 맨 뒤부터 앞쪽 방향으로 원소를 추가하면서 생성하기 때문에, ys는 원래 그대로 남아 있는 반면 xs는 부분부분 쪼개서 ys의 앞에 붙여야 할 것이다. 그러므로 패턴 매치를 할 대상으로는 xs를 택하는 것이 타당하다. 리스트에 대한 가장 보편적인 패턴 매치는 빈 리스트와 원소가 있는 리스트를 구별하는 것이다. 따라서 다음과 같이 append 메서드의 윤곽을 정할 수 있다.

```
def append[T](xs: List[T], ys: List[T]): List[T] =
  xs match {
    case List() => ???
    case x :: xs1 => ???
  }
```

---

3   타입 파라미터에 대해서는 19장에서 더 자세히 설명한다.

이제 해야 할 일은 ???[4]로 표시한 두 곳을 채워 넣는 것이다. 첫 위치는 xs 리스트가 비었을 때다. 이 경우, append는 두 번째 리스트를 결과로 반환하면 된다.

```
case List() => ys
```

아직 풀지 못한 두 번째 위치는 입력 리스트 xs의 head가 x이고 tail이 xs1인 경우다. 이 경우, 결과 또한 빈 리스트가 아니다. 비어 있지 않은 리스트를 생성하기 위해서는 결과 리스트의 head와 tail이 무엇인지 알아야 한다. xs와 ys를 이어붙인 결과 리스트의 첫 번째 원소는 x다. 또한 결과 리스트의 나머지는 첫 번째 리스트의 나머지인 xs1에 두 번째 리스트 ys를 이어붙임으로써 계산할 수 있다. 이제 설계가 끝났다.

정리하면 다음과 같은 코드가 된다.

```
def append[T](xs: List[T], ys: List[T]): List[T] =
  xs match {
    case List() => ys
    case x :: xs1 => x :: append(xs1, ys)
  }
```

두 번째 case 문이 분할 정복 원칙에서 정복 부분을 설명한다. 절차는 다음과 같다. 먼저, 원하는 결과가 어떤 형태가 되어야 할지 생각한다. 그러고 나서 이 알고리즘을 적합한 부분에 재귀적으로 호출해 해답의 각 부분을 계산한다. 마지막으로, 이렇게 구한 각 부분으로부터 결과를 생성한다.

리스트 길이 구하기: length

length 메서드는 리스트의 길이를 계산한다.

```
scala> List(1, 2, 3).length
res3: Int = 3
```

---

4 개발을 진행하는 동안, scala.NotImplementedError 예외를 발생시키고 결과 타입이 Nothing인 ??? 메서드를 임시 구현으로 사용할 수 있다.

배열과 달리 리스트의 length는 비교적 비싼 연산이다. 리스트 끝을 찾기 위해 전체 리스트를 순회해야 하기 때문이다. 그러므로 리스트 원소 개수만큼 시간이 걸린다. 따라서 xs.isEmpty 같은 검사를 xs.length == 0으로 바꾸는 건 좋은 생각이 아니다. 두 검사의 결과는 같지만, 특히 xs 리스트가 길다면 두 번째 검사가 더 느리다.

리스트 양 끝에 접근하기: init, last

기본 연산인 head와 tail에 대해 이미 살펴봤다. head는 리스트의 첫 번째 원소를 반환하고, tail은 첫 번째 원소를 제외한 나머지 리스트를 반환한다. 이 둘 모두 쌍대성^{dual}(거울 관계) 연산이 있다. head의 쌍대성 연산인 last는 비어 있지 않은 리스트의 마지막 원소를 반환하며, tail의 쌍대 연산인 init는 마지막 원소를 제외한 모든 원소를 포함한 리스트를 반환한다.

```
scala> val abcde = List('a', 'b', 'c', 'd', 'e')
abcde: List[Char] = List(a, b, c, d, e)

scala> abcde.last
res4: Char = e

scala> abcde.init
res5: List[Char] = List(a, b, c, d)
```

head나 tail과 마찬가지로, 이 두 메서드 모두 빈 리스트에 대해 호출하면 예외가 발생한다.

```
scala> List().init
java.lang.UnsupportedOperationException: Nil.init
    at scala.List.init(List.scala:544)
    at ...

scala> List().last
java.util.NoSuchElementException: Nil.last
    at scala.List.last(List.scala:563)
    at ...
```

상수 시간 복잡도인 head 및 tail과 달리, init와 last는 결과를 계산하기 위해 전체 리스트를 순회해야 한다. 그러므로 이 둘은 리스트 길이만큼 시간이 걸린다.

> 대부분의 접근을 리스트의 마지막 원소보다는 리스트의 앞에서 수행할 수 있도록 데이터를 잘 조직화하는 것이 좋은 생각이다.

리스트 뒤집기: reverse

어떤 알고리즘이 계산 중에 리스트 끝을 자주 참조하면, 먼저 리스트의 방향을 거꾸로 뒤집은 다음, 그 결과를 가지고 작업하는 편이 때때로 더 낫다. 아래에 리스트를 뒤집는 방법이 있다.

```
scala> abcde.reverse
res6: List[Char] = List(e, d, c, b, a)
```

다른 모든 리스트 연산과 마찬가지로 reverse는 연산 대상 리스트를 변경하기보다 새로운 리스트를 생성한다. 리스트는 변경 불가능하기 때문에 그런 변경은 가능하지 않다. 이를 확인하기 위해 abcde의 값이 reverse 연산을 거친 다음에도 변하지 않았음을 확인해 보자.

```
scala> abcde
res7: List[Char] = List(a, b, c, d, e)
```

reverse, init, last 연산은 계산을 추론하고 프로그램을 단순하게 만들기 위해 사용할 수 있는 법칙 몇 가지를 만족한다.

1. reverse는 자기 자신의 역이다. 즉, xs.reverse.reverse는 xs와 같다.

2. 원소 방향이 뒤집혔다는 점을 제외하면, reverse는 init를 tail로 바꾸고 last를 head로 바꾼다.

   - xs.reverse.init는 xs.tail.reverse와 같다.

   - xs.reverse.tail은 xs.init.reverse와 같다.

   - xs.reverse.head는 xs.last와 같다.

   - xs.reverse.last는 xs.head와 같다.

reverse는 아래 rev 메서드처럼 연결(:::)을 사용해 구현할 수 있다.

```
def rev[T](xs: List[T]): List[T] = xs match {
  case List() => xs
  case x :: xs1 => rev(xs1) ::: List(x)
}
```

그러나 이 메서드는 기대했던 것보다 효율적이지 않다. rev의 복잡도를 알기 위해, xs 리스트의 길이를 n이라 가정한다. 여기서 rev를 n번 재귀 호출한다는 점에 주의하자. 마지막을 제외하고, 모든 호출은 리스트 연결(:::)을 포함한다. 리스트 연결 xs ::: ys는 첫번째 인자 xs의 크기만큼 시간이 걸린다. 그러므로 rev의 전체 복잡도는 다음과 같다.

$$n + (n - 1) + ... + 1 = (1 + n) * n / 2$$

즉, rev 복잡도는 인자로 받은 리스트 길이의 제곱이다. 변경 가능한 표준 연결 리스트를 뒤집을 때 선형 복잡도가 드는 것과 비교해보면 실망스러운 결과다. 그러나 이 rev 구현은 최선이 아니다. 다음에 이를 향상하는 방법을 볼 것이다.

접두사와 접미사: drop, take, splitAt

drop과 take 연산은 리스트에서 임의의 접두사나 접미사를 반환한다는 점에서 tail과 init를 일반화한 것이다. xs take n은 xs 리스트의 처음부터 n번째까지 원소를 반환한다. n이 xs.length보다 크다면 전체 리스트 xs를 반환한다. xs drop n 연산은 첫 번째에서 n번째까지 원소를 제외한 xs 리스트의 모든 원소를 반환한다.

splitAt 연산은 주어진 인덱스 위치에서 리스트를 분할해서, 두 리스트가 들어 있는 순서쌍을 반환한다.[5] 다음과 같은 동일성으로 이를 정의할 수 있다.

xs splitAt n은 (xs take n, xs drop n)과 같다.

그러나 위 동일성의 오른쪽과 달리 splitAt은 리스트를 두 번 순회하지 않는다. 세 메서드의 예는 다음과 같다.

---

5   10.12절에서 언급했듯이 '순서쌍'이라는 용어는 튜플을 일반적으로 부르는 말이다.

```
scala> abcde take 2
res8: List[Char] = List(a, b)

scala> abcde drop 2
res9: List[Char] = List(c, d, e)

scala> abcde splitAt 2
res10: (List[Char], List[Char]) = (List(a, b),List(c, d, e))
```

원소 선택하기: apply, indices

임의의 원소를 선택하는 것은 apply 메서드를 통해 지원한다. 그러나 이 메서드는 배열
에 비해 리스트에서는 자주 사용하진 않는다.

```
scala> abcde apply 2 // 스칼라에서는 이렇게 사용하는 경우가 드물다.
res11: Char = c
```

다른 모든 타입과 마찬가지로, 메서드 호출에서 함수가 있어야 할 위치에 어떤 객체가 있
으면 apply를 암묵적으로 삽입한다. 그래서 위의 표현식은 다음과 같이 줄여 쓸 수 있다.

```
scala> abcde(2) // 스칼라에서는 이렇게 사용하는 경우가 드물다.
res12: Char = c
```

임의의 원소를 선택하는 연산을 배열보다 리스트에서 덜 사용하는 이유는 xs(n)에서 인
덱스 n의 값에 비례해서 시간이 걸리기 때문이다. 실제로 apply는 drop과 head를 조합해
다음과 같이 간단하게 정의할 수 있다.

xs apply n은 (xs drop n).head와 같다.

이 정의를 보면 리스트 인덱스의 범위도 배열과 마찬가지로 0부터 리스트의 크기에서
1을 뺀 값까지임을 알 수 있다. indices 메서드는 리스트에서 유효한 모든 인덱스의 리스
트를 반환한다.

```
scala> abcde.indices
res13: scala.collection.immutable.Range
  = Range(0, 1, 2, 3, 4)
```

리스트의 리스트를 한 리스트로 반듯하게 만들기: flatten

flatten 메서드는 리스트의 리스트를 인자로 받아서, 하나의 리스트로 반듯하게 펼친다.

```
scala> List(List(1, 2), List(3), List(), List(4, 5)).flatten
res14: List[Int] = List(1, 2, 3, 4, 5)

scala> fruit.map(_.toCharArray).flatten
res15: List[Char] = List(a, p, p, l, e, s, o, r, a, n, g, e, s, p, e, a, r, s)
```

이 메서드는 리스트의 원소가 모두 리스트인 경우(즉, 리스트의 원소 타입이 리스트인 경우)
에만 적용할 수 있다. 다른 종류의 리스트를 펼치려 시도하면 컴파일 오류가 난다.

```
scala> List(1, 2, 3).flatten
<console>:8: error: No implicit view available from Int =>
scala.collection.IterableOnce[B].
          List(1, 2, 3).flatten
                   ^
```

두 리스트를 순서쌍으로 묶기: zip, unzip

zip 연산은 두 리스트를 인자로 받아서 순서쌍의 리스트를 만든다.

```
scala> abcde.indices zip abcde
res17: scala.collection.immutable.IndexedSeq[(Int, Char)] =
Vector((0,a), (1,b), (2,c), (3,d), (4,e))
```

입력 리스트의 길이가 각기 다르면, 길이가 긴 쪽에 남는 원소를 버린다.

```
scala> val zipped = abcde zip List(1, 2, 3)
zipped: List[(Char, Int)] = List((a,1), (b,2), (c,3))
```

어떤 리스트의 각 원소를 그 인덱스와 함께 순서쌍으로 묶는 것은 유용하다. 이는
zipWithIndex 메서드를 통해 가장 효과적으로 할 수 있다. zipWithIndex는 리스트의 모든
원소와 그 원소의 위치를 묶는다.

```
scala> abcde.zipWithIndex
res18: List[(Char, Int)] = List((a,0), (b,1), (c,2), (d,3), (e,4))
```

모든 튜플의 리스트는 unzip 메서드를 사용해 리스트의 튜플로 다시 바꿀 수 있다.

```
scala> zipped.unzip
res19: (List[Char], List[Int])
  = (List(a, b, c),List(1, 2, 3))
```

zip과 unzip 메서드는 여러 리스트를 한꺼번에 연산하는 방법을 제공한다. 때때로 좀 더
효율적으로 만들 수 있는 방법을 알고 싶다면 16.9절을 참고하라.

리스트 출력하기: toStirng, mkString

toString 연산은 리스트에 대한 표준 문자열 표현을 반환한다.

```
scala> abcde.toString
res20: String = List(a, b, c, d, e)
```

다른 표현을 원한다면 mkString 메서드를 사용할 수 있다. xs mkString (pre, sep, post)
연산은 피연산자가 4개 있다. 즉, 출력 대상 리스트 xs, 모든 원소 앞에 출력할 접두사 문
자열 pre, 원소와 원소 사이에 출력할 분리 문자열 sep, 그리고 맨 마지막에 출력할 접미
사 문자열 post가 있다.

이 연산의 결과는 다음과 같은 문자열이다.

```
pre + xs(0) + sep + ... + sep + xs(xs.length - 1) + post
```

mkString 메서드에는 인자 중 일부가 없는 오버로드한 메서드 2개가 있다. 첫 번째 변형
은 분리 문자열만 인자로 받는다.

> xs mkString sep은 xs.mkString("", sep, "")와 같다.

두 번째 변형은 아무 인자도 받지 않는다.

xs.mkString은 xs mkString ""와 같다.

여기 몇 가지 예가 있다.

```
scala> abcde.mkString("[", ",", "]")
res21: String = [a,b,c,d,e]

scala> abcde.mkString ""
res22: String = abcde

scala> abcde.mkString
res23: String = abcde

scala> abcde.mkString("List(", ", ", ")")
res24: String = List(a, b, c, d, e)
```

생성한 문자열을 결과로 반환하지 않고 StringBuilder[6] 객체에 추가하는 addString이라는 mkString의 변형도 있다.

```
scala> val buf = new StringBuilder
buf: StringBuilder =

scala> abcde.addString(buf, "(", ";", ")")
res25: StringBuilder = (a;b;c;d;e)
```

mkString과 addString은 List의 슈퍼트레이트인 Iterable로부터 상속한 메서드다. 그래서 모든 컬렉션에서 사용 가능하다.

리스트 변환하기: iterator, toArray, copyToArray

평면적인 배열과 재귀적인 리스트에서 데이터를 변환하고 싶다면, List 클래스의 toArray 메서드나 Array 클래스의 toList 메서드를 사용하면 된다.

```
scala> val arr = abcde.toArray
arr: Array[Char] = Array(a, b, c, d, e)

scala> arr.toList
res26: List[Char] = List(a, b, c, d, e)
```

---

6   이것은 java.lang.StringBuilder가 아니라 scala.StringBuilder 클래스다.

또한 copyToArray라는 메서드도 있다. 이 메서드는 리스트 원소를 어떤 배열의 특정 지점부터 연속적으로 복사한다. 예를 들어,

```
xs.copyToArray(arr, start)
```

위 표현식은 xs 리스트의 모든 원소를 배열 arr의 start 지점에 복사한다. 복사 대상 배열 arr의 크기는 start 지점부터 리스트의 모든 원소가 들어갈 수 있을 만큼 충분히 커야 한다.[7] 다음 예를 보자.

```
scala> val arr2 = new Array[Int](10)
arr2: Array[Int] = Array(0, 0, 0, 0, 0, 0, 0, 0, 0, 0)

scala> List(1, 2, 3).copyToArray(arr2, 3)

scala> arr2
res28: Array[Int] = Array(0, 0, 0, 1, 2, 3, 0, 0, 0, 0)
```

마지막으로, 리스트의 원소를 이터레이터iterator를 사용해 접근할 필요가 있다면 iterator 메서드를 사용하면 된다.

```
scala> val it = abcde.iterator
it: Iterator[Char] = <iterator>

scala> it.next
res29: Char = a

scala> it.next
res30: Char = b
```

예제: 병합 정렬

앞에서 설명했던 삽입 정렬은 작성하기에 간단하고 쉽지만, 그렇게 효율적이지는 않다. 평균 복잡도가 입력 리스트 길이의 제곱에 비례하기 때문이다. 더 효율적인 알고리즘은 **병합 정렬**merge sort이다.

---

7 하지만 크기가 더 작아도 문제가 생기지는 않는다(복사가 안 일어날 뿐이다). val arr = Array(0,0,0); List(1,2,3,4,5) copyToArray(arr,0) 해도 문제없고(앞의 3개만 복사), val arr = Array(0,0,0); List(1,2,3,4,5) copyToArray(arr,1000) 해도 문제가 없다. – 옮긴이

지름길

이 예제는 분할 정복 전략과 커링을 보여주는 또 다른 예다. 그뿐 아니라, 알고리즘의 복잡도에 대해 유용한 논의를 제시한다. 이 책을 처음으로 빠르게 읽는 중이라면, 16.7절로 바로 넘어가도 문제없다.

병합 정렬은 다음과 같이 동작한다. 우선, 리스트에 원소가 없거나 1개뿐이라면 이미 정렬된 상태다. 따라서 리스트 그대로 반환한다. 그보다 더 긴 리스트는 더 작은 하위 리스트 2개로 분할한다. 이때 각 리스트는 원래 리스트의 원소를 절반씩 포함한다. 각 하위 리스트는 병합 정렬 함수를 다시 재귀 호출해 정렬할 수 있다. 두 하위 리스트를 정렬하고 나면, 그 두 정렬 결과 리스트를 merge 연산을 사용해 병합한다.

일반적인 병합 정렬 구현을 위해, 정렬할 대상 리스트의 원소 타입을 고정하지 않았으면 한다. 마찬가지로, 원소 비교를 위한 함수에 대해서도 선택을 열어두길 바란다. 이 두 항목을 파라미터로 받을 수 있다면, 최대한 일반적인 정렬 함수가 탄생한다. 리스트 16.1은 그런 예를 보여준다.

리스트 16.1 리스트 병합 정렬 함수

```
def msort[T](less: (T, T) => Boolean)
    (xs: List[T]): List[T] = {

  def merge(xs: List[T], ys: List[T]): List[T] =
    (xs, ys) match {
      case (Nil, _) => ys
      case (_, Nil) => xs
      case (x :: xs1, y :: ys1) =>
        if (less(x, y)) x :: merge(xs1, ys)
        else y :: merge(xs, ys1)
    }
  val n = xs.length / 2
  if (n == 0) xs
  else {
    val (ys, zs) = xs splitAt n
    merge(msort(less)(ys), msort(less)(zs))
  }
}
```

msort의 복잡도는 $(n \log(n))$이다. 여기서 n은 입력 리스트의 길이다. 리스트 하나를 2개로 나누고, 정렬한 리스트 2개를 병합하는 데는 입력 리스트의 길이에 비례하는 시간이 걸린다. 각 msort 재귀 호출은 입력 리스트의 원소 개수를 반으로 줄인다. 그래서 리스트 크기가 1인 기본적인 경우base case에 도달할 때까지 $\log(n)$번 정도 연속적인 재귀 호출을 한다. 그렇지만 길이가 1보다 긴 리스트의 경우 각각의 msort 호출은 두 하위 msort 호출을 만든다. 따라서 모든 상황을 종합하면 $\log(n)$번의 연속적 재귀 호출의 각 깊이에서 원래 리스트의 각 원소는 분할과 병합에 한 번씩 참가한다.

그러므로 모든 호출 깊이에서 복잡도는 n에 비례한다. 최대 호출 깊이가 $\log(n)$이므로, 결국 전체 코드의 복잡도는 $n \log(n)$에 비례한다. 이 비용은 리스트 안에 있는 원소의 분포와는 관계가 없다. 따라서 최악의 경우에도 평균적인 경우와 같은 시간이 걸린다. 이런 특성으로 인해 병합 정렬은 리스트를 정렬하는 데 있어 매력적인 알고리즘이 될 수 있다.

여기에 msort를 사용하는 예가 있다.

```scala
scala> msort((x: Int, y: Int) => x < y)(List(5, 7, 1, 3))
res31: List[Int] = List(1, 3, 5, 7)
```

msort 함수는 9.3절에서 설명했던 커링 개념의 고전적인 예다. 커링을 사용하면 쉽게 msort를 특정 비교 함수로 특화specialize할 수 있다. 예를 들면 다음과 같다.

```scala
scala> val intSort = msort((x: Int, y: Int) => x < y) _
intSort: (List[Int]) => List[Int] = <function1>
```

이렇게 만든 intSort 변수는 정수 리스트를 크기 순서대로 정렬하는 함수를 가리킨다. 8.6절에서 설명한 대로, 밑줄은 생략한 인자 목록을 의미한다. 여기서 생략한 인자는 정렬 대상 리스트다. 또 다른 예로, 다음은 정수 리스트를 역순으로 정렬하는 함수를 만드는 방법을 보여준다.

```scala
scala> val reverseIntSort = msort((x: Int, y: Int) => x > y) _
reverseIntSort: (List[Int]) => List[Int] = <function>
```

커링을 통해 이미 비교 함수를 제공했기 때문에, intSort나 reverseIntSort 함수를 호출할 때는 정렬할 리스트만 제공하면 충분하다. 아래 예를 보자.

```
scala> val mixedInts = List(4, 1, 9, 0, 5, 8, 3, 6, 2, 7)
mixedInts: List[Int] = List(4, 1, 9, 0, 5, 8, 3, 6, 2, 7)

scala> intSort(mixedInts)
res0: List[Int] = List(0, 1, 2, 3, 4, 5, 6, 7, 8, 9)

scala> reverseIntSort(mixedInts)
res1: List[Int] = List(9, 8, 7, 6, 5, 4, 3, 2, 1, 0)
```

16.7 List 클래스의 고차 메서드

리스트에 관한 많은 연산은 구조가 유사한데, 몇 가지 패턴이 반복적으로 나타난다. 이런 패턴의 예로는, 모든 리스트 원소를 어떤 방법으로 변환하거나, 리스트의 모든 원소가 어떤 특성을 만족하는지 확인하거나, 특정 기준을 만족하는 원소들만 리스트에서 뽑아내거나, 어떤 연산자를 사용해 리스트의 모든 원소를 조합하는 것 등이 있다. 자바에서는 그런 패턴을 for나 while 루프를 관용적으로 결합해 일반적으로 표현하고는 한다. 스칼라에서는 이런 패턴을 고차 연산자higher-order operator[8]를 사용해 더욱 간결하고 직접적으로 표현할 수 있다. 고차 연산자는 리스트 클래스의 메서드다. 이러한 고차 연산자에 대해 이번 절에서 논의한다.

리스트 매핑: map, flatmap, foreach

xs map f 연산은 피연산자로 List[T] 타입인 xs 리스트와 T => U 타입인 f 함수를 받는다. 이 메서드는 xs 리스트의 모든 원소에 함수 f를 적용해서 나온 결괏값으로 이뤄진 리스트를 반환한다. 예를 들면 다음과 같다.

---

8 고차 연산자는 연산자 표기법으로 사용하는 고차 함수를 의미한다. 9.1절에서 언급한 대로, 고차 함수는 인자로 다른 함수를 받는 함수다.

```
scala> List(1, 2, 3) map (_ + 1)
res32: List[Int] = List(2, 3, 4)

scala> val words = List("the", "quick", "brown", "fox")
words: List[String] = List(the, quick, brown, fox)

scala> words map (_.length)
res33: List[Int] = List(3, 5, 5, 3)

scala> words map (_.toList.reverse.mkString)
res34: List[String] = List(eht, kciuq, nworb, xof)
```

flatMap 연산자는 map과 유사하다. 하지만 오른쪽 피연산자로 원소의 리스트를 반환하는 함수를 받는다. flatMap은 리스트의 원소에 함수 f를 적용해서 나온 모든 리스트를 연결한 단일 리스트를 반환한다. map과 flapMap의 차이점은 다음 예를 보면 이해할 수 있을 것이다.

```
scala> words map (_.toList)
res35: List[List[Char]] = List(List(t, h, e), List(q, u, i, c, k),
    List(b, r, o, w, n), List(f, o, x))

scala> words flatMap (_.toList)
res36: List[Char] = List(t, h, e, q, u, i, c, k, b, r, o, w, n, f, o, x)
```

map은 리스트의 리스트를 반환하지만, flatMap은 결과 리스트를 서로 연결한 하나의 리스트를 반환한다.

$1 \leq j < i < 5$인 모든 (i, j) 순서쌍의 리스트를 만드는 아래 표현식은 map과 flatMap의 차이점과 상호작용을 보여준다.

```
scala> List.range(1, 5) flatMap (
        i => List.range(1, i) map (j => (i, j))
      )
res37: List[(Int, Int)] = List((2,1), (3,1), (3,2), (4,1), (4,2), (4,3))
```

List.range는 어떤 범위에 속한 모든 정수 리스트를 생성하는 메서드다. 이 예에서는 List.range를 두 번 사용한다. 첫 번째로는 1(포함)부터 5(제외)까지의 정수 리스트를 생성하기 위해 사용하고, 그렇게 만든 첫 번째 리스트에서 가져온 값 i에 대해, 1부터 i까지의 정수 리스트를 생성하기 위해 두 번째로 사용한다. 이 표현식의 내부에 있는 map은 $j < i$인 (i, j) 순서쌍의 리스트를 만든다. 이 예의 바깥쪽에 있는 flatMap은 1부터 5까지의 각 i에 대해 방금 설명한 내부 map을 적용해서 얻은 순서쌍의 리스트를 모두 연결한 리스트를 만든다. 다른 방법으로, 같은 결과를 for를 사용해 만들어낼 수도 있다.

```
for (i <- List.range(1, 5); j <- List.range(1, i)) yield (i, j)
```

23장에서 for 표현식과 리스트 연산의 상호작용에 대해 자세히 배울 것이다.

맵 같은 세 번째 연산자는 foreach이다. 그러나 map이나 flatMap과 달리, foreach는 오른쪽 피연산자로 프로시저(결과 타입이 Unit인 함수)를 받는다. foreach는 리스트의 모든 원소에 프로시저를 적용한다. foreach의 결과 자체는 Unit이다. 아래는 한 리스트의 모든 수를 더하는 간단한 방법을 보여준다.

```
scala> var sum = 0
sum: Int = 0
scala> List(1, 2, 3, 4, 5) foreach (sum += _)
scala> sum
res39: Int = 15
```

리스트 걸러내기 : filter, partition, find, takeWhile, dropWhile, span

xs filter p는 List[T] 타입의 리스트인 xs와 T => Boolean 타입의 술어 함수 p를 받는다. 이 메서드는 xs 리스트의 모든 원소 x 중에서 p(x)가 true인 원소의 리스트를 만든다. 예를 들면 다음과 같다.

```
scala> List(1, 2, 3, 4, 5) filter (_ % 2 == 0)
res40: List[Int] = List(2, 4)
scala> words filter (_.length == 3)
res41: List[String] = List(the, fox)
```

partition 메서드는 filter와 같지만, 리스트의 순서쌍을 반환한다. 순서쌍에서 한 리스트는 술어가 true인 원소를 포함하며, 나머지 하나는 술어가 false인 원소를 포함한다.

다음과 같이 동일하게 이 메서드를 정의할 수 있다.

xs partition p는 (xs filter p, xs filter (!p(_)))와 같다.

다음은 한 예다.

```scala
scala> List(1, 2, 3, 4, 5) partition (_ % 2 == 0)
res42: (List[Int], List[Int]) = (List(2, 4),List(1, 3, 5))
```

find 메서드도 filter와 비슷하지만, 주어진 술어 함수를 만족하는 모든 원소를 반환하지 않고 만족하는 첫 번째 원소만 반환한다. xs find p 연산은 xs 리스트와 술어 p를 피연산자로 받아서 옵션값을 반환한다. p(x)가 true인 원소 x가 존재하면 Some(x)를 반환하며, 모든 x에 대해 p가 false이면 None을 반환한다. 여기에 몇 가지 예가 있다.

```scala
scala> List(1, 2, 3, 4, 5) find (_ % 2 == 0)
res43: Option[Int] = Some(2)

scala> List(1, 2, 3, 4, 5) find (_ <= 0)
res44: Option[Int] = None
```

takeWhile과 dropWhile도 오른쪽 피연산자로 술어 함수를 받는다. xs takeWhile p 연산은 xs 리스트에서 술어 p를 만족하는 가장 긴 접두사를 반환한다. 마찬가지로, xs dropWhile p는 xs 리스트에서 술어 p를 만족하는 가장 긴 접두사를 제거한다. 다음은 몇 가지 예다.

```scala
scala> List(1, 2, 3, -4, 5) takeWhile (_ > 0)
res45: List[Int] = List(1, 2, 3)

scala> words dropWhile (_ startsWith "t")
res46: List[String] = List(quick, brown, fox)
```

splitAt이 take와 drop을 한데 묶는 것처럼 span 메서드는 takeWhile과 dropWhile을 하나로 묶은 것이다. 이 메서드는 두 리스트의 순서쌍을 반환하며, 다음과 같이 동일하게 이 메서드를 정의할 수 있다.

xs span p는 (xs takeWhile p, xs dropWhile p)와 같다.

splitAt과 같이 span도 xs 리스트를 두 번 순회하지 않고 한 번만 순회한다.

```
scala> List(1, 2, 3, -4, 5) span (_ > 0)
res47: (List[Int], List[Int]) = (List(1, 2, 3),List(-4, 5))
```

리스트 전체에 대한 술어: forall, exists

xs forall p 연산은 인자로 리스트 xs와 술어 함수 p를 받는다. 리스트의 모든 원소가 p를 만족할 때 결과가 true이다. 반대로, xs exists p는 xs 안에 술어 함수 p를 만족하는 원소가 하나라도 존재하면 true를 반환한다. 예를 들어, 리스트의 리스트로 표현한 행렬에 모든 원소가 0인 행이 있는지 찾아보려면 다음과 같이 한다.

```
scala> def hasZeroRow(m: List[List[Int]]) =
            m exists (row => row forall (_ == 0))
hasZeroRow: (m: List[List[Int]])Boolean

scala> hasZeroRow(diag3)
res48: Boolean = false
```

리스트 폴드: foldLeft와 foldRight

또 다른 일반적인 연산으로는 리스트의 원소를 연산자를 통해 결합하는 것을 들 수 있다. 예를 들어 다음을 보자.

sum(List(a, b, c))는 0 + a + b + c와 같다.

이는 다음과 같이 폴드fold 연산을 적용한 특별한 경우다.

```
scala> def sum(xs: List[Int]): Int = xs.foldLeft(0)(_ + _)
sum: (xs: List[Int])Int
```

마찬가지로,

product(List(a, b, c))는 1 * a * b * c와 같다.

위 연산도 다음과 같이 폴드 연산을 적용한 특별한 경우다.

```
scala> def product(xs: List[Int]): Int = xs.foldLeft(1)(_ * _)
product: (xs: List[Int])Int
```

왼쪽 폴드fold left 연산인 xs.foldLeft(z)(op)에 들어 있는 객체는 세 가지가 있다. z는 시작 값이고, xs는 폴드할 대상 리스트이며, op는 이항 연산자다. 폴드한 결과는 z를 시작으로 해서 xs의 모든 원소에 대해 op 연산자를 연속으로 적용한 것이다. 예를 들어

List(a, b, c).foldLeft(z)(op) (op)는 op(op(op(z, a), b), c)와 같다.

그림으로는 다음과 같이 표현할 수 있다.

```
              op
             /  \
           op    c
          /  \
        op    b
       /  \
      z    a
```

여기 foldLeft를 어떻게 사용하는지 설명해주는 예가 하나 더 있다. 어떤 문자열 리스트의 모든 단어를 연결하기 위해, 맨 앞과 단어 사이에 공백을 넣는다. 다음과 같이 할 수 있다.

```
scala>  words.foldLeft("")(_ + " " + _)
res49: String = " the quick brown fox"
```

이렇게 하면 맨 앞에 여분의 공백이 생긴다. 그 공백을 제거하기 위해 다음처럼 약간 변형한 형태를 사용할 수도 있다.

```
scala> words.tail.foldLeft(words.head)(_ + " " + _)
res50: String = the quick brown fox
```

foldLeft 연산자는 왼쪽으로 편향된 연산 트리를 생성한다. 오른쪽으로 편향된 트리를 만들어내는 연산자는 foldRight다. 예를 들어

List(a, b, c).foldRight(z)(op)는 op(a, op(b, op(c, z)))와 같다.

그림으로는 다음과 같이 표현할 수 있다.

```
        op
      /   \
    a       op
          /   \
        b       op
              /   \
            c       z
```

결합 법칙이 성립하는 연산에 대해, 오른쪽 폴드와 왼쪽 폴드는 동일하지만 효율이 다를 수 있다. 예를 들어, 리스트의 리스트에서 모든 원소를 연결하는 flatten 메서드를 고려해보자. 오른쪽 폴드나 왼쪽 폴드로 이를 구현할 수 있다.

```
def flattenLeft[T](xss: List[List[T]]) =
    xss.foldLeft(List[T]())(_ ::: _)
def flattenRight[T](xss: List[List[T]]) =
    xss.foldRight(List[T]())(_ ::: _)
```

리스트를 연결하는 xs ::: ys 연산자는 첫 번째 인자 xs에 비례하는 시간이 걸리기 때문에, flattenRight에 있는 오른쪽 폴드에 의한 구현은 flattenLeft에 있는 왼쪽 폴드에 의한 구현보다 더 효율적이다. 문제는 flattenLeft(xss)가 첫 번째 원소인 리스트 xss.head를 $n - 1$번 복사한다는 점이다. 여기서 n은 xss 리스트의 크기다.

flatten의 두 버전 모두 폴드 시작 값인 빈 리스트에 타입 표기를 붙여야만 했다는 사실에 유의하라. 이것은 스칼라 타입 추론의 제약 때문이다. 스칼라 타입 추론 로직은 리스트의 타입을 제대로 추론하지 못한다. 타입 표기가 없으면 다음과 같은 메시지를 보게 될 것이다.

```
scala> def flattenRight[T](xss: List[List[T]]) =
          xss.foldRight(List())(_ ::: _)
<console>:8: error: type mismatch;
 found   : List[T]
 required: List[Nothing]
          xss.foldRight(List())(_ ::: _)
                               ^
```

타입을 추론하지 못하는 이유를 알기 위해서는 fold 메서드의 타입과 어떤 방식으로 그 메서드가 구현했는지를 알아야 한다. 16.10절에서 이에 대해 더 설명할 것이다.

예: 폴드를 사용해 리스트 뒤집기

이번 장의 앞부분에서 리스트를 반전시키는 rev 메서드의 구현을 보았다. 그 구현은 뒤집을 리스트 길이의 제곱에 비례하는 시간이 걸렸다. 여기 선형 시간 비용^{linear cost}이 드는 reverse를 다른 방식으로 구현한 것이 있다. 기본 생각은 다음과 같이 왼쪽 폴드 연산을 사용하는 것이다.

```
def reverseLeft[T](xs: List[T]) =
  xs.foldLeft(startvalue)(operation)
```

이제 고민해야 할 사항은 *startvalue*와 *operation*을 어떻게 채울 것인가다. 실제로는, 몇 가지 예제를 시도해보면 이 부분을 추론할 수 있다. *startvalue*의 알맞은 값을 추론하기 위해서는 가능한 리스트 중 가장 작은 List()를 시도해볼 수 있다. 그런 경우 다음과 같이 계산이 이뤄진다.

```
List()
```

는 다음과 같고(reverseLeft 특성. 빈 리스트를 뒤집으면 빈 리스트다),

```
reverseLeft(List())
```

는 다음과 같으며(reverseLeft의 본문을 펼침),

```
List().foldLeft(startvalue)(operation)
```

은 다음과 같다(foldLeft의 정의를 따름).

```
startvalue
```

그러므로 *startvalue*는 List()여야만 한다. 두 번째 피연산자가 어떤 것이어야 할지 추론하기 위해, 다음으로 가장 작은 리스트인 원소가 하나인 리스트를 선택할 수 있다. 이미 *startvalue*가 List()임을 안다. 따라서 다음과 같이 계산할 수 있다.

```
List(x)
```

는 다음과 같고(reverseLeft의 특성),

```
reverseLeft(List(x))
```

는 다음과 같으며(*startvalue* = List()로 하고, reverseLeft를 펼침),

```
List(x).foldLeft(List())(operation)
```

은 다음과 같다(foldLeft 정의를 따름).

```
operation(List(), x)
```

따라서 *operation*(List(), x)는 List(x)와 같다. List(x)를 다르게 쓰면 x :: List()라 할 수 있다. 이는 *operation*이 피연산자를 서로 바꾼 :: 연산자라는 사실을 의미한다(이런 연산을 'cons'를 뒤집어서 'snoc'라고 부른다). 이제 다음과 같은 reverseLeft의 구현에 도달한다.

```
def reverseLeft[T](xs: List[T]) =
  xs.foldLeft(List[T]()) { (ys, y) => y :: ys }
```

(다시 말하지만, List[T]()에 붙은 타입 표기는 타입 추론을 제대로 수행하기 위해 꼭 필요하다.) reverseLeft의 복잡도를 분석하면, 상수 시간 연산('snoc')을 n번 적용한다는 사실을 알 수 있다. 이때 n은 인자로 받은 리스트의 크기다. 그러므로 reverseLeft 복잡도는 선형 시간이다.

리스트 정렬: sortWith

xs sortWith before 연산은 리스트 xs를 두 원소를 비교할 수 있는 함수 before를 사용해 정렬한다. x before y는 정렬 결과에서 x가 y 앞에 있어야 한다면 true를 반환해야 한다. 예를 들면 다음과 같다.

```
scala> List(1, -3, 4, 2, 6) sortWith (_ < _)
res51: List[Int] = List(-3, 1, 2, 4, 6)

scala> words sortWith (_.length > _.length)
res52: List[String] = List(quick, brown, the, fox)
```

sortWith는 앞 절에서 보았던 msort 알고리즘과 비슷한 병합 정렬을 수행한다는 점에 유의하자. 다만 msort는 리스트 밖에 정의되어 있지만, sortWith는 List 클래스 안에 정의되어 있는 메서드다.

16.8 List 객체의 메서드

16장에서 지금까지 살펴본 모든 연산은 List 클래스의 메서드다. 그래서 각 리스트 객체에 대해 메서드를 호출할 수 있다. 어디에서나 접근 가능한 List 클래스의 동반 객체인 scala.List 객체에도 많은 메서드가 있다. 이러한 연산들에는 리스트를 생성하는 팩토리 메서드도 있고, 몇 가지 특별한 모양의 리스트에서 동작하는 연산도 있다. 이 두 종류의 메서드를 이번 절에서 설명할 것이다.

원소로부터 리스트 만들기: List.apply

List(1, 2, 3) 같은 리스트 리터럴을 자주 봤을 것이다. 그런 문법에 특별한 것은 없다. List(1, 2, 3) 같은 리터럴은 단지 원소 1, 2, 3을 List 객체에 apply 한 것이다. 즉, List.apply(1, 2, 3)과 동일하다.

```
scala> List.apply(1, 2, 3)
res53: List[Int] = List(1, 2, 3)
```

수의 범위를 리스트로 만들기: List.range

이번 장의 앞부분에서 map과 flatmap을 설명하면서 간단하게 살펴본 range 메서드는 어떤 범위를 구성하는 수로 이뤄진 리스트를 만든다. 가장 간단한 형태는 List.range(from, until)이며, from부터 until - 1까지 모든 정수가 들어간 리스트를 만든다. 이때 맨 끝 값 until은 범위에 들어가지 않는다.

세 번째 파라미터로 증가치를 받는 range 버전도 있다. from에서 시작해 증가치만큼 간격이 떨어져 있는 수의 리스트를 만든다. 증가치는 양수나 음수 모두 될 수 있다.

```scala
scala> List.range(1, 5)
res54: List[Int] = List(1, 2, 3, 4)

scala> List.range(1, 9, 2)
res55: List[Int] = List(1, 3, 5, 7)

scala> List.range(9, 1, -3)
res56: List[Int] = List(9, 6, 3)
```

균일한 리스트 만들기: List.fill

fill 메서드는 같은 원소를 0번 이상 반복한 리스트를 만든다. 파라미터는 2개다. 생성할 리스트의 길이를 받은 다음, 반복할 원소를 받는다. 각 파라미터는 분리된 목록 안에 주어진다.

```scala
scala> List.fill(5)('a')
res57: List[Char] = List(a, a, a, a, a)

scala> List.fill(3)("hello")
res58: List[String] = List(hello, hello, hello)
```

fill에 인자를 2개보다 더 많이 전달하면 다차원 리스트를 생성한다. 즉, 리스트의 리스트, 리스트의 리스트의 리스트 등을 만들 수 있다. 이런 추가 인자는 첫 번째 인자 목록에 넣어야만 한다.

```scala
scala> List.fill(2, 3)('b')
res59: List[List[Char]] = List(List(b, b, b), List(b, b, b))
```

함수 도표화: List.tabulate

tabulate 메서드는 제공된 함수로 계산한 원소의 리스트를 생성한다. 인자는 List.fill과 마찬가지다. 즉, 첫 번째 인자 목록은 생성할 리스트의 차원을 나타내고, 두 번째 인자는 리스트의 원소를 묘사한다. 다만, 어떤 정해진 원소 대신 함수를 가지고 원소를 계산한다는 점만 다를 뿐이다.

```scala
scala> val squares = List.tabulate(5)(n => n * n)
squares: List[Int] = List(0, 1, 4, 9, 16)

scala> val multiplication = List.tabulate(5,5)(_ * _)
multiplication: List[List[Int]] = List(List(0, 0, 0, 0, 0),
    List(0, 1, 2, 3, 4), List(0, 2, 4, 6, 8),
    List(0, 3, 6, 9, 12), List(0, 4, 8, 12, 16))
```

여러 리스트 연결하기: List.concat

concat 메서드는 여러 리스트를 연결한다. 연결 대상 리스트를 concat의 인자로 직접 넘긴다.

```scala
scala> List.concat(List('a', 'b'), List('c'))
res60: List[Char] = List(a, b, c)

scala> List.concat(List(), List('b'), List('c'))
res61: List[Char] = List(b, c)

scala> List.concat()
res62: List[Nothing] = List()
```

16.9 여러 리스트를 함께 처리하기

리스트에서 쓸 수 있는 zip 메서드에 대해 알 것이다. zip은 두 리스트로부터 순서쌍의 리스트를 만들어서 두 리스트를 한꺼번에 처리할 수 있게 해준다.

```scala
scala> (List(10, 20) zip List(3, 4, 5)).
         map { case (x, y) => x * y }
res63: List[Int] = List(30, 80)
```

두 리스트를 zip으로 묶은 리스트의 map 메서드는 각각의 원소가 아니라 원소의 순서쌍에 대해 작용한다. 이때 첫 번째 쌍은 각 리스트의 첫 번째 원소를, 두 번째 쌍은 각 리스트의 두 번째 원소를 포함하며, 리스트 길이만큼 순서쌍이 생긴다. zip 메서드는 두 리스트에 원소가 함께 있는 동안 원소를 순서쌍으로 묶어준다. 어느 한 리스트가 더 길면 리스트 끝에 남는 원소는 버린다.

zip 메서드를 사용해 여러 리스트에 대한 연산을 수행하는 경우 단점은 zip이 (호출된 직후) 중간 리스트를 만들어낸다는 점이다. 이 리스트는 (map이 실행된 다음에) 결국에는 버려질 리스트다. 리스트 원소가 아주 많으면 이런 중간 리스트를 생성하는 비용이 아주 중요해진다. zip을 이용한 처리 패턴의 다른 단점은 map 메서드가 취하는 함수가 튜플을 인자로 받는다는 점이다. 이로 인해 8.5절에 설명한 위치지정자 구문을 사용할 수가 없다.

lazyZip 메서드는 이 두 가지 문제를 해결한다. lazyZip의 구문은 zip과 비슷하다.

```
scala> (List(10, 20) lazyZip List(3, 4, 5)).map(_ * _)
res63: List[Int] = List(30, 80)
```

lazyZip과 zip의 차이는 lazyZip은 컬렉션을 즉시 돌려주지 않는다는 데 있다(그래서 지연계산이라는 뜻의 'lazy'가 앞에 붙었다). 대신에 lazyZip은 지연계산으로 묶인 두 리스트에 작용하는 메서드(map 등)를 제공하는 값을 반환한다. 위 예제에서 map 메서드가 (순서쌍을 하나 받는 대신) 파라미터를 2개 받는 함수를 인자로 받는다는 점에 유의하라. 이에 따라 위치지정자 구문을 사용할 수 있다.

exists와 forall도 지연계산 zip에 해당하는 버전이 있다. 한 리스트 대신 여러 리스트에서 가져온 원소의 순서쌍에 작용한다는 점을 제외하면, 한 리스트만 처리하는 버전과 거의 같다.

```
scala> (List("abc", "de") lazyZip List(3, 2)).forall(_.length == _)
res64: Boolean = true

scala> (List("abc", "de") lazyZip List(3, 2)).exists(_.length != _)
res65: Boolean = false
```

16.10 스칼라의 타입 추론 알고리즘 이해

sortWith와 msort의 사용 예에서 다른 점 하나는 비교 함수에 허용하는 문법적인 형태다.

```
scala> msort((x: Char, y: Char) => x > y)(abcde)
res66: List[Char] = List(e, d, c, b, a)
```

위 예를 다음과 비교해보자.

```
scala> abcde sortWith (_ > _)
res67: List[Char] = List(e, d, c, b, a)
```

이 두 식은 같다. 그러나 첫 번째 예에서는 함수 파라미터에 이름과 타입을 지정했지만, 두 번째 예에서는 간결한 형태인 (_ > _)를 사용한다. 그래서 이름이 있는 파라미터를 밑줄로 바꿨다. 물론, sortWith에도 더 긴 첫 번째 형식의 함수를 전달할 수 있다.

반면, msort에는 짧은 형태의 함수를 전달할 수가 없다.

```
scala> msort(_ > _)(abcde)
<console>:12: error: missing parameter type for expanded
function ((x$1, x$2) => x$1.$greater(x$2))
       msort(_ > _)(abcde)
             ^
```

그 이유를 알기 위해서는 스칼라의 타입 추론 알고리즘을 자세히 알 필요가 있다. 스칼라의 타입 추론은 흐름 기반^{flow based}으로 동작한다. 메서드 적용인 m(args)에서, 타입 추론 로직은 메서드 m의 타입이 알려져 있는지를 먼저 검사한다. 만약 m에 타입이 있다면, 그 타입으로부터 메서드에 적용할 인자의 예상 타입을 추론한다. 예를 들어, abcde. sortWith(_ > _)에서 abcde의 타입은 List[Char]이다. 그래서 sortWith가 (Char, Char) => Boolean 타입의 인자를 받아서 List[Char] 타입의 값을 결과로 돌려주는 메서드임을 알 수 있다. 전달받을 함수의 파라미터 타입을 알고 있어서, 그 타입을 따로 명시할 필요가 없다. sortWith에 대해 알려진 타입 정보를 사용해, 타입 추론 로직은 (_ > _)를 ((x: Char, y: Char) => x > y)로 확장해야 한다는 사실을 추론할 수 있다. x와 y는 새로 도입한 임의의 이름이다.

이제, 두 번째 경우인 msort(_ > _)(abcde)를 고려해보자. msort의 타입은 T가 아직 알려지지 않은 임의의 타입일 때 (T, T) => Boolean 타입의 인자를 받아서 List[T]에서 List[T]로 가는 함수를 반환하는 커링 다형성 메서드다. msort 메서드에 실제 인자를 넘기기 전에 먼저 타입 인자로 초기화할 필요가 있다.

첫 번째 적용(비교 함수를 인자로 넘기는 부분)에서는 msort의 정확한 인스턴스 타입을 아직 알 수 없어서, msort의 타입을 비교 함수의 타입을 검증하는 데 사용할 수가 없기 때문이다. 이런 경우, 타입 추론 로직은 전략을 바꿔서 메서드의 인자 타입을 먼저 검사해 메서드의 타입을 결정한다. 하지만 타입 추론 로직이 첫 인자인 함수 리터럴 (_ > _)을 검토할 때 밑줄로 표시한 함수 인자의 정확한 타입을 알 수 없기 때문에 타입 추론에 실패한다.

이런 문제를 해결하는 방법 중 하나는 아래처럼 명확하게 타입 파라미터를 msort에 전달하는 것이다.

```
scala> msort[Char](_ > _)(abcde)
res68: List[Char] = List(e, d, c, b, a)
```

이제는 msort의 올바른 인스턴스 타입을 알기 때문에, 인자의 타입을 추론하기 위해 그 정보를 사용할 수 있다.

또 다른 한 가지 해결책은 msort 메서드를 재작성해서 파라미터 위치를 서로 바꾸는 것이다.

```
def msortSwapped[T](xs: List[T])(less:
    (T, T) => Boolean): List[T] = {
```

```
  // msort와 동일한 구현이지만,
  // 인자 위치만 다르다.
}
```

이제 타입 추론에 성공할 것이다.

```
scala> msortSwapped(abcde)(_ > _)
res69: List[Char] = List(e, d, c, b, a)
```

어떤 일이 벌어졌을까? 타입 추론 로직이 msortSwapped의 타입 파라미터를 결정하기 위해 이미 알려진 abcde 인자의 타입을 사용한다. 그렇게 해서 msortSwapped의 타입 파라미터를 정확히 알고 나면, 두 번째 인자인 (_ > _)의 타입을 추론할 때 그 타입을 활용할 수 있다.

일반적으로 어떤 다형성 메서드의 타입 파라미터를 추론해야 할 때 타입 추론 로직은 첫 번째 파라미터 목록에 있는 모든 값의 타입을 참고하지만, 두 번째 이후의 파라미터 목록은 참고하지 않는다. msortSwapped는 2개의 파라미터 목록을 가진 커링 함수이기 때문에, 메서드의 타입 파라미터를 결정하기 위해 두 번째 인자(여기서는 함숫값)의 타입을 참고할 필요가 없다.

이런 추론 방법을 고려할 때, 다음과 같은 라이브러리 설계 원칙을 제안할 수 있다. 함수가 아닌 파라미터와 함수 파라미터를 받는 다형성 메서드를 설계한다면, 함수 인자를 별도의 커링 파라미터 목록으로 맨 마지막에 넣어라. 그렇게 하면, 함수가 아닌 인자 타입으로부터 함수 인자의 타입을 추론할 수 있게 된다. 그리고 그렇게 추론한 함수 타입을 다시 함숫값의 인자 타입을 검사하기 위해 사용할 수 있다. 이 방법을 사용하면 메서드를 사용할 때 타입 정보를 더 적게 기입하고 함수 리터럴을 더 간결하게 작성할 수 있도록 하는 효과가 있다.

이제 더 복잡한 경우인 **폴드** 연산을 살펴보자. 396페이지에서 본 flattenRight의 본문에서 왜 구체적으로 타입 파라미터를 넣어줘야 했을까?

```
xss.foldRight(List[T]())(_ ::: _)
```

오른쪽 폴드 연산의 타입은 타입 파라미터가 2개 있는 다형성 타입이다. 다음과 같은 표현식이 있다고 하자.

```
xs.foldRight(z)(op)
```

이 표현식에서 xs의 타입은 임의의 타입 A의 리스트다. 다시 말한다면 xs: List[A]라 할 수 있다. 시작 값인 z는 다른 어떤 타입 B일 수 있다. 그렇다면 연산 op는 타입 A와 B를 인자로 받아서 B 타입의 결과를 반환해야만 한다. 즉, op: (A, B) => B여야 한다. z의 타입은 리스트인 xs의 타입과 전혀 무관하기 때문에, 타입 추론 로직은 z에 대해 아무런 문맥 정보도 갖고 있지 않다.

이제 396페이지에서 봤던 오류가 있는 flattenRight를 고려해보자.

```
xss.foldRight(List())(_ ::: _)   // 컴파일할 수 없음
```

이 폴드 표현식에서 시작 값 z는 빈 리스트인 List()다. 따라서 다른 타입 정보가 없어도 그 타입이 List[Nothing]이라는 사실을 알 수 있다. 타입 추론 로직은 이 정보를 바탕으로 폴드의 B 타입이 List[Nothing]이라고 추론한다. 그러므로 폴드의 (_ ::: _) 연산이 다음 타입이 되리라 기대한다.

```
(List[T], List[Nothing]) => List[Nothing]
```

이런 타입도 물론 폴드에서 사용 가능한 타입이긴 하지만, 그다지 유용하지 않다! 이 연산은 항상 두 번째 인자로 빈 리스트를 받아서 빈 리스트를 돌려주기 때문이다.

다시 말해, 타입 추론 로직이 너무 일찍 List()의 타입을 결정했다. op 연산 타입을 알 때까지 그에 대한 결정을 보류했어야 했다. 그래서 이 경우에는 커링 함수를 호출할 때 첫 번째 인자 목록의 타입으로 함숫값의 타입을 결정하는 (다른 경우에는 매우 유용한) 규칙이 문제의 원인이 되어버렸다. 반면, 그 규칙을 좀 더 완화한다고 해도 타입 추론 로직이 op의 타입을 알아낼 방법이 없다. 왜냐하면 op의 인자 타입을 명시하지 않았기 때문이다. 이런 이유로, 프로그래머가 타입 표기를 넣어야만 해결할 수 있는 캐치 22[Catch-22] 상황[9]이

---

9 캐치 22 상황이란 규정의 모순으로 인한 진퇴양난의 상황을 말한다. 원래는 조셉 헬러(Joseph Heller)의 1961년 작 소설 『Catch-22』에서 등장했던 것이다. 민음사에서 나온 한국어판도 있다. - 옮긴이

발생한다.

이 예제는 스칼라의 지역적인 흐름 기반 타입 추론 방식의 한계를 보여준다. ML이나 하스켈 같은 함수형 언어에서 사용하는 더 전역적인 힌들리 밀너^{Hindley-Milner} 스타일의 타입 추론에서는 이런 제약이 없다. 그러나 스칼라의 지역적인 타입 추론은 힌들리 밀너 추론 방식보다 더 우아하게 객체지향 서브타입을 처리할 수 있다. 다행스럽게도 이런 한계는 몇 가지 극단적인 경우에만 나타나며, 보통은 타입 표기를 명시적으로 추가하는 방법으로 쉽게 해결할 수 있다.

다형성 메서드에 대한 타입 오류 메시지 때문에 혼란이 온다면, 타입 표기를 추가하는 것이 유용한 디버깅 기법이 될 수 있다. 무엇 때문에 타입 오류가 발생할지 확신할 수 없다면, 여러분이 옳다고 생각하는 타입 인자나 타입 표기를 몇 가지 추가하라. 그러면 진짜 문제가 무엇인지 빠르게 알 수 있을 것이다.

16.11 결론

지금까지 리스트를 다루는 많은 방법을 살펴봤다. head와 tail 같은 기본 연산을 알아봤고, reverse 같은 1차 연산, map 같은 고차 연산, 그리고 List 객체에 있는 유틸리티 메서드를 살펴봤다. 한편, 스칼라 타입 추론이 어떻게 동작하는지에 대해서도 조금이나마 배웠다.

리스트는 스칼라에서 많은 일을 하는 중요한 컬렉션이다. 따라서 리스트를 사용하는 방법을 알아두면 아주 유익하다. 그런 이유로, 16장에서는 리스트 사용법을 깊이 다뤘다. 리스트는 스칼라가 제공하는 수많은 컬렉션 중 하나에 불과하다. 17장에서는 다양한 스칼라 컬렉션 타입을 사용하는 방법을 보여줄 것이다.

Chapter

17

컬렉션

스칼라는 풍부한 컬렉션 라이브러리를 제공한다. 17장에서는 가장 일반적으로 사용하는 컬렉션 타입과 연산을 살펴볼 텐데, 가장 자주 사용하는 부분만 보여줄 것이다. 24장에서는 사용 가능한 컬렉션에 어떤 것이 있는지 더 자세히 소개하고, 풍부한 API를 제공하기 위해 스칼라의 구성요소를 어떻게 사용하는지 보여줄 것이다.

17.1 시퀀스

시퀀스^{sequence} 타입은 순서가 정해진 데이터 그룹을 가지고 작업할 수 있게 해준다. 원소에 순서가 있기 때문에, 첫 번째 원소, 두 번째 원소, 103번째 원소 등을 요구할 수 있다. 이번 절에서는 가장 중요한 시퀀스 타입들을 간략히 정리할 것이다.

리스트

알아둬야 할 가장 중요한 시퀀스는 List 클래스다. 이는 16장에서 자세히 설명한 변경 불가능한 연결 리스트다. List는 앞부분에 빠르게 원소를 추가하거나 삭제할 수 있다. 그러나 리스트를 순차적으로 따라가야만 하기 때문에 임의의 위치에 접근할 때는 빠르지 않다.

이런 특징이 이상해 보일 수도 있지만, 여러 알고리즘에서 잘 동작하는 최적의 조합이기도 하다. 첫 번째 원소를 빠르게 추가하고 삭제할 수 있다는 건, 15장에서 본 것처럼 패턴 매치를 잘할 수 있다는 뜻이다. 리스트의 불변성은 리스트를 복사하지 않아도 되기 때문에 효율적이면서 올바른 알고리즘을 개발할 때 도움이 된다.

다음은 리스트를 초기화하는 방법과 head 및 tail을 사용하는 방법을 보여준다.

```
scala> val colors = List("red", "blue", "green")
colors: List[String] = List(red, blue, green)

scala> colors.head
res0: String = red

scala> colors.tail
res1: List[String] = List(blue, green)
```

리스트에 대한 소개는 3.2절에 있다. 또한 리스트 사용법은 16장에서 자세히 다뤘다. 22 장에서도 스칼라에서 리스트를 구현하는 방법을 논의할 것이다.

배열

배열array은 원소의 시퀀스를 저장하며, 임의의 위치에 있는 원소에 효율적으로 접근하게 해준다. 0을 기준으로 하는 인덱스를 사용해 원소를 읽거나 변경할 수 있다. 아래 예는 크기는 알지만 구체적인 원소를 모를 때 배열을 생성하는 방법을 보여준다.

```
scala> val fiveInts = new Array[Int](5)
fiveInts: Array[Int] = Array(0, 0, 0, 0, 0)
```

다음은 모든 원솟값을 알 때 배열을 초기화하는 방법이다.

```
scala> val fiveToOne = Array(5, 4, 3, 2, 1)
fiveToOne: Array[Int] = Array(5, 4, 3, 2, 1)
```

앞에서 언급한 대로, 스칼라 배열은 자바의 배열과 달리 각괄호가 아니라 괄호 사이에 인덱스를 넣어서 접근한다. 배열 원소에 접근하고 동시에 이를 변경하는 예는 다음과 같다.

```
scala> fiveInts(0) = fiveToOne(4)

scala> fiveInts
res3: Array[Int] = Array(1, 0, 0, 0, 0)
```

스칼라는 배열을 자바 배열과 같은 방법으로 표현한다. 그래서 배열을 반환하는 기존 자바 메서드도 자연스럽게 사용할 수 있다.[1]

배열을 사용하는 모습은 이전 장들에서 이미 여러 번 살펴봤다. 배열에 대한 기본 내용은 3.1절에 있으며, for 식을 사용해 배열의 원소를 이터레이션하는 예를 7.3절에서 보았다. 또한 10장에서 다뤘던 2차원 레이아웃 라이브러리에서는 배열이 중요한 역할을 했다.

리스트 버퍼

List 클래스는 리스트의 앞쪽에 대해서는 빠른 접근을 제공하지만, 끝쪽에 대해서는 그렇지 않다. 그러므로 리스트의 끝부분에 원소를 추가하면서 리스트를 생성할 필요가 있다면, 리스트의 앞에 원소를 차례로 추가해 뒤집힌 리스트를 만들고, 그런 다음 reverse를 호출해 원하는 순서의 리스트를 얻어야 한다.

reverse 연산을 피할 수 있는 방법은 ListBuffer(리스트 버퍼)를 사용하는 것이다. ListBuffer는 변경 가능한 객체다(scala.collection.mutable 안에 있다). ListBuffer는 원소를 추가할 필요가 있을 때 더 효율적으로 리스트를 생성하게 해준다. ListBuffer는 상수 시간이 걸리는 append와 prepend 연산을 제공한다. += 연산자를 통해 원소를 리스트의 뒤에 추가할 수 있고, +=: 연산자를 사용해 원소를 앞에 추가할 수 있다.[2] 리스트를 다 만들고 나면, ListBuffer에 toList를 호출해서 리스트를 얻을 수 있다. 다음 예를 보자.

```
scala> import scala.collection.mutable.ListBuffer
import scala.collection.mutable.ListBuffer

scala> val buf = new ListBuffer[Int]
buf: scala.collection.mutable.ListBuffer[Int] = ListBuffer()

scala> buf += 1
```

---

1 자바와 스칼라 배열의 변성(variance) 면에서의 차이점(즉, Array[String]이 Array[AnyRef]의 서브타입인지 여부)은 19.3절에서 논의할 것이다.

2 +=와 +=: 연산은 각각 append와 prepend라는 메서드의 별명이다.

```
res4: buf.type = ListBuffer(1)

scala> buf += 2
res5: buf.type = ListBuffer(1, 2)

scala> buf
res6: scala.collection.mutable.ListBuffer[Int] =
    ListBuffer(1, 2)

scala> 3 +=: buf
res7: buf.type = ListBuffer(3, 1, 2)

scala> buf.toList
res8: List[Int] = List(3, 1, 2)
```

List 대신 ListBuffer를 사용하는 또 다른 이유는 잠재적인 스택 오버플로^{stack overflow}를 피하기 위해서다. 앞에 원소를 추가함으로써 원하는 순서로 리스트를 생성할 수 있다. 그러나 구현한 재귀 알고리즘이 꼬리 재귀가 아니라면, 대신 for 표현식이나 while 루프와 함께 ListBuffer를 사용할 수 있다. 22.2절에서는 이런 방식으로 ListBuffer를 사용하는 모습을 볼 수 있다.

배열 버퍼

ArrayBuffer(배열 버퍼)는 끝부분과 시작 부분에 원소를 추가하거나 삭제할 수 있다는 점만 제외하면 배열과 같다. 구현을 감싸주는 층 때문에 속도가 다소 느리다 해도, 배열 버퍼에 모든 배열 연산을 사용할 수 있다. 새 원소를 추가하거나 삭제하는 데는 평균적으로 상수 시간이 걸리나, 때때로 버퍼의 내용을 저장하기 위해 새로운 배열을 할당해야 하기 때문에 종종 선형 시간이 걸린다.

ArrayBuffer를 사용하기 위해서는, 먼저 변경 가능 컬렉션 패키지에서 ArrayBuffer를 임포트해야 한다.

```
scala> import scala.collection.mutable.ArrayBuffer
import scala.collection.mutable.ArrayBuffer
```

ArrayBuffer를 생성할 때는 타입 인자를 지정해야 한다. 그러나 크기를 지정할 필요는 없다. ArrayBuffer는 필요에 따라 할당한 공간을 자동으로 조정한다.

```
scala> val buf = new ArrayBuffer[Int]()
buf: scala.collection.mutable.ArrayBuffer[Int] = ArrayBuffer()
```

+= 메서드를 사용해 ArrayBuffer의 끝에 원소를 추가할 수 있다.

```
scala> buf += 12
res9: buf.type = ArrayBuffer(12)

scala> buf += 15
res10: buf.type = ArrayBuffer(12, 15)

scala> buf
res11: scala.collection.mutable.ArrayBuffer[Int] = ArrayBuffer(12, 15)
```

일반적인 모든 배열 메서드를 사용할 수 있다. 예를 들어, ArrayBuffer의 길이를 구하거나, 인덱스를 사용해 원소를 가져올 수 있다.

```
scala> buf.length
res12: Int = 2

scala> buf(0)
res13: Int = 12
```

문자열(StringOps를 통해서)

알아둬야 할 또 다른 시퀀스로는 많은 시퀀스 메서드를 구현한 StringOps가 있다. Predef에 String을 StringOps로 바꾸는 암시적 변환이 있기 때문에, 시퀀스처럼 문자열을 다룰 수 있다. 다음 예를 보자.

```
scala> def hasUpperCase(s: String) = s.exists(_.isUpper)
hasUpperCase: (s: String)Boolean

scala> hasUpperCase("Robert Frost")
res14: Boolean = true

scala> hasUpperCase("e e cummings")
res15: Boolean = false
```

이 예에서 hasUpperCase 메서드의 본문은 문자열 s에 대해 exists 메서드를 호출한다.

String 클래스 자체에는 exists라는 메서드가 없다. 따라서 스칼라 컴파일러는 s를 그런 메서드가 있는 StringOps로 변환한다. StringOps에 있는 exists 메서드는 문자열을 문자 시퀀스로 처리하며, 문자열 안에 대문자가 있으면 true를 반환한다.[3]

17.2 집합과 맵

3.4절을 비롯한 여러 장에서 집합과 맵에 대한 기본적인 내용은 이미 살펴봤다. 이번 절에서는 이것을 어떻게 사용할지 더 잘 이해하도록 돕고, 예를 좀 더 보여줄 것이다.

앞에서 언급했듯이, 스칼라 컬렉션 라이브러리는 집합과 맵에 대해 변경 가능 버전과 변경 불가능한 버전을 모두 제공한다. 집합의 계층구조는 92페이지의 그림 3.2에서 본 것과 같고, 맵의 계층구조도 94페이지의 그림 3.3에서 본 것과 같다. 두 다이어그램처럼, Set과 Map이라는 짧은 이름을 각기 다른 패키지에 있는 3개의 트레이트가 함께 사용한다.

Set이나 Map을 만들면 디폴트로 변경 불가능한 객체가 생긴다. 변경 가능한 객체를 원한다면 명시적으로 임포트해야 한다. 스칼라는 변경 가능한 것보다 변경 불가능한 객체를 더 권장하기 때문에, 변경 불가능한 객체를 더 쉽게 접근할 수 있도록 한다. 이런 쉬운 접근은 모든 스칼라 소스 파일에 자동으로 임포트하는 Predef 객체를 통해 이뤄진다. 리스트 17.1은 관련 정의를 보여준다.

리스트 17.1 Predef 안에 있는 디폴트 맵과 집합 정의

```
object Predef {
  type Map[A, +B] = collection.immutable.Map[A, B]
  type Set[A] = collection.immutable.Set[A]
  val Map = collection.immutable.Map
  val Set = collection.immutable.Set
  // ...
}
```

type 키워드는 변경 불가능한 집합과 맵 트레이트의 전체 이름에 대한 별명으로 Set과

---

3 1장의 56페이지에 있는 코드도 비슷한 예를 보여준다.

Map을 정의한다.[4] val 변수 Set과 Map은 변경 불가능한 Set과 Map 싱글톤 객체를 참조한다. 따라서 Map은 Predef.Map과 같고, 이는 다시 scala.collection.immutable.Map과 같다. Map이라는 이름은 Map 타입과 Map 싱글톤 객체를 둘 다 지칭한다.

한 파일 안에서 변경 가능하거나 변경 불가능한 집합 또는 맵을 둘 다 사용하고 싶다면, 변경 가능한 것을 포함하는 패키지 이름을 임포트할 수 있다.

```
scala> import scala.collection.mutable
import scala.collection.mutable
```

앞에서처럼 Set을 사용해 변경 불가능한 집합을 계속 참조할 수 있다. 그렇지만 이제는 mutable.Set으로 변경 가능한 집합도 참조할 수 있다. 다음은 그런 예다.

```
scala> val mutaSet = mutable.Set(1, 2, 3)
mutaSet: scala.collection.mutable.Set[Int] = Set(1, 2, 3)
```

집합의 사용

집합의 핵심 특징은 특정 객체는 최대 하나만 들어가도록 보장한다는 점이다. 이때 어떤 객체가 같은지는 ==로 결정한다. 예를 들어, 문자열에서 각기 다른 단어가 몇 개 있는지 구하기 위해 집합을 사용할 수 있다.

String에 있는 split 메서드에서 공백과 구두점을 분리 문자로 지정하면 문자열을 단어별로 분리할 수 있다. "[!,.]+"라는 정규표현식^{regular expression}이면 단어를 분리하기에 충분할 것이다. 이 정규표현식은 문자열을 공백 또는 구두점 문자가 존재하는 각 위치에서 분리할 것을 지시한다.

```
scala> val text = "See Spot run. Run, Spot. Run!"
text: String = See Spot run. Run, Spot. Run!

scala> val wordsArray = text.split("[ !,.]+")
wordsArray: Array[String]
  = Array(See, Spot, run, Run, Spot, Run)
```

---

4 type 키워드는 20.6절에서 좀 더 자세히 설명할 것이다.

각기 다른 단어의 개수를 세기 위해서는 각 단어의 대소문자를 한 가지로 통일하고 나서 집합에 추가할 수 있다. 집합은 중복을 배제하기 때문에, 각기 다른 단어는 정확히 한 번만 나타난다.

우선, Set 동반 객체에 있는 empty 메서드를 사용해 빈 집합을 하나 만들 수 있다.

```scala
scala>  val words = mutable.Set.empty[String]
words: scala.collection.mutable.Set[String] = Set()
```

이제는 for 식을 통해 단어를 이터레이션하면서 소문자로 바꾸고 += 연산자를 통해 변경 가능 집합에 추가한다.

```scala
scala> for (word <- wordsArray)
         words += word.toLowerCase

scala> words
res17: scala.collection.mutable.Set[String] = Set(see, run, spot)
```

따라서 위의 words에는 정확히 spot, run, see라는 세 가지 단어가 들어 있다. 변경 가능 집합과 변경 불가능 집합에서 가장 자주 사용하는 메서드는 표 17.1에 있다.

표 17.1 일반적인 집합 연산

형태	설명
val nums = Set(1, 2, 3)	변경 불가능한 집합을 생성한다(nums.toString은 Set(1, 2, 3)을 반환한다).
nums + 5	변경 불가능한 집합에 원소를 추가한다(Set(1, 2, 3, 5)를 반환한다).
nums - 3	변경 불가능한 집합에서 원소를 제거한다(Set(1, 2)를 반환한다).
nums ++ List(5, 6)	변경 불가능한 집합에서 여러 원소를 추가한다(Set(1, 2, 3, 5, 6)을 반환한다).
nums -- List(1, 2)	변경 불가능한 집합에서 여러 원소를 제거한다(Set(3)을 반환한다).
nums & Set(1, 3, 5, 7)	두 집합의 교집합을 구한다(Set(1, 3)을 반환한다).

(이어짐)

형태	설명
nums.size	집합의 크기를 구한다(3을 반환한다).
nums.contains(3)	집합에 원소가 있는지 검사한다(true를 반환한다).
import scala.collection.mutable	변경 가능한 컬렉션을 접근하기 쉽게 한다.
val words = mutable.Set.empty(String)	변경 가능한 빈 문자열 집합을 생성한다.
words += "the"	원소를 추가한다(words.toString은 Set(the)를 반환한다).
words -= "the"	지정한 원소가 집합에 있으면 그 원소를 삭제한다(words.toString은 Set()을 반환한다).
words ++= List("do", "re", "mi")	여러 원소를 추가한다(words.toString은 Set(do, re, mi)를 반환한다).
words --= List("do", "re")	여러 원소를 삭제한다(words.toString은 Set(mi)를 반환한다).
words.clear	모든 원소를 삭제한다(words.toString은 Set()을 반환한다).

맵의 사용

맵은 어떤 값과 집합의 각 원소 사이에 연관 관계를 만든다. 맵의 사용은 배열을 사용하는 것과 비슷하다. 하지만 0부터 시작되는 정수 인덱스를 사용하는 대신 어떤 종류의 키를 사용할 수 있다는 점이 다르다. scala.collection.mutable 패키지를 임포트하면 다음과 같이 변경 가능한 빈 맵을 생성할 수 있다.

```
scala> val map = mutable.Map.empty[String, Int]
map: scala.collection.mutable.Map[String,Int] = Map()
```

어떤 맵을 만들 때는 2개의 타입을 지정해야 한다. 첫 번째 타입은 키key에 대한 것이고, 두 번째는 값value에 대한 것이다. 위의 경우 키의 타입은 문자열이고 값은 정수였다. 맵에 값을 설정하는 방법은 배열과 비슷하다.

```
scala> map("hello") = 1
scala> map("there") = 2
scala> map
```

```
res20: scala.collection.mutable.Map[String,Int] =
    Map(hello -> 1, there -> 2)
```

마찬가지로, 맵을 읽는 방법도 배열과 비슷하다.

```
scala> map("hello")
res21: Int = 1
```

이런 모든 것이 한데 들어간 아래 메서드는 문자열에서 각 단어의 출현 빈도를 센다.

```
scala> def countWords(text: String) = {
        val counts = mutable.Map.empty[String, Int]
        for (rawWord <- text.split("[ ,!.]+")) {
          val word = rawWord.toLowerCase
          val oldCount =
            if (counts.contains(word))
              counts(word)
            else
              0
          counts += (word -> (oldCount + 1))
        }
        counts
      }
countWords: (text:
String)scala.collection.mutable.Map[String,Int]
scala> countWords("See Spot run! Run, Spot. Run!")
res22: scala.collection.mutable.Map[String,Int] =
    Map(spot -> 2, see -> 1, run -> 3)
```

이 코드가 동작하는 방식은 이렇다. counts라는 변경 가능한 맵은 각 단어를 그 단어가 텍스트에서 나타난 빈도와 연결한다. 텍스트에 있는 각 단어에 대해 이미 빈도수가 맵에 있는지 먼저 검색을 해본다. 만약 값이 맵에 있다면 그 빈도수를 1 증가시키고, 그렇게 바꾼 값을 counts 맵에 다시 저장한다. 단어가 이미 있는지 검사하는 contains 메서드를 어떻게 사용하는지 주의 깊게 보기 바란다. counts.contains(word)가 true가 아니라면, word는 텍스트에 아직까지 나타나지 않았던 것이고 빈도수도 0이다.

표 17.2에는 변경 가능 맵과 변경 불가능 맵에서 많이 사용하는 메서드를 보여준다.

표 17.2 일반적인 맵 연산

형태	설명
val nums = Map("i" -> 1, "ii" -> 2)	변경 불가능한 맵을 생성한다(nums.toString은 Map(i -> 1, ii -> 2)를 반환한다).
nums + ("vi" -> 6)	변경 불가능한 맵에 원소(연관 관계)를 추가한다(Map(i -> 1, ii -> 2, vi -> 6)을 반환한다).
nums - "ii"	변경 불가능한 맵에서 원소를 삭제한다(Map(i -> 1)을 반환한다).
nums ++ List("iii" -> 3, "v" -> 5)	변경 불가능한 맵에 여러 원소를 추가한다(Map(i -> 1, ii -> 2, iii -> 3, v -> 5)를 반환한다).
nums -- List("i", "ii")	변경 불가능한 맵에서 여러 원소를 삭제한다(Map()을 반환한다).
nums.size	맵의 크기를 반환한다(2를 반환한다).
nums.contains("ii")	키의 포함 여부를 검사한다(true를 반환한다).
nums("ii")	지정한 키에 해당하는 값을 얻는다(2를 반환한다).
nums.keys	모든 키를 반환한다(문자열 "i"와 "ii"가 들어 있는 Iterable 객체를 반환한다).
nums.keySet	모든 키를 집합으로 반환한다(Set(i, ii)를 반환한다).
nums.values	모든 값을 반환한다(정수 1과 2가 들어 있는 Iterable을 반환한다).
nums.isEmpty	맵이 비었는지 검사한다(false를 반환한다).
import scala.collection.mutable	변경 가능한 맵을 접근하기 쉽게 한다.
val words = mutable.Map.empty[String, Int]	변경 가능한 빈 맵을 생성한다.
words += ("one" -> 1)	"one" -> 1이라는 원소를 맵에 추가한다(words.toString은 Map(one -> 1)을 반환한다).
words -= "one"	원소가 맵에 있다면 그 원소를 제거한다(words.toString은 Map()을 반환한다).
words ++= List("one" -> 1, "two" -> 2, "three" -> 3)	여러 맵 원소를 추가한다(words.toString은 Map(one -> 1, two -> 2, three -> 3)을 반환한다).
words --= List("one", "two")	여러 원소를 삭제한다(words.toString은 Map(three -> 3)을 반환한다).

디폴트 집합과 맵

대부분의 경우 Set()이나 scala.collection.mutable.Map() 등의 팩토리가 제공하는 변경 가능하거나 변경 불가능한 집합과 맵 구현만으로도 충분하다. 팩토리가 제공하는 구현은 일반적으로 해시 테이블을 통한 빠른 검색 알고리즘을 사용한다. 그래서 컬렉션 안에 어떤 객체가 있는지 여부를 빠르게 결정할 수 있다.

예를 들어, scala.collection.mutable.Set() 팩토리 메서드는 내부적으로 해시 테이블을 사용하는 scala.collection.mutable.HashSet을 반환한다. 마찬가지로 scala.collection.mutable.Map() 팩토리는 scala.colletion.mutable.HashMap을 반환한다.

변경 불가능한 집합과 맵에 대해서는 좀 더 이야기할 필요가 있다. scala.collection.immutable.Set() 팩토리가 만들어내는 클래스는 표 17.3에 있는 대로 팩토리에 얼마나 많은 원소를 전달하느냐에 따라 달라진다. 원소가 5개보다 적은 집합에 대해서는 성능을 극대화하기 위해 특정 크기의 집합만 담당하는 특별한 클래스를 사용한다. 그러나 원소가 5개 이상인 집합을 팩토리 메서드에 요구하면, 해시를 사용하는 구현을 사용한다.

표 17.3 변경 불가능 집합의 디폴트 구현

원소 개수	구현
0	scala.collection.immutable.EmptySet
1	scala.collection.immutable.Set1
2	scala.collection.immutable.Set2
3	scala.collection.immutable.Set3
4	scala.collection.immutable.Set4
5 이상	scala.collection.immutable.HashSet

마찬가지로, scala.collection.immutable.Map() 팩토리 메서드도 얼마나 많은 키-값 쌍을 전달받았는가에 따라 표 17.4처럼 각기 다른 클래스를 반환한다. 집합과 마찬가지로 원소가 5개보다 적은 맵에 대해서는 성능을 최대화하기 위해 크기별로 특화한 클래스를 사용한다. 그러나 맵의 크기가 5 이상이면 변경 불가능한 HashMap을 사용한다.

표 17.4 변경 불가능 맵의 디폴트 구현

원소 개수	구현
0	scala.collection.immutable.EmptyMap
1	scala.collection.immutable.Map1
2	scala.collection.immutable.Map2
3	scala.collection.immutable.Map3
4	scala.collection.immutable.Map4
5 이상	scala.collection.immutable.HashMap

표 17.3과 표 17.4에 있는 변경 불가능한 구현 클래스들은 성능을 극대화하기 위해 서로 협력한다. 예를 들어, EmptySet에 원소를 하나 추가하면 Set1을 반환할 것이다. 다시 그 Set1에 원소를 하나 추가하면, Set2를 반환할 것이다. Set2에서 원소를 하나 제거하면, Set1의 다른 인스턴스를 받게 될 것이다.

정렬된 집합과 맵

때때로 정해진 순서대로 원소를 반환하는 이터레이터를 제공하는 맵이나 집합이 필요할 수도 있다. 이를 위해 스칼라 컬렉션 라이브러리에는 SortedSet과 SortedMap 트레이트가 있다. 이 두 트레이트의 구현은 각각 TreeSet과 TreeMap 클래스다. 두 클래스 모두 원소 (TreeSet의 경우)나 키(TreeMap의 경우)를 다루기 위해 적흑 트리^{red-black tree}를 사용한다. 순서는 Ordering 트레이트를 따라 결정한다. 집합의 원소 타입이나 맵의 키 타입에 반드시 Ordering 트레이트에 대한 암시적 인스턴스가 정의되어 있어야 한다. 정렬된 집합이나 맵은 변경 가능한 것과 불변인 것을 모두 지원한다. 다음은 몇 가지 TreeSet 예다.

```
scala> import scala.collection.immutable.TreeSet
import scala.collection.immutable.TreeSet

scala> val ts = TreeSet(9, 3, 1, 8, 0, 2, 7, 4, 6, 5)
ts: scala.collection.immutable.TreeSet[Int] =
    TreeSet(0, 1, 2, 3, 4, 5, 6, 7, 8, 9)

scala> val cs = TreeSet('f', 'u', 'n')
cs: scala.collection.immutable.TreeSet[Char] = TreeSet(f, n, u)
```

여기 몇 가지 TreeMap 예도 있다.

```
scala> import scala.collection.immutable.TreeMap
import scala.collection.immutable.TreeMap

scala> var tm = TreeMap(3 -> 'x', 1 -> 'x', 4 -> 'x')
tm: scala.collection.immutable.TreeMap[Int,Char] =
    Map(1 -> x, 3 -> x, 4 -> x)

scala> tm += (2 -> 'x')

scala> tm
res30: scala.collection.immutable.TreeMap[Int,Char] =
    Map(1 -> x, 2 -> x, 3 -> x, 4 -> x)
```

17.3 변경 가능 컬렉션과 변경 불가능 컬렉션

문제에 따라서는 변경 가능 컬렉션이 더 좋을 수도 있다. 또 어떤 경우에는 변경 불가능한 컬렉션이 더 좋기도 하다. 어떤 것을 선택해야 할지 모르겠다면, 변경 불가능한 컬렉션으로 시작하고 나중에 필요에 따라 바꾸는 게 좋다. 변경 불가능한 컬렉션이 변경 가능한 컬렉션보다 프로그램을 추론하기가 더 쉽기 때문이다.

때때로 반대 순서로 시도하는 편이 더 좋을 수도 있다. 변경 가능한 컬렉션을 사용한 코드가 복잡하고 추론하기 어렵다면, 컬렉션 중 일부를 변경 불가능하게 바꾸는 것이 도움되는지 생각해보자. 구체적으로는, 어떤 변경 가능 컬렉션의 복사본을 언제 만들어야 할지 고민하게 되거나, 변경 가능 컬렉션을 누가 '갖고 있는지'나 누구에게 '포함되어 있는지' 많이 생각해야 한다면, 컬렉션 중 일부를 상응하는 변경 불가능한 컬렉션으로 바꾸는 것을 고려해보자.

프로그램을 추론하기가 더 쉬울 수 있다는 것과 더불어, 변경 불가능 컬렉션은 컬렉션에 저장할 원소의 수가 적은 경우에 변경 가능 컬렉션보다 일반적으로 더 작게 저장할 수 있다. 예를 들어, 변경 가능한 빈 맵의 디폴트 구현인 HashMap은 80바이트이고, 원소를 하나 추가할 때마다 16바이트가 더 든다. 하지만 변경 불가능한 빈 맵은 싱글톤 객체 하나를 모든 참조가 공유하기 때문에 기본적으로 포인터 필드 하나만큼만 메모리가 필요하다.

더 나아가 현재 스칼라 컬렉션 라이브러리 구현은 변경 불가능한 맵이나 집합의 크기가 4일 때까지 단일 객체를 사용하며, 그런 단일 객체는 보통 컬렉션에 들어 있는 원소의 개수에 따라 16~40바이트 정도의 공간을 차지한다.[5] 따라서 크기가 작은 맵이나 집합의 경우 변경 불가능한 쪽이 변경 가능한 쪽보다 훨씬 더 작다. 많은 컬렉션이 작은 크기라면, 컬렉션을 변경 불가능하게 만드는 것이 공간을 절약하고 성능을 향상하는 중요한 선택이 될 수 있다.

변경 불가능한 컬렉션에서 변경 가능한 컬렉션으로 바꾸거나 그 역으로 바꾸는 일을 쉽게 하기 위해, 스칼라에서는 몇 가지 문법적 편의syntactic sugar를 제공한다. 변경 불가능한 집합과 맵이 실제로는 += 메서드를 지원하지 않지만, 스칼라가 +=를 더 편하게 쓸 수 있도록 이를 특별히 해석해준다. 만약 프로그램에 a += b가 있는데 a가 += 메서드를 지원하지 않는다면, 스칼라는 a = a + b로 그 표현식을 해석하려 시도한다.

예를 들어, 변경 불가능한 집합은 += 연산자를 지원하지 않는다.

```
scala> val people = Set("Nancy", "Jane")
people: scala.collection.immutable.Set[String] =
    Set(Nancy, Jane)

scala> people += "Bob"
<console>:14: error: value += is not a member of
scala.collection.immutable.Set[String]
              people += "Bob"
                     ^
```

그러나 val 대신 var로 people을 선언하면, 컬렉션이 비록 변경 불가능이라 해도 += 연산을 사용해 people을 '변경'할 수 있다. 이런 경우 먼저 새로운 컬렉션을 생성한 다음, people이 그 새 컬렉션을 가리키도록 재할당한다.

```
scala> var people = Set("Nancy", "Jane")
people: scala.collection.immutable.Set[String] =
    Set(Nancy, Jane)

scala> people += "Bob"

scala> people
```

---

5 각 단일 객체는 표 17.3이나 표 17.4에 정리한 것처럼, Set1~Set4의 인스턴스이거나 Map1~Map4의 인스턴스다.

```
res34: scala.collection.immutable.Set[String] =
    Set(Nancy, Jane, Bob)
```

이 일련의 문장 이후, people 변수는 새로운 변경 불가능한 집합을 가리킨다. 그 집합에는 추가한 문자열 "Bob"도 들어 있다. += 메서드뿐만 아니라 =로 끝나는 모든 메서드에 같은 아이디어를 적용할 수 있다. 다음은 집합에서 원소를 삭제하기 위해 -= 연산자를 사용하는 예다. 그 아래 있는 ++= 연산자는 집합에 원소 컬렉션을 추가한다.

```
scala> people -= "Jane"

scala> people ++= List("Tom", "Harry")

scala> people
res37: scala.collection.immutable.Set[String] =
    Set(Nancy, Bob, Tom, Harry)
```

이런 구문의 유용성을 보기 위해, 1.1절에서 다뤘던 Map 예제를 다시 한번 살펴보자.

```
var capital = Map("US" -> "Washington", "France" -> "Paris")
capital += ("Japan" -> "Tokyo")
println(capital("France"))
```

이 코드는 변경 불가능한 컬렉션을 사용한다. 만약 변경 가능한 컬렉션으로 바꾸고 싶다면, 필요한 일은 단지 변경 가능한 Map을 임포트하는 것뿐이다. 그렇게 하면 디폴트 Map 구현인 변경 불가능한 맵을 다른 클래스로 바꿀 수 있다.

```
import scala.collection.mutable.Map   // 이 부분만 바꾸면 충분함!
var capital = Map("US" -> "Washington", "France" -> "Paris")
capital += ("Japan" -> "Tokyo")
println(capital("France"))
```

모든 예가 이 방식으로 변경하기 쉬운 건 아니다. 그러나 등호(=)로 끝나는 메서드를 이런 방법으로 특별히 처리함으로써, 변경이 필요한 코드의 양이 줄어드는 경우가 종종 있다.

그건 그렇고, 이 구문 처리는 꼭 컬렉션이 아니더라도 어떤 종류의 값이든 가능하다. 예를 들어, 다음은 부동소수점 수에 대해 같은 방법을 사용한다.

```
scala> var roughlyPi = 3.0
roughlyPi: Double = 3.0

scala> roughlyPi += 0.1

scala> roughlyPi += 0.04

scala> roughlyPi
res40: Double = 3.14
```

이 문법 확장의 효과는 자바의 할당 연산자(+=, -=, *= 등)와 비슷하다. 하지만 =로만 끝나
면 어떤 연산자든 변환할 수 있기 때문에, 스칼라 방식이 더 적용 범위가 넓다.

17.4 컬렉션 초기화

앞에서 본 것처럼, 컬렉션을 초기화하고 생성하는 일반적인 방법은 초기 원소를 컬렉션
동반 객체의 팩토리 메서드에 넘기는 것이다. 동반 객체 이름 뒤에 있는 괄호 안에 모든
원소를 쓰기만 하면 된다. 스칼라 컴파일러는 그 호출을 동반 객체에 있는 apply 메서드
호출로 변환한다.

```
scala> List(1, 2, 3)
res41: List[Int] = List(1, 2, 3)

scala> Set('a', 'b', 'c')
res42: scala.collection.immutable.Set[Char] = Set(a, b, c)

scala> import scala.collection.mutable
import scala.collection.mutable

scala> mutable.Map("hi" -> 2, "there" -> 5)
res43: scala.collection.mutable.Map[String,Int] =
    Map(hi -> 2, there -> 5)

scala> Array(1.0, 2.0, 3.0)
res44: Array[Double] = Array(1.0, 2.0, 3.0)
```

대부분의 경우 스칼라 컴파일러가 동반 객체의 팩토리 메서드에 전달한 원소로부터 컬
렉션 원소 타입을 추론할 수 있다. 하지만 때때로 어떤 컬렉션을 생성하면서 컴파일러가
지정하는 것과 다른 타입을 명시하고 싶을 수도 있다. 이는 특히 변경 가능한 컬렉션에서

문제가 되곤 한다. 다음 예를 보자.

```
scala> import scala.collection.mutable
import scala.collection.mutable

scala> val stuff = mutable.Set(42)
stuff: scala.collection.mutable.Set[Int] = Set(42)

scala> stuff += "abracadabra"
<console>:16: error: type mismatch;
 found   : String("abracadabra")
 required: Int
              stuff += "abracadabra"
                    ^
```

여기서 문제는 stuff 컬렉션의 원소 타입이 Int라는 점이다. 만약 Any 타입의 원소를 원한다면, 그 타입을 다음과 같이 각괄호 사이에 명시할 필요가 있다.

```
scala> val stuff = mutable.Set[Any](42)
stuff: scala.collection.mutable.Set[Any] = Set(42)
```

또 다른 특별한 상황은 어떤 컬렉션을 다른 컬렉션으로부터 초기화하는 경우다. 예를 들어, 리스트가 있고 그 리스트의 모든 원소를 포함하는 TreeSet을 원한다고 가정해보자. 다음은 리스트다.

```
scala> val colors = List("blue", "yellow", "red", "green")
colors: List[String] = List(blue, yellow, red, green)
```

colors 리스트를 TreeSet의 팩토리 메서드에 넘길 수는 없다.

```
scala> import scala.collection.immutable.TreeSet
import scala.collection.immutable.TreeSet

scala> val treeSet = TreeSet(colors)
                            ^
       error: No implicit Ordering defined for List[String].
```

대신, 리스트를 to 메서드를 사용해 TreeSet으로 바꿀 수 있다.

```
scala> val treeSet = colors to TreeSet
treeSet: scala.collection.immutable.TreeSet[String] =
    TreeSet(blue, green, red, yellow)
```

to 메서드는 컬렉션의 동반 객체를 파라미터로 받는다. to를 사용하면 컬렉션을 원하는 다른 컬렉션으로 변환할 수 있다.

배열이나 리스트로 바꾸기

컬렉션을 임의의 다른 컬렉션으로 변환해주는 일반적인 to 메서드와 더불어, 가장 일반적인 스칼라 컬렉션 타입으로 변환해주는 더 구체적인 메서드도 있다. 이미 봤겠지만, 다른 컬렉션을 가지고 새로운 리스트를 초기화하려면 그 컬렉션에 대해 toList를 호출하기만 하면 된다.

```
scala> treeSet.toList
res50: List[String] = List(blue, green, red, yellow)
```

만약 배열을 원한다면 toArray를 호출하라.

```
scala> treeSet.toArray
res51: Array[String] = Array(blue, green, red, yellow)
```

원래의 colors 리스트는 알파벳순이 아니었지만, TreeSet에 toList를 호출해서 만든 리스트의 원소는 알파벳순이다. 어떤 컬렉션에 toArray나 toList를 호출했을 때 반납하는 리스트나 배열 원소의 순서는 그 컬렉션에 대한 이터레이터가 돌려주는 원소의 순서와 같다. TreeSet[String]의 이터레이터는 알파벳순으로 문자열을 돌려준다. 따라서 앞의 TreeSet에 대해 toList를 호출해서 나온 결과 리스트에는 문자열이 알파벳순으로 들어 있게 된다.

'xs to List'와 'xs.toList'의 차이는 xs의 구체적인 컬렉션 타입에서 toList 구현을 오버라이드해 기본 구현보다 더 효율적으로 컬렉션 원소들을 리스트로 변환할 수도 있다는 점이다. 기본 구현은 컬렉션의 모든 원소를 대상 컬렉션으로 복사한다. 예를 들어, ListBuffer 컬렉션은 상수 시간과 공간을 사용하는 toList를 오버라이드해 제공한다.

하지만 명심해야 할 사항은, 리스트나 배열 변환 시 컬렉션의 모든 원소를 복사해야 하기 때문에 컬렉션 크기가 아주 큰 경우 느릴 수도 있다는 점이다. 그렇지만 기존의 API를 만족시키기 위해 꼭 변환을 해야 하는 경우가 있다. 게다가, 대부분의 컬렉션에는 보통 그리 많지 않은 원소만 들어 있기 때문에, 그런 경우 복사로 인한 속도 손실은 그다지 크지 않다.

변경 가능한 집합(맵)과 변경 불가능한 집합(맵) 사이의 변환

종종 발생하는 또 다른 상황은, 변경 가능한 집합이나 맵을 변경 불가능한 것으로 바꾸거나 그 반대로 바꾸는 것이다. 이런 경우, 앞에서 본 to 메서드를 사용할 수 있다. 앞의 예에 있는 변경 불가능한 TreeSet을 변경 가능한 집합으로 바꾸고, 이를 다시 반대로 변경 불가능한 집합으로 바꾸는 예가 아래에 있다.

```
scala> import scala.collection.mutable
import scala.collection.mutable

scala> treeSet
res52: scala.collection.immutable.TreeSet[String] =
    TreeSet(blue, green, red, yellow)

scala> val mutaSet = treeSet to mutable.Set
mutaSet: scala.collection.mutable.Set[String] =
    Set(red, blue, red, yellow)

scala> val immutaSet = mutaSet to Set
immutaSet: scala.collection.immutable.Set[String] =
    Set(red, blue, red, yellow)
```

변경 불가능한 맵과 변경 가능한 맵 사이의 변환도 마찬가지로 이 기법을 사용할 수 있다.

```
scala> val muta = mutable.Map("i" -> 1, "ii" -> 2)
muta: scala.collection.mutable.Map[String,Int] =
    Map(ii -> 2, i -> 1)

scala> val immu = muta to Map
immu: scala.collection.immutable.Map[String,Int] =
    Map(ii -> 2, i -> 1)
```

17.5 튜플

3.3절에서 설명한 것처럼, 튜플tuple은 정해진 개수의 원소를 한데 묶는다. 그러면 전체를 한 단위로 전달할 수 있다. 배열이나 리스트와 달리, 튜플의 원소는 타입이 서로 다를 수 있다. 다음은 정수, 문자열, Console 타입의 원소가 있는 튜플(원소가 3개이므로 3튜플이라 한다)의 예다.

```
(1, "hello", Console)
```

튜플을 사용하면 데이터만 저장하는 단순한 클래스를 정의해야 하는 번거로움을 덜 수 있다. 클래스를 정의하는 것도 물론 쉽기는 하지만, 최소한의 노력은 필요하다. 하지만 그런 노력이 때로 아무 의미가 없는 경우도 있다. 튜플을 사용하면 클래스의 이름을 정하고, 클래스 정의가 들어갈 스코프를 선택하고, 클래스의 멤버 이름을 선택하는 노력을 아낄 수 있다. 어떤 클래스가 단순히 정수와 문자열만 포함한다면 AnIntegerAndAString이라는 클래스 이름을 정의한다고 해서 프로그램이 더 명확해지는 건 아니다.

튜플은 각기 다른 타입의 객체를 결합할 수 있기 때문에, Iterable을 상속하지 않는다. 정확히 정수 하나와 문자열 하나를 묶고 싶다면, 리스트나 배열이 아니라 튜플이 필요하다.

튜플을 사용하는 가장 일반적인 경우는 메서드에서 여러 값을 반환하는 것이다. 예를 들어, 여기 컬렉션에서 가장 긴 단어를 찾고 또한 그 단어의 인덱스를 반환하는 메서드가 있다.

```
def longestWord(words: Array[String]): (String, Int) = {
  var word = words(0)
  var idx = 0
  for (i <- 1 until words.length)
    if (words(i).length > word.length) {
      word = words(i)
      idx = i
    }
  (word, idx)
}
```

다음은 그 메서드를 사용하는 예다.

```
scala> val longest =
         longestWord("The quick brown fox".split(" "))
longest: (String, Int) = (quick,1)
```

longestWord 함수는 배열에서 가장 긴 단어인 word와 그 단어의 인덱스인 idx를 계산한다. 간결함을 유지하기 위해 그 함수는 리스트에 적어도 단어가 하나 이상 있다고 가정한다. 그리고 단어의 길이가 같은 경우에는 리스트에서 더 앞에 있는 단어를 선택한다. 일단 반환할 단어와 인덱스를 계산하고 나면, 튜플 문법 (word, idx)를 사용해 두 값을 묶어서 반환한다.

튜플 원소에 접근할 때는 _1 메서드로 첫 번째 원소, _2 메서드로 두 번째 원소를 참조할 수 있다. 원소가 더 많다면 더 큰 수를 _ 다음에 붙이면 된다.

```
scala> longest._1
res53: String = quick

scala> longest._2
res54: Int = 1
```

또한 다음과 같이 튜플의 원소를 따로따로 변수에 할당할 수 있다.[6]

```
scala> val (word, idx) = longest
word: String = quick
idx: Int = 1

scala> word
res55: String = quick
```

그런데, 만약 괄호를 생략하면 다른 결과가 나온다.

```
scala> val word, idx = longest
word: (String, Int) = (quick,1)
idx: (String, Int) = (quick,1)
```

---

6 15.7절에서 설명한 대로, 이 문법은 사실상 특별한 패턴 매치다.

이 문법은 한 표현식에서 **여러 개의 정의**를 제공한다. 각 변수는 오른쪽 표현식을 계산한 결과로 초기화한다. 해당 식을 계산한 결과가 튜플이라는 것은 중요하지 않다. 따라서 두 변수 모두 튜플로 초기화된다. 18장에서는 동시에 여러 정의를 하는 것이 편리한 경우를 볼 것이다.

경고해두자면, 튜플은 너무나 사용하기 쉽다. 'A 하나와 B 하나' 수준을 넘지 않는 데이터를 한데 묶을 때 아주 유용하다. 그러나 결합에 어떤 의미가 있거나, 결합에 어떤 메서드를 추가하기 원한다면 클래스를 생성하는 편이 더 좋다. 예를 들어 연, 월, 일을 결합하고 싶다면 3튜플을 사용하지 마라. 대신, Date 클래스를 만들어라. 클래스를 만들면 의도를 명확하게 표현하기 때문에, 코드를 읽는 사람들도 더 쉽게 이해할 수 있고, 컴파일러와 언어가 제공하는 기능을 통해 오류를 더 잘 찾을 수 있다.

17.6 결론

17장에서는 스칼라 컬렉션 라이브러리와 그 안에 있는 가장 중요한 클래스와 트레이트에 대해 살펴봤다. 여기서 쌓은 기초를 바탕으로 스칼라 컬렉션을 더 효과적으로 사용할 수 있고, 더 많은 정보가 필요할 때 스칼라독^{Scaladoc}에서 어디를 조사해야 하는지 알아야 한다. 스칼라 컬렉션에 대해 더 자세한 정보를 원한다면, 24장과 25장을 미리 읽어보자. 18장에서는 스칼라 라이브러리로부터 언어 자체로 다시 관심을 돌려서 변경 가능 객체를 스칼라가 어떻게 지원하는지 논의할 것이다.

Chapter

18

변경 가능한 객체

17장에서는 함수적인 (변경 불가능한) 객체를 주로 다뤘다. 변경할 수 있는 상태가 없는 객체 개념은 더 잘 알아둘 만한 가치가 있기 때문이다. 물론 스칼라에서는 변경 가능한 상태가 있는 객체를 정의하는 일도 마찬가지로 문제없다. 실제 세계에서 시간에 따라 변하는 객체를 모델링한다면 변경 가능한 객체를 사용하는 편이 더 자연스럽다.

18장에서는 변경 가능한 객체가 무엇인지 설명하고, 그런 객체를 표현하도록 스칼라가 제공하는 문법 요소를 설명한다. 이번 장의 뒷부분에서는 더 복잡한 예제인 이산 이벤트 시뮬레이션^{discrete event simulation} 사례를 소개하는데, 그 시뮬레이션에는 변경 가능한 객체 뿐 아니라 디지털 회로를 정의하기 위한 도메인 특화 언어^{DSL, domain specific language}도 들어 있다.

18.1 무엇이 객체를 변경 가능하게 하는가?

객체 구현을 직접 보지 않더라도 순수 함수형 객체와 변경 가능한 객체 간의 중요한 차이를 관찰할 수 있다. 순수 함수형 객체의 필드에 접근하거나 메서드를 호출하면 항상 동일한 결과가 나온다.

예를 들어, 문자의 리스트가 있다고 하자.

```
val cs = List('a', 'b', 'c')
```

cs.head는 항상 'a'를 반환한다. cs를 정의한 지점부터 cs.head를 호출한 지점 사이에서
cs 리스트에 여러 가지 연산을 가했다고 해도 이 메서드가 반환하는 값은 항상 같다.

반면, 변경 가능한 객체에 대해 메서드를 호출하거나 그 객체 필드에 접근한 결과는 이전
에 어떤 연산자를 실행했는가에 따라 다르다. 변경 가능한 객체의 좋은 예로는 은행 계좌
를 들 수 있다. 리스트 18.1은 간단한 은행 계좌 구현을 보여준다.

리스트 18.1 변경 가능한 은행 계좌 클래스

```
class BankAccount {
  private var bal: Int = 0
  def balance: Int = bal
    def deposit(amount: Int) = {
    require(amount > 0)
    bal += amount
  }
  def withdraw(amount: Int): Boolean =
    if (amount > bal) false
    else {
      bal -= amount
      true
    }
}
```

BankAccount 클래스는 비공개 변수인 bal과 공개 메서드 3개를 정의한다. balance는 현
재 계좌의 잔고를 반환하며, deposit은 bal 변수에 amount 값을 더한다. 그리고 withdraw
는 차감 후 bal이 음수가 되지 않는다면 bal에서 amount를 차감한다. withdraw의 결과는
요청 금액을 성공적으로 인출했는지 알려주는 Boolean 값이다.

심지어 BankAccount 클래스의 내부 동작에 대해 아무것도 모른다고 하더라도, 여전히
BankAccout가 변경 가능한 객체인지 알 수 있다.

```
scala> val account = new BankAccount
account: BankAccount = BankAccount@d504137
```

```
scala> account deposit 100

scala> account withdraw 80
res1: Boolean = true

scala>  account withdraw 80
res2: Boolean = false
```

위의 예에서 마지막 두 withdraw는 다른 결과를 반환한다. 첫 번째는 계좌에 충분한 잔액이 있기 때문에 true를 반환하지만, 두 번째는 첫 번째와 동일한 연산을 호출했으나 false를 반환한다. 이유는 계좌 잔고가 요청 금액을 인출할 수 없을 만큼 줄어들었기 때문이다. 그러므로 같은 연산이 다른 시간에 각기 다른 결과를 반환하기 때문에 은행 계좌에는 변경 가능한 상태가 있다.

var가 있으니까 BankAccount가 상태 변경 가능한 객체라는 사실이 너무 명확하다고 생각할 수도 있다. 보통 변경 가능성과 var는 밀접한 관련이 있다. 그러나 항상 그렇지는 않다. 예를 들어, 어떤 클래스가 변경 가능한 상태를 가진 다른 객체에게 메서드 호출을 위임하기 때문에 var를 상속하거나 정의하지 않고도 변경 가능한 상태를 가질 수 있다. 그 반대도 가능하다. 즉, var를 포함하더라도 순수 함수일 수도 있다. 일례로 최적화를 위해 비용이 아주 많이 드는 연산의 결과를 필드에 캐시하는 클래스를 들 수 있다. 예를 들어, 아주 비싼 연산인 computeKey 메서드가 있는 최적화되지 않은 클래스 Keyed가 있다고 하자.

```
class Keyed {
  def computeKey: Int = ... // 이 부분에서 시간이 오래 걸린다.
  ...
}
```

computeKey가 어떤 var도 읽고 쓰지 않는다면, 캐시를 추가함으로써 Keyed를 더 효율적으로 만들 수 있다.

```
class MemoKeyed extends Keyed {
  private var keyCache: Option[Int] = None
  override def computeKey: Int = {
    if (!keyCache.isDefined)
      keyCache = Some(super.computeKey)
    keyCache.get
```

```
    }
  }
```

Keyed 대신 MemoKeyed를 사용해 속도를 올릴 수 있다. computeKey의 결과를 두 번째로 요청받으면, computeKey를 한 번 더 계산하는 대신 keyCache 필드에 저장해둔 값을 반환하기 때문이다. 그러나 이로 인한 속도 증가를 제외하면 클래스 Keyed와 MemoKeyed 클래스의 동작은 정확히 동일하다. 결과적으로 Keyed가 순수 함수형이면, 비록 재할당하는 변수를 포함한다 할지라도 Memokeyed도 순수 함수형이다.

18.2 재할당 가능한 변수와 프로퍼티

재할당이 가능한 변수에 대해 두 가지 기본 연산을 수행할 수 있다. 그 두 연산은 값을 읽는 것과 새로운 값을 할당하는 것이다. 자바빈즈^{JavaBeans} 같은 라이브러리에서는 이런 두 연산을 별도의 게터^{getter}와 세터^{setter} 메서드로 자주 캡슐화한다. 이 두 메서드는 명시적으로 정의해야만 한다.

스칼라는 어떤 객체의 멤버 중 비공개가 아닌 모든 var 멤버에 게터와 세터 메서드를 자동으로 정의해준다. 하지만 이러한 게터와 세터의 이름은 자바의 관례와 다르다. var x의 게터는 그냥 x이고, 세터는 x_=이다.

예를 들어, 어떤 클래스 안에 다음과 같은 var 필드 정의가 있다면

```
var hour = 12
```

재할당 가능한 필드에 게터 hour와 세터 hour_=가 생긴다. 이런 경우 필드에는 항상 private[this]라는 표시가 붙는다. private[this]는 그 필드를 포함하는 객체에서만 접근할 수 있다는 뜻이다. 반면, 게터와 세터는 원래의 var와 같은 가시성을 제공한다. var 정의가 공개 멤버라면, 그 게터와 세터도 공개다. var가 보호 멤버라면 게터와 세터 또한 보호 멤버다.

리스트 18.2의 Time 클래스를 살펴보자. 그 클래스에는 두 공개 var인 hour와 minute가 있다.

```scala
class Time {
  var hour = 12
  var minute = 0
}
```

이 구현은 리스트 18.3의 클래스 정의와 동일하다. 리스트 18.3의 정의에서 지역 필드 이름인 h와 m은 이미 사용 중인 이름과 겹치지 않도록 임의로 선택한 것이다.

리스트 18.3 공개 var가 게터와 세터 메서드로 어떻게 확장되는지 보여주는 예

```scala
class Time {
  private[this] var h = 12
  private[this] var m = 0

  def hour: Int = h
  def hour_=(x: Int) = { h = x }

  def minute: Int = m
  def minute_=(x: Int) = { m = x }
}
```

var를 게터와 세터로 확장하는 경우 var를 정의하는 대신에 게터와 세터를 직접 정의할 수도 있다는 점이 흥미로운 측면이다. 게터나 세터 메서드를 직접 정의함으로써 변수 할당과 변수 접근 연산을 원하는 대로 변화시킬 수 있다. 예를 들어, 리스트 18.4의 Time 클래스는 hour와 minute에 허용할 수 없는 값을 할당할 때 이를 판별할 수 있는 require 문이 들어 있다.

리스트 18.4 게터와 세터를 직접 정의하기

```scala
class Time {
  private[this] var h = 12
  private[this] var m = 0

  def hour: Int = h
  def hour_= (x: Int) = {
    require(0 <= x && x < 24)
    h = x
  }

  def minute = m
  def minute_= (x: Int) = {
```

```
    require(0 <= x && x < 60)
    m = x
  }
}
```

일부 언어는 일반적인 변수는 아니면서도 변수와 비슷한 역할을 할 수 있는 구성요소에 대해 게터나 세터를 재정의할 수 있도록 특별한 문법을 사용한다. 예를 들어, C#은 이런 역할을 하는 프로퍼티를 제공한다. 변수를 세터와 게터 메서드의 쌍으로 해석하는 스칼라의 관습은 특별한 문법을 사용하지 않고도 실제로는 C#의 프로퍼티와 같은 능력을 제공할 수 있다.

프로퍼티는 여러 가지 목적으로 사용할 수 있다. 리스트 18.4의 예에서는 세터에 require를 사용해 불변 조건invariant을 보장했다. 이를 사용하면 허용해서는 안 되는 값을 변수에 할당하는 경우를 막을 수 있다. 어떤 변수에 대한 모든 접근을 로그로 남기기 위해 게터나 세터를 사용할 수도 있다. 또는 변수에 이벤트를 접목해서 어떤 변수를 변경할 때마다 구독subscribe을 요청한 다른 객체들에게 통지하게 만들 수도 있다(35장에서 그 예를 볼 것이다).

연관된 필드 없이 케터와 세터를 정의할 수 있을 뿐만 아니라 때로 유용하기까지 하다. 아래의 Thermometer 클래스가 그런 예다. 이 클래스는 읽거나 수정할 수 있는 온도 변수를 캡슐화한다. 온도는 섭씨 또는 화씨로 표시할 수 있다. 아래 클래스는 둘 중 어떤 단위로든 읽거나 쓸 수 있게 해준다.

리스트 18.5 연관된 필드 없이 게터나 세터 정의하기

```
class Thermometer {
  var celsius: Float = _

  def fahrenheit = celsius * 9 / 5 + 32
  def fahrenheit_= (f: Float) = {
    celsius = (f - 32) * 5 / 9
  }
  override def toString = s"${fahrenheit}F/${celsius}C"
}
```

이 클래스 본문의 첫 번째 줄은 celsius를 var로 정의한다. 이 필드는 섭씨 온도를 저장할 것이다. celsius 변수는 그 변수의 '초기화 값'으로 '_'을 명시해 디폴트값을 할당한다. 더 자세히 설명하면, 필드 초기화에 '= _'을 사용하면, 필드에 제로^{zero}를 할당한다. 제로값은 필드의 타입에 따라 다르다. 수 타입은 0, 불리언 타입은 false, 참조 타입은 null이다. 이것은 마치 초기화를 하지 않았을 때 자바가 같은 유형의 변수를 초기화하는 방식과 같다.

하지만 스칼라에서는 '= _' 초기화를 생략할 수 없다는 점에 주의하라. 다음과 같이 작성한다면,

```
var celsius: Float
```

이것은 celsius를 초기화하지 않고, 추상 변수를 선언해버린다.[1]

게터인 fahrenheit와 세터인 fahrenheit_=는 celsius 변수 정의 다음에 있다. 이 둘은 동일한 온도를 화씨로 사용한다. 현재의 화씨 온돗값을 저장하는 별도의 필드는 없다. 화씨값을 위한 게터와 세터 메서드는 자동으로 섭씨와 화씨를 변환한다. 여기 Thermometer 객체 사용 예가 있다.

```
scala> val t = new Thermometer
t: Thermometer = 32.0F/0.0C

scala> t.celsius = 100
mutated t.celsius

scala> t
res3: Thermometer = 212.0F/100.0C

scala> t.fahrenheit = -40
mutated t.fahrenheit

scala> t
res4: Thermometer = -40.0F/-40.0C
```

---

1 추상 변수는 20장에서 설명한다.

18.3 사례 연구: 이산 이벤트 시뮬레이션

이제부터는 더 범위를 넓혀서 변경 가능한 객체와 1급 계층 함숫값을 결합하는 흥미로운 방법을 보여줄 텐데, 디지털 회로 시뮬레이터를 설계하고 구현할 것이다. 이 작업은 여러 하위 문제로 나눌 수 있는데, 각각의 하위 문제도 흥미진진하다.

우선, 디지털 회로를 위한 작은 언어를 볼 것이다. 이 언어를 정의하는 과정은 스칼라 같은 호스트 언어 안에 DSL을 포함시키는 일반적인 방법을 잘 보여준다. 두 번째로, 이산 이벤트 시뮬레이션을 위해 간결하지만 범용적인 프레임워크를 제시할 것이다. 이 프레임워크의 주된 임무는 시뮬레이션 동안 실행한 동작을 기록하는 것이다. 마지막으로, 어떻게 이산 시뮬레이션 프로그램 구조를 정하고 생성하는지 보여줄 것이다. 이 시뮬레이션의 기본 아이디어는 물리적 대상을 시뮬레이션 객체로 모델링하고, 물리적(실제) 시간을 시뮬레이션 프레임워크를 사용해 모델링하는 것이다.

본 예제는 고전이라 할 수 있는 교재인 아벨슨[Abelson]과 수스만[Sussman]의 『Structure and Interpretation of Computer Programs』[Abe96]에서 가져온 것이다.[2] 이 책이 원래의 예제와 다른 점은 구현 언어가 스킴[Scheme]이 아닌 스칼라라는 점과, 예제를 네 계층으로 구조화했다는 점이다. 첫 번째 계층은 시뮬레이션 프레임워크, 두 번째는 기본 회로 시뮬레이션 패키지, 세 번째는 사용자 정의 회로 라이브러리, 마지막은 시뮬레이션 회로 그 자체를 위한 계층이다. 각 계층을 클래스로 표현하고, 더 구체적인 계층은 더 일반적인 계층을 상속할 것이다.

> **지름길**
>
> 18장의 이산 이벤트 시뮬레이션 예제를 이해하는 데는 다소 시간이 걸릴 것이다. 그 대신 스칼라를 더 배우고 싶다면, 지금 바로 다음 장으로 넘어가도 좋다.

---

2 『Structure and Interpretation of Computer Programs』는 아벨슨과 수스만이 미국 MIT에서 프로그래밍 개론을 가르치기 위해 만든 교재다. 약자로 SICP라고 부르기도 하며, 한국어판은 『컴퓨터 프로그램의 구조와 해석』(김재우 외 4인 공역, 인사이트)이다. (영어라는 장벽이 있긴 하지만) 원한다면 SICP 웹사이트에서 영어 교재를 볼 수 있고, MIT 오픈코스웨어 사이트에서 MIT 강의를 살펴볼 수도 있다. 분량도 상당히 많고 예제도 여러 분야의 다양한 내용을 다루기 때문에 어려울 수도 있지만, 틈나는 대로 하나씩 들여다보면 도움이 될 것이다. – 옮긴이

18.4 디지털 회로를 위한 언어

디지털 회로를 설명하기 위해 '작은 언어'로부터 시작할 것이다. 디지털 회로는 **선**[wire]과 **기능 블록**[function box]을 가지고 만든다. 선은 **신호**[signal]를 전달한다. 기능 블록은 신호를 변화시킨다. 신호는 불리언값으로 나타낸다. 신호가 켜져[on] 있으면 true, 신호 꺼져[off] 있으면 false다.

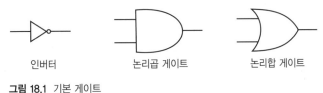

인버터   논리곱 게이트   논리합 게이트

그림 18.1 기본 게이트

그림 18.1은 세 가지 기본 기능 블록(또는 게이트)을 보여준다.

- **인버터**[inverter]: 신호를 반전시킨다.
- **논리곱 게이트**[and-gate]: 출력을 입력의 교집합으로 설정한다.
- **논리합 게이트**[or-gate]: 출력을 입력의 합집합으로 설정한다.

이 세 게이트만 있으면 다른 모든 기능 블록을 충분히 구현할 수 있다. 각 게이트에는 **시간 지연**[delay]이 있다. 그래서 게이트 입력이 변한 뒤에 일정한 시간이 지나야 게이트의 출력이 변한다.

지금부터 설명하는 스칼라 클래스와 함수를 사용해 디지털 회로를 구성하는 요소를 표현할 것이다. 첫째로, 선인 Wire 클래스가 있다. 아래처럼 Wire를 생성할 수 있다.

```
val a = new Wire
val b = new Wire
val c = new Wire
```

다음과 같이 하면 같은 일을 더 짧은 코드로 할 수 있다.

```
val a, b, c = new Wire
```

둘째로, 필요한 기본 게이트를 '만드는' 프로시저 3개가 있다.

```
def inverter(input: Wire, output: Wire)
def andGate(a1: Wire, a2: Wire, output: Wire)
def orGate(o1: Wire, o2: Wire, output: Wire)
```

함수형 프로그래밍을 강조하는 스칼라라는 관점에서 볼 때 특이한 사항은 이 프로시저가 생성한 게이트를 결과로 반환하는 대신 부수 효과로 만든다는 점이다. 예를 들어, inverter(a, b)라고 호출하면 선 a와 b의 사이에 인버터를 하나 집어넣는다. 이렇게 부수 효과를 사용해 생성하면 복잡한 회로를 쉽게 점진적으로 구성할 수 있다. 또한 메서드 이름을 붙일 때 주로 동사를 사용하는 반면, 이 세 메서드의 경우에는 어떤 게이트를 만드는지를 알려주기 위해 명사를 이름으로 택했다. 이 이름은 DSL이 선언적이라는 사실을 보여준다. 즉, DSL은 회로를 만드는 동작을 지시하지 않고 회로 자체를 묘사한다.

기본 게이트로부터 더 복잡한 블록을 생성할 수 있다. 예를 들어, 리스트 18.6은 반가산기half-adder를 생성한다. 반가산기는 두 입력 a와 b를 가지고, s = (a + b) % 2로 계산하는 합 s와 c = (a + b) / 2로 계산하는 자리올림carry c를 생성한다. 그림 18.2에 반가산기 다이어그램이 있다.

리스트 18.6 반가산기를 구현한 halfAdder 메서드

```
def halfAdder(a: Wire, b: Wire, s: Wire, c: Wire) = {
    val d, e = new Wire
    orGate(a, b, d)
    andGate(a, b, c)
    inverter(c, e)
    andGate(d, e, s)
}
```

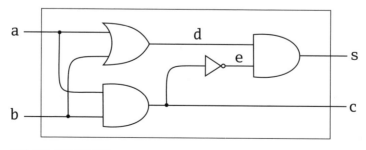

그림 18.2 반가산기 회로

앞에서 본 더 복잡한 회로를 구성하기 위한 세 가지 기본 게이트 메서드처럼, halfAdder 도 파라미터를 받는 함수다. 예를 들어, 리스트 18.7은 그림 18.3에 있는 1비트 전가산기 full adder를 정의한다. 전가산기는 a와 b 두 입력뿐 아니라, 자리올림인 cin도 입력받는다. 그리고 sum = (a + b + cin) % 2로 계산하는 sum과, cout = (a + b + cin) / 2로 계산하는 자리올림을 출력으로 내놓는다.

리스트 18.7 전가산기를 구현한 fullAdder 메서드

```
def fullAdder(a: Wire, b: Wire, cin: Wire,
    sum: Wire, cout: Wire) = {
  val s, c1, c2 = new Wire
  halfAdder(a, cin, s, c1)
  halfAdder(b, s, sum, c2)
  orGate(c1, c2, cout)
}
```

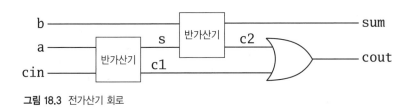

그림 18.3 전가산기 회로

Wire 클래스와 inverter, andGate, orGate 함수는 디지털 회로를 정의할 수 있는 작은 언어를 의미한다. 이 언어는 언어 그 자체를 구현하는 대신 호스트 언어 안에 라이브러리로 포함시키는 **내부 DSL**의 좋은 예다.

여전히 회로 DSL을 구현할 필요가 있다. 이 DSL로 회로를 정의하는 목적은 회로를 시뮬레이션하는 것이다. 따라서 이산 이벤트 시뮬레이션을 위한 일반적인 API를 바탕으로 회로 DSL을 구현하는 것이 타당하다. 다음 두 절에서는 먼저 시뮬레이션 API를 설명한 다음, 그 API 위에서 구현한 회로 DSL을 보여줄 것이다.

18.5 시뮬레이션 API

리스트 18.8에 시뮬레이션 API가 있다. API는 org.stairwaybook.simulation 패키지 안에
Simulation 클래스로 구현했다. 구체적인 시뮬레이션 라이브러리는 이 클래스를 상속한
다음, 도메인에 맞춰 확장한다. Simulation 클래스를 구성하는 요소에 대해 이번 절에서
설명한다.

리스트 18.8 Simulation 클래스

```scala
abstract class Simulation {

  type Action = () => Unit

  case class WorkItem(time: Int, action: Action)

  private var curtime = 0
  def currentTime: Int = curtime

  private var agenda: List[WorkItem] = List()

  private def insert(ag: List[WorkItem],
      item: WorkItem): List[WorkItem] = {

    if (ag.isEmpty || item.time < ag.head.time) item :: ag
    else ag.head :: insert(ag.tail, item)
  }
  def afterDelay(delay: Int)(block: => Unit) = {
    val item = WorkItem(currentTime + delay, () => block)
    agenda = insert(agenda, item)
  }
  private def next() = {
    (agenda: @unchecked) match {
      case item :: rest =>
        agenda = rest
        curtime = item.time
        item.action()
    }
  }
  def run() = {
    afterDelay(0) {
      println("*** simulation started, time = " + currentTime + " ***")
    }
    while (!agenda.isEmpty) next()
  }
}
```

이산 이벤트 시뮬레이션은 사용자가 정의한 **액션**action을 구체적인 **시간**time에 수행한다. 구체적 시뮬레이션 서브클래스로 정의하는 액션은 모두 공통 타입 하나를 공유한다.

```
type Action = () => Unit
```

이 문장은 Action을 빈 파라미터 목록에서 Unit을 반환하는 프로시저 타입에 대한 별명으로 정의한다. Action은 Simulation 클래스의 **타입 멤버**type member다. 이를 () => Unit이라는 타입을 더 읽기 쉽게 만든 이름으로 생각할 수 있다. 타입 멤버는 20.6절에서 자세히 설명할 것이다.

액션을 실행하는 시간이 시뮬레이션 시간이다. 이 시간은 실제 '벽시계'의 시간(즉, 물리적 시간)과는 전혀 관계가 없다. 시뮬레이션 시간은 정수로 간단히 표시한다. 시뮬레이션의 현재 시간을 비공개 변수 안에 유지한다.

```
private var curtime: Int = 0
```

이 변수에는 공개 접근자public accessor 메서드가 있다. 그 메서드는 현재 시간을 반환한다.

```
def currentTime: Int = curtime
```

비공개 변수와 공개 접근자의 결합은 currentTime을 Simulation 클래스 밖에서 변경하는 것을 확실히 막기 위해 사용된다. 무엇보다, 시뮬레이션이 시간여행을 모델링하고 싶은 경우가 아니라면, 일반적으로 시뮬레이션 객체가 현재 시간을 조작할 필요는 없을 것이다.

지정된 시간에 실행할 필요가 있는 액션을 **작업 항목**work item이라 한다. 작업 항목은 아래 클래스로 구현한다.

```
case class WorkItem(time: Int, action: Action)
```

문법적 편의 때문에 WorkItem 클래스를 케이스 클래스로 만들었다. 클래스 인스턴스를 생성하기 위해 팩토리 메서드를 사용할 수 있고, 생성자 파라미터인 time과 action에 대한 접근자 메서드도 자동으로 생긴다. WorkItem 클래스를 Simulation 클래스 안에 내포

시켰다는 점에 유의하라. 스칼라는 내부 클래스를 자바와 비슷하게 다룬다. 20.7절에서 더 자세히 설명할 것이다.

Simulation 클래스는 아직 실행하지 않은 모든 잔여 작업 항목을 **아젠다**^{agenda}에 유지한다. 아젠다 안에서 작업 항목은 각 액션의 실행 시간에 따라 정렬한다.

```
private var agenda: List[WorkItem] = List()
```

agenda 리스트를 변경하는 insert 메서드에서 agenda 리스트의 정렬 순서를 유지한다. afterDelay에서 insert를 호출하는 모습을 볼 수 있다. afterDelay는 agenda에 작업 항목을 추가하는 유일한 방법이다.

```
def afterDelay(delay: Int)(block: => Unit) = {
  val item = WorkItem(currentTime + delay, () => block)
  agenda = insert(agenda, item)
}
```

그 이름이 암시하듯이, 이 메서드는 agenda에 액션(block으로 지정)을 끼워 넣는다. 그래서 현재 시뮬레이션 시간에서 delay 시간 단위만큼 뒤에 그 액션을 스케줄링한다. 예를 들어, 다음 호출은 시뮬레이션 시간으로 currentTime + delay 시점에 실행할 새로운 작업 항목을 만들어낸다.

```
afterDelay(delay) { count += 1 }
```

실행 코드는 메서드의 두 번째 인자에 들어 있어야 한다. 이 인자의 형식 파라미터는 => Unit 타입이다. 즉, 이는 이름에 의한 호출로 Unit 타입의 계산을 표현한다. 이름에 의한 파라미터^{by-name parameter}는 메서드에 인자를 전달하는 시점에 즉시 인자를 계산하지 않는다는 점을 기억하라. 그래서 위 호출에서 count는 시뮬레이션 프레임워크가 작업 항목 안에 들어 있는 액션을 호출할 때만 증가한다. afterDelay는 커링 함수다. 커링 함수를 활용하면 메서드 호출을 내장 문법처럼 보이게 할 수 있다.

생성한 작업 항목은 여전히 agenda 안에 삽입할 필요가 있다. 삽입은 insert 메서드를 사용한다. 그 메서드는 agenda 내의 작업 항목을 항상 시간 기준으로 정렬해야 한다는 불변

조건을 유지한다.

```
private def insert(ag: List[WorkItem],
    item: WorkItem): List[WorkItem] = {

  if (ag.isEmpty || item.time < ag.head.time) item :: ag
  else ag.head :: insert(ag.tail, item)
}
```

Simulation 클래스의 핵심은 run 메서드다.

```
def run() = {
  afterDelay(0) {
    println("*** simulation started, time = " +
      currentTime + " ***")
  }
  while (!agenda.isEmpty) next()
}
```

이 메서드는 agenda에서 첫 번째 작업 항목을 가져오면서 agenda에서 그 항목을 제거하고, 해당 항목을 실행하는 동작을 반복한다. agenda 안에 남아 있는 항목이 더 이상 없으면 반복을 중단한다. 각 반복 단계를 수행하기 위해 아래의 next 메서드를 호출한다.

```
private def next() = {
  (agenda: @unchecked) match {
    case item :: rest =>
      agenda = rest
      curtime = item.time
      item.action()
  }
}
```

next 메서드는 패턴 매치를 통해 현재 agenda의 맨 앞 항목인 item과 잔여 작업 리스트인 rest를 분리한다. 맨 앞 작업 항목은 현재의 agenda에서 제거하고, 시뮬레이션이 현재 시간인 curtime을 item의 시간으로 설정한 다음, 그 작업 항목의 액션을 실행한다.

next는 agenda가 비어 있지 않을 때만 호출할 수 있다는 점에 주의하라. 빈 리스트에 대응하는 패턴이 없다. 따라서 빈 agenda에 대해 next 메서드를 실행하면 MatchError 예외가 발생할 것이다.

실제로, 스칼라 컴파일러는 리스트에 대해 사용 가능한 패턴을 하나 빠뜨렸다고 경고할 것이다.

```
Simulator.scala:19: warning: match is not exhaustive!
missing combination                Nil

    agenda match {
    ^
one warning found
```

이 경우 빠진 케이스는 문제가 되지 않는다. 비어 있지 않은 agenda에만 next를 호출한다는 사실을 알기 때문이다. 따라서 이런 경고를 피하고 싶다. 15.5절에서 @unchecked 애노테이션을 패턴 매치 셀렉터 표현식에 추가하면 경고를 없앨 수 있음을 배웠다. 이 시뮬레이션 코드에서 agenda match가 아니라 (agenda: @unchecked) match를 사용하는 이유는 그것 때문이다.

이제 다 됐다. 시뮬레이션 프레임워크라고 하기에는 놀랍도록 양이 적은 코드처럼 보인다. 이 프레임워크가 하는 일이 작업 항목의 리스트를 실행하는 게 전부라면, 어떻게 이를 통해 흥미진진한 시뮬레이션을 지원할 수가 있는지 궁금할 수도 있다. 실제로, 이 시뮬레이션 프레임워크의 힘은 작업 항목에 있는 액션을 실행하면 그 액션이 다른 작업 항목을 agenda에 추가할 수 있다는 데 있다. 이에 따라 시작은 미약하지만, 시뮬레이션을 점진적으로 변화시키면서 오랫동안 실행하게 만들 수 있다.

18.6 회로 시뮬레이션

다음 단계는 18.4절에서 본 회로를 위한 DSL을 시뮬레이션 프레임워크로 구현하는 것이다. 회로 DSL은 선을 위한 클래스 하나와 논리곱 게이트, 논리합 게이트, 인버터를 생성하는 메서드로 이뤄졌다. 이들은 모두 시뮬레이션 프레임워크를 상속한 BasicCircuitSimulation 클래스 안에 들어간다. 리스트 18.9와 리스트 18.10에 코드가 있다.

```scala
package org.stairwaybook.simulation

abstract class BasicCircuitSimulation extends Simulation {

  def InverterDelay: Int
  def AndGateDelay: Int
  def OrGateDelay: Int

  class Wire {

    private var sigVal = false
    private var actions: List[Action] = List()

    def getSignal = sigVal

    def setSignal(s: Boolean) =
      if (s != sigVal) {
        sigVal = s
        actions foreach (_ ())
      }

    def addAction(a: Action) = {
      actions = a :: actions
      a()
    }
  }

  def inverter(input: Wire, output: Wire) = {

    def invertAction() = {
      val inputSig = input.getSignal

      afterDelay(InverterDelay) {
        output setSignal !inputSig
      }
    }
    input addAction invertAction
  }
  // 리스트 18.10에서 계속 이어나감...
```

```scala
// 리스트 18.9로부터 이어짐...

  def andGate(a1: Wire, a2: Wire, output: Wire) = {
    def andAction() = {
      val a1Sig = a1.getSignal
      val a2Sig = a2.getSignal
      afterDelay(AndGateDelay) {
        output setSignal (a1Sig & a2Sig)
      }
    }
    a1 addAction andAction
    a2 addAction andAction
  }
  def orGate(o1: Wire, o2: Wire, output: Wire) = {
    def orAction() = {
      val o1Sig = o1.getSignal
      val o2Sig = o2.getSignal
      afterDelay(OrGateDelay) {
        output setSignal (o1Sig | o2Sig)
      }
    }
    o1 addAction orAction
    o2 addAction orAction
  }
  def probe(name: String, wire: Wire) = {
    def probeAction() = {
      println(name + " " + currentTime +
        " new-value = " + wire.getSignal)
    }
    wire addAction probeAction
  }
}
```

BasicCircuitSimulation 클래스는 기본 게이트의 지연 시간을 나타내는 추상화 메서드 3개를 선언한다. 각각 InverterDelay, AndGateDelay, OrGateDelay다. 실제 지연 시간의 값은 이 단계에서는 알 수 없다. 지연은 시뮬레이션할 회로 기술에 따라 다르다. 그래서 BasicCircuitSimuation에서 각 지연 시간을 추상 메서드로 남겨뒀다. 각 지연 시간의 구체적인 정의는 서브클래스에 위임한다.[3] BasicCircuitSimulation 클래스의 기타 멤버는 이제부터 설명할 것이다.

Wire 클래스

선은 기본 액션 세 가지를 지원할 필요가 있다.

- getSingal: Boolean: 현재 선의 신호를 반환한다.

- setSignal(sig: Boolean): 선의 신호를 sig로 설정한다.

- addAction(p: Action): 선의 **액션**에 구체적인 프로시저 p를 추가한다. 착안점은 선의 신호가 바뀔 때마다 그 선과 엮여 있는 모든 액션 프로시저를 실행하는 것이다. 전형적으로 액션은 선에 연결된 구성요소에 의해 선에 추가된다. 어떤 액션을 선에 추가하면, 그 액션을 한 번 실행한다. 그 후로는 선의 신호가 변할 때마다 액션을 실행한다.

여기에 Wire 클래스 구현이 있다.

```scala
class Wire {

  private var sigVal = false
  private var actions: List[Action] = List()

  def getSignal = sigVal

  def setSignal(s: Boolean) =
    if (s != sigVal) {
      sigVal = s
      actions foreach (_ ())
    }

  def addAction(a: Action) = {
    actions = a :: actions
    a()
  }
}
```

---

3 지연 시간 메서드의 이름은 상수이기 때문에 첫 글자가 대문자다. 서브클래스에서 재정의할 수 있게 메서드로 만들어둔다. 20.3절에서 val을 사용해 동일한 일을 하는 방법을 배울 것이다.

두 비공개 변수가 선의 상태를 구성한다. sigVal 변수는 현재 신호를 의미한다. actions 변수는 현재 그 선과 엮인 모든 액션 프로시저를 표현한다. 흥미를 가질 만한 메서드 구현은 setSignal뿐이다. 선의 신호를 변경할 때, 새 값을 sigVal 변수에 저장한다. 그리고 선의 actions에 있는 모든 액션을 실행한다. 이를 처리하는 편법을 주목하라. actions foreach (_ ())는 actions 리스트에 있는 모든 원소에 대해 '_ ()' 함수를 적용한다. 8.5 절에서 설명한 대로, 함수 '_ ()'는 'f => f ()'를 축약한 형태다. 즉, 어떤 함수(f라고 이름을 붙였다)를 받아서 빈 파라미터 목록으로 그 함수를 호출한다.

inverter 메서드

인버터를 생성하면 발생하는 유일한 효과는 입력으로 받은 선에 액션을 설치하는 것이다. 해당 액션은 설치 시 한 번 호출되고, 입력 선의 신호가 변할 때마다 호출된다. 액션의 효과는 인버터의 출력값을 입력의 반대 값으로 설정하는 것이다(setSignal을 통해). 인버터에도 지연 시간이 있기 때문에, 입력값이 변해서 인버터의 액션이 실행된 뒤에 InverterDelay 시뮬레이션 시간 단위 이후에 출력값이 변하는 효과가 나타나야 한다. 이를 위해 다음과 같은 구현이 가능하다.

```
def inverter(input: Wire, output: Wire) = {
  def invertAction() = {
    val inputSig = input.getSignal
    afterDelay(InverterDelay) {
      output setSignal !inputSig
    }
  }
  input addAction invertAction
}
```

inverter 메서드의 효과는 입력 선에 invertAction을 추가하는 것이다. 이 액션을 실행하면, 입력 신호를 받아서 출력 신호를 반전시키는 또 다른 액션을 설치한다. 이때 추가하는 액션은 InverterDelay 시간 단위가 지난 뒤에 동작할 것이다. 미래에 실행할 새로운 작업 항목을 생성하기 위해 시뮬레이션 프레임워크에 있는 afterDelay 메서드를 어떻게 사용하는지 주의 깊게 살펴보라.

andGate와 orGate 메서드

논리곱 게이트의 구현은 인버터 구현과 유사하다. 논리곱 게이트의 목적은 두 입력 신호의 교집합 결과를 출력하는 것이다. 이런 출력 변화는 게이트의 두 입력 중 어느 한쪽이 변한 시점에서 AndGateDelay 시간 단위만큼 지난 다음 발생해야 한다. 그러므로 구현은 다음과 같다.

```
def andGate(a1: Wire, a2: Wire, output: Wire) = {
  def andAction() = {
    val a1Sig = a1.getSignal
    val a2Sig = a2.getSignal
    afterDelay(AndGateDelay) {
      output setSignal (a1Sig & a2Sig)
    }
  }
  a1 addAction andAction
  a2 addAction andAction
}
```

andGate의 효과는 입력 선 a1과 a2 모두에 andAction을 추가하는 것이다. 이 액션은 실행 시 두 입력 신호를 교집합한 결과를 output에 설정하는 또 다른 액션을 설치한다. 이렇게 새로 설치할 액션은 AndGateDelay 시간 단위 후 실행하도록 스케줄링된다. 입력 신호 중 어느 하나만 변해도 전체 결과를 재계산해야 한다는 점에 유의하라. 그렇기 때문에 a1과 a2 두 입력 신호 모두에 동일한 andAction을 설치해야 한다. orGate는 논리곱이 아니라 논리합을 계산한다는 점을 제외하면 andGate와 비슷하다.

시뮬레이션 결과

시뮬레이터를 실행하기 위해서는 선의 신호 변화를 감지할 방법이 필요하다. 이를 위해, 선에 프로브probe(탐침)를 연결하는 동작을 시뮬레이션할 수 있다.

```
def probe(name: String, wire: Wire) = {
  def probeAction() = {
    println(name + " " + currentTime +
      " new-value = " + wire.getSignal)
  }
  wire addAction probeAction
}
```

이 probe의 효과는 선에 probeAction을 설치하는 것이다. 여타 액션과 마찬가지로 이 액션도 선의 신호가 변할 때마다 실행된다. 이 액션은 단순히 선(probe의 첫 번째 인자)의 이름과 현재 시간, 그리고 새로운 선 값을 출력한다.

시뮬레이터 실행

모든 준비가 끝났다. 이제는 시뮬레이터의 동작을 볼 차례다. 구체적인 시뮬레이션을 정의하기 위해서는 시뮬레이션 프레임워크 클래스를 상속할 필요가 있다. 흥미를 위해, BasicCircuitSimulation을 상속해 추상 시뮬레이션 클래스를 만들고 그 안에 반가산기와 전가산기 메서드 정의를 포함시킬 것이다. 두 가산기는 이미 리스트 18.6과 리스트 18.7에서 다뤘다. 이 클래스를 CircuitSimulation이라고 부르자. 리스트 18.11을 보라.

리스트 18.11 CircuitSimulation 클래스

```
package org.stairwaybook.simulation

abstract class CircuitSimulation
    extends BasicCircuitSimulation {

  def halfAdder(a: Wire, b: Wire, s: Wire, c: Wire) = {
    val d, e = new Wire
    orGate(a, b, d)
    andGate(a, b, c)
    inverter(c, e)
    andGate(d, e, s)
  }
  def fullAdder(a: Wire, b: Wire, cin: Wire,
      sum: Wire, cout: Wire) = {

    val s, c1, c2 = new Wire
    halfAdder(a, cin, s, c1)
    halfAdder(b, s, sum, c2)
    orGate(c1, c2, cout)
  }
}
```

CircuitSimulation 클래스를 상속한 객체로 구체적인 회로 시뮬레이션을 만들 수 있다. 그 객체에서 시뮬레이션할 회로 구현 기술에 따른 게이트 지연 시간을 지정할 필요가 있다. 마지막으로, 시뮬레이션할 회로도 구체적으로 정의해야 한다.

이런 과정을 스칼라 인터프리터에서 대화식으로 처리할 수 있다.

```
scala> import org.stairwaybook.simulation._
import org.stairwaybook.simulation._
```

우선, 게이트 지연 시간을 제공하는 객체를 정의하자(그 객체를 MySimulation이라고 부르자).

```
scala> object MySimulation extends CircuitSimulation {
         def InverterDelay = 1
         def AndGateDelay = 3
         def OrGateDelay = 5
       }
defined module MySimulation
```

MySimulation 객체의 멤버에 반복 접근하기 때문에 객체를 임포트해서 코드를 짧게 작성할 수 있게 만든다.

```
scala> import MySimulation._
import MySimulation._
```

다음으로 회로를 정의해야 한다. 4개의 선을 만들고, 그중 둘에 프로브를 붙이자.

```
scala> val input1, input2, sum, carry = new Wire
input1: MySimulation.Wire =
    BasicCircuitSimulation$Wire@111089b
input2: MySimulation.Wire =
    BasicCircuitSimulation$Wire@14c352e
sum: MySimulation.Wire =
    BasicCircuitSimulation$Wire@37a04c
carry: MySimulation.Wire =
    BasicCircuitSimulation$Wire@1fd10fa

scala> probe("sum", sum)
sum 0 new-value = false

scala> probe("carry", carry)
carry 0 new-value = false
```

위에서 프로브들이 정의와 동시에 결과를 출력하는 모습을 확인하라. 이런 출력이 나오는 이유는 선에 어떤 액션을 설치하면, 설치 즉시 해당 액션을 한 번 실행하기 때문이다.

이제 선을 연결하는 반가산기를 정의하자.

```
scala> halfAdder(input1, input2, sum, carry)
```

마지막으로, 입력 신호를 하나씩 차례로 true로 설정하면서 시뮬레이션을 실행하자.

```
scala> input1 setSignal true

scala> run()
*** simulation started, time = 0 ***
sum 8 new-value = true

scala> input2 setSignal true

scala> run()
*** simulation started, time = 8 ***
carry 11 new-value = true
sum 15 new-value = false
```

18.7 결론

18장은 처음엔 이질적일 것 같은 두 기법인 변경 가능한 상태와 고차 함수를 하나로 묶었다. 시간에 따라 상태가 변할 수 있는 물리적 실체를 시뮬레이션하기 위해 변경 가능한 상태를 사용했다. 시뮬레이션 프레임워크에서 특정 시뮬레이션 시간에 어떤 액션을 실행하기 위해 고차 함수를 사용했다. 이들을 사용해 회로 시뮬레이션에서 상태 변화에 따라 그와 관련 있는 여러 액션을 촉발하게 할 수 있었다. 이런 시뮬레이션을 코딩하는 과정에서, 라이브러리 형태로 DSL을 정의하는 간단한 방법을 알아봤다. 아마 이런 내용만으로도 한 장을 가득 채우기에 충분할 것이다!

이번 장에 좀 더 머물고 싶다면, 더 많은 시뮬레이션을 시도해볼 수도 있다. 더 큰 회로를 생성하기 위해 반가산기와 전가산기를 결합하거나, 지금까지 정의한 기본 게이트로 새로운 회로를 설계하고 그 회로를 시뮬레이션할 수 있다. 19장에서는 스칼라의 타입 파라미터화에 대해 배워본다. 또한 함수형 접근 방식과 명령형 접근 방식을 조합해 문제를 더 잘 해결할 수 있는 또 다른 예제를 살펴볼 것이다.

Chapter

19

타입 파라미터화

19장에서는 스칼라의 타입 파라미터화type parameterization를 자세히 설명할 것이다. 설명하는 과정에서 순수한 함수형 큐의 설계를 구체적인 예로 들어서, 13장에서 소개했던 정보 은닉 기법의 일부를 보여줄 것이다. 타입 파라미터화와 정보 은닉을 함께 보여줄 텐데, 정보 은닉을 더 일반적인 타입 파라미터화 변성variance 표기를 알아낼 때 사용할 수 있기 때문이다.

타입 파라미터화를 사용하면 제네릭 클래스와 트레이트를 쓸 수 있다. 예를 들어, 집합은 제네릭이며 타입 파라미터를 받기 때문에 타입이 Set[T]다. 그 결과, 특정 집합 인스턴스는 Set[String], Set[Int] 등이 될 수 있다. 하지만 이때 반드시 어떤 타입의 집합이어야만 한다. 제네릭 타입의 파라미터를 쓰지 않아도 되는(다른 말로 로raw 타입을 허용한다고 한다) 자바와 달리, 스칼라에서는 반드시 타입 파라미터를 명시해야 한다. 타입 변성은 파라미터 타입 간의 상속 관계를 지정한다. 예를 들면, Set[String]이 Set[AnyRef]의 하위 집합인지와 같은 것이 변성에 의해 결정된다.

19장은 세 부분으로 되어 있다. 첫 부분에서 완전히 함수적인 큐 데이터 구조를 만들고, 두 번째 부분에서는 그 구조에서 자세한 내부 표현을 감추는 기법을 보여준다. 마지막 부분에서는 타입 파라미터의 변성에 대해 설명하고, 변성과 정보 은닉의 상호작용을 설명할 것이다.

19.1 함수형 큐

함수형 큐는 다음 세 연산을 제공하는 데이터 구조다.

- head: 큐의 첫 원소를 반환한다.

- tail: 큐의 첫 원소를 제외한 나머지를 반환한다.

- enqueue: 인자로 주어진 원소를 큐의 맨 뒤에 추가한 새로운 큐를 반환한다.

변경 가능한 큐와 달리, 함수형 큐는 원소를 추가해도 내용을 바꾸지 않는다. 대신 새로운 원소를 추가한 새 큐를 반환한다. 19장의 목표는 다음과 같이 작동하는 Queue라는 이름의 클래스를 만드는 것이다.

```
scala> val q = Queue(1, 2, 3)
q: Queue[Int] = Queue(1, 2, 3)

scala> val q1 = q enqueue 4
q1: Queue[Int] = Queue(1, 2, 3, 4)

scala> q
res0: Queue[Int] = Queue(1, 2, 3)
```

Queue가 변경 가능하다면, 두 번째 입력의 enqueue는 q의 내용에 영향을 끼칠 것이다. 실제로는 결과인 q1이나 원래의 큐인 q 모두 연산을 한 다음 1, 2, 3, 4를 원소로 가졌을 것이다. 하지만 함수형 큐의 경우 추가한 값은 오직 결과 큐인 q1에만 나타나고, 원래의 큐인 q는 그대로 남아 있어야 한다.

순수 함수형 큐는 또한 리스트와 유사하다. 둘 다 확장이나 변경을 한 다음에도 원래의 객체는 그대로 남는 완전히 영구적인 데이터 구조다. 둘 다 head와 tail 연산을 지원한다. 하지만 리스트는 :: 연산을 사용해 앞쪽으로 늘어나는 반면, 큐는 enqueue를 통해 뒤쪽으로 늘어난다.

어떻게 이를 효율적으로 구현할 수 있을까? 이상적인 경우, (변경 불가능한) 함수형 큐가 (변경 가능한) 명령형 큐보다 기본적인 부가비용이 더 커서는 안 될 것이다. 즉, 세 기본 연산인 head, tail, enqueue가 모두 상수 시간이 걸려야 한다.

함수형 큐를 간단하게 구현하기 위해 리스트를 표현 타입으로 사용할 수도 있다. head와 tail은 리스트의 같은 연산으로 구현할 수 있지만, enqueue는 뒤에 추가하는 연산(:::)으로 만들 수 있다. 다음과 같은 구현이 가능할 것이다.

```scala
class SlowAppendQueue[T](elems: List[T]) { // 효율적이지 않음
  def head = elems.head
  def tail = new SlowAppendQueue(elems.tail)
  def enqueue(x: T) = new SlowAppendQueue(elems ::: List(x))
}
```

이 구현의 문제는 enqueue 연산에 있다. 그 연산은 큐에 들어 있는 원소의 개수에 비례하는 시간이 걸린다. 상수 시간 추가를 바란다면, 표현하는 리스트의 원소를 뒤집을 수도 있다. 그러면 추가한 원소가 리스트 맨 앞에 온다. 그렇게 하면 다음과 같은 구현이 가능하다.

```scala
class SlowHeadQueue[T](smele: List[T]) { // 효율적이지 않음
  // smele는 elems를 뒤집은 것이다.
  def head = smele.last
  def tail = new SlowHeadQueue(smele.init)
  def enqueue(x: T) = new SlowHeadQueue(x :: smele)
}
```

이제 enqueue는 상수 시간이지만, head와 tail은 그렇지 않다. 이제는 이들이 원소 개수에 비례하는 시간을 소비한다.

이 두 예제를 보면, 세 연산을 모두 상수 시간에 달성하는 구현을 만들기가 쉽지 않아 보인다. 실제로, 그 목적이 달성 가능한지조차 의심스럽다! 하지만 두 연산을 합하면 상당히 해답에 근접한다. 기본 아이디어는 큐를 각각 leading과 trailing 두 리스트로 구현하는 것이다. leading 리스트는 앞부분부터 원소를 저장하고, trailing 리스트는 원소를 큐의 뒷부분부터 거꾸로 저장한다. 어떤 인스턴스에서 전체 큐의 내용은 leading ::: trailing.reverse와 같다.

이제 원소를 추가하기 위해서는 :: 연산자를 사용해 trailing 리스트에 넣으면 되며, 이는 상수 시간이 걸린다. 따라서 처음에 빈 큐에 원소를 계속 추가하면, trailing 리스트는 계속 늘어나지만 leading 리스트는 그대로 빈 채로 남는다. 그러다가 첫 head나 tail 연산을 빈 leading 리스트에 수행하기 전에 전체 trailing 리스트를 leading에 순서를 뒤집어서 복사한다. 이 작업은 mirror라는 연산이 담당한다. 리스트 19.1은 이런 방법을

택한 큐 구현을 보여준다.

리스트 19.1 기본 함수형 큐

```
class Queue[T](
  private val leading: List[T],
  private val trailing: List[T]
) {
  private def mirror =
    if (leading.isEmpty)
      new Queue(trailing.reverse, Nil)
    else
      this

  def head = mirror.leading.head

  def tail = {
    val q = mirror
    new Queue(q.leading.tail, q.trailing)
  }

  def enqueue(x: T) =
    new Queue(leading, x :: trailing)
}
```

이렇게 구현한 큐의 복잡도는 얼마일까? mirror 연산은 큐의 원소 개수에 비례하는 시간이 걸릴 것이다. 하지만 leading 리스트가 비어 있는 경우에만 그렇다. 만약 leading이 비어 있지 않으면 바로 반환한다. head나 tail이 mirror를 호출하면 그 복잡도도 큐의 크기에 비례하기 때문이다. 하지만 큐가 더 길어짐에 따라 mirror가 불리는 경우도 줄어든다.

실제로, 빈 leading 리스트가 있는 길이 n짜리 큐를 가정해보자. 그러면 mirror는 길이가 n인 리스트를 뒤집어 복사할 것이다. 하지만 다음번에 무언가 해야 할 일이 있는 경우는 다시 leading 리스트가 비는 경우뿐이다. 그러려면 n번의 tail 연산을 수행해야만 한다. 이는 이렇게 n개의 tail 연산을 mirror 복잡도의 $1/n$ 복잡도로 '충전'할 수 있다는 뜻이며, 따라서 이 복잡도는 상수다. head, tail, enqueue 연산을 같은 빈도로 사용한다면, 전체 **분할상환** 복잡도는 상수 시간이다. 따라서 함수형 큐의 점근적 시간 복잡도^{asymptotic time complexity}는 상수이며, 명령형 큐와 같다.

이제, 이런 주장에 대해 몇 가지 경고가 필요하다. 첫째, 이 논의는 점근적인 동작에 대한 것이며, 상수 시간의 복잡도는 어느 정도 달라질 수도 있다. 둘째, 이 주장은 head, tail, enqueue를 거의 비슷한 빈도로 호출한다는 가정에 의존한다. 만약 head를 다른 두 연산보다 훨씬 더 많이 호출한다면, 매번 head를 실행할 때마다 비싼 비용을 들여 리스트를 정리하기 위해 mirror를 호출하기 때문에 이 주장은 맞지 않는다. 두 번째 문제는 해결할 방법이 있는데, 연속으로 head를 호출할 경우 오직 첫 번째 호출만 리스트 정리를 수행하게 함수형 큐를 만들 수 있다. 이번 장의 마지막에서 어떻게 그런 구현이 가능한지 살펴볼 것이다.

19.2 정보 은닉

리스트 19.1의 Queue 구현은 효율성 측면에서 볼 때 꽤 좋다. 하지만 불필요하게 내부 구현을 자세히 노출하면서 이런 효율성을 달성했다는 점 때문에 구현이 멋지다는 사실에 반대하는 독자도 있을지 모르겠다. Queue의 생성자는 누구나 접근할 수 있고, 생성자 파라미터인 두 리스트 중 하나는 순서를 뒤집어야 한다. 이는 큐를 표현하는 상식적인 방식과는 거리가 멀다. 여기서 필요한 것은 클라이언트 코드에게 이 생성자를 감출 방법이다. 이번 절에서는 이를 스칼라에서 달성하는 방법을 몇 가지 살펴볼 것이다.

비공개 생성자와 팩토리 메서드

자바에서는 생성자를 비공개로 만들어 숨길 수 있다. 스칼라에서는 명시적으로 주 생성자를 정의하지 않는다. 다만, 클래스 파라미터와 본문에 의해 암시적으로 주 생성자가 만들어진다. 하지만 리스트 19.2처럼 클래스의 파라미터 목록 바로 앞에 private 수식자를 붙여서 주 생성자를 감출 수가 있다.

리스트 19.2 private를 사용해 주 생성자 숨기기

```
class Queue[T] private (
  private val leading: List[T],
  private val trailing: List[T]
)
```

클래스 이름과 파라미터 사이의 private는 Queue의 생성자를 private로 만든다. 이 생성자는 오직 클래스 자신과 동반 객체에서만 접근 가능하다. 클래스 이름 Queue는 여전히

공개적으로 알려져 있기 때문에 타입으로 그 이름을 사용할 수는 있다. 하지만 이 경우 그 생성자를 호출하는 일은 불가능하다.

```
scala> new Queue(List(1, 2), List(3))
         ^
       error: constructor Queue in class Queue cannot be accessed in
object $iw
```

이제 클라이언트가 클래스 Queue의 주 생성자를 더 이상 호출할 수 없다. 따라서 큐를 만들 수 있는 다른 방법을 제공해야 한다. 한 가지 가능한 방법은 다음과 같이 보조 생성자를 추가하는 것이다.

```
def this() = this(Nil, Nil)
```

이 보조 생성자는 빈 큐를 만든다. 이를 더 다듬으면, 보조 확장자가 큐를 초기화할 원소를 받게 만들 수도 있다.

```
def this(elems: T*) = this(elems.toList, Nil)
```

T*는 파라미터를 반복한다는 표시다. 8.8절을 참고하라.

또 다른 가능성은 위의 보조 생성자처럼 초기 원소의 목록으로부터 큐를 만드는 팩토리 메서드를 추가하는 것이다. 깔끔하게 하려면 리스트 19.3과 같이 우리가 정의하고 있는 클래스와 같은 이름의 객체 Queue를 정의해, 그 안에 apply를 넣을 수 있다.

리스트 19.3 동반 객체의 apply 팩토리 메서드

```
object Queue {
  // 'xs'를 원소로 큐를 만든다.
  def apply[T](xs: T*) = new Queue[T](xs.toList, Nil)
}
```

이 객체를 Queue가 있는 소스 파일에 넣으면, Queue 객체를 Queue 클래스의 동반 객체로 만들 수 있다. 13.5절에서 동반 객체가 그 동반 클래스와 같은 접근 권한을 갖는다는 사실을 알았다. 따라서 Queue(싱글톤) 객체의 apply 메서드는 클래스의 생성자가 비공개라고 해도 새 Queue(클래스의 인스턴스) 객체를 만들 수 있다.

이 팩토리 메서드가 apply라는 이름이기 때문에, 클라이언트가 큐를 Queue(1, 2, 3) 같은 표현식을 써서 만들 수 있다는 사실을 알아둬라. 이 Queue가 함수가 아니고 객체이기 때문에, 이 표현식은 Queue.apply(1, 2, 3)으로 확장할 수 있다. 그 결과, 클라이언트가 볼 때는 Queue가 공개적인 팩토리 메서드처럼 보인다. 사실, 스칼라에는 전역적으로 볼 수 있는 메서드는 없다. 각 메서드는 반드시 객체나 클래스에 속해야 한다. 하지만 전역 객체 안에 apply 메서드를 만드는 방식을 통해, 전역 메서드를 호출하는 것과 같은 사용 패턴을 지원할 수 있다.

대안: 비공개 클래스

비공개 생성자와 비공개 멤버는 클래스 초기화와 내부 표현을 감추는 한 가지 방법이다. 좀 더 급진적인 방법으로는 클래스 자체를 감추고, 클래스에 대한 공개 인터페이스만을 제공하는 트레이트를 외부로 노출하는 방법이 있다. 리스트 19.4는 이런 설계를 따라 구현한 것이다. Queue 트레이트는 head, tail, enqueue만을 선언한다. 서브클래스인 QueueImpl에서 이 세 메서드를 모두 정의하며, 그 클래스는 다시 객체 Queue의 비공개 내부 클래스다. 이렇게 하면 클라이언트에게는 앞에서와 마찬가지 정보를 노출하지만, 사용하는 기법은 다르다. 개별 생성자와 메서드를 감추는 대신, 이 방식은 구현 클래스 전체를 감춘다.

리스트 19.4 함수형 큐의 타입 추상화

```
trait Queue[T] {
  def head: T
  def tail: Queue[T]
  def enqueue(x: T): Queue[T]
}

object Queue {

  def apply[T](xs: T*): Queue[T] =
    new QueueImpl[T](xs.toList, Nil)

  private class QueueImpl[T](
    private val leading: List[T],
    private val trailing: List[T]
  ) extends Queue[T] {

    def mirror =
      if (leading.isEmpty)
```

```
          new QueueImpl(trailing.reverse, Nil)
        else
          this

    def head: T = mirror.leading.head

    def tail: QueueImpl[T] = {
      val q = mirror
      new QueueImpl(q.leading.tail, q.trailing)
    }

    def enqueue(x: T) =
      new QueueImpl(leading, x :: trailing)
  }
}
```

19.3 변성 표기

리스트 19.4에서 정의한 Queue는 트레이트이며 타입이 아니다. Queue가 타입이 아닌 이유는 타입 파라미터를 받기 때문이다.

그렇기 때문에 Queue라는 타입의 변수를 만들 수가 없다.

```
scala> def doesNotCompile(q: Queue) = {}
                         ^
      error: class Queue takes type parameters
```

그 대신, Queue 트레이트는 Queue[String], Queue[Int], Queue[AnyRef]처럼 **파라미터화된 타입**을 지정하도록 허용한다.

```
scala> def doesCompile(q: Queue[AnyRef]) = {}
doesCompile: (q: Queue[AnyRef])Unit
```

따라서 Queue는 트레이트이고, Queue[String]은 타입이다. Queue는 또한 **타입 생성자**type constructor라고도 한다. 타입 파라미터를 지정하면 타입을 만들 수 있기 때문이다(이는 평범한 생성자에 파라미터값을 넘겨서 객체 인스턴스를 만드는 것과 트레이트를 비유한 것이다). 타입 생성자인 Queue는 Queue[Int], Queue[String], Queue[AnyRef] 같은 일련의 타입을 '생성'

한다.

또한 Queue를 **제네릭**generic 트레이트라 부를 수도 있다(타입 파라미터를 받을 수 있는 클래스나 트레이트를 '제네릭'하다고 한다. 하지만 그들이 만들어내는 타입은 '파라미터화된' 타입이지 제네릭한 타입이 아니다). '제네릭'이라는 말은 여러 타입을 고려해 포괄적('generic'이라는 말의 뜻이 포괄적임)으로 작성한 클래스나 트레이트를 가지고 여러 구체적인 타입을 정의할 수 있다는 뜻이다. 예를 들어, 리스트 19.4의 Queue 트레이트는 제네릭 큐다. 반면 Queue[Int]나 Queue[String] 등은 구체적 큐다.

타입 파라미터와 서브타입을 조합하면 흥미로운 문제가 생긴다. 예를 들면, Queue[T]에 의해 발생하는 여러 타입 사이에 어떤 특별한 서브타입 관계가 성립할까 하는 문제가 있다. 더 구체적으로 말하자면, Queue[String]을 Queue[AnyRef]의 서브타입으로 취급해야 할까? 또는 더 일반적으로, S가 T의 서브타입이라면 Queue[S]를 Queue[T]의 서브타입으로 간주해야 할까? 그렇다면 Queue 트레이트는 타입 파라미터 T에 대해 **공변적**covariant이다(또는 '유연하다flexible'라고도 한다). 또는 이 경우에는 타입 파라미터가 하나밖에 없기 때문에 그냥 Queue가 공변적이라고 말하기만 해도 된다. 공변적인 Queue가 의미하는 바를 예로 들자면, Queue[String]을 앞에서 본 doesCompile 메서드와 같이 Queue[AnyRef]를 필요로 하는 곳에 넘길 수 있다는 뜻이다.

직관적으로는 모두 문제없어 보인다. String으로 이뤄진 큐는 AnyRef로 이뤄진 큐의 특별한 경우에 불과해 보이기 때문이다. 하지만 스칼라에서 제네릭 타입은 기본적으로 **무공변**nonvariant이다(이를 다른 말로 '융통성이 없다rigid'라고 한다). 즉, 리스트 19.4에 있는 Queue에서, 원소 타입이 각기 다른 큐 사이에는 결코 서브타입 관계가 성립하지 않는다는 뜻이다. 그래서 Queue[String]을 Queue[AnyRef] 대신 사용할 수 없다. 하지만 Queue 클래스 정의의 첫 줄을 다음과 같이 바꾸면 큐의 서브타입 관계에 공변성(유연성)을 요구할 수 있다.

```
trait Queue[+T] { ... }
```

형식적인 파라미터 앞에 +를 붙이면 서브타입 관계가 그 파라미터에 대해 공변적(유연함)이라는 이야기다. 이렇게 한 글자만 추가해도, 스칼라에게 Queue[String]을 Queue[AnyRef]의 서브타입으로 간주하라고 요구할 수 있다. 컴파일러는 Queue의 구현에서 해당 서브타입이 건전한지 검사한다.

+ 외에 -라는 접두사도 있다. 이 접두사는 **반공변**contravariant 서브타입 관계를 알려준다. 만약 Queue 정의가 다음과 같다면,

```
trait Queue[-T] { ... }
```

이는 T가 S의 서브타입인 경우 Queue[S]가 Queue[T]의 서브타입이라는 뜻이다(큐의 경우이는 꽤 놀라운 일이다!). 어떤 타입 파라미터의 공변, 반공변, 무공변 여부를 파라미터의 **변성**variance이라 부른다. 타입 파라미터 다음에 붙일 수 있는 +나 - 기호는 **변성 표기**variance annotation라고 부른다.

순수 함수형 세계에서, 여러 타입은 태생적으로 공변적(유연함)이다. 하지만 변경 가능 데이터를 도입하면 상황이 바뀐다. 왜 그런지 알아내기 위해, 읽거나 쓸 수 있는 변수가 하나 있는 셀을 생각해보자. 리스트 19.5를 보라.

리스트 19.5 무공변성(융통성이 없는) Cell 클래스

```
class Cell[T](init: T) {
  private[this] var current = init
  def get = current
  def set(x: T) = { current = x }
}
```

리스트 19.5의 Cell 선언은 무공변(융통성 없음)이다. 논의를 위해 Cell이 무공변이 아니라 공변성으로 선언이 되었다고 하자(즉, Cell[+T]였다는 뜻이다). 이제 이 선언이 스칼라 컴파일러를 통과했다고 치자(나중에 설명하겠지만, 실제로는 통과할 수 없다). 그렇다면 다음과 같이 문제가 있는 명령을 사용할 수 있다.

```
val c1 = new Cell[String]("abc")
val c2: Cell[Any] = c1
c2.set(1)
val s: String = c1.get
```

각각을 따로따로 보면 별문제가 없어 보인다. 첫 줄은 문자열이 들어간 셀을 만들고, c1이라는 val에 저장한다. 두 번째 줄에서는 새 **val** 변수 c2를 Cell[Any]로 선언하면서 c1

으로 초기화한다. Cell이 공변적이므로 이렇게 할 수 있다. 세 번째 줄에서는 c2에 있는 셀의 값을 1로 설정한다. 이 문장도 문제가 없다. 왜냐하면 대입하는 값 1은 c2의 원소 타입인 Any의 인스턴스이기 때문이다. 마지막으로, 마지막 줄에서는 c1의 값을 문자열에 할당한다. 양쪽의 타입이 같기 때문에 이 줄만 봐서는 문제가 없는 것 같다. 하지만 전체를 모아서 생각해보면, 결국 이 네 줄은 정수 1을 문자열 s에 대입하는 것과 같다. 이는 물론 타입 건전성에 위배된다.

이런 실행 시점 오류에 대해 어떤 연산을 비난해야 할까? 공변성 서브타이핑을 하는 두 번째 부분이 잘못된 것임에 틀림없다. 그 밖의 문장들은 너무 단순하거나 너무 원론적이다. 따라서 String의 Cell은 Any의 Cell일 수가 없다. 왜냐하면 Any의 Cell에는 할 수 있는데 String의 Cell에는 할 수 없는 것이 있기 때문이다. 예를 들어, String의 Cell에는 Int 인자를 넣어 set을 호출할 수가 없다.

실제로는, Cell의 공변성 버전을 스칼라 컴파일러에 넘기면 다음과 같은 컴파일 오류를 볼 수 있다.

```
Cell.scala:7: error: covariant type T occurs in
contravariant position in type T of value x
    def set(x: T) = current = x
                ^
```

변성과 배열

이 동작을 자바 배열과 비교해보면 재미있다. 기본적으로, 배열은 원소가 여럿이란 점을 제외하면 셀과 마찬가지다. 하지만 자바에서는 배열을 공변적으로 다룬다.

앞에서 봤던 셀 예제를 자바 배열에서 시도해볼 수 있다.

```
// 자바 코드
String[] a1 = { "abc" };
Object[] a2 = a1;
a2[0] = new Integer(17);
String s = a1[0];
```

이 예를 실행해보면, 컴파일이 잘됨을 알 수 있다. 하지만 프로그램을 실행하면 a2[0]에

Integer를 할당한다는 ArrayStore 예외가 발생한다.

```
Exception in thread "main" java.lang.ArrayStoreException:
java.lang.Integer
        at JavaArrays.main(JavaArrays.java:8)
```

자바는 실행 시점에 원소의 타입을 저장한다. 그리고 매번 원소를 변경할 때마다 새 원솟값을 배열에 저장된 원소의 타입과 비교한다. 만약 타입이 맞지 않으면 ArrayStore 오류가 발생한다.

자바가 왜 이런 설계를 채택했는지 의문이 생길지도 모르겠다. 왜냐하면 이는 안전하지도 않고, 비용도 비싸기 때문이다. 자바의 설계자인 제임스 고슬링James Gosling은 그런 질문을 받자, 배열을 제네릭하게 다룰 간단한 방법이 필요했기 때문이라고 답했다. 예를 들어, 다음과 같이 Object의 배열을 받는 시그니처의 메서드를 가지고 모든 배열을 정렬할 수 있기를 원했던 것이다.

```
void sort(Object[] a, Comparator cmp) { ... }
```

원소 타입과 관계없이 배열을 이 메서드에 넘길 수 있으려면 배열이 공변적이어야만 한다. 물론, 자바에 제네릭이 생기면서 타입 파라미터를 가지고 이런 sort 메서드를 작성할 수 있도록 상황이 바뀌었고, 공변적인 배열은 더 이상 필요가 없어졌다. 하지만 호환성 문제 때문에 여전히 이런 특징이 오늘날까지도 남아 있다.

스칼라는 배열을 공변적으로 다루지 않는다는 측면에서 자바보다 더 순수하다. 다음은 첫 두 줄을 스칼라로 바꾸면 어떤 일이 벌어지는지 보여준다.

```
scala> val a1 = Array("abc")
a1: Array[String] = Array(abc)

scala> val a2: Array[Any] = a1
                            ^
  error: type mismatch;
   found   : Array[String]
   required: Array[Any]
  Note: String <: Any, but class Array is invariant in type T.
```

스칼라는 배열을 무공변(융통성 없음)으로 다룬다. 따라서 Array[String]은 Array[Any]를 대신할 수 없다. 하지만 때때로 Object 배열을 제네릭 배열을 흉내 내기 위해 사용하는 자바의 기존 메서드와 상호작용해야 하는 경우가 있다. 예를 들어, String의 배열을 앞에서 설명했던 배열의 sort 메서드에 넘겨야 할 때도 있을 것이다. 이를 지원하기 위해, 스칼라에서는 T 타입의 배열을 T의 슈퍼타입의 배열로 변환할 수 있다.

```
scala> val a2: Array[Object] =
         a1.asInstanceOf[Array[Object]]
a2: Array[Object] = Array(abc)
```

이런 변환은 컴파일 시 항상 합법적이다. 또한 실행 시점에도 항상 성공할 것이다. 왜냐하면 JVM의 실행 시점 모델에서는 배열을 자바 언어와 마찬가지로 공변적인 것으로 다루기 때문이다. 하지만 자바에서처럼 나중에 ArrayStore 예외가 발생할 수 있다.

19.4 변성 표기 검사

지금까지 변성이 건전하지 못한 경우를 몇 가지 봤으므로, 어떤 클래스 정의를 받아들이고 어떤 정의를 거부해야 할지 궁금할 것이다. 지금까지는 타입 건전성에 위배되는 경우가 모두 필드 재할당이나 배열 원소와 관계가 있었다. 반면, 큐의 순수 함수형 구현은 공변성의 좋은 예가 될 것 같아 보인다. 하지만 다음 예제를 보면, 재할당이 없는 경우에도 건전하지 못한 상황을 '고안'해낼 수 있음을 보여준다.

예제를 만들기 위해, 리스트 19.4의 큐가 공변적이라 가정해보자. 이제, 원소 타입이 Int 이고 enqueue 메서드를 오버라이드하는 큐의 서브클래스를 만들자.

```
class StrangeIntQueue extends Queue[Int] {
  override def enqueue(x: Int) = {
    println(math.sqrt(x))
    super.enqueue(x)
  }
}
```

StrangeIntQueue의 enqueue 메서드는 인자로 받은 정수의 제곱근을 구해서 이 값으로 원래의 enqueue를 호출한다.

이제, 반례를 단 두 줄로 작성할 수 있다.

```
val x: Queue[Any] = new StrangeIntQueue
x.enqueue("abc")
```

첫 줄은 올바른 문장이다. StrangeIntQueue는 Queue[Int]의 서브클래스이고, 큐가 공변적이므로 Queue[Int]는 Queue[Any]의 서브타입이다. 두 번째 줄도 올바르다. 왜냐하면 String을 Queue[Any] 뒤에 붙일 수 있기 때문이다. 하지만 이 두 문장을 합하면 문자열의 제곱근을 구하게 되는데, 이는 말이 되지 않는다.

분명 공변적인 타입을 건전하지 못하게 만드는 것은 변경 가능 필드만이 아니다. 이 문제는 더 일반적이다. 제네릭 타입 파라미터가 메서드 파라미터의 타입이라면 그 메서드를 포함하는 클래스나 트레이트는 해당 타입 파라미터에 대해 공변적이지 않을 수 있다.

```
class Queue[+T] {
  def enqueue(x: T) =
    ...
}
```

위와 같이 변경한 Queue 클래스를 스칼라 컴파일러에 전달해보면 다음과 같은 오류를 볼 수 있다.

```
Queues.scala:11: error: covariant type T occurs in
contravariant position in type T of value x
  def enqueue(x: T) =
            ^
```

재할당 가능한 필드는 +로 표시한 타입 파라미터를 메서드 파라미터에 사용할 수 없다는 규칙의 특별한 경우일 뿐이다. 18.2절에서, 스칼라는 재할당 가능한 필드 var x: T를 게터 메서드 def x: T와 세터 메서드 def x_=(y: T)로 취급한다고 했다. 따라서 세터 메서드는 필드의 타입 T를 파라미터로 한다. 따라서 해당 타입은 공변적일 수 없다.

지름길

이 절의 나머지에서는 스칼라 컴파일러가 변성 표기를 어떻게 검사하는지 그 방법을 다룰 것이다. 현재로서는 이런 자세한 사항에 관심이 없는 독자라면, 19.5절로 넘어가도 좋다. 여기서 이해해야 할 가장 중요한 내용은 스칼라 컴파일러가 여러분이 타입 파라미터에 표시한 변성 표기를 검사할 것이라는 점이다. 예를 들어 여러분이 타입 파라미터를 (+ 표시를 해서) 공변적이라고 쓴다고 해도, 그로 인해 잠재적인 실행 시점 오류가 발생할 수 있다면 컴파일러가 그 프로그램을 거부할 것이다.

변성 표기의 올바름을 검증하기 위해, 스칼라 컴파일러는 클래스나 트레이트 본문의 모든 위치를 **긍정적, 부정적, 중립적**으로 구분한다. 어떤 '위치'는 클래스(또는 트레이트, 하지만 이제부터는 그냥 '클래스'라고만 쓸 것이다) 본문 안에서 타입 파라미터를 사용할 수 있는 모든 곳이다. 예를 들어, 모든 메서드 값 파라미터는 위치다. 메서드의 값 파라미터에는 타입을 지정할 수 있고, 따라서 타입 파라미터를 그 지점에 사용할 수 있기 때문이다.

컴파일러는 클래스 안에서 타입 파라미터를 사용하는 모든 부분을 검사한다. +로 표시한 타입 파라미터는 긍정적인 위치에서만 사용 가능한 반면, -로 표시한 파라미터들은 부정적 위치에서만 사용 가능하다. 아무 변성 표기가 없는 타입 파라미터는 아무 곳에서나 사용 가능하다. 그런데, 그렇기 때문에 클래스 본문의 중립적인 위치에서 사용할 수 있는 유일한 파라미터이기도 하다.

위치를 구분하기 위해, 컴파일러는 타입 파라미터 선언부터 시작해서 더 깊은 내포 수준으로 점차 내려간다. 선언 중인 클래스의 최고 수준의 위치들은 긍정적인 것으로 간주한다. 기본적으로 하위 내포 수준은 그 수준을 둘러싸는 상위 수준과 같은 것으로 간주한다. 하지만 이런 구분이 바뀌는 여러 예외 상황이 존재한다. 메서드 값 파라미터 위치를 식별할 때는 메서드 바깥 위치의 구분을 **뒤집는다**. 긍정적 구분을 뒤집으면 부정적으로 되고, 부정적인 것은 긍정적이 되며, 중립적인 것은 그대로 중립적이다.

메서드 값 파라미터 위치와 함께 메서드의 타입 파라미터에서도 현재의 구분을 뒤집는다. 어떤 타입의 타입 인자 위치에서 구분이 뒤집히는 경우도 있다. 예를 들어 C[Arg]의 Arg 같은 경우, 해당 타입 파라미터의 변성에 따라 뒤집을지 여부를 결정한다. C의 타입 파라미터에 + 표기가 붙어 있다면 구분을 그대로 유지한다. 만약 C의 타입 파라미터에 - 표기가 있다면 현재의 구분을 뒤집는다. 만약 C의 타입 파라미터에 변성 표기가 없다면 현재 구분을 중립으로 변경한다.

조금 억지스러운 예이긴 하지만, 다음 클래스 정의를 살펴보자. 몇 가지 위치는 +(긍정적)나 -(부정적)로 표기해두었다.

```
abstract class Cat[-T, +U] {
  def meow[W⁻](volume: T⁻, listener: Cat[U⁺, T⁻]⁻)
    : Cat[Cat[U⁺, T⁻]⁻, U⁺]⁺
}
```

타입 파라미터 W와 두 값 파라미터 volume과 listener의 위치는 모두 부정적이다.[1] meow의 결과 타입을 보면, 첫 Cat[U, T] 인자는 부정적이다. 왜냐하면 Cat의 첫 타입 파라미터 T는 - 표기가 붙어 있기 때문이다. 이 인자 내부에 있는 타입 U는 다시 긍정적인 위치에 있다(두 번 뒤집었으므로). 반면, 인자 내의 T 타입은 여전히 부정적인 위치에 있다.

이 설명을 보면 각 위치의 변성 구분을 유지하기가 매우 어렵다는 사실을 알 수 있을 것이다. 따라서 스칼라 컴파일러가 이런 일을 대신 해준다는 건 다행스러운 일이다.

일단 이런 구분을 계산하고 나면, 컴파일러는 각 타입 파라미터가 각 위치의 구분에 따라 적절히 쓰였는지 살펴본다. 이 경우 T는 부정적인 위치에서만 쓰였고, U는 긍정적인 위치에서만 쓰였다. 따라서 Cat의 타입은 올바르다고 할 수 있다.

19.5 하위 바운드

Queue 클래스로 돌아가자. 리스트 19.4에서 본 Queue[T] 정의에서 T를 공변적으로 만들 수 없다. 왜냐하면 T는 enqueue 메서드의 파라미터의 타입인데, 그 위치는 부정적인 위치이기 때문이다.

다행히, 여기서 벗어나는 방법이 있다. 그 방법은 enqueue를 다형성(즉, enqueue에 타입 파라미터를 지정)으로 더 일반화하고, 타입 파라미터에 **하위 바운드**lower bound를 사용하는 것이다. 리스트 19.6은 이 아이디어를 구현하기 위해 정의한 Queue다.

---

1 바로 앞 절에서 설명한 대로, 메서드의 타입 파라미터나 값 파라미터는 바깥 위치의 구분을 뒤집는다. 여기서 meow는 Cat 클래스 텍스트의 최상위에 정의가 있기 때문에, 최상위(긍정적)의 구분을 뒤집어서 부정적이 된다. – 옮긴이

하위 바운드가 있는 타입 파라미터

```
class Queue[+T] (private val leading: List[T],
    private val trailing: List[T] ) {
  def enqueue[U >: T](x: U) =
    new Queue[U](leading, x :: trailing) // ...
}
```

새 정의에서는 enqueue에 타입 파라미터 U를 추가하면서 U >: T를 사용해 T를 U의 하위 바운드로 지정했다. 따라서 U는 T의 슈퍼타입이어야만 한다.[2] enqueue에 파라미터를 전달하는 파라미터는 이제 T 타입이 아니라 U 타입을 사용한다. 따라서 메서드의 반환값도 Queue[T] 대신 Queue[U]로 바뀐다.

예를 들어, Fruit 클래스에 두 서브클래스 Apple과 Orange가 있다고 하자. 새 Queue 정의를 사용하면, Orange를 Queue[Apple]에 추가할 수 있다. 그 결과는 Queue[Fruit]가 될 것이다.

이렇게 변경한 enqueue는 타입이 올바르다. 직관적으로, T가 원하는 것보다 더 한정적인 타입이라면(예를 들어, Fruit가 아니라 Apple), enqueue를 여전히 호출 가능해야 할 것이다. U(Fruit)는 여전히 T(Apple)의 슈퍼타입이기 때문이다.[3]

enqueue의 새 정의는 예전 것보다 더 좋다고 말할 수 있다. 왜냐하면 더 일반적이기 때문이다. 예전 버전과 달리, 새 버전에서는 원소가 T 타입인 큐에 그보다 슈퍼타입이라면 어떤 타입이든 덧붙일 수 있다. 그렇게 하면 결과로 Queue[U]를 얻는다. 큐의 공변성과 enqueue의 파라미터 타입의 하위 바운드를 함께 사용하면, 각기 다른 타입의 원소에 대한 큐를 자연스럽게 모델링하도록 유연성을 적절히 발휘할 수 있다.

이 예제는 변성 표기와 하위 바운드가 함께 잘 작동할 수 있음을 보여준다. 이들은 **타입 위주 설계**type-driven design의 좋은 예다. 타입 위주 설계에서는 인터페이스의 타입에 따라 세부 설계와 구현의 방향이 달라진다. 큐의 경우, 아마도 큐를 상세 정의할 때 하위 바운드로 enqueue를 지정해야 하리란 생각은 하지 못했을 것이다. 하지만 큐를 공변성이 있게

---

2 슈퍼타입과 서브타입 관계는 반사적(reflexive)이다. 따라서 어떤 타입은 자기 자신의 슈퍼타입이면서 서브타입이다. 그렇기 때문에, T가 U의 하위 바운드라고 해도 여전히 T를 enqueue에 넘길 수 있다.

3 기술적으로 말하자면, 하위 바운드에서 변성 지정이 뒤집힌다. 타입 파라미터 U는 부정적 위치에 있으며(한 번 뒤집음), 하위 바운드(): T)는 긍정적 위치(두 번 뒤집음)에 있다.

만들자는 결정은 내릴 수 있었을 것이다. 그런 경우, 컴파일러는 enqueue에 있는 변성 오류를 지적할 것이다. 변성 오류를 고치기 위해 하위 바운드를 추가한 결과, enqueue가 더 일반적인 메서드로 바뀌었고, 큐는 전반적으로 더 사용하기 편해졌다.

앞에서 설명한 것이 스칼라가 자바의 와일드카드^{wildcard}에서 볼 수 있는 사용 위치 변성 use-site variance보다 선언 위치 변성declaration-site variance을 선호하는 주된 이유다. 사용 위치 변성에서는 어떤 클래스 설계가 외부와 별도로 존재한다. 실제 와일드카드를 채워 넣는 것은 그 클래스를 사용하는 쪽이다. 만약 사용자 쪽에서 잘못 사용하면, 중요한 인스턴스 메서드를 더 이상 사용할 수 없다. 변성 처리는 어려운 일이다. 사용자들은 실수하기 쉽기 때문에 와일드카드나 제네릭은 너무 복잡하다는 인상만 받고 포기해버리곤 한다. 정의 위치 변성을 사용하면 여러분의 의도를 컴파일러에게 알려줄 수 있고, 컴파일러는 여러분이 제공하고자 하는 메서드가 실제로 사용 가능한지를 다시 한번 확인해줄 것이다.

19.6 반공변성

지금까지 다뤘던 모든 예제는 공변성이거나 무공변인 경우만 있었다. 하지만 실제로 반공변이 자연스러운 경우도 있다. 예를 들어, 리스트 19.7의 출력 채널 트레이트를 살펴보자.

리스트 19.7 반공변 출력 채널

```scala
trait OutputChannel[-T] {
  def write(x: T): Unit
}
```

OutputChannel이 T에 대해 반공변이라고 정의했다. 따라서 AnyRef의 출력 채널은 String을 출력하는 채널의 서브타입이다. 직관적이지 않아 보이겠지만, 실제로는 그게 더 타당하다. 왜 그런지 생각해보자. OutputChannel[String]으로 할 수 있는 일이 무엇인지 보자. 그런 채널이 지원하는 유일한 연산은 String을 쓰는 것이다. 같은 연산을 OutputChannel[AnyRef]에서도 쓸 수 있다. 따라서 OutputChannel[String]이 필요한 곳이라면 대신 OutputChannel[AnyRef]를 바꿔 넣어도 문제가 없다. 반대로, OutputChannel

[AnyRef]가 필요한 곳에 OutputChannel[String]을 넣는 것은 안전하지 않다. Output Channel[AnyRef] 채널에는 아무 객체나 쓸 수 있지만, OutputChannel[String] 채널에는 오직 문자열만 쓸 수 있기 때문이다.

이런 추론 과정에서 타입 시스템 설계에 있어 일반적인 원칙을 알 수 있다. 즉, U 타입의 값이 필요한 모든 경우를 T 타입의 값으로 대치할 수 있다면, T 타입을 U 타입의 서브타입으로 가정해도 안전하다는 것이다. 이를 일컬어 **리스코프 치환 원칙**Liskov Substitution Principle이라 한다.[4] T가 U의 모든 연산을 지원하고, 모든 T의 연산이 그에 대응하는 U의 연산에 비해 요구하는 것은 더 적고 제공하는 것은 더 많은 경우 리스코프 치환 원칙이 성립한다. 출력 채널 예제에서는 OutputChannel[AnyRef]와 OutputChannel[String]이 같은 write 연산을 제공하고, OutputChannel[AnyRef]에 있는 연산이 OutputChannel[String]에 비해 더 적은 것을 요구하기 때문에 이 원칙이 성립한다. '더 적다'는 건 전자는 단지 AnyRef만을 요구하는 반면, 후자는 제약이 더 많고 구체적인 String을 요구한다는 뜻이다.

한 타입 안에서 공변성과 반공변성이 함께 섞여 있는 경우도 있다. 중요한 예로는 스칼라의 함수 트레이트를 들 수 있다. 예를 들어, 함수 타입 A => B를 프로그램에 사용하면 스칼라는 이를 Function1[A, B]로 바꾼다. 표준 라이브러리에 있는 Function1 정의에는 공변성과 반공변성이 함께 들어 있다. 리스트 19.8에서 볼 수 있듯이 Function1 트레이트는 인자 타입 S에 대해서는 반공변이고, 결과 타입 T에 대해서는 공변이다. 이는 리스코프 치환 원칙을 만족한다. 왜냐하면 인자는 함수가 요구하는 것이고, 결과는 함수가 제공하는 것이기 때문이다.

리스트 19.8 Function1의 반공변성과 공변성

```
trait Function1[-S, +T] {
  def apply(x: S): T
}
```

---

[4] 로버트 마틴(Robert Martin)이 지적한 '객체지향 설계의 원칙(Principles of OOD, http://butunclebob.com/ArticleS. UncleBob.PrinciplesOfOod)' 중 하나다. 다섯 가지 원칙에는 단일 책임의 원칙(SRP, Single Responsibility Principle), 개방-폐쇄의 원칙(OCP, Open Closed Principle), 리스코프 치환 원칙(LSP), 인터페이스 격리 원칙(ISP, Interface Segregation Principle), 의존 관계 역전 원칙(DIP, Dependency Inversion Principle)이 있다. 각 원칙의 첫 글자를 따서 SOLID 원칙이라고도 한다. – 옮긴이

예를 들어, 리스트 19.9의 애플리케이션을 살펴보자. 거기서 Publication 클래스에는 파라미터 필드가 String 타입의 title밖에 없다. Book 클래스는 Publication을 확장하며, 자신의 title 파라미터를 슈퍼클래스 생성자에게 전달한다. Library 싱글톤 객체는 책의 집합을 정의하며, printBookList라는 메서드를 제공한다. 이 메서드는 info라는 이름으로 Book => AnyRef 타입의 함수를 인자로 받는다. 다시 말해, printBookLis에 있는 유일한 파라미터의 타입은 Book을 인자로 받아서 AnyRef를 반환하는 함수다. 고객 애플리케이션에는 getTitle이라는 메서드가 있는데, 이 메서드는 Publication을 유일한 파라미터로 받아서 그 출판물의 제목을 String으로 반환한다.

리스트 19.9 함수 타입 파라미터의 변성을 보여주는 예

```scala
class Publication(val title: String)
class Book(title: String) extends Publication(title)

object Library {
  val books: Set[Book] =
    Set(
      new Book("Programming in Scala"),
      new Book("Walden")
    )
  def printBookList(info: Book => AnyRef) = {
    for (book <- books) println(info(book))
  }
}
object Customer extends App {
  def getTitle(p: Publication): String = p.title
  Library.printBookList(getTitle)
}
```

이제 Customer의 마지막 줄을 살펴보자. 그 줄은 Library의 printBookList 메서드를 호출하면서 함숫값 getTitle을 전달한다.

```scala
Library.printBookList(getTitle)
```

이 코드는 함수(getTitle)의 결과 타입 String이 printBookList가 받는 info 인자의 결과 타입인 AnyRef의 서브타입임에도 불구하고 타입 검사를 통과한다. 컴파일러가 통과시키는 이유는, 함수의 결과 타입은 공변성(리스트 19.8의 +T)이기 때문이다. 만약

printBookList의 본문을 살펴본다면, 이것이 왜 타당한지 알 수 있다.

printBookList 메서드는 책 목록을 이터레이션하면서, 전달받은 함수 info에 각 책을 넘긴다. 그리고 info가 반환하는 결과를 println에 전달한다. println은 인자의 toString을 호출해 결과를 출력한다. 이런 과정은 AnyRef의 서브클래스라면 String이 아니더라도 잘 작동한다. 바로 그것이 함수 결과 타입의 공변성이 의미하는 바다.

이제 printBookList 메서드에 전달할 함수의 파라미터 타입을 생각해보자. info 함수의 파라미터 타입이 Book이긴 하지만, 우리가 넘긴 getTitle은 Book의 **슈퍼타입**인 Publication을 인자로 받는다. 이렇게 해도 잘 동작하는 이유는 다음과 같다. 우선, printBookList의 인자 info의 파라미터 타입이 Book이기 때문에 printBookList 메서드의 본문은 그 info에 오직 Book만을 넘길 수 있다. 그리고 getTitle의 파라미터 타입이 Publication이기 때문에, 그 본문에서는 오직 파라미터 p의 멤버, 즉 Publiction 클래스의 멤버에만 접근할 수 있다. 그런데 Publication에 있는 모든 메서드는 그 서브클래스인 Book의 멤버이기도 하다. 따라서 모든 것이 잘 맞물려 돌아야 한다. 바로 이것이 함수 파라미터 타입의 반공변성이 의미하는 바다. 이를 도식화하면 그림 19.1과 같다.

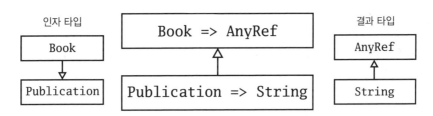

그림 19.1 함수 타입 파라미터의 공변성과 반공변성

리스트 19.9의 코드는 그림 19.1의 중앙 부분이 보여주듯이, Publication => String이 Book => AnyRef의 서브타입이기 때문에 컴파일 가능하다. Function1의 결과 타입을 공변으로 정의했기 때문에, 그림의 오른쪽에 있는 두 결과 타입의 상속 관계와 가운데 있는 두 함수의 상속 관계는 방향이 같다. 반대로, Function1의 파라미터 타입을 반공변으로 정의했기 때문에 그림의 왼쪽에 있는 두 파라미터 타입의 상속 관계는 가운데 있는 두 함수의 상속 관계와 정반대 방향이다.

19.7 객체의 비공개 데이터

지금까지 살펴본 Queue에는 leading이 비어 있는데 head를 여러 번 연속으로 호출하는 경우, mirror 연산이 trailing 리스트를 leading 리스트로 반복해서 복사하는 문제가 있다. 이런 복사로 인한 낭비는 몇 가지 부수 효과를 적절히 활용해 방지할 수 있다. 리스트 19.10은 Queue의 새 구현을 보여준다. 여기서는 head 연산을 반복 수행해도, 최대 한 번만 trailing과 leading 사이의 조정을 수행한다.

리스트 19.10 최적화한 함수형 큐

```
class Queue[+T] private (
  private[this] var leading: List[T],
  private[this] var trailing: List[T]
) {
  private def mirror() =
    if (leading.isEmpty) {
      while (!trailing.isEmpty) {
        leading = trailing.head :: leading
        trailing = trailing.tail
      }
    }

  def head: T = {
    mirror()
    leading.head
  }

  def tail: Queue[T] = {
    mirror()
    new Queue(leading.tail, trailing)
  }

  def enqueue[U >: T](x: U) =
    new Queue[U](leading, x :: trailing)
}
```

앞의 버전과 다른 부분은 이제 leading과 trailing이 재할당 가능한 var 변수라는 점과, mirror가 trailing에서 leading으로 뒤집으면서 복사를 할 때 새 큐를 반환하지 않고 부수 효과를 사용해 현재의 큐를 변경한다는 점이다. 이런 부수 효과는 순전히 Queue 내부 문제다. leading이나 trailing이 비공개 변수여서 Queue의 클라이언트는 그 효과를 알 수 없기 때문이다. 따라서 18장에서 정의한 용어를 따르자면, 새로운 버전의 Queue는 이제 내부에 재할당 가능한 필드가 들어 있음에도 불구하고 여전히 순수 함수형 객체를 정의한다.

이 코드가 스칼라 타입 검사를 통과할 수 있을지 궁금해할지도 모르겠다. 무엇보다도, 큐에는 이제 공변적 타입 파라미터 T와 같은 타입의 재할당 가능한 필드가 2개 있기 때문이다. 이런 것이 변성 규칙을 깨는 것은 아닐까? 실제로도 그럴 수 있다. 객체 비공개^{object private}로 선언하기 위해 leading과 trailing 필드에 private[this]라는 수식자를 붙이는 경우를 제외하면 그렇다.

13.5절에서 설명한 것처럼, 객체 비공개 멤버는 그들이 정의된 객체에서만 접근 가능하다. 어떤 필드가 정의된 바로 그 객체에서만 접근이 가능하다면, 변성에 아무 문제를 일으키지 않을 것이다. 직관적인 설명은 다음과 같다. 변성이 타입 오류를 발생시키는 경우를 만들어내려면, 어떤 객체가 정의되는 시점의 타입보다 정적으로 더 약한 타입의 객체에 대한 참조가 객체 내부에 필요하다. 하지만 객체 비공개 값에 접근할 경우 이런 일이 불가능하다.

스칼라의 변성 검사 규칙에는 객체 비공개 정의를 위한 특별한 규칙이 들어 있다. 스칼라가 +나 - 변성 표기가 있는 타입 파라미터를 같은 변성의 위치에서만 사용하는지 검사할 때, 객체 비공개 정의는 제외하고 검사한다. 따라서 리스트 19.10은 오류 없이 컴파일이 끝난다. 반면, 두 private 수식자에서 [this]를 빼면 다음과 같이 타입 오류가 발생한다.

```
Queues.scala:1: error: covariant type T occurs in
contravariant position in type List[T] of parameter of
setter leading_=
class Queue[+T] private (private var leading: List[T],
                                         ^
Queues.scala:1: error: covariant type T occurs in
contravariant position in type List[T] of parameter of
setter trailing_=
                     private var trailing: List[T]) {
                                       ^
```

19.8 상위 바운드

388페이지의 리스트 16.1에서 비교 함수를 첫 번째 인자로 받고, 정렬할 리스트를 두 번째 커링한 인자로 받는 병합 정렬 함수를 살펴봤다. 이런 정렬 함수를 구성하는 또 다른 방법은 리스트에 Ordered 트레이트를 섞어 넣는 것이다. 12.4절에서 언급했듯이, Ordered를 클래스에 혼합하고 Ordered의 추상 메서드인 compare를 정의하면 그 클래스의 인스턴스를 비교하기 위해 <, >, <=, >=를 사용할 수 있다. 예를 들어, 리스트 19.11은 Person 클래스에 Ordered를 혼합하는 경우를 보여준다.

리스트 19.11 Ordered 트레이트를 혼합하는 Person 클래스

```scala
class Person(val firstName: String, val lastName: String)
    extends Ordered[Person] {

  def compare(that: Person) = {
    val lastNameComparison =
      lastName.compareToIgnoreCase(that.lastName)
    if (lastNameComparison != 0)
      lastNameComparison
    else
      firstName.compareToIgnoreCase(that.firstName)
  }
  override def toString = firstName + " " + lastName
}
```

그 결과, 두 사람을 다음과 같이 비교할 수 있다.

```scala
scala> val robert = new Person("Robert", "Jones")
robert: Person = Robert Jones

scala> val sally = new Person("Sally", "Smith")
sally: Person = Sally Smith

scala> robert < sally
res0: Boolean = true
```

새로운 정렬 함수가 인자로 받는 리스트의 타입이 Ordered를 혼합하도록 요구하기 위해, **상위 바운드**^{upper bound}를 사용할 필요가 있다. 상위 바운드는 하위 바운드와 비슷하게 지정한다. 하위 바운드에서는 >:을 사용하지만, 상위 바운드에서는 <: 기호를 사용한다. 리스트 19.12를 보라.

```
def orderedMergeSort[T <: Ordered[T]](xs: List[T]): List[T] = {
  def merge(xs: List[T], ys: List[T]): List[T] =
    (xs, ys) match {
        case (Nil, _) => ys
        case (_, Nil) => xs
        case (x :: xs1, y :: ys1) =>
          if (x < y) x :: merge(xs1, ys)
          else y :: merge(xs, ys1)
    }
  val n = xs.length / 2
  if (n == 0) xs
  else {
    val (ys, zs) = xs splitAt n
    merge(orderedMergeSort(ys), orderedMergeSort(zs))
  }
}
```

T <: Ordered[T]라는 문법을 사용해서 타입 파라미터 T의 상위 바운드가 Ordered[T]라는 사실을 명시할 수 있다. 이는 orderedMergeSort에 전달하는 리스트 원소의 타입이 Ordered의 서브타입이어야만 한다는 뜻이다. 따라서 List[Person]을 orderedMergeSort에 넘길 수 있다. Person은 Ordered를 혼합하기 때문이다.

예를 들어, 다음 리스트를 생각해보자.

```
scala> val people = List(
         new Person("Larry", "Wall"),
         new Person("Anders", "Hejlsberg"),
         new Person("Guido", "van Rossum"),
         new Person("Alan", "Kay"),
         new Person("Yukihiro", "Matsumoto")
       )
people: List[Person] = List(Larry Wall, Anders Hejlsberg,
  Guido van Rossum, Alan Kay, Yukihiro Matsumoto)
```

이 리스트의 원소가 Ordered[People]을 혼합한 Person이라는 타입이기 때문에 (Ordered[People]을 혼합했기 때문에, Person은 Ordered[People]의 서브타입이기도 하다), 다음과 같이 이 리스트를 orderedMergeSort에 넘길 수 있다.

```
scala> val sortedPeople = orderedMergeSort(people)
sortedPeople: List[Person] = List(Anders Hejlsberg, Alan Kay,
  Yukihiro Matsumoto, Guido van Rossum, Larry Wall)
```

리스트 19.12의 정렬 함수가 상위 바운드를 잘 보여주는 유용한 예이긴 하지만, 실제로
는 이 방법이 스칼라에서 Ordered 트레이트의 이점을 가장 잘 살리면서 정렬 함수를 만
드는 방법은 아니다.

예를 들어, orderedMergeSort에 정수의 리스트를 넘길 수가 없다. Int는 Ordered[Int]의
서브타입이 아니기 때문이다.

```
scala> val wontCompile = orderedMergeSort(List(3, 2, 1))
<console>:5: error: inferred type arguments [Int] do
  not conform to method orderedMergeSort's type
    parameter bounds [T <: Ordered[T]]
      val wontCompile = orderedMergeSort(List(3, 2, 1))
                        ^
```

21.6절에서 **암시적 파라미터**implicit parameter**와 **맥락 바운드**context bound를 사용하는 더 일반적인
해결책을 제시할 것이다.

19.9 결론

19장에서는 정보 은닉을 위한 여러 기법을 살펴봤다. 그런 기법으로는 비공개 생성자, 팩
토리 메서드, 객체 비공개 멤버 등이 있다. 또한 데이터 타입의 변성을 지정하는 방법과,
클래스 구현에서 변위가 어떤 의미인지에 대해 배웠다. 마지막으로, 유연한 변성 표기를
위한 두 가지 기법을 살펴봤다. 메서드 타입 파라미터에 사용하는 하위 바운드와, 지역
필드와 메서드에 사용할 수 있는 private[this] 표기가 그 두 가지 방법이다.

Chapter

20

추상 멤버

클래스나 트레이트의 멤버가 그 클래스 안에 완전한 정의를 갖고 있지 않으면 **추상 멤버** abstract member라 한다. 추상 멤버는 그 멤버가 정의된 클래스를 상속한 서브클래스에서 구현하도록 되어 있다. 이런 개념은 여러 객체지향 언어에서 찾아볼 수 있다. 예를 들어, 자바에서는 추상 메서드를 정의할 수 있다. 스칼라에서도 10.2절에서 본 것처럼 그런 메서드를 정의할 수 있다. 하지만 스칼라는 그 아이디어를 넘어서서 추상화를 가장 일반적인 수준까지 구현한다. 즉, 메서드뿐 아니라 추상 필드도 정의할 수 있으며, 클래스나 트레이트의 멤버로 추상 타입을 정의할 수도 있다.

20장에서는 네 가지 종류의 추상 멤버, 즉 val, var, 메서드, 타입을 설명할 것이다. 설명하는 과정에서, 미리 초기화된 필드pre-initialized field, 지연lazy val, 경로 의존적인 타입path-dependent type, 열거형enumeration에 대해서도 다룰 것이다.

20.1 추상 멤버 간략하게 돌아보기

다음 트레이트는 추상 타입(T), 메서드(transform), val(initial), var(current) 각 종류의 추상 멤버를 하나씩 정의한다.

```
trait Abstract {
  type T
  def transform(x: T): T
  val initial: T
  var current: T
}
```

Abstract를 구체적으로 구현하려면 각각의 추상 멤버 정의를 채워 넣어야 한다. 다음은 그런 정의를 제공하는 예제 구현이다.

```
class Concrete extends Abstract {
  type T = String
  def transform(x: String) = x + x
  val initial = "hi"
  var current = initial
}
```

이 구현은 타입 이름 T를 String의 별명으로 만들어서 구체적인 의미를 부여한다. transform 연산은 주어진 문자열을 자기 자신과 합친다. initial과 current 값은 모두 "hi"로 설정한다.

이 예제는 스칼라가 제공하는 추상 멤버의 종류를 간략히 보여준다. 이 장의 나머지 부분에서는 자세한 부분을 보여주고, 추상 멤버의 새로운 형태가 어떤지 설명하며, 일반적인 타입 멤버의 모양과 쓸모에 대해서도 알아볼 것이다.

20.2 타입 멤버

앞 절의 예제에서 볼 수 있듯이, 스칼라에서 **추상 타입**abstract type은 클래스나 트레이트의 멤버로 정의 없이 선언(type 키워드를 사용함)된 타입이다. 클래스 자체는 추상적일 수도 있고 아닐 수도 있으며, 트레이트는 정의상 추상적이지만, 스칼라에서는 그 둘은 '추상 타입'이라고 부르지 않는다. 스칼라의 추상 타입은 Abstract 트레이트의 T 타입처럼 항상 어떤 클래스나 트레이트의 멤버다.

여러분은 Concrete 클래스의 T 타입과 같은 비추상(또는 '구체적') 타입 멤버를 어떤 타입에 대한 새로운 이름, 또는 **별명**alias을 정의하는 방법으로 생각할 수 있다. 예를 들어, Concrete 클래스에서는 String에 T라는 이름을 더 붙였다. 그 결과, Concrete의 정의 안에 T라는 타입이 있는 경우 이는 String을 의미한다. transform의 파라미터와 결과 타입, initial과 current의 타입도 슈퍼트레이트인 Abstract에서 T였기 때문에 이렇게 지정한 것의 영향을 받는다. 따라서 클래스 Concrete가 이런 메서드를 구현할 때, T는 모두 String을 의미한다.

타입 멤버를 사용하는 이유는 실제 이름이 너무 길거나 의미가 불명확할 때 더 간단하고 의도를 잘 전달할 수 있는 별명을 선언하는 것이다. 이런 타입 멤버는 클래스나 트레이트의 코드를 더 명확하게 만드는 데 도움을 준다. 타입 멤버의 다른 사용법은 서브클래스에서 꼭 정의해야 하는 추상 타입을 선언하는 것이다. 이런 사용 방법을 앞에서 보여준 바 있다. 이에 대해서는 나중에 자세히 설명할 것이다.

20.3 추상 val

추상 val 선언은 다음과 같은 형태다.

```
val initial: String
```

val에 대해 이름과 타입은 주지만 값은 지정하지 않는다. 값은 서브클래스의 구체적 val 정의가 제공해야 한다. 예를 들어, Concrete 클래스의 구현에서는 위의 val을 다음과 같이 정의할 수 있다.

```
val initial = "hi"
```

어떤 클래스 안에서 어떤 변수에 대해 정확한 값을 알 수 없지만, 그 변수가 클래스의 인스턴스에서 변하지 않으리란 사실은 알고 있을 때 추상 val을 사용한다.

추상 val 선언은 다음과 같은 파라미터 없는 추상 메서드 선언과 비슷해 보인다.

```
def initial: String
```

클라이언트 코드는 val과 메서드를 정확히 같은 방식(즉, obj.initial)으로 사용할 수 있다. 하지만 initial이 추상 val이라면 클라이언트는 obj.initial을 사용할 때마다 같은 값을 얻을 수 있음을 확신할 수 있다. 만약 initial이 추상 메서드라면, 그런 보장은 없다. initial을 호출할 때마다 다른 값을 반환하는 구체적인 메서드로 구현할 수도 있기 때문이다.

다시 말해, 추상 val은 그에 대한 구현에 제약을 가한다. 바로, 구현 시 val 정의를 사용해야 한다는 제약이다. var나 def를 사용할 수는 없다. 반면에 추상 메서드 선언은 구체적 메서드 정의나 구체적 val 정의로 구현할 수 있다. 리스트 20.1의 Fruit 클래스를 보면, Apple 클래스는 올바른 서브클래스 구현이지만, BadApple은 그렇지 않다.

리스트 20.1 추상 val과 파라미터 없는 메서드 오버라이드하기

```
abstract class Fruit {
  val v: String // 'v'는 값을 의미
  def m: String // 'm'은 메서드를 의미
}
abstract class Apple extends Fruit {
  val v: String
  val m: String // 'def'를 'val'로 오버라이드할 수 있다.
}
abstract class BadApple extends Fruit {
  def v: String // 오류: 'val'은 'def'로 오버라이드할 수 없다.
  def m: String
}
```

20.4 추상 var

추상 val과 마찬가지로 추상 var를 선언할 때도 이름과 타입만을 사용하며, 초깃값은 지정할 필요가 없다. 예를 들어, 리스트 20.2는 두 추상 var 변수 hour와 minute를 정의하는 AbstractTime 트레이트를 보여준다.

리스트 20.2 추상 var 변수 선언

```scala
trait AbstractTime {
  var hour: Int
  var minute: Int
}
```

hour나 minute 같은 추상 var의 의미는 무엇일까? 18.2절에서 클래스의 멤버인 var에는 게터와 세터 메서드를 스칼라가 만들어준다는 사실을 보았다. 이는 추상 var에도 성립한다. 예를 들어, hour라는 추상 var를 만들면 암시적으로 게터 메서드인 hour와 세터 메서드인 hour_=를 정의하는 것과 같다. 하지만 함께 정의하는 할당 가능한 필드는 없다. 추상 var의 구체적 구현을 정의해야 하는 것은 서브클래스이며, 여기서 그런 필드를 정의해야 한다. 예를 들어, 리스트 20.2의 AbstractTime은 정확히 리스트 20.3과 같다.

리스트 20.3 추상 var를 게터와 세터로 확장한 모습

```scala
trait AbstractTime {
  def hour: Int                // 'hour'의 게터
  def hour_=(x: Int): Unit     // 'hour'의 세터
  def minute: Int              // 'minute'의 게터
  def minute_=(x: Int): Unit   // 'minute'의 세터
}
```

20.5 추상 val 초기화

추상 val은 때때로 슈퍼클래스 파라미터와 같은 역할을 한다. 즉, 슈퍼클래스에 빠진 자세한 부분을 서브클래스에 전달할 수 있는 수단을 제공한다. 이는 트레이트의 경우 특히 중요하다. 왜냐하면 트레이트에는 파라미터를 넘길 생성자가 없기 때문이다. 따라서 보통 트레이트를 파라미터화하려면 서브클래스에서 구현하는 추상 val을 통하기 마련이다.

예를 들어, 161페이지에서 다뤘던 리스트 6.5의 Rational 클래스를 트레이트로 재작성한다고 생각해보자.

```
trait RationalTrait {
  val numerArg: Int
  val denomArg: Int
}
```

6장의 Rational 클래스는 파라미터가 둘 있다. n은 유리수의 분자이며, d는 분모다.
RationalTrait 트레이트에는 두 가지 추상 val인 numerArg와 denomArg가 있다. 이 트레이트를 구체적으로 인스턴스화하려면, 추상 val 정의를 구현해야 한다. 다음은 한 가지 예다.

```
new RationalTrait {
  val numerArg = 1
  val denomArg = 2
}
```

new 키워드를 트레이트 이름 RationalTrait 앞에 적었다. 그리고 트레이트 이름 다음의 중괄호 속에 새 클래스의 본문이 들어갔다. 이 표현식은 트레이트를 혼합한 **익명 클래스** anonymous class의 인스턴스를 만들며, 클래스 정의는 본문에 있다. 이 익명 클래스 인스턴스화 표현식은 Rational(1, 2)에 상응하는 효과를 발휘한다.

하지만 그런 대응은 완전하지는 않다. 표현식이 초기화되는 순서에 있어 중요한 차이가 존재한다. 다음과 같이 표현식을 쓰면,

```
new Rational(expr1, expr2)
```

클래스 Rational을 초기화하기 전에 두 식 expr1과 expr2를 계산한다. 따라서 expr1과 expr2의 값을 Rational 클래스의 초기화 시에 사용 가능하다.

하지만 트레이트의 경우 상황은 정반대다. 다음과 같이 쓴다면,

```
new RationalTrait {
  val numerArg = expr1
  val denomArg = expr2
}
```

익명 클래스를 초기화하는 도중에 표현식 expr1과 expr2를 계산한다. 하지만 익명 클래스는 RationalTrait 다음에 초기화된다. 따라서 numerArg와 denomArg의 값은 RationalTrait를 초기화하기 전에는 사용할 수 없다(더 정확하게 말하자면, 두 값 중 어느 것이든 읽는 경우 Int 타입의 디폴트값인 0을 돌려받는다). RationalTrait의 정의에서 이는 문제가 되지 않는다. 트레이트를 초기화할 때는 numerArg이나 denomArg를 사용하지 않기 때문이다. 하지만 리스트 20.4에 있는 RationalTrait를 분모와 분자를 정규화하도록 수정한 버전에서는 이것이 문제가 된다.

리스트 20.4 추상 val을 사용하는 트레이트

```
trait RationalTrait {
  val numerArg: Int
  val denomArg: Int
  require(denomArg != 0)
  private val g = gcd(numerArg, denomArg)
  val numer = numerArg / g
  val denom = denomArg / g
  private def gcd(a: Int, b: Int): Int =
    if (b == 0) a else gcd(b, a % b)
  override def toString = s"$numer/$denom"
}
```

이 트레이트의 분모나 분자에 단순 리터럴이 아닌 표현식을 넣어서 초기화하려고 하면 예외가 발생한다.

```
scala> val x = 2
x: Int = 2
scala> new RationalTrait {
         val numerArg = 1 * x
         val denomArg = 2 * x
       }
java.lang.IllegalArgumentException: requirement failed
  at scala.Predef$.require(Predef.scala:280)
  at RationalTrait$class.$init$(<console>:4)
  ...
```

이 예에서 예외가 생긴 이유는 RationalTrait 클래스를 초기화할 때 denomArg의 값이 여전히 디폴트값인 0이기 때문이다. 그 결과 require 호출이 실패한다.

이 예제는 초기화 순서가 클래스 파라미터나 추상 필드와 같지 않다는 사실을 보여준다. 클래스 파라미터 인자는 클래스 생성자에 전달되기 전에 계산한다(파라미터가 이름에 의한 호출이 아닌 경우 그렇다). 반면, 서브클래스의 val 정의를 계산하는 것은 슈퍼클래스를 초기화한 다음에만 이뤄진다.

이제 추상 val이 파라미터와 어떤 차이가 있는지 이해했으므로, 이를 어떻게 다룰 것인지 알아두는 게 좋다. 초기화가 안 된 필드로 인한 오류를 겪지 않고, 제대로 초기화되는 RationalTrait를 정의할 수 있을까? 실제로, 스칼라에는 이 문제를 다루는 방법이 두 가지 있는데, **필드를 미리 초기화**하는 것과 **지연 val**이다. 이에 대해 다음에 설명할 것이다.

필드를 미리 초기화하기

첫 번째 해법은 필드를 미리 초기화하는 것으로, 슈퍼클래스를 호출하기 전에 서브클래스의 필드를 초기화한다. 이렇게 미리 초기화하려면, 필드 정의를 중괄호에 넣어서 슈퍼클래스 생성자 호출 앞에 위치시키면 된다. 예를 들어, 리스트 20.5는 RationalTrait의 인스턴스를 만드는 또 다른 시도를 보여준다. 이 예에서 알 수 있듯이, 초기화 부분은 슈퍼트레이트인 RationalTrait를 언급하는 부분보다 앞에 있어야 한다. 초기화와 슈퍼트레이트 사이는 with로 구분한다.

리스트 20.5 익명 클래스 표현식에서 필드를 미리 초기화하기

```scala
scala> new {
           val numerArg = 1 * x
           val denomArg = 2 * x
       } with RationalTrait
res1: RationalTrait = 1/2
```

필드를 미리 초기화하는 일이 익명 클래스에서만 가능한 건 아니다. 객체나 이름이 있는 서브클래스에서도 필드를 미리 초기화할 수 있다. 두 가지 예를 리스트 20.6과 리스트 20.7에 제시했다. 이런 예에서 볼 수 있듯이, 미리 정의하는 부분은 정의 중인 객체나 클래스의 extends 키워드 다음에 온다. 리스트 20.7의 RationalClass는 슈퍼트레이트를 초기화할 때 클래스 파라미터를 어떻게 사용할 수 있는지를 보여주는 예다.

리스트 20.6 객체 정의에서 필드를 미리 초기화하기

```
object twoThirds extends {
  val numerArg = 2
  val denomArg = 3
} with RationalTrait
```

리스트 20.7 클래스 정의에서 필드를 미리 초기화하기

```
class RationalClass(n: Int, d: Int) extends {
  val numerArg = n
  val denomArg = d
} with RationalTrait {
  def + (that: RationalClass) = new RationalClass(
    numer * that.denom + that.numer * denom,
    denom * that.denom
  )
}
```

미리 초기화한 필드는 슈퍼클래스 생성자를 호출하기 전에 초기화되기 때문에, 초기화 시 생성 중인 객체를 언급할 수는 없다. 따라서 초기화 부분에서 this를 참조한다면, 이 참조는 해당 클래스나 객체를 포함하는 바깥쪽 객체를 의미하지, 생성 중인 객체 자체를 의미하지 않는다.

다음은 그런 예다.

```
scala> new {
         val numerArg = 1
         val denomArg = this.numerArg * 2
       } with RationalTrait
On line 3: error: value numerArg is not a member of object
$iw
         val denomArg = this.numerArg * 2
                             ^
```

이 예는 컴파일할 수 없다. this.numerArg라는 참조는 new가 들어 있는 객체에서 numerArg 필드를 찾는 것이기 때문이다(이 경우에는 $iw라는 이름의 컴파일러가 만든 합성 객체인데, 이는 인터프리터가 사용자 입력을 넣는 객체다). 다시 한번, 이런 관점에서 볼 때도 미리 초기화한 필드는 클래스 생성자의 인자와 비슷하게 동작한다.

지연 계산 val 변수

미리 초기화한 필드를 사용해 클래스 생성자 인자를 초기화하는 방식을 정확하게 따라할 수 있다. 하지만 때로는 시스템이 스스로 모든 것을 어떻게 초기화할지 결정하게 두는 편이 더 나은 경우가 있다. 어떤 val 정의를 lazy 하게 만들면 그렇게 할 수 있다. 어떤 val 정의 앞에 lazy 수식자가 있으면 val 변수를 정의할 때 오른쪽의 초기화 표현식을 계산하지 않는다. 대신, 프로그램에서 그 val의 값을 처음 사용할 때 초기화 표현식을 계산한다.

예를 들어, Demo 객체에 val이 다음과 같이 있다.

```
scala> object Demo {
         val x = { println("initializing x"); "done" }
       }
defined object Demo
```

이제 Demo를 먼저 참조하고, 그다음에 Demo.x를 참조하자.

```
scala> Demo
initializing x
res3: Demo.type = Demo$@2129a843

scala> Demo.x
res4: String = done
```

위 결과를 보면 알 수 있듯이, 처음 Demo를 사용할 때 x 필드도 초기화한다. x를 초기화하는 것은 Demo를 초기화하는 과정의 일부다. 하지만 x 필드를 lazy를 붙여 지연 필드로 만들면 상황이 달라진다.

```
scala> object Demo {
         lazy val x = { println("initializing x"); "done" }
       }
defined object Demo

scala> Demo
res5: Demo.type = Demo$@1a18e68a

scala> Demo.x
initializing x
res6: String = done
```

이제 Demo를 초기화하는 과정에는 x를 초기화하는 과정이 들어가지 않는다. 대신, x의 초기화를 x가 맨 처음 쓰일 때까지 연기한다. 이는 x를 파라미터가 없는 메서드로 정의했을 때 벌어지는 상황과 비슷하다. 하지만 프로그램은 def와 달리 지연 계산 val을 결코 두 번 계산하지 않는다. 실제, 지연 val은 처음 계산한 값을 보관해둔다. 나중에 같은 val을 다시 사용하면 그때는 저장했던 값을 재사용한다.

이 예제를 보면 Demo 같은 객체는 마치 자신이 지연 val인 것처럼 작동하는 것 같다. 왜냐하면 이들도 자신이 사용되는 시점에 요청에 따라 초기화되기 때문이다. 이는 사실이다. 실제로 객체의 내용을 표현하는 익명 클래스를 가지고 지연 val을 정의하는 것을 짧게 표현한 게 객체 정의 표현식이라고 생각할 수도 있다.

지연 val을 사용해 리스트 20.8처럼 RationalTrait 트레이트를 다시 구성할 수 있다. 새 트레이트 정의에서 모든 구체적 필드는 지연 필드다. 리스트 20.4에서 봤던 예전 RationalTrait와의 또 다른 차이는 require 절을 트레이트의 본문에서 numerArg와 denomArg를 가지고 최대공약수를 계산하는 비공개 필드 g의 초기화 표현식 쪽으로 옮겼다는 점이다. 이렇게 바꾸면, LazyRationalTrait를 초기화할 때 해야 할 일이 없다. 모든 초기화 코드는 이제 지연 val의 우항에 들어간다. 따라서 LazyRationalTrait의 추상 필드를 클래스 정의 후 초기화해도 안전하다.

리스트 20.8 트레이트를 지연 val로 초기화하기

```scala
trait LazyRationalTrait {
  val numerArg: Int
  val denomArg: Int
  lazy val numer = numerArg / g
  lazy val denom = denomArg / g
  override def toString = s"$numer/$denom"
  private lazy val g = {
    require(denomArg != 0)
    gcd(numerArg, denomArg)
  }
  private def gcd(a: Int, b: Int): Int =
    if (b == 0) a else gcd(b, a % b)
}
```

다음은 한 가지 예다.

```
scala> val x = 2
x: Int = 2
scala> new LazyRationalTrait {
        val numerArg = 1 * x
        val denomArg = 2 * x
     }
res7: LazyRationalTrait = 1/2
```

이제 미리 초기화할 필요가 없다. 위 코드가 문자열 1/2를 출력하는 과정에서 어떤 순서로 초기화를 진행했는지 추적해보는 것도 학습에 도움이 될 것이다.

1. 먼저, LazyRationalTrait의 새 인스턴스를 만든다. 그리고 LazyRationalTrait의 초기화 코드를 실행한다. 이 초기화 코드에는 아무것도 안 들어 있다. 따라서 LazyRationalTrait의 필드를 아무것도 초기화하지 않은 상태다.

2. 다음으로, 새 표현식에서 정의한 익명 서브클래스의 주 생성자를 실행한다. 이 과정에서 numerArg는 2, denomArg는 4로 초기화한다.

3. 인터프리터는 결과를 출력하기 위해 방금 만든 객체의 toString 메서드를 호출한다.

4. 그런 다음, LazyRationalTrait 트레이트에 있는 toString 메서드는 numer 필드에 최초로 접근한다. 따라서 numer의 초기화 표현식을 계산한다.

5. numer의 초기화 계산식은 비공개 필드인 g에 접근한다. 따라서 이제 g를 계산한다. 이 계산 과정에서 2단계에서 정의한 numerArg와 denomArg에 접근한다.

6. 이제 toString 메서드는 denom 필드에 최초로 접근하고, 그에 따라 denom에 대한 초기화 표현식을 계산한다. denom 계산은 denomArg와 g에 접근한다. 이미 5단계에서 g 값을 계산했기 때문에, 다시 계산할 필요가 없다.

7. 마지막으로, 결과 문자열 "1/2"를 생성해 출력한다.

LazyRationalTrait 클래스 안에서 g의 정의가 코드에서 numer나 denom 뒤에 위치함을 확인하라. 하지만 이 세 값 모두 지연 값이기 때문에, g가 numer나 denom의 초기화 전에 먼저 초기화된다.

이는 지연 값의 중요한 특징을 보여준다. 즉, 각 정의의 코드상 순서는 중요하지 않다. 값이 필요할 때 계산하기 때문이다. 따라서 지연 val을 사용할 경우 프로그래머가 모든 val을 필요한 곳에서 참조할 수 있게 배치하려면 어떻게 해야 할지 고민하지 않아도 된다.

하지만 이런 이점은 지연 val의 초기화에 부수 효과가 없거나, 다른 부수 효과에 의존하지 않는 경우에만 존재한다. 부수 효과가 있는 경우, 초기화 순서가 문제가 되기 시작한다. 또한 그런 경우에는 앞의 코드와 같이 어떤 순서로 초기화 코드가 실행될지 추적하기가 아주 어려울 수 있다. 따라서 지연 val은 각 값이 초기화되는 한 그 순서가 문제가 되지 않는 함수형 객체를 아주 이상적으로 보완해주는 요소다. 하지만 명령형 코드의 경우 지연 값은 잘 어울리지 않는다.

> **지연 함수 언어**
>
> 스칼라는 지연 정의와 함수형 코드를 완벽하게 조화시키려는 노력을 기울인 첫 언어가 결코 아니다. 실제, 모든 값과 파라미터를 지연 연산하는 '지연 함수형 프로그래밍 언어(lazy functional programming language)'라는 분야가 있다. 이런 언어 중 가장 잘 알려진 언어로는 하스켈(Haskell)이 있다[SPJ02].

20.6 추상 타입

20장 시작 부분에서 type T라는 추상 타입 선언을 보았다. 이 장의 나머지 부분에서는 추상 타입 선언의 의미와 사용법을 살펴본다. 다른 모든 추상 선언과 마찬가지로, 추상 타입 선언은 서브클래스에서 구체적으로 정해야 하는 어떤 대상에 대한 빈 공간을 마련해두는 것이다. 이 경우, 클래스 계층구조의 하위 계층에서 정의해야 하는 것은 어떤 타입이다. 따라서 위의 T는 선언 시점에서는 어떤 타입인지 알려져 있지 않은 타입을 참조하기 위해 사용한다. 각기 다른 서브클래스는 T를 각각 다르게 구체화할 수 있다.

여기 추상 타입이 자연스럽게 모습을 드러내는 잘 알려진 예가 있다. 동물의 음식 섭취 행동을 모델링한다고 해보자. 아마도 Food 클래스와 음식을 먹는 eat 메서드를 포함하는 Animal 클래스를 가지고 시작할 수 있을 것이다.

```
class Food
abstract class Animal {
  def eat(food: Food): Unit
}
```

그 후, Cow가 Grass를 먹도록 이를 구체화할 수 있다.

```
class Grass extends Food
class Cow extends Animal {
  override def eat(food: Grass) = {} // 컴파일할 수 없음
}
```

하지만 새 클래스를 컴파일해보면 다음과 같은 컴파일 오류가 발생한다.

```
BuggyAnimals.scala:7: error: class Cow needs to be
abstract, since method eat in class Animal of type
    (Food)Unit is not defined
class Cow extends Animal {
      ^
BuggyAnimals.scala:8: error: method eat overrides nothing
  override def eat(food: Grass) = {}
               ^
```

여기서 Cow 클래스의 eat 메서드는 Animal의 eat 메서드를 오버라이드하지 않는다. 파라미터 타입이 다르기 때문이다. Cow에서는 Grass이지만, Animal에서는 Food다.

사람에 따라서는 이런 클래스를 거부하는 것은 타입 시스템이 불필요하게 엄격한 것이라고 주장하곤 한다. 그들은 어떤 메서드의 파라미터를 서브클래스에서 특화해도 좋아야만 한다고 주장해왔다. 하지만 이 클래스들을 있는 그대로 허용한다면, 곧 스스로를 안전하지 못한 상황에 빠뜨리게 된다.

예를 들어, 다음 프로그램도 타입 검사를 통과할 것이다.

```
class Food
abstract class Animal {
  def eat(food: Food): Unit
}
class Grass extends Food
```

496

```
class Cow extends Animal {
  override def eat(food: Grass) = {} // 컴파일할 수 없다.
}                                    // 하지만 만약 컴파일할 수 있다면...
class Fish extends Food
val bessy: Animal = new Cow
bessy eat (new Fish)                 // ... 물고기를 소에게 먹일 수 있었을 것이다.
```

제한을 완화하면 프로그램을 컴파일할 수 있다. Cow는 Animal이고, Animal에는 Food이기만 하면 다 받아들이는 eat 메서드가 있기 때문이다. 물론 Fish는 Food다. 하지만 분명 소가 물고기를 먹어서 좋을 게 없다!

대신 여러분이 해야 할 일은 더 정확한 모델링의 적용이다. Animal은 Food를 먹는다. 하지만 각 Animal이 어떤 종류의 Food를 먹는지는 Animal의 종류에 따라 다르다. 추상 타입을 사용하면 리스트 20.9와 같이 이런 관계를 깔끔하게 표현할 수 있다.

리스트 20.9 음식을 추상 타입으로 더 잘 모델링하기

```
class Food
abstract class Animal {
  type SuitableFood <: Food
  def eat(food: SuitableFood): Unit
}
```

새 클래스 정의를 사용하면 Animal은 오직 적합한 음식만을 먹을 수 있다. 어떤 음식이 적합한지는 Animal 클래스 수준에서 결정할 수 없다. 그래서 SuitableFood를 추상 타입으로 모델링해야 한다. SuitableFood의 상위 바운드는 Food다. 이 관계를 '<: Food' 절로 표현했다. 이는 SuitableFood를 구체적으로 (Animal의 서브클래스에서) 인스턴스화[1]하는 경우 Food의 서브클래스여야만 한다는 뜻이다. 예를 들어, SuitableFood를 IOException 클래스를 가지고 인스턴스화할 수 없다.

이렇게 Animal을 정의하면, 이제 리스트 20.10과 같이 Cow를 정의할 수 있다. Cow 클래스는 SuitableFood를 Grass로 고정한다. 그리고 이 구체적인 음식을 가지고 eat 메서드를 정의한다.

---

1 여기서는 추상 타입에 구체 타입을 지정하는 것이다. 클래스를 인스턴스화해서 객체를 만드는 것과 비슷하게, 추상 타입을 구체적인 타입으로 만드는 것이어서 인스턴스화라는 표현을 사용한다. – 옮긴이

```scala
class Grass extends Food
class Cow extends Animal {
  type SuitableFood = Grass
  override def eat(food: Grass) = {}
}
```

이렇게 새로 정의한 클래스는 오류 없이 잘 컴파일할 수 있다. 이제 새 클래스 정의를 가지고 '물고기-먹는-소' 반례를 실행하면, 다음과 같이 컴파일러 오류를 볼 수 있다.

```
scala> class Fish extends Food
defined class Fish

scala> val bessy: Animal = new Cow
bessy: Animal = Cow@4df50829

scala> bessy eat (new Fish)
              ^
       error: type mismatch;
        found    : Fish
        required: bessy.SuitableFood
```

20.7 경로에 의존하는 타입

마지막 오류 메시지를 보자. 여기서 재미있는 부분은 eat 메서드가 요구하는 타입인 bessy.SuitableFood다. 이 타입은 객체 참조 bessy와 그 객체 내의 타입 필드 SuitableFood를 포함한다. 따라서 이는 스칼라의 객체가 멤버로 타입을 포함할 수 있음을 보여준다. bessy.SuitableFood라는 타입의 의미는 'bessy가 참조하는 객체의 멤버인 SuitableFood 타입', 또는 bessy에 적합한 음식 타입이다.

bessy.SuitableFood 같은 타입을 **경로에 의존하는 타입**path-dependent type이라고 부른다. 여기서 '경로'는 객체에 대한 참조를 의미한다. 경로는 bessy처럼 이름만 있거나, farm.barn.bessy처럼 더 긴 접근 경로일 수 있다. 여기서 farm, barn, bessy는 객체를 참조하는 변수(또는 싱글톤 객체 이름)다.

'경로에 의존하는 타입'이 함의하는 바와 같이, 이 타입은 경로에 따라 달라진다. 일반적으로 경로가 다르면 타입도 달라진다. 예를 들어, DogFood와 Dog를 다음과 같이 정의했다고 하자.

```
class DogFood extends Food
class Dog extends Animal {
  type SuitableFood = DogFood
  override def eat(food: DogFood) = {}
}
```

개에게 소의 먹이를 먹이려고 하면 컴파일할 수가 없다.

```
scala> val bessy = new Cow
bessy: Cow = Cow@6740b169

scala> val lassie = new Dog
lassie: Dog = Dog@31419d4a

scala> lassie eat (new bessy.SuitableFood)
                ^
       error: type mismatch;
         found   : Grass
         required: DogFood
```

여기서 문제는 eat 메서드에 넘기는 SuitableFood 객체의 타입인 bessy.SuitableFood는 eat의 파라미터 타입인 lassie.SuitableFood와 같지 않다는 데 있다.

하지만 두 Dog에 대한 것이라면 경우가 다르다. Dog의 SuitableFood 타입은 DogFood 클래스에 대한 별명이기 때문에, 두 Dog의 SuitableFood 타입은 실제로 동일한 타입이다. 그 결과, lassie라는 이름의 Dog 인스턴스는 다른 Dog 인스턴스에게 적합한 음식도 먹을 수 있다(여기서는 bootsie라고 이름을 붙였다).

```
scala> val bootsie = new Dog
bootsie: Dog = Dog@2740c1e

scala> lassie eat (new bootsie.SuitableFood)
```

경로에 의존하는 타입은 자바의 내부 클래스 타입과 문법이 비슷하지만, 결정적인 차이가 있다. 경로 의존 타입은 외부 **객체**에 이름을 붙이는 반면, 내부 클래스 타입 이름은 외부 **클래스**에 이름을 붙인다는 점이 다르다. 자바 스타일의 내부 클래스 타입을 스칼라에서도 사용할 수 있지만, 작성하는 방법은 다르다. 다음 두 클래스 Outer와 Inner를 살펴보자.

```
class Outer {
  class Inner
}
```

자바에서는 Outer.Inner라고 표현하는 반면, 스칼라에서는 내부 클래스를 Outer#Inner라고 표현한다. '.' 문법은 객체에만 사용하도록 정해졌다. 예를 들어, 다음과 같이 Outer 타입의 객체 2개를 인스턴스화하는 경우를 생각해보자.

```
val o1 = new Outer
val o2 = new Outer
```

여기서 o1.Inner와 o2.Inner는 두 경로 의존 타입이다(그리고 이 둘은 각기 다른 타입이다). 두 타입 모두 더 일반적인 타입인 Outer#Inner에 부합^{conform}한다(즉, 서브타입이다). Outer#Inner는 Outer라는 타입의 '임의의' 외부 객체의 내부에 있는 Inner 클래스를 의미한다. 반면, o1.Inner는 '특정' 외부 객체(여기서는 o1이 가리키는 객체)의 Inner 클래스를 가리킨다. 마찬가지로, o2.Inner는 그와 다른 (o2가 가리키는) 특정 외부 객체의 Inner 클래스를 의미한다.

자바와 마찬가지로 스칼라에서도 내부 클래스 인스턴스에는 그 인스턴스를 둘러싼 외부 클래스의 인스턴스를 가리키는 참조가 들어 있다. 이를 사용해 내부 클래스는 외부 클래스의 멤버에 접근할 수 있다. 따라서 어떤 식으로든 외부 클래스 인스턴스를 지정하지 않고 내부 클래스만 인스턴스화할 수는 없다. 이런 경우 현재의 외부 클래스 인스턴스(this가 참조)를 사용할 것이다.

또 다른 방법은 경로 의존 타입을 사용하는 것이다. 예를 들어, o1.Inner 타입은 특정 외부 인스턴스를 지정하기 때문에, 그 타입을 인스턴스화할 수 있다.

```
scala> new o1.Inner
res11: o1.Inner = Outer$Inner@2e13c72b
```

이렇게 만들어낸 내부 객체에는 자신의 외부 객체인 o1이 가리키는 객체에 대한 참조가 들어 있을 것이다. 반면, Outer#Inner는 Outer 클래스의 어떤 인스턴스도 지정하지 않는다. 따라서 이를 인스턴스화할 수가 없다.

```
scala> new Outer#Inner
              ^
        error: Outer is not a legal prefix for
            a constructor
```

20.8 세분화한 타입

어떤 클래스 A가 다른 클래스 B를 상속할 때, 전자(A)가 후자(B)의 **이름에 의한 서브타입**nominal subtype이라고 말한다. 이름에 의한 서브타입인 이유는 각 타입에 이름이 있고, 서브타입 관계를 선언하면서 각 클래스의 이름을 명시하기 때문이다. 스칼라는 **구조적인 서브타이핑**structural subtyping도 지원한다. 구조적인 서브타입 관계는 단지 두 타입의 멤버가 호환될 수 있기 때문에 생기는 관계다. 스칼라에서 구조적 서브타입을 사용하려면 **세분화한 타입**refinement type을 사용하면 된다.

이름에 의한 서브타입이 보통 더 편하다. 따라서 새로 무언가를 설계하는 경우, 이름에 의한 서브타입 관계를 먼저 사용해야만 한다. 이름은 짧은 식별자이기 때문에, 멤버의 타입을 모두 나열하는 것보다 훨씬 더 간결하다. 게다가 구조적 서브타입은 때때로 너무 유연해지곤 한다. 어떤 위젯widget이 draw()를 할 수 있고, 서부의 총잡이가 draw()를 할 수 있지만, 그 둘은 서로 바꿔 사용할 수 있는 연산이 아니다.[2]

하지만 구조적 서브타이핑은 나름대로 이점이 있다. 그중 하나는, 멤버를 나열하는 것보다 타입이 할 수 있는 일이 더 적은 경우가 실제로 있다는 점이다. 예를 들어, 여러분이 풀을 먹는 동물을 포함할 수 있는 Pasture(목초지라는 뜻) 클래스를 만들고 싶다고 하자. 한 가지 방법은 AnimalThatEatsGrass라는 트레이트를 만들어 목초지에 들어갈 모든 클래

---

2   위젯의 draw()는 화면에 자신을 그리는 메서드이고, 총잡이의 draw()는 총집에서 총을 뽑는 메서드다. 둘을 바꿔 쓸 경우, 운이 없으면 과실치사로 입건될 수가 있다. – 옮긴이

스에 포함시키는 것이다. 하지만 그렇게 하는 건 너무 장황하다. Cow 클래스는 이미 자신이 동물이고, 풀을 먹는다고 선언했을 것이다. 그런데, 이제 다시 자신이 '풀을-먹는-동물'이라고 또 다시 선언해야 한다.

AnimalThatEatsGrass를 선언하는 대신에, 세분화한 타입을 사용할 수 있다. 기반 타입 Animal을 적고 그 뒤에 중괄호로 둘러싼 멤버 목록을 덧붙이기만 하면 된다. 중괄호 안에 있는 멤버들은 기반 클래스에서 멤버 타입을 더 자세히 지정(또는 여러분이 원한다면 세분화)한다.

다음은 '풀을 먹는 동물'이라는 타입을 쓰는 방법을 보여준다.

```
Animal { type SuitableFood = Grass }
```

이 타입을 가지고, 다음과 같이 목초지 클래스를 만들 수 있다.

```
class Pasture {
  var animals: List[Animal { type SuitableFood = Grass }] = Nil
  // ...
}
```

20.9 열거형

경로 의존적 타입의 재미있는 활용 예 하나를 스칼라의 열거형enumeration type 지원에서 찾아볼 수 있다. 자바나 C# 같은 언어는 새 타입을 정의하기 위한 언어 내장 구성요소로 열거형을 지원한다. 스칼라는 열거형을 위한 특별한 문법을 제공하지 않는다. 대신, scala.Enumeration이라는 클래스가 스칼라 표준 라이브러리에 있다.

새 열거형을 만들고 싶다면, 아래 예와 같이 Enumeration 클래스를 확장한 객체를 만들면 된다. 여기서는 색을 표현하기 위해 Color라는 열거형을 정의한다.

```
object Color extends Enumeration {
  val Red = Value
  val Green = Value
```

```
    val Blue = Value
}
```

스칼라에서는 우변이 같은 val이나 var를 연속으로 정의하는 경우, 이를 한데 모아 짧게 만들 수 있다. 위와 같은 코드를 다음과 같이 작성해도 동일하다.

```
object Color extends Enumeration {
  val Red, Green, Blue = Value
}
```

이 객체 정의는 세 값 Color.Red, Color.Green, Color.Blue를 제공한다. Color에 있는 모든 값을 임포트하려면 다음과 같이 한다.

```
import Color._
```

이렇게 하고 나면, Red, Green, Blue라고만 써도 된다. 하지만 각 값의 타입은 무엇일까? Enumeration은 내부 클래스로 Value를 정의하고, 새로운 Value 인스턴스를 반환하는 이름이 같은 파라미터 없는 메서드를 정의해뒀다. 즉, Color.Red 등의 값은 타입이 Color. Value라는 뜻이다. Color.Value는 Color라는 객체에 정의한 모든 열거형 값의 타입이다. 이 타입은 경로 의존 타입이다. Color는 경로이고, Value는 그 경로에 의존하는 타입이다. 여기서 중요한 점은 각각이 다른 것과 다른, 전혀 새로운 타입이라는 것이다.

특히, 다음과 같이 또 다른 열거형을 정의하는 경우를 생각해보자.

```
object Direction extends Enumeration {
  val North, East, South, West = Value
}
```

이 경우 Direction.Value는 Color.Value와는 다르다. 두 타입의 경로 부분이 다르기 때문이다.

스칼라의 Enumeration 클래스는 다른 언어의 열거형 설계에서 찾아볼 수 있는 여러 기능도 제공한다. 다음과 같이 Value 메서드를 오버로드한 변형 메서드를 호출하면 열거형 값과 이름을 연관시킬 수 있다.

```
object Direction extends Enumeration {
  val North = Value("North")
  val East = Value("East")
  val South = Value("South")
  val West = Value("West")
}
```

또한 열거형의 values 메서드를 사용하면, 어떤 열거형의 값에 대해 이터레이션할 수 있다.

```
scala> for (d <- Direction.values) print(d + " ")
North East South West
```

각 열거형의 값은 0부터 번호(id)가 붙는다. 이 번호는 값의 id 메서드를 사용해 찾을 수 있다.

```
scala> Direction.East.id
res14: Int = 1
```

반대 방향으로도 작업이 가능하다. 즉, 음이 아닌 정숫값을 해당 값이 id인 열거형 값으로 변환할 수 있다.

```
scala> Direction(1)
res15: Direction.Value = East
```

여기까지 설명한 내용만으로도 열거형을 처음 쓰기 시작할 때 충분할 것이다. 더 많은 정보는 scala.Enumeration 클래스의 스칼라독 주석에서 찾아볼 수 있다.

20.10 사례 연구: 통화 변환

이번 장의 나머지 부분에서는 추상 타입을 스칼라에서 어떻게 사용하는지 보여주는 사례 연구를 진행한다. 과제는 Currency 클래스를 설계하는 것이다. Currency의 전형적인 인스턴스는 달러, 엔, 유로, 또는 기타 통화 단위로 일정 금액의 돈을 표현할 수 있다. 통화에 대한 산술 연산이 가능해야 한다. 예를 들어, 같은 단위의 통화를 표현하는 두 통화 인스턴스를 더할 수 있어야 한다. 또한 어떤 통화에 이자율을 나타내는 값을 곱할 수도 있어야 한다.

이런 사항을 고려하면, 처음에 다음과 같이 통화 클래스를 설계할 수 있을 것이다.

```scala
// 처음으로 (잘못) 설계한 통화 클래스
abstract class Currency {
  val amount: Long
  def designation: String
  override def toString = s"$amount $designation"
  def + (that: Currency): Currency = ...
  def * (x: Double): Currency = ...
}
```

통화에서 amount는 현재 표현 중인 통화 단위의 개수를 표시한다. Long 타입의 필드를 사용한 이유는 구글이나 애플 같은 거대 기업의 시장 가치를 표현하기 위해서다. 여기서는 추상 필드로 남겨졌다. 실제 구현하는 서브클래스에서 구체적인 금액을 정의할 수 있게 허용하기 위해서다. designation은 해당 통화 단위를 구별하는 문자열이다. Currency 클래스의 toString 메서드는 amount와 designation을 함께 표현한다. 아마도 다음과 같은 결과를 출력할 것이다.

```
79 USD
11000 Yen
99 Euro
```

마지막으로, 두 통화 인스턴스를 더하는 + 메서드 그리고 통화와 부동소수점 수를 곱하는 * 메서드가 있다. 다음과 같이, 구체적인 통화 값을 만들려면 구체적인 금액과 통화 종류를 지정해야 한다.

```scala
new Currency {
  val amount = 79L
  def designation = "USD"
}
```

이 설계는 우리가 달러나 유로 등 한 가지 통화만 모델링하고 싶다면 문제가 없다. 하지만 여러 종류의 통화를 섞어 사용하기 시작하면 문제가 생긴다. 달러와 유로를 Currency

클래스의 두 서브클래스로 만들고 싶다고 하자.

```scala
abstract class Dollar extends Currency {
  def designation = "USD"
}
abstract class Euro extends Currency {
  def designation = "Euro"
}
```

처음 봤을 때는 타당해 보인다. 하지만 이렇게 하면 달러와 유로를 더할 수 있다. 그리고 그 결과는 Currency 타입이 될 것이다. 하지만 유로와 달러를 섞은 통화는 약간 웃겨 보일 것이다. 아마도 +의 구현으로 필요한 것은 더 특화된 버전일 것이다. 즉, Dollar 클래스에서 +는 Dollar를 인자로 받고 Dollar를 결과로 내어놓는 메서드가 돼야 한다는 뜻이다. 마찬가지로, Euro 클래스에서는 Euro를 받아서 Euro를 결과로 반환해야 한다. 따라서 덧셈의 타입은 정의하는 서브클래스에 따라 달라져야 한다. 그렇지만 가능하면 덧셈 메서드를 한 번만 구현하고, 각 서브클래스에서 다시 구현하고 싶지는 않다.

스칼라에는 이런 상황을 다룰 수 있는 간단한 방법이 있다. 어떤 대상을 클래스 정의 시 알 수 없다면, 이를 추상화하는 것이다. 이런 방식은 값이나 타입에 모두 적용할 수 있다. 통화의 경우 +의 인자나 결괏값의 정확한 타입을 알지 못한다. 따라서 이 타입을 추상 타입으로 만들어보는 게 좋을 것이다.

그렇게 하면, 대략 다음과 같은 추상 클래스 AbstractCurrency를 만들 수 있다.

```scala
// 두 번째(여전히 완전하지는 않은) Currency 클래스 설계
abstract class AbstractCurrency {
  type Currency <: AbstractCurrency
  val amount: Long
  def designation: String
  override def toString = s"$amount $designation"
  def + (that: Currency): Currency = ...
  def * (x: Double): Currency = ...
}
```

앞의 경우와 달리, 여기서는 클래스 이름을 AbstractCurrency로 바꿨고 그 안에 추상 타입 Currency가 있어서 실제 사용할 대상 통화를 표현한다. AbstractCurrency를 구현한 구

506

체적인 서브클래스들은 Currency 타입을 자기 자신의 타입으로 지정해서 '매듭을 지을' 수 있다.

예를 들어, 아래에 새로운 Dollar를 보여준다. 이제는 AbstractCurrency를 확장한다.

```
abstract class Dollar extends AbstractCurrency {
  type Currency = Dollar
  def designation = "USD"
}
```

이 설계는 작동할 수 있지만, 아직도 완전하지는 않다. 한 가지 문제는 말줄임표(...)로 구현을 해놓지 않았다고 표시해둔 AbstractCurrency의 메서드 +와 *이다. 구체적으로 말하자면, 어떻게 덧셈 연산을 추상 클래스에 정의할 수 있을까? 새 통화의 합계 자체는 this.amount + that.amount로 간단히 계산하면 될 것이다. 하지만 그 결괏값(amount)을 어떻게 올바른 통화 타입으로 변환할 수 있을까?

아마도 여러분은 다음과 같은 시도를 해볼지도 모르겠다.

```
def + (that: Currency): Currency = new Currency {
  val amount = this.amount + that.amount
}
```

하지만 이는 컴파일 오류를 발생시킨다.

```
error: class type required
  def + (that: Currency): Currency = new Currency {
                                         ^
```

스칼라가 추상 타입을 다루는 경우에 대한 제약사항 중 하나는 추상 타입의 인스턴스를 만들 수도 없고, 추상 타입을 다른 클래스의 슈퍼타입으로 만들 수도 없다는 것이다.[3] 따라서 컴파일러는 Currency를 인스턴스화하는 이 예제 코드를 거부한다.

하지만 이런 제약을 피해 돌아갈 수 있는 방법이 있다. 추상 타입의 인스턴스를 직접 만

---

3 이런 기능을 허용하는 가상 클래스(virtual class)에 대한 최근의 여러 연구 결과가 유망해 보인다. 하지만 스칼라는 현재 가상 클래스를 지원하지 않는다.

드는 대신, 추상 타입을 만들어내는 추상 메서드를 만들 수 있다. 그러면 추상 타입을 구체적인 타입으로 만들면서, 해당 **팩토리 메서드**^{factory method}에도 구체적인 구현을 제공할 수 있다. AbstractCurrency의 경우 다음과 같이 할 수 있다.

```
abstract class AbstractCurrency {
  type Currency <: AbstractCurrency      // 추상 타입
  def make(amount: Long): Currency       // 팩토리 메서드
  ...                                    // 나머지 부분
}
```

이와 같이 설계하면 작동하긴 하겠지만, 조금 수상해 보인다. 팩토리 메서드를 AbstractCurrency 클래스에 포함시켜야 하는 이유가 무엇일까? 이런 설계가 좋아 보이지 않는 이유가 최소한 두 가지는 있다. 첫째, 어떤 종류의 통화를 일정 수량 갖고 있다면(예를 들어, 1달러), 다음과 같은 코드로 같은 종류의 통화를 더 만들어낼 수 있다.

```
myDollar.make(100)              // 백 달러 더!
```

컬러 복사기 시대에 이런 기능은 매혹적인 시나리오일 것이다. 하지만 이런 짓을 하면 얼마 되지 않아 잡히고 말 것이다. 이 코드의 두 번째 문제는, 이미 어떤 종류의 Currency 객체를 갖고 있다면 이를 쉽게 얻을 수 있지만 최초의 Currency 객체를 만들어낼 수 있는 방법이 없다는 데 있다. 아마도 다른 생성 메서드가 필요할 텐데, 이는 본질적으로 make가 하는 일과 같은 일이다. 따라서 일종의 코드 중복이 생기며, 이는 분명 나쁜 코드 냄새다.

물론, 해법은 추상 타입과 팩토리 메서드를 AbstractCurrency 밖으로 옮기는 것이다. AbstractCurrency 클래스, Currency 타입, make 팩토리 메서드를 포함하는 다른 객체를 새로 정의할 필요가 있다.

이를 CurrencyZone이라 부르자.

```
abstract class CurrencyZone {
  type Currency <: AbstractCurrency
  def make(x: Long): Currency

  abstract class AbstractCurrency {
    val amount: Long
```

```
    def designation: String
    override def toString = s"$amount $designation"
    def + (that: Currency): Currency =
      make(this.amount + that.amount)
    def * (x: Double): Currency =
      make((this.amount * x).toLong)
  }
}
```

CurrencyZone을 구체화한 예로 US를 다음과 같이 정의할 수 있을 것이다.

```
object US extends CurrencyZone {
  abstract class Dollar extends AbstractCurrency {
    def designation = "USD"
  }
  type Currency = Dollar
  def make(x: Long) = new Dollar { val amount = x }
}
```

여기서 US는 CurrencyZone을 확장한다. 그리고 AbstractCurrency의 서브클래스인 Dollar 클래스를 정의한다. 따라서 이 지역에 있는 통화의 타입은 US.Dollar다. US 객체는 또한 Currency 타입을 Dollar의 별명으로 만들고, make 팩토리 메서드가 새로 amount를 지정한 달러를 반환하게 만든다.

이렇게 만든 설계는 잘 작동한다. 이제 더 다듬을 부분이 몇 가지만 남았다. 첫 번째로 다듬을 부분은 하위 단위다. 지금까지는 모든 통화의 양을 달러나 유로, 엔 등 한 단위로만 측정했다. 하지만 대부분의 통화에는 하위 단위가 있다. 예를 들어, 미국 달러의 하위 단위는 센트다. 센트를 모델링하는 가장 직접적인 방법은 US.Currency의 amount 필드가 금액을 달러 대신 센트 단위로 저장하게 만드는 것이다. 다른 단위(예: 센트)를 기본 단위(예: 달러)로 바꾸기 위해 CurrencyZone 클래스 안에 기본 단위를 알려주는 CurrencyUnit 이라는 필드를 추가하면 유용하다.

```
abstract class CurrencyZone {
  ...
  val CurrencyUnit: Currency
}
```

US 객체라면 Cent, Dollar, CurrencyUnit을 리스트 20.11처럼 만들 수 있을 것이다. 이 정의는 새로운 필드 정의를 제외하면 앞의 US 객체 정의와 똑같다. Cent 필드는 1 US.Currency의 양을 표시한다. 이를 1센트 동전에 대응하는 것으로 생각할 수 있다. Dollar 필드는 100 US.Currency를 표현한다. 따라서 US 객체는 이제 Dollar라는 이름을 두 가지 방식으로 정의한다. **타입 Dollar**(US 내부의 추상 클래스 이름)는 US라는 통화 지역의 일반적인 Currency 이름을 표현한다. 반면, Dollar(US 내부의 val 필드)라는 **값**은 1달러를 표현하며, 1달러 지폐로 생각할 수 있다. 세 번째 필드 정의 CurrencyUnit은 US 지역의 표준 통화 단위를 Dollar(Dollar라는 타입이 아니고 val 필드 Dollar에 저장된 값)로 지정한다.

리스트 20.11 US 통화 지역

```
object US extends CurrencyZone {
  abstract class Dollar extends AbstractCurrency {
    def designation = "USD"
  }
  type Currency = Dollar
  def make(cents: Long) = new Dollar {
    val amount = cents
  }
  val Cent = make(1)
  val Dollar = make(100)
  val CurrencyUnit = Dollar
}
```

Currency 클래스의 toString도 하위 단위를 고려해 바꿔야 한다. 예를 들어, 10달러와 23센트의 합은 10진 소수로 10.23 USD라고 할 수 있다. 이를 위해 다음과 같이 Currency의 toString 메서드를 정의할 수 있을 것이다.

```
override def toString =
  ((amount.toDouble / CurrencyUnit.amount.toDouble)
    formatted ("%." + decimals(CurrencyUnit.amount) + "f")
    + " " + designation)
```

여기서 formatted는 Double을 포함한 스칼라의 몇몇 클래스에서 사용 가능한 메서드다.[4]

---

4 스칼라는 5.10절에서 설명한 대로 풍부한 래퍼를 사용해 formatted를 사용 가능하게 만든다.

formatted 메서드는 호출 대상 객체를 formatted 메서드의 우항에 전달한 형식 문자열에 따라 형식화한 문자열을 돌려준다. formatted에 넘길 형식 문자열은 자바의 String.format 메서드와 동일하다.

예를 들어, 형식 문자열이 "%2.f"라면 어떤 수의 소수점 아래를 두 자리만 남긴 문자열을 반환한다. 앞의 toString 메서드는 CurrencyUnit.amout에 대해 decimals 메서드를 호출해 형식 문자열을 만든다. 이 메서드는 10진 정수의 자릿수에서 1을 뺀 수를 반환한다. 즉, decimals(10)은 1, decimals(100)은 2 등이다. decimals 메서드는 간단한 재귀를 사용해 만들 수 있다.

```
private def decimals(n: Long): Int =
  if (n == 1) 0 else 1 + decimals(n / 10)
```

리스트 20.12 유럽과 일본의 통화 지역

```
object Europe extends CurrencyZone {
  abstract class Euro extends AbstractCurrency {
    def designation = "EUR"
  }
  type Currency = Euro
  def make(cents: Long) = new Euro {
    val amount = cents
  }
  val Cent = make(1)
  val Euro = make(100)
  val CurrencyUnit = Euro
}
object Japan extends CurrencyZone {
  abstract class Yen extends AbstractCurrency {
    def designation = "JPY"
  }
  type Currency = Yen
  def make(yen: Long) = new Yen {
    val amount = yen
  }
  val Yen = make(1)
  val CurrencyUnit = Yen
}
```

```
object Converter {
  var exchangeRate = Map(
    "USD" -> Map("USD" -> 1.0   , "EUR" -> 0.7596,
                 "JPY" -> 1.211 , "CHF" -> 1.223),
    "EUR" -> Map("USD" -> 1.316 , "EUR" -> 1.0   ,
                 "JPY" -> 1.594 , "CHF" -> 1.623),
    "JPY" -> Map("USD" -> 0.8257, "EUR" -> 0.6272,
                 "JPY" -> 1.0   , "CHF" -> 1.018),
    "CHF" -> Map("USD" -> 0.8108, "EUR" -> 0.6160,
                 "JPY" -> 0.982 , "CHF" -> 1.0 )
  )
}
```

리스트 20.12는 그 밖의 통화 지역을 보여준다. 좀 더 다듬는다면 모델에 환전 기능을 추가할 수 있을 것이다. 우선, 두 통화 사이에 적용 가능한 환율을 포함하는 변환 클래스로 Converter 클래스를 만들 수 있다. 이는 리스트 20.13과 같다. 이들을 사용하면 Currency 클래스를 반환하는 환전 메서드 from을 만들 수 있다. from은 인자로 받은 원래의 통화를 다음과 같이 현재의 Currency 객체로 변환한다.

```
def from(other: CurrencyZone#AbstractCurrency): Currency =
  make(math.round(
    other.amount.toDouble * Converter.exchangeRate
      (other.designation)(this.designation)))
```

from 메서드는 임의의 통화를 인자로 받는다. 그렇기 때문에 형식 파라미터의 타입이 CurrencyZone#AbstractCurrency다. CurrencyZone#AbstractCurrency는 인자가 임의의 CurrencyZone에 속한 AbstractCurrency여야 한다는 뜻이다. from 메서드는 other로 받은 통화의 amount에 그 통화와 현재 통화의 환율을 곱해서 계산한다.[5]

---

5 그건 그렇고, 엔화 거래 조건이 너무 나쁘다고 생각하는(즉, 달러에 비해 엔화가 너무 비싸다고 생각하는) 독자가 있다면, 이 변환율은 각각의 CurrencyZone하에서의 크기에 대한 것임을 강조하고 싶다. 따라서 1.211은 US 센트와 일본 엔 사이의 환전 비율이다.

```scala
abstract class CurrencyZone {

  type Currency <: AbstractCurrency
  def make(x: Long): Currency

  abstract class AbstractCurrency {

    val amount: Long
    def designation: String

    def + (that: Currency): Currency =
      make(this.amount + that.amount)
    def * (x: Double): Currency =
      make((this.amount * x).toLong)
    def - (that: Currency): Currency =
      make(this.amount - that.amount)
    def / (that: Double) =
      make((this.amount / that).toLong)
    def / (that: Currency) =
      this.amount.toDouble / that.amount

    def from(other: CurrencyZone#AbstractCurrency): Currency =
      make(math.round(
          other.amount.toDouble * Converter.exchangeRate
            (other.designation)(this.designation)))

    private def decimals(n: Long): Int =
      if (n == 1) 0 else 1 + decimals(n / 10)

    override def toString =
      ((amount.toDouble / CurrencyUnit.amount.toDouble)
        formatted ("%." + decimals(CurrencyUnit.amount) + "f")
        + " " + designation)
  }

  val CurrencyUnit: Currency
}
```

CurrencyZone 클래스의 최종 버전이 리스트 20.14에 있다. 이 클래스를 스칼라 명령 셸에서 시험해볼 수 있다. CurrencyZone이나 모든 구체적인 CurrencyZone의 객체를 org.stairwaybook.currencies에 정의했다고 가정한다. 첫 단계는 org.stairwaybook. currencies._ 패키지에 있는 모든 내용을 셸로 임포트하는 것이다. 그다음에는 통화 변환을 할 수 있다.

```
scala> Japan.Yen from US.Dollar * 100
res16: Japan.Currency = 12110 JPY

scala> Europe.Euro from res16
res17: Europe.Currency = 75.95 EUR

scala> US.Dollar from res17
res18: US.Currency = 99.95 USD
```

변환을 세 번 거친 결과가 원래의 값과 거의 비슷하다는 건 환율 정의가 상당히 정확하다는 뜻이다! 같은 종류의 통화는 서로 더할 수 있다.

```
scala> US.Dollar * 100 + res18
res19: US.Currency = 199.95 USD
```

반면, 각기 다른 통화는 서로 더할 수 없다.

```
scala> US.Dollar + Europe.Euro
                  ^
      error: type mismatch;
       found    : Europe.Euro
       required: US.Currency
          (which expands to)  US.Dollar
```

타입 추상화를 사용해 서로 단위(여기서는 통화 클래스의 종류)가 다른 두 값을 더하지 못하게 방지할 수 있었다. 타입 추상화를 사용해 안전하지 못한 연산을 방지할 수 있었다. 각기 다른 단위를 제대로 변환하지 못하는 건 하찮은 버그인 것 같아 보일 것이다. 하지만 그런 버그도 심각한 시스템 오류를 일으킬 수 있는데, 1999년 9월 23일 발생했던 화성 기후 궤도 탐사선^{Mars Climate Orbiter}의 소실이 그 예다. 원인은 엔지니어링 팀 중 하나는 미터법^{metric unit}을 사용한 반면, 다른 팀은 영국 단위^{English unit}(인치나 파운드 등을 사용하는 단위)를 사용했기 때문이었다. 만약 단위를 이번 장에서 통화를 코드화했던 것처럼 다뤘다면, 그런 오류는 컴파일 시점에 발견할 수 있었을 것이다. 하지만 단위 오류로 인해 거의 열 달간의 항해를 거쳐 화성에 도착했던 탐사선이 화성 궤도에서 사라져버렸다.

20.11 결론

스칼라는 객체지향 추상화를 구조적으로, 그리고 아주 일반화해 지원한다. 이를 통해 메서드를 추상화하는 것뿐만 아니라 val 값, var 변수, 타입 등도 추상화할 수 있다. 20장에서는 추상 멤버를 어떻게 활용할 수 있는지 살펴봤다. 이들은 시스템을 구조화하는 데 있어 단순하지만 효과적인 원칙을 제공한다. 즉, 클래스 설계 시 아직 알 수 없는 모든 대상을 추상 멤버로 정의하라는 원칙이다. 그렇게 하면, 여러분이 모델을 개발하는 과정에서 타입 시스템의 도움을 받아 어떤 방향으로 개발을 진행할지 알 수 있다. 이런 과정을 통화와 환율에 대한 사례 분석을 통해 살펴봤다. 모르는 게 타입인지, 메서드인지, var나 val 변수인지는 문제가 안 된다. 스칼라에서는 그 모두를 추상 요소로 선언할 수 있다.

Chapter
21
암시적 변환과 암시적 파라미터

여러분의 코드와 다른 사람의 라이브러리 사이에는 근본적인 차이가 있다. 자신의 코드는 마음대로 바꾸거나 확장할 수 있지만, 다른 사람의 라이브러리를 사용하고 싶은 경우에는 보통 있는 그대로 사용해야 한다는 점이다. 프로그래밍 언어들은 이 문제를 처리하기 위해 여러 가지 요소를 도입해왔다. 루비Ruby에는 모듈이 있고, 스몰토크Smalltalk는 패키지들이 서로 클래스를 추가할 수 있다. 이런 기능은 아주 강력하지만 또한 위험하다. 애플리케이션 전체에서 쓰이는 어떤 클래스의 동작을 원하는 대로 변경할 수 있어서, 잘 모르는 프로그램의 일부분이 영향을 받을 수 있기 때문이다. C# 3.0에는 정적 확장 메서드static extension method가 있어서 좀 더 지역적으로 변경할 수 있다. 또한 클래스에 메서드는 추가 가능하지만 필드는 추가할 수 없고, 클래스가 새로운 인터페이스를 구현하게 만들 수 없기 때문에 좀 더 제약이 크다.

스칼라는 같은 문제에 대해 암시적 변환과 암시적 파라미터를 답으로 제공한다. 이를 사용하면 여러분이 작성할 코드에서 재미있는 부분을 희석할 수 있는 지루하고 뻔한 부분을 자세히 다루지 않고도 기존 라이브러리를 더 즐겁게 사용할 수 있다. 맛깔나게 사용한다면, 이런 기능은 프로그래머가 뻔하지 않은 재미있는 부분에 초점을 맞춘 코드를 만들어낼 수 있게 해준다. 21장에서는 암시적 요소들이 어떻게 작동하는지 보여주고, 가장 일반적인 용례를 설명할 것이다.

21.1 암시적 변환

암시적 변환을 자세히 다루기 전에, 가장 전형적인 사용 예를 먼저 살펴보자. 암시적 변환은 종종 서로를 고려하지 않고 독립적으로 개발된 두 덩어리의 소프트웨어를 한데 묶을 때 유용하다. 근본적으로 동일한 어떤 대상을 각 라이브러리가 각각 다르게 인코딩할 수 있다. 암시적 변환을 사용하면 한 타입을 다른 타입으로 변경하는 데 필요한 명시적인 변환의 숫자를 줄일 수 있다.

자바에는 여러 플랫폼에 걸친 사용자 인터페이스를 만들기 위한 스윙^{Swing}이라는 라이브러리가 있다. 스윙이 하는 일 중 하나는 운영체제의 이벤트를 처리해, 플랫폼에 독립적인 이벤트 객체로 바꾸고, 이런 이벤트들을 이벤트 리스너^{event listener}라는 이름의 애플리케이션 구성요소로 전달하는 것이다.

만약 스윙이 스칼라를 염두에 두었다면, 이벤트 리스너를 함수 타입으로 표현했을 것이다. 호출하는 쪽에서는 함수 리터럴 문법을 사용해 특정 클래스의 이벤트 발생을 어떻게 처리할지를 가볍게 정의할 수 있다. 하지만 자바에는 함수 리터럴이 없기 때문에, 스윙은 그다음으로 가장 알맞은 방법인 메서드가 하나뿐인 인터페이스를 구현하는 내부 클래스[1]를 사용한다. 액션 리스너의 경우 그런 인터페이스의 이름은 `ActionListener`다.

암시적 변환이 없다면, 스윙을 사용하는 스칼라 프로그램도 자바와 마찬가지로 클래스를 사용해야만 한다. 다음은 버튼을 만들고 액션 리스너를 거는 예를 보여준다. 액션 리스너는 버튼이 눌릴 때마다 호출되며, 그때마다 "pressed!"라는 문자열을 출력한다.

```
val button = new JButton
button.addActionListener(
  new ActionListener {
    def actionPerformed(event: ActionEvent) = {
      println("pressed!")
    }
  }
)
```

---

1 자바 8에 람다가 도입되면서 (추상) 메서드가 하나뿐인 인터페이스를 람다와 바꿔 쓸 수 있게 되었다. 자바 관련 글에서 SAM(Single Abstract Method)이라는 말이 보이면 추상 메서드가 하나뿐인 인터페이스를 의미하는 것이며, 공식 용어로는 이를 함수형 인터페이스(functional interface)라고 한다. 기본적으로 자바 인터페이스에 있는 메서드들은 추상 메서드이지만, 자바 8에 도입된 디폴트 메서드로 인해 상황이 바뀌었다. 자바 7까지는 '메서드가 하나뿐인 인터페이스'가 '추상 메서드가 하나뿐인 인터페이스'와 같았지만, 더 이상 그렇지 않다. 추상 메서드는 하나지만 디폴트 메서드가 더 있는 인터페이스도 SAM이기 때문이다. – 옮긴이

이 코드에는 정보가 없는 준비 과정 코드가 많이 들어 있다. 리스너가 `ActionListener`라는 사실, 콜백 메서드가 `actionPerformed`라는 사실, 리스너 추가 함수에 전달할 인자가 `ActionEvent`라는 사실 등은 실제로는 `addActionListener`에 전달할 인자라면 당연히 그래야 하는 것이다. 여기서 정말 새로운 정보는 실행할 코드 부분, 즉 `println`을 호출하는 부분뿐이다. 이 새 정보를 다른 얼개 코드가 압도한다. 이 코드를 읽으려면 매의 눈을 가져야만 잡음을 뚫고 정말 정보가 있는 부분을 찾아낼 수 있을 것이다.

더 스칼라에 친화적인 버전이라면 함수를 인자로 받을 것이다. 이를 통해 얼개 코드의 양을 극적으로 줄일 수 있다.

```
button.addActionListener( // 타입 불일치!
  (_: ActionEvent) => println("pressed!")
)
```

위에 쓴 것처럼, 이 코드는 작동하지 않는다.[2] `addActionListener`가 원하는 것은 액션 리스너이지 함수가 아니다. 암시적 변환을 적용하면 이 코드를 작동하게 만들 수 있다.

첫 단계는 두 타입 사이에 암시적인 변환 방법을 작성하는 것이다. 다음은 함수를 액션 리스너로 바꾸는 암시적 변환 코드다.

```
implicit def function2ActionListener(f: ActionEvent => Unit) =
  new ActionListener {
    def actionPerformed(event: ActionEvent) = f(event)
  }
```

이 메서드는 유일한 인자로 함수를 받아서 액션 리스너를 반환한다. 다른 인자 하나짜리 메서드와 마찬가지로, 이 메서드를 바로 호출하고, 반환하는 결과를 바로 다른 식에 전달할 수 있다.

```
button.addActionListener(
  function2ActionListener(
    (_: ActionEvent) => println("pressed!")
  )
)
```

---

2   31.5절에서 설명하겠지만, 스칼라 2.12에서는 이 코드가 작동한다.

이것만으로도 내부 클래스를 사용하는 버전보다 훨씬 좋다. 얼마나 많은 얼개 코드가 함수 리터럴과 메서드 호출로 바뀌었는지 살펴보라. 하지만 암시적 변환을 사용하면 훨씬 더 좋아진다. function2ActionListener를 implicit로 표시해뒀기 때문에, 이를 생략해도 컴파일러가 자동으로 추가해준다. 다음은 그 결과를 보여준다.

```
// 이제 작동한다.
button.addActionListener(
  (_: ActionEvent) => println("pressed!")
)
```

이 코드가 작동하는 방식은 다음과 같다. 먼저 컴파일러는 코드를 있는 그대로 컴파일해본다. 하지만 타입 오류가 발생한다. 포기하기 전에 컴파일러는 암시적 변환을 통해 문제를 해결할 수 있는지 살펴본다. 이 예제의 경우, function2ActionListener가 있다. 따라서 컴파일러는 이 메서드를 시도해보고, 작동하면 계속 다음 단계를 진행한다. 컴파일러가 열심히 일해서 개발자가 성가신 세부사항에 신경 쓰지 않아도 되게 돕는 것이다. 액션 리스너? 액션 이벤트 함수? 어느 쪽이든 잘 작동할 것이다. 여러분에게 편한 것을 사용하라.

이번 절에서는 암시적 변환의 힘을 일부 보여줬다. 또한 암시적 변환을 사용해 어떻게 기존 라이브러리를 스칼라와 잘 어우러지게 할 수 있는지도 살펴봤다. 다음 절에서는 암시적 변환을 시도할지 여부를 결정하는 규칙과, 어떤 암시적 변환을 사용할지 찾아내는 규칙을 살펴볼 것이다.

21.2 암시 규칙

암시적 정의는 컴파일러가 타입 오류를 고치기 위해 삽입할 수 있는 정의들을 말한다. 예를 들어, x + y라는 표현식이 타입 오류가 있다면 컴파일러는 convert(x) + y를 시도해본다. 여기서 convert는 사용 가능한 암시적 변환 중 하나가 된다. convert가 x를 + 메서드를 가진 어떤 것으로 변환할 수 있다면 그 변환이 문제를 해결해서 타입 검사를 통과하고 실행이 제대로 될 수도 있다. convert가 실제로 간단한 변환 함수에 지나지 않는다면, 이를 소스 코드에서 빼는 게 오히려 코드를 더 명확하게 하는 일일 수도 있다.

컴파일러는 암시적 변환을 다음과 같은 일반 규칙에 따라 처리한다.

표시 규칙: implicit로 표시한 정의만 검토 대상이다

implicit 키워드는 컴파일러가 암시 처리 시 사용할 선언을 표시한다. 변수, 함수, 객체 정의에 implicit 표시를 달 수 있다. 다음은 암시적인 함수 정의의 예다.[3]

```
implicit def intToString(x: Int) = x.toString
```

컴파일러가 x + y를 convert(x) + y로 바꾸는 경우는 convert가 implicit로 표시된 경우 뿐이다. 이를 통해 컴파일러가 스코프 안에 있는 임의의 함수를 선택해 '변환 함수'로 사용하는 것을 방지할 수 있다. 컴파일러는 여러분이 암시적이라고 명시한 정의 중에서만 변환 함수를 찾는다.

스코프 규칙: 삽입된 implicit 변환은 스코프 내에 단일 식별자로만 존재하거나, 변환의 결과나 원래 타입과 연관이 있어야 한다

스칼라 컴파일러는 스코프 안에 있는 암시적 변환만을 고려한다. 어떤 암시적 변환을 사용 가능하게 하려면, 어떻게든 그 변환을 스코프 안으로 가져와야 한다. 더 나아가, (한 가지 예외를 제외하고) 암시적 변환은 **단일 식별자**로 스코프 안에 존재해야만 한다. 컴파일러는 someVariable.convert 같은 형태의 변환을 삽입하지 않는다. 예를 들어, 컴파일러는 x + y를 someVariable.convert(x) + y로 확장하지 않는다. 암시 처리 시 someVariable. convert를 사용하게 만들고 싶다면, 임포트해서 단일 식별자로 가리킬 수 있게 만들어야 한다. 일단 임포트한 다음에는 컴파일러가 자유롭게 convert(x) + y를 사용할 수 있다. 실제로, 라이브러리에 여러 유용한 암시적 변환이 들어 있는 Preamble 객체가 들어 있는 것이 일반적이다. 그런 라이브러리를 사용하는 코드에서는 import Preamble._을 호출해 라이브러리의 암시적 변환을 한 번에 접근할 수 있다.

'단일 식별자' 규칙에는 한 가지 예외가 있다. 컴파일러는 원 타입이나 변환 결과 타입의

---

3 변수와 싱글톤 객체에 implicit 표시를 하면 암시적 파라미터로 사용할 수 있다. 그에 대해서는 21장 후반부에서 설명할 것이다.

동반 객체에 있는 암시적 정의도 살펴본다. 예를 들어, 여러분이 Dollar 객체를 Euro를 취하는 메서드에 전달한다면, Dollar가 원 타입이고 Euro가 결과 타입이다. 따라서 두 클래스(즉, Dollar나 Euro)의 동반 객체 안에 Dollar에서 Euro로 변환하는 암시적 변환을 넣어둘 수 있다.

다음은 암시 정의를 Dollar의 동반 객체에 넣는 경우를 보여준다.

```
object Dollar {
  implicit def dollarToEuro(x: Dollar): Euro = ...
}
class Dollar { ... }
```

이런 경우, dollarToEuro가 Dollar 타입과 **연관이 있다**고 말한다. 컴파일러는 Dollar 타입의 인스턴스를 다른 타입으로 변환할 필요가 있을 때마다 연관이 있는 변환을 찾는다. 별도로 여러분의 프로그램에 변환을 임포트할 필요가 없다.

스코프 규칙은 모듈별로 생각하는 것을 돕는다. 여러분이 어떤 파일에 있는 코드를 읽을 때 그 코드를 이해하기 위해 다른 파일을 참조해야만 하는 경우는 임포트했거나 완전한 이름^{fully qualified name}으로 명시적으로 참조하는 경우뿐이다. 암시적 정의에 있어 이런 법칙을 적용해서 얻을 수 있는 이점은 명시적으로 작성한 코드만큼이나 크다. 만약 암시적 정의가 시스템 전체에 걸쳐 영향을 끼친다면, 여러분이 어떤 파일의 동작을 이해하기 위해서는 프로그램 여기저기에 있는 모든 암시적 정의를 알아야만 했을 것이기 때문이다.

한 번에 하나만 규칙: 오직 하나의 암시적 선언만 사용한다

컴파일러는 결코 x + y를 convert1(convert2(x)) + y로 변환하지 않는다. 그렇게 하면 잘못 작성한 코드를 컴파일하는 시간이 극적으로 늘어나 버리며, 프로그래머가 작성한 코드와 그 프로그램이 실제 하는 일 사이의 차이가 더 커진다. 안전을 위해 컴파일러는 다른 암시적 선언을 시도하는 중에 추가로 암시적 선언을 적용하려 하지 않는다. 하지만 암시 선언 안에서 암시 파라미터를 사용해 이런 제약을 우회할 수 있다. 이는 잠시 후에 설명할 것이다.

명시성 우선 규칙: 코드가 그 상태 그대로 타입 검사를 통과한다면 암시를 통한 변환을 시도하지 않는다

컴파일러는 이미 잘 작동하는 코드를 변경하진 않는다. 이 규칙의 따름정리corollary는 여러분이 원한다면 언제든 명시적인 선언을 사용해 암시적 식별자를 대신할 수 있다는 것이다. 그렇게 하면 코드는 좀 더 길어지지만 모호함은 줄일 수 있다. 이 두 선택 중 어느 것을 선택하느냐는 상황에 따라 다르다. 코드가 반복이 잦고 장황하다면 암시적 변환을 사용해 그런 지루함을 줄일 수 있다. 코드가 너무 간결해서 모호성이 큰 경우에는 명시적으로 변환을 추가할 수 있다. 컴파일러가 얼마나 많은 암시적 변환을 사용하게 할지는 결국 스타일의 문제다.

암시적 변환 이름 붙이기

암시적 변환에는 아무 이름이나 붙일 수 있다. 이름이 문제가 되는 경우는 두 가지뿐이다. 메서드 호출 시 명시적으로 변환을 사용하고 싶은 경우와, 프로그램의 특정 지점에서 사용 가능한 암시적 변환이 어떤 것이 있는지 파악해야 하는 경우가 바로 그 두 경우다. 두 번째 경우를 보여주기 위해, 암시 변환이 두 가지 있는 객체를 보자.

```
object MyConversions {
  implicit def stringWrapper(s: String):
    IndexedSeq[Char] = ...
  implicit def intToString(x: Int): String = ...
}
```

여러분의 애플리케이션에서 stringWrapper 변환을 사용하고 싶지만, intToString이 정수를 자동으로 문자열로 바꾸는 것은 막고 싶다. 이를 위해 하나의 변환만 임포트하고, 나머지는 임포트하지 않을 수 있다.

```
import MyConversions.stringWrapper
... // stringWrapper를 (암시적으로) 사용하는 코드
```

이 예에서는 암시적 변환의 이름이 중요하다. 이름을 통해서만 특정 암시적 변환은 임포트하고 그 밖의 것은 제외할 수 있기 때문이다.

암시가 쓰이는 부분

스칼라에서는 값을 컴파일러가 원하는 타입으로 변환하거나, 어떤 선택의 수신 객체를 변환하거나, 암시적 파라미터를 지정하는 것과 같은 세 부분에 암시가 쓰인다. 예를 들어, String이 있고 이를 IndexedSeq[Char] 타입이 필요한 다른 메서드에 넘기려 할 수 있다. 수신 객체 변환은 메서드 호출의 대상 객체를 바꿀 수 있게 해준다. 즉, 원래의 타입이 어떤 메서드를 지원하지 않는다면 그 메서드를 호출 대상 객체를 변경해 호출한다. 예를 들어, 컴파일러는 "abc".exists를 stringWrapper("abc").exists로 변환한다. String에는 exists 메서드가 없지만, IndexedSeq에는 있기 때문이다. 반면, 암시적 파라미터는 보통 함수 호출 시 호출하는 쪽에서 원하는 추가 정보를 함수에 제공하고 싶을 때 사용한다. 암시적 파라미터는 제네릭 함수에서 특히 유용하다. 암시적 파라미터가 없다면, 제네릭 함수의 인자 중 일부의 타입에 대한 정보가 없을 수 있기 때문이다. 이제부터는 이 세 종류의 암시에 대해 논의할 것이다.

21.3 예상 타입으로의 암시적 변환

예상 타입으로 암시적 변환을 하는 것은 컴파일러가 암시를 사용하는 첫 번째 부분이다. 규칙은 간단하다. 컴파일러가 Y 타입이 필요한 위치에서 X 타입을 봤다면, X를 Y로 변환하는 암시적 함수를 찾는다. 예를 들어, 배정도 실수는 보통 정수로 쓰일 수 없다. 정수쪽이 정밀도가 떨어지기 때문이다.

```
scala> val i: Int = 3.5
<console>:7: error: type mismatch;
 found   : Double(3.5)
 required: Int
       val i: Int = 3.5
                ^
```

하지만 암시적 변환을 정의하면 이를 부드럽게 넘길 수 있다.

```
scala> implicit def doubleToInt(x: Double) = x.toInt
doubleToInt: (x: Double)Int

scala> val i: Int = 3.5
i: Int = 3
```

어떤 일이 벌어졌냐 하면, 컴파일러가 Int가 필요한 곳에서 Double인 3.5를 본 것이다. 지금까지는 일반적인 타입 오류를 컴파일러가 보고 있다. 하지만 포기하기 전에, 컴파일러는 Double을 Int로 바꾸는 암시적 변환이 없는지 찾아본다. 여기서는 그런 변환인 douleToInt를 찾았다. douleToInt는 스코프 안에 단일 식별자로 들어 있기 때문이다(인터프리터 밖이라면 import를 사용하거나 상속을 통해 스코프 내로 변환 함수를 가져와야 할 것이다). 컴파일러는 이제 자동으로 doubleToInt 호출을 추가한다. 보이지 않는 곳에서 위 코드는 다음과 같이 바뀐다.

```
val i: Int = doubleToInt(3.5)
```

이는 글자 그대로 '암시적' 변환이다. 여러분이 명시적으로 변환을 요청하지는 않았다. 대신, doubleToInt를 단일 식별자로 스코프 내로 가져오면서 암시적 변환에 써도 좋다고 표시했다. 그에 따라 컴파일러는 자동으로 Double을 Int로 변환할 필요가 있을 때 이 변환을 적용했다.

Double을 Int로 변환하는 것은 다소 뜻밖의 일일 수 있다. 왜냐하면 정밀도를 잃어버리는 변환이 보이지 않는 곳에서 벌어진다는 건 좋다고 생각하기 어렵기 때문이다. 따라서 이런 변환은 실제로 권장되지 않는다. 다른 방향으로, 즉 더 제약이 많은 타입에서 더 일반적인 타입으로 변환이 이뤄지는 것이 더 타당하다. 예를 들어, Int는 정밀도 손실 없이 Double로 변환 가능하다. 따라서 Int에서 Double로의 변환은 이치에 맞는다. 실제로 그런 일이 벌어진다. scala.Predef는 모든 스칼라 프로그램에 암시적으로 임포트되는데, 그 안에는 '더 작은' 수 타입을 '더 큰' 것으로 변환하는 암시적 변환들이 들어 있다. 예를 들어, Predef 안에서 다음 변환을 찾아볼 수 있을 것이다.

```
implicit def int2double(x: Int): Double = x.toDouble
```

그래서 스칼라의 Int 값을 Double 변수에 저장할 수 있다. 타입 시스템에 이를 위한 특별한 변환 규칙이 있는 게 아니다. 단지 암시적 변환을 적용할 뿐이다.[4]

21.4 호출 대상 객체 변환

암시적 변환을 메서드를 호출하는 대상이 되는 객체인 수신 객체에도 적용할 수 있다. 이런 종류의 암시적 변환에는 주로 두 가지 용도가 있다. 첫째, 수신 객체 변환을 통해 새 클래스를 기존 클래스 계층구조에 매끄럽게 통합할 수 있다. 둘째, 언어 안에서 도메인 특화 언어[DSL]를 만드는 일을 지원한다.

그런 일이 어떻게 가능한지 보기 위해, 여러분이 obj.doIt이라 썼다고 하자. obj에는 doIt이라는 멤버가 없다. 컴파일러는 포기하지 않고 암시적 변환을 시도한다. 여기서는 수신 객체인 obj를 변환해야 한다. 컴파일러는 obj의 '타입'이 'doIt이라는 멤버가 있는' 것처럼 동작할 것이다. 'doIt이라는 멤버가 있는' 타입은 일반적인 스칼라 타입은 아니다. 하지만 그런 타입은 개념적으로는 존재하며, 그런 타입은 컴파일러가 암시적인 변환을 추가할 수 있는 이유이기도 하다.

새 타입과 함께 통합하기

앞에서 언급했듯이, 수신 객체 변환의 주된 사용 방식 하나는 새 타입과 기존 타입을 매끄럽게 통합하는 것이다. 특히, 이를 사용하면 클라이언트 프로그래머들이 새로운 타입을 마치 기존 타입의 인스턴스처럼 사용하게 할 수 있다. 예를 들어, 161페이지의 리스트 6.5에 있는 Rational 클래스를 살펴보자. 다음은 이 클래스의 일부를 다시 보여준다.

```scala
class Rational(n: Int, d: Int) {
  ...
  def + (that: Rational): Rational = ...
  def + (that: Int): Rational = ...
}
```

---

4 하지만 스칼라 컴파일러 백엔드는 이런 변환을 특별히 다룬다. 그래서 이를 i2d 바이트코드로 번역한다. 따라서 컴파일한 바이트코드 이미지는 자바와 같아진다.

Rational에는 오버로드한 + 메서드 두 가지가 있다. 각각은 Rational과 Int를 인자로 받는다. 따라서 두 유리수를 더하거나, 유리수에 정수를 더할 수 있다.

```
scala> val oneHalf = new Rational(1, 2)
oneHalf: Rational = 1/2

scala> oneHalf + oneHalf
res0: Rational = 1/1

scala> oneHalf + 1
res1: Rational = 3/2
```

하지만 1 + oneHalf 같은 식은 어떤가? 이 식은 수신 객체 1에 적당한 + 메서드가 없기 때문에 처리하기가 약간 어렵다. 따라서 다음과 같이 하면 오류가 난다.

```
scala> 1 + oneHalf
<console>:6: error: overloaded method value + with
alternatives (Double)Double <and> ... cannot be applied
to (Rational)
      1 + oneHalf
        ^
```

이런 식으로 혼합된 연산을 허용하려면, Int를 Rational로 변경하는 암시적 변환을 정의할 필요가 있다.

```
scala> implicit def intToRational(x: Int) =
         new Rational(x, 1)
intToRational: (x: Int)Rational
```

이렇게 변환을 만들어두면, 수신 객체 변환이 나머지 처리를 해준다.

```
scala> 1 + oneHalf
res2: Rational = 3/2
```

여기서 벌어진 일은 다음과 같다. 스칼라 컴파일러는 먼저 1 + oneHalf를 있는 그대로 타입 검사를 해본다. Int에 + 메서드가 여럿 있긴 하지만, 그중 어느 것도 Rational을 인자로 받지 않기 때문에 타입 오류가 발생한다. 그런 다음, 컴파일러는 Int를 인자로 Rational을 받을 수 있는 + 메서드를 정의한 다른 타입으로 변환할 수 있는지 찾아본다.

컴파일러는 여러분이 정의한 변환을 발견하고 다음과 같이 적용한다.

```
intToRational(1) + oneHalf
```

이 경우 컴파일러가 암시적 변환을 찾을 수 있었던 이유는 여러분이 정의를 인터프리터에서 입력했기 때문이다. 이 정의는 나머지 인터프리터 세션 동안 스코프 안에 존재한다.

새로운 문법 흉내 내기

암시적 변환의 또 다른 중요한 사용법은 새 문법을 추가한 것처럼 흉내 내는 것이다. Map을 다음과 같은 문법으로 만들 수 있다는 사실을 알 것이다.

```
Map(1 -> "one", 2 -> "two", 3 -> "three")
```

->를 어떻게 지원하는지 궁금해한 적이 있는가? 이건 문법이 아니다! 그 대신, ->는 표준 스칼라 프리엠블(scala.Predef)에 있는 ArrowAssoc 클래스의 메서드다. 프리엠블에는 Any에서 ArrowAssoc로 보내는 암시적 변환도 들어 있다. 여러분이 1 -> "One"이라는 표현식을 쓰면, 컴파일러는 1을 ArrowAssoc로 바꾸는 암시적 변환을 추가해서 -> 메서드를 찾을 수 있게 만든다. 다음은 이와 관련된 정의다.

```
package scala
object Predef {
  class ArrowAssoc[A](x: A) {
    def -> [B](y: B): Tuple2[A, B] = Tuple2(x, y)
  }
  implicit def any2ArrowAssoc[A](x: A): ArrowAssoc[A] =
    new ArrowAssoc(x)
  ...
}
```

이런 '풍부한 래퍼' 패턴은 언어 문법을 확장하는 것 같은 기능을 제공하는 라이브러리에서는 아주 흔하다. 따라서 이런 패턴을 보면 알아챌 수 있어야 한다. 여러분이 호출하는 메서드가 수신 객체의 클래스에 존재하지 않는 것 같다면, 아마도 암시적 변환이 그 간극을 메워주고 있을 것이다. 마찬가지로, RichInt나 RichBoolean 같은 RichSomething이라는 이름의 클래스를 본다면, 그 클래스는 아마도 Something 클래스에 새 문법 같아 보이는 메서드를 더 추가할 가능성이 높다.

여러분은 5장에서 설명한 기본 타입에서 풍부한 래퍼 패턴을 이미 살펴봤다. 지금은 잘 이해했겠지만, 이러한 풍부한 래퍼는 더 널리 쓰인다. 때로 다른 프로그램 언어를 사용하는 개발자라면 외부 DSL을 만들어야 했을 상황에서, 풍부한 래퍼는 라이브러리로 구현한 내부 DSL을 사용할 수 있게 지원해준다.

암시적 클래스

스칼라 2.10부터는 풍부한 래퍼 클래스를 더 쉽게 작성할 수 있도록 암시적 클래스가 추가됐다. 암시적 클래스는 implicit 키워드가 클래스 선언부 앞에 있는 클래스다. 컴파일러는 그런 클래스의 생성자를 이용해 다른 타입에서 그 (암시적) 클래스로 가는 암시적 변환을 만들어낸다. 여러분이 풍부한 래퍼 패턴에 해당 클래스를 사용하고 싶은 경우에 바로 그런 변환이 필요한데, 암시적 클래스는 정확히 그런 기능을 제공한다.

예를 들어, 화면상의 사각형 영역의 너비^{width}와 높이^{height}를 표현하는 Rectangle이라는 클래스가 있다고 하자.

```
case class Rectangle(width: Int, height: Int)
```

이 클래스를 아주 자주 사용하기 때문에, 풍부한 래퍼 패턴을 사용해 쉽게 사각형 객체를 만들고 싶다. 다음은 그런 방법 중 한 가지다.

```
implicit class RectangleMaker(width: Int) {
  def x(height: Int) = Rectangle(width, height)
}
```

위의 정의는 일반적인 RectangleMaker 클래스 정의와 같은 방식으로 클래스를 정의한다. 다만, implicit가 앞에 붙어 있기 때문에 다음과 같은 암시적 변환이 자동으로 생긴다.

```
// 자동으로 생성된 변환 함수
implicit def RectangleMaker(width: Int) =
  new RectangleMaker(width)
```

그 결과, 여러분은 x를 두 정수 사이에 넣을 수 있게 됐다.

```
scala> val myRectangle = 3 x 4
  myRectangle: Rectangle = Rectangle(3,4)
```

이 코드가 작동한 순서는 다음과 같다. Int에는 x라는 이름의 메서드가 없다. 따라서 컴파일러는 Int를 x를 제공하는 다른 어떤 클래스로 변환할 수 있는지 찾아본다. 컴파일러는 자동 생성된 RectangleMaker 변환을 찾을 것이고, 그 RectangleMaker에는 x라는 메서드가 들어 있다. 따라서 컴파일러는 변환을 호출하는 코드를 자동으로 넣어준다. 그로 인해 x 메서드를 호출하는 코드가 우리가 원하는 것처럼 타입 검사를 통과한다.

모험정신이 강한 독자들에게 경고를 남긴다. 아마도 모든 클래스 앞에 implicit를 추가하고 싶은 유혹이 생길 것이다. 암시적인 클래스는 케이스 클래스일 수 없으며, 암시 클래스의 생성자에는 파라미터가 1개만 있어야 한다. 또한 암시 클래스는 반드시 다른 객체, 클래스, 또는 트레이트와 같은 파일에 들어 있어야 한다. 실제로 여러분이 암시적 클래스를 기존 클래스에 새로운 메서드를 추가하기 위한 풍부한 래퍼로 활용하는 한, 그런 제약은 문제가 되지 않을 것이다.

21.5 암시적 파라미터

컴파일러가 암시적 요소를 추가하는 다른 위치로는 인자 목록을 들 수 있다. 컴파일러는 때때로 someCall(a) 호출을 someCall(a)(b)로 바꾸거나, new SomeClass(a)를 new SomeClass(a)(b)로 바꿔서 함수 호출을 완성하는 데 필요한 빠진 파라미터 목록을 채워 넣어준다. 컴파일러는 마지막 파라미터 하나만이 아니고, 커링한 마지막 파라미터 목록 전체를 채워 넣는다. 예를 들어 someCall에 빠진 마지막 파라미터 목록이 세 가지 파라미터를 받아야 한다면, 컴파일러는 someCall(a)를 someCall(a)(b, c, d)로 변경한다. 이런 식으로 사용하기 위해서는, (b, c, d)에 추가될 식별자인 b, c, d에 대한 정의에 implicit를 표시해둘 뿐만 아니라, someCall이나 someClass 정의의 마지막 파라미터 목록도 implicit로 표시해둬야 한다.

다음은 간단한 예다. 사용자가 선호하는 셸 프롬프트 문자열("$ "나 "> "를 예로 들 수 있다)

을 나타내는 PreferredPrompt라는 클래스가 있다.

```scala
class PreferredPrompt(val preference: String)
```

또한 Greeter라는 객체가 있어서 greet라는 메서드를 제공한다. 이 메서드는 2개의 파라미터 목록을 받는다. 첫 파라미터 목록은 사용자 이름을 String으로 받고, 두 번째 파라미터 목록은 PreferredPrompt를 받는다.

```scala
object Greeter {
  def greet(name: String)(implicit prompt: PreferredPrompt) = {
    println("Welcome, " + name + ". The system is ready.")
    println(prompt.preference)
  }
}
```

마지막 파라미터 목록에 implicit 표시가 있다. 따라서 이 파라미터는 암시를 통해 제공할 수 있다. 하지만 여전히 다음과 같이 명시적으로 프롬프트를 지정할 수도 있다.

```scala
scala> val bobsPrompt = new PreferredPrompt("relax> ")
bobsPrompt: PreferredPrompt = PreferredPrompt@714d36d6

scala> Greeter.greet("Bob")(bobsPrompt)
Welcome, Bob. The system is ready.
relax>
```

컴파일러가 파라미터를 암시적으로 제공하게 만들려면, 먼저 필요한 타입의 변수를 만들어야 한다. 여기서는 PreferredPrompt 타입의 변수가 필요하다. 예를 들어, 다음과 같이 선호하는 설정을 저장하는 객체에서 이런 변수를 정의할 수 있다.

```scala
object JoesPrefs {
  implicit val prompt = new PreferredPrompt("Yes, master> ")
}
```

이 val에도 implicit라는 표시를 했음에 유의하라. 만약 implicit 표시가 없다면, 컴파일러는 이 변수를 빠진 파라미터 목록을 찾을 때 고려하지 않는다. 또한 이 변수가 단일 식별자로 스코프에 있지 않으면 고려 대상이 될 수 없다. 예를 들면 다음과 같다.

```
scala> Greeter.greet("Joe")
<console>:13: error: could not find implicit value for
parameter prompt: PreferredPrompt
               Greeter.greet("Joe")
                        ^
```

임포트해서 스코프 안에 변수를 가져오고 나면, 빠진 파라미터 목록을 채워 넣을 때 그
변수를 쓸 수 있다.

```
scala> import JoesPrefs._
import JoesPrefs._

scala> Greeter.greet("Joe")
Welcome, Joe. The system is ready.
Yes, master>
```

implicit 키워드는 개별적인 파라미터가 아니고 전체 파라미터 목록을 범위로 한다
는 사실에 유의하라. 리스트 21.1은 Greeter의 마지막 implicit 파라미터 목록에 두
파라미터가 들어간 경우를 보여준다. 각 파라미터는 prompt(PreferredPrompt 타입)와
drink(PreferredDrink 타입)다.

리스트 21.1 여러 파라미터가 있는 암시적 파라미터 목록

```
class PreferredPrompt(val preference: String)
class PreferredDrink(val preference: String)

object Greeter {
  def greet(name: String)(implicit prompt: PreferredPrompt,
      drink: PreferredDrink) = {

    println("Welcome, " + name + ". The system is ready.")
    print("But while you work, ")
    println("why not enjoy a cup of " + drink.preference + "?")
    println(prompt.preference)
  }
}
object JoesPrefs {
  implicit val prompt = new PreferredPrompt("Yes, master> ")
  implicit val drink = new PreferredDrink("tea")
}
```

싱글톤 객체 JoesPrefs는 암시적 val인 prompt(PreferredPrompt 타입)와 drink(PreferredDrink 타입)를 정의한다. 그렇지만 앞에서처럼 이들이 스코프 안에 단일 식별자로 존재하지 않으면 greet에서 빠진 파라미터 목록을 채워 넣을 수가 없다.

```
scala> Greeter.greet("Joe")
<console>:19: error: could not find implicit value for
parameter prompt: PreferredPrompt
          Greeter.greet("Joe")
                       ^
```

2개의 암시적 val을 임포트를 통해 스코프로 가져올 수 있다.

```
scala> import JoesPrefs._
import JoesPrefs._
```

prompt와 drink가 이제 스코프 안에 단일 식별자로 들어 있기 때문에, 다음과 같이 명시적으로 마지막 파라미터 목록을 채워 넣을 때 사용할 수 있다.

```
scala> Greeter.greet("Joe")(prompt, drink)
Welcome, Joe. The system is ready.
But while you work, why not enjoy a cup of tea
Yes, master>
```

그리고 모든 암시적 파라미터의 규칙을 만족하기 때문에, 명시적으로 하는 대신 스칼라 컴파일러가 여러분 대신 prompt와 drink를 공급하도록 마지막 파라미터 목록을 없앨 수 있다.

```
scala> Greeter.greet("Joe")
Welcome, Joe. The system is ready.
But while you work, why not enjoy a cup of tea?
Yes, master>
```

앞의 예에서 분명히 해둬야 할 사항은 String을 prompt나 drink의 타입으로 만들지 않았다는 점이다. 하지만 결과적으로 제공하는 것은 preference 필드에 저장된 String 타입의 값이다. 컴파일러가 암시적 파라미터를 고를 때 스코프 안에 있는 값의 타입과 파라미터의 타입이 일치하게 하기 때문에, 실수로 일치하는 일이 적도록 암시적 파라미터를 충분히 '드물거나', '특별한' 타입으로 만든다. 예를 들어, 리스트 21.1의 PreferredPrompt나 PreferredDrink 타입은 오직 암시적 파라미터 타입의 역할만 하기 위해 만든 타입이다. 따라서 스코프 안에 이런 타입의 값이 있다면, 그 값이 Greeter.greet에 쓰려는 의도가 아닐 가능성은 거의 없을 것이다.

암시적 파라미터에 대해 알아둬야 할 또 다른 사항은, 아마도 암시적 파라미터가 가장 많이 쓰이는 경우는 파라미터 목록의 앞쪽에 '명시적으로' 들어가야 하는 인자 타입에 대한 정보를 제공하고 싶은 경우일 것이라는 점이다. 이는 하스켈^{Haskell}의 타입 클래스와 비슷하다.

예를 들어, 리스트 21.2의 maxListOrdering 함수를 보자. 이 함수는 전달받은 리스트 원소 중 최댓값인 원소를 반환한다.

리스트 21.2 상위 바운드가 있는 함수

```
def maxListOrdering[T](elements: List[T])
    (ordering: Ordering[T]): T =
  elements match {
    case List() =>
      throw new IllegalArgumentException("empty list!")
    case List(x) => x
    case x :: rest =>
      val maxRest = maxListOrdering(rest)(ordering)
      if (ordering.gt(x, maxRest)) x
      else maxRest
  }
```

maxListOrdering 시그니처는 481페이지의 리스트 19.12에 있는 orderedMergeSort와 비슷하다. 그것은 List[T]를 인자로 받으며, 이제는 인자로 Ordering[T]를 더 받는다. 그 추가 인자는 T 타입의 원소를 비교할 때 어떤 순서를 사용할지를 정해준다. 따라서 내부에 순서를 내장하지 않은 타입에 대해서도 이 함수를 사용할 수 있다. 게다가 순서를 내장한 타입의 경우에도 이 함수를 사용할 수 있으며, 그런 타입에 대해 다른 순서를 사용하고 싶은 경우에도 이 함수를 쓸 수 있다.

이 버전이 더 일반적이다. 하지만 사용하기는 더 불편하다. 이제 이 함수를 호출하는 사람은 T가 String이나 Int처럼 정해진 기본적인 순서가 있는 경우에도 명시적으로 순서를 지정해야 한다. 이 새 메서드를 더 편리하게 만들려면 두 번째 인자를 암시적으로 만드는 것이 좋다. 이런 접근 방법을 리스트 21.3에 보였다.

리스트 21.3 암시적 파라미터가 있는 함수

```
def maxListImpParm[T](elements: List[T])
    (implicit ordering: Ordering[T]): T =
  elements match {
    case List() =>
      throw new IllegalArgumentException("empty list!")
    case List(x) => x
    case x :: rest =>
      val maxRest = maxListImpParm(rest)(ordering)
      if (ordering.gt(x, maxRest)) x
      else maxRest
  }
```

이 예의 ordering 파라미터는 T의 순서를 설명할 때 쓰인다. maxListImpParm의 본문에서 그 순서를 사용하는 곳이 두 군데 있다. 하나는 maxListImpParm에 대한 재귀 호출이고, 다른 하나는 리스트의 첫 원소가 리스트 나머지 원소의 최댓값보다 더 큰지 비교하는 표현식 부분이다.

리스트 21.3에 있는 maxListImpParm 함수는 앞에 있는 파라미터 목록에서 언급한 타입에 대한 추가 정보를 제공하기 위해 암시적 파라미터를 사용하는 예다. 정확하게 말하자면, Ordering[T] 타입의 암시적 파라미터인 ordering은 T에 대한 추가 정보(여기서는 T의 순서를 어떻게 정할 수 있는가)를 제공한다. T 타입은 더 앞에 있는 파라미터 목록인 elements 의 타입인 List[T]에 나온 타입이다. maxListImpParm을 호출하려면 elements를 명시적으로 지정해야 한다. 따라서 컴파일러는 T의 타입이 어떤 것인지 컴파일 시점에 알 수 있다. 따라서 Ordering[T]에 대한 암시적 정의가 스코프 안에 있는지도 컴파일 시 결정할 수 있다. 만약 그런 암시적 정의가 있다면 컴파일러는 두 번째 파라미터 목록인 ordering을 maxListImpParm 함수에 제공한다.

이런 패턴은 너무나도 흔하기 때문에, 표준 스칼라 라이브러리에도 여러 흔한 타입에 대해 암시적인 '순서 지정ordering' 메서드를 정의해뒀다.

```
scala> maxListImpParm(List(1,5,10,3))
res9: Int = 10

scala> maxListImpParm(List(1.5, 5.2, 10.7, 3.14159))
res10: Double = 10.7

scala> maxListImpParm(List("one", "two", "three"))
res11: String = two
```

첫 번째 경우에 컴파일러는 Int에 대한 순서 지정 함수를 넣고, 두 번째 경우에는 Double
에 대한 순서 지정 함수를 넣는다. 세 번째 경우는 String에 대한 것을 넣는다.

암시 파라미터에 대한 스타일 규칙

스타일 규칙으로, 암시적 파라미터의 타입 안에는 일반적이지 않은 특별한 이름의 타입
을 사용하는 게 가장 좋다. 예를 들어, 앞의 예제에서 prompt나 drink의 타입은 String이
아니고 각각 순서대로 PreferredPrompt와 PreferredDrink였다. 반례로 maxListImpParm을
다음과 같은 타입 시그니처를 가지고 작성할 수 있었다고 가정하자.

```
def maxListPoorStyle[T](elements: List[T])
      (implicit orderer: (T, T) => Boolean): T
```

하지만 이 함수를 사용하려면, 호출하는 쪽에서 (T, T) => Boolean으로 가는 orderer 파
라미터를 제공해야만 한다. 이 타입은 아무 타입 T의 튜플을 Boolean으로 보내는 함수를
모두 의미하는 아주 흔한 제네릭 타입이다. 따라서 이것은 타입이 어떠해야 하는가에 대
해 거의 어떤 의미도 제공하지 못한다. 이런 함수의 의미는 동일성 검사나 더 크다, 더 작
다, 또는 아예 완전히 다른 어떤 것일 수도 있다.

리스트 21.3에 있는 실제 maxListImpParm 코드는 더 나은 스타일을 보여준다. 이 메서드
는 Ordering[T]라는 타입의 ordering 파라미터를 사용한다. 이 타입에 있는 Ordering이
라는 단어는 암시적 파라미터가 어떤 용도인지, 즉 T 타입 원소의 순서를 정한다는 사실
을 정확히 알려준다. 이 ordering 타입이 더 명시적이기 때문에, 표준 라이브러리에 이
런 타입의 암시 제공자를 추가해도 문제가 되지 않는다. 반면, 여러분이 표준 라이브러리
에 (T, T) => Boolean 타입의 암시적 값(함수)을 추가해서 컴파일러가 그 암시적 값을 코

드 여기저기에 끼워 넣었다면 어떤 혼란이 벌어졌을지 생각해보라. 아마 컴파일도 잘되고 실행할 수는 있지만, 실제 하는 일은 두 항목 사이에 임의의 테스트만을 수행하는 것에 불과할 것이다. 따라서 암시적 파라미터의 타입 안에는 역할을 알려주는 이름을 최소한 하나 이상 사용하라는 스타일 규칙이 생긴다.

21.6 맥락 바운드

앞의 예제에는 암시를 쓸 기회가 있었으나 쓰지 않은 부분이 있다. 파라미터에 대해 implicit를 사용하는 경우, 컴파일러는 그 파라미터에 암시적 값을 제공하려고 시도할 뿐만 아니라, 메서드 본문 안에서 사용 가능한 implicit 값으로 사용한다! 따라서 메서드 안에 있던 ordering의 호출 중 첫 번째 것을 없앨 수 있다.

컴파일러가 리스트 21.4의 코드를 검사하면 타입이 일치하지 않는다는 사실을 발견할 것이다. maxList(rest)에는 파라미터 목록이 1개밖에 없는데, 원래 maxList에는 2개의 파라미터 목록이 필요하다. 두 번째 파라미터 목록이 암시적이기 때문에, 컴파일러는 이 시점에 타입 검사를 즉시 포기하지 않고, 적절한 타입의 암시적 파라미터가 있는지 살펴본다. 이 경우에는 Ordering[T] 타입이 암시 영역 안에 있는지 볼 것이다. 여기서는 적합한 것을 하나 찾을 수 있기 때문에 호출을 maxList(rest)(ordering)으로 다시 쓰고, 그 호출은 타입 검사를 통과한다.

리스트 21.4 암시적 파라미터를 내부에서 사용하는 함수

```
def maxList[T](elements: List[T])
    (implicit ordering: Ordered[T]): T =
  elements match {
    case List() =>
      throw new IllegalArgumentException("empty list!")
    case List(x) => x
    case x :: rest =>
      val maxRest = maxList(rest)          // ordering을 암시적으로 사용
      if (ordering.gt(x, maxRest)) x       // 여기서는 명시적으로
      else maxRest                         // ordering을 사용
  }
```

두 번째 ordering의 사용을 없앨 방법도 있는데, 표준 라이브러리에 있는 다음 메서드를 사용하는 것이다.

```
def implicitly[T](implicit t: T) = t
```

implicitly[Foo]를 호출하면 컴파일러가 Foo의 암시적 정의를 살펴보게 만드는 효과가 있다. 컴파일러는 implicitly 메서드를 해당 객체를 가지고 호출하며, 그 메서드는 그 객체를 즉시 돌려준다. 따라서 현재 영역 안에서 Foo 타입의 암시적 객체를 찾고 싶은 경우라면 언제든지 implicitly[Foo]를 호출할 수 있다. 예를 들어, 리스트 21.5는 implicitly[Ordering[T]]를 사용해 타입에 맞는 ordering 파라미터를 찾는 방법을 보여준다.

리스트 21.5 implicitly를 사용하는 함수

```
def maxList[T](elements: List[T])
    (implicit ordering: Ordering[T]): T =
  elements match {
    case List() =>
      throw new IllegalArgumentException("empty list!")
    case List(x) => x
    case x :: rest =>
      val maxRest = maxList(rest)
      if (implicitly[Ordering[T]].gt(x, maxRest)) x
      else maxRest
}
```

이 maxList의 최종 버전을 자세히 살펴보라. 여기 있는 메서드 내에는 ordering에 대한 언급이 단 하나도 없다. 두 번째 파라미터의 이름을 comparator라고 붙였어도 될 것이다.

```
def maxList[T](elements: List[T])
    (implicit comparator: Ordering[T]): T = // 똑같은 본문
```

이런 부문에서 심지어는 다음과 같은 버전도 잘 작동할 것이다.

```
def maxList[T](elements: List[T])
    (implicit iceCream: Ordering[T]): T = // 똑같은 본문
```

이런 패턴이 흔하기 때문에, 스칼라는 이 파라미터의 이름을 없애고 메서드 헤더를 **맥락 바운드**^{context bound}를 사용해 더 짧게 작성할 수 있게 해준다. maxList의 시그니처를 리스트 21.6처럼 바꿔쓸 수 있다. [T : Ordering]이라는 구문은 맥락 바운드로, 두 가지 일을 한다. 첫째, 일반적인 타입 파라미터 T를 소개한다. 둘째, Ordering[T]라는 암시적 파라미터를 추가한다. 이전에 본 maxList에서는 그 파라미터를 ordering이라 불렀다. 하지만 맥락 바운드를 사용하는 경우에는 그 파라미터의 이름을 알 수 없다. 앞에서 본 것처럼, 그 파라미터의 이름이 무엇인지 알 필요가 없는 경우가 자주 있다.

리스트 21.6 맥락 바운드를 사용하는 함수

```
def maxList[T : Ordering](elements: List[T]): T =
  elements match {
    case List() =>
      throw new IllegalArgumentException("empty list!")
    case List(x) => x
    case x :: rest =>
      val maxRest = maxList(rest)
      if (implicitly[Ordering[T]].gt(x, maxRest)) x
      else maxRest
  }
```

직관적으로, 맥락 바운드를 타입 파라미터에 대해 어떤 특징을 말하는 것으로 생각할 수 있다. 여러분이 [T <: Ordered[T]]라고 쓰면 그것은 T가 Ordered[T] 타입이어야 한다는 뜻이다. 반면, 여러분이 [T : Ordering]이라고 쓰면 그것은 T가 어떤 것이 되어야 한다는 것을 말하지 않는다. 다만, T와 관련 있는 어떤 형태의 순서(Ordering)가 존재해야 한다는 뜻이다. 따라서 맥락 바운드는 상당히 유연하다. 그것을 사용하면 순서(또는 그 타입의 어떤 다른 성질)를 필요로 하는 코드를 사용하되, 그 타입의 정의를 변경하지 않고도 그것이 가능하게 해준다.

21.7 여러 변환을 사용하는 경우

적용 가능한 암시적 변환이 스코프 안에 여러 개 있을 수도 있다. 대부분, 이런 경우 스칼라는 변환을 추가하지 않는다. 변환을 제거해도 잘 동작하는 암시적 변환은 너무 명확하며, 완전히 얼개 코드에 불과하다. 하지만 여러 변환을 적용하는 경우 어떤 것을 선택할 지는 결코 명확하지 않다.

여기 몇 가지 예가 있다. 시퀀스를 받는 메서드가 있고, 정수를 범위로 바꾸는 변환이 있고, 정수를 숫자의 리스트로 바꾸는 변환이 있다.

```scala
scala> def printLength(seq: Seq[Int]) = println(seq.length)
printLength: (seq: Seq[Int])Unit

scala> implicit def intToRange(i: Int) = 1 to i
intToRange: (i: Int)scala.collection.immutable.Range.Inclusive

scala> implicit def intToDigits(i: Int) =
         i.toString.toList.map(_.toInt)
intToDigits: (i: Int)List[Int]

scala> printLength(12)
<console>:26: error: type mismatch;
 found   : Int(12)
 required: Seq[Int]
Note that implicit conversions are not applicable because
they are ambiguous:
 both method intToRange of type (i:
Int)scala.collection.immutable.Range.Inclusive
 and method intToDigits of type (i: Int)List[Int]
 are possible conversion functions from Int(12) to Seq[Int]
           printLength(12)
                  ^
```

여기 있는 모호성은 실제다. 정수를 숫자의 시퀀스로 변환하는 것은 정수를 범위로 변환하는 것과 전혀 다르다. 이 경우 프로그래머가 어떤 것을 원하는지 명시해야만 한다. 스칼라 2.7까지는 여기까지가 이야기의 끝이었다. 여러 암시 변환이 적용되는 경우마다 컴파일러는 처리를 거부했다. 이런 상황은 메서드 오버로드의 경우와 마찬가지였다. 여러분이 foo(null)을 호출했는데, foo를 오버로드한 것 중 null을 받을 수 있는 경우가 둘 이상 있으면, 컴파일러는 오류로 처리한다. 컴파일러는 메서드 호출의 대상이 모호하다고 메시지를 표시할 것이다.

스칼라 2.8에서는 이 규칙을 완화했다. 가능한 변환 중 하나가 다른 하나보다 절대적으로 '더 구체적'이라면 컴파일러는 더 구체적인 것을 선택한다. 프로그래머가 어떤 변환을 다른 변환 대신 항상 선택하리라고 믿을 만한 이유가 있다면, 군이 프로그래머가 그걸 명시적으로 쓰도록 요구하지 말자는 뜻에서 그렇게 한다. 어쨌든, 메서드 오버로드 규칙도 마찬가지로 완화했다. 앞의 예를 계속 설명하자면, 사용 가능한 foo 메서드가 하나는 String을, 다른 하나는 Any를 받을 수 있다면, 최종적으로 String 쪽을 선택한다. 분명 그 메서드가 더 구체적이기 때문이다.

더 정확하게 말하자면, 다음 두 규칙 중 하나를 만족하면 어떤 암시적 변환이 다른 것보다 '더 구체적'이라고 이야기한다.

- 전자의 인자 타입이 후자의 서브타입이다.
- 두 변환 모두 메서드인데, 전자를 둘러싼 클래스가 후자를 둘러싼 클래스를 확장한다.

이 주제를 다시 검토해 규칙을 변경하게 된 동기는 자바 컬렉션과 스칼라 컬렉션, 그리고 문자열의 상호작용성을 향상하기 위해서였다.

간단한 예를 보자.

```
val cba = "abc".reverse
```

cba의 타입을 유추하면 무엇이 될까? 직관적으로는 String이 돼야 할 것 같다. 문자열을 뒤집으면 다른 문자열이 나와야 할 것이다. 그렇지 않은가? 하지만 스칼라 2.7에서 벌어졌던 일은 "abc"를 스칼라 컬렉션으로 변환하는 것이었다. 스칼라 컬렉션을 뒤집으면 다시 스칼라 컬렉션이 나오기 때문에 cba의 타입은 컬렉션이 될 것이다. 물론 문자열로 돌려주는 암시적 변환도 있긴 있지만, 그런 변환이 있다고 모든 문제가 해결되지는 않는다. 예를 들어, 스칼라 2.8 이전에는 "abc" == "abc".reverse.reverse가 false였다!

스칼라 2.8에서는 cba의 타입이 String이다. 예전부터 있던 스칼라 컬렉션으로의 변환 (이제는 WrappedString이라고 부른다)은 그대로 남아 있다. 하지만 String에서 StringOps라는 새로운 타입으로 변환하는 더 구체적인 암시적 변환이 하나 생겼다. StringOps에는 reverse 등의 여러 메서드가 들어 있으며, 그 메서드들은 컬렉션을 반환하는 대신 String을 반환한다. StringOps로 변환하는 기능은 Predef에 들어 있는 반면, 스칼라 컬렉션으로 변환하는 것은 새로운 클래스인 LowPriorityImplicits에 들어 있다. Predef는 LowPriorityImplicits를 확장한다. 이 두 변환이 모두 가능해서 어느 하나를 선택해야 하는 경우, 컴파일러는 StringOps로 변환하는 쪽을 선택한다. StringOps 변환이 다른 변환이 있는 클래스의 서브클래스에 들어 있기 때문이다.

21.8 암시 디버깅

암시는 스칼라의 강력한 기능이다. 하지만 제대로 사용하기 힘든 경우도 종종 있다. 이 절에서는 암시를 디버깅할 때 도움이 될 힌트를 제공한다.

때로 여러분이 생각하기에 적용할 수 있을 것 같은 암시를 컴파일러가 찾지 못하는 경우가 있다. 그런 경우 변환을 명시적으로 써보면 도움이 된다. 그렇게 했는데 오류가 발생한다면, 컴파일러가 왜 여러분의 암시를 찾지 못했는지 알 수 있다.

실수로 wrapString을 String에서 IndexedSeq가 아니라 List로 변환하도록 만든 경우를 예로 들 수 있다. 그런 경우 다음 코드가 왜 작동하지 않는지 궁금할 것이다.

```
scala> val chars: List[Char] = "xyz"
<console>:24: error: type mismatch;
 found   : String("xyz")
 required: List[Char]
       val chars: List[Char] = "xyz"
                               ^
```

다시, wrapString 변환을 명시적으로 쓰면 잘못이 어디 있는지 찾아보는 데 도움이 된다.

```
scala> val chars: List[Char] = wrapString("xyz")
<console>:24: error: type mismatch;
 found   : scala.collection.immutable.WrappedString
 required: List[Char]
       val chars: List[Char] = wrapString("xyz")
                                         ^
```

이렇게 하면 오류의 원인을 알 수 있다. wrapString의 반환 타입이 잘못됐다. 반대로, 변환을 명시적으로 넣으면 오류가 없어질 수도 있다. 그런 경우에는 그 밖의 규칙(스코프 규칙 등)이 암시적 전환을 적용하지 못하게 방해한다는 사실을 알 것이다.

여러분이 프로그램을 디버깅할 때, 컴파일러가 집어넣는 암시적 변환이 무엇인지 살펴보면 도움이 될 수 있다. 컴파일러에 -Xprint:typer 옵션을 주면 이런 경우 유용하다. scalac에 이 옵션을 지정하면 컴파일러는 타입 검사기가 추가한 모든 암시적 변환이 있는 코드를 보여준다. 이에 대한 예제가 리스트 21.7과 리스트 21.8에 있다. 각 리스트의 마지막 문장을 살펴보면, enjoy에 넘긴 두 번째 파라미터 목록이 리스트 21.7에는 비어 있어서 enjoy("reader")였지만, 리스트 21.8에서는 컴파일러가 삽입한 다음과 같은 인자를 볼 수 있다.

```
Mocha.this.enjoy("reader")(Mocha.this.pref)
```

용감한 독자라면 scala -Xprint:typer를 사용해 대화식 셸이 내부에서 사용하는 타입 검사 이후의 소스 코드를 출력하게 해보라. 그렇게 하는 경우, 여러분이 입력한 핵심 코드를 둘러싼 수많은 얼개 코드를 볼 준비를 해야 할 것이다.

리스트 21.7 암시적 파라미터를 사용하는 예제 코드

```
object Mocha extends App {

  class PreferredDrink(val preference: String)

  implicit val pref = new PreferredDrink("mocha")

  def enjoy(name: String)(implicit drink: PreferredDrink) = {
    print("Welcome, " + name)
    print(". Enjoy a ")
    print(drink.preference)
    println("!")
  }

  enjoy("reader")
}
```

리스트 21.8 예제 코드에 타입 검사와 암시적 변환이 더해진 상태

```
$ scalac -Xprint:typer mocha.scala
[[syntax trees at end of typer]]// Scala source: mocha.scala
package <empty> {
  final object Mocha extends java.lang.Object with Application
      with ScalaObject {

    // ...
```

```
    private[this] val pref: Mocha.PreferredDrink =
      new Mocha.this.PreferredDrink("mocha");
    implicit <stable> <accessor>
      def pref: Mocha.PreferredDrink = Mocha.this.pref;
    def enjoy(name: String)
        (implicit drink: Mocha.PreferredDrink): Unit = {
      scala.this.Predef.print("Welcome, ".+(name));
      scala.this.Predef.print(". Enjoy a ");
      scala.this.Predef.print(drink.preference);
      scala.this.Predef.println("!")
    };
    Mocha.this.enjoy("reader")(Mocha.this.pref)
  }
}
```

21.9 결론

스칼라에서 암시는 강력하며, 코드를 압축해주는 기능이다. 21장에서는 암시를 다루는 스칼라 규칙을 살펴보고, 프로그래밍을 할 때 암시를 사용하는 편이 이로운 여러 가지 일반적인 경우를 보여줬다.

경고하자면, 암시를 너무 자주 사용하면 코드를 이해하기 어려워질 수 있다. 따라서 새암시적 변환을 추가하기 전에 먼저 상속, 믹스인 조합, 메서드 오버로드 등 다른 방식으로 비슷한 효과를 거둘 수 없는지 자문해봐야 한다. 하지만 이런 모든 방법이 불가능하고 코드가 여전히 지루하고 중복이 많아 보인다면, 암시를 사용하는 방법이 안성맞춤일 수 있다.

Chapter

22

리스트 구현

리스트는 이 책의 거의 모든 곳에서 볼 수 있다. List 클래스는 아마도 스칼라에서 가장 널리 사용되는 구조화된 데이터 타입일 것이다. 16장에서는 리스트를 사용하는 방법을 살펴봤다. 22장에서는 '뚜껑을 열어서' 스칼라에서 리스트를 어떻게 구현하는지 살펴볼 것이다.

클래스의 내부를 알아두면 여러 가지 이유에서 유용하다. 내부를 알면 리스트 연산의 상대적인 효율성을 더 잘 이해할 수 있다. 따라서 리스트를 사용해 더 빠르고 간결한 코드를 작성할 수가 있다. 또한 여러분 자신의 라이브러리를 설계할 때 사용할 수 있는 기법을 여럿 배울 수 있다. 마지막으로, List 클래스는 일반적인 스칼라 타입 시스템의 복잡한 응용 예라 할 수 있고, 특히 제네릭한 성질에 대한 좋은 예다. 따라서 List를 공부하면 이런 분야에 대한 지식이 더 깊어질 것이다.

22.1 List 클래스 개괄

스칼라에서는 리스트가 '내장' 언어 구성요소가 아니다. 리스트는 scala.collection. immutable 패키지 안에 List라는 추상 클래스로 되어 있다. 두 가지 서브클래스가 있는데, ::와 Nil이다. 이제부터 List를 간단하게 살펴볼 텐데, 이번 절에서는 리스트 클래스를 단순하게 정리한 명부를 제공할 것이다. 실제 스칼라 표준 라이브러리에서 리스트를 어떻게 구현했는지는 22.3절에서 다룰 것이다.

```
package scala.collection.immutable
sealed abstract class List[+A] {
```

List는 추상 클래스다. 따라서 빈 List 생성자를 호출해 리스트의 원소를 정의할 수가 없다. 예를 들어, new List 같은 표현식은 합법적이지 않다. 리스트 클래스에는 타입 파라미터 A가 있다. 타입 파라미터 A 앞에 있는 +는 리스트가 공변성이라는 뜻이다. 이에 대해서는 19장에서 논의했다.

이 성질로 인해 List[Int] 타입의 값을 List[Any] 같은 타입의 변수에 할당할 수 있다.

```
scala> val xs = List(1, 2, 3)
xs: List[Int] = List(1, 2, 3)

scala> var ys: List[Any] = xs
ys: List[Any] = List(1, 2, 3)
```

모든 리스트 연산은 세 가지 기본 메서드로 만들 수 있다.

```
def isEmpty: Boolean
def head: A
def tail: List[A]
```

이 세 메서드는 모두 List 클래스의 추상 메서드다. 서브객체인 Nil과 서브클래스인 ::는 이들을 정의한다. 이 계층구조는 그림 22.1과 같다.

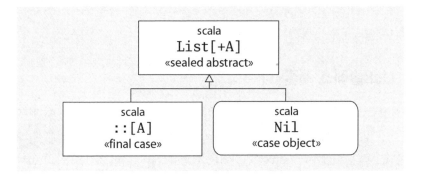

그림 22.1 스칼라 리스트의 클래스 계층구조

Nil 객체

Nil 객체는 빈 리스트를 정의한다. Nil의 정의는 리스트 22.1과 같다. Nil 객체는 List[Nothing]을 상속한다. 따라서 공변성을 감안하면 Nil은 모든 List 타입과 서로 호환 가능하다.

리스트 22.1 Nil 싱글톤 객체 정의

```
case object Nil extends List[Nothing] {
  override def isEmpty = true
  def head: Nothing =
    throw new NoSuchElementException("head of empty list")
  def tail: List[Nothing] =
    throw new NoSuchElementException("tail of empty list")
}
```

Nil은 List 클래스의 세 추상 메서드를 단순한 방법으로 구현한다. isEmpty 메서드는 true를 반환하고, head와 tail 메서드는 예외를 던진다. 예외를 던지는 것은 타당할 뿐만 아니라 head를 구현하는 유일한 방법이기도 하다. Nil이 Nothing의 List이기 때문에 head의 결과 타입은 Nothing이어야만 한다. 하지만 Nothing 타입을 갖는 값은 없다. 따라서 head를 일반적인 값으로 만들 수가 없다. 그러므로 예외를 던져서 비정상적으로 메서드를 끝내는 수밖에 없다.[1]

:: 클래스

:: 클래스는 '콘즈cons'라고 부르며, 'construct('구성하다', '만들다'라는 뜻)'의 약자다. 이 클래스는 비어 있지 않은 리스트를 표현한다. 이름이 ::인 이유는 중위 표기 ::와 패턴 매치를 하기 위해서다. 16.5절에서 봤듯이, 스칼라는 어떤 패턴의 중위 연산자를 그 중위 연산자에 각 인자들을 적용하는 생성자 호출로 다룬다. 따라서 ::가 케이스 클래스인 경우, x :: xs 패턴은 ::(x, xs)다.

---

1 엄밀히 말하자면, 예외를 던지는 대신 무한 루프를 도는 방식으로 타입 문제를 해결할 수도 있다. 하지만 이게 원하는 방법이 아니라는 사실은 너무나 분명하다.

다음은 :: 클래스의 정의다.

```
final case class ::[A](hd: A, tl: List[A]) extends List[A] {
  def head = hd
  def tail = tl
  override def isEmpty: Boolean = false
}
```

:: 클래스의 구현도 단순하다. 이 클래스는 두 파라미터 hd와 tl을 받는다. 각각은 만들
어낼 리스트의 머리와 꼬리다. head와 tail 메서드의 구현은 단지 머리와 꼬리를 반환하
는 것이다. 실제로 이 패턴을 더 줄여서, 케이스 클래스 파라미터가 직접 슈퍼클래스의
head와 tail을 구현하게 만들 수도 있다. 다음 코드는 이렇게 만든 더 짧은 :: 클래스다.

```
final case class ::[A](head: A, tail: List[A])
    extends List[A] {
  override def isEmpty: Boolean = false
}
```

이 코드도 잘 작동한다. 모든 케이스 클래스의 파라미터는 암시적으로 해당 클래스의 필
드이기 때문이다(이 경우 파라미터 선언 앞에 val이 붙은 것과 같다). 20.3절에서 설명했듯이,
스칼라에서는 head나 tail처럼 파라미터가 없는 추상 메서드를 필드로 구현 가능하다는
사실을 다시 떠올리기 바란다. 따라서 위의 코드는 List 클래스에서 상속한 head와 tail
추상 메서드를 구현하기 위해 직접 클래스 파라미터 head와 tail을 사용한다.

추가 메서드

다른 모든 리스트 메서드는 기본적인 세 메서드를 바탕으로 만들 수 있다. 예를 들면,

```
def length: Int =
  if (isEmpty) 0 else 1 + tail.length
```

또는

```
def drop(n: Int): List[A] =
  if (isEmpty) Nil
```

```
    else if (n <= 0) this
    else tail.drop(n - 1)
```

혹은 다음과 같다.

```
def map[B](f: A => B): List[B] =
  if (isEmpty) Nil
  else f(head) :: tail.map(f)
```

리스트 구성

리스트 구성 메서드인 ::와 :::는 특별하다. 각각이 콜론(:)으로 끝나기 때문에, 이들은 오른쪽 피연산자에 바인딩된다. 즉, x :: xs가 x.::(xs)가 아니고 xs.::(x) 호출과 같다. 실제로 x.::(xs)는 의미가 없다. x는 리스트의 원소 타입이므로 임의의 타입이 될 수 있고, 그런 타입에는 :: 메서드가 있다는 보장이 없기 때문이다.

따라서 :: 메서드는 원솟값을 받아서 새 리스트를 만들어내야 한다. 원솟값에 필요한 타입은 무엇일까? 아마도, 리스트 원소의 타입과 같은 타입이어야 한다고 대답하고픈 유혹을 받을 것이다. 하지만 실제로 그렇게 하면 필요 이상으로 제약을 가하는 셈이다.

그 이유를 알아보기 위해 다음 클래스 계층을 생각해보자.

```
abstract class Fruit
class Apple extends Fruit
class Orange extends Fruit
```

리스트 22.2는 과일 리스트를 만들 때 어떤 일이 벌어지는지를 보여준다.

리스트 22.2 서브타입 리스트의 맨 앞에 슈퍼타입의 원소 붙이기

```
scala> val apples = new Apple :: Nil
apples: List[Apple] = List(Apple@e885c6a)

scala> val fruits = new Orange :: apples
fruits: List[Fruit] = List(Orange@3f51b349, Apple@e885c6a)
```

apples 값은 예상대로 Apple의 List로 취급된다. 하지만 fruits 정의는 여전히 다른 타입의 원소를 리스트에 추가하는 게 가능함을 보여준다. 결과 리스트의 원소 타입은 Fruit인데, 이는 원래의 리스트 원소 타입(즉, Apple)과 추가할 원소의 타입(즉, Orange)에 대한 가장 정확한 공통 슈퍼타입이다. 이런 유연성은 :: 메서드(콘즈)를 리스트 22.3처럼 정의했기 때문에 가능하다.

리스트 22.3 List 클래스의 ::(콘즈) 메서드 정의

```
def ::[B >: A](x: B): List[B] = new scala.::(x, this)
```

이 메서드는 타입 파라미터 B를 받는 다형성 메서드임에 유의하라. 더 나아가 B에는 리스트의 원소 타입인 A의 슈퍼타입이어야 한다는 [B >: A]라는 제약이 걸려 있다. 추가하는 원소의 타입은 B여야 하며, 결과 타입은 List[B]다.

리스트 22.3에 있는 :: 정의를 가지고, 리스트 22.2에 있는 fruits 정의가 어떻게 타입별로 작동하는지 검사해볼 수 있다. 정의 안에서 ::의 타입 파라미터 B는 Fruit로 정해진다. apples 리스트의 타입이 List[Apple]이고, Fruit가 Apple의 슈퍼타입이기 때문에, B의 하위 바운드 조건을 만족한다. ::에 대한 인자는 새 Orange이며, 이 타입은 Fruit에 부합한다. 따라서 메서드 호출의 타입은 올바르며, 결과 타입은 List[Fruit]다. 그림 22.2는 리스트 22.2의 코드를 실행할 때 생기는 리스트의 구조를 보여준다.

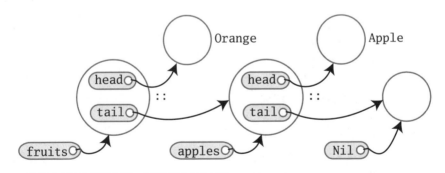

그림 22.2 리스트 22.2에 있는 스칼라 리스트의 구조

실제로 :: 정의에 하위 바운드 A를 사용해 다형성을 사용한 이유는 편의를 위해서가 아니다. List 클래스의 정의 타입을 올바르게 하려면 꼭 그렇게 해야 한다. 그래야 하는 이

유는 List 정의가 공변적이기 때문이다.

::를 다음과 같이 정의했다고 가정해보자.

```
// 사고 실험(작동하지 않을 것임)
def ::(x: A): List[A] = new scala.::(x, this)
```

19장에서 메서드의 파라미터는 반공변적인 위치임을 보았다. 따라서 리스트 원소 타입 A는 위 정의에서 반공변적인 위치에 있다. 하지만 그렇다면 그 리스트를 A에 대해 공변적으로 정의할 수가 없다. 따라서 하위 바운드 [B >: A]는 일석이조다. 즉, 타이핑 문제를 없애는 동시에 :: 메서드를 더 유연하게 쓸 수 있게 해준다. 리스트 22.4와 같이 리스트 연결 메서드 :::도 ::와 비슷하게 정의할 수 있다.

리스트 22.4 List 클래스의 ::: 메서드 정의

```
def :::[B >: A](prefix: List[B]): List[B] =
  if (prefix.isEmpty) this
  else prefix.head :: prefix.tail ::: this
```

콘즈와 마찬가지로, 연결도 다형적이다. 결과 타입은 모든 리스트 원소를 포함할 수 있게 더 '넓혀진다'. 이 경우에도 중위 연산자와 명시적 메서드 호출 시 인자의 순서가 뒤바뀜에 유의하라. :::나 ::는 모두 콜론으로 끝나기 때문에 오른쪽에 바인딩하며, 둘 다 오른쪽으로 결합right associative한다. 예를 들어, 리스트 22.4의 else 부분에는 중위 연산자 ::와 :::가 모두 들어가 있다.

이 중위 연산자들은 다음과 같은 메서드 호출로 변환할 수 있다.

```
prefix.head :: prefix.tail ::: this
```

위 식은 다음과 같고(::와 :::가 오른쪽 결합 연산자이기 때문에),

```
prefix.head :: (prefix.tail ::: this)
```

이는 다시 다음과 같으며(::가 오른쪽에 바인딩하기 때문에),

```
(prefix.tail ::: this).::(prefix.head)
```

이는 결국 다음과 같다(:::가 오른쪽에 바인딩하기 때문에).

```
this.:::(prefix.tail).:::(prefix.head)
```

22.2 ListBuffer 클래스

리스트에 대한 전형적인 접근 패턴은 재귀적이다. 예를 들어, 리스트의 모든 원소를 map을 사용해 증가시키려면 다음과 같이 코딩할 수 있다.

```
def incAll(xs: List[Int]): List[Int] = xs match {
  case List() => List()
  case x :: xs1 => x + 1 :: incAll(xs1)
}
```

이 프로그램 패턴의 한 가지 단점은 꼬리 재귀가 아니라는 점이다. 이 incAll의 재귀 호출은 :: 내에 있다. 따라서 각 재귀 호출마다 새 스택 프레임이 필요하다.

이는 최근의 가상 머신에서 30,000~50,000개보다 더 많은 원소를 가진 리스트에 incAll을 호출할 수 없다는 뜻이다. 이건 슬픈 일이다. 어떤 크기의 리스트라도 (힙 여유 공간이 허락하는 한) 상관없이 잘 처리할 수 있는 incAll을 만들려면 어떻게 해야 할까?

한 가지 방법은 루프를 사용하는 것이다.

```
for (x <- xs) // ??
```

하지만 루프 본문에 어떤 내용이 들어가야 할까? 위의 incAll에서는 재귀 호출의 결과로 나오는 리스트 앞에 새 원소를 붙이는 방식으로 리스트를 만들어나갔다는 점을 참고한다면, 이 루프에서는 원소를 결과 리스트의 맨 뒤에 붙여야 할 것이다. 엄청나게 비효율적인 한 가지 방법은 리스트 연결 연산자인 :::를 사용하는 것이다.

```
var result = List[Int]()          // 아주 비효율적인 접근 방법
for (x <- xs) result = result ::: List(x + 1)
result
```

이는 아주 비효율적이다. :::는 처리에 첫 인자의 길이에 비례하는 시간이 필요하기 때문이다. 따라서 전체 구성 연산은 리스트 길이의 제곱에 비례하는 시간이 든다. 이 복잡도는 물론 받아들일 수 없다.

더 나은 대안은 리스트 버퍼를 사용하는 것이다. 리스트 버퍼를 사용하면 리스트에 원소를 축적할 수 있다. 그러기 위해 buf라는 리스트 버퍼의 끝에 elem이라는 원소를 추가하는 buf += elem 연산을 사용하면 된다. 원소 추가가 다 끝나고 나면, toList 연산을 사용해 버퍼를 리스트로 바꿀 수 있다.

ListBuffer는 scala.collection.mutable에 들어 있는 클래스다. 이름만 사용하고 싶다면 패키지에서 ListBuffer를 임포트해야 한다.

```
import scala.collection.mutable.ListBuffer
```

리스트 버퍼를 사용하면, incAll의 본문을 다음과 같이 다시 쓸 수 있다.

```
val buf = new ListBuffer[Int]
for (x <- xs) buf += x + 1
buf.toList
```

이 방법은 리스트를 만드는 아주 효율적인 방법이다. 실제로, 리스트 버퍼는 추가 연산 (+=)이나 toList 연산을 (아주 짧은) 상수 시간에 할 수 있게 되어 있다.

22.3 실제 List 클래스

22.1절의 리스트 메서드 구현은 간결하며 명확하다. 하지만 incAll의 비 꼬리 재귀 구현과 같은 스택 오버플로 문제가 존재한다. 따라서 클래스 List를 실제로 구현하는 경우에는 대부분 재귀를 피하고, 리스트 버퍼에 루프를 수행하는 방식을 택한다. 예를 들어, 리스트 22.5는 List 클래스의 실제 map 구현을 보여준다.

```
final override def map[B](f: A => B): List[B] = {
 if (this eq Nil) Nil else {
   val h = new ::[B](f(head), Nil)
   var t: ::[B] = h
   var rest = tail
   while (rest ne Nil) {
     val nx = new ::(f(rest.head), Nil)
     t.next = nx
     t = nx
     rest = rest.tail
   }
   h
 }
}
```

변경된 구현에서는 리스트를 단순 루프로 방문한다. 이는 매우 효율적이다. 꼬리 재귀 구현도 비슷하게 효율적일 수 있지만, 일반적인 재귀 구현은 더 느리고 확장성이 떨어진다.

다음 문장을 통해 ('콘즈' 연산자를 사용해 원소를 리스트 왼쪽에 추가하는 것과 달리) 리스트가 어떻게 '왼쪽에서 오른쪽으로' 만들어지는지 살펴보라.

```
t.next = nx
```

이 줄은 리스트의 꼬리를 **변경**한다. 이 코드가 어떻게 작동하는지 이해하기 위해, 비어 있지 않은 리스트를 만드는 클래스 ::를 다시 살펴보자. 실제 구현에서도 이 클래스는 22.1절에서 봤던 이상적인 구현과 아주 비슷하다. 실제 구현은 리스트 22.6에 들어 있다. 코드를 보면 이상한 부분은 한 군데뿐이다. next 인자가 var이다! 이는 리스트를 만든 다음에 리스트의 꼬리를 변경할 수 있다는 뜻이다. 하지만 next 변수에 private[scala] 수식자가 붙어 있기 때문에, 이는 scala 패키지 안에서만 접근 가능하다. 이 패키지 밖의 클라이언트 코드는 next를 쓰거나 읽을 수 없다.

리스트 22.6 List의 서브클래스인 :: 클래스 정의

```
final case class :: [A](override val head: A,
  private[scala] var next: List[A]) extends List[A] {
 def isEmpty: Boolean = false
 def tail: List[A] = next
}
```

예를 들어, ListBuffer는 scala 패키지의 하위 패키지인 scala.collection.mutable에 들어 있어서 콘즈 셀^{cell}의 next 필드에 접근할 수 있다. 실제로 리스트 버퍼의 원소는 리스트로 되어 있고, 새 원소를 버퍼에 추가하는 것은 해당 리스트의 마지막 :: 셀의 next 필드를 변경하는 것으로 구현해놓았다. 다음은 ListBuffer의 시작 부분이다.

```
package scala.collection.immutable
class ListBuffer[A] extends Buffer[A] {
  private var first: List[A] = Nil
  private var last0: ::[A] = null
  private var aliased: Boolean = false
  ...
```

ListBuffer의 특성을 결정하는 세 가지 비공개 필드를 볼 수 있다.

- first: 버퍼에 저장된 모든 요소의 리스트를 가리킨다.

- last0: 리스트의 마지막 :: 셀을 가리킨다.

- aliased: toList를 사용해 버퍼를 리스트로 바꾼 적이 있는지를 표시한다.

toList 연산은 아주 단순하다.

```
override def toList: List[A] = {
  aliased = nonEmpty
  first
}
```

이 메서드는 first가 참조하는 리스트를 반환하면서 리스트가 비어 있지 않은 경우 aliased를 true로 설정한다. 이 메서드는 ListBuffer에 저장된 리스트를 복사하지 않는다. 따라서 아주 효율적이다. 하지만 toList 연산 다음에 리스트를 더 확장하면 어떤 일이 생길까? 물론, toList가 반환한 리스트는 변경 불가능해야만 한다. 하지만 last0 원소에 다른 값을 추가하면 first가 가리키는 리스트가 변한다.

리스트 버퍼 연산을 올바르게 유지하려면 그 대신 새로운 리스트를 대상으로 작업을 수행해야 한다. 이 과정은 addOne 연산 구현의 첫 번째 줄에서 이뤄진다.

```
def addOne(elem: A): this.type = {
  if (aliased) copyElems()
  val last1 = new ::[A](elem, Nil)
  if (first.isEmpty) first = last1 else last0.next = last1
  last0 = last1
  this
}
```

aliased가 true라면 addOne 안에서 first가 가리키는 리스트를 복사하는 것을 볼 수 있다. 따라서, 결국 공짜 점심은 없다. 변경 불가능한 리스트의 끝을 확장하고 싶다면, 복사를 할 필요가 생긴다. 하지만 ListBuffer의 구현에서는 리스트 버퍼를 리스트로 변환한 다음에 다시 확장하는 경우에만 복사를 수행한다. 실제로는 이런 경우가 꽤 드물다. 대부분의 리스트 버퍼 사용 예에서는 원소를 점진적으로 추가한 다음, 마지막에 toList를 수행한다. 그런 경우 복사는 필요가 없다.

22.4 외부에서 볼 때는 함수형

앞 절에서는 스칼라의 List와 ListBuffer 클래스 구현의 핵심 요소들을 보았다. 리스트가 '외부에서는' 완전히 함수적이지만, '내부에서는' 리스트 버퍼를 사용해 명령형으로 되어 있음을 볼 수 있었다. 이는 스칼라 프로그래밍에서 전형적인 전략 중 하나다. 즉, 순수하지 않은 연산의 효과가 미치는 범위를 주의 깊게 제한함으로써 함수적 순수성을 효율적으로 달성하려는 것이다.

왜 순수성에 그렇게 집착하는지 묻는 독자도 있을 것이다. 왜 리스트의 정의를 외부에 다 열어서 tail을 필드로 만들거나 head까지 필드로 만들어 변경 가능하게 허용하지 않는 것일까? 그런 접근 방법의 약점은 프로그램이 훨씬 더 깨지기 쉽다는 데 있다. ::를 사용해 리스트를 구성하면 생성한 리스트의 꼬리를 재사용한다.

따라서 다음과 같이 쓴다면

```
val ys = 1 :: xs
val zs = 2 :: xs
```

ys와 zs는 꼬리를 공유한다. 이들은 같은 데이터 구조를 가리킨다. 효율을 위해서는 이런 기능이 필수적이다. 만약 xs에 새로운 원소를 추가할 때마다 전체를 복사한다면 훨씬 느릴 것이다. 공유를 여기저기에서 활용하기 때문에, 리스트의 원소를 (만약 허용된 경우라 해도) 변경하는 일은 매우 위험할 수 있다. 예를 들어, 이 코드를 가지고 다음과 같이 리스트의 처음 두 원소만 남기고 잘라내고 싶다고 하자.

```
ys.drop(2).tail = Nil        // 스칼라에서는 이럴 수가 없음!
```

이렇게 하면 부수 효과로 zs와 xs 리스트도 줄어들 수 있다.

따라서 변경을 추적하기가 아주 어려워진다. 그래서 스칼라는 공유를 곳곳에 사용하는 대신 리스트를 변경하지 못하게 막는 쪽을 택했다. 여러분이 원한다면 ListBuffer 클래스를 사용해 여전히 리스트를 명령형 방식으로 점진적으로 구성할 수 있다. 하지만 리스트 버퍼 타입은 리스트가 아니기 때문에, 타입은 변경 가능한 버퍼와 변경 불가능한 리스트를 서로 분리해준다.

스칼라의 List와 ListBuffer 설계는 자바가 String과 StringBuffer에서 하고 있는 일과 아주 비슷하다. 이는 우연이 아니다. 두 경우 모두 설계자는 변경 불가능한 순수한 데이터 구조를 유지하기 원했고, 그러는 동시에 그런 데이터 구조를 점진적으로 구축할 수 있는 효율적인 방법을 제공하고 싶어 했다. StringBuffer(또는 자바 5에서는 StringBuilder)는 점진적으로 자바와 스칼라의 문자열을 만들 수 있는 방법을 제공한다. 스칼라 리스트의 경우 ::를 사용해 리스트 앞쪽에 하나하나 원소를 추가해나가거나, 리스트 버퍼를 사용해 리스트 뒤에 원소를 더해나가는 방법을 선택할 수 있다. 둘 중 어느 쪽을 더 선호할지는 상황에 따라 다르다. 보통 ::는 분할 정복divide-and-conquer 스타일의 재귀적 알고리즘에 잘 맞아 떨어진다. 리스트 버퍼는 좀 더 전통적인 루프 스타일에서 많이 사용한다.

22.5 결론

22장에서는 스칼라가 리스트를 구현한 방법을 살펴봤다. 리스트는 스칼라에서 가장 많이 사용하는 데이터 구조 중 하나이며, 세밀하게 구현되어 있다. 리스트의 두 서브클래스인 Nil과 ::는 모두 케이스 클래스다. 하지만 많은 핵심 리스트 메서드는 이런 구조를 재귀적으로 처리하는 대신 ListBuffer를 사용한다. ListBuffer는 추가 메모리를 사용하지 않고도 리스트를 효율적으로 만들어낼 수 있도록 주의 깊게 만들어져 있다. 바깥에서 볼 때는 함수적이지만, 내부에서는 toList가 호출된 다음 버퍼를 버리는 가장 일반적인 경우를 빠르게 처리할 수 있도록 변경 가능한 값을 사용한다. 이런 내용을 모두 공부했기 때문에 여러분은 이제 리스트 클래스의 내부와 외부를 모두 알았고, 몇 가지 구현 기법도 배웠을 것이다.

23

for 표현식 다시 보기

16장에서는 map, flatMap, filter 같은 고차 함수가 리스트를 처리하는 강력한 구성요소가 될 수 있음을 살펴봤다. 하지만 때로 이런 함수를 사용해 추상화를 너무 많이 한 프로그램은 이해하기가 어려울 수 있다.

여기 한 가지 예가 있다. 사람의 목록이 있다고 하자. 각 사람은 Person 클래스의 인스턴스다. Person 클래스에는 사람의 이름, 남성인지 여부, 자녀 목록 필드가 있다.

다음은 클래스 정의다.

```
scala> case class Person(name: String,
                         isMale: Boolean,
                         children: Person*)
```

다음은 몇 가지 예다.

```
val lara = Person("Lara", false)
val bob = Person("Bob", true)
val julie = Person("Julie", false, lara, bob)
val persons = List(lara, bob, julie)
```

이제, 리스트에서 모든 엄마와 자식의 쌍을 찾아내고 싶다. map, flatMap, filter를 사용하면 다음과 같이 질의를 만들 수 있다.

```
scala> persons filter (p => !p.isMale) flatMap (p =>
          (p.children map (c => (p.name, c.name))))
res0: List[(String, String)] = List((Julie,Lara),
    (Julie,Bob))
```

이 예제를 filter 대신 withFilter를 사용해 최적화할 수 있다. 그렇게 하면 여자를 나타내는 중간 데이터 구조를 만들 필요가 없어진다.

```
scala> persons withFilter (p => !p.isMale) flatMap (p =>
          (p.children map (c => (p.name, c.name))))
res1: List[(String, String)] = List((Julie,Lara),
    (Julie,Bob))
```

이런 질의문은 잘 작동한다. 하지만 이를 이해하거나 작성하기가 쉽지만은 않다. 더 간단한 방법은 없을까? 사실은 그런 방법이 있다. 7.3절에서 본 for 표현식을 기억하는가? for를 사용하면 동일한 예를 다음과 같이 쓸 수 있다.

```
scala> for (p <- persons; if !p.isMale; c <- p.children)
        yield (p.name, c.name)
res2: List[(String, String)] = List((Julie,Lara),
    (Julie,Bob))
```

이 식의 결과는 이전 예의 결과와 완전히 같다. 게다가, 코드를 본 대부분의 독자는 for 표현식이 map, flatMap, withFilter 등의 고차 함수를 사용한 이전 질의문보다 훨씬 더 명확하다고 느낄 것이다.

하지만 마지막 두 질의는 겉보기처럼 서로 크게 다른 것이 아니다. 실제로, 스칼라 컴파일러는 결국 두 번째 질의를 첫 번째 것으로 변환한다. 더 일반적으로 말하자면, 컴파일러는 결과를 yield 하는 모든 for 표현식을 map, flatMap, withFilter 등의 고차 메서드 호출을 조합한 표현식으로 변환한다. yield가 없는 for 표현식은 좀 더 적은 개수의 고차 함수, 즉 withFilter와 foreach만을 사용한다.

23장에서는 for 표현식을 작성하는 규칙을 먼저 정확히 살펴볼 것이다. 그 후, 이 for를 사용해 조합 문제를 더 쉽게 푸는 방법을 보여줄 것이다. 마지막으로, for 표현식을 어떻게 변환하는지 배워본다. 그러면 스칼라 언어를 새로운 애플리케이션 도메인에 맞게 '자라게' 할 때 어떻게 for 표현식을 활용할 수 있는지 알 수 있을 것이다.

23.1 for 표현식

일반적으로 for 표현식은 다음과 같은 형태다.

```
for ( seq ) yield expr
```

여기서 *seq*는 **제너레이터**generator, **정의**definition, **필터**filter를 나열한 것이다. 연속된 구성요소 사이에는 세미콜론(;)을 넣는다. 다음은 for 표현식의 예다.

```
for (p <- persons; n = p.name; if (n startsWith "To"))
yield n
```

이 for 표현식에는 제너레이터가 하나, 정의가 하나, 필터가 하나 들어 있다. 7.3절에서 설명했듯이, 괄호 대신 중괄호({})를 사용해도 된다. 그러면 세미콜론을 생략할 수도 있다.

```
for {
  p <- persons                  // 제너레이터
  n = p.name                    // 정의
  if (n startsWith "To")        // 필터
} yield n
```

제너레이터의 형태는 다음과 같다.

```
pat <- expr
```

expr 표현식은 보통 리스트를 반환한다. 물론, (나중에 보겠지만) 이를 더 일반화할 수도 있다. *pat* 패턴은 그 리스트의 모든 원소를 하나씩 매치해 얻는다. 만약 매치가 성공하면, 패턴 안의 변수에는 리스트 원소의 해당 부분에 있는 값이 들어간다. 이는 15장에서 설명한 방식을 정확히 따른다. 다만, 매치에 실패하면 MatchError를 발생시키지 않는다. 그

대신, 해당 원소는 무시하고 다음 이터레이션을 진행한다.

*x <- expr*에서처럼 *pat*가 변수 하나로만 되어 있는 경우가 가장 일반적이다. 이런 경우 변수 *x*는 *expr*이 반환하는 모든 원소를 단지 이터레이션한다.

정의의 형태는 다음과 같다.

```
pat = expr
```

이 정의는 *pat* 패턴을 *expr*의 값에 바인딩한다. 따라서 이는 val 정의와 같은 역할을 한다.

```
val x = expr
```

가장 일반적인 경우는 패턴 부분이 변수 하나로 되어 있는(예: *x = expr*) 경우다. 이 정의는 *x*를 *expr*의 값으로 지정한다.

필터의 형태는 다음과 같다.

```
if expr
```

여기서 *expr*은 Boolean 타입의 값이다. 필터는 *expr*이 false를 반환하는 값을 이터레이션에서 제외하도록 만든다.

모든 for 표현식은 제너레이터에서 시작한다. 만약 제너레이터가 여러 개 있다면 뒤쪽 제너레이터는 앞의 것보다 더 빨리 변화한다. 다음과 같이 테스트해보면 이를 쉽게 알 수 있다.

```scala
scala> for (x <- List(1, 2); y <- List("one", "two"))
         yield (x, y)
res3: List[(Int, String)] =
  List((1,one), (1,two), (2,one), (2,two))
```

23.2 n 여왕 문제

for 표현식이 특히나 잘 어울리는 분야는 조합 퍼즐^{combinatorial puzzle} 분야다. 그러한 퍼즐의 예로 표준 체스판에서 8개의 여왕 말을 서로 잡지 못하게 놓는 문제인 8 여왕 문제를 들 수 있다(두 여왕말이 같은 열, 행, 또는 대각선상에 있으면 서로를 잡을 수 있다). 이 문제의 해법을 찾으려면, 실제로는 문제를 임의 크기의 체스판으로 일반화하는 편이 더 쉽다. 그렇게 하면 문제는 $N \times N$ 체스판에서 N개의 여왕을 놓는 문제가 된다. N은 아무 자연수나 가능하다. 체스판의 각 칸에 번호를 붙일 때 1부터 시작할 것이다. 따라서 $N \times N$ 체스판의 왼쪽 위 구석 칸은 $(1, 1)$, 오른쪽 아래 칸은 (N, N)이 된다.

N 여왕 문제를 풀기 위해서는 여러분이 모든 행마다 여왕을 배치해야 한다는 점을 기억하라. 따라서 여왕을 각 행에 차례로 배치할 수 있다. 이때 새로운 행에 놓는 여왕이 이미 체스판에 위치한 다른 여왕들을 잡을 수 있는 위치인지 검사할 수 있다. 이런 탐색을 하는 동안 k번째 행에 여왕을 넣어야 하는데, 1부터 $k - 1$번째 행까지 있는 다른 여왕들을 잡을 수 없게 만드는 일이 불가능할 수도 있다. 이런 경우에는 지금까지 검색한 내용을 포기하고, 1부터 $k - 1$ 열까지 여왕을 다른 방식으로 배치해야 한다.

이 문제를 명령형 해법으로 푼다면 여왕을 여기저기로 움직여가면서 체스판에 놓을 것이다. 하지만 그런 식으로 구현하면서 모든 가능성을 시도해보는 체계를 만드는 일은 어려워 보인다. 더 함수적인 접근 방법은 해를 직접 값으로 표현하는 것이다. 해는 각 여왕의 체스판상의 위치를 표시하는 좌표들의 리스트다. 하지만 이 전체 해를 단 한 번에 찾을 수는 없음을 기억하라. 해를 한 번에 하나씩 여왕을 인접한 행에 추가해가면서 점진적으로 만들어나가야 한다.

이는 재귀적인 알고리즘을 의미한다. $N \times N$ 크기의 체스판에 k개의 여왕을 놓는 모든 해를 이미 만들어냈다면(k는 N보다 작음), 그런 해는 (row, column) 좌표가 들어 있는 길이 k인 리스트로 표현할 수 있다(column과 row는 1부터 N 사이). 이런 부분해 리스트는 스택으로 다루면 편리하다. 즉, k번째 행에 있는 여왕의 좌표를 리스트의 맨 앞에, 그 뒤에 $k - 1$번째 행에 있는 여왕을 놓는 식으로 구현한다. 스택의 바닥에는 체스판의 맨 첫 행에 있는 여왕의 좌표가 들어간다. 이런 솔루션을 모두 모아둔 것은 리스트가 들어간 리스트로 표현할 수 있다.

이제 $k + 1$번째 행에 다음번 여왕을 놓기 위해서는, 지금까지의 해에 새 여왕을 하나 추가할 수 있는 모든 해를 만들면 된다. 그렇게 하면 길이가 $k + 1$인 해의 리스트를 새로 얻는다. 이 과정을 크기 $N \times N$인 체스판에 대한 해를 모두 구할 때까지 계속한다.

이런 알고리즘의 아이디어는 다음의 placeQueens 함수에 들어 있다.

```scala
def queens(n: Int): List[List[(Int, Int)]] = {
  def placeQueens(k: Int): List[List[(Int, Int)]] =
    if (k == 0)
      List(List())
    else
      for {
        queens <- placeQueens(k - 1)
        column <- 1 to n
        queen = (k, column)
        if isSafe(queen, queens)
      } yield queen :: queens
  placeQueens(n)
}
```

바깥쪽 함수 queens는 단지 placeQueens에 체스판의 크기 n을 넘기기만 한다. placeQueens(k) 호출의 의미는 리스트에 길이가 k인 부분해를 다 만들어내라는 뜻이다. 그 리스트의 모든 원소는 각각 길이가 k인 리스트로 표현된 해다. 따라서 placeQueens는 리스트의 리스트를 반환한다.

placeQueens의 파라미터 k가 0이라면, 0번 행에 여왕을 0개 배치할 수 있는 모든 해를 만들라는 뜻이다. 그에 대한 해는 하나뿐이다. 즉, 아무 여왕도 체스판에 넣지 않는 것이다. 이 해는 빈 리스트로 표현할 수 있다. 따라서 k가 0이면 placeQueens는 빈 리스트가 하나 들어 있는 리스트인 List(List())를 반환한다. 이 리스트는 빈 리스트인 List()와는 다르다는 점에 유의하라. 만약 placeQueens가 List()를 반환한다면, 이는 여왕을 아무 데도 놓지 않는 해가 하나 있는 앞의 경우와 달리 **해가 없다**는 뜻이다.

k가 0이 아닌 다른 경우, placeQueens가 하는 모든 일은 for 표현식 안에서 이뤄진다. 그 for 표현식의 첫 제너레이터는 체스판에 k - 1 여왕을 놓는 모든 해에 대해 이터레이션한다. 두 번째 제너레이터는 k번째 여왕이 들어가야 할 모든 열의 좌표를 이터레이션한다. for 표현식의 세 번째 부분은 고려 대상인 새 여왕의 위치를 k번째 행과 column번째

열의 튜플로 정의한다. for 표현식의 네 번째 부분은 isSafe를 가지고 새 여왕의 위치가 기존의 모든 여왕을 고려했을 때 안전한지 결정한다(isSafe에 대해서는 잠시 후에 설명한다).

만약 새 여왕이 다른 여왕을 잡을 수 있는 위치가 아니라면, 새로운 부분해를 만들 수 있다. 따라서 placeQueens는 queen :: queens를 새 부분해로 만든다. 만약 새 여왕이 안전하지 않다면, 필터가 false를 반환하며 아무 해도 만들지 않는다.

이제 남은 부분은 isSafe 메서드뿐이다. 이 메서드는 인자 queen이 다른 여왕들의 리스트 queens에 있는 여왕 중 어느 하나를 잡을 수 있는지 판단한다.

```scala
def isSafe(queen: (Int, Int), queens: List[(Int, Int)]) =
  queens forall (q => !inCheck(queen, q))

def inCheck(q1: (Int, Int), q2: (Int, Int)) =
  q1._1 == q2._1 ||              // 같은 행
  q1._2 == q2._2 ||              // 같은 열
  (q1._1 - q2._1).abs == (q1._2 - q2._2).abs // 대각선
```

isSafe 메서드는 어떤 여왕이 다른 여왕들을 잡을 수 있는 위치가 아니라면 안전하다는 점을 표현한다. inCheck 메서드는 여왕 q1과 q2가 서로 잡을 수 있는지를 표현한다.

이 메서드는 다음 세 경우에 true를 반환한다.

1. 두 여왕의 행 좌표가 같은 경우
2. 두 여왕의 열 좌표가 같은 경우
3. 두 여왕이 같은 대각선상에 위치하는 경우(즉, 행 좌표의 차이와 열 좌표의 차이가 같은 경우)

첫 번째 경우, 즉 두 여왕이 같은 행 좌표에 위치하는 경우는 이 애플리케이션에서는 불가능하다. placeQueens가 이미 각 여왕을 각기 다른 행에 집어넣기 때문이다. 따라서 프로그램의 기능을 해치지 않으면서 이 검사를 제외할 수 있다.

23.3 for 식으로 질의하기

for 표기법은 기본적으로 데이터베이스 질의 언어의 공통 연산들과 동등하다. 예를 들어, 다음과 같이 정의한 Book의 리스트로 표현한 books라는 데이터베이스가 있다고 하자.

```
case class Book(title: String, authors: String*)
```

다음은 간단한 예제 데이터베이스로, 메모리에 존재하는 리스트로 표현했다.

```
val books: List[Book] =
  List(
    Book(
      "Structure and Interpretation of Computer Programs",
      "Abelson, Harold", "Sussman, Gerald J."
    ),
    Book(
      "Principles of Compiler Design",
      "Aho, Alfred", "Ullman, Jeffrey"
    ),
    Book(
      "Programming in Modula-2",
      "Wirth, Niklaus"
    ),
    Book(
      "Elements of ML Programming",
      "Ullman, Jeffrey"
    ),
    Book(
      "The Java Language Specification", "Gosling, James",
      "Joy, Bill", "Steele, Guy", "Bracha, Gilad"
    )
  )
```

작가의 성이 "Gosling"인 모든 책의 제목을 찾는다면 다음과 같이 할 수 있다.

```
scala> for (b <- books; a <- b.authors
            if a startsWith "Gosling")
       yield b.title
res4: List[String] = List(The Java Language Specification)
```

또는 제목에 "Program"이라는 문자열이 들어간 모든 책의 제목은 다음과 같이 찾을 수 있다.

```
scala> for (b <- books if (b.title indexOf "Program") >= 0)
       yield b.title
res5: List[String] = List(Structure and Interpretation of Computer
  Programs, Programming in Modula-2, Elements of ML Programming)
```

이 데이터베이스에서 최소한 두 권 이상의 책을 쓴 작가를 모두 찾는 건 다음과 같이 할 수 있다.

```
scala> for (b1 <- books; b2 <- books if b1 != b2;
            a1 <- b1.authors; a2 <- b2.authors if a1 == a2)
       yield a1
res6: List[String] = List(Ullman, Jeffrey, Ullman, Jeffrey)
```

마지막 해는 아직 완벽하지 않은데, 결과에 두 번 이상 들어간 작가가 있기 때문이다. 결과에서 중복을 제거할 필요가 있다. 다음 함수를 사용해 중복을 제거할 수 있다.

```
scala> def removeDuplicates[A](xs: List[A]): List[A] = {
         if (xs.isEmpty) xs
         else
           xs.head :: removeDuplicates(
             xs.tail filter (x => x != xs.head)
           )
       }
removeDuplicates: [A](xs: List[A])List[A]

scala> removeDuplicates(res6)
res7: List[String] = List(Ullman, Jeffrey)
```

removeDuplicates의 마지막 표현식도 for 표현식으로 나타낼 수 있다는 사실은 언급할 만한 가치가 있다.

```
xs.head :: removeDuplicates(
  for (x <- xs.tail if x != xs.head) yield x
)
```

23.4 for 표현식 변환

모든 for 표현식은 map, flatMap, withFilter라는 세 가지 고차 함수로 표현 가능하다. 이번 절에서는 스칼라 컴파일러가 사용하는 변환 방식을 설명한다.

제너레이터가 하나밖에 없는 for 표현식의 변환

먼저, 간단한 for 표현식이 있다고 하자.

```
for (x <- expr₁) yield expr₂
```

여기서 x는 변수다. 이런 식은 다음과 같이 변환할 수 있다.

```
expr₁.map(x => expr₂)
```

제너레이터로 시작하고 필터가 하나 있는 for 표현식의 변환

이제 제너레이터 하나로 시작해 뒤에 다른 요소가 들어간 for 표현식을 고려해보자. 다음과 같은 형태다.

```
for (x <- expr₁ if expr₂) yield expr₃
```

이는 다음과 같이 변환 가능하다.

```
for (x <- expr₁ withFilter (x => expr₂)) yield expr₃
```

이렇게 변환하고 나면 원래의 for 표현식보다 한 요소가 더 줄어든 새로운 for 표현식을 얻는다. if 부분이 첫 번째 제너레이터 뒤에 withFilter가 있는 표현식으로 바뀌었기 때문이다. 이제, 이 두 번째 for 표현식을 계속 변환할 수 있다. 결국 다음 결과를 얻는다.

```
expr₁ withFilter (x => expr₂) map (x => expr₃)
```

필터 다음에 다른 원소가 더 있더라도 마찬가지 방법을 사용해 변환할 수 있다. *seq*가 임

의의 제너레이터, 정의, 필터로 된 시퀀스라고 할 때, 다음 for 표현식은

```
for (x <- expr₁ if expr₂; seq) yield expr₃
```

아래처럼 변환 가능하다.

```
for (x <- expr₁ withFilter expr₂; seq) yield expr₃
```

이렇게 나온 두 번째 표현식을 계속 변환할 수 있다. 그런데 이 표현식은 첫 표현식보다 길이가 한 원소만큼 더 짧다.

제너레이터 2개로 시작하는 for 표현식의 변환

이제 고려해봐야 할 경우는 2개의 제너레이터로 시작하는 for 표현식의 처리다.

```
for (x <- expr₁; y <- expr₂; seq) yield expr₃
```

여기서도 *seq*는 임의의 제너레이터, 정의, 필터가 들어간 시퀀스다. 실제로는 *seq*가 비어 있어도 된다. 그런 경우 *expr₂* 뒤의 세미콜론은 불필요하다. 변환 방법은 *seq*가 비어 있든 그렇지 않든 동일하다. 위의 for 표현식은 flatMap을 호출하는 것으로 바꿀 수 있다.

```
expr₁.flatMap(x => for (y <- expr₂; seq) yield expr₃)
```

이번에는 flatMap에 전달하는 함숫값에 다른 for 표현식이 들어간다. 그 for 표현식은(원래의 표현식보다 한 원소만큼 길이가 줄었다) 또 다시 같은 규칙을 적용해 변환 가능하다.

지금까지 본 세 가지 변환 방법만 있으면, 제너레이터와 필터로 구성되고 제너레이터가 단순한 변수에 값을 바인딩하는 모든 for 표현식을 변환하기에 충분하다. 23.3절에서 본 '최소한 두 권 이상의 책을 쓴 작가를 모두 찾는' 질의를 살펴보자.

```
for (b1 <- books; b2 <- books if b1 != b2;
    a1 <- b1.authors; a2 <- b2.authors if a1 == a2)
yield a1
```

이 질의는 다음과 같은 map/flatMap/filter 조합으로 바꿀 수 있다.

```
books flatMap (b1 =>
  books withFilter (b2 => b1 != b2) flatMap (b2 =>
    b1.authors flatMap (a1 =>
      b2.authors withFilter (a2 => a1 == a2) map (a2 =>
        a1))))
```

지금까지 본 변환 방법은 단순한 변수가 아닌 패턴에 바인딩하는 제너레이터는 다루지 않았다. 또한 정의가 들어가는 경우도 고려하지 않았다. 이 두 관점에 대해 이제부터 설명할 것이다.

제너레이터에 있는 패턴의 변환

제너레이터의 좌항이 단순한 변수가 아니고 패턴 *pat*라면, 변환 방법이 더 복잡해진다. 그나마 좀 다루기 편한 것은 변수의 튜플에 바인딩하는 제너레이터의 경우일 것이다. 그런 경우 변수가 하나만 있는 경우와 거의 비슷한 방식을 적용할 수 있다.

다음 형태의 for 표현식은

```
for ((x₁, ..., xₙ) <- expr₁) yield expr₂
```

아래와 같이 변환할 수 있다.

```
expr₁.map { case (x₁, ..., xₙ) => expr₂ }
```

제너레이터의 좌항이 단순한 변수 하나이거나 튜플이 아닌 임의의 패턴 *pat*라면 상황은 좀 더 복잡해진다.

다음 표현식을 보자.

```
for (pat <- expr₁) yield expr₂
```

이 식은 다음과 같이 변환할 수 있다.

```
expr₁ withFilter {
  case pat => true
  case _  => false
} map {
  case pat => expr₂
}
```

이는 제너레이터가 만들어내는 원소들 중에서 먼저 *pat*와 일치하는 것만 걸러내서 *pat*와 매치하는 것들만 map에 넘긴다는 뜻이다. 따라서 패턴 매치 제너레이터가 결코 MatchError를 발생시키지 않도록 보장할 수 있다.

위의 방법은 for 표현식 안에 단 하나의 패턴 매치 제너레이터만 들어 있는 경우만을 처리한다. 만약 for 표현식에 다른 형태의 제너레이터, 필터, 정의 등이 들어 있다면 그에 따라 적절한 규칙을 적용한다. 이런 추가 규칙들은 딱히 새로이 이해를 늘려주지 않기 때문에 따로 거론하지는 않는다. 관심 있는 독자라면 '스칼라 언어 명세Scala Language Specification'[Ode11]를 살펴보라.

정의 변환

지금까지 다루지 않은 마지막 상황은 for 표현식 안에 정의가 들어 있는 경우다. 다음은 전형적인 예다.

```
for (x <- expr₁; y = expr₂; seq) yield expr₃
```

여기서도 역시 *seq*는 (물론 없을 수도 있는) 제너레이터, 정의, 필터의 시퀀스라 가정하자. 이 식은 다음처럼 바꿀 수 있다.

```
for ((x, y) <- for (x <- expr₁) yield (x, expr₂); seq)
yield expr₃
```

여기서 *expr₂*가 계산되는 시점을 보면, 새로운 *x* 값을 제너레이터에서 가져올 때마다 재계산함을 알 수 있다. 이런 재계산은 반드시 필요하다. *expr₂* 안에서 *x*를 사용한다면 그 *x*는 각 이터레이션마다 가져온 값을 반영해야 하기 때문이다. 프로그래머 입장에서 보자면, for 표현식에 어떤 정의를 넣을 때 그 정의보다 앞에 있는 제너레이터가 바인딩한 변수를 사용하지 않는 정의를 넣는 것은 바람직하지 않다. 그런 식을 재계산하는 일은 시간 낭비이기 때문이다. 예를 들어 다음 대신에,

```
for (x <- 1 to 1000; y = expensiveComputationNotInvolvingX)
yield x * y
```

다음과 같이 쓰는 게 더 좋다.

```
val y = expensiveComputationNotInvolvingX
for (x <- 1 to 1000) yield x * y
```

for 루프 변환

앞에서는 yield가 있는 for 표현식을 어떻게 변환하는지 살펴봤다. 아무 값도 돌려주지 않고 부수 효과만 사용하는 for 루프라면 어떨까? 그런 루프를 변환하는 것도 비슷한 과정을 거친다. 하지만 for 표현식보다는 더 간단하다. 기본적으로, for 표현식의 변환에는 map과 flatMap을 사용했지만, for 루프에는 foreach만을 사용한다.

예를 들어, 다음 식은

```
for (x <- expr₁) body
```

다음과 같이 변환한다.

```
expr₁ foreach (x => body)
```

더 복잡한 예를 들자면, 다음 식과 같다.

```
for (x <- expr₁; if expr₂; y <- expr₃) body
```

이 식은 다음과 같이 변환할 수 있다.

```
expr₁ withFilter (x => expr₂) foreach (x =>
  expr₃ foreach (y => body))
```

예를 들어, 다음 표현식은 리스트의 리스트로 표현한 행렬의 모든 원소를 더한다.

```
var sum = 0
for (xs <- xss; x <- xs) sum += x
```

이 루프는 다음과 같이 내포된 두 foreach 호출로 바뀐다.

```
var sum = 0
xss foreach (xs =>
  xs foreach (x =>
    sum += x))
```

23.5 역방향 적용

지금까지 for 표현식을 map, flatMap, withFilter 고차 함수 호출로 변환할 수 있다는 사실을 보였다. 실제로는 그 반대 방향도 마찬가지로 가능하다. 즉, 모든 map, flatMap, filter 호출은 for 표현식으로 표현할 수 있다.

여기 for 표현식으로 세 메서드를 구현한 것이 있다. 각 메서드는 표준 리스트 메서드와 구분하기 위해 Demo라는 객체에 넣어뒀다. 정확히는 세 함수는 List를 파라미터로 받는다. 하지만 변환 방식은 그 밖의 컬렉션 타입에서도 마찬가지로 잘 동작할 것이다.

```
object Demo {
  def map[A, B](xs: List[A], f: A => B): List[B] =
    for (x <- xs) yield f(x)

  def flatMap[A, B](xs: List[A], f: A => List[B]): List[B] =
    for (x <- xs; y <- f(x)) yield y

  def filter[A](xs: List[A], p: A => Boolean): List[A] =
    for (x <- xs if p(x)) yield x
}
```

놀라운 일도 아니지만, Demo.map의 본문에서 사용한 for 표현식을 변환하면 List 클래스의 map을 호출하는 코드가 나온다. 마찬가지로, Demo.flatMap과 Demo.filter도 List 클래스의 flatMap과 withFilter를 호출한다. 따라서 이 작은 예제는 for 표현식이 실제로는 map, flatMap, withFilter 세 함수를 호출하는 것과 표현력에 있어 동일함을 보여준다.

23.6 for 일반화

for 표현식의 변환은 오직 map, flatMap, withFilter 메서드에만 의존한다. 따라서 for 표기법을 다양한 데이터 타입에 적용할 수 있다.

이미 리스트와 배열에 대한 for 표현식을 살펴봤다. 리스트나 배열이 map, flatMap, withFilter 연산을 정의하기 때문에 이런 표기가 가능하다. 또한 리스트나 배열에 foreach 메서드도 들어 있기 때문에, 리스트와 배열에는 for 루프도 사용 가능하다.

리스트나 배열 외에도 스칼라 표준 라이브러리에는 이 네 가지 메서드를 제공하고, 그에 따라 for 표현식이나 루프를 사용할 수 있는 다른 타입이 많이 있다. 예를 들자면 범위range, 이터레이터, 스트림, 그리고 모든 집합 구현이 그렇다. 이 메서드들을 정의하면 여러분 자신의 데이터 타입도 for 표현식을 완벽히 지원할 수 있다. for 표현식과 for 루프를 모두 지원하기 위해서는 여러분의 데이터 타입 안에서 map, flatMap, withFilter, foreach를 메서드로 정의해야 한다. 하지만 이런 메서드 중 일부만을 정의할 수도 있다. 그런 경우에는 for 표현식이나 루프의 기능 중 일부만 사용 가능하다.

정확한 규칙은 다음과 같다.

- map만 정의했다면 제너레이터가 1개만 있는 for 표현식을 사용할 수 있다.
- map과 flatMap을 함께 정의했다면, 제너레이터가 여럿 있는 for 표현식도 사용 가능하다.
- foreach를 정의했다면, for 루프(제너레이터 개수는 관계없음)를 사용할 수 있다.
- withFilter를 정의하면, for 표현식 안에서 if로 시작하는 for 필터 표현식을 사용할 수 있다.

컴파일러는 for 표현식 변환을 타입 검사 이전에 수행한다. 그렇기 때문에 최대한의 유연성을 제공할 수 있다. for 표현식을 변환해 나온 결과만을 타입 검사하면 되기 때문이다. 스칼라에는 for 표현식 자체에 대한 타입 검사 규칙은 없다. 또한 map, flatMap, withFilter, foreach가 특정 타입 시그니처를 만족하도록 요구하지도 않는다.

그렇기는 하지만, for 표현식을 변환할 때 사용하는 고차 메서드들의 가장 일반적인 의도를 담는 전형적인 설정은 있다. 어떤 종류의 컬렉션을 표시하는 파라미터화된 클래스 C가 있다고 하자. 그렇다면 map, flatMap, withFilter, foreach에 대해 다음과 같은 타입 시그니처를 선택하는 건 아주 자연스러운 일이다.

```
abstract class C[A] {
  def map[B](f: A => B): C[B]
  def flatMap[B](f: A => C[B]): C[B]
  def withFilter(p: A => Boolean): C[A]
  def foreach(b: A => Unit): Unit
}
```

즉, map 함수는 그 컬렉션의 원소 타입 A에서 다른 타입 B로 매핑하는 함수를 인자로 받는다. 그 결과로 같은 유형의 컬렉션 C를 만들지만, 원소의 타입은 B로 바뀐다. flatMap 메서드는 A 타입에서 B 타입의 원소를 갖는 C 컬렉션으로 매핑하는 함수를 인자로 받아서, B 타입 원소를 갖는 C 컬렉션을 만들어낸다. withFilter 메서드는 컬렉션의 원소 타입 A를 받아 Boolean 값을 반환하는 술어 함수를 인자로 받는다. 그리고 그 메서드의 호출 대상 컬렉션과 같은 타입의 컬렉션을 반환한다. 마지막으로, foreach 메서드는 A에서 Unit으로 가는 함수를 인자로 받아서 결과로 Unit을 반환한다.

위의 C 클래스에서 withFilter 메서드는 같은 클래스의 새로운 컬렉션을 만든다. 따라서 withFilter 호출이 있으면 매번 새로운 C 객체를 만든다. 이는 filter 메서드의 동작과도 완전히 같다. for 표현식의 변환 시, withFilter 호출 뒤에는 항상 다른 세 메서드 중 하나에 대한 호출이 있기 마련이다. 따라서 withFilter가 만든 객체는 그 즉시 다른 세 메서드 중 하나가 사용한다. 만약 클래스 C에 들어 있는 객체들이 크다면(시퀀스가 아주 긴 경우를 생각해보자), 이런 중간 객체를 만드는 일은 피했으면 하는 생각이 들 것이다. 이런 경우 표준적인 방법은 withFilter가 C를 반환하는 대신 나중에 처리할 수 있는 걸러진 원소를 '기억하는' 래퍼 객체wrapper object를 만들어 반환하는 것이다.

C 클래스의 첫 세 함수만 집중해 살펴본다면, 다음 사실을 알아둘 필요가 있다. 함수 프로그래밍에는 **모나드**monad라는 일반적인 개념이 있다. 모나드는 계산과 관계된 다양한 타

입을 컬렉션을 포함해 설명할 수 있다. 계산에 들어가는 것을 몇 가지 이야기하자면, 상태나 I/O, 백트래킹, 트랜잭션 등을 들 수 있다. map, flatMap, withFilter를 모나드 위에서 표현할 수 있다. 그렇게 하면 이 세 함수는 바로 위의 C 클래스에서 정의한 타입과 정확히 같은 타입이 된다.

더 나아가 map, flatMap, withFilter에다가 원솟값을 하나 받아 모나드를 만들어주는 '유닛' 생성 함수를 추가하면 모든 모나드를 표현할 수 있다. 객체지향 언어에서는 '유닛' 생성 함수가 바로 인스턴스 생성자나 팩토리 메서드다. 따라서 map, flatMap, withFilter는 바로 함수 언어의 모나드 개념을 객체지향에 적용한 것이라 볼 수 있다. for 표현식이 이 세 메서드를 호출하는 것과 같기 때문에, for 표현식을 모나드를 위한 문법으로 볼 수도 있다.

이를 감안하면, for 표현식의 개념이 단순히 컬렉션에 대해 이터레이션하는 것보다 더 일반적인 개념임을 알 수 있다. 그리고 실제로도 그렇다. 예를 들어, 비동기 I/O에서나 Option 값을 다른 방식으로 표현할 때도 for 표현식이 중요한 역할을 한다. 스칼라 라이브러리에서 map, flatMap, withFilter가 있는지 주의해 살펴보라. 만약 그 세 메서드가 존재한다면, for 표현식을 사용해 해당 타입의 원소를 조작할 때 더 간결한 표현이 가능할 것이다.

23.7 결론

23장에서는 for 표현식과 for 루프가 내부적으로 어떻게 되어 있는지 살펴봤다. 여러분은 for 표현식과 루프를 몇 가지 정해진 표준 고차 메서드들을 호출하는 것으로 변환할 수 있음을 배웠다. 그런 변환이 가능하기 때문에, for 표현식의 개념이 단순히 컬렉션에 대해 이터레이션하는 것보다 더 일반적이라는 사실과, 여러분 자신의 클래스에서 for 식을 지원하도록 구현 가능하다는 사실을 보았다.

Chapter

24

컬렉션 자세히 들여다보기

스칼라는 우아하고 강력한 컬렉션 라이브러리를 포함한다. 처음에는 컬렉션 API가 더 중요해 보이겠지만, 추가된 요소가 여러분의 프로그래밍 스타일에 끼칠 변화는 더 심오할 수 있다. 개별 컬렉션보다는 전체 프로그램을 기본 프로그램 빌딩 블록으로 취급하는 더 높은 수준에서 작업하는 것처럼 느껴지는 일이 자주 있을 것이다. 이렇게 새로운 유형의 프로그래밍을 하려면 적응이 필요하다. 다행히, 새로운 스칼라 컬렉션의 여러 장점이 그런 적응이 쉽도록 도와준다. 그것은 사용하기 쉽고, 간결하며, 안전하고, 빠르고, 게다가 보편적이다.

- **사용하기 쉬움**: 20~50개의 메서드만 알아두면 대부분의 컬렉션 문제를 몇 가지 연산만 조합해서 해결할 수 있다. 머리를 싸매고 복잡한 루프 구조나 재귀 호출을 고민할 필요가 없다. 영속적인 컬렉션과 부수 효과가 없는 연산을 사용하면 실수로 기존 컬렉션을 새 데이터로 오염시키지나 않을지 걱정할 필요도 없다. 이터레이터와 컬렉션 변경이 서로 영향을 끼치는 일도 없다.

- **간결함**: 루프가 하나 이상 필요할 때 한 단어로 가능하다. 가벼운 문법을 사용해 함수적 연산을 기술할 수 있고, 큰 노력 없이 여러 연산을 조합할 수 있다. 그렇게 작성한 코드는 맞춤으로 만든 대수식 같아 보인다.

- **안전함**: 이 성질은 경험해봐야만 충분히 알 수 있는 것이다. 스칼라 컬렉션은 정적 타

입 검사를 통과해야 하며 함수형 컬렉션이기 때문에, 여러분이 저지를 수 있는 실수 중 대부분을 컴파일 시간에 걸러낼 수 있다. 이유는 다음과 같다. (1) 컬렉션 연산 자체가 널리 쓰이며, 잘 검증되어 있다. (2) 컬렉션 연산을 사용하려면 입력과 출력을 함수 파라미터와 결괏값으로 명시해야만 한다. (3) 이런 명시적인 입출력이 정적인 타입 검사를 통과해야만 한다. 요는 대부분의 잘못된 사용은 스스로를 타입 오류로 드러내기 마련이라는 것이다. 몇백 줄 되는 프로그램이 첫 실행에서 잘 도는 것도 드문 일이 아니다.

- **빠름**: 라이브러리의 컬렉션 연산은 튜닝과 최적화가 된 것이다. 따라서 일반적인 경우 컬렉션을 사용하면 매우 효율적이다. 주의 깊게 손으로 튜닝한 데이터 구조와 연산으로 좀 더 나은 성능을 얻을 수 있을지도 모른다. 반면, 그 과정에서 최적이 아닌 잘못된 결정을 내려서 결과를 더 나쁘게 만들 수도 있다. 더 나아가, 컬렉션을 다중 코어에서 병렬 실행할 수도 있다. 병렬 컬렉션은 순차적인 컬렉션과 동일한 연산을 제공하기 때문에, 새로운 연산을 배울 필요도 없고 코드를 다시 쓸 필요도 없다. 단지 par 메서드만 호출하면 순차 컬렉션을 병렬 컬렉션으로 바꿀 수 있을 것이다.

- **보편적임**: 어떤 연산을 제공하는 것이 타당한 경우라면 각 컬렉션은 같은 연산을 제공한다. 따라서 상당히 적은 개수의 연산을 사용해 달성할 수 있는 일이 많다. 예를 들어, 문자열은 개념적으로 문자의 시퀀스다. 따라서 스칼라 컬렉션에서는 문자열도 모든 시퀀스 연산을 제공한다. 배열도 마찬가지다.

이번 장에서는 스칼라 컬렉션 클래스의 API를 사용자 관점에서 깊숙이 들여다볼 것이다. 17장에서 이미 간략하게 스칼라 라이브러리를 다뤘는데, 이번 장에서는 모든 컬렉션 클래스와 각 클래스가 정의하는 메서드를 좀 더 자세히 살펴볼 것이다. 여러분이 스칼라 컬렉션에 대해 알아둬야 할 모든 것을 다룬다. 미리 한 가지만 이야기하자면, 25장에서는 컬렉션 라이브러리의 구조와 규모 확장성 측면에 집중한다. 이는 새로운 컬렉션 타입을 구현해야 하는 독자들을 위한 것이다.

24.1 변경 가능, 변경 불가능 컬렉션

이제는 익숙하겠지만, 스칼라 컬렉션에서는 변경 불가능한 것과 변경 가능한 것을 조직적으로 구분한다. 변경 가능 컬렉션은 메모리상에서 in-place 변경하거나 확장할 수 있는 컬렉션이다. 이는 부수 효과를 사용해 컬렉션의 원소를 변경, 추가, 삭제할 수 있다는 뜻이다. 반면, 변경 불가능한 컬렉션은 결코 변하지 않는다. 추가, 삭제, 변경을 시뮬레이션하는 연산이 있긴 하지만, 그런 연산은 새 컬렉션을 반환하며, 원래 컬렉션은 변하지 않고 그대로 남는다.

모든 컬렉션 클래스는 scala.collection 패키지나 그 하위 패키지인 mutable, immutable, generic 패키지 안에 있다. 클라이언트가 사용하는 컬렉션 클래스에는 보통 세 가지 변형이 존재한다. 각각은 변경 가능성 측면에서 서로 차이가 있다. 세 변형은 각각 scala.collection, scala.collection.immutable, scala.collection.mutable 패키지에 위치한다.

scala.collection.immutable 패키지 안에 있는 컬렉션은 변경 불가능하다. 그 컬렉션들은 생성된 다음에는 결코 바뀌지 않는다. 따라서 여러분은 여러 시점에 컬렉션값에 반복해 접근하더라도 항상 같은 원소들을 포함하는 컬렉션을 얻게 된다는 사실에 의존할 수 있다.

scala.collection.mutable 패키지의 컬렉션은 컬렉션의 상태를 메모리상에서 변경하는 연산을 제공한다. 이런 연산을 사용해 컬렉션을 변경하는 코드를 작성할 수 있다. 하지만 코드 기반의 다른 부분에서 같은 컬렉션을 변경하는 부분이 있는지 이해하고, 잘 방어할 수 있게 주의를 기울여야만 한다.

scala.collection 패키지에 있는 컬렉션들은 변경 불가능할 수도, 변경 가능할 수도 있다. 예를 들어, scala.collection.IndexedSeq[T]는 scala.collection.immutable.IndexedSeq[T]와 그 변경 가능한 사촌 scala.collection.mutable.IndexedSeq[T]의 슈퍼트레이트다. 일반적으로 scala.collection에 있는 루트 컬렉션들은 전체 컬렉션에 영향을 주는 map이나 filter 같은 변환 연산을 지원한다. 보통 scala.collection.immutable 패키지에 있는 변경 불가능한 컬렉션들은 루트 컬렉션에 값을 하나 추가하거나 제거하는 연산을 더 추가한다. 그리고 보통, scala.collection.mutable에 있는 변경 가능한 컬렉션들은 루트 인터페이스에 부수 효과가 있는 변경 연산을 더 추가한다.

scala.collection에 있는 루트 컬렉션과 scala.collection.immutable에 있는 변경 불가능한 컬렉션의 또 다른 차이는 변경 불가능한 것을 사용하는 클라이언트에게는 그 컬렉션을 변경할 수 없음을 보장하는 반면, 루트 컬렉션을 사용하는 클라이언트의 경우 루트 컬렉션을 통해서는 컬렉션을 변경할 수 없다는 점에 있다. 루트 컬렉션 자체의 정적 타입은 컬렉션 변경을 위한 연산을 제공하지 않지만, 실행 시점의 타입은 변경 가능한 컬렉션일 수 있기 때문에 다른 클라이언트에서 그 컬렉션을 변경할 수도 있다.

기본적으로 스칼라는 항상 변경 불가능한 컬렉션을 선택한다. 예를 들어, 여러분이 앞에 아무 접두사도 안 붙이고 아무것도 임포트하지 않은 상태에서 Set이라고 쓰면 변경 불가능한 집합을 얻을 것이다. 마찬가지로, 그냥 Iterable을 사용하면 변경 불가능한 Iterable을 얻는다. 스칼라 패키지가 기본적으로 임포트하는 바인딩이 변경 불가능한 것이기 때문이다. 변경 가능한 디폴트 버전을 사용하고 싶다면 명시적으로 collection.mutable.Set이나 collection.mutable.Iterable을 사용해야 한다.

컬렉션 계층구조에 있는 마지막 패키지는 collection.generic이다. 이 패키지에는 구체적인 컬렉션을 추상화하기 위한 컬렉션 구성요소들이 들어 있다. 컬렉션을 사용하는 최종 사용자가 generic에 있는 클래스를 언급하는 경우는 아주 예외적인 상황이 아니면 드문 일이다.

24.2 컬렉션 일관성

가장 중요한 컬렉션 클래스를 그림 24.1에 정리해뒀다. 이 컬렉션들은 서로 공통점이 상당히 많다. 예를 들어, 어떤 종류의 컬렉션이라도 일관되고 동일한 문법으로 생성할 수 있다. 그 방법은 컬렉션 클래스 이름 다음에 원소를 나열하는 것이다.

```
Iterable("x", "y", "z")
Map("x" -> 24, "y" -> 25, "z" -> 26)
Set(Color.Red, Color.Green, Color.Blue)
SortedSet("hello", "world")
Buffer(x, y, z)
IndexedSeq(1.0, 2.0)
LinearSeq(a, b, c)
```

```
Iterable
    Seq
        IndexedSeq
            ArraySeq
            Vector
            ArrayDeque (mutable)
            Queue (mutable)
            Stack (mutable)
            Range
            NumericRange
        LinearSeq
            List
            LazyList
            Queue (immutable)
        Buffer
            ListBuffer
            ArrayBuffer
    Set
        SortedSet
            TreeSet
        HashSet (mutable)
        LinkedHashSet
        HashSet (immutable)
        BitSet
        EmptySet, Set1, Set2, Set3, Set4
    Map
        SortedMap
            TreeMap
        HashMap (mutable)
        LinkedHashMap (mutable)
        HashMap (immutable)
        VectorMap (immutable)
        EmptyMap, Map1, Map2, Map3, Map4
```

그림 24.1 컬렉션 계층구조

마찬가지 원칙을 구체적인 컬렉션 구현에도 적용할 수 있다.

```
List(1, 2, 3)
HashMap("x" -> 24, "y" -> 25, "z" -> 26)
```

모든 컬렉션에 대해 toString 메서드를 호출하면 앞서 쓴 생성 방법과 같은 형태의, 타입 이름 다음에 오는 괄호 사이에 원소가 나열된 형태의 문자열을 얻을 수 있다. 모든 컬렉션은 Iterable이 제공하는 API를 지원하지만, 반환하는 타입은 최상위 루트 클래스인 Iterable이 아니고 구체적인 개별 클래스다. 예를 들어 List에 대해 map을 호출하면 List가 나오고, Set에 대해 map을 호출하면 Set을 반환한다. 따라서 이런 메서드의 정적인 반환 타입은 꽤 정확하다.

```
scala> List(1, 2, 3) map (_ + 1)
res0: List[Int] = List(2, 3, 4)

scala> Set(1, 2, 3) map (_ * 2)
res1: scala.collection.immutable.Set[Int] = Set(2, 4, 6)
```

동일성도 마찬가지로 모든 컬렉션 클래스에서 균일하게 조직해놓았다. 이에 대해서는 24.12절에서 자세히 다룬다.

그림 24.1에 있는 대부분의 클래스는 루트(scala.collection 패키지), 변경 가능(scala. collection.mutable 패키지), 변경 불가능(scala.collection.immutable 패키지)한 세 가지 버전이 존재한다. 유일한 예외는 Buffer 트레이트로, 변경 가능한 컬렉션에만 있다.

이제부터 각 클래스를 하나하나 살펴볼 것이다.

24.3 Iterable 트레이트

컬렉션 계층의 가장 꼭대기에는 Iterable[A] 트레이트가 있다. 여기서 A는 원소의 타입이다. 이 트레이트의 모든 메서드는 단 하나의 추상 메서드 iterator를 바탕으로 정의된다. iterator는 컬렉션 원소를 하나씩 내놓는다.

```
def iterator: Iterator[A]
```

Iterable을 구현하는 클래스는 이 메서드만 정의하면 된다. 다른 모든 메서드는 Iterable의 메서드를 상속한다.

Iterable은 많은 구체적인 메서드를 포함한다. 표 24.1에 이를 정리해뒀다. 각 메서드는 다음 범주 중 하나에 속한다.

- **이터레이션 연산**: foreach, grouped, sliding은 이터레이터가 정해둔 순서대로 컬렉션의 원소를 이터레이션한다. grouped와 sliding 메서드는 한 원소만 반환하지 않고 원래 시퀀스의 부분 시퀀스를 반환하는 이터레이터를 반환한다. 각 부분 시퀀스의 최대 크기는 grouped와 sliding에 넘긴 인자에 의해 정해진다. grouped 메서드는 정해진 크기만큼 인덱스를 증가시키면서 정해진 크기의 덩어리를 내놓지만, sliding은 원소에 대한 슬라이딩 윈도우sliding window를 내놓는다. 다음 예제를 보면 이 둘의 차이를 명확히 알 수 있다.

```scala
scala> val xs = List(1, 2, 3, 4, 5)
xs: List[Int] = List(1, 2, 3, 4, 5)

scala> val git = xs grouped 3
git: Iterator[List[Int]] = non-empty iterator

scala> git.next()
res2: List[Int] = List(1, 2, 3)

scala> git.next()
res3: List[Int] = List(4, 5)

scala> val sit = xs sliding 3
sit: Iterator[List[Int]] = non-empty iterator

scala> sit.next()
res4: List[Int] = List(1, 2, 3)

scala> sit.next()
res5: List[Int] = List(2, 3, 4)

scala> sit.next()
res6: List[Int] = List(3, 4, 5)
```

- **추가 메서드**: ++(별명: concat)는 두 컬렉션을 하나로 엮거나, 어떤 컬렉션의 뒤에 이터레이터의 모든 원소를 추가한다.

- **맵 연산**: map, flatMap, collect는 어떤 함수를 컬렉션에 있는 원소에 적용해 새로운 컬렉션을 만들어낸다.

- **변환 연산**: toIndexedSeq, toIterable, toList, toMap, toSeq, toSet, toVector는

Iterable 컬렉션을 불변 컬렉션으로 변환한다. 만약 수신 객체가 이미 그 타입이라면 변환 연산은 수신 객체를 반환한다. 예를 들어, 리스트에 대해 toList를 호출하면 그 리스트 자체를 반환한다. toArray와 toBuffer 메서드는 새로운 변경 가능한 컬렉션을 반환한다. 심지어 수신 객체가 이미 배열이나 버퍼인 경우에도 새로운 배열이나 버퍼를 반환한다. to 메서드를 사용하면 다른 모든 컬렉션으로 변환할 수 있다.

- **복사 연산**: copyToArray는 이름 그대로 컬렉션의 원소를 배열에 복사한다.

- **크기 연산**: isEmpty, nonEmpty, size, knownSize, sizeCompare, sizeIs는 컬렉션의 크기를 다룬다. 컬렉션의 원소 개수를 계산하기 위해 경우에 따라서는 컬렉션을 순회해야 할 수도 있다(예: List). 다른 경우 컬렉션의 원소 개수가 무한대일 수도 있다(예: LazyList.from(0)) knownSize, sizeCompare, sizeIs 메서드는 원소 중 가능한 한 적은 수를 순회한 다음에 정보를 제공한다.

- **원소를 가져오는 연산**: head, last, headOption, lastOption, find는 컬렉션의 첫 원소(head, headOption)나 마지막 원소(last, lastOption)를 선택하거나, 어떤 조건을 만족하는 첫 원소를 선택(find)한다. 예를 들어, 해시 집합은 실행할 때마다 달라질 수도 있는 해시 키를 가지고 원소를 저장한다. 그런 경우 해시 집합의 '첫' 원소는 프로그램을 실행할 때마다 바뀔 수 있다. 어떤 컬렉션이 매번 원소를 같은 순서로 반환하는 경우 이를 '**순서가 있는**ordered' 컬렉션이라 한다. 대부분의 컬렉션은 순서가 있지만, 몇몇(해시 집합 등)은 그렇지 않다. 이들은 순서를 포기하는 대신 효율성을 약간 더 얻는 쪽을 택했다. 테스트를 재현하거나 디버깅을 하기 위해 순서가 꼭 필요한 경우가 종종 있다. 그래서 스칼라는 모든 컬렉션에 대해 순서가 정해진 대안을 함께 제공한다. 예를 들어, 순서가 있는 HashSet은 LinkedHashSet이다.

- **하위 컬렉션을 가져오는 연산**: takeWhile, tail, init, slice, take, drop, filter, dropWhile, filterNot, withFilter는 인덱스 범위나 술어에 따라 컬렉션의 일부를 반환한다.

- **분할 연산**: groupBy, groupMap, groupMapReduce, splitAt, span, partition, partitionMap은 컬렉션을 여러 하위 컬렉션으로 나눈다.

- **원소 테스트 메서드**: exists, forall, count는 컬렉션 원소를 어떤 술어에 따라 테스트한다.

- **폴드 연산**: foldLeft, foldRight, reduceLeft, reduceRight는 이항 연산을 연속된 원소에 반복 적용한다.
- **특정 폴드 메서드**: sum, product, min, max는 특정 타입(수이거나 변경 가능한 타입)의 컬렉션에서만 작동한다.
- **문자열 연산**: mkString, addString은 컬렉션을 문자열로 바꾸는 여러 방식을 제공한다.
- **뷰 연산**: 뷰는 필요에 따라 나중에 계산이 이뤄지는 컬렉션이다. 뷰에 대해서는 24.13절에서 살펴볼 것이다.

표 24.1 Iterable 트레이트의 연산

형태	설명
추상 메서드	
xs.iterator	xs의 모든 원소를 내놓는 이터레이터다.
이터레이션	
xs foreach f	xs의 모든 원소에 대해 함수 f를 실행한다. f 호출은 오직 부수 효과를 위해 이뤄진다. 사실은 f가 어떤 값을 반환해도 foreach는 그 값을 무시한다.
xs grouped size	이 컬렉션(xs)에서 고정된 크기의 '덩어리'를 내놓는 이터레이터다.
xs sliding size	이 컬렉션(xs)에서 고정된 크기의 슬라이딩 윈도를 내놓는 이터레이터다.
추가	
xs ++ ys (또는 xs concat ys)	xs와 ys의 원소를 모두 포함하는 새 컬렉션을 반환한다. ys는 IterableOnce(즉, Iterable이거나 Iterator)다.
맵	
xs map f	함수 f를 xs의 모든 원소에 적용한 결과를 모은 컬렉션을 반환한다.
xs flatMap f	컬렉션을 결과로 내놓는 함수 f를 xs의 모든 원소에 적용해서 얻은 컬렉션들을 서로 이어붙여서 만든 컬렉션을 반환한다.
xs collect f	xs의 원소 중에 부분 함수 f를 적용 가능한 것에만 f를 적용해 나온 결괏값을 모아 반환한다.
변환	
xs.toArray	컬렉션을 배열로 변환한다.

(이어짐)

형태	설명
xs.toList	컬렉션을 리스트로 변환한다.
xs.toIterable	컬렉션을 이터러블로 변환한다.
xs.toSeq	컬렉션을 시퀀스로 변환한다.
xs.toIndexedSeq	컬렉션을 인덱스가 있는 시퀀스로 변환한다.
xs.toSet	컬렉션을 집합으로 변환한다.
xs.toMap	키/값 쌍(튜플)이 모인 컬렉션을 맵으로 변환한다.
xs to SortedSet	컬렉션 팩토리를 파라미터로 받는 일반적인 변환 연산(SortedSet 대신 원하는 컬렉션 팩토리를 넣으면 된다.)

복사

xs copyToArray(arr, s, len)	컬렉션에서 인덱스가 s인 원소부터 최대 len개의 원소를 arr 배열에 복사한다. s와 len은 생략 가능하다.

크기 정보

xs.isEmpty	컬렉션이 비었는지 검사한다.
xs.nonEmpty	컬렉션에 원소가 들어 있는지 검사한다.
xs.size	컬렉션 안에 있는 원소의 개수를 반환한다.
xs.knownSize	상수 시간에 원소 개수를 계산할 수 있으면 원소 개수를 반환하고, 계산할 수 없으면 -1을 반환한다.
xs sizeCompare ys	xs가 ys 컬렉션보다 짧으면 음수를 반환하고, xs가 더 길면 양수를 반환하며, 두 컬렉션의 길이가 같으면 0을 반환한다. 컬렉션이 무한 루프인 경우에도 작동한다.
xs.sizeIs < 42, xs.sizeIs != 42 등	컬렉션의 크기를 주어진 값과 비교한다. 이때 원소를 순회해야 한다면 가능한 한 최소한만 순회한다.

원소 가져오기

xs.head	컬렉션의 첫 번째(순서가 없는 컬렉션이라면 임의의) 원소다.
xs.headOption	xs의 첫 번째 원소를 Option 값으로 반환한다. xs가 비어 있다면 None을 반환한다.
xs.last	컬렉션의 마지막(순서가 없는 컬렉션이라면 임의의) 원소다.
xs.lastOption	xs의 마지막 원소를 Option 값으로 반환한다. xs가 비어 있다면 None을 반환한다.
xs find p	xs의 원소 중에 p를 만족하는 맨 처음 원소를 Option 값으로 반환한다. 만족하는 것이 없으면 None을 반환한다.

(이어짐)

형태	설명
하위 컬렉션	
xs.tail	xs.head를 제외한 컬렉션의 나머지 부분이다.
xs.init	xs.last를 제외한 컬렉션의 나머지 부분이다.
xs.slice(from, to)	xs에서 주어진 인덱스 범위(from부터 시작해 to까지, to가 인덱스인 원소는 제외)에 있는 원소들로 이뤄진 컬렉션이다.
xs take n	xs에서 처음 n개의 원소들로 이뤄진 컬렉션이다(순서가 없는 컬렉션의 경우 임의의 n개가 된다).
xs drop n	xs take n에 속하는 원소를 제외한 나머지 원소들로 이뤄진 컬렉션이다.
xs takeWhile p	xs의 원소 중 조건 함수(술어) p를 만족하는 가장 긴 접두사(첫 원소부터 시작해 p가 처음 실패하기 직전까지)를 구한다.
xs dropWhile p	xs의 원소 중 술어 p를 만족하는 가장 긴 접두사(첫 원소부터 시작해 p가 처음 실패하기 직전까지)를 제외한 나머지를 구한다.
xs takeRight n	xs의 마지막 n개의 원소로 이뤄진 컬렉션(또는 순서가 정해져 있지 않은 컬렉션의 경우 임의로 n개)
xs dropRight n	xs takeRight n에 들어 있는 원소를 제외한 나머지 원소들로 이뤄진 컬렉션
xs filter p	xs의 원소 중 술어 p를 만족하는 원소로 이뤄진 컬렉션을 구한다.
xs withFilter p	xs에 대해 엄격하지 않은 필터를 구한다. 이 호출로 생기는 컬렉션에 대해 연산을 적용하면, xs의 원소 중 술어 p를 만족하는 것에만 적용한다.
xs filterNot p	xs의 원소 중 술어 p를 만족하지 않는 원소로 이뤄진 컬렉션을 구한다.
묶기	
xs zip ys	xs와 ys에서 같은 인덱스에 있는 원소의 쌍을 돌려주는 이터러블
xs lazyZip ys	xs와 ys 컬렉션에서 같은 위치에 있는 원소를 함께 돌려주는 값 제공 메서드. 16.9절 참고
xs.zipAll(ys, x, y)	xs와 ys에서 같은 인덱스에 있는 원소의 쌍을 돌려주는 이터러블. xs가 짧으면 부족분은 x로 메꾸고, ys가 짧으면 부족분을 y로 메꿔준다.
xs.zipWithIndex	xs의 원소와 원소의 인덱스를 쌍으로 돌려주는 이터러블
분할	
xs splitAt n	xs를 지정한 위치를 기준으로 둘로 나눠서 (xs take n, xs drop n)으로 이뤄진 컬렉션의 쌍을 반환한다.

(이어짐)

형태	설명
xs span p	xs를 p를 만족하는지를 기준으로 둘로 나눠서 (xs takeWhile p, xs.dropWhile p)로 이뤄진 컬렉션의 쌍을 반환한다.
xs partition p	xs를 두 컬렉션으로 분할한다. 하나는 술어 p를 만족하는 원소들, 다른 하나는 그렇지 않은 것을 모아서 (xs filter p, xs.filterNot p)로 이뤄진 쌍을 반환한다.
xs partitionMap f	xs의 각 원소를 Either[X,Y] 값으로 변환한 다음, 이들을 컬렉션의 쌍으로 변환한다. 이때 한 컬렉션에는 Left인 원소들이 들어가고 다른 컬렉션에는 Right인 원소들이 들어간다.
xs groupBy f	xs를 구분 함수 f에 원소를 넘겼을 때의 결괏값에 따라 분할한다. 컬렉션의 맵을 돌려준다.
xs.groupMap(f)(g)	xs를 구분 함수 f의 결과에 따라 분할한 다음, 각 컬렉션의 모든 원소에 변환 함수 g를 적용한다.
xs.groupMapReduce (f)(g)(h)	xs를 구분 함수 f의 결과에 따라 분할한 다음, 각 컬렉션의 모든 원소에 변환 함수 g를 적용한 뒤에, h 함수를 각 컬렉션에 적용해 각 컬렉션을 단일 값으로 축약한다.
원소 조건	
xs forall p	술어 p가 xs의 모든 원소에 대해 성립하는지 여부를 Boolean으로 반환한다.
xs exists p	술어 p를 만족하는 원소가 xs 안에 적어도 하나 이상 있는지 여부를 Boolean으로 반환한다.
xs count p	술어 p를 만족하는 원소가 xs 안에 몇 개 있는지 반환한다.
폴드	
xs.foldLeft(z)(op)	이항 연산 op를 xs의 연속된 원소 사이에 적용한다. 왼쪽에서 오른쪽으로 진행하고, z부터 시작한다.
xs.foldRight(z)(op)	이항 연산 op를 xs의 연속된 원소 사이에 적용한다. 오른쪽에서 왼쪽으로 진행하고, z부터 시작한다.
xs reduceLeft op	이항 연산 op를 비어 있지 않은 컬렉션 xs의 연속된 원소 사이에 적용한다. 왼쪽에서 오른쪽으로 진행한다.
xs reduceRight op	이항 연산 op를 비어 있지 않은 컬렉션 xs의 연속된 원소 사이에 적용한다. 오른쪽에서 왼쪽으로 진행한다.
특정 폴드	
xs.sum	컬렉션 xs의 모든 수 원소의 합을 계산한다.
xs.product	컬렉션 xs의 모든 수 원소의 곱을 계산한다.
xs.min	순서가 있는 컬렉션 xs에서 가장 작은 원소를 계산한다.

(이어짐)

형태	설명
xs.max	순서가 있는 컬렉션 xs에서 가장 큰 원소를 계산한다.
문자열	
xs addString(b, start, sep, end)	StringBuilder b에 구분자 sep로 구분하고, start와 end로 둘러싼 xs의 원소들을 추가한다. start, sep, end는 생략할 수 있다.
xs mkString(start, sep, end)	xs의 원소들을 구분자 sep로 구분하고, start와 end로 둘러싼 문자열을 반환한다. start, sep, end는 생략할 수 있다.
뷰	
xs.view	xs에 대한 뷰를 만든다.

Iterable의 하위 분류

상속 계층에서 `Iterable` 아래에는 `Seq`, `Set`, `Map`, 이렇게 세 가지 트레이트가 위치한다. `Seq` 와 `Map`의 공통점은 `PartialFunction`을 구현해서 `apply`와 `isDefinedAt` 메서드를 제공한다는 점이다.[1] 하지만 각 트레이트가 `PartialFunction`을 구현하는 방식은 각기 다르다.

시퀀스의 경우 `apply`는 위치를 인덱스로 사용하되, 인덱스는 항상 0부터 시작한다. 따라서 `Seq(1, 2, 3)(1) == 2`다. 집합의 경우 `apply`는 원소인지 여부를 검사하는 것이다. 예를 들어, `Set('a', 'b', 'c')('b') == true`이지만, `Set()('a') == false`다. 마지막으로, 맵의 경우 `apply`는 키로 값을 선택하는 것이다. 예를 들면, `Map('a' -> 1, 'b' -> 10, 'c' -> 100)('b') == 10`이다.

이어지는 3개의 절에서는 이 세 종류의 컬렉션을 더 자세히 설명할 것이다.

24.4 시퀀스 트레이트: Seq, IndexedSeq, LinearSeq

`Seq` 트레이트는 시퀀스를 표현한다. 시퀀스는 길이가 정해져 있고, 각 원소의 위치를 0부터 시작하는 고정된 인덱스로 지정할 수 있는 이터러블의 일종이다.

---

1   부분 함수(PartialFuction)에 대해서는 15.7절에서 다뤘다.

시퀀스에서 사용할 수 있는 연산은 그림 24.2에 있으며, 다음과 같이 분류할 수 있다.

- **인덱스와 길이 연산**: apply, isDefinedAt, length, indices, lengthCompare, lengthIs가 있다. Seq의 경우 apply는 인덱스로 원소를 읽는다. 따라서 Seq[T] 타입의 시퀀스는 Int 인자(인덱스)를 받아서 T 타입의 원소를 돌려주는 부분 함수다. 다시 말해, Seq[T]는 PartialFunction[Int, T]를 확장한다. 시퀀스의 원소는 0부터 '시퀀스 길이 – 1'까지 인덱스가 붙는다. 시퀀스에 있는 length 메서드는 일반적인 컬렉션에 있는 size 메서드에 대한 별명이다. lengthCompare 메서드를 사용하면 어느 한쪽의 길이가 무한하더라도 두 시퀀스의 길이를 비교할 수 있다. lengthIs 메서드는 sizeIs 메서드의 별명이다.

- **인덱스 찾기 연산**: indexOf, lastIndexOf, indexOfSlice, lastIndexOfSlice, indexWhere, lastIndexWhere, segmentLength, prefixLength는 주어진 값과 같거나 어떤 술어(조건 함수)를 만족하는 원소의 인덱스를 반환한다.

- **추가 연산**: +:(별명: prepended), ++:(별명: prependedAll), :+(별명: appended), :++(별명: appendedAll), padTo는 시퀀스의 맨 앞이나 뒤에 원소를 추가한 새 시퀀스를 반환한다.

- **변경 연산**: updated와 patch는 원래 시퀀스의 일부 원소를 바꿔서 나오는 새로운 시퀀스를 반환한다.

- **정렬 연산**: sorted, sortWith, sortBy는 시퀀스 원소들을 여러 기준에 따라 정렬한다.

- **반전 연산**: reverse와 reverseIterator는 시퀀스의 원소를 역순, 즉 마지막에서 맨 앞쪽으로 처리하거나 역순으로 토해낸다.

- **비교 연산**: startsWith, endsWith, contains, corresponds, containsSlice, search는 두 시퀀스 간의 관계를 판단하거나, 시퀀스에서 원소를 찾는다.

- **중복 집합**multiset **연산**: intersect, diff, distinct, distinctBy는 두 시퀀스에 대해 집합과 비슷한 연산을 수행하거나, 중복을 제거한다.

어떤 시퀀스가 변경 가능하다면, 추가로 부수 효과를 통해 시퀀스의 원소를 변경할 수 있는 update 메서드를 제공한다. 3장에서 seq(idx) = elem이라는 표현식은 seq.update(idx, elem)을 짧게 쓴 것일 뿐이라고 했음을 기억하라. update와 updated를 구분해야 한다. update 메서드는 시퀀스를 그 자리에서 변경하고, 변경 가능한 시퀀스에서만 쓸 수 있다.

updated 메서드는 모든 시퀀스에서 사용 가능하며, 원래의 시퀀스를 변경하지 않고 변경 사항을 반영한 새로운 시퀀스를 반환한다.

표 24.2 Seq 트레이트의 연산

형태	설명
인덱스와 길이	
xs(i)	(xs apply i라고 명시적으로 쓸 수도 있음) i번 인덱스에 있는 xs의 원소다.
xs isDefinedAt i	xs.indices에 i가 들어 있는지 여부다.
xs.length	시퀀스의 길이다(size와 같다).
xs.lengthCompare len	xs 길이가 len보다 더 작으면 음수(Int 타입), 더 크면 양수(Int 타입), 같으면 0을 반환한다. 둘 중 하나의 길이가 무한대여도 동작한다.
xs.indices	xs의 인덱스 범위다. 0부터 xs.length – 1까지다.
인덱스 검색	
xs indexOf x	xs의 원소 중 x와 같은 첫 번째 원소의 인덱스를 반환한다(몇 가지 변형이 존재한다).
xs lastIndexOf x	xs의 원소 중 x와 같은 마지막 원소의 인덱스를 반환한다(몇 가지 변형이 존재한다).
xs indexOfSlice ys	xs 내에서 ys와 일치하는 시퀀스가 시작하는 인덱스들 중 첫 번째 인덱스를 반환한다.
xs lastIndexOfSlice ys	xs 내에서 ys와 일치하는 시퀀스가 시작하는 인덱스들 중 마지막 인덱스를 반환한다.
xs indexWhere p	xs의 원소 중 술어 p를 만족하는 첫 번째 원소의 인덱스를 반환한다(몇 가지 변형이 존재한다).
xs.segmentLength(p, i)	xs의 xs(i)부터 시작해서 술어 p를 만족하는 가장 긴 중단 없는 부분 시퀀스의 길이를 반환한다.
추가	
x +: xs (또는 xs prepended x)	x를 xs 앞에 추가한 새 시퀀스를 반환한다.
ys ++: xs (또는 xs prependedAll ys)	ys를 xs 앞에 추가한 새 시퀀스를 반환한다.

(이어짐)

형태	설명
xs :+ x (또는 xs appended x)	xs 뒤에 x를 추가한 새 시퀀스를 반환한다.
xs :++ ys (또는 xs appendedAll ys)	xs 뒤에 ys를 추가한 새 시퀀스를 반환한다. xs ++ ys와 같다.
xs padTo(len, x)	xs의 뒤에 전체 길이가 len이 될 때까지 x를 추가해서 그 시퀀스를 반환한다.
변경	
xs patch(i, ys, r)	xs의 i번째부터 r개의 원소를 ys로 변경한 시퀀스를 반환한다.
xs updated(i, x)	xs의 i번째 원소를 x로 바꾼 복사본을 반환한다.
xs(i) = x	(xs.update(i, x)라고 명시적으로 쓸 수 있음. mutable.Seq 종류에서만 사용 가능) xs의 i번째 원소를 y로 바꾼다.
정렬	
xs.sorted	xs의 원소를 정렬한 새 시퀀스를 반환한다. 정렬 시 xs의 원소 타입의 표준 크기 비교 순서를 따른다.
xs sortWith lessThan	xs의 원소를 정렬한 새 시퀀스를 반환한다. 정렬 시 lessThan을 비교 함수로 사용한다.
xs sortBy f	xs의 원소를 정렬한 새 시퀀스를 반환한다. 정렬 시 두 비교 대상 원소에 각각 f를 적용해 나온 결과를 서로 비교한다.
반전	
xs.reverse	xs의 원소를 역순으로 나열한 시퀀스를 반환한다.
xs.reverseIterator	xs의 원소를 역순으로 돌려주는 이터레이터를 반환한다.
비교	
xs sameElements ys	xs와 ys가 같은 순서로 같은 원소를 담고 있는지 검사한다.
xs startsWith ys	xs가 ys라는 시퀀스로 시작하는지 검사한다(몇 가지 변형이 존재한다).
xs endsWith ys	xs가 ys라는 시퀀스로 끝나는지 검사한다(몇 가지 변형이 존재한다).
xs contains x	xs에 x와 같은 원소가 있는지 검사한다.
xs search x	정렬된 시퀀스인 xs 안에 x와 같은 원소가 있는지 검사한다. 따라서 xs contains x보다 더 효율적일 수도 있다.
xs containsSlice ys	xs에 ys와 같은 시퀀스가 들어 있는지 검사한다.

(이어짐)

형태	설명
xs.corresponds(ys)(p)	xs와 ys에 있는 서로 위치가 같은 원소들이 이항 술어 p를 모두 만족하는지 검사한다.
중복 집합 연산	
xs intersect ys	두 시퀀스 xs와 ys의 중복 교집합 시퀀스를 반환한다. 원소 순서는 xs에 있는 순서를 유지한다.
xs diff ys	두 시퀀스 xs와 ys의 중복 차집합 시퀀스를 반환한다. 원소 순서는 xs에 있는 순서를 유지한다.
xs distinct	xs의 모든 원소를 포함하되, 중복된 원소는 한 번만 포함하는 부분 시퀀스를 반환한다.
xs distinctBy f	xs의 모든 원소에 대해 변환 함수 f를 적용한 다음, 중복된 원소는 한 번만 포함하는 부분 시퀀스를 반환한다.

각 Seq 트레이트에는 성능 특성이 다른 두 서브트레이트 LinearSeq와 IndexedSeq가 있다. 선형 시퀀스(LinearSeq)는 더 효율적인 head와 tail 연산을 제공하지만, 인덱스 시퀀스 (IndexedSeq)는 효율적인 apply, length, (변경 가능한 경우) update 연산을 제공한다. List 나 LazyList는 가장 많이 쓰이는 선형 시퀀스다. 많이 쓰이는 인덱스 시퀀스는 Array와 ArrayBuffer다. Vector 클래스는 선형 시퀀스와 인덱스 시퀀스 사이에 흥미로운 절충을 제공한다. 벡터는 사실상 인덱스 시간과 선형 접근 시간이 상수라 할 수 있다. 따라서 인덱스와 선형 접근을 모두 사용해야 하는 혼합 접근 패턴의 경우 벡터가 좋은 기반 클래스가 될 수 있다. 벡터에 대해서는 24.7절에서 자세히 다룬다.

변경 가능한 IndexedSeq에는 내부의 원소를 그 자리에서 변경^{inplace update}하는 연산이 더 들어 있다. 표 24.3을 보면 알 수 있듯이, 이런 추가 연산은 새로운 컬렉션을 반환하는 Seq에 있는 map이나 sort와는 다르다.

표 24.3 mutable.IndexedSeq 트레이트의 연산

형태	설명
변환	
xs mapInPlace f	xs의 모든 원소를 그 원소에 f를 적용한 결과로 바꾼다. 새 컬렉션을 반환하지 않고 기존 컬렉션의 원소(실제로는 참조)를 직접 바꾼다.

(이어짐)

형태	설명
xs.sortInPlace()	xs의 원소를 (새로운 컬렉션을 만들지 않고 시퀀스가 원래 차지하던 메모리를 사용해) 제자리에서 정렬한다.
xs sortInPlaceBy f	xs의 원소를 제자리에서 정렬하되 각 원소에 f를 적용한 결과에 따라 정의되는 순서로 정렬한다.
xs sortInPlaceWith c	xs의 원소를 제자리에서 정렬하되 비교 함수 c에 따라 정렬한다.

버퍼

변경 가능한 시퀀스의 중요한 하위 범주로 버퍼가 있다. 버퍼는 기존 원소의 변경을 허용할 뿐만 아니라 원소 삽입과 원소 제거도 지원하며, 버퍼의 맨 뒤에 효율적으로 원소를 추가하도록 지원한다. 버퍼가 제공하는 새로운 주요 메서드에는 맨 뒤에 원소를 추가하는 +=(별명: append)와 ++=(별명: appendAll), 맨 앞에 원소를 추가하는 +=:(별명: prepend)와 ++=:(별명: prependAll)이 있고, 원소 삽입을 위한 insert와 insertAll, 원소 제거를 위한 remove, -=(별명: subtractOne), --=(별명: subtractAll)이 있다. 이런 연산을 표 24.4에 요약해뒀다.

가장 많이 사용하는 버퍼 구현에는 ListBuffer와 ArrayBuffer가 있다. 이름이 의미하듯, ListBuffer는 List를 배경으로 하고 원소들을 효율적으로 리스트로 바꿀 수 있으며, ArrayBuffer는 Array를 배경으로 하고 원소들을 빠르게 배열로 바꿀 수 있다. ListBuffer 구현에 대해서는 22.2절에서 간단히 살펴본 바 있다.

표 24.4 Buffer 트레이트의 연산

형태	설명
추가	
buf += x (또는 buf append x)	버퍼 buf의 뒤에 원소 x를 추가한다. buf 자체를 결과로 반환한다.
buf ++= xs (또는 buf appendAll xs)	버퍼 buf의 뒤에 xs의 원소들을 추가한다. buf 자체를 결과로 반환한다.

(이어짐)

형태	설명
x +=: buf (또는 buf prepend x)	버퍼 buf의 앞에 원소 x를 추가한다. buf 자체를 결과로 반환한다.
xs ++=: buf (또는 buf prependAll xs)	버퍼 buf의 앞에 xs의 원소들을 추가한다. buf 자체를 결과로 반환한다.
buf.insert(i, x)	버퍼 buf의 i번째 인덱스에 원소 x를 삽입한다.
buf.insertAll(i, xs)	버퍼 buf의 i번째 인덱스에 xs의 모든 원소를 삽입한다.
buf.padToInPlace(n, x)	원소 개수가 n이 될 때까지 원소 x를 버퍼 맨 뒤에 추가한다.

제거

buf -= x (또는 buf subtractOne x)	원소 x를 버퍼에서 제거한다(버퍼에 있는 x와 같은 원소 중 첫 번째 원소를 제거한다). buf 자체를 결과로 반환한다.
buf --= xs (또는 buf subtractAll xs)	xs에 들어 있는 원소를 모두 버퍼에서 제거한다. buf 자체를 결과로 반환한다.
buf remove i	버퍼의 i번째 인덱스에 있는 원소를 제거한다. 제거한 원소를 반환한다.
buf.remove(i, n)	버퍼의 i번째 인덱스에 있는 원소를 제거한다. 아무것도 반환하지 않는다(즉, Unit이 반환값이다).
buf trimStart n	버퍼의 맨 앞에서 n개의 원소를 제거한다. 아무것도 반환하지 않는다.
buf trimEnd n	버퍼의 맨 뒤에서 n개의 원소를 제거한다. 아무것도 반환하지 않는다.
buf.clear()	버퍼의 모든 원소를 제거한다. 아무것도 반환하지 않는다.

치환

buf.patchInPlace(i, xs, n)	버퍼의 i번째 인덱스부터 시작해서 최대 n개의 원소를 xs에 있는 원소들로 갱신한다.

복사

buf.clone()	buf와 같은 원소를 가진 새 버퍼를 반환한다.

24.5 집합

집합(Set)은 원소 중복을 허용하지 않는 Iterable이다. 일반 집합에 대한 연산은 표 24.5에, 변경 불가능한 집합에 대한 연산은 표 24.6에, 변경 가능한 집합에 대한 연산은 표 24.7에 정리해놓았다. 연산들은 다음과 같이 분류할 수 있다.

- **검사**: contains, apply, subsetOf가 있다. contains는 어떤 집합에 주어진 원소가 들어 있는지 표시한다. 집합에 대한 apply 메서드는 contains와 동일하다. 따라서 set(elem)은 set contains elem과 같다. 이는 아래 예와 같이 집합 객체를 자신이 포함한 원소가 들어 있는지 여부를 반환하는 검사 함수로 사용할 수 있다는 뜻이다.

```
scala> val fruit = Set("apple", "orange", "peach", "banana")
fruit: scala.collection.immutable.Set[String] =
  Set(apple, orange, peach, banana)

scala> fruit("peach")
res7: Boolean = true

scala> fruit("potato")
res8: Boolean = false
```

- **추가 연산**: +(별명: incl)와 ++(별명: concat)는 각각 한 원소나 여러 원소를 집합에 추가해서 새로운 집합을 결과로 내놓는다.
- **제거 연산**: -(별명: excl)와 --(별명: removedAll)는 하나 또는 여러 원소를 집합에서 제거한 새 집합을 반환한다.
- **집합 연산**: 합집합, 교집합, 차집합이 있다. 이런 연산을 기호와 알파벳 이름의 두 가지 형태로 제공한다. 알파벳 버전은 intersect, union, diff이고, 그에 대응하는 기호 이름은 각각 &, |, &~이다. Set 트레이트가 Iterable에서 상속한 ++는 union이나 |에 대한 별명으로 볼 수 있지만, union이나 |는 집합만을 취하는 반면, ++는 IterableOnce 인자를 취할 수 있다.

표 24.5 Set 트레이트의 연산

형태	설명
검사	
xs contains x	x가 xs에 들어 있는지 검사한다.
xs(x)	xs contains x와 같다.
xs subsetOf ys	ys가 xs의 부분집합인지 검사한다.
제거	
xs.empty	xs와 같은 클래스의 빈 집합을 반환한다.
이항 연산	
xs & ys (또는 xs intersect ys)	xs와 ys의 교집합을 반환한다.
xs | ys (또는 xs union ys)	xs와 ys의 합집합을 반환한다.
xs &~ ys (또는 xs diff ys)	xs에서 ys를 뺀 차집합을 반환한다.

변경할 수 없는 집합은 새로운 Set을 반환하는 추가나 제거 연산을 더 제공한다. 표 24.6에 이를 정리했다.

표 24.6 immutable.Set 트레이트의 연산

형태	설명
추가	
xs + x (또는 xs incl x)	xs의 모든 원소와 x를 포함하는 새 집합을 반환한다.
xs ++ ys (또는 xs concat ys)	xs의 모든 원소와 ys의 모든 원소를 포함하는 새로운 집합을 반환한다.
제거	
xs - x (또는 xs excl x)	xs의 모든 원소를 포함하지만 x는 포함하지 않는 새로운 집합을 반환한다.
xs -- ys (또는 xs removedAll ys)	xs의 모든 원소를 포함하지만 ys의 모든 원소는 포함하지 않는 새로운 집합을 반환한다.

불변 집합에는 원소를 추가, 제거, 변경하는 메서드가 있다. 표 24.7에 이를 정리해뒀다.

표 24.7 mutable.Set 트레이트의 연산들

형태	설명
추가	
xs += x (또는 xs addOne x)	xs에 x를 부수 효과로 추가하고, xs 자체를 반환한다.
xs ++= ys (또는 xs addAll ys)	xs에 ys의 모든 원소를 부수 효과로 추가하고, xs 자체를 반환한다.
xs add x	xs에 x를 부수 효과로 추가하되, x가 이전에 xs에 없었다면 true를 반환하고 이미 xs에 있었다면 false를 반환한다.
제거	
xs -= x (또는 xs subtractOne x)	xs에서 x를 부수 효과로 제거하고, xs 자체를 반환한다.
xs --= ys (또는 xs subtractAll ys)	xs에서 ys의 모든 원소를 부수 효과로 제거하고, xs 자체를 반환한다.
xs remove x	xs에서 x를 부수 효과로 제거하되, x가 이전에 이미 xs에 있었다면 true를 반환하고 xs에 없었다면 false를 반환한다.
xs filterInPlace p	xs에서 술어 p를 만족시키는 원소만 남겨두고 나머지를 다 부수 효과를 사용해 제거한다.
xs.clear()	xs의 모든 원소를 제거한다. 아무것도 반환하지 않는다.
변경	
xs(x) = b	(xs.update(x, b)라고 명시적으로 쓸 수도 있음) 불리언값 b가 참이면 x를 xs에 더하고, 거짓이면 xs에서 x를 제거한다(xs에 x가 포함되는지 여부를 설정한다고 생각하면 이해가 쉽다). 아무것도 반환하지 않는다.
복사	
xs.clone()	xs와 같은 원소를 포함하는 새 변경 가능 집합을 반환한다.

연산 s += elem은 s 집합에 elem을 부수 효과를 사용해 추가하고, 그렇게 변한 집합을 결과로 반환한다. 마찬가지로 s -= elem은 s 집합에서 elem을 부수 효과를 사용해 제거하고, 그렇게 변한 집합을 결과로 반환한다. +=나 -= 외에도 이터러블이나 이터레이터에 있는 여러 원소를 집합에 추가, 제거할 수 있는 ++=, --=도 있다.

+=나 -=를 메서드 이름으로 선택했기 때문에, 변경 불가능한 집합과 변경 가능한 집합에 대해 아주 비슷한 코드를 쓸 수 있다. 다음 인터프리터와의 대화는 변경 불가능한 집합 s 를 사용한다.

```scala
scala> var s = Set(1, 2, 3)
s: scala.collection.immutable.Set[Int] = Set(1, 2, 3)

scala> s += 4; s -= 2

scala> s
res10: scala.collection.immutable.Set[Int] = Set(1, 3, 4)
```

이 예에서는 immutable.Set 타입의 var 변수에 +=와 -=를 사용했다. 3.4절에서 설명했듯이, s += 4는 s = s + 4를 짧게 쓴 것이다. 따라서 이 표현식은 s에 대해 추가 메서드인 + 를 호출해서 다시 s var 변수에 결과를 쓴다. 이제 같은 과정을 변경 가능한 집합을 사용해 해보자.

```scala
scala> val s = collection.mutable.Set(1, 2, 3)
s: scala.collection.mutable.Set[Int] = Set(1, 2, 3)

scala> s += 4
res11: s.type = Set(1, 2, 3, 4)

scala> s -= 2
res12: s.type = Set(1, 3, 4)
```

최종 효과는 앞의 것과 거의 비슷하다. 처음에 Set(1, 2, 3)으로 시작해서 Set(1, 3, 4)로 끝났다. 각 명령이 앞의 것과 동일해 보이긴 하지만, 실제 하는 일은 많이 다르다. s += 4는 이제 변경 가능한 집합의 += 메서드를 호출해서 집합을 직접 변경한다. 마찬가지로, s -= 2는 이제 같은 집합의 -= 메서드를 호출한다.

이 두 세션을 비교해보면 중요한 원칙을 하나 알 수 있다. 변경 가능 컬렉션을 val에 저장하는 것을 변경 불가능한 컬렉션을 var에 저장하는 것으로 바꾸거나 그 반대로 바꿀 수 있는 경우가 종종 있다. 새로운 객체가 만들어졌는지, 객체를 그 자리에서 바꿨는지 관찰할 수 있는, 같은 객체에 대한 다른 이름의 참조가 없는 한 이는 잘 작동한다.

변경 가능 집합은 +=와 -=의 다른 버전으로 add와 remove도 제공한다. 차이점은 add나 remove는 해당 연산이 집합에 대해 효과가 있었는지 알려주는 불리언값을 반환한다는 점뿐이다.

변경 가능한 집합에 대한 현재의 기본 구현에서는 해시 테이블을 사용해 집합의 원소를 저장한다. 변경 불가능한 집합의 기본 구현은 집합에 들어 있는 원소의 개수에 따라 가변적인 표현 방식을 사용한다. 빈 집합은 싱글톤 객체를 단 하나 사용한다. 원소가 4개 이하인 집합은 모든 원소를 필드로 저장하는 객체 하나로 표현한다. 원소가 4개를 넘어가면 변경 불가능한 집합은 압축 해시 배열에 매핑한 접두사 트리compressed hash-array mapped prefix-tree를 사용해 구현한다.[2]

이런 표현 방식을 택한 결과, 원소가 4개 이하인 변경 불가능한 집합은 변경 가능 집합보다 훨씬 작고 훨씬 효율적이다. 따라서 집합 크기가 작으리라 예상한다면 변경 불가능한 집합을 사용하도록 노력하라.

24.6 맵

맵은 키와 값의 쌍(이를 매핑mapping이나 연관association이라고도 한다)의 Iterable이다. 21.4절에서 설명한 것처럼, 스칼라의 Predef 객체에는 key -> value를 (key, value) 쌍 대신 사용할 수 있는 암시적 변환이 들어 있다. 따라서 Map("x" -> 24, "y" -> 25, "z" -> 26)은 Map(("x", 24), ("y", 25), ("z", 26))과 같지만, 더 읽기 좋다.

표 24.8에 정리한 기본 맵 연산은 집합과 유사하다. 변경 불가능한 맵은 표 24.9처럼 새로운 맵을 반환함으로써 매핑을 추가하거나 제거할 수 있는 연산을 추가 지원한다. 변경 가능 맵은 표 24.10에 있는 연산을 추가 지원한다. 맵의 연산은 다음 범주로 나눌 수 있다.

- **검색 연산**: apply, get, getOrElse, contains, isDefinedAt은 맵을 키에서 값으로 가는 부분 함수로 만든다. 맵의 기본 검색 메서드는 다음과 같다.

```
def get(key): Option[Value]
```

---

2 압축 해시 배열에 매핑한 접두사 트리에 대해서는 24.7절에서 다룬다.

'm get key' 연산은 맵 안에 주어진 key와 연관된 값이 있는지 검사한다. 만약 그런 값이 있다면 연관 값을 Some으로 묶어서 반환한다. 그런 키가 맵 안에 없다면 None 을 반환한다. 맵에는 주어진 키에 대한 값을 Option에 감싸지 않고 바로 반환하는 apply 메서드도 들어 있다. 만약 키가 맵 안에 안 들어 있으면, 예외가 발생한다.

- **추가와 변경 연산**: +(별명: updated), ++(별명: concat), updateWith, updatedWith를 사용하면 새로운 바인딩을 맵에 추가하거나 기존 바인딩을 변경할 수 있다.

- **제거 연산**: -(별명: removed)나 --(별명: removedAll)는 어떤 맵에서 바인딩을 제거한다.

- **하위 컬렉션 생성 메서드**: keys, keySet, keysIterator, valuesIterator, values는 맵의 키나 값을 각각 여러 가지 형태로 돌려준다.

- **변환 연산**: filterKeys나 mapValues는 기존 맵의 바인딩을 필터링하거나 변환한 새 맵을 만든다.

표 24.8 Map 트레이트의 연산

형태	설명
검색	
ms get k	맵 ms에 있는 키 k에 연관된 값을 옵션에 넣어 반환한다. 없으면 None을 반환한다.
ms(k)	(ms apply k라고 쓸 수도 있음) 맵 ms에서 키 k와 연관된 값을 반환한다. 없으면 예외를 발생시킨다.
ms getOrElse(k, d)	맵 ms에서 키 k와 연관된 값을 반환한다. 없으면 디폴트값으로 d를 반환한다.
ms contains k	맵 ms에 키 k와 연관된 값이 있는지 검사한다.
ms isDefinedAt k	contains와 동일하다.
하위 컬렉션	
ms.keys	ms의 모든 키로 이뤄진 이터러블을 반환한다.
ms.keySet	ms의 모든 키로 이뤄진 집합을 반환한다.
ms.keysIterator	ms의 모든 키을 내놓는 이터레이터를 반환한다.
ms.values	ms 안에 있는 키와 연관된 모든 값으로 이뤄진 이터러블을 반환한다.
ms.valuesIterator	ms 안에 있는 키와 연관된 모든 값으로 이뤄진 이터레이터를 반환한다.

(이어짐)

형태	설명
변환	
ms.view filterKeys p	ms에서 키가 술어 p를 만족하는 매핑만을 모은 새로운 맵을 반환한다.
ms.view mapValues f	ms 안에 있는 어떤 키와 연관된 모든 값에 f를 적용한 결괏값을 그 키에 매핑한 새 맵을 반환한다.

표 24.9 immutable.Map 트레이트의 연산

형태	설명
추가와 변경	
ms + (k -> v) (또는 ms.updated(k, v))	ms의 모든 매핑을 포함하고, 키 k에서 값 v로 가는 매핑 k -> v도 포함하는 새 맵을 반환한다.
ms ++ kvs (또는 ms.concat(kvs))	ms의 모든 매핑을 포함하고, kvs에 있는 연관들도 포함하는 새 맵을 반환한다.
ms.updatedWith(k)(f)	키 k에 대한 연관을 추가하거나, 변경거거나, 제거한 새로운 맵을 반환한다. 함수 f는 현재 맵 안에서 키 k에 연관된 값을 인자로 받고(k에 대한 연관이 없다면 None을 받게 된다), 새로운 값을 반환한다(연관을 제거하고 싶으면 None을 반환하면 된다).
제거	
ms - k (또는 ms removed k)	ms의 모든 매핑을 포함하되, 키 k에 대한 매핑은 빠진 새 맵을 반환한다.
ms -- ks (또는 ms removedAll ks)	ms의 모든 매핑을 포함하되, 인자로 넘긴 ks에 있는 값들에 대한 매핑은 빠진 새 맵을 반환한다.

표 24.10 mutable.Map 트레이트의 연산

형태	설명
추가와 변경	
ms(k) = v	(ms.update(k, v)라고 쓸 수 있음) k에서 v로 가는 매핑을 부수 효과를 사용해 맵 ms에 추가한다. 기존에 k와 연관된 매핑이 있다면 덮어쓴다. 아무것도 반환하지 않는다.

(이어짐)

형태	설명
ms += (k -> v)	k에서 v로 가는 매핑을 부수 효과를 사용해 맵 ms에 추가한다. ms 자신을 반환한다.
ms ++= kvs	kvs로 주어진 매핑들을 부수 효과를 사용해 맵 ms에 추가한다. ms 자신을 반환한다.
ms.put (k, v)	k에서 v로 가는 매핑을 부수 효과를 사용해 맵 ms에 추가한다. ms에 이미 k에 대한 매핑이 있었다면 이전에 k와 연관되어 있던 값을 옵션에 담아서 반환한다.
ms getOrElseUpdate (k, d)	키 k에 대한 연관이 맵 ms에 들어 있다면 연관된 값을 반환한다. 키가 들어 있지 않다면 매핑에 k -> d라는 연관을 추가하고, d를 반환한다.
ms.updateWith(k)(f)	키 k에 대한 연관을 추가하거나, 변경하거나, 제거한 새로운 맵을 반환한다. 함수 f는 현재 맵 안에서 키 k에 연관된 값을 인자로 받고(k에 대한 연관이 없다면 None을 받게 된다), 새로운 값을 반환한다(연관을 제거하고 싶으면 None을 반환하면 된다).
제거	
ms -= k	ms에서 키 k에 대한 연관을 부수 효과를 사용해 제거하고, ms 자체를 반환한다.
ms --= ks	ms에서 ks로 넘어온 키들에 대한 연관을 부수 효과를 사용해 제거하고, ms 자체를 반환한다.
ms remove k	키 k에 대한 연관을 맵 ms에서 부수 효과를 사용해 제거한다. ms에 이미 k에 대한 매핑이 있었다면 이전에 k와 연관되어 있던 값을 옵션에 담아서 반환한다.
ms filterInPlace p	맵 ms에서 키가 술어 p를 만족하는 연관만 남기고 다른 연관을 모두 제거한다.
ms.clear()	맵 ms의 모든 연관을 제거한다.
변환과 복사	
ms mapValuesInPlace f	ms에 있는 모든 연관 값 (k, v)를 (k, f(k, v))로 변환한다.
ms.clone()	ms와 같은 연관들을 포함하는 새로운 변경 가능한 맵을 반환한다.

맵에 대한 추가와 변경 연산은 집합에 있는 연산과 판박이다. 변경 불가능한 맵은 +, -, updated 등의 연산을 통해 변환할 수 있다. 반면 변경 가능한 맵은 두 메서드 m(key) = value나 m += (key -> value)를 사용해 '그 자리에서' 변경한다. 변경 가능한 맵은

m.put(key, value)라는 변형도 제공한다. 이 메서드는 키 key에 대한 연관 값이 맵에 있었다면 Option에 그 값을 담아 반환하고, 맵에 그런 연관이 없었다면 None을 반환한다.

맵을 캐시로 사용하는 경우 getOrElseUpdate가 유용하다. 어떤 함수 f를 호출해 비용이 많이 드는 계산을 수행해야 한다고 가정하자.

```scala
scala> def f(x: String) = {
       println("taking my time."); Thread.sleep(100)
       x.reverse }
f: (x: String)String
```

f에 부수 효과가 없다고 가정하면, 같은 인자로 다시 f를 호출하면 항상 같은 결과가 나올 것이다. 그런 경우 예전에 f를 사용해 계산한 인자와 결괏값을 맵에 담아두고, f의 인자를 맵의 키에서 찾을 수 없는 경우에만 f를 호출하면 시간을 절약할 수 있다.

```scala
scala> val cache = collection.mutable.Map[String, String]()
cache: scala.collection.mutable.Map[String,String] = Map()
```

이제 f의 더 효율적인 캐시 사용 버전을 다음과 같이 만들 수 있다.

```scala
scala> def cachedF(s: String) = cache.getOrElseUpdate(s, f(s))
cachedF: (s: String)String

scala> cachedF("abc")
taking my time.
res16: String = cba

scala> cachedF("abc")
res17: String = cba
```

getOrElseUpdate에 대한 인자가 '이름에 의한 호출'임에 유의하라. 따라서 위에서 getOrElseUpdate가 실제 두 번째 인자의 값을 쓰는 경우에만 f("abc")를 호출한다. 그런 경우는 정확히 첫 번째 인자가 캐시 맵에 없는 경우뿐이다. 물론 cachedF를 기본 맵 연산을 사용해 직접 구현할 수도 있었을 것이다. 하지만 그러기 위해서는 더 많은 코드가 필요하다.

```
def cachedF(arg: String) = cache get arg match {
  case Some(result) => result
  case None =>
    val result = f(arg)
    cache(arg) = result
    result
}
```

24.7 변경 불가능한 구체적인 컬렉션 클래스

스칼라가 제공하는 변경 불가능한 구체적인 컬렉션 클래스는 다양하다. 각각은 구현하는 트레이트(맵, 집합, 시퀀스)나 무한한지 여부, 여러 연산의 속도 등이 다르다. 가장 흔하게 사용하는 변경 불가능한 컬렉션 타입부터 시작할 것이다.

리스트

리스트는 변경 불가능한 유한한 시퀀스다. 리스트의 첫 원소(헤드[head])에 접근하거나 첫 원소를 제외한 나머지 부분(테일[tail])에 접근하기 위해서는 상수 시간이 걸린다. 다른 많은 연산은 선형 시간이 걸린다. 16장과 22장에서 리스트에 대해 집중적으로 설명한다.

LazyList

지연계산 리스트는 리스트와 비슷하지만, 요청을 받았을 때만 원소를 계산한다는 점이 다르다. 이로 인해 지연계산 리스트는 무한할 수가 있다. 다른 부분에서 지연계산 리스트의 성능 특성은 리스트와 비슷하다.

리스트를 :: 연산자로 구성하는 반면, 지연계산 리스트는 비슷하게 생긴 #::을 사용해 구성한다. 다음은 정수 1, 2, 3을 포함하는 지연계산 리스트의 예다.

```
scala> val str = 1 #:: 2 #:: 3 #:: LazyList.empty
str: scala.collection.immutable.LazyList[Int] =
  LazyList(<not computed>)
```

이 지연계산 리스트의 헤드는 1이며, 테일에는 2와 3이 들어 있다. 하지만 인터프리터가 아무것도 표시하지 않았는데, 이는 아직 계산이 이뤄지지 않았기 때문이다! 지연계산 리스트는 요청을 받으면 그때 계산을 한다. 따라서 지연계산 리스트의 toString 메서드는 추가 계산을 요구하지 않도록 주의를 기울인다.

다음은 더 복잡한 예제다. 이 값은 주어진 두 수에서 시작하는 피보나치 수열^{Fibonacci} sequence을 계산한다. 피보나치 수열은 수열에 있는 각 원소가 바로 앞 두 원소의 합인 수열이다.

```scala
scala> def fibFrom(a: Int, b: Int): LazyList[Int] =
         a #:: fibFrom(b, a + b)
fibFrom: (a: Int, b: Int)LazyList[Int]
```

이 함수는 거짓말처럼 간단하다. 시퀀스의 첫 원소는 분명 a이며, 시퀀스의 나머지는 b 다음에 a + b가 오는 피보나치 수열이다. 어려운 부분은 이 시퀀스를 무한 재귀 호출 없이 계산하는 부분이다. 이 함수가 #:: 대신 ::을 사용했다면, 이 함수에 대한 호출이 다른 호출을 다시 만들어내서 무한 재귀가 일어났을 것이다. 하지만 #::을 사용했기 때문에 #::의 오른쪽 부분은 요청이 있기 전까지 계산하지 않는다.

다음은 2개의 1부터 시작하는 피보나치 수열 앞부분의 일부를 보여준다.

```scala
scala> val fibs = fibFrom(1, 1).take(7)
fibs: scala.collection.immutable.LazyList[Int] =
  LazyList(<not computed>)
scala> fibs.toList
res23: List[Int] = List(1, 1, 2, 3, 5, 8, 13)
```

변경 불가능한 배열 시퀀스

컬렉션의 맨 앞에서만 원소 처리가 일어나는 알고리즘을 사용한다면 리스트가 아주 효율적이다. 리스트 맨 앞의 원소에 접근하거나 원소를 추가하거나 제거하는 연산은 상수 시간에 끝난다. 하지만 리스트의 뒷쪽 깊숙히 있는 원소에 접근하거나 그런 원소를 변경해야 한다면 원소의 위치에 선형적으로 비례하는 시간이 필요하다. 따라서 시퀀스의 맨 앞부분만 처리하는 알고리즘이 아닌 경우 리스트는 적합하지 않다.

ArraySeq는 변경 불가능한 시퀀스 타입으로, 비공개인 Array 필드를 사용해 리스트의 임의 접근 비효율성을 극복한다. ArraySeq를 사용하면 컬렉션의 어떤 원소든 상수 시간에 접근할 수 있다. 따라서 ArraySeq를 사용할 때는 컬렉션의 맨 앞부분만 사용하기 위해 신경을 쓸 필요가 없다. 상수 시간에 임의의 위치에 있는 원소에 접근할 수 있기 때문에 알고리즘에 따라서는 ArraySeq가 List보다 더 효율적일 수 있다.

반면 ArraySeq가 Array를 바탕으로 구현됐기 때문에, 시퀀스 맨 앞에 원소를 추가하기 위해 상수 시간이 필요한 리스트와 달리 ArraySeq는 시퀀스 길이에 선형적으로 비례하는 시간이 필요하다. 이유는 모든 배열을 다 복사해야 하기 때문이다.

벡터

List나 ArraySeq는 경우에 따라 효율적인 데이터 구조이지만 경우에 따라서는 비효율적일 수도 있다. 예를 들어, 원소를 List 맨 앞에 추가하는 데는 상수 시간이 걸리지만 ArraySeq의 경우에는 선형 시간이 걸린다. 반대로 인덱스를 사용해 원소에 접근할 때는 ArraySeq의 경우 상수 시간이 걸리지만 List의 경우 선형 시간이 걸린다.

벡터는 이 모든 연산을 효율적으로 처리할 수 있다. 벡터에 있는 임의의 원소에 접근하거나 이를 변경하는 데는 다음에 설명하는 대로 '사실상 상수 시간'이 걸린다. 이 상수 시간은 리스트의 헤드에 접근하거나 ArraySeq의 원소를 읽는 것보다는 더 큰 상수 시간이긴 하지만, 그렇더라도 상수는 상수다. 그 결과 벡터를 사용하는 알고리즘은 시퀀스의 헤드만 접근하거나 변경하기 위해 조심할 필요가 없고, 임의의 위치에 있는 원소에 쉽게 접근하거나 변경할 수 있기 때문에 작성하기가 훨씬 더 쉬워진다.

벡터는 여타 시퀀스와 마찬가지로 만들고 변경할 수 있다.

```
scala> val vec = scala.collection.immutable.Vector.empty
vec: scala.collection.immutable.Vector[Nothing] = Vector()

scala> val vec2 = vec :+ 1 :+ 2
vec2: scala.collection.immutable.Vector[Int] = Vector(1, 2)

scala> val vec3 = 100 +: vec2
vec3: scala.collection.immutable.Vector[Int]
```

```
  = Vector(100, 1, 2)
scala> vec3(0)
res24: Int = 100
```

벡터는 넓고 얕은 트리로 표현한다. 모든 트리 노드에는 32개의 벡터 원소를 넣거나, 32
개의 다른 트리 노드를 넣을 수 있다. 원소가 32개 이하인 벡터는 노드 하나로 표현할 수
있다. 원소가 32 * 32 = 1024개가 될 때까지는 한 번만 간접 노드를 거치면 접근이 가능
하다. 루트를 포함, 2개의 노드를 거치면 2^{15}만큼, 3개의 노드를 거치면 2^{20}, 4개의 노드를
거치면 2^{25}, 5개의 노드를 거치면 2^{30}만큼의 원소를 다룰 수 있다. 따라서 일반적인 경우
원소 선택은 최대 5단계 정도의 기본 배열 선택으로 가능하다. 그렇기 때문에 벡터 원소
접근에는 '사실상 상수 시간'이 걸린다고 말할 수 있다.

벡터는 변경 불가능하기 때문에 벡터의 원소를 그 자리에서 바꿀 수 없다. 하지만
updated 메서드를 사용해 주어진 벡터와 원소가 단 하나만 다른 새 벡터를 만들 수 있다.

```
scala> val vec = Vector(1, 2, 3)
vec: scala.collection.immutable.Vector[Int] = Vector(1, 2, 3)

scala> vec updated (2, 4)
res25: scala.collection.immutable.Vector[Int] = Vector(1, 2, 4)

scala> vec
res26: scala.collection.immutable.Vector[Int] = Vector(1, 2, 3)
```

위의 마지막 줄에서, updated를 호출해도 원래의 벡터 vec에는 변화가 없음을 볼 수 있다.
선택과 마찬가지로, 함수적인 벡터 업데이트도 '사실상 상수 시간'이다. 벡터의 중간에
있는 원소를 변경하려면, 그 원소가 있는 노드를 복사하고, 트리의 루트부터 시작해서 원
래의 노드를 가리키던 모든 노드를 복사해야 한다. 이는 함수적인 벡터 변경을 위해서는
각각 32개의 원소 또는 하위 트리가 있는 노드를 1개부터 최대 5개까지 새로 만들고 값
을 복사하면 된다는 말이다. 이것이 물론 변경 가능한 배열을 그 자리에서 업데이트하는
것보다 훨씬 비싸기는 하지만, 여전히 전체 벡터를 모두 복사하는 것보다는 비용이 훨씬
덜 든다.

벡터가 빠른 임의 접근 읽기와 빠른 임의 접근 변경 사이에서 균형을 잘 잡고 있기 때문에, 변경 불가능한 인덱스가 있는 시퀀스의 기본 구현은 벡터다.

```
scala> collection.immutable.IndexedSeq(1, 2, 3)
res27: scala.collection.immutable.IndexedSeq[Int]
  = Vector(1, 2, 3)
```

변경 불가능한 큐

큐는 먼저 들어온 원소를 먼저 사용하는 선입선출first-in-first-out을 제공한다. 변경 불가능한 큐에 대한 간단한 구현을 19장에서 보았다. 여기서는 빈 변경 불가능한 큐를 만드는 방법을 보여준다.

```
scala> val empty = scala.collection.immutable.Queue[Int]()
empty: scala.collection.immutable.Queue[Int] = Queue()
```

enqueue를 이용하면 변경 불가능한 큐에 원소를 추가할 수 있다.

```
scala> val has1 = empty.enqueue(1)
has1: scala.collection.immutable.Queue[Int] = Queue(1)
```

여러 원소를 큐에 추가하려면 enqueueAll에 컬렉션을 넘기면 된다.

```
scala> val has123 = has1.enqueueAll(List(2, 3))
has123: scala.collection.immutable.Queue[Int] = Queue(1, 2, 3)
```

원소를 큐의 맨 앞에서 제거하려면 dequeue를 사용하면 된다.

```
scala> val (element, has23) = has123.dequeue
element: Int = 1
has23: scala.collection.immutable.Queue[Int] = Queue(2, 3)
```

dequeue는 제거한 원소와 큐의 나머지 부분을 반환한다는 점을 알아두자.

범위

범위[range]란 간격이 일정한 정수를 순서대로 나열한 시퀀스다. 예를 들어, '1, 2, 3'은 범위이고 '5, 8, 11, 14'도 범위다. 스칼라에서는 범위를 만들 때 **to**와 **by**라는 메서드를 사용한다. 다음은 그 예다.

```
scala> 1 to 3
res31: scala.collection.immutable.Range.Inclusive = Range(1, 2, 3)
scala> 5 to 14 by 3
res32: scala.collection.immutable.Range = Range(5, 8, 11, 14)
```

상위 한곗값을 제외한 범위를 만들고 싶다면 to 대신 until을 사용하면 된다.

```
scala> 1 until 3
res33: scala.collection.immutable.Range = Range(1, 2)
```

범위를 표현하는 공간 복잡도는 상수다. 왜냐하면 3개의 수인 시작, 끝, 간격만 가지고 모든 범위를 표현할 수 있기 때문이다. 이런 표현 때문에 범위에 대한 대부분의 연산은 매우 빠르다.

압축 해시 배열에 매핑한 접두사 트리

해시 트라이[hash trie][3]는 변경 불가능한 집합이나 맵을 효율적으로 구현하는 표준적인 방법이다. 압축 해시 배열에 매핑한 접두사 트리[compressed hash-array mapped prefix tree]는 JVM상에서 지역성[locality]을 향상하고 트리를 더 정규화되고 간결한 표현으로 유지하기 위해 설계한 데이터 구조다.[4] 트라이의 표현은 벡터와 비슷하게 32개의 원소나 32개의 하위 트리를 포함하는 노드를 사용하는 트리다. 하지만 선택 시 해시 코드를 활용한다. 예를 들어, 맵에서 어떤 키를 찾는 작업은 키의 해시 코드의 최하위 5비트를 루트의 하위 트리를 선택하기 위해 사용하고, 그다음 5비트는 그다음 단계의 트리를 선택하는 등의 방식을 사용한다. 그렇게 검색하다 노드 안에 들어 있는 모든 원소의 해시 코드가 지금까지 트리를

---

3 'trie'라는 단어는 'retrieval('검색하다', '인출하다'라는 뜻)'에서 온 것이며, 발음은 '트리(tree)'나 '트라이(try)'다.

4 스테인도르퍼(Steindorfer) 외, '빠르고 기민한 불변 JVM 컬렉션에 사용하기 위해 최적화한 해시 배열에 매핑한 트라이 (Optimizing hash-array mapped tries for fast and lean immutable JVM collections)'[Ste15]

순회하는 데 사용한 비트들을 제외하고는 모두 다 달라지면 검색을 중단한다. 따라서 해시 코드의 모든 비트를 트리 순회에 사용해야 하는 것은 아니다.

해시 트라이는 충분히 빠른 검색과 충분히 효율적인 함수형 추가(+)와 제거(-) 사이의 균형을 잘 잡고 있다. 그래서 스칼라의 맵이나 집합에서는 기본 구현으로 트라이를 사용한다. 실제로는, 원소가 5개 미만인 집합이나 맵은 스칼라가 추가로 최적화한다. 원소가 1개에서 4개 사이인 맵이나 집합은 원소(맵의 경우 키/값 쌍)를 필드로 저장하는 객체로 만든다. 빈 변경 불가 집합이나 맵은 각각 싱글톤 객체다. 빈 맵이나 집합은 항상 비어 있기 때문에 이를 위해 메모리를 중복해 사용할 필요가 없다.

적흑 트리

적흑 트리red-black tree는 몇몇 노드는 '빨간색', 다른 노드들은 '검은색'으로 표시된 균형 이진 트리다. 여타 균형 이진 트리와 마찬가지로, 적흑 트리에 대한 연산도 트리 크기(노드 숫자)의 로그에 비례하는 시간 안에 끝난다.

스칼라는 집합과 맵에 대한 내부 표현으로 적흑 트리를 제공한다. 이를 사용하려면 TreeSet이나 TreeMap을 사용해야 한다.

```
scala> val set = collection.immutable.TreeSet.empty[Int]
set: scala.collection.immutable.TreeSet[Int] = TreeSet()

scala> set + 1 + 3 + 3
res34: scala.collection.immutable.TreeSet[Int] = TreeSet(1, 3)
```

적흑 트리는 또한 스칼라 SortedSet의 표준 구현이기도 하다. 적흑 트리를 사용하면 모든 원소를 정렬 순서대로 방문할 수 있는 효율적인 이터레이터를 만들 수 있기 때문이다.

변경 불가능한 비트 집합

비트 집합은 작은 정수의 컬렉션을 그보다 더 큰 정수의 비트로 표현한다. 예를 들어 3, 2, 0을 포함하는 비트 집합은 이진수 1101, 십진수 13으로 표현할 수 있다.

내부적으로 비트 집합은 64비트 Long의 배열을 사용한다. 배열의 첫 번째 Long은 0부터 63까지의 정수를 표현하고, 두 번째 Long은 64부터 127까지를 표현하는 식이다. 따라서 비트 집합에 저장하는 정수의 최댓값이 수백 단위인 경우 매우 간결하게 집합을 표현할 수 있다.

비트 집합 연산은 매우 빠르다. 원소 포함 여부 검사는 상수 시간이 걸린다. 집합에 원소를 추가하는 데는 비트 집합의 배열에 있는 Long의 개수에 선형으로 비례한 시간이 걸린다.[5] 보통 배열의 원소 개수는 그리 크지 않다. 다음은 비트 집합을 이용하는 간단한 예를 보여준다.

```scala
scala> val bits = scala.collection.immutable.BitSet.empty
bits: scala.collection.immutable.BitSet = BitSet()

scala> val moreBits = bits + 3 + 4 + 4
moreBits: scala.collection.immutable.BitSet = BitSet(3, 4)

scala> moreBits(3)
res35: Boolean = true

scala> moreBits(0)
res36: Boolean = false
```

벡터 맵

VectorMap은 키의 Vector와 HashMap을 사용해 맵을 표현한다. 벡터 맵은 삽입한 순서대로 원소를 돌려주는 이터레이터를 제공한다.

```scala
scala> val vm = scala.collection.immutable.VectorMap.empty[Int, String]
vm: scala.collection.immutable.VectorMap[Int,String] =
  VectorMap()

scala> val vm1 = vm + (1 -> "one")
vm1: scala.collection.immutable.VectorMap[Int,String] =
  VectorMap(1 -> one)

scala> val vm2 = vm1 + (2 -> "two")
vm2: scala.collection.immutable.VectorMap[Int,String] =
  VectorMap(1 -> one, 2 -> two)
```

---

5 비트 집합의 원소 포함 여부를 검사하려면 Long 배열에서 특정 Long을 고른 다음, 그 Long 안에서 비트 연산을 수행한다. 따라서 상수 시간이 걸린다. 반면, 원소를 추가할 경우 해당 원소가 비트 집합의 현재 Long 배열이 표현할 수 있는 범위 안에 들어 있다면 상수 시간에 원소 추가가 가능하지만, 그렇지 않다면 원소들의 값에 따라 배열을 새로 할당하고 초기화해야 하므로(원소가 x라면 x/64개의 Long이 들어간 배열이 필요하다는 사실을 쉽게 알 수 있다), 선형 시간이 걸린다. – 옮긴이

```
scala> vm2 == Map(2 -> "two", 1 -> "one")
res29: Boolean = true
```

첫 번째 줄은 VectorMap의 내용이 삽입된 순서대로 유지된다는 사실을 보여준다. 마지막 줄은 VectorMap을 다른 맵과 비교할 수 있으며, 비교 시 원소의 순서를 감안하지 않는다 (연관관계가 중요하지 어떤 순서로 맵에 넣었는지는 중요하지 않다)는 사실을 보여준다.

리스트 맵

리스트 맵은 키-값 쌍의 연결 리스트로 맵을 표현한다. 일반적으로 리스트 맵에 대한 연산은 전체 리스트를 이터레이션해야 한다. 따라서 리스트 맵에 대한 연산은 맵의 크기에 선형적으로 비례하는 시간이 걸린다. 실제로는 대부분의 경우 표준적인 변경 불가능 맵이 더 빠르기 때문에 스칼라에서 리스트 맵을 사용할 일은 거의 없다. 한 가지 가능한 경우는 어떤 이유로든 맵의 첫 원소를 다른 원소들보다 더 자주 선택해야 하는 방식으로 맵을 구성하는 경우다.

```
scala> val map = collection.immutable.ListMap(
         1 -> "one", 2 -> "two")
map: scala.collection.immutable.ListMap[Int,String] = Map(1 -> one, 2 -> two)

scala> map(2)
res37: String = two
```

24.8 변경 가능한 구체적인 컬렉션 클래스

스칼라 표준 라이브러리가 제공하는 변경 불가능 컬렉션 클래스 중에서 자주 사용하는 것을 살펴봤다. 이제 변경 가능한 클래스를 살펴보자.

배열 버퍼

배열 버퍼에 대해서는 17.1절에서 이미 살펴봤다. 배열 버퍼는 배열과 크기를 저장한다. 배열 버퍼에 대한 대부분의 연산은 배열과 속도가 같다. 각 연산은 단지 내부의 배열을 호출하거나 변경하기 때문이다. 추가로, 배열 버퍼는 데이터를 배열 끝에 효율적으로 추가할 수 있다. 배열 버퍼에 원소를 추가하는 데는 상수 분할 상환 시간^{amortized time}[6]이 걸린다.

```
scala> val buf = collection.mutable.ArrayBuffer.empty[Int]
buf: scala.collection.mutable.ArrayBuffer[Int] = ArrayBuffer()

scala> buf += 1
res38: buf.type = ArrayBuffer(1)

scala> buf += 10
res39: buf.type = ArrayBuffer(1, 10)

scala> buf.toArray
res40: Array[Int] = Array(1, 10)
```

리스트 버퍼

17.1절에서 리스트 버퍼에 대해서도 이미 살펴봤다. 리스트 버퍼는 배열 버퍼와 비슷하지만, 내부에서 배열 대신 연결 리스트를 사용한다는 점이 다르다. 버퍼를 다 구성한 다음에 리스트로 변환할 예정이라면 배열 버퍼 대신에 리스트 버퍼를 사용하라. 다음은 사용 예다.[7]

```
scala> val buf = collection.mutable.ListBuffer.empty[Int]
buf: scala.collection.mutable.ListBuffer[Int] = ListBuffer()

scala> buf += 1
res41: buf.type = ListBuffer(1)

scala> buf += 10
res42: buf.type = ListBuffer(1, 10)

scala> buf.toList
res43: List[Int] = List(1, 10)
```

---

6 분할 상환 시간 분석이란 가끔 일어날 수 있는 비용이 많이 드는 연산과 훨씬 더 자주 사용하는 다른 연산의 비용을 함께 분석해서, 전체 연산의 평균적인 비용을 계산하는 것이다. 배열 버퍼를 예로 들면, 다른 연산(읽기, 쓰기, 변경)은 아주 빠르고 더 많이 사용하지만 배열 할당(배열의 크기를 늘리는 것)은 자주 일어나지 않으므로, 비록 배열 할당 시 비용이 크더라도 평균적인 비용은 상수로 볼 수 있다. 적흑 트리, 피보나치 힙(Fibonacci heap), 해시 테이블 같은 여러 알고리즘의 복잡도는 이런 분석법으로 분석하곤 한다. 자세한 내용은 데이터 구조 교재나 알고리즘 교재를 참고하라. – 옮긴이

7 인터프리터 세션에 나타난 buf.type이라는 표현은 대상이 싱글턴 타입이라는 뜻이다. 29.6절에서 설명하겠지만, buf.type은 buf가 참조하는 객체의 타입을 정확히 가리키는 변수를 의미한다.

문자열 빌더

배열 버퍼가 배열을 만들 때 유용하고 리스트 버퍼가 리스트를 만들 때 유용한 것처럼, 문자열 빌더는 문자열을 만들 때 유용하다. 문자열 빌더를 사용하는 일이 자주 있기 때문에, 문자열 빌더는 기본 네임스페이스에 이미 들어가 있다. 단순히 new StringBuilder를 사용해 다음과 같이 빌더를 만들 수 있다.

```
scala> val buf = new StringBuilder
buf: StringBuilder =

scala> buf += 'a'
res44: buf.type = a

scala> buf ++= "bcdef"
res45: buf.type = abcdef

scala> buf.toString
res46: String = abcdef
```

배열 데크

ArrayDeque는 맨 앞과 맨 뒤에서 효율적으로 데이터를 추가할 수 있는 변경 가능한 시퀀스다. 데크 내부에서는 크기를 변경할 수 있는 배열을 사용한다. 어떤 버퍼의 양 끝에서 원소를 추가해야 한다면 ArrayBuffer 대신 ArrayDeque를 사용하라.

큐

스칼라는 변경 불가능한 큐 외에 변경 가능한 큐도 제공한다. 변경 가능한 큐를 변경 불가능한 큐와 비슷하게 사용할 수 있다. 하지만 enqueue 대신 +=나 ++= 연산을 사용해 큐에 원소를 덧붙인다. 또한 변경 가능 큐에서 dequeue 메서드는 큐의 헤드 원소를 제거하고, 그 원소를 반환한다. 다음 예를 보라.

```
scala> val queue = new scala.collection.mutable.Queue[String]
queue: scala.collection.mutable.Queue[String] = Queue()

scala> queue += "a"
res47: queue.type = Queue(a)

scala> queue ++= List("b", "c")
```

```
res48: queue.type = Queue(a, b, c)

scala> queue
res49: scala.collection.mutable.Queue[String] = Queue(a, b, c)

scala> queue.dequeue
res50: String = a

scala> queue
res51: scala.collection.mutable.Queue[String] = Queue(b, c)
```

스택

스칼라는 변경 가능한 스택을 제공한다. 스택은 나중에 들어온 원소를 먼저 사용하는 후
입선출last in first out을 제공한다. 다음을 보라.

```
scala> val stack = new scala.collection.mutable.Stack[Int]
stack: scala.collection.mutable.Stack[Int] = Stack()

scala> stack.push(1)
res51: stack.type = Stack(1)

scala> stack
res53: scala.collection.mutable.Stack[Int] = Stack(1)

scala> stack.push(2)
res54: stack.type = Stack(2, 1)

scala> stack
res55: scala.collection.mutable.Stack[Int] = Stack(2, 1)

scala> stack.top
res56: Int = 2

scala> stack
res57: scala.collection.mutable.Stack[Int] = Stack(2, 1)

scala> stack.pop
res58: Int = 2

scala> stack
res59: scala.collection.mutable.Stack[Int] = Stack(1)
```

List가 같은 기능을 제공하기 때문에 스칼라가 변경할 없는 스택을 따로 제공하지 않는
다는 점에 유의하라. 변경할 수 없는 스택 맨 위에 원소를 추가(푸시)하는 연산은 a::list
처럼 리스트 앞에 원소를 추가하는 것과 같다. 스택 맨 위에서 원소를 꺼내는(팝) 연산은

리스트에 대해 head와 tail을 동시에 호출하는 것과 같다.[8]

변경 가능한 배열 시퀀스

배열 시퀀스는 원소를 내부에서 Array[AnyRef]로 저장하는 고정된 크기의 변경 가능한 시퀀스다. 스칼라에서는 ArraySeq가 이를 구현한다.

여러분이 배열과 같은 성능 특성이 필요한데 원소의 타입도 모르고 실행 시점에 클래스 태그(ClassTag)도 없는 상황에서 시퀀스의 제네릭한 인스턴스를 만들 필요가 있다면 보통 ArraySeq를 사용한다. 배열의 이런 문제에 대해서는 24.9절에서 곧 살펴볼 것이다.

해시 테이블

해시 테이블은 원소를 배열에 저장한다. 이때 각 원소의 해시 코드에 따라 그 위치를 결정한다. 해시 테이블에 있는 배열에 이미 같은 해시 코드를 갖는 원소가 없는 한, 해시 테이블에 원소를 추가하는 데는 상수 시간만 걸린다. 따라서 원소들의 해시 코드 분포가 고르기만 하면, 해시 테이블은 아주 빠르다. 그렇기 때문에, 스칼라의 변경 가능 맵과 변경 가능 집합 타입의 기본 구현은 해시 테이블을 기반으로 한다.

해시 집합과 맵은 다른 집합이나 맵과 마찬가지로 사용할 수 있다. 다음은 간단한 예다.

```
scala> val map = collection.mutable.HashMap.empty[Int,String]
map: scala.collection.mutable.HashMap[Int,String] = Map()

scala> map += (1 -> "make a web site")
res60: map.type = Map((1 -> make a web site))

scala> map += (3 -> "profit!")
res61: map.type = Map((1 -> make a web site), (3 -> profit!))

scala> map(1)
res62: String = make a web site

scala> map contains 2
res63: Boolean = false
```

---

8 패턴 매칭으로 리스트의 첫 번째 원소와 나머지 리스트를 분해해도 된다. – 옮긴이

해시 테이블에 대한 이터레이션은 어떤 정해진 순서를 따르지 않는다. 이터레이션은 단순히 내부 배열을 있는 그대로 방문할 뿐이다. 이터레이션 순서를 보장해야 한다면 일반 해시 맵이나 집합 대신 연결 해시 맵이나 집합을 사용해야 한다. 연결 해시 맵이나 집합은 일반 해시 맵이나 집합과 같지만, 원소를 추가한 순서대로 각 원소 간의 연결 리스트를 유지한다. 그런 컬렉션에 대해 이터레이션을 하면 최초에 원소를 추가한 순서와 같은 순서를 얻을 수 있다.

약한 해시 맵

약한 해시 맵은 쓰레기 수집기가 맵으로부터 내부에 저장된 키를 따라 방문하지 않는 특별한 종류의 해시 맵이다. 이에 따라 어떤 키와 그 키에 대응하는 값은 해당 키에 대한 다른 참조가 없다면 맵에서 사라진다.[9] 약한 해시 맵은 비용이 많이 드는 함수의 결과를 저장해뒀다가 같은 인자로 호출 시 저장했던 결과를 바로 사용하는 캐시 같은 작업에서 유용하다. 키나 함수 결과를 일반 해시 맵에 저장한다면 맵이 계속 자라고, 키는 결코 재활용 대상이 될 수 없다. 약한 해시 맵을 사용하면 이런 문제를 피할 수 있다. 키 객체가 (맵을 제외한 어느 곳에서도) 도달 불가능해지면, 그 엔트리는 약한 해시 맵에서 제거된다. 스칼라의 약한 해시 맵은 그에 상응하는 자바 구현인 java.util.WeakHashMap을 감싸는 클래스다.

동시적 맵

동시적 맵은 여러 스레드에서 동시에 접근 가능하다. 일반적인 맵 연산과 더불어 다음과 같은 원자적 연산atomic operation을 제공한다.

---

9 쓰레기 수집기는 보통 스택이나 시스템의 필수 객체 등(이렇게 다른 객체들을 따라가는 기반이 되는 참조들을 쓰레기 수집 루트(garbage collection root)라 부른다)으로부터 참조를 따라가면서 발견하는 객체를 모두 표시해뒀다가 표시가 있는 것만 제거 또는 압축하거나(표시 후 제거(mark and sweep)나 표시 후 압축(mark and compact)), 발견하는 객체를 모두 다른 영역으로 이동(복사)시켜가면서 메모리를 압축하는 방식을 택한다(멈춘 후 복사(stop and copy)). 어느 경우든 쓰레기 수집기가 어떤 참조를 따라가지 않는다면(이렇게 쓰레기 수집기가 따라가지 않는 참조를 약한 참조(weak reference)라 한다) 그 참조는 쓰레기 수집기 입장에서 볼 때 없는 것이나 마찬가지이기 때문에, 어떤 객체를 가리키는 모든 참조가 약한 참조뿐이라면 수집기는 그 객체가 사용 중이지 않다고 판단해 해제한다. 약한 해시 맵이라는 이름도 바로 약한 참조에서 나온 것이다. - 옮긴이

표 24.11 concurrent.Map 트레이트의 연산

형태	설명
m.putIfAbsent(k, v)	키 k가 이미 m에 들어 있지 않은 경우에만 키/값 바인딩 k -> v를 m에 추가한다.
m.remove(k, v)	키 k가 값 v와 매핑된 경우에만 m에서 k/v바인딩을 제거한다.
m.replace(k, old, new)	키 k가 값 old와 매핑된 경우에만 k에 대응하는 값을 new로 변경한다.
m.replace(k, v)	키 k가 이미 m에 들어 있는 경우에만(값이 무엇인지는 관계없음) k에 대한 값을 v로 변경한다.

scala.concurrent.Map 트레이트는 동시 접근을 허용하는 변경 가능한 맵 인터페이스를 정의한다. 표준 라이브러리에는 이 트레이트의 구현이 두 가지 있다. 첫째는 자바의 java.util.concurrent.ConcurrentMap으로, 이 구현은 표준 자바/스칼라 컬렉션 변환을 통해 스칼라 맵으로 자동으로 변환된다(이런 변환에 대해서는 24.16절에서 살펴본다). 두 번째 구현은 TrieMap으로, 해시 배열에 매핑한 트라이를 락이 불필요한lock-free 동시성 맵으로 구현한 것이다.

변경 가능한 비트 집합

변경 가능한 비트 집합은 제자리에서 변경이 가능하다는 사실을 제외하면 변경 불가능한 집합과 같다. 변경 가능한 집합을 변경하는 것은 변경 불가능한 집합에 원소를 넣거나 빼는 것보다 약간 더 효율적이다. 바뀌지 않은 Long을 복사할 필요가 없기 때문이다. 다음은 사용 예다.

```
scala> val bits = scala.collection.mutable.BitSet.empty
bits: scala.collection.mutable.BitSet = BitSet()

scala> bits += 1
res64: bits.type = BitSet(1)

scala> bits += 3
res65: bits.type = BitSet(1, 3)

scala> bits
res66: scala.collection.mutable.BitSet = BitSet(1, 3)
```

24.9 배열

스칼라 컬렉션에서 배열은 특별하다. 어떤 면에서 스칼라 배열은 자바 배열과 일대일로 대응한다. 스칼라 배열 Array[Int]는 자바 int[]로 표현할 수 있고, Array[Double]은 자바 double[]로, Array[String]은 자바 String[]으로 표현할 수 있다는 뜻이다. 하지만 동시에, 스칼라 배열은 같은 자바 쪽 배열에 비해 훨씬 많은 기능을 제공한다. 첫째, 스칼라 배열은 **제네릭**할 수 있다. 즉, 타입 파라미터나 추상 타입 T를 가지고 Array[T]를 만들 수 있다. 둘째, 스칼라 배열은 스칼라 시퀀스와 호환 가능하다. 여러분은 Array[T]를 Seq[T]가 필요한 곳에 넘길 수 있다. 마지막으로, 스칼라 배열은 모든 시퀀스의 연산을 지원한다. 다음은 이런 내용을 보여주는 실행 예다.

```
scala> val a1 = Array(1, 2, 3)
a1: Array[Int] = Array(1, 2, 3)

scala> val a2 = a1 map (_ * 3)
a2: Array[Int] = Array(3, 6, 9)

scala> val a3 = a2 filter (_ % 2 != 0)
a3: Array[Int] = Array(3, 9)

scala> a3.reverse
res1: Array[Int] = Array(9, 3)
```

스칼라 배열이 자바 배열과 마찬가지로 표현된다는 사실을 생각해볼 때, 어떻게 추가 기능을 스칼라에서 지원할 수 있는 것일까?

답은 암시적 변환을 대칭적으로 사용하는 데 있다. 배열은 결코 시퀀스인 척하지 않는다. 네이티브 배열을 표현하는 데이터 타입이 Seq의 서브타입이 아니기 때문이다. 대신에, 배열을 Seq로 사용할 때마다 암시적으로 그것을 Seq의 서브타입으로 감싸준다. 그 서브클래스의 이름은 scala.collection.mutable.ArraySeq다. 다음은 그 동작을 보여준다.

```
scala> val seq: collection.Seq[Int] = a1
seq: scala.collection.Seq[Int] = ArraySeq(1, 2, 3)

scala> val a4: Array[Int] = seq.toArray
a4: Array[Int] = Array(1, 2, 3)

scala> a1 eq a4
res2: Boolean = false
```

이 상호작용을 보면 Array에서 ArraySeq로의 암시적 변환이 있어서 배열이 시퀀스 역할을 할 수 있음을 알 수 있다. 반대 방향으로 ArraySeq에서 Array로 가기 위해서는 Iterable에 있는 **toArray** 메서드를 사용할 수 있다. 마지막 줄은 배열을 감싼 다음 다시 **toArray**로 벗겨내면 원래의 배열을 복사한 다른 배열을 받을 수 있음을 보여준다.

하지만 배열에 적용 가능한 다른 암시적 변환도 있다. 이 변환은 모든 시퀀스 메서드를 배열에 추가해주지만, 배열 자체를 시퀀스로 만들지는 않는다. '추가'가 의미하는 바는 배열을 모든 시퀀스 메서드를 지원하는 ArrayOps라는 객체로 감싼다는 뜻이다. 대부분의 경우 이 ArrayOps 객체는 수명이 길지 않다. 보통은 시퀀스 메서드를 호출한 다음에는 이 객체에 접근할 수 없고, 사용한 메모리도 없어진다. 최신 VM 중 일부는 이런 객체를 아예 만들지 않는 경우도 있다.

배열에 대한 두 가지 암시적 변환의 차이는 다음을 보면 알 수 있다.

```
scala> val seq: collection.Seq[Int] = a1
seq: scala.colleciton.Seq[Int] = ArraySeq(1, 2, 3)

scala> seq.reverse
res2: scala.collection.Seq[Int] = ArraySeq(3, 2, 1)

scala> val ops: collection.ArrayOps[Int] = a1
ops: scala.collection.ArrayOps[Int] = ...

scala> ops.reverse
res3: Array[Int] = Array(3, 2, 1)
```

ArraySeq인 seq에 대해 reverse를 호출해 받은 결과는 ArraySeq임을 알 수 있다. ArraySeq가 Seq이고, Seq에 대해 reverse를 호출하면 Seq를 돌려줘야 하기 때문에 이 결과는 논리적이다. 반면, 클래스 ArrayOps 타입인 ops 값에 대해 reverse를 호출하면 결과는 Seq가 아니고 Array다.

위의 ArrayOps 예제는 상당히 작위적이며, ArraySeq와 ArrayOps의 차이를 보여주고자 만든 것이다. 보통은 ArrayOps 타입의 값을 정의해 쓰는 경우는 없고, 배열에 대해 Seq 메서드를 직접 호출할 것이다.

```
scala> a1.reverse
res4: Array[Int] = Array(3, 2, 1)
```

`ArrayOps` 객체는 암시적 변환에 의해 자동 삽입된다. 따라서 앞의 코드는 다음과 같다. 단지, 앞에서는 컴파일러가 `intArrayOps` 변환을 자동으로 적용했을 뿐이다.

```
scala> intArrayOps(a1).reverse
res5: Array[Int] = Array(3, 2, 1)
```

이제 드는 의문은 어떻게 컴파일러가 위의 코드를 보고 `ArraySeq` 대신 `intArrayOps`를 선택할 수 있느냐 하는 것이다. 결국 두 변환 모두 배열을 `reverse`를 지원하는 타입으로 바꿔준다. 사용자가 입력한 건 그게 전부다. 이 질문에 대한 답은 두 암시적 변환 사이에 우선순위가 있다는 것이다. `ArrayOps` 변환이 `ArraySeq` 변환보다 우선순위가 더 높다. 전자는 `Predef` 객체에 들어 있고, 후자는 `Predef`의 슈퍼클래스인 `scala.LowPriorityImplicits`에 들어 있다. 서브클래스의 암시는 기반 클래스의 암시보다 더 우선적으로 쓰인다. 따라서 두 변환을 모두 사용할 수 있는 경우, `Predef`에 있는 것을 사용한다. 비슷한 방식을 문자열에 대해서도 사용한다. 이에 대해서는 21.7절에서 설명했다.

이제 배열이 시퀀스와 호환 가능한 이유와 배열이 모든 시퀀스 연산을 지원할 수 있는 이유를 알았다. 제네릭한 경우에는 어떨까? 자바에서는 T가 타입 파라미터인 경우 T[]라는 배열을 만들 수가 없었다. 그렇다면 스칼라의 `Array[T]`는 어떻게 표현할 수 있을까? 실제로는 `Array[T]`와 같은 제네릭 배열은 실행 시점에 자바의 8가지 원시 타입 배열인 `byte[]`, `short[]`, `char[]`, `int[]`, `long[]`, `float[]`, `double[]`, `boolean[]`이 되거나, 객체의 배열이 될 수 있다. 이들 모두를 꿰뚫는 공통 실행 시점 타입은 `AnyRef`(이는 `java.lang.Object`와 동일하다)뿐이다. 따라서 스칼라는 `Array[T]`를 `AnyRef`의 배열로 변환한다. 실행 시점에 타입이 `Array[T]`인 배열의 원소에 접근하거나 변경할 때마다, 실제 배열의 타입을 결정하기 위한 타입 검사를 여러 번 진행해야 한다. 그런 다음에야 자바 배열에 대해 제대로 연산을 수행할 수 있다. 이런 타입 검사는 배열 연산을 상당히 느리게 만든다. 제네릭 배열 접근이 있다면, 원시 배열이나 객체 배열을 접근하는 것보다 4배 정도 느릴 것을 예상해야만 한다. 이는 성능을 최대한 끌어내고 싶다면 제네릭 배열보다는 구체적인 배열을 선택해야만 한다는 뜻이다.

하지만 제네릭 배열 타입을 표현하는 것만으로는 충분하지 않다. 제네릭 배열을 만들어낼 방법도 있어야만 한다. 이 문제는 더 해결하기 어렵다. 그래서 프로그래머의 도움이 약간 필요하다. 문제를 설명하기 위해, 다음과 같이 배열을 만들어내는 제네릭 메서드를 작성하려 한 경우를 생각해보자.

```
// 잘못된 것임!
def evenElems[T](xs: Vector[T]): Array[T] = {
  val arr = new Array[T]((xs.length + 1) / 2)
  for (i <- 0 until xs.length by 2)
    arr(i / 2) = xs(i)
  arr
}
```

evenElems 메서드는 인자 벡터 xs의 원소 중에 짝수 위치에 있는 것만 모은 새 배열을 반환한다. evenElems 본문의 첫 줄은 원소 타입이 인자의 것과 같은 결과 배열을 만든다. 따라서 T에 들어가는 실제 타입 파라미터에 따라 이 배열의 타입은 Array[Int]나 Array[Boolean]이 되거나, 다른 자바 원시 타입의 배열이 되거나, 다른 참조 타입의 배열이 될 수도 있다. 하지만 이런 타입은 모두 다 실행 시점의 표현 방법이 다르다. 그렇다면 스칼라 런타임은 어떻게 올바른 것을 고를 수 있을까? 사실은, 주어진 정보만 가지고는 그럴 수 없다. 타입 파라미터 T에 연관된 실제 타입은 실행 시점에 지워지기 때문이다. 그래서 위 코드를 컴파일하려면 다음과 같은 오류를 만난다.

```
error: cannot find class tag for element type T
  val arr = new Array[T]((arr.length + 1) / 2)
                ^
```

여기서 필요한 건, evenElems의 실제 타입 파라미터가 어떤 것이 될 수 있는지에 대한 런타임 힌트를 컴파일러에게 제공하는 것이다. 이 런타임 힌트는 scala.reflect.ClassTag 타입의 **클래스 태그**^{class tag} 형태가 된다. 클래스 태그는 어떤 주어진 타입에서 **소거된 타입**^{erased type}을 설명하는데, 그 타입의 배열을 만들 때 필요한 모든 정보라 할 수 있다.

많은 경우 컴파일러가 스스로 클래스 태그를 만들어낼 수 있다. Int나 String 같은 구체적인 타입의 경우에는 그렇다. 또한 List[T] 등 소거된 타입을 예측하기에 충분한 정보가 있는 특정 제네릭 타입의 경우에도 그것이 가능하다. 이 예제에서는 소거된 타입이 List일 것이다.

완전히 제네릭한 경우 클래스 태그를 21.6절에서 설명한 맥락 바운드를 사용해 전달하는 것이 가장 일반적인 방식이다. 다음은 앞에서 본 정의를 맥락 바운드를 사용해 고치는 방법을 보여준다.

```
// 잘 동작함
import scala.reflect.ClassTag
def evenElems[T: ClassTag](xs: Vector[T]): Array[T] = {
  val arr = new Array[T]((xs.length + 1) / 2)
  for (i <- 0 until xs.length by 2)
    arr(i / 2) = xs(i)
  arr
}
```

이 새 정의에서, Array[T]를 생성할 때 컴파일러는 타입 파라미터 T에 대한 클래스 태그를 찾는다. 즉, ClassTag[T] 타입의 암시적 값이 있는지를 살펴본다. 그런 값이 있다면 해당 클래스 타입을 사용해 올바른 타입의 배열을 만든다. 그렇지 않다면 예전처럼 오류 메시지를 보게 될 것이다.

다음은 인터프리터에서 evenElems 메서드를 사용하는 예다.

```
scala> evenElems(Vector(1, 2, 3, 4, 5))
res6: Array[Int] = Array(1, 3, 5)

scala> evenElems(Vector("this", "is", "a", "test", "run"))
res7: Array[java.lang.String] = Array(this, a, run)
```

두 경우 모두 스칼라 컴파일러는 해당 원소 타입(처음에는 Int, 두 번째는 String)에 대한 클래스 태그를 자동으로 만들어서 evenElems 메서드의 암시적 파라미터에 넘긴다. 컴파일러는 모든 구체적 타입에 대해 이를 수행할 수 있다. 하지만 인자 자체가 클래스 태그가 없는 다른 타입 파라미터라면 그렇게 할 수 없다. 예를 들어, 다음과 같은 시도는 실패한다.

```
scala> def wrap[U](xs: Vector[U]) = evenElems(xs)
<console>:9: error: No ClassTag available for U
    def wrap[U](xs: Vector[U]) = evenElems(xs)
                                          ^
```

여기서 evenElems는 타입 파라미터 U에 대해 클래스 태그를 요청했지만 아무것도 찾지 못했다. 이런 경우 해결 방법은 물론 U에 대한 다른 암시적 클래스 태그를 요구하는 것이다. 따라서 다음은 잘 작동한다.

```
scala> def wrap[U: ClassTag](xs: Vector[U]) = evenElems(xs)
wrap: [U](xs: Vector[U])(implicit evidence$1:
    scala.reflect.ClassTag[U])Array[U]
```

위 예제는 U의 정의에 맥락 바운드를 사용하는 것이 단지 ClassTag[U] 타입의 암시적 파라미터(여기서는 evidence$1이라고 이름이 붙음)를 사용하는 것을 짧게 쓴 것임을 잘 보여준다.

24.10 문자열

배열과 마찬가지로 문자열은 직접적인 시퀀스는 아니다. 하지만 이들도 시퀀스로 변환할 수 있고, 모든 시퀀스 연산을 지원한다. 다음은 문자열에 대해 호출할 수 있는 여러 연산을 보여준다.

```
scala> val str = "hello"
str: java.lang.String = hello

scala> str.reverse
res6: String = olleh

scala> str.map(_.toUpper)
res7: String = HELLO

scala> str drop 3
res8: String = lo

scala> str.slice(1, 4)
res9: String = ell

scala> val s: Seq[Char] = str
s: Seq[Char] = hello
```

이런 연산은 두 가지 암시 변환을 통해 지원한다. 이에 대해서는 21.7절에서 설명했다. 첫 번째 것은 우선순위가 낮으며, String을 immutable.IndexedSeq의 서브클래스인 WrappedString으로 변환한다. 위 예의 마지막 줄에서 문자열을 Seq로 변환할 때 이 변환이 쓰였다. 우선순위가 높은 그 밖의 것은 변경 불가능한 모든 메서드를 문자열에서 제공하기 위해 StringOps 객체로 바꾼다. 앞의 예에서 reverse, map, drop, slice 메서드를 호출하는 부분에 이 변환이 암시적으로 들어갔다.

24.11 성능 특성

지금까지 설명한 내용에서 알 수 있듯이, 각기 다른 컬렉션은 성능 특성이 각기 다르다. 때로 성능이 어떤 컬렉션을 다른 컬렉션 대신 고르는 주요 기준이 되곤 한다. 여러 컬렉션의 일반적인 연산의 성능 특성을 표 24.12와 표 24.13에 정리했다.

표 24.12 시퀀스 타입의 성능 특성

	head	tail	apply	update	prepend	append	insert
변경 불가능							
List	C	C	L	L	C	L	-
LazyList	C	C	L	L	C	L	-
ArraySeq	C	L	C	L	L	L	-
Vector	eC	eC	eC	eC	eC	eC	-
Queue	aC	aC	L	L	L	C	-
Range	C	C	C	-	-	-	-
String	C	L	C	L	L	L	-
변경 가능							
ArrayBuffer	C	L	C	C	L	aC	L
ListBuffer	C	L	L	L	C	C	L
StringBuilder	C	L	C	C	L	aC	L
Queue	C	L	L	L	C	C	L
ArraySeq	C	L	C	C	-	-	-
Stack	C	L	L	L	C	L	L
Array	C	L	C	C	-	-	-
ArrayDeque	C	L	C	C	aC	aC	L

표 24.13 집합과 맵 타입의 성능 특성

	lookup	add	remove	min
변경 불가능				
HashSet/HashMap	eC	eC	eC	L
TreeSet/TreeMap	Log	Log	Log	Log
BitSet	C	L	L	eC[a]
VectorMap	eC	eC	aC	L
ListMap	L	L	L	L
변경 가능				
HashSet/HashMap	eC	eC	eC	L
WeakHashMap	eC	eC	eC	L
BitSet	C	aC	C	eC[a]

[a] 비트들이 빽빽하게 들어차 있다고 가정한다.

두 표에 있는 성능 항목은 다음과 같이 설명할 수 있다.

- C: 연산 수행에 (빠른) 상수 시간이 걸린다.

- eC: 연산 수행에 사실상 상수 시간이 걸린다. 하지만 이 시간은 벡터의 최대 길이나 해시 키의 분포 등 여러 가정을 바탕으로 한 것일 수 있다.

- aC: 연산 수행에 분할 상환으로 상수 시간이 걸린다. 어떤 경우 해당 연산에 오랜 시간이 걸릴 수 있지만, 연산을 많이 수행하면 평균적으로는 연산마다 상수 시간이 걸린다.

- Log: 연산 수행에 컬렉션 크기의 로그에 비례하는 시간이 걸린다.

- L: 연산 수행에 선형 시간이 걸린다. 즉, 컬렉션 크기에 비례하는 시간이 걸린다.

- −: 연산을 지원하지 않는다.

표 24.12는 시퀀스 타입에 대해 다음 연산을 비교한다.

- head: 시퀀스의 첫 번째 원소를 얻는다.

- tail: 시퀀스의 첫 원소를 제외한 나머지 원소들로 구성된 새 시퀀스를 얻는다.

- apply: 인덱스로 원소를 얻는다.

- update: 변경 불가능한 시퀀스는 함수적 변경(updated), 변경 가능한 시퀀스는 부수 효과를 사용한 변경(update)을 수행한다.

- prepend: 시퀀스의 맨 앞에 원소를 추가한다. 변경 불가능한 시퀀스는 새로운 시퀀 스를 만들고, 변경 가능한 시퀀스는 기존 시퀀스를 변경한다.

- append: 시퀀스의 맨 뒤에 원소를 추가한다. 변경 불가능한 시퀀스는 새로운 시퀀스 를 만들고, 변경 가능한 시퀀스는 기존 시퀀스를 변경한다.

- insert: 시퀀스의 중간 임의의 위치에 원소를 추가한다. 변경 가능한 시퀀스에서만 직접적으로 지원한다.

표 24.13은 변경 가능하거나 불가능한 집합과 맵에 대해 다음 연산을 비교한다.

- lookup: 원소가 집합에 있는지 검사하거나, 키와 대응하는 값을 선택한다.

- add: 새 원소를 집합에 추가하거나, 새 키/값 쌍을 맵에 추가한다.

- remove: 원소를 하나 집합에서 제거하거나, 맵에서 키를 하나 제거한다.

- min: 집합에서 가장 작은 원소를 찾거나, 맵에서 가장 작은 키를 찾는다.

24.12 동일성

컬렉션 라이브러리는 동일성과 해시에 대해 일관된 접근 방법을 취한다. 기본적인 생 각은 우선 컬렉션을 집합, 맵, 시퀀스로 구분하는 것이다. 각기 다른 범주에 속하는 컬 렉션은 언제나 같지 않다. 예를 들어, Set(1, 2, 3)은 모든 원소가 같음에도 불구하고 List(1, 2, 3)과 같지 않다. 반대로, 같은 범주에 속한 두 컬렉션이 포함하는 원소가 모 두 같으면 두 컬렉션은 서로 같으며, 그 역도 성립한다(다만 시퀀스의 경우에는 원소도 같고 순서도 같아야 한다). 예를 들어 List(1, 2, 3) == Vector(1, 2, 3)이고, HashSet(1, 2) == TreeSet(2, 1)이다.

동일성의 관점에서 볼 때 컬렉션이 변경 가능한지 여부는 중요하지 않다. 변경 가능 컬렉 션의 경우 동일성은 비교가 진행된 시점에 컬렉션 안에 있는 원소에 따라 결정된다. 이는 변경 가능한 컬렉션은 원소를 추가하거나 삭제함에 따라, 각기 다른 시점에 각기 다른 컬렉션과 같을 수 있다는 뜻이다. 해시 맵의 키로 변경 가능 컬렉션을 사용할 경우 이런 특징이 문제를 야기할 수 있다. 예를 들면 다음과 같다.

```
scala> import collection.mutable.{HashMap, ArrayBuffer}
import collection.mutable.{HashMap, ArrayBuffer}
scala> val buf = ArrayBuffer(1, 2, 3)
buf: scala.collection.mutable.ArrayBuffer[Int] = ArrayBuffer(1, 2, 3)
scala> val map = HashMap(buf -> 3)
map: scala.collection.mutable.HashMap[scala.collection.mutable.
ArrayBuffer[Int],Int] = Map((ArrayBuffer(1, 2, 3),3))
scala> map(buf)
res13: Int = 3
scala> buf(0) += 1
scala> map(buf)
java.util.NoSuchElementException: key not found:
  ArrayBuffer(2, 2, 3)
```

이 예에서 마지막 줄의 선택은 대부분 실패할 텐데, 배열 xs의 해시 코드가 끝에서 두 번째 줄의 변경으로 인해 바뀔 수 있기 때문이다.[10] 따라서 해시 코드를 가지고 검색하는 경우 xs를 저장한 위치가 아닌 다른 위치를 살펴볼 것이다.

24.13 뷰

컬렉션에는 새로운 컬렉션을 만들 수 있는 메서드가 꽤 많이 들어 있다. 예를 들어보면 map, filter, ++ 등이 있다. 이런 메서드를 **변환기**transformer라 부른다. 이들은 적어도 하나 이상의 컬렉션을 수신 객체와 인자로 받아서 다른 컬렉션을 만들어서 결과로 반환하기 때문이다.

---

10 물론 해시 코드 특성상 내용이 달라도 같은 해시 코드가 나올 수도 있다(해시 충돌). 그런 경우에는 당연히 검색이 운 좋게 성공한다. 또한 해시 코드 알고리즘에 따라서는 변경 가능한 객체의 내용이 바뀌더라도 같은 해시 코드를 내놓을 수도 있을 것이다. – 옮긴이

변환기 구현은 엄격한 방식과 엄격하지 않은(또는 게으른) 방식, 두 가지가 있다. 엄격한 변환기는 새 컬렉션에 모든 원소를 다 집어넣는다. 엄격하지 않은(게으른) 변환기는 결과 컬렉션에 대한 프록시proxy만을 만들고, 원소는 요청이 있을 때 만들어낸다.

엄격하지 않은 변환기의 예로, 다음과 같은 게으른 맵 연산 구현을 살펴보자.

```scala
def lazyMap[T, U](coll: Iterable[T], f: T => U) =
  new Iterable[U] {
    def iterator = coll.iterator map f
  }
```

lazyMap이 주어진 컬렉션 coll의 모든 원소를 방문하지 않으면서 새 Iterable을 내놓는다는 점에 유의하라. 대신에, 새 컬렉션 이터레이터의 원소에 필요할 때마다 함수 f를 적용한다.

스칼라 컬렉션의 변환기는 LazyList의 메서드들을 제외하고는 기본적으로 모두 엄격하다. LazyList는 자신의 모든 변환기를 게으르게 구현한다. 하지만 모든 컬렉션을 엄격하게 만들거나 반대로 되돌리는 체계적인 방법이 있다. 그것은 컬렉션 뷰를 바탕으로 한다. 뷰view는 어떤 기반 컬렉션을 표현하면서, 모든 변환기를 게으르게 구현하는 특별한 종류의 컬렉션이다.

컬렉션에서 뷰를 만들려면 그 컬렉션의 view 메서드를 호출하면 된다. 만약 xs가 컬렉션이라면, xs.view는 모든 변환기가 게으른 같은 컬렉션이다. 뷰에서 다시 엄격한 컬렉션으로 돌아오고 싶다면, 변환 연산을 사용하면서 엄격한 컬렉션 팩토리를 인자로 넘기면 된다.

예를 들어, Int의 벡터가 있는데 두 함수를 연속으로 map 하고 싶다고 하자.

```scala
scala> val v = Vector(1 to 10: _*)
v: scala.collection.immutable.Vector[Int] =
  Vector(1, 2, 3, 4, 5, 6, 7, 8, 9, 10)
scala> v map (_ + 1) map (_ * 2)
res5: scala.collection.immutable.Vector[Int] =
  Vector(4, 6, 8, 10, 12, 14, 16, 18, 20, 22)
```

마지막 문장에서 v map (_ + 1)은 새로운 벡터를 만들고, 그 벡터는 다시 두 번째 맵인 map (_ * 2) 호출에 의해 세 번째 벡터로 변환된다. 많은 경우, 첫 번째 맵 호출에서 중간 결과를 만드는 것은 낭비라 할 수 있다. 이 예제의 경우 (_ + 1)과 (_ * 2)를 합성한 함수를 컬렉션에 한 번만 map 하는 것이 더 빠를 것이다. 이 위치에서 두 함수를 동시에 알 수 있다면 손으로 합성할 수도 있다. 하지만 데이터 구조를 변환하는 일이 각기 다른 프로그램 모듈에서 벌어지는 경우가 아주 흔하다. 이런 변환을 한데 합치는 것은 모듈화를 해친다. 중간 결과를 없앨 수 있는 더 일반적인 방법은 벡터를 먼저 뷰로 바꾸고, 모든 변환을 뷰에 적용한 다음, 마지막에 뷰를 벡터로 강제 변환하는 것이다.

```scala
scala> (v.view map (_ + 1) map (_ * 2)).to(Vector)
res12: Seq[Int] = Vector(4, 6, 8, 10, 12, 14, 16, 18, 20, 22)
```

이 연산을 다시 하나하나 수행해볼 것이다.

```scala
scala> val vv = v.view
vv: scala.collection.IndexedSeqView[Int] =
  IndexedSeqView(<not computed>)
```

v.view 호출은 IndexedSeqView, 즉 IndexedSeq의 지연계산 버전을 반환한다. LazyList의 경우와 마찬가지로, toString을 뷰에 대해 호출해도 내부 원소를 강제 계산하지 않는다. 그래서 vv의 원소가 not computed라고 표시된다.

첫 map을 뷰에 적용하고 나면 다음과 같은 결과를 얻는다.

```scala
scala> vv map (_ + 1)
res13: scala.collection.IndexedSeqView[Int] =
  IndexedSeqView(<not computed>)
```

map의 결과는 또 다른 IndexedSeqView[Int] 값이다. 이 값은 근본적으로 벡터 v에 함수 (_ + 1)을 가지고 map을 적용해야 한다는 사실을 감싸는 객체다. 다만, 그 map을 적용하라고 요청받기 전까지는 실제로 적용하지 않는다. 이제 두 번째 map을 마지막 결과에 적용할 것이다.

```
scala> res13 map (_ * 2)
res14: scala.collection.IndexedSeqView[Int] =
  IndexedSeqView(<not computed>)
```

마지막으로, 최종 결과를 강제로 계산하면 다음과 같다.

```
scala> res14.to(Vector)
res15: Seq[Int] = Vector(4, 6, 8, 10, 12, 14, 16, 18, 20, 22)
```

to 연산이 실행되면서 새 백터를 만들어가는 과정에서 저장했던 두 함수 (_ + 1)과 (_ * 2)를 모두 적용한다. 이런 방식을 사용하기 때문에 중간 데이터 구조가 필요 없다.

뷰에 적용한 변환 연산은 새로운 데이터 구조를 만들어내지 않는다. 대신에 기반 컬렉션의 이터레이터에 대해 변환 연산을 적용한 결과를 돌려주는 이터레이터를 돌려주는 이터러블을 반환한다.

뷰 사용을 고려해야 하는 첫 번째 이유는 성능이다. 컬렉션을 뷰로 바꿔서 중간 결과 생성을 피할 수 있음을 보았다. 이런 식의 절약은 매우 중요하다. 다른 예로, 단어 리스트에서 첫 번째 회문을 찾는 문제를 생각해보자. 회문^{palindrome}은 (ada나 madam처럼) 바로 읽거나 거꾸로 읽어도 같은 단어를 말한다. 다음은 필요한 정의다.

```
def isPalindrome(x: String) = x == x.reverse
def findPalindrome(s: Iterable[String]) = s find isPalindrome
```

이제, 아주 긴 단어 목록이 있고 그 목록의 앞부분 100만 개의 단어에서 회문을 찾고 싶다고 하자. findPalindrome의 정의를 재사용할 수 있을까? 물론, 다음과 같이 작성할 수도 있다.

```
findPalindrome(words take 1000000)
```

이 코드는 시퀀스에서 첫 100만 단어를 가져오는 것과 회문을 그 안에서 찾는 두 측면을 잘 분리했다. 하지만 단점은 회문이 시퀀스에서 첫 단어일지라도 그와 관계없이 항상 100만 단어짜리 시퀀스를 만든다는 것이다. 따라서 나중에 전혀 살펴볼 필요가 없는데도 999,999 단어를 중간 결과에 복사하는 경우가 있을 수 있다. 많은 프로그래머는 여기서 포기하고, 인자로 받은 시퀀스의 맨 앞에서부터 회문을 찾는 함수를 직접 작성할 것이다. 하지만 뷰를 사용한다면 그럴 필요가 없다. 대신, 다음과 같이 쓰면 된다.

```
findPalindrome(words.view take 1000000)
```

이 코드는 관심사는 똑같이 잘 분리하면서 원소가 100만 개 있는 시퀀스를 만드는 대신 가벼운 뷰를 하나 만든다. 이런 방법을 사용하면 성능과 모듈화 중 하나만을 택할 필요가 없다.

이렇게 멋진 뷰 용례를 보고 나면, 여러분은 엄격한 컬렉션이 왜 필요한지 궁금할 것이다. 성능 비교 시 지연 컬렉션이 엄격한 컬렉션보다 항상 더 나은 건 아니라는 사실이 한 가지 이유다. 크기가 작은 컬렉션의 경우 뷰에 있는 클로저를 만들고 호출하는 부가 비용이 때로 중간 구조를 생략해 얻는 이익보다 더 클 수 있다. 더 중요할 수 있는 또 다른 이유는 지연 연산에 부수 효과가 있는 경우 뷰를 사용한 계산은 혼동을 일으킬 수 있다는 것이다.

다음은 스칼라 2.8 이전에 여러 사용자에게 문제를 일으켰던 예다. 당시에 Range 타입은 지연 연산이었다. 따라서 뷰와 같이 작동했다. 사람들이 액터[11]를 몇 개 만들기 위해 다음과 같은 코드를 작성했었다.

```
val actors = for (i <- 1 to 10) yield actor { ... }
```

그들은 actor 메서드가 그다음에 오는 중괄호 안에 있는 코드로부터 액터를 생성해 실행해야만 함에도 불구하고 실제로 아무것도 실행이 되지 않는다는 사실에 놀랐다. 왜 아무 일도 벌어지지 않는지 설명하기 위해, 위의 for 표현식은 다음과 같이 map을 호출하는 것과 같다는 기억을 되살리기 바란다.

```
val actors = (1 to 10) map (i => actor { ... })
```

앞에서 (1 to 10)으로 만든 범위는 뷰와 마찬가지로 동작하기 때문에, 맵의 결과도 여전히 다시 뷰다. 즉, 아무 원소도 계산하지 않았고 그에 따라 아무 액터도 생기지 않았다!

---

11 스칼라 액터 라이브러리는 사용 금지 처리됐다. 하지만 여기 있는 역사적인 예제는 여전히 의미가 있다.

전체 식의 범위를 강제 생성하면 액터를 만들 수 있었겠지만, 그렇게 해야 액터가 작동한다는 것은 상식과는 너무 거리가 멀다.

이런 의외성을 줄이기 위해 스칼라 컬렉션 라이브러리는 스칼라 버전 2.8부터 더 일반적인 규칙을 채택했다. 지연계산 리스트를 제외한 모든 컬렉션과 뷰는 엄격하다. 엄격한 컬렉션에서 게으른 컬렉션으로 가는 방법은 view 메서드를 사용하는 방법뿐이다. 거꾸로 게으른 컬렉션에서 엄격한 것으로 돌아가는 방법은 to뿐이다.

```
val actors = for (i <- (1 to 10).view) yield actor { ... }
```

요약하면, 뷰는 효율과 모듈화를 잘 조화시켜주는 강력한 도구다. 하지만 지연계산의 여러 양상에 복잡하게 얽히지 않기 위해서는 부수 효과가 없는 컬렉션 변환만 쓰는 완전히 함수적인 코드에서만 뷰를 사용해야만 한다. 가장 피해야 할 것은 부수 효과가 있으면서 새 컬렉션을 만드는 연산과 뷰를 혼용하는 것이다.

24.14 이터레이터

이터레이터는 컬렉션은 아니다. 하지만 컬렉션의 원소를 하나하나 접근할 수 있는 수단이다. 이터레이터의 it에 대한 기본 연산은 next와 hasNext다. it.next() 호출은 이터레이터의 다음 원소를 반환하고, 이터레이터의 상태를 하나 앞으로 전진시킨다. 같은 이터레이터 it에 next를 다시 호출하면 앞에서 반환했던 원소 바로 다음의 원소를 반환할 것이다. 더 이상 반환할 원소가 없으면 NoSuchElementException 예외를 던진다. 원소가 남아 있는지는 이터레이터의 hasNext 메서드를 호출해 알아볼 수 있다.

이터레이터가 반환하는 모든 원소를 '하나씩 방문하는' 가장 직접적이고 쉬운 방법은 while 루프다.

```
while (it.hasNext)
  println(it.next())
```

스칼라 이터레이터는 Iterable, Seq에 있는 메서드 대부분에 대응하는 메서드도 제공한다. 예를 들어, 이터레이터가 반환하는 각 원소에 주어진 함수를 실행하는 foreach를 제공한다. foreach를 사용하면 앞의 루프는 다음과 같이 줄어든다.

```
it foreach println
```

항상 그렇듯, foreach, map, filter, flatMap을 사용하는 표현식 대신 for 표현식을 쓸 수 있다. 따라서 이터레이터가 반환하는 모든 원소를 출력하는 또 다른 방법은 다음과 같다.

```
for (elem <- it) println(elem)
```

이터레이터의 foreach와 이터러블 컬렉션의 같은 메서드 사이에는 중요한 차이가 있다. 이터레이터에 대해 호출하는 경우, foreach를 수행하고 나면 이터레이터의 위치는 맨 마지막 원소 다음이다. 따라서 같은 이터레이터에 대해 next를 호출하면 NoSuchElementException 예외가 발생하며 실패할 것이다. 반면, 컬렉션에 대해 foreach를 호출한다고 해도 컬렉션의 원소 개수는 그대로다(물론 전달한 함수가 컬렉션에 원소를 추가하거나 삭제하면 그렇지 않다. 하지만 그런 함수를 넘기면 쉽게 놀라운 결과를 보게 될 수 있으므로, 이를 권하지 않는다).

이터레이터와 Iterable에 공통으로 들어 있는 그 밖의 연산들도 이터레이터에 대해 실행하면 맨 마지막으로 위치를 옮긴다는 특성은 동일하다. 예를 들어, 이터레이터에도 새 이터레이터를 반환하는 map이 있다.

```
scala> val it = Iterator("a", "number", "of", "words")
it: Iterator[java.lang.String] = <iterator>

scala> it.map(_.length)
res1: Iterator[Int] = <iterator>

scala> it.hasNext
res2: Boolean = true

scala> res1 foreach println
1
6
2
5

scala> it.hasNext
res4: Boolean = false
```

예를 보면 알 수 있듯이, map을 호출하고 나도 it 이터레이터는 맨 마지막으로 전진한 상태로 남지 않는다. 하지만 it.map을 호출해 얻은 이터레이터를 순회하면 it도 순회되고 끝난다.

또 다른 예제는 dropWhile 메서드다. 이 메서드는 이터레이터에서 주어진 조건을 만족하는 첫 번째 원소를 찾는다. 예를 들어, 앞에서 봤던 이터레이터에서 최소한 문자가 둘 이상 있는 첫 번째 단어를 찾는 일은 다음과 같이 할 수 있다.

```scala
scala> val it = Iterator("a", "number", "of", "words")
it: Iterator[java.lang.String] = <iterator>

scala> it dropWhile (_.length < 2)
res4: Iterator[java.lang.String] = <iterator>

scala> it.next()
res5: java.lang.String = number
```

dropWhile을 호출하고 나면 it가 변한다는 점에 유의하라. it는 이제 리스트의 두 번째 단어인 'number'를 가리킨다. 실제, it와 dropWhile이 반환하는 res4는 정확히 동일한 순서로 원소를 반환할 것이다.

같은 이터레이터를 재사용하도록 허용하는 연산은 오직 duplicate 하나뿐이다.

```scala
val (it1, it2) = it.duplicate
```

duplicate를 호출하면 이터레이터를 2개 돌려받는다. 각각은 it와 정확히 같은 원소를 돌려준다. 두 이터레이터는 독립적이다. 한쪽의 위치를 전진시켜도, 다른쪽에는 영향이 없다. 반대로, 원래의 이터레이터인 it는 duplicate를 하고 나면 맨 나중으로 전진하며, 사용할 수 없는 상태가 된다.

정리하면, 이터레이터는 **그 안의 메서드를 호출한 다음 다시 재호출하지 않는 한**, 컬렉션과 마찬가지로 동작한다. 스칼라 컬렉션 라이브러리는 이런 구분을 IterableOnce라는 추상화를 사용해 명확히 한다. IterableOnce는 Iterator의 슈퍼트레이트다. 이름이 의미하듯 IterableOnce 객체는 foreach를 사용해 순회 가능하지만, 순회한 이후의 상태는 정해져 있지 않다. IterableOnce 객체가 실제로는 Iterator였다면 순회 후에 원소의 끝을 가리킬 것이다. 하지만 실제 타입이 Iterable이었다면 여전히 그대로일 것이다. 이터레이터나 이터러블을 받아야 하는 메서드의 인자 타입으로 쓰는 것을 IterableOnce를 사용하는 일반적인 예로 들 수 있다. 예를 들면, Iterable에 있는 추가 메서드 ++가 그렇다. ++는 IterableOnce 파라미터를 받는다. 따라서 이를 사용하면 이터레이터나 이터러블 컬렉션으로부터 나오는 원소를 뒤에 붙일 수 있다.

이터레이터의 모든 연산은 표 24.14에 있다.

표 24.14 Iterator 트레이트의 연산

형태	설명
추상 메서드	
it.next()	이터레이터의 다음 원소를 반환한다. 이터레이터는 그 원소 다음을 가리킨다.
it.hasNext	이터레이터가 다음 원소를 반환할 수 있으면 true를 반환한다.
변형 이터레이터	
it.buffered	it의 모든 원소를 돌려주는 버퍼가 있는 이터레이터를 반환한다.
it grouped size	it의 원소를 고정된 크기의 시퀀스인 '덩어리'로 돌려주는 이터레이터를 반환한다.
xs sliding size	it의 원소를 고정된 크기의 슬라이딩 윈도로 반환하는 이터레이터를 반환한다.
복사	
it.copyToArray(arr, s, l)	it가 반환하는 원소를 배열 arr의 s번째 인덱스부터 차례로 최대 l개까지 복사한다. 마지막 두 인자는 생략 가능하다.
중복	
it.duplicate	it의 원소를 돌려주는 독립적인 이터레이터 한 쌍을 반환한다.
추가	
it ++ jt	이터레이터 it의 원소를 모두 반환한 다음, 이터레이터 jt의 모든 원소를 반환하는 이터레이터를 반환한다.
it.padTo(len, x)	길이가 len이 되도록 it의 원소를 반환하고, it의 원소로는 개수가 모자라면 len에서 부족한 만큼 x를 반환하는 이터레이터를 반환한다.
맵	
it map f	it가 반환하는 모든 원소에 f를 적용해 얻은 결과를 반환하는 이터레이터를 반환한다.

(이어짐)

형태	설명
it flatMap f	it가 반환하는 모든 원소에 이터레이터를 만들어내는 함수 f를 적용해 나온 결과의 원소들을 서로 이어붙인 이터레이터를 반환한다.
it collect f	it가 반환하는 원소 중에 부분 함수 f가 정의되어 있는 것들에 대해서만 f를 적용한 결과를 모아서 돌려주는 이터레이터를 반환한다.

변환

it.toArray	it의 원소들을 배열로 변환한다.
it.toList	it의 원소들을 리스트로 변환한다.
it.toIterable	it의 원소들을 이터러블로 변환한다.
it.toSeq	it의 원소들을 시퀀스로 변환한다.
it.toIndexedSeq	it의 원소들을 인덱스 시퀀스로 변환한다.
it.toSet	it의 원소들을 집합으로 변환한다.
it.toMap	it가 반환하는 키/값 쌍들을 맵으로 변환한다.
it toSortedSet	컬렉션 팩토리(여기서는 SortedSet을 예제로 사용함)를 인자로 받는 일반적인 변환 연산이다.

크기 정보

it.isEmpty	이터레이터가 비어 있는지 검사한다(hasNext의 반대다).
it.nonEmpty	이터레이터가 비어 있지 않은지 검사한다(hasNext와 같다).
it.size	이터레이터가 반환하는 원소의 개수를 돌려준다(주의: 호출하고 나면 위치가 마지막으로 이동한다).
it.length	it.size와 같다.
it.knownSize	it의 상태를 변경하지 않고 길이를 알 수 있으면 길이를 반환하며, 그렇지 않으면 -1을 반환한다.

원소 찾기와 인덱스 검색

it find p	술어 p를 만족하는 it의 첫 번째 원소를 옵션에 감싸서 돌려준다. 만약 만족하는 원소가 없으면 None을 돌려준다(주의: 원소를 찾으면 그 원소 바로 다음으로 이터레이터가 이동하고, 원소를 못 찾으면 끝으로 이동한다).
it indexOf x	x와 같은 it의 첫 번째 원소의 인덱스를 반환한다(주의: 이터레이터는 찾은 원소의 다음 원소를 가리킨다).
it indexWhere p	p를 만족하는 it의 첫 번째 원소의 인덱스를 반환한다(주의: 이터레이터는 찾은 원소의 다음 원소를 가리킨다).

(이어짐)

형태	설명
부분 이터레이터	
it take n	it의 첫 n개의 원소를 반환하는 이터레이터를 반환한다(주의: it는 n번째 원소 다음을 가리킨다. it에 n개 이하의 원소가 들어 있다면, 마지막을 가리킨다).
it drop n	it의 (n + 1)번째부터 시작하는 이터레이터를 반환한다(주의: it도 같은 위치로 전진한다).
it.slice(m, n)	it의 m번째 원소부터 시작해서 n번째 원소 앞(따라서 n번째 원소는 포함하지 않음)까지의 슬라이스로부터 원소를 반환하는 이터레이터를 반환한다.
it takeWhile p	it의 맨 앞에서부터 연속해서 p가 참인 원소를 반환하는 이터레이터를 반환한다.
it dropWhile p	it의 맨 앞에서부터 연속해서 p가 참인 원소를 제외한 나머지 원소들을 반환하는 이터레이터를 반환한다.
it filter p	it에서 p가 참인 원소를 모두 반환하는 이터레이터를 반환한다.
it withFilter p	it filter p와 같다. for 표현식에서 사용하기 위해 제공한다.
it filterNot p	it에서 p가 거짓인 원소를 모두 반환하는 이터레이터를 반환한다.
it.distinct	it에서 중복된 원소를 단 한 번만 반환하는 이터레이터를 반환한다.
분할	
it partition p	it를 p를 만족하는 것과 만족하지 않는 원소들을 돌려주는 두 이터레이터로 분할한다.
원소 조건	
it forall p	술어 p가 it가 반환하는 모든 원소에 대해 성립하는지 여부를 알려주는 불리언값을 반환한다.
it exists p	it가 반환하는 모든 원소 중에 술어 p가 성립하는 것이 있는지 여부를 알려주는 불리언값을 반환한다.
it count p	it가 반환하는 모든 원소 중에 술어 p가 성립하는 원소의 개수를 반환한다.
폴드	
it.foldLeft(z)(op)	이항 연산 op를 it가 반환하는 연속된 원소 사이에 적용한다. 왼쪽에서 오른쪽으로 진행하고, z부터 시작한다.
it.foldRight(z)(op)	이항 연산 op를 it가 반환하는 연속된 원소 사이에 적용한다. 오른쪽에서 왼쪽으로 진행하고, z부터 시작한다.
it reduceLeft op	이항 연산 op를 비어 있지 않은 it가 돌려주는 연속된 원소 사이에 적용한다. 왼쪽에서 오른쪽으로 진행한다.

(이어짐)

형태	설명
it reduceRight op	이항 연산 op를 비어 있지 않은 it가 돌려주는 연속된 원소 사이에 적용한다. 오른쪽에서 왼쪽으로 진행한다.

특정 폴드

it.sum	it가 반환하는 모든 수 원소의 합을 계산한다.
it.product	it가 반환하는 모든 수 원소의 곱을 계산한다.
it.min	it의 원소들(순서가 있음) 중 가장 작은 원소를 계산한다.
it.max	it의 원소들(순서가 있음) 중 가장 큰 원소를 계산한다.

묶기

it zip jt	it와 jt가 같은 순서로 반환하는 원소를 서로 묶어서 쌍을 반환하는 이터레이터다.
it.zipAll(jt, x, y)	it와 jt가 같은 순서로 반환하는 원소를 서로 묶어서 쌍을 반환하는 이터레이터다. 두 이터레이터가 반환하는 원소의 개수가 다르면 짧은 쪽에 x(it가 짧은 경우 it 쪽에 추가)나 y(jt가 짧은 경우 jt 뒤에 추가)를 더 추가해서 길이를 맞춘다.
it.zipWithIndex	it의 원소와 인덱스를 묶은 쌍으로 이뤄진 이터레이터다.

변경

it.patch(i, jt, r)	it의 원소를 돌려주되, 그중에서 인덱스가 i인 원소부터 r개는 이터레이터 jt가 돌려주는 원소로 바꿔치기 해 돌려주는 이터레이터를 반환한다.

비교

it sameElements jt	이터레이터 it와 jt가 같은 순서로 같은 원소를 내놓는지 검사한다(이 호출이 끝나고 나면 it나 jt 중 최소한 하나는 이터레이터의 끝으로 위치가 바뀐다).

문자열

it.addString(b, start, sep, end)	StringBuilder b에 구분자 sep로 구분하고, start와 end로 둘러싼 it의 원소들을 추가한다. start, sep, end는 생략할 수 있다.
it.mkString(start, sep, end)	it의 원소들을 구분자 sep로 구분하고, start와 end로 둘러싼 문자열을 반환한다. start, sep, end는 생략할 수 있다.

버퍼 이터레이터

때로 이터레이터의 일부를 '미리 보기' 할 수 있으면, 즉 현재 위치를 변경하지 않고 다음 몇 원소를 더 살펴볼 수 있으면 좋은 경우가 있다. 예를 들어, 이터레이터에서 맨 앞의 빈 문자열이 연속으로 있으면 생략하고 나머지 문자열을 반환해야 한다고 가정하자. 아마 다음과 같이 코드를 작성할지도 모르겠다.

```
// 작동하지 않음
def skipEmptyWordsNOT(it: Iterator[String]) = {
  while (it.next().isEmpty) {}
}
```

하지만 코드를 자세히 보면, 잘못됐다는 사실을 분명히 알 수 있다. 위 코드는 실제로 빈 문자열을 생략하기는 한다. 하지만 비어 있지 않은 첫 번째 문자열도 지나쳐버린다.

이 문제를 해결하는 방법은 BufferedIterator 트레이트의 인스턴스인 버퍼가 있는 이터레이터를 사용하는 것이다. BufferedIterator는 Iterator의 서브트레이트다. BufferedIterator는 head라는 메서드를 더 제공한다. head를 호출하면 이터레이터의 첫 원소를 반환하지만, 위치는 변경하지 않는다. 버퍼 이터레이터를 사용하면 빈 문자열을 건너뛰는 것은 다음과 같이 구현할 수 있다.

```
def skipEmptyWords(it: BufferedIterator[String]) =
  while (it.head.isEmpty) { it.next() }
```

다음과 같이, 모든 이터레이터는 buffered 메서드를 호출해서 버퍼 이터레이터로 바꿀 수 있다.

```
scala> val it = Iterator(1, 2, 3, 4)
it: Iterator[Int] = <iterator>

scala> val bit = it.buffered
bit: java.lang.Object with scala.collection.BufferedIterator[Int] =
  <iterator>

scala> bit.head
res10: Int = 1

scala> bit.next()
res11: Int = 1

scala> bit.next()
res11: Int = 2
```

버퍼 이터레이터 bit의 head를 호출해도 위치가 안 바뀐다는 사실을 확인하라. 따라서 다음 호출인 bit.next()도 bit.head와 같은 값을 반환한다.

24.15 컬렉션 처음 만들기

List(1, 2, 3) 같은 문법으로 세 정수가 들어간 리스트를 만드는 것을 보았고, Map('A' -> 1, 'C' -> 2)로 두 바인딩이 들어간 맵을 만들 수 있음도 보았다. 실제로 이런 문법은 스칼라 컬렉션에서 일반적인 특징이다. 어떤 컬렉션이든 이름 다음에 괄호 안에 원소를 나열할 수 있다. 그러면 주어진 원소가 들어간 새 컬렉션을 결과로 얻을 수 있다. 다음은 몇 가지 예다.

```
Iterable()                  // 빈 컬렉션
List()                      // 빈 리스트
List(1.0, 2.0)              // 1.0, 2.0이 원소인 리스트
Vector(1.0, 2.0)            // 1.0, 2.0이 원소인 벡터
Iterator(1, 2, 3)           // 3개의 정수를 돌려주는 이터레이터
Set(dog, cat, bird)         // 세 동물의 집합
HashSet(dog, cat, bird)     // 위와 같은 동물로 이뤄진 해시 집합
Map('a' -> 7, 'b' -> 0)     // 문자에서 정수로 가는 맵
```

'내부적으로' 위의 각 줄은 어떤 객체의 apply 메서드를 호출한다. 예를 들어, 위 코드의 세 번째 줄은 다음과 같이 확장할 수 있다.

```
List.apply(1.0, 2.0)
```

따라서 이것은 List 클래스의 동반 객체의 apply 메서드를 호출하는 것이다. 이 메서드는 임의 개수의 인자를 받아서 리스트를 만든다. 스칼라 라이브러리의 모든 컬렉션 클래스에는 이런 apply 메서드가 있는 동반 객체가 함께 있다. 컬렉션이 실제 List, LazyList, Vector 등의 구체적인 클래스이거나 Seq, Set, Iterable 등의 트레이트이거나 모두 이를 제공한다. 후자의 경우 apply를 호출하면 해당 트레이트에 대한 디폴트 구현을 만든다. 다음은 몇 가지 예다.

```
scala> List(1, 2, 3)
res17: List[Int] = List(1, 2, 3)

scala> Iterable(1, 2, 3)
res18: Iterable[Int] = List(1, 2, 3)

scala> mutable.Iterable(1, 2, 3)
res19: scala.collection.mutable.Iterable[Int] = ArrayBuffer(1, 2, 3)
```

모든 컬렉션 동반 객체에는 apply 외에 empty도 들어 있다. 이 메서드는 빈 컬렉션을 반환한다. 예를 들어 List() 대신 List.empty를, Map() 대신 Map.empty를 사용할 수 있다.

Seq나 Set 트레이트의 자손도 역시 동반 객체를 통해 팩토리 연산을 제공한다. 이에 대해 표 24.15에 정리해뒀다. 간략하게 정리하면 다음과 같다.

- concat은 임의 개수의 컬렉션을 서로 붙여주고,
- fill과 tabulate는 주어진 표현식이나 채워넣기 함수에 따라 1차원이나 다차원 컬렉션을 만들고,
- range는 정해진 증가 값으로 정수 컬렉션을 만들며,
- iterate와 unfold는 함수를 시작 원소에 반복 적용한 결과의 컬렉션을 만든다.

표 24.15 Seq와 Set의 팩토리 메서드

형태	설명
C.empty	빈 컬렉션을 반환한다.
C(x, y, z)	원소 x, y, z가 들어 있는 컬렉션을 반환한다.
C.concat(xs, ys, zs)	xs, ys, zs를 서로 이어붙인 컬렉션을 반환한다.
C.fill(n)(e)	표현식 e에 의해 각 원소를 계산한 길이 n짜리 컬렉션을 반환한다.
C.fill(m, n)(e)	표현식 e에 의해 각 원소를 계산한 m x n차원 컬렉션[12]을 반환한다(다른 차원에 대한 메서드도 있다).
C.tabulate(n)(f)	f(i)에 의해 계산한 값이 인덱스 i에 있는 길이 n짜리 컬렉션을 반환한다.

(이어짐)

---

12 시퀀스를 예로 들면, m x n차원 시퀀스는 원소가 n개인 시퀀스가 원소인 원소가 m개인 시퀀스다. 예를 들어 Seq.fill(3,2)(0)으로 만든 시퀀스는 List(List(0, 0), List(0, 0), List(0, 0))이다. 타입은 Seq[Seq[Int]]다. List가 만들어진 이유는 Seq의 디폴트 구현이 리스트이기 때문이다. – 옮긴이

형태	설명
C.tabulate(m, n)(f)	f(i, j)에 의해 계산한 값이 인덱스 (i, j)에 있는 m x n차원 컬렉션을 반환한다(다른 차원에 대한 메서드도 있다).
C.range(start, end)	start ... end - 1이 들어 있는 정수 컬렉션을 반환한다.
C.range(start, end, step)	start부터 시작해 step씩 증가해가면서 end 직전(end는 포함하지 않음)에 끝나는 정수 컬렉션을 반환한다.
C.iterate(x, n)(f)	x, f(x), f(f(x)), ...로 이뤄진 길이 n인 컬렉션을 반환한다(따라서 맨 마지막 원소는 f를 n - 1번 반복 적용한 결과다).
C.unfold(init)(f)	init을 초기 상태로, 함수 f를 사용해 다음 원소와 상태를 계산하는 컬렉션을 반환한다.

24.16 자바와 스칼라 컬렉션 변환하기

스칼라와 마찬가지로, 자바도 풍부한 컬렉션 라이브러리를 제공한다. 이 둘 사이에는 유사한 점이 많다. 예를 들어 두 라이브러리 모두 이터레이터, 이터러블, 집합, 맵, 시퀀스가 들어 있다. 하지만 중요한 차이가 있다. 특히, 스칼라 라이브러리는 변하지 않는 컬렉션을 많이 강조하며, 한 컬렉션을 새로운 것으로 변환하는 많은 연산을 제공한다.

때로 한 프레임워크의 컬렉션을 다른 프레임워크로 변환할 필요가 있을 것이다. 예를 들어, 기존 자바 컬렉션을 마치 스칼라 컬렉션처럼 접근하고 싶을 수도 있다. 또는 스칼라 컬렉션을 그에 대응하는 자바 컬렉션을 원하는 자바 메서드에 넘길 수도 있다. 이런 작업은 아주 쉽다. 왜냐하면 스칼라가 대부분의 컬렉션에 대한 암시 변환을 JavaConverters 객체에 제공하기 때문이다. 특히, 다음 타입은 양방향 변환이 가능하다.

- Iterator   <=> java.util.Iterator
- Iterator   <=> java.util.Enumeration
- Iterable   <=> java.lang.Iterable
- Iterable   <=> java.util.Collection
- mutable.Buffer <=> java.util.List

- mutable.Set   <=> java.util.Set

- mutable.Map   <=> java.util.Map

이런 변환을 사용하려면, 다음과 같이 임포트하기만 하면 된다.

```
scala> import collection.JavaConverters._
import collection.JavaConverters._
```

이제 스칼라 컬렉션과 그에 대응하는 자바 컬렉션 간의 자동 변환을 사용할 수 있다.

```
scala> import collection.mutable._
import collection.mutable._
scala> val jul: java.util.List[Int] = ArrayBuffer(1, 2, 3).asJava
jul: java.util.List[Int] = [1, 2, 3]
scala> val buf: Seq[Int] = jul.asScala
buf: scala.collection.mutable.Seq[Int] = ArrayBuffer(1, 2, 3)
scala> val m: java.util.Map[String, Int] =
          HashMap("abc" -> 1, "hello" -> 2).asJava
m: java.util.Map[String,Int] = {hello=2, abc=1}
```

내부적으로 이런 변환은 모든 연산을 하부의 컬렉션 객체에 전달하는 '래퍼' 객체를 만든다. 따라서 컬렉션을 자바나 스칼라 사이에 복사하는 일은 없다. 재미있는 특징으로는, 여러분이 자바 타입을 스칼라 타입으로 변환한 다음 다시 그 스칼라 타입을 원래의 자바 타입과 같은 타입으로 변환하는 왕복 변환을 진행한다면, 원래 시작했던 원래의 컬렉션을 그대로 얻을 수 있다는 사실이 있다.

다음과 같은 스칼라 컬렉션은 자바 타입으로만 변환할 수 있고, 반대 방향의 변환은 제공하지 않는다.

- Seq   => java.util.List

- mutable.Seq => java.util.List

- Set   => java.util.Set

- Map   => java.util.Map

자바 타입에서는 변경 가능한 컬렉션과 그렇지 않은 컬렉션을 구분할 수 없다. 따라서 collection.immutable.List를 변환하면 java.util.List가 만들어지고, 그 객체에 대해 변경 연산을 시도하면 UnsupportedOperationException 예외를 발생시킨다. 예를 들면 다음과 같다.

```
scala> val jul: java.util.List[Int] = List(1, 2, 3)
jul: java.util.List[Int] = [1, 2, 3]

scala> jul.add(7)
java.lang.UnsupportedOperationException
        at java.util.AbstractList.add(AbstractList.java:131)
```

24.17 결론

스칼라 컬렉션을 사용하는 방법을 자세히 살펴봤다. 스칼라 컬렉션은 임시 변통의 도구 메서드를 여럿 제공하는 대신, 강력한 코드 구성요소를 제공하기 위한 접근 방법을 택했다. 그런 구성요소를 두세 개 조합하면 굉장히 많은 유용한 계산을 표현할 수 있다. 특히 스칼라에서는 가벼운 함수 리터럴을 영구적이고 변경 불가능한 다양한 컬렉션 타입과 결합할 수 있기 때문에, 이런 스타일의 라이브러리가 굉장히 효율적이다.

24장에서는 컬렉션 라이브러리를 사용하는 프로그래머의 관점에서 컬렉션을 살펴봤다. 25장에서는 컬렉션 라이브러리를 만든 방법을 설명하고, 여러분이 자신의 컬렉션 타입을 추가하는 방법을 보여줄 것이다.

Chapter

25

스칼라 컬렉션 아키텍처

25장에서는 스칼라 컬렉션의 아키텍처를 자세히 다룬다. 24장에서 배운 내용과 비교하자면, 이번 장에서는 프레임워크의 내부 동작에 대해 더 많이 알게 될 것이다. 또한 이런 아키텍처를 사용해 프레임워크가 제공하는 엄청난 컬렉션 기능을 재활용해 단 몇 줄의 코드로 직접 컬렉션을 만드는 방법도 배워본다.

24장에서 수많은 컬렉션 연산을 하나하나 살펴봤다. 이런 연산은 여러 컬렉션 구현에 균일하게 존재했다. 모든 컬렉션에 대해 이런 모든 연산을 새로 만들려면 엄청나게 많은 양의 코드가 필요할 테고, 그중 대부분은 어디에선가 복사해온 코드일 것이다. 이런 코드 중복은 시간이 지남에 따라 새로운 연산을 넣거나, 컬렉션 라이브러리의 일부 코드는 수정하면서 다른 부분은 수정하지 않는 등의 일이 벌어지면서 일관성이 부족해진다. 이 컬렉션 프레임워크의 주 설계 목표는 모든 연산을 가능한 한 적은 위치에 정의해서 중복을 피하는 것이다.[1] 이 접근 방법은 대부분의 컬렉션 연산을 '템플릿 트레이트'에 정의해서 필요에 따라 개별 기반 클래스나 구현에 섞어 넣을 수 있게 하는 것이다. 이번 장에서는 이런 템플릿을 설명하고, 컬렉션 프레임워크를 이루는 '빌딩 블록'을 구성하는 그 밖의 클래스나 트레이트도 설명할 것이다. 또한 이런 요소들이 지원하는 컬렉션 구성 원칙도 설명한다.

---

1 이상적인 경우, 모든 정의가 정확히 한 곳에만 존재해야 할 것이다. 하지만 일부 요소를 재정의해야만 하는 예외적인 경우가 있다.

25.1 공통 연산 한데 묶기

컬렉션 라이브러리 설계의 주목적은 가능한 한 많은 구현 코드를 공유하면서도 사용자에게 자연스러운 타입을 제공하는 것이다. 특히 스칼라 컬렉션 프레임워크는 다음과 같은 여러 구체적 컬렉션 타입을 지원할 필요가 있다.

- 일부 변환 연산은 똑같은 구체적인 컬렉션 타입을 반환한다. 예를 들어, List[Int]에 filter를 적용하면 List[Int]를 반환한다.

- 일부 변환 연산이 반환하는 결과에서는 컬렉션 타입은 같지만 원소 타입은 달라질 수 있다. 예를 들어, List[Int]에 map을 적용하면 List[String]을 얻을 수도 있다.

- List[A] 같은 일부 컬렉션 타입은 타입 파라미터가 하나뿐이지만 Map[K, V] 같은 컬렉션 타입은 타입 파라미터가 2개다.

- 컬렉션에 적용할 수 있는 연산 중 일부는 원소의 타입에 따라 각기 다른 구체적 컬렉션을 반환한다. 예를 들어, Map의 map은 매핑 함수가 키-값 쌍을 반환하면 다른 Map을 반환하지만 그렇지 않으면 Iterable을 반환한다.

- 몇몇 컬렉션 타입에 대한 변환 연산에는 추가로 암시적인 파라미터가 필요할 때도 있다. 예를 들어, SortedSet에 map을 적용하려면 Ordering이 암시적으로 필요하다.

- 마지막으로, List 같은 일부 컬렉션은 엄격한 계산을 수행하는 반면 View나 LazyList 같은 컬렉션은 엄격하지 않다.

컬렉션 프레임워크의 템플릿 트레이트는 방금 말한 여러 차이를 다양한 컬렉션에 대해 추상화한다. 이번 절의 나머지 부분에서 어떻게 이런 추상화가 가능한지 살펴본다.

앞에서 언급한 것처럼 템플릿 트레이트에는 연산이 반환할 구체적인 컬렉션 타입을 알지 못하는 상황에서 변환 연산을 정의해야 한다는 어려움이 있다. 예를 들어, List[A]와 Vector[A]의 map 연산 시그니처를 살펴보자.

```scala
trait List[A] {
  def map[B](f: A => B): List[B]
}
trait Vector[A] {
  def map[B](f: A => B): Vector[B]
}
```

map의 반환 타입은 각각의 구체적인 컬렉션 타입에 맞춰 달라진다. List의 map 메서드는 List를 반환하지만, Vector의 map은 Vector를 반환한다. 컬렉션 프레임워크에서 이런 특성을 '같은 결과 타입' 원칙이라고 부른다. 이 원칙은 가능하면 컬렉션에 대한 변환 연산은 같은 컬렉션 타입을 반환해야 한다는 뜻이다. map의 경우 템플릿 트레이트는 결과 컬렉션 타입 생성자[2]에 대해 추상화를 할 필요가 있다.

filter 메서드는 요구사항이 약간 다르다. List[A]와 Map[K, V]에서 이 메서드의 타입 시그니처를 살펴보자.

```
trait List[A] {
  def filter(p: A => Boolean): List[A]
}
trait Map[K, V] {
  def filter(p: ((K, V)) => Boolean): Map[K, V]
}
```

filter의 타입 시그니처를 일반화하기 위해 템플릿 트레이트가 단순히 컬렉션 타입 생성자에 대해서만 추상화를 해서는 안 된다. List는 타입 파라미터를 하나만 받지만 Map은 타입 파라미터를 2개 받기 때문에 이런 타입 생성자 추상화는 불가능하다. 따라서 이런 경우에는 템플릿 트레이트가 전체 결과 컬렉션 타입에 대해 추상화를 할 필요가 있다.

컬렉션 타입에 대한 추상화

IterableOps 템플릿 트레이트는 Iterable[A] 컬렉션 타입에 있는 연산들을 구현한다. IterableOps 정의는 다음과 같다.

```
trait IterableOps[+A, +CC[_], +C]
```

IterableOps는 A, CC, C라는 세 가지 타입 파라미터를 선언한다. IterableOps를 확장한 Iterable의 경우 A는 원소 타입을, CC는 타입 생성자를, C는 완전한 타입을 정의한다. IterableOps의 filter와 map 정의는 다음과 같다.

---

2   타입 생성자(type constructor)에 대해서는 19.3절에서 설명했다.

```
trait IterableOps[+A, +CC[_], +C] {
  def filter(p: A => Boolean): C
  def map[B](f: A => B): CC[B]
}
```

스칼라 컬렉션 프레임워크의 구체적인 타입들은 IterableOps를 믹스인할 때 적절한 타입 파라미터를 넘긴다. 예를 들어, List[A]는 A에 A, CC에 List, C에 List[A]를 넘긴다.

```
trait List[+A]
  extends Iterable[A]
    with IterableOps[A, List, List[A]]
```

SetOps 템플릿 트레이트는 IterableOps를 확장하면서 Iterable에는 들어 있지 않지만 Set에는 정의된 메서드의 기본 구현을 추가한다. 다음은 SetOps 정의다.

```
trait SetOps[A, +CC[_], +C]
    extends IterableOps[A, CC, C]
```

Set 트레이트는 SetOps를 믹스인하면서 적절한 타입 파라미터를 전달한다.

```
trait Set[A] extends Iterable[A] with SetOps[A, Set, Set[A]]
```

Map의 경우 이야기가 좀 더 복잡해진다. IterableOps는 List에 대해 잘 작동하지만 IterableOps에 있는 map의 타입 시그니처는 Map의 경우 잘 작동하지 않는다. 문제는 Map[K, V]의 타입 생성자는 타입 파라미터를 2개(K와 V) 받지만 IterableOps의 타입 파라미터인 CC[_]의 경우 타입 파라미터가 하나뿐이라는 점이다. 이로 인해 컬렉션 프레임워크는 MapOps 템플릿 트레이트를 통해 map 메서드를 오버로드한 두 번째 버전을 제공한다.

```
trait MapOps[K, +V, +CC[_, _], +C]
    extends IterableOps[(K, V), Iterable, C] {
  def map[K2, V2](f: ((K, V)) => (K2, V2)): CC[K2, V2]
}
```

MapOps가 IterableOps를 확장하기 때문에 IterableOps에 정의된 메서드를 MapOps 안에서
도 쓸 수 있다. 따라서 IterableOps에 전달된 컬렉션 타입 생성자가 Iterable이면 Map[K,
V] 트레이트는 오버로드된 map 연산을 두 가지 상속한다.

```
// MapOps에서 상속
def map[K2, V2](f: ((K, V)) => (K2, V2)): Map[K2, V2]

// IterableOps에서 상속
def map[B](f: ((K, V)) => B): Iterable[B]
```

컴파일러는 사용 지점에서 map을 호출할 때 두 오버로드된 형태 중 하나를 선택한다. map
에 전달된 함수가 쌍을 반환하면 두 map 함수를 모두 적용할 수 있다. 이런 경우 오버로
드 해결 규칙에 따라 MapOps에 정의된 map이 더 구체적이기 때문에 MapOps의 map이 선택
되며 map을 적용한 결과는 Map이 된다. 반면 map에 인자로 전달된 함수가 쌍을 반환하지
않으면 IterableOps에 정의된 버전만 적용할 수 있다. 이런 경우 결과 컬렉션은 Iterable
이 된다. 이런 방식으로 컬렉션 프레임워크 설계가 '같은 결과 타입' 원칙을 원활하게 적
용한다.

IterableOps에 정의된 변환 연산의 타입 시그니처가 구체적 컬렉션 타입의 연산과 매치
되지 않는 또 다른 상황으로 SortedSet[A]를 들 수 있다. 이 경우 map 연산의 타입 시그니
처는 원소 타입에 대해 암시적인 Ordering을 요구한다.

```
def map[B](f: A => B)
        (implicit ord: Ordering[B]): SortedSet[B]
```

Map과 마찬가지로 SortedSet에도 변환 연산을 오버로드한 변종을 제공하는 특화된 템플
릿 트레이트가 필요하다. SortedSetOps 템플릿 트레이트가 이런 연산을 제공한다. 다음
은 SortedSetOps에 있는 map 정의다.

```
trait SortedSetOps[A, +CC[_], +C]
    extends SetOps[A, Set, C] {
  def map[B](f: A => B)(implicit ord: Ordering[B]): CC[B]
}
```

SortedSetOps를 확장한 컬렉션 타입은 적절한 타입 파라미터를 SortedSetOps 트레이트에 넘겨야 한다. 예를 들어 SortedSet[A]는 A에는 A를, CC에는 SortedSet을, C에는 SortedSet[A]를 넘긴다.

```
trait SortedSet[A] extends
    SortedSetOps[A, SortedSet, SortedSet[A]]
```

SortedSetOps가 SetOps를 확장하고, SetOps에 전달된 컬렉션 타입 생성자가 Set이기 때문에 SortedSet[A] 트레이트는 다음과 같이 두 가지 오버로드된 map 연산을 상속한다.

```
// SortedSetOps에서 상속
def map[B](f: A => B)(implicit ord: Ordering[B]): SortedSet[B]
// SetOps를 통해 IterableOps에서 상속
def map[B](f: A => B): Set[B]
```

여러분이 map을 호출했는데 암시적인 Ordering[B]가 있다면 오버로드 해결 규칙에 의해 SortedSetOps에 정의된 버전이 선택되며 map의 결과 타입은 SortedSet[B]다. 반면 IterableOps에 정의된 버전이 사용되면 결과는 Set[B]가 된다.

마지막으로, 특화된 템플릿 트레이트가 필요한 다섯 번째 유형의 컬렉션으로는 SortedMap[K, V]가 있다. 이런 유형의 컬렉션은 타입 파라미터를 2개 받고 키 타입에 대한 암시적인 순서도 필요하다. SortedMapOps 템플릿 트레이트는 이런 유형에 적합한 오버로드된 메서드를 제공한다.

그림 25.1은 주요 템플릿 트레이트와 컬렉션 타입들의 상속 관계를 보여준다. 이름이 Ops로 끝나는 트레이트들은 템플릿 트레이트다.

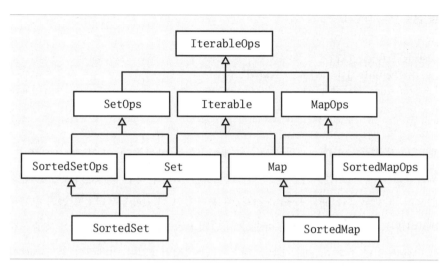

그림 25.1 컬렉션 프레임워크의 주요 트레이트

엄격성 처리하기

스칼라 컬렉션 라이브러리에는 '엄격한strict' 컬렉션 타입과 '엄격하지 않은' 컬렉션 타입이 함께 들어 있다. List나 Set 같은 엄격한 타입은 원소를 즉시 계산한다. LazyList나 View 같은 엄격하지 않은 타입들은 각 원소가 실제로 필요해질 때까지 원소 계산을 지연시킨다.

따라서 컬렉션 프레임워크의 템플릿 트레이트는 엄격한 계산과 엄격하지 않은 계산을 모두 지원해야 하고, 이 트레이트를 상속한 구체적인 컬렉션 타입의 엄격함에 따라 계산 방식이 적절히 달라져야 한다. 예를 들어, map 기본 구현을 List가 상속하면 엄격한 계산을 수행하지만 View가 상속하면 엄격하지 않은 연산을 수행해야 한다.

이런 식으로 동작하기 위해 템플릿 트레이트에 있는 연산은 기본적으로 엄격하지 않은 View를 활용해 구현된다. View는 컬렉션에 적용된 연산에 대한 '기술(설명)'을 유지하지만, View를 실제로 순회하기 전까지 이 '기술'을 평가하지는 않는다.[3] 리스트 25.1처럼 View 트레이트는 View의 원소를 순회하는 Iterator를 제공하는 추상 메서드가 하나 정의된 Iterable로 정의되어 있다. 이 Iterator가 순회될 때 원소가 평가된다.

---

3 View에 대해서는 24.13절에서 설명했다.

```
trait View[+A]
  extends Iterable[A]
    with IterableOps[A, View, View[A]] {
  def iterator: Iterator[A]
}
```

리스트 25.2는 IterableOps 내의 filter와 map 구현을 보여준다. 이 filter 메서드는 우선 View.Filter를 인스턴스화한다. 이 인스턴스는 순회 시 내부 컬렉션의 원소를 걸러내는 View다. 이 View.Filter를 fromSpecific에 전달하면 이 View로부터 C 타입의 구체적인 컬렉션이 만들어진다. map 구현도 비슷하다. 단지 fromSpecific 대신 from을 호출한다는 점이 다를 뿐이다. from은 원소가 임의의 타입인 이터러블이나 이터레이터인 source 파라미터를 받는다.

리스트 25.2 IterableOps 내의 filter와 map 구현

```
trait IterableOps[+A, +CC[_], +C] {
  def filter(pred: A => Boolean): C =
    fromSpecific(new View.Filter(this, pred))

  def map[B](f: A => B): CC[B] =
    from(new View.Map(this, f))

  protected def fromSpecific(source: IterableOnce[A]): C
  protected def from[E](source: IterableOnce[E]): CC[E]
}
```

from과 fromSpecific 구현은 구체적인 클래스의 몫이다. 구체적 클래스는 소스 원소를 엄격하게 계산할지 엄격하지 않게 계산할지 결정할 수 있다. 예를 들어, List 트레이트는 소스 컬렉션의 원소를 즉시 계산하는 방식으로 from 메서드를 구현한다.

```
def from[E](source: IterableOnce[E]): List[E] =
  (new ListBuffer[E] ++= source).toList
```

반면 LazyList의 from 구현(따로 코드를 보이지는 않는다)은 LazyList 자신이 실제로 순회되기 전까지 소스 컬렉션을 계산하지 않는다.

from 메서드 구현에서 여러분이 알아야 하는 또 다른 세부사항으로는 from 메서드가 실

제로는 컬렉션의 동반 객체에 컬렉션을 인스턴스화하는 일반적인 팩토리 메서드로 정의
된다는 사실이다. IterableOps 템플릿 트레이트는 단순히 iterableFactory 메서드를 통
해 요청을 전달할 뿐이다. iterableFactory는 컬렉션 클래스와 그들의 동반 객체를 연결
해준다.

```
trait IterableOps[+A, +CC[_], +C] {

  def map[B](f: A => B): CC[B] =
    iterableFactory.from(new View.Map(this, f))

  def iterableFactory: IterableFactory[CC]
}
trait IterableFactory[+CC[_]] {

  def from[A](source: IterableOnce[A]): CC[A]
}
```

마지막으로, 템플릿 트레이트에 여러 가지 변종(IterableOps, MapOps, SortedSetOps)이 있는
것과 마찬가지로 팩토리 트레이트에도 여러 변종이 존재한다. 예를 들어, 리스트 25.3은
MapOps 템플릿 트레이트 안에 정의된 map 연산 구현 코드 중 중요한 부분을 보여준다.

리스트 25.3 MapOps 템플릿 트레이트 및 이와 연관된 MapFactory 트레이트

```
trait MapOps[K, +V, +CC[_, _], +C]
  extends IterableOps[(K, V), Iterable, C] {

  def map[K2, V2](f: ((K, V)) => (K2, V2)): CC[K2, V2] =
    mapFactory.from(new View.Map(this, f))

  def mapFactory: MapFactory[CC]
}
trait MapFactory[+CC[_, _]] {
  def from[K, V](source: IterableOnce[(K, V)]): CC[K, V]
}
```

엄격한 계산을 피할 수 없거나 엄격한 계산이 바람직한 경우

앞 절에서 구체적인 컬렉션의 엄격함이 디폴트 연산 구현에 의해 유지돼야 한다는 사
실을 설명했다. 하지만 엄격함을 유지하면 구현이 덜 효율적인 경우도 있다. 예를 들어,
partition을 지연계산으로 수행하면 하부 컬렉션을 두 번 순회해야 한다. groupBy 같은

경우에는 단지 컬렉션 원소를 모두 평가하기 전에는 연산을 구현할 수 없다는 이유 때문에 연산을 반드시 엄격하게 수행해야만 한다.

컬렉션 라이브러리는 이런 경우 연산을 엄격하게 구현할 수 있는 수단을 제공한다. 하지만 이런 기능은 View에 기반하는 대신 Builder를 기반으로 한다. 다음은 Builder 트레이트다.

```scala
package scala.collection.mutable
trait Builder[A, +C] {
  def addOne(elem: A): this.type

  def result(): C

  def clear(): Unit
}
```

빌더는 원소 타입 A와 빌더 자신이 반환하는 컬렉션 타입 C를 타입 파라미터로 받는다. b.addOne(x)(또는 b += x)를 사용해 빌더 b에 원소 x를 추가할 수 있다. result 메서드는 빌더에서 컬렉션을 반환한다. 결과를 반환하고 나면 빌더 상태가 정의되지 않은 상태가 된다. 하지만 빌더의 clear를 수행하면 상태가 다시 비어 있는 빌더 상태로 재설정된다.

fromSpecific 및 from과 비슷하게 템플릿 트레이트는 원소 타입이 같은 컬렉션을 만들 수 있는 빌더를 반환하는 newSpecificBuilder라는 메서드를 제공하고 컬렉션 타입은 같지만 원소 타입은 컬렉션을 만들어내는 다른 빌더를 반환하는 newBuilder라는 메서드도 제공해야 한다. 리스트 25.4는 IterableOps와 IterableFactory에서 엄격한 모드와 엄격하지 않은 모드의 컬렉션을 만들어내는 일과 관련된 부분을 보여준다.

리스트 25.4 엄격하거나 엄격하지 않은 컬렉션 인스턴스를 만들어내는 것과 관련된 메서드들

```scala
trait IterableOps[+A, +CC[_], +C] {
  def iterableFactory: IterableFactory[CC]

  protected def fromSpecific(source: IterableOnce[A]): C

  protected def newSpecificBuilder: Builder[A, C]
}
trait IterableFactory[+CC[_]] {
  def from[A](source: IterableOnce[A]): CC[A]

  def newBuilder[A]: Builder[A, CC[A]]
}
```

일반적으로 엄격할 필요가 없는 연산은 엄격하지 않은 방식으로 구현해야 한다. 그렇지 않으면 엄격하지 않은 구체적인 컬렉션에서 해당(엄격할 필요가 없는데 엄격하게 구현된) 연산을 사용할 때 사용자가 예기치 못한 동작을 볼 수 있다. 엄격한 모드가 더 효율적인 경우가 자주 있다고 알려져 있다. 이런 이유로 스칼라 표준 라이브러리는 연산을 엄격한 빌더를 사용하는 엄격한 연산으로 오버라이드하는 다른 템플릿 트레이트를 제공한다. 이런 템플릿의 이름은 항상 StrictOptimized로 시작한다. 여러분이 만드는 컬렉션이 엄격한 컬렉션이라면 반드시 이런 템플릿 트레이트를 사용해야 한다.

25.2 새로운 컬렉션 추가하기

여러분이 새로운 컬렉션 클래스를 만들어서 컬렉션 라이브러리에 이미 정의된 연산을 올바른 타입을 사용해 충분히 활용하면서 통합하고 싶다면 어떻게 해야 할까? 이번 절에서는 최대 크기가 정해진 시퀀스, RNA 염기 시퀀스, 패트리샤 트리라는 접두사 맵, 이 세 가지 예제를 살펴보면서 이런 과정을 설명한다.

최대 크기가 정해진 시퀀스

최대 n개 원소를 포함하는 불변 컬렉션을 만들고 싶다고 하자. 정해진 최대 개수를 넘어서는 원소가 (하나) 추가되면 최초로 추가했던 원소가 제거되고 새 원소가 추가된다. 첫 번째로 해야 할 일은 여러분이 만들 컬렉션의 상위 타입을 정하는 것이다. Seq, Set, Map 이어야 할까, 아니면 그냥 Iterable이면 될까? 여기서는 컬렉션 원소에 중복이 있을 수 있고 이터레이션 순서는 삽입 순서를 따르므로 Seq가 적당해 보인다. 하지만 이 컬렉션은 Seq의 몇 가지 특성을 만족하지 못한다. 예를 들어, 두 Seq를 연결한 Seq의 크기는 원래의 두 시퀀스 크기의 합과 같아야 한다.

```
(xs ++ ys).size == xs.size + ys.size
```

따라서 이 경우 새 컬렉션의 기반 타입으로 타당한 선택은 scala.collection.immutable. Iterable뿐이다.

최대 크기가 정해진 시퀀스: 첫 번째 버전

리스트 25.5는 최대 크기가 정해진 시퀀스의 첫 번째 버전을 보여준다. 나중에 이를 개선한다. Capped1에는 컬렉션의 용량, 길이, 오프셋(첫 원소의 인덱스), 원소를 저장할 배열을 파라미터로 받는 비공개 생성자가 있다. 공개 생성자는 컬렉션의 용량만 인자로 받는다. 공개 생성자는 길이와 오프셋을 0으로 설정하고 원소를 담기 충분한 크기의, 원소가 초기화되지 않은 배열을 만든다.

리스트 25.5 최대 길이가 정해진 컬렉션: 첫 번째 버전

```scala
import scala.collection._

class Capped1[A] private (val capacity: Int, val length: Int,
    offset: Int, elems: Array[Any])
      extends immutable.Iterable[A] { self =>

  def this(capacity: Int) = this(capacity, length = 0,
    offset = 0, elems = Array.ofDim(capacity))

  def appended[B >: A](elem: B): Capped1[B] = {
    val newElems = Array.ofDim[Any](capacity)
    Array.copy(elems, 0, newElems, 0, capacity)
    val (newOffset, newLength) =
      if (length == capacity) {
        newElems(offset) = elem
        ((offset + 1) % capacity, length)
      } else {
        newElems(length) = elem
        (offset, length + 1)
      }
    new Capped1[B](capacity, newLength, newOffset, newElems)
  }

  @inline def :+ [B >: A](elem: B): Capped1[B] = appended(elem)

  def apply(i: Int): A =
    elems((i + offset) % capacity).asInstanceOf[A]

  def iterator: Iterator[A] = new AbstractIterator[A] {
    private var current = 0
    def hasNext = current < self.length
    def next(): A = {
      val elem = self(current)
      current += 1
      elem
    }
```

```
  }
  override def className = "Capped1"
}
```

---

appended 메서드는 주어진 Capped1 컬렉션에 원소를 추가하는 방법을 정의한다. 이 메서드는 새로운 배열을 만들고 현재 원소들을 복사한 후 새 원소를 추가한다. 전체 원소 개수가 capacity를 넘지 않으면 새 원소는 이전 원소들의 맨 뒤에 추가된다. 하지만 길이가 최대 용량에 도달하면 새 원소가 offset이 가리키는 첫 번째 원소를 대치한다.

apply 메서드는 인덱스를 사용한 접근을 구현한다. 이 메서드는 주어진 인덱스를 하부 배열의 인덱스로 적절히 변환한 후, 하부 배열에서 변환한 인덱스에 위치한 원소를 돌려준다. appended와 apply 메서드는 Capped1의 크기 제한 기능을 구현한다.

iterator 메서드는 일반적인 컬렉션 연산들(foldLeft, count 등)이 Capped 컬렉션에 대해 작동하게 해준다. iterator 구현은 (apply로 구현한) 인덱스를 사용한 접근을 활용한다.

마지막으로, 컬렉션 이름인 Capped1을 반환하기 위해 className 메서드를 오버라이드한다. toString이 className 메서드를 사용한다.

다음은 Capped1 컬렉션과의 상호작용을 보여준다.

```
scala> new Capped1(capacity = 4)
 res0: Capped1[Nothing] = Capped1()

scala> res0 :+ 1 :+ 2 :+ 3
 res1: Capped1[Int] = Capped1(1, 2, 3)

scala> res1.length
 res2: Int = 3

scala> res1.lastOption
 res3: Option[Int] = Some(3)

scala> res1 :+ 4 :+ 5 :+ 6
 res4: Capped1[Int] = Capped1(3, 4, 5, 6)

scala> res4.take(3)
 res5: collection.immutable.Iterable[Int] = List(3, 4, 5)
```

res4를 보면 알 수 있듯이, Capped1에 원소를 4개 이상 덧붙이면 첫 번째 원소가 제거된다. 각 연산은 의도한 대로 잘 작동하지만, 마지막 연산에서 take를 호출하면 Capped1이 아니라 List를 얻는다. 이는 Capped1이 Iterable을 확장해서 Iterable의 take 메서드를 상속했기 때문이다. Iterable의 take 메서드는 다른 Iterable을 반환하며, Iterable의 기본 구현은 List다. 그래서 앞에서 본 상호작용의 마지막 연산이 List를 반환한다.

코드가 왜 이렇게 동작하는지 알았으므로, 다음으로는 이런 동작을 원하는 대로 바꾸려면 어디를 변경해야 하는가라는 질문이 떠오른다. 한 가지 방법은 다음과 같이 Capped1 클래스에서 take 메서드를 오버라이드하는 것이다.

```
override def take(count: Int): Capped1 = ...
```

이렇게 하면 take는 잘 작동하지만, drop, filter, init은 어떨까? 사실은 컬렉션에 대한 메서드 중에는 다른 컬렉션을 반환하는 메서드가 50여 가지나 된다. 일관성을 위해서는 이런 메서드를 모두 오버라이드해야 한다. 이로 인해 메서드를 오버라이드하는 방식은 매력적이지 않다. 다행히 동일한 효과를 더 쉽게 달성할 수 있는 방법이 있다. 다음 절에서 이에 대해 설명한다.

최대 크기가 정해진 시퀀스: 두 번째 버전

최대 크기가 정해진 컬렉션은 Iterable뿐만 아니라 IterableOps도 상속할 필요가 있다. 이를 위해 리스트 25.6의 Capped2에는 IterableOps[A, Capped2, Capped2[A]]를 확장한다. 추가로 Capped2의 iterableFactory 멤버는 IterableFactory[Capped2]를 반환하도록 오버라이드됐다. 앞 절에서 설명한 것처럼 IterableOps 트레이트는 Iterable의 모든 구체적인 메서드를 제네릭하게 구현한다. 예를 들어 take, drop, filter, init 등 메서드의 결과 타입은 IterableOps의 세 번째 타입 파라미터다. 따라서 Capped2에서 이 타입은 Capped2[A]다. 마찬가지로 map, flatMap, concat 등 메서드의 결과 타입은 IterableOps에 전달된 두 번째 타입 파라미터에 의해 결정되는데, Capped2에서 이 타입은 Capped2 자신이다.

```scala
import scala.collection._

class Capped2[A] private (val capacity: Int, val length: Int,
    offset: Int, elems: Array[Any])
    extends immutable.Iterable[A]
    with IterableOps[A, Capped2, Capped2[A]] { self =>

  def this(capacity: Int) = // 리스트 25.5와 동일
  def appended[B >: A](elem: B): Capped2[B] = // 리스트 25.5와 동일
  @inline def :+ [B >: A](elem: B): Capped2[B] = // 리스트 25.5와 동일
  def apply(i: Int): A = // 리스트 25.5와 동일
  def iterator: Iterator[A] = // 리스트 25.5와 동일

  override def className = "Capped2"

  override val iterableFactory: IterableFactory[Capped2] =
    new Capped2Factory(capacity)

  override protected def fromSpecific(
      coll: IterableOnce[A]): Capped2[A] =
    iterableFactory.from(coll)

  override protected def newSpecificBuilder:
      mutable.Builder[A, Capped2[A]] =
    iterableFactory.newBuilder

  override def empty: Capped2[A] = iterableFactory.empty
}

class Capped2Factory(capacity: Int) extends
  IterableFactory[Capped2] {

  def from[A](source: IterableOnce[A]): Capped2[A] =
    (newBuilder[A] ++= source).result()

  def empty[A]: Capped2[A] = new Capped2[A](capacity)

  def newBuilder[A]: mutable.Builder[A, Capped2[A]] =
    new mutable.ImmutableBuilder[A, Capped2[A]](empty) {
      def addOne(elem: A): this.type = {
        elems = elems :+ elem
        this
      }
    }
}
```

Capped2 클래스의 부모인 Iterable 트레이트에 정의된 fromSpecific과 newSpecificBuilder
메서드 구현은 Capped2가 아니라 Iterable을 반환하기 때문에 Capped2는 이 두 메서

드를 반드시 오버라이드해야만 한다. Capped2가 상속한 메서드 중에서 너무 일반적인 타입을 반환하는 다른 메서드로는 empty가 있다. 이 메서드도 Capped2[A]를 반환하도록 오버라이드한다. fromSpecific, newSpecificBuilder, empty를 오버라이드한 메서드는 단순히 iterableFactory 멤버가 가리키는 컬렉션 팩토리에게 요청을 전달할 뿐이다. iterableFactory의 값은 Capped2Factory의 인스턴스다.

Capped2Factory 클래스는 컬렉션을 만드는 편의 메서드를 제공한다. 결국 이런 메서드들은 빈 Capped2 인스턴스를 만드는 empty 연산이나 Capped2 컬렉션을 자라게 하는 appended 연산을 사용하는 newBuilder 연산에게 기능을 위임한다.

이렇게 개선한 Capped2 클래스를 사용하면 변환 연산은 예상대로 동작한다. 추가로 Capped2Factory 클래스는 다른 클렉션과의 변환을 매끄럽게 제공한다.

```
scala> object Capped extends Capped2Factory(capacity = 4)
 defined object Capped

scala> Capped(1, 2, 3)
 res0: Capped2[Int] = Capped2(1, 2, 3)

scala> res0.take(2)
 res1: Capped2[Int] = Capped2(1, 2)

scala> res0.filter(x => x % 2 == 1)
 res2: Capped2[Int] = Capped2(1, 3)

scala> res0.map(x => x * x)
 res3: Capped2[Int] = Capped2(1, 4, 9)

scala> List(1, 2, 3, 4, 5).to(Capped)
 res4: Capped2[Int] = Capped2(2, 3, 4, 5)
```

이제는 이런 구현이 제대로 동작하지만 여전히 개선할 점이 있다. 이 컬렉션이 엄격한 컬렉션이기 때문에 컬렉션 변환 연산의 엄격한 구현이 제공하는 이점을 살리면 더 나은 성능을 달성할 수 있다.

최대 크기가 정해진 컬렉션: 최종 버전

Capped 클래스의 마지막 버전은 리스트 25.7과 리스트 25.8에 있다. 최종 버전은 StrictOptimizedIterableOps를 믹스인하며, 이 트레이트는 모든 변환 연산을 오버라이드해서 Capped가 엄격한 빌더의 이점을 취할 수 있게 해준다. 그리고 이 버전은 성능을 위해 몇 가지 연산을 오버라이드한다. view는 이제 원소 접근에 인덱스를 사용하고 iterator는 뷰에게 연산을 위임한다. 크기를 이미 알고 있기 때문에 knownSize 연산도 오버라이드한다.

리스트 25.7 최대 크기가 정해진 컬렉션: 최종 버전 I

```
import scala.collection._

final class Capped[A] private (val capacity: Int, val length: Int,
    offset: Int, elems: Array[Any])
    extends immutable.Iterable[A]
    with IterableOps[A, Capped, Capped[A]]
    with StrictOptimizedIterableOps[A, Capped, Capped[A]] { self =>

  def this(capacity: Int) = this(capacity, length = 0,
    offset = 0, elems = Array.ofDim(capacity))

  def appended[B >: A](elem: B): Capped[B] = {
    val newElems = Array.ofDim[Any](capacity)
    Array.copy(elems, 0, newElems, 0, capacity)
    val (newOffset, newLength) =
      if (length == capacity) {
        newElems(offset) = elem
        ((offset + 1) % capacity, length)
      } else {
        newElems(length) = elem
        (offset, length + 1)
      }
    new Capped[B](capacity, newLength, newOffset, newElems)
  }

  @inline def :+ [B >: A](elem: B): Capped[B] = appended(elem)

  def apply(i: Int): A =
    elems((i + offset) % capacity).asInstanceOf[A]
  // 리스트 25.8에서 계속됨...
```

리스트 25.8 최대 크기가 정해진 컬렉션: 최종 버전 II

```
  // ...리스트 25.7에서 이어짐
  def iterator: Iterator[A] = view.iterator

  override def view: IndexedSeqView[A] = new IndexedSeqView[A] {
    def length: Int = self.length
    def apply(i: Int): A = self(i)
```

```
  }

  override def knownSize: Int = length

  override def className = "Capped"

  override val iterableFactory: IterableFactory[Capped] =
    new CappedFactory(capacity)

  override protected def fromSpecific(coll: IterableOnce[A]):
      Capped[A] = iterableFactory.from(coll)

  override protected def newSpecificBuilder:
      mutable.Builder[A, Capped[A]] =
    iterableFactory.newBuilder

  override def empty: Capped[A] = iterableFactory.empty
}
class CappedFactory(capacity: Int) extends IterableFactory[Capped] {

  def from[A](source: IterableOnce[A]): Capped[A] =
    source match {
      case capped: Capped[A] if capped.capacity == capacity => capped
      case _ => (newBuilder[A] ++= source).result()
    }

  def empty[A]: Capped[A] = new Capped[A](capacity)

  def newBuilder[A]: mutable.Builder[A, Capped[A]] =
    new mutable.ImmutableBuilder[A, Capped[A]](empty) {
      def addOne(elem: A): this.type = {
        elems = elems :+ elem
        this
      }
    }
}
```

Capped에서 보여준 것처럼 새로운 컬렉션 타입을 만들려면 몇 가지 단계를 거쳐야 한다. 적절한 컬렉션 타입을 확장하는 것과 더불어 Ops 템플릿을 믹스해야 하고, 더 구체적인 팩토리를 반환하도록 iterableFactory를 오버라이드해야 한다. 마지막으로, (iterator나 Capped 등의) 추상 메서드가 있으면 이런 메서드를 구현해야 한다.

RNA 시퀀스

또 다른 예제로, RNA 가닥을 표현하기 위한 새로운 불변 시퀀스 타입을 만들고 싶다고 하자. RNA 가닥은 A(아데닌^{adenine}), U(우라실^{uracil}), G(구아닌^{guanine}), C(시토신^{cytosine})라는 염기로 이뤄진 시퀀스다. 리스트 25.9처럼 정의를 쉽게 만들 수 있다.

리스트 25.9 RNA 염기

```
abstract class Base

case object A extends Base
case object U extends Base
case object G extends Base
case object C extends Base

object Base {
  val fromInt: Int => Base = Array(A, U, G, C)
  val toInt: Base => Int = Map(A -> 0, U -> 1, G -> 2, C -> 3)
}
```

각 염기는 공통 Base 추상 클래스를 상속한 케이스 객체로 정의된다. Base 클래스에는 염기와 0부터 3 사이의 정수를 매핑해주는 두 가지 함수가 들어 있는 동반 객체가 있다. 이두 함수를 구현하기 위해 컬렉션을 사용하는 두 가지 방법을 예제에서 볼 수 있다. toInt 함수는 Base 값과 정수 사이의 Map으로 구현된다. 역함수인 fromInt는 배열로 구현된다. 이렇게 컬렉션을 활용할 수 있는 이유는 맵이나 배열이 모두 Function1 트레이트를 상속한 함수이기 때문이다.

다음에 할 작업은 RNA 가닥을 표현할 클래스를 정의하는 것이다. 개념상 RNA 가닥은단지 Seq[Base]다. 하지만 RNA 가닥은 아주 길어질 수 있다. 따라서 메모리를 적게 사용하는 표현법을 구하고자 노력할 만한 가치가 있다. 염기가 네 가지뿐이므로 염기 하나를 2비트로 식별할 수 있고, 32비트인 정수에는 2비트 염기를 16개 담을 수 있다. 이제 이아이디어를 사용해 염기 서열을 압축해서 저장하는 Seq[Base]의 서브클래스를 만들자.

RNA 가닥 클래스: 첫 번째 버전

리스트 25.10은 이 클래스의 첫 번째 버전을 보여준다. 나중에 이 버전을 개선한다. RNA1 클래스에는 Int의 배열을 첫 번째 인자로 받는 생성자가 있다. 이 배열에는 원소마다 16가지 염기를 표현하는 압축된 RNA 데이터가 들어간다. 다만 이 배열의 마지막 원소는 16개보다 적은 염기를 표현할 수 있다. 두 번째 인자인 length는 배열(그리고 시퀀스)에 들어 있는 염기의 개수를 지정한다. RNA1 클래스는 IndexedSeq[Base]와

IndexedSeqOps[Base, IndexedSeq, RNA1]을 확장한다. 이 두 트레이트는 length와 apply 메서드를 정의한다. 구체적 서브클래스는 이 두 메서드를 구현해야 한다.

리스트 25.10 RNA 가닥 클래스: 첫 번째 버전

```scala
import collection.mutable
import collection.immutable.{IndexedSeq, IndexedSeqOps}

final class RNA1 private (val groups: Array[Int],
  val length: Int) extends IndexedSeq[Base]
  with IndexedSeqOps[Base, IndexedSeq, RNA1] {

  import RNA1._

  def apply(idx: Int): Base = {
    if (idx < 0 || length <= idx)
      throw new IndexOutOfBoundsException
    Base.fromInt(groups(idx / N) >> (idx % N * S) & M)
  }

  override def className = "RNA1"
  override protected def fromSpecific(
      source: IterableOnce[Base]): RNA1 =
    fromSeq(source.iterator.toSeq)
  override protected def newSpecificBuilder:
      mutable.Builder[Base, RNA1] =
    iterableFactory.newBuilder[Base].mapResult(fromSeq)
  override def empty: RNA1 = fromSeq(Seq.empty)
}

object RNA1 {
  // 염기들을 표현하기 위해 필요한 비트 수
  private val S = 2
  // Int 안에 들어갈 수 있는 염기 개수
  private val N = 32 / S
  // 염기를 표현하는 비트를 얻기 위한 비트 마스크
  private val M = (1 << S) - 1

  def fromSeq(buf: collection.Seq[Base]): RNA1 = {
    val groups = new Array[Int]((buf.length + N - 1) / N)
    for (i <- 0 until buf.length)
      groups(i / N) |= Base.toInt(buf(i)) << (i % N * S)
    new RNA1(groups, buf.length)
  }

  def apply(bases: Base*) = fromSeq(bases)
}
```

RNA1 클래스는 length라는 이름의 파라미터화한 필드를 정의해서 length를 자동으로 구현한다(10.3절에 설명). RNA1 클래스의 apply 구현(이 메서드는 인덱스를 사용한 접근을 구현한다)은 groups 배열에서 위치에 해당하는 정수를 가져오고, 오른쪽 시프트(>>)와 비트마스크(&)[4]를 사용해 올바른 2비트 숫자를 추출한다. 비공개 상수 S, N, M은 RNA1 동반 객체에 정의되어 있다. S는 각 패킷의 크기이며(즉, 2), N은 정수에 패킷이 몇 개 들어 있는지, M은 단어에서 가장 낮은 2비트만 뽑아내기 위한 비트 마스크다.

RNA1 클래스는 filter나 take 같은 변환 함수에 의해 사용되는 fromSpecific과 newSpecificBuilder 메서드도 오버라이드한다. RNA1은 RNA1 동반 객체의 fromSeq 메서드를 호출하는 방식으로 fromSpecific을 구현하고, 디폴트 IndexedSeq 빌더를 사용하고 IndexedSeq가 반환한 결과를 mapResult 메서드를 통해 RNA1로 변환함으로써 newSpecificBuilder를 구현한다.

RNA1 클래스 생성자는 비공개(private)라는 점에 유의하라. 이 말은 RNA1 사용자가 직접 new를 호출해 RNA1을 만들 수 없다는 뜻이다. RNA1이 시퀀스를 압축된 배열 형태로 저장한다는 세부사항은 사용자에게 드러나지 않아야 하기 때문에 이 결정은 타당하다. 사용자가 RNA 시퀀스를 표현하는 구체적인 세부사항을 볼 수 없으면 미래에 사용자 코드에 영향을 끼치지 않고도 세부적인 내부 표현을 마음대로 바꿀 수 있다.

다시 말해, 이런 설계는 RNA 시퀀스의 인터페이스와 내부 구현을 서로 잘 분리해준다. 하지만 RNA 시퀀스를 new로 만들 수 없다면 새로운 RNA 시퀀스를 만드는 다른 방법이 있어야만 한다. 그렇지 않으면 전체 클래스가 쓸모없기 때문이다. 실제로 RNA1의 동반 객체는 RAN 시퀀스를 만들어내는 두 가지 대안을 제공한다. 첫 번째 방법은 fromSeq 메서드다. 이 메서드는 주어진 염기의 시퀀스(즉, Seq[Base])를 RNA1 클래스 인스턴스로 만들어준다. fromSeq 메서드는 인자로 받은 시퀀스에 들어 있는 모든 염기를 배열에 꾸려 넣고 이 배열과 원래 시퀀스의 길이를 가지고 RNA1의 비공개 생성자를 호출해서 RNA1 객체를 만든다. 클래스의 동반 객체에서는 클래스의 비공개 생성자에 접근할 수 있기 때문에 이런 구현이 가능하다.

---

4 &는 비트곱(and) 연산자이지만, 특정 비트를 남기고 나머지를 0으로 설정하는 연산인 마스크 연산에도 &를 사용한다. 예를 들어, 8비트 이진수에서 맨 앞(MSB)에서 3번째와 4번째 비트를 남기고 싶다면 00110000과 & 연산을 수행하면 된다. 8비트 이진수 00011011이 있다면 이 값과 00110000을 & 하면 00010000만 남는다. – 옮긴이

RNA1 값을 만드는 두 번째 방법은 RNA1 객체의 apply 메서드를 사용하는 것이다. apply는 Base를 가변 인자로 받아서 fromSeq에게 시퀀스로 전달한다.

다음은 두 가지 생성 방법이 어떻게 작동하는지 보여준다.

```scala
scala> RNA1.fromSeq(List(A, G, U, A))
res1: RNA1 = RNA1(A, G, U, A)

scala> val rna1 = RNA1(A, U, G, G, C)
rna1: RNA1 = RNA1(A, U, G, G, C)
```

RNA1은 IndexedSeqOps를 믹스하면서 Base, IndexedSeq, RNA1을 타입 파라미터로 넘긴다. 첫 번째 타입 파라미터는 Base를 원소 타입으로 지정한다. 두 번째 타입 파라미터는 원소 타입이 다른 컬렉션을 반환하는 변환 연산들이 IndexedSeq를 타입 생성자로 사용하라고 지정한다. 세 번째 타입 파라미터는 원소 타입이 같은 컬렉션을 반환하는 변환 연산들이 반환해야 하는 결과 타입을 지정한다.

두 번째 타입 파라미터가 IndexedSeq인 반면 세 번째 타입 파라미터는 RNA1이라는 점에 유의하라. 이는 take나 filter 같은 연산이 RNA1을 반환한다는 뜻이다.

```scala
scala> rna1.take(3)
res2: RNA1 = RNA1(A, U, G)

scala> rna1.filter(_ != U)
res3: RNA1 = RNA1(A, G, G, C)
```

하지만 map이나 ++는 IndexedSeq를 반환한다.

```scala
scala> rna1.map(base => base)
res7: IndexedSeq[Base] = Vector(A, U, G, G, C)

scala> rna1 ++ rna1
res8: IndexedSeq[Base] = Vector(A, U, G, G, C, A, U, G, G, C)
```

어떻게 map이나 ++가 RNA 가닥을 반환하게 할 수 있을까? 우리가 원하는 동작은 염기를 염기로 매핑하거나 두 RNA 가닥을 ++로 연결하면 RNA 가닥이 나오는 것이다. 반면 RNA 가닥의 원소를 다른 타입으로 매핑하면 원소 타입이 달라지므로 RNA 가닥을 돌려주면 안 되고, 대신 시퀀스를 반환해야 한다. 마찬가지로 Base가 아닌 타입의 원소를

RNA 가닥 뒤에 추가하면 일반적인 시퀀스가 나와야 하고 RNA 가닥이 나오면 안 된다.

RNA1에서 map과 ++의 결과는 결코 RNA1이 될 수 없다. 심지어 만들어진 컬렉션의 원소 타입이 Base여도 그렇다. 이를 더 잘 처리하는 방법을 살펴보려면 map 메서드(또는 ++의 메서드를 봐도 된다. 두 메서드의 시그니처는 비슷하다)의 시그니처를 보자. 원래 scala.collection.IterableOps에 있는 map 메서드 시그니처는 다음과 같다.

```
def map[B](f: A => B): CC[B]
```

RNA1의 경우 A는 컬렉션 원소의 타입이고, CC는 IterableOps 트레이트에 전달된 두 번째 타입 파라미터다. RNA1 구현에서 CC 타입 생성자는 IndexedSeq다. 따라서 map의 결과 타입으로 IndexedSeq를 얻는다.

RNA 가닥 클래스: 두 번째 버전

이 상황을 개선하려면 CC[B]를 반환하는 메서드를 오버로드해서 B가 Base로 알려진 경우에는 RNA 가닥 타입을 반환하게 해야 한다. 오버로드해야 하는 메서드는 appended, appendedAll, concat, flatMap, map, prepended, prependedAll, ++다. 리스트 25.11의 RNA2 클래스는 RNA 가닥에 대해 이런 메서드들을 오버로드한다.

리스트 25.11 RNA 가닥 클래스: 두 번째 버전

```
import scala.collection.{View, mutable}
import scala.collection.immutable.{IndexedSeq, IndexedSeqOps}
final class RNA2 private (val groups: Array[Int],
    val length: Int) extends IndexedSeq[Base]
    with IndexedSeqOps[Base, IndexedSeq, RNA2] {
  import RNA2._
  def apply(idx: Int): Base = // RNA1과 같음
  override def className = "RNA2"
  override protected def fromSpecific(
    source: IterableOnce[Base]): RNA2 = // RNA1과 같음
  override protected def newSpecificBuilder:
    mutable.Builder[Base, RNA2] = // RNA1과 같음
  override def empty: RNA2 = // RNA1과 같음
```

```
// RNA2를 반환하도록 오버로딩한 메서드들
def appended(base: Base): RNA2 = fromSpecific(
  new View.Append(this, base))

def appendedAll(suffix: IterableOnce[Base]): RNA2 =
  concat(suffix)

def concat(suffix: IterableOnce[Base]): RNA2 =
  fromSpecific(this.iterator ++ suffix.iterator)

def flatMap(f: Base => IterableOnce[Base]): RNA2 =
  fromSpecific(new View.FlatMap(this, f))

def map(f: Base => Base): RNA2 =
  fromSpecific(new View.Map(this, f))

def prepended(base: Base): RNA2 = fromSpecific(
  new View.Prepend(base, this))

def prependedAll(prefix: IterableOnce[Base]): RNA2 =
  fromSpecific(prefix.iterator ++ this.iterator)

// 'concat'에 대한 기호 별명
@inline final def ++ (suffix: IterableOnce[Base]): RNA2 =
  concat(suffix)
}
```

이제 이 구현에서는 이런 메서드가 원하는 대로 작동한다.

```
scala> val rna2 = RNA2(A, U, G, G, C)
rna2: RNA2 = RNA2(A, U, G, G, C)

scala> rna1.map(base => base)
res2: RNA2 = RNA2(A, U, G, G, C)

scala> rna1 ++ rna1
res3: RNA2 = RNA2(A, U, G, G, C, A, U, G, G, C)
```

이 구현이 이전 구현보다 낫지만 여전히 개선해야 할 부분이 있다. 이 컬렉션이 엄격하기 때문에 엄격한 빌더와 변환 연산이 제공하는 더 나은 성능을 누릴 수 있다. 그리고 Iterable[Base]를 RNA2로 변환하려고 시도하면 실패한다.

```
scala> val bases: Iterable[Base] = List(A, U, C, C)
bases: Iterable[Base] = List(A, U, C, C)

scala> bases.to(RNA2)
                ^
```

```
error: type mismatch;
  found    : RNA2.type
  required: scala.collection.Factory[Base,?]
```

RNA 가닥 클래스: 최종 버전

마지막 RNA 클래스 버전을 리스트 25.12 ~ 리스트 25.14에서 볼 수 있다. 이 버전은
StrictOptimizedSeqOps 트레이트를 확장한다. 이 트레이트는 엄격한 빌더의 이점을 살
리는 모든 변환 연산을 오버라이드한다. 더 나아가 이 버전은 StrictOptimizedSeqOps 트
레이트가 제공하는 strictOptimizedConcat 같은 유틸리티 연산을 사용해 map이나 ++ 등
RNA 컬렉션을 반환해야 하는 오버로딩한 변환 메서드를 더 효율적으로 만들었다.

리스트 25.12 RNA 가닥 클래스: 최종 버전 I

```scala
import scala.collection.{AbstractIterator,
  SpecificIterableFactory, StrictOptimizedSeqOps,
  View, mutable}
import scala.collection.immutable.{IndexedSeq, IndexedSeqOps}

final class RNA private (val groups: Array[Int],
    val length: Int) extends IndexedSeq[Base]
  with IndexedSeqOps[Base, IndexedSeq, RNA]
  with StrictOptimizedSeqOps[Base, IndexedSeq, RNA] { rna =>

  import RNA._

  // IndexedSeqOps의 apply를 꼭 구현해야 함
  def apply(idx: Int): Base = {
    if (idx < 0 || length <= idx)
      throw new IndexOutOfBoundsException
    Base.fromInt(groups(idx / N) >> (idx % N * S) & M)
  }

  override def className = "RNA"

  override protected def fromSpecific(
      source: IterableOnce[Base]): RNA =
    RNA.fromSpecific(source)

  override protected def newSpecificBuilder:
      mutable.Builder[Base, RNA] =
    RNA.newBuilder

  override def empty: RNA = RNA.empty

  // RNA를 반환하기 위해 오버로딩한 메서드들
```

```scala
  def appended(base: Base): RNA =
    (newSpecificBuilder ++= this += base).result()

  def appendedAll(suffix: IterableOnce[Base]): RNA =
    strictOptimizedConcat(suffix, newSpecificBuilder)

  def concat(suffix: IterableOnce[Base]): RNA =
    strictOptimizedConcat(suffix, newSpecificBuilder)

  def flatMap(f: Base => IterableOnce[Base]): RNA =
    strictOptimizedFlatMap(newSpecificBuilder, f)
  // 리스트 25.13에서 계속됨...
```

리스트 25.13 RNA 가닥 클래스: 최종 버전 II

```scala
  // ...리스트 25.12에서 이어짐
  def map(f: Base => Base): RNA =
    strictOptimizedMap(newSpecificBuilder, f)

  def prepended(base: Base): RNA =
    (newSpecificBuilder += base ++= this).result()

  def prependedAll(prefix: Iterable[Base]): RNA =
    (newSpecificBuilder ++= prefix ++= this).result()

  @inline final def ++ (suffix: IterableOnce[Base]): RNA =
    concat(suffix)

  // 이터레이터 재구현(꼭 구현할 필요는 없음)
  // 이터레이터를 더 효율적으로 만들기 위해 오버라이드함
  override def iterator: Iterator[Base] =
    new AbstractIterator[Base] {
      private var i = 0
      private var b = 0
      def hasNext: Boolean = i < rna.length
      def next(): Base = {
        b = if (i % N == 0) groups(i / N) else b >>> S
        i += 1
        Base.fromInt(b & M)
      }
    }
}

object RNA extends SpecificIterableFactory[Base, RNA] {

  private val S = 2          // 염기를 표현할 때 필요한 비트 수
  private val M = (1 << S) - 1 // 염기 비트들을 마스킹하기 위한 비트 마스크
  private val N = 32 / S      // Int에 들어갈 수 있는 염기 개수

  def fromSeq(buf: collection.Seq[Base]): RNA = {
```

```
    val groups = new Array[Int]((buf.length + N - 1) / N)
    for (i <- 0 until buf.length)
      groups(i / N) |= Base.toInt(buf(i)) << (i % N * S)
    new RNA(groups, buf.length)
  }
  // 리스트 25.14에서 계속됨...
```

리스트 25.14 RNA 가닥 클래스: 최종 버전 III

```
  // ...리스트 25.13에서 이어짐
  // SpecificIterableFactory에 필요한 팩토리 메서드들 구현
  def empty: RNA = fromSeq(Seq.empty)

  def newBuilder: mutable.Builder[Base, RNA] =
    mutable.ArrayBuffer.newBuilder[Base].mapResult(fromSeq)

  def fromSpecific(it: IterableOnce[Base]): RNA = it match {
    case seq: collection.Seq[Base] => fromSeq(seq)
    case _ => fromSeq(mutable.ArrayBuffer.from(it))
  }
}
```

염기의 컬렉션을 쉽게 RNA로 변환할 수 있도록 RNA의 동반 객체는 SpecificIterable Factory[Base, RNA]를 확장한다. 이렇게 하면 RNA 동반 객체를 Seq의 to의 파라미터로 넘길 수 있다.

```
  scala> List(U, A, G, C).to(RNA)
  res0: RNA(U, A, G, C)
```

SpecificIterableFactory[Base, RNA] 트레이트는 empty, newBuilder, fromSpecific이라는 세 가지 추상 메서드를 정의한다. RNA 객체는 이들을 구현하며 RNA 클래스는 RNA 객체에 정의된 메서드를 활용해 fromSpecific과 newBuilder 빌더 메서드를 정의한다.

지금까지는 특정 타입을 따르는 메서드들을 제공하는 새로운 컬렉션을 가능한 최소한의 양으로 정의하는 방법에 초점을 맞춰 설명을 했다. 하지만 실제로는 여러분이 만든 시퀀스에 새로운 기능을 추가하거나, 효율을 높이기 위해 기존 메서드를 오버라이드하고 싶을 때도 있다. 이런 예로 RNA 클래스에서 iterator 메서드를 오버라이드하는 것을 들 수 있다. iterator 메서드는 컬렉션에 대한 이터레이션을 구현하기 때문에 그 자체로

도 중요하다. 더 나아가, 다른 컬렉션 메서드들이 iterator를 사용해 구현된다. 따라서 iterator 구현을 최적화하기 위해 약간의 노력을 기울일 만하다.

IndexedSeq의 iterator 표준 구현은 단지 apply를 통해 컬렉션의 i번째 원소를 선택한다. 이때 i의 범위는 0부터 컬렉션 길이에서 일을 뺀 값까지다. 따라서 이 표준 구현은 RNA 조각의 모든 원소에 대해 배열 원소를 선택하고 그로부터 염기를 표현하는 비트를 풀어내는 작업을 수행한다. RNA 클래스에서 오버라이드한 iterator는 이보다는 더 똑똑하다. 이 iterator는 배열 원소를 선택할 때마다 그 안에 들어 있는 모든 염기에 주어진 함수를 적용한다. 따라서 배열 선택과 비트를 풀어내는 노력이 훨씬 덜 든다.

접두사 맵

세 번째 예는 새로운 종류의 변경 가능한 맵을 컬렉션 프레임워크에 어떻게 통합할 수 있는지를 보여준다. 기본 아이디어는 문자열이 키인 '패트리샤 트라이'Patricia trie[5]로 변경 가능한 맵을 구현하는 것이다. '패트리샤'라는 말은 실제로는 '영숫자 부호화 정보를 가져오는 실용적인 알고리즘Practical Algorithm to Retrieve Information Coded in Alphanumeric'의 줄임말이다. 핵심은 집합이나 맵을 트리로 구성하되 검색 키의 각 문자가 유일한 자식 트리를 구성하게 만드는 것이다.

예를 들어 "abc", "abd", "al", "all", "xy"라는 문자열을 포함한 패트리샤 트라이는 그림 25.2와 같다. 이 트라이에서 "abc" 문자열에 대응하는 노드를 찾으려면 먼저 "a"로 시작하는 하위 트리를 따라가면 된다. 그 하위 트리에서는 다시 "b"를 쫓아가라. 그러면, 마지막으로 "c"로 표시된 하위 트리를 찾을 수 있다. 패트리샤 트라이를 맵으로 사용한다면, 이 노드에 키 "abc"와 연관된 값을 넣어둔다. 만약 집합이라면 해당 노드가 집합에 포함됐음을 표시하는 정보를 노드에 넣기만 하면 된다.

---

5   모리슨(Morrison), 'PATRICIA—Practical Algorithm To Retrieve Information Coded in Alphanumeric'[Mor68]

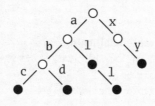

그림 25.2 패트리샤 트라이의 예

패트리샤 트라이는 아주 효율적인 검색과 변경을 제공한다. 또한 어떤 접두사를 포함하는 하위 컬렉션을 쉽게 선택할 수 있다는 멋진 특성이 있다. 예를 들어, 그림 25.2의 트리에서 "a"로 시작하는 모든 하위 컬렉션을 찾으려면 단지 트리 루트에서 "a"를 따라 링크를 하나 내려가기만 하면 된다. 이런 생각을 바탕으로 패트리샤 트리로 맵을 구현하는 과정을 여러분과 함께 밟아나갈 것이다. 이 맵을 PrefixMap이라 부르자. 이 이름은 키가 어떤 접두사로 시작하는 하위 맵을 선택할 수 있는 withPrefix 메서드를 제공한다는 것을 의미한다.

먼저 그림 25.2에 보인 키로 접두사 맵을 만들 수 있다.

```
scala> val m = PrefixMap("abc" -> 0, "abd" -> 1, "al" -> 2, "all" -> 3, "xy" -> 4)
m: PrefixMap[Int] = Map((abc,0), (abd,1), (al,2), (all,3), (xy,4))
```

그 후 m의 withPrefix를 호출하면 또 다른 접두사 맵을 얻을 수 있다.

```
scala> m withPrefix "a"
res14: PrefixMap[Int] = Map((bc,0), (bd,1), (l,2), (ll,3))
```

리스트 25.15와 리스트 25.16은 PrefixMap 정의를 보여준다. 클래스는 스트링을 모든 타입의 값과 연관시킬 수 있다. 따라서 맵의 값 타입을 표현하는 타입 파라미터로 A를 받는다. RNA 가닥 예제에서 본 것과 비슷한 패턴을 따라 이 클래스는 mutable.Map과 MapOps를 확장한다. 구현 클래스 MapOps를 상속하면 filter나 take 같은 변환 연산의 결과 타입을 바람직한 타입으로 얻을 수 있다.

```
import scala.collection._

class PrefixMap[A] extends mutable.Map[String, A]
    with mutable.MapOps[String, A, mutable.Map, PrefixMap[A]]
    with StrictOptimizedIterableOps
    [(String, A), mutable.Iterable, PrefixMap[A]] {

  private var suffixes: immutable.Map[Char, PrefixMap[A]] =
    immutable.Map.empty

  private var value: Option[A] = None

  def get(s: String): Option[A] =
    if (s.isEmpty) value
    else suffixes get (s(0)) flatMap (_.get(s substring 1))

  def addOne(kv: (String, A)): this.type = {
    withPrefix(kv._1).value = Some(kv._2)
    this
  }

  def subtractOne(s: String): this.type = {
    if (s.isEmpty) { val prev = value; value = None; prev }
    else suffixes get (s(0)) flatMap (_.remove(s substring 1))
    this
  }

  def withPrefix(s: String): PrefixMap[A] =
    if (s.isEmpty) this
    else {
      val leading = s(0)
      suffixes get leading match {
        case None =>
          suffixes = suffixes + (leading > empty)
        case _ =>
      }
      suffixes(leading) withPrefix (s substring 1)
    }
  // 리스트 25.16에서 계속됨...
```

```
  // ...리스트 25.15에서 이어짐
  def iterator: Iterator[(String, A)] =
    (for (v <- value.iterator) yield ("", v)) ++
      (for ((chr, m) <- suffixes.iterator;
            (s, v) <- m.iterator) yield (chr +: s, v))
```

```
    override def className = "PrefixMap"

  // PrefixMap을 반환하도록 메서드를 오버라이드함
  def map[B](f: ((String, A)) => (String, B)): PrefixMap[B] =
    strictOptimizedMap(PrefixMap.newBuilder[B], f)

   def flatMap[B](f: ((String, A)) =>
      IterableOnce[(String, B)]): PrefixMap[B] =
    strictOptimizedFlatMap(PrefixMap.newBuilder[B], f)

  // 반환 타입을 세분화하기 위해 concat을 오버라이드함
  override def concat[B >: A](suffix:
      Iterable[(String, B)]): PrefixMap[B] =
    strictOptimizedConcat(suffix, PrefixMap.newBuilder[B])

  // scala.collection.mutable.Clearable에 정의된 멤버들
  def clear(): Unit = suffixes = immutable.Map.empty

  // scala.collection.IterableOps에 정의된 멤버들
  override protected def fromSpecific(
      source: IterableOnce[(String, A)]): PrefixMap[A] =
    PrefixMap.from(coll)

  override protected def newSpecificBuilder:
      mutable.Builder[(String, A), PrefixMap[A]] =
    PrefixMap.newBuilder

  override def empty: PrefixMap[A] = new PrefixMap
}
```

접두사 맵 노드에는 suffixes와 value라는 두 가지 변경 가능 필드가 있다. value 필드에는 노드와 관련된 Option 값이 들어간다. 처음엔 그 값을 None으로 초기화한다. suffixes 필드에는 문자에서 PrefixMap 값으로 보내는 맵이 들어간다. 처음에 suffixies를 빈 맵으로 초기화한다. 독자에 따라서는 suffixes를 변경 불가능한 맵으로 구현한 이유를 물어볼 수도 있다. PrefixMap이 원래 변경 가능하니까, 변경 가능한 맵을 쓰는 게 더 표준적이지 않나? 답은 원소가 몇 개 없는 변경 불가능한 맵은 시간이나 공간 측면에서 아주 효율적이라는 데 있다.

예를 들어, 5개보다 적은 원소가 들어간 맵은 한 객체로 이뤄진다. 반면, 17.2절에서 설명했듯이 표준 변경 가능 맵은 HashMap이며 비어 있는 경우라도 보통 80바이트를 차지한다. 따라서 컬렉션의 크기가 작은 경우가 일반적이라면 변경 가능한 것보다 변경 불가능한 것을 택하는 편이 더 낫다. 패트리샤 트리의 경우 트리의 루트 노드를 제외하고는 대

부분 자식 노드가 몇 개 안 될 것이다. 따라서 자손을 변경 불가능한 맵에 넣는 편이 더 효율적일 것이다.

맵을 구현하는 데 필요한 첫 메서드를 살펴보자. 바로 get이다. 알고리즘은 다음과 같다. 접두사 맵에서 빈 문자열과 연관된 값을 찾으려면, 트리 루트에 있는 옵션값을 선택한다. 그렇지 않은 경우, 즉 키 문자열이 비어 있지 않은 경우 그 문자열의 첫 글자와 연관된 하위 맵을 선택하라. 하위 맵이 있다면 키 문자열에서 첫 문자를 제외한 나머지를 해당 하위 맵에서 검색한다. 만약 연관된 하위 맵이 없다면, 그 키가 접두사 맵에 들어 있지 않은 것이므로 None을 반환한다. 어떤 옵션값을 검색하는 조합은 flatMap을 사용해 우아하게 표현할 수 있다. 옵션값 ov와 옵션값을 다시 반환하는 클로저 f가 있을 때, ov flatMap f는 ov와 f가 모두 제대로 된 값(Some)을 반환하는 경우에만 성공한다. 그렇지 않으면 ov flatMap f는 None을 반환한다.

변경 가능한 맵에 구현해야 하는 다음 두 메서드는 addOne과 subtractOne이다. subtractOne 메서드는 get과 아주 비슷하다. 연관된 값을 반환하기 전에 해당 값을 갖고 있는 필드를 None으로 변경한다는 점만 다르다. addOne 메서드는 먼저 withPrefix를 불러서 변경할 트리 노드를 찾고, 찾은 노드의 값을 지정한 값으로 바꾼다. withPrefix 메서드는 트리를 순회하면서 트리 안에 키 문자열의 경로에 따른 하위 맵이 없는 경우 적절히 노드를 만들어준다.

변경 가능 맵에서 구현할 마지막 추상 메서드는 iterator다. 이 메서드는 맵에 들어 있는 키/값 쌍을 돌려주는 이터레이터를 만든다. 어떤 접두사 맵에 대한 이터레이터는 다음과 같은 부분으로 이뤄진다. 먼저, 그 맵의 루트의 value 필드에 정의된 값 Some(x)가 있다면, 이터레이터는 ("", x)를 맨 첫 번째로 반환해야 한다. 더 나아가, 그 이터레이터는 suffixes 필드에 저장된 모든 하위 맵의 이터레이터를 순회하면서 나오는 키/값 쌍의 키 문자열 앞에 문자를 추가해야 한다. 더 정확히 말하자면 m이 맵의 루트에서 chr 문자를 가지고 도달할 수 있는 하위 맵이고, (s, v)가 m.iterator가 반환하는 키/값 쌍이라면, 루트의 이터레이터는 그 키/값 쌍 대신에 (chr +: s, v)를 반환해야 한다.

이런 로직은 두 for 표현식을 서로 연결해 기술하면 꽤 간결하게 쓸 수 있다. 리스트 25.15의 iterator 메서드 구현을 보라. 첫 for 표현식은 value.iterator를 대상으로 이터레이션한다. Option(value의 타입)에도 iterator 메서드가 있어서 None인 경우에는 아무엇도 반환하지 않고, Some(x)인 경우에는 x를 반환하기 때문에 이런 방법을 사용할 수 있다.

PrefixMap은 fromSpecific과 newSpecificBuilder를 오버라이드해서 결과 타입을 PrefixMap으로 좁힌다. 이 두 메서드의 디폴트 구현은 우리가 원하는 PrefixMap이 아니라 mutable.Map을 반환하기 때문이다.

이제 리스트 25.17의 PrefixMap 동반 객체를 살펴볼 차례다. 실제로 동반 객체를 꼭 만들어야 하는 건 아니다. PrefixMap 클래스만 가지고도 충분하다. PrefixMap 객체의 목적은 편리한 팩토리 메서드를 몇 가지 제공하는 것이다. 또한 다른 컬렉션과 더 잘 상호작용할 수 있게 Factory로 변환하는 암시적 변환을 제공한다. 예를 들어, List("foo" -> 3).to(PrefixMap) 같은 코드를 작성하면 이런 암시적 변환이 쓰인다. to 연산은 Factory를 파라미터로 받지만 PrefixMap 동반 객체는 Factory를 확장하지 않는다(Factory는 컬렉션 원소 타입을 고정하지만 PrefixMap은 값에 대한 다형성을 제공해야 하기 때문에 Factory를 확장할 수 없다).

리스트 25.17 접두사 맵의 동반 객체

```
import scala.collection._
import scala.language.implicitConversions
object PrefixMap {
  def empty[A] = new PrefixMap[A]

  def from[A](source: IterableOnce[(String, A)]): PrefixMap[A] =
    source match {
      case pm: PrefixMap[A] => pm
      case _ => (newBuilder[A] ++= source).result()
    }

  def apply[A](kvs: (String, A)*): PrefixMap[A] = from(kvs)

  def newBuilder[A]: mutable.Builder[(String, A), PrefixMap[A]] =
    new mutable.GrowableBuilder[(String, A), PrefixMap[A]](empty)

  implicit def toFactory[A](
      self: this.type): Factory[(String, A), PrefixMap[A]] =
    new Factory[(String, A), PrefixMap[A]] {
      def fromSpecific(source:
        IterableOnce[(String, A)]): PrefixMap[A] =
        self.from(source)
      def newBuilder: mutable.Builder[(String, A), PrefixMap[A]] =
```

```
        self.newBuilder
    }
}
```

편의를 위한 두 메서드는 empty와 apply다. 스칼라 컬렉션 프레임워크의 다른 모든 컬렉션도 이 둘을 포함하므로, 여기에도 포함시켰다. 이 두 메서드를 사용하면 여타 컬렉션을 사용할 때와 마찬가지로 PrefixMap 리터럴을 사용할 수 있다.

```
scala> PrefixMap("hello" -> 5, "hi" -> 2)
 res0: PrefixMap[Int] = PrefixMap(hello -> 5, hi -> 2)
scala> res0 += "foo" -> 3
 res1: res0.type = PrefixMap(hello -> 5, hi -> 2, foo -> 3)
```

정리

새 컬렉션 클래스를 프레임워크에 완전히 통합하고 싶다면 다음과 같은 점에 주의를 기울여야 한다.

1. 컬렉션을 변경 가능하게 할지 여부를 결정해야 한다.

2. 기반 트레이트를 제대로 선택해야 한다.

3. 대부분의 컬렉션 연산을 구현해주는 템플릿 트레이트를 제대로 선택해야 한다.

4. 원하는 구체적인 컬렉션 타입을 반환하지 않는 연산들을 원하는 컬렉션 타입을 반환하도록 오버로드한다.

25.3 결론

스칼라 컬렉션이 만들어진 방식과 새로운 종류의 컬렉션을 추가하는 방법을 살펴봤다. 스칼라가 풍부한 추상화를 제공하기 때문에, 일일이 메서드를 다시 구현하지 않아도 아주 많은 메서드를 새 컬렉션에서 제공할 수 있다.

Chapter

26

익스트랙터

아마도 지금까지 패턴 매치를 사용해 데이터를 분해하고 분석하는 간결한 방법에 많이 익숙해졌을 것이다. 26장에서는 이 개념을 더 일반화하는 방법을 설명한다. 지금까지 생성자를 사용한 패턴은 케이스 클래스와 관련이 있었다. 예를 들어, Some(x)는 Some이 케이스 클래스라서 올바른 패턴이었다. 때로 케이스 클래스는 만들고 싶지 않지만 이런 패턴은 사용하고 싶을 때가 있다. 실제로 여러분 자신만의 패턴을 만들 수 있었으면 하는 때가 종종 있을 것이다. 익스트랙터extractor는 그런 방법을 제공한다. 이번 장에서는 익스트랙터가 무엇이며, 그것을 사용해 객체의 구현과 별도로 패턴을 정의하는 방법을 설명할 것이다.

26.1 예제: 전자우편 주소 추출

익스트랙터가 해결하는 문제를 묘사하기 위해, 전자우편 주소를 표현하는 문자열을 분석할 필요가 있다고 가정하자. 주어진 문자열이 전자우편 주소인지 여부를 결정하고, 전자우편 주소라면 주소 중 사용자와 도메인 부분에 접근하고 싶다. 이를 해결하기 위한 전통적인 방법은 보통 세 가지 도우미 함수를 사용한다.

```
def isEMail(s: String): Boolean
def domain(s: String): String
def user(s: String): String
```

이런 함수가 있다면, 여러분은 문자열을 다음과 같이 파싱할 수 있었을 것이다.

```
if (isEMail(s)) println(user(s) + " AT " + domain(s))
else println("not an email address")
```

동작하기는 한다. 하지만 좀 어설프다. 게다가 이런 테스트를 여러 가지 합쳐야 한다면 프로그램이 더욱 복잡해져 버린다. 예를 들어, 어떤 리스트에서 연속으로 두 문자열이 같은 사용자의 전자우편 주소인지 알아내고 싶다고 하자. 앞의 세 함수를 사용해 이를 처리하기 위해 어떤 일을 해야 하는지 알고 싶다면 직접 이를 시도해볼 수 있다.

15장에서 이미 패턴 매치가 이런 문제를 공략하는 데 이상적인 방법임을 살펴봤다. 이제 이 문자열을 다음과 같은 패턴으로 매치할 수 있다고 생각해보자.

```
EMail(user, domain)
```

이 패턴은 문자열에 @ 기호가 들어 있다면 매치 가능할 것이다. 그런 경우 변수 user에는 문자열에서 @ 앞에 있는 부분이 들어가고, domain 변수에는 @ 다음에 오는 부분이 들어갈 수 있다. 이런 패턴을 가정하면, 앞의 예는 다음과 같이 더 명확하게 쓸 수 있다.

```
s match {
  case EMail(user, domain) => println(user + " AT " + domain)
  case _ => println("not an email address")
}
```

같은 사용자의 전자우편 주소 2개가 연속으로 있는 경우를 찾는 좀 더 복잡한 문제는 다음과 같이 쓸 수 있다.

```
ss match {
  case EMail(u1, d1) :: EMail(u2, d2) :: _ if (u1 == u2) => ...
  ...
}
```

이 프로그램은 세 가지 도우미 함수로 작성한 어떤 것보다 더 읽기 쉽다. 하지만 문제는 문자열이 케이스 클래스가 아니란 점에 있다. 문자열은 EMail(user, domain)에 부합하는 표현으로 되어 있지 않다. 바로 여기서 스칼라의 익스트랙터가 역할을 할 수 있다. 익스트랙터를 사용하면 기존 타입에 새로운 패턴을 정의할 수 있다. 이때 패턴이 타입의 내부 표현을 꼭 따를 필요는 없다.

26.2 익스트랙터

스칼라 익스트랙터는 멤버 중에 unapply라는 메서드가 있는 객체다. unapply 메서드의 목적은 값을 매치시켜 각 부분을 나누는 것이다. 반대로 값을 만들어내는 apply라는 반대 방향 메서드가 익스트랙터 객체에 들어 있는 경우도 자주 있다. 다만, apply 메서드가 (패턴 매치를 위해) 꼭 있어야 하는 건 아니다. 예를 들어, 리스트 26.1은 전자우편 주소에 대한 익스트랙터를 보여준다.

리스트 26.1 EMail 문자열 익스트랙터 객체

```
object EMail {
  // 인젝션(injection) 메서드(선택적)
  def apply(user: String, domain: String) = user + "@" + domain
  // 익스트랙터 메서드(필수)
  def unapply(str: String): Option[(String, String)] = {
      val parts = str split "@"
      if (parts.length == 2) Some(parts(0), parts(1)) else None
  }
}
```

이 객체는 apply와 unapply 메서드를 동시에 정의한다. apply 메서드는 언제나와 똑같은 의미다. 즉, EMail 객체를 메서드 호출과 같은 방법으로 괄호 안에 인자를 넣어 호출할 수 있게 만든다. 따라서 EMail("John", "epfl.ch")라고 쓰면 "John@epfl.ch"를 만든다. 이를 더 명시적으로 만들고 싶다면, 다음과 같이 스칼라의 함수 타입을 상속하면 된다.

```
object EMail extends ((String, String) => String) { ... }
```

unapply 메서드는 EMail을 익스트랙터로 바꿔준다. 어떤 의미에서 이 메서드는 apply를 역으로 진행한다. apply가 두 문자열을 취해서 전자우편 주소 문자열을 만들듯이, unapply는 전자우편 주소 문자열을 받아서 잠재적으로 사용자와 도메인 문자열을 반환한다. 하지만 unapply는 주어진 문자열이 전자우편 주소가 아닌 경우도 처리해야 한다. 그래서 unapply는 문자열 쌍이 들어간 Option 타입의 값을 반환한다. 결과는 문자열 str이 전자우편 주소라면 user와 domain에 정해진 부분이 들어간 Some(user, domain)이고,[1] str이 전자우편 주소가 아니라면 None이다. 다음은 몇 가지 예다.

- unapply("John@epfl.ch")는 Some("John", "epfl.ch")와 같다.

- unapply("John Doe")는 None과 같다.

이제, 패턴 매치 시 익스트랙터 객체를 참조하는 패턴을 만나면 항상 그 익스트랙터의 unapply 메서드를 셀렉터 식에 대해 호출한다. 그래서

```
selectorString match { case EMail(user, domain) => ... }
```

위 식은 다음과 같은 호출을 일으킨다.

```
EMail.unapply(selectorString)
```

앞에서 본 것처럼 EMail.unapply는 None이나 Some(u, d)를 반환한다(u에는 사용자 이름 부분, d에는 도메인 부분이 들어간다). None의 경우 패턴 매치가 이뤄지지 않고, 시스템은 다른 패턴을 시도하거나 MatchError 예외를 내고 패턴 매치에 실패한다. Some(u, d)인 경우 패턴이 매치되어, unapply가 반환한 값이 각 변수에 바인딩된다. 앞의 매치에서는 user가 u

---

1   여기서 보인 것은 Some이 튜플 (user, domain)에 적용된 경우다. 인자를 하나만 받는 함수에 튜플을 넘길 때는 인자를 둘러싸는 괄호 한 쌍을 생략할 수 있다. 따라서 Some(user, domain)은 Some((user, domain))과 같은 의미다.

에, domain이 d에 각각 들어간다.

EMail 패턴 매치 예제에서, 셀렉터 식인 selectorString의 타입인 String은 unapply의 인자 타입과 부합해야 한다(이 예제에서는 인자 타입도 String이었다). 보통 이런 경우가 아주 흔하긴 하지만, 꼭 그래야만 하는 것은 아니다. EMail 익스트랙터를 더 일반적인 타입의 셀렉터 식과 매치하는 데 사용할 수도 있다. 예를 들어 임의의 값 x가 전자우편 주소 문자열인지 검사하고 싶다면, 다음과 같이 쓸 수 있을 것이다.

```
val x: Any = ...
x match { case EMail(user, domain) => ... }
```

패턴 매처pattern matcher가 이런 코드를 본다면, 먼저 주어진 값 x가 EMail의 unapply 메서드 인자의 타입인 String에 부합하는지 살펴볼 것이다. 부합하는 경우, 매처는 값을 String으로 캐스팅해서 앞에서와 마찬가지로 처리한다. 만약 부합하지 않는다면 매치가 바로 실패한다.

객체 EMail 안의 apply 메서드는 **인젝션**injection이라고 부른다. 이 메서드는 인자를 몇 가지 받아서 어떤 집합의 원소를 만들어내기 때문이다(본 예제의 경우 결과 집합은 전자우편 주소인 문자열의 집합이다). unapply 메서드는 **익스트랙션**extraction이라고 하는데, 그 이유는 어떤 집합에 속한 원소에서 여러 부분의 값을 뽑아내기 때문이다(예제의 경우 사용자와 도메인 부분 문자열을 뽑아낸다). 인젝션이나 익스트랙션은 종종 한 객체 안에서 짝지어지곤 한다. 이는 케이스 클래스와 패턴 매치 사이의 관계를 시뮬레이션한다. 하지만 어떤 객체의 익스트랙션을 대응하는 인젝션 없이 정의할 수도 있다. 이때 객체 자체는 (unapply만 있다면) 내부에 apply 메서드가 있는지 여부와 관계없이 **익스트랙터**extractor라 부른다.

인젝션 메서드가 포함된 경우라면, 인젝션은 익스트랙션 메서드와 서로 쌍대성dual이어야 한다. 예를 들어

```
EMail.unapply(EMail.apply(user, domain))
```

위와 같은 호출은 다음을 반환해야만 한다.

```
Some(user, domain)
```

즉, 인자가 똑같은 순서대로 Some에 둘러싸여서 다시 나와야 한다. 반대 방향으로 가는 것은 아래 코드와 같이 먼저 unapply를 한 다음 apply를 하는 것을 의미한다.

```
EMail.unapply(obj) match {
  case Some(u, d) => EMail.apply(u, d)
}
```

이 코드에서 만약 obj에 대한 매치가 성공하면 apply의 결과도 같은 객체가 되리라 예상 했을 것이다. apply와 unapply의 쌍대성에 대한 이런 두 조건은 좋은 설계 원칙이다. 스 칼라가 이를 강제로 요구하지는 않지만, 익스트랙터를 설계할 때 이를 지키는 편이 좋다.

26.3 변수가 없거나 1개만 있는 패턴

앞의 예에서 unapply 메서드는 성공적인 경우 두 쌍으로 된 원솟값을 반환했다. 이를 둘 이상의 변수가 필요한 경우로 쉽게 일반화할 수 있다. unapply로 N개의 변수를 바인딩하 고 싶다면 N개의 원소로 된 튜플을 Some에 감싸서 반환하면 될 것이다.

하지만 패턴이 변수를 하나만 바인딩해야 하는 경우는 다르게 취급한다. 스칼라에는 1튜 플이 없다. 원소를 하나만 반환하려면 unapply는 원소 자체를 Some으로 감싸야 한다. 예 를 들어, 리스트 26.2의 익스트랙터 객체는 같은 부분 문자열을 두 번 반복해 만든 문자 열에 대한 apply와 unapply를 정의한다.

리스트 26.2 Twice 문자열 익스트랙터 객체

```
object Twice {
  def apply(s: String): String = s + s
  def unapply(s: String): Option[String] = {
    val length = s.length / 2
    val half = s.substring(0, length)
    if (half == s.substring(length)) Some(half) else None
  }
}
```

또한 익스트랙터 패턴이 아무 변수도 바인딩하지 않는 것도 가능하다. 이런 경우와 대응 하는 unapply 메서드는 불리언값을 반환한다. 이 메서드는 매치 성공인 경우 true, 실패

인 경우 false다. 예를 들어, 리스트 26.3의 객체는 문자열의 모든 문자가 대문자인지 검사한다.

리스트 26.3 UpperCase 문자열 익스트랙터 객체

```
object UpperCase {
  def unapply(s: String): Boolean = s.toUpperCase == s
}
```

이번에는 익스트랙터에 unapply만 정의하고 apply는 하지 않았다. 구성할 만한 대상이 없으므로 apply를 정의하는 건 의미가 없을 것이다.

다음 userTwiceUpper 함수는 앞에서 정의한 모든 익스트랙터를 한데 모아서 패턴 매치에 사용한다.

```
def userTwiceUpper(s: String) = s match {
  case EMail(Twice(x @ UpperCase()), domain) =>
    "match: " + x + " in domain " + domain
  case _ =>
    "no match"
}
```

이 함수의 첫 패턴은 어떤 전자우편 주소의 사용자 부분이 두 번 반복되는 같은 대문자 문자열인 경우와 매치된다. 예를 들면 다음과 같다.

```
scala> userTwiceUpper("DIDI@hotmail.com")
res0: String = match: DI in domain hotmail.com

scala> userTwiceUpper("DIDO@hotmail.com")
res1: String = no match

scala> userTwiceUpper("didi@hotmail.com")
res2: String = no match
```

함수 userTwiceUpper의 UpperCase가 빈 파라미터 목록을 취한다는 사실을 기억하라. 이 괄호는 객체 UpperCase의 경우처럼 생략할 수가 없다. 괄호가 없다면 UpperCase라는 객체와 같은지를 확인하기 때문이다! 또한 UpperCase() 자체는 아무 변수도 바인딩하지 않지만, UpperCase()와 매치가 이뤄지는 전체 패턴을 변수에 바인딩하는 건 여전히 가능하다. 이를 위해 15.2절에서 설명한 표준 변수 바인딩 방식을 사용한다. x @ UpperCase()는

UpperCase()에 의해 매치되는 패턴을 x 변수에 바인딩한다. 예를 들어, 앞의 첫 userTwice
Upper 호출에서 x는 "DI"가 된다. 이 값이 UpperCase() 패턴에 매치가 이뤄진 값이기 때
문이다.

26.4 가변 인자 익스트랙터

앞에서 본 전자우편 주소 익스트랙터 메서드는 모두 정해진 개수의 값을 반환했다. 때때
로 이는 충분히 유연하지 못하다. 예를 들어, 도메인 이름을 표현하는 문자열을 매치하되
도메인의 각 부분을 다른 하위 패턴에 저장하고 싶다고 하자. 이런 일이 가능하다면 다음
과 같은 패턴을 표현할 수 있다.

```
dom match {
  case Domain("org", "acm") => println("acm.org")
  case Domain("com", "sun", "java") => println("java.sun.com")
  case Domain("net", _*) => println("a .net domain")
}
```

이 예제의 구성은 도메인을 역순(최상위 도메인에서 하위 도메인 순서)으로 확장하게 되어
있다. 이렇게 하면 시퀀스 패턴의 이점을 더 살릴 수 있다. 15.2절에서 인자 목록의 나머
지 원소를 시퀀스에 매치해주는 시퀀스 와일드카드 패턴인 _*를 봤다. 이 기능은 상위 도
메인이 먼저 오는 경우 더 유용한데, 이를 사용해 깊이가 일정치 않은 하위 도메인을 매
치할 수 있기 때문이다.

이제 앞의 예와 같이 패턴의 하위 패턴 숫자가 변할 수 있을 때, 익스트랙터로 **가변 길이**
매치를 어떻게 지원할 수 있을지가 의문으로 남는다. 지금까지 본 unapply 메서드는 충
분하지 않다. 매치 성공 시 항상 고정된 숫자의 하위 원소를 반환했기 때문이다. 스칼라
에서는 가변 길이를 처리할 때 다른 익스트랙션 메서드를 정의해 사용한다. 이 메서드
는 unapplySeq라고 한다. unapplySeq를 어떻게 작성하는지 보기 위해 리스트 26.4에 있는
Domain 익스트랙터를 살펴보자.

```
object Domain {
  // 인젝션 메서드(선택적)
  def apply(parts: String*): String =
    parts.reverse.mkString(".")
  // 익스트랙터 메서드(필수)
  def unapplySeq(whole: String): Option[Seq[String]] =
    Some(whole.split("\\.").reverse)
}
```

Domain 객체에는 문자열을 점으로 구분해 나누는 unapplySeq 메서드가 들어 있다. 정규 표현식을 인자로 받는 자바 문자열의 split 메서드를 사용해 분리한다. split의 결과는 부분 문자열의 배열이다. unapplySeq의 결과는 그 배열의 모든 원소를 뒤집어서 Some으로 감싼 것이다.

unapplySeq의 결과 타입은 꼭 Option[Seq[T]]와 부합해야 한다. T의 타입은 아무것이나 될 수 있다. 17.1절에서 봤듯이 Seq는 스칼라 컬렉션 계층구조에서 중요한 클래스다. 이 클래스는 시퀀스를 나타내는 List, Array, WrappedString 등 여러 클래스의 공통 슈퍼클래스다.

대칭성을 위해 최상위 도메인부터 시작해 도메인 이름의 각 부분을 다양한 길이의 파라미터 인자로 받을 수 있는 apply 메서드도 Domain에 만들어뒀다. 언제나 그렇듯이 apply는 없어도 된다.

Domain 익스트랙터를 사용해 전자우편 주소 문자열에서 더 자세한 정보를 얻을 수 있다. 예를 들어, 이름이 "tom"이고 도메인이 ".com"인 전자우편 주소를 검색하려면 다음과 같이 할 수 있다.

```
def isTomInDotCom(s: String): Boolean = s match {
  case EMail("tom", Domain("com", _*)) => true
  case _ => false
}
```

이를 사용하면 다음과 같은 결과를 얻을 수 있다.

```
scala> isTomInDotCom("tom@sun.com")
res3: Boolean = true

scala> isTomInDotCom("peter@sun.com")
res4: Boolean = false

scala> isTomInDotCom("tom@acm.org")
res5: Boolean = false
```

unapplySeq에서 가변 길이 부분과 고정적인 요소를 함께 반환할 수도 있다. 이를 표현하기 위해서는 튜플에 모든 원소를 넣되, 언제나처럼 마지막에 가변 부분을 넣으면 된다. 예를 들어, 리스트 26.5는 전자우편에서 도메인 부분을 시퀀스로 확장하는 새 익스트랙터를 보여준다.

리스트 26.5 ExpandedEMail 익스트랙터 객체

```
object ExpandedEMail {
  def unapplySeq(email: String)
      : Option[(String, Seq[String])] = {
    val parts = email split "@"
    if (parts.length == 2)
      Some(parts(0), parts(1).split("\\.").reverse)
    else
      None
  }
}
```

ExpandedEMail의 unapplySeq 메서드는 튜플(Tuple2)의 옵션을 반환한다. 튜플의 첫 원소는 사용자 이름 부분이고, 두 번째 원소는 도메인을 표현하는 시퀀스다. 이를 다음과 같이 평소대로 매치할 수 있다.

```
scala> val s = "tom@support.epfl.ch"
s: String = tom@support.epfl.ch

scala> val ExpandedEMail(name, topdom, subdoms @ _*) = s
name: String = tom
topdom: String = ch
subdoms: Seq[String] = WrappedArray(epfl, support)
```

26.5 익스트랙터와 시퀀스 패턴

15.2절에서 리스트나 배열의 원소를 시퀀스 패턴으로 다음과 같이 접근할 수 있음을 살펴봤다.

```
List()
List(x, y, _*)
Array(x, 0, 0, _)
```

실제로, 이런 시퀀스 패턴은 모두 표준 스칼라 라이브러리의 익스트랙터를 사용해 구현한 것이다. 예를 들어, List(...) 같은 패턴이 가능한 이유는 scala.List 동반 객체에 unapplySeq 정의가 있기 때문이다. 리스트 26.6은 관련 정의를 보여준다.

리스트 26.6 unapplySeq 정의가 있는 익스트랙터

```
package scala
object List {
  def apply[T](elems: T*) = elems.toList
  def unapplySeq[T](x: List[T]): Option[Seq[T]] = Some(x)
  ...
}
```

List 객체에는 가변 길이 인자를 받는 apply 메서드도 들어 있다. 그래서 다음과 같은 표현식을 사용할 수 있다.

```
List()
List(1, 2, 3)
```

마찬가지로, 그 안에는 리스트의 모든 원소를 시퀀스로 반환하는 unapplySeq도 있다. 그 메서드가 바로 List(...) 패턴을 지원하는 것이다. scala.Array 객체에도 아주 비슷한 정의들이 있다. 이들은 배열에 대해 비슷한 인젝션과 익스트랙션을 지원한다.

26.6 익스트랙터와 케이스 클래스

케이스 클래스는 아주 유용하긴 하지만 데이터의 구체적인 표현이 드러난다는 단점이 있다. 이는 그 생성자 패턴에 있는 클래스 이름이 셀렉터 객체의 구체적인 표현 타입과 대응한다는 뜻이다. 만약 다음과 같은 매치가 성공한다면,

```
case C(...)
```

여러분은 이 셀렉터 식이 클래스 C의 인스턴스라는 사실을 안다.

익스트랙터는 데이터 표현과 패턴 사이에 존재하는 이런 연결을 끊는다. 앞 절에서 본 예제를 통해 익스트랙터를 사용하면 패턴과 그 패턴이 선택하는 객체의 내부 데이터 표현 사이에 아무런 관계가 없도록 만들 수 있음을 보았다. 이런 특성을 **표현 독립성**representation independence이라 한다. 커다란 열린 시스템에서는 표현 독립성이 매우 중요하다. 표현 독립성이 있으면, 어떤 컴포넌트를 사용하는 클라이언트에는 영향을 끼치지 않으면서 컴포넌트가 사용하는 구현 타입을 변경할 수 있기 때문이다.

어떤 컴포넌트가 여러 케이스 클래스를 정의해서 외부에 노출했다고 하자. 그 케이스 클래스에 대해 패턴 매치를 하는 클라이언트 코드가 이미 있다면, 쉽게 그 케이스 클래스를 바꿀 수 없다. 케이스 클래스의 이름을 바꾸거나 클래스 계층구조를 변경하면 클라이언트 코드에 영향을 끼친다. 익스트랙터는 이런 문제가 없다. 익스트랙터가 데이터 표현과 클라이언트에게 보여주는 방식 사이에 간접 계층을 제공하기 때문이다. 어떤 타입에 대해 일관된 익스트랙터를 계속 제공하는 한, 그 구체적인 표현 방식을 원하는 대로 바꿀 수 있다.

표현 독립성은 케이스 클래스에 비교해 익스트랙터가 지닌 중요한 장점이다. 반면, 케이스 클래스가 익스트랙터보다 더 좋은 점도 있다. 우선, 설정하고 정의하기가 훨씬 쉽고 코드도 적게 필요하다. 두 번째로, 보통 익스트랙터보다 더 효과적인 패턴 매치가 가능하다. 스칼라 컴파일러가 케이스 클래스의 패턴 매치를 익스트랙터의 패턴 매치보다 더 잘 최적화할 수 있기 때문이다. 그 이유는 케이스 클래스의 메커니즘은 변하지 않는 반면, 익스트랙터의 unapply나 unapplySeq 메서드 안에서는 거의 아무 일이나 할 수 있기 때문이다. 세 번째로, 어떤 케이스 클래스가 봉인된 케이스 클래스sealed case class를 상속하는 경

우, 패턴 매치가 모든 가능한 패턴을 다 다루는지match exhaustiveness를 스칼라 컴파일러가 검사해서 그렇지 않은 경우 경고를 해준다. 하지만 익스트랙터를 사용하면 그런 검사를 하지 않는다.

그렇다면 패턴 매치 시 두 방법 중 어떤 방법을 사용하는 것이 더 좋을까? 상황에 따라 다르다. 여러분이 닫힌 애플리케이션 코드를 작성한다면 케이스 클래스 쪽이 더 좋다. 케이스 클래스는 더 간결하고, 빠르며, 컴파일 시점 검사가 가능하다는 이점이 있다. 나중에 클래스 계층구조를 변경하기로 결정하면 애플리케이션을 리팩토링해야 하지만, 보통이것은 문제가 되지 않는다. 반면, 어떤 타입을 미리 알지 못하는 여러 클라이언트에게 노출해야 한다면, 표현 독립성을 위해 익스트랙터를 사용하는 편이 더 좋을 것이다.

다행히, 이를 즉시 결정할 필요는 없다. 항상 케이스 클래스로 시작한 다음, 필요에 따라 익스트랙터로 바꿀 수 있다. 스칼라에서는 익스트랙터나 케이스 클래스에 대한 패턴이 모두 똑같아 보이기 때문에 클라이언트가 사용하는 패턴 매치는 계속 작동할 수 있다.

물론 시작부터 데이터를 표현하는 타입과 패턴의 구조가 서로 맞아 떨어지지 않는다는 사실이 분명한 경우도 있다. 이번 장에서 본 전자우편 주소 예제가 그런 경우다. 그럴 때는 익스트랙터가 유일한 방법이다.

26.7 정규표현식

익스트랙터를 유용하게 쓸 수 있는 구체적인 분야를 하나 들라면 정규표현식을 말할 수 있다. 자바와 마찬가지로 스칼라도 라이브러리를 통해 정규표현식을 제공한다. 하지만 익스트랙터를 사용하면 정규표현식을 훨씬 더 멋지게 사용할 수 있다.

정규표현식 만들기

스칼라는 자바에서 정규표현식 문법을 가져왔다. 자바는 다시 대부분의 기능을 펄Perl 에서 따왔다. 여기서는 여러분이 이미 정규표현식 문법을 알고 있다고 가정한다. `java.util.regex.Pattern`의 자바독 등 다양한 자습서가 존재하므로, 정규표현식을 잘 모르는 독자라면 살펴보기 바란다. 다음은 기억을 되살리기 위한 몇 가지 예다.

- ab?: 'a'가 하나 있고, 그 뒤에 'b'가 하나 있을 수도 있다. 즉, 'a' 또는 'ab'를 의미한다.

- \d+: \d는 숫자(0~9)라는 뜻이다. 이 패턴은 하나 이상의 숫자로 구성된 문자열을 의미한다.

- [a-dA-D]\w*: a부터 d까지의 대문자나 소문자로 시작하는 단어를 의미한다. '\w'는 '단어를 이루는 문자'라는 뜻이며, '*'는 0개 이상의 반복을 의미한다(단어를 이루는 문자에는 알파벳, 숫자, 밑줄 문자가 있다).

- (-)?(\d+)(\.\d*)?: 맨 앞에 음수 부호가 있을 수 있으며, 그 뒤에 1개 이상의 숫자가 필수적으로 있고, 그 뒤에 선택적으로 소수점과 0개 이상의 숫자가 오는 문자열을 의미한다. 이 패턴에는 음수 부호, 소수점 앞의 숫자들, 소수 부분(소수점과 그 뒤의 0개 이상의 숫자) 이렇게 세 가지 **그룹**이 있다. 그룹은 괄호로 둘러싼다.

스칼라의 정규표현식 클래스는 scala.util.matching 패키지에 들어 있다.

```
scala> import scala.util.matching.Regex
```

새로운 정규표현식 값은 문자열을 Regex 생성자에 넘겨서 만들 수 있다. 예를 들면 다음과 같다.

```
scala> val Decimal = new Regex("(-)?(\\d+)(\\.\\d*)?")
Decimal: scala.util.matching.Regex = (-)?(\d+)(\.\d*)?
```

앞에서 보여준 십진수에 대한 정규표현식과 비교하면, 문자열에서 모든 역슬래시를 두 번 반복했음을 알 수 있다. 그 이유는 자바나 스칼라 문자열에서 역슬래시가 하나만 있으면 일반적인 문자가 아니고 문자열 리터럴의 이스케이프 시작 문자이기 때문이다. 따라서 '\' 대신 '\\'를 써야 문자열 안에 역슬래시를 넣을 수 있다.

정규표현식에 역슬래시가 많은 경우 이렇게 하면 쓰고 읽기가 다소 어려울 수 있다. 스칼라의 로 문자열raw string이 대안일 수 있다. 5.2절에서 설명했듯이 로 문자열은 큰따옴표 3개로 묶은 문자열이다. 로와 일반 문자열 사이의 차이는 로 문자열 안에 있는 모든 문자는 정확히 그대로 문자열에 들어간다는 점에 있다. 마찬가지로, 역슬래시도 이스케이프 문자로 취급하지 않고 역슬래시 자체로 들어간다. 따라서 동일한 정규표현식을 다음과 같이 더 읽기 쉽게 쓸 수 있다.

```
scala> val Decimal = new Regex("""(-)?(\d+)(\.\d*)?""")
Decimal: scala.util.matching.Regex = (-)?(\d+)(\.\d*)?
```

인터프리터의 출력에서 볼 수 있듯이, 최종 결과 Decimal의 값은 앞의 일반 문자열을 사용한 정규표현식의 경우와 동일하다.

스칼라에서 이보다도 더 짧게 정규표현식을 쓰려면 다음과 같이 할 수 있다.

```
scala> val Decimal = """(-)?(\d+)(\.\d*)?""".r
Decimal: scala.util.matching.Regex = (-)?(\d+)(\.\d*)?
```

다시 말해, 문자열에 .r을 호출하면 정규표현식을 얻을 수 있다. 이런 연산이 가능한 이유는 StringOps 클래스 안에 r이라는 메서드가 있어서 문자열을 정규표현식으로 변환하기 때문이다. 메서드 정의는 리스트 26.7과 같다.

리스트 26.7 StringOps 안에 있는 r 메서드 정의

```
package scala.runtime
import scala.util.matching.Regex

class StringOps(self: String) ... {
  ...
  def r = new Regex(self)
}
```

정규표현식 검색

어떤 정규표현식이 문자열 안에 나타나는지를 검사하는 연산은 여러 가지가 있다.

```
regex findFirstIn str
```

이 메서드는 str 문자열 안에 regex 정규표현식과 매치되는 가장 첫 번째 부분 문자열을 검색한다. 결과는 Option 타입으로 돌려준다.

```
regex findAllIn str
```

str 문자열 안에 regex 정규표현식과 매치되는 모든 문자열을 반환한다. 결과는 Iterator 타입이다.

```
regex findPrefixOf str
```

str의 맨 앞부분부터 검사해 정규표현식 regex와 매치시킬 수 있는 접두사[2]를 반환한다.

예를 들어, 다음과 같이 입력 시퀀스를 정해서 십진수를 검색할 수 있다.

```
scala> val Decimal = """(-)?(\d+)(\.\d*)?""".r
Decimal: scala.util.matching.Regex = (-)?(\d+)(\.\d*)?

scala> val input = "for -1.0 to 99 by 3"
input: String = for -1.0 to 99 by 3

scala> for (s <- Decimal findAllIn input)
         println(s)
-1.0
99
3

scala> Decimal findFirstIn input
res7: Option[String] = Some(-1.0)

scala> Decimal findPrefixOf input
res8: Option[String] = None
```

정규표현식 뽑아내기

더 나아가 스칼라의 모든 정규표현식은 익스트랙터를 정의한다. 익스트랙터를 사용해 정규표현식 안의 그룹과 매치하는 부분 문자열을 구별할 수 있다. 예를 들어, 십진수를 다음과 같이 세 부분으로 나눌 수 있다.

---

2 접두사(prefix)란 어떤 문자열의 맨 앞부터 시작하는 부분 문자열(그 문자열 전체도 문자열 자체의 접두사다)을 의미한다. 예를 들어 banana의 접두사로는 b, ba, ban, bana, banan, banana가 있으며, 그중 banana가 아닌 5개의 문자열은 특별히 진접두사(proper prefix)라 한다. - 옮긴이

```
scala> val Decimal(sign, integerpart, decimalpart) = "-1.23"
sign: String = -
integerpart: String = 1
decimalpart: String = .23
```

이 예에서는 15.7절에서 설명한 대로 Decimal(...) 패턴을 val 정의에 사용했다. Decimal
정규식 값에 unapplySeq 메서드 정의가 있다. 그 메서드는 십진수에 대한 정규표현식 문
법에 따라 모든 문자열을 매치시킨다. 문자열이 매치되면, (-)?(\d+)(\.\d*)? 정규식의
세 그룹을 패턴의 원소로 반환하고, 이들은 sign, integerpart, decimalpart의 세 패턴 변
수와 매치된다. 어떤 그룹이 빠진 경우, 해당 값은 null이 된다. 다음이 그런 예다.

```
scala> val Decimal(sign, integerpart, decimalpart) = "1.0"
sign: String = null
integerpart: String = 1
decimalpart: String = .0
```

익스트랙터와 정규표현식 검색을 for 표현식 안에서 섞어 사용할 수도 있다. 예를 들면,
다음 예제는 입력 문자열에서 찾을 수 있는 모든 십진수를 분해한다.

```
scala> for (Decimal(s, i, d) <- Decimal findAllIn input)
         println("sign: " + s + ", integer: " +
             i + ", decimal: " + d)
sign: -, integer: 1, decimal: .0
sign: null, integer: 99, decimal: null
sign: null, integer: 3, decimal: null
```

26.8 결론

26장에서는 익스트랙터를 사용해 패턴 매치를 일반화하는 방법을 살펴봤다. 익스트랙터
를 사용하면 여러분 자신만의 패턴을 만들 수 있고, 그 패턴을 여러분이 선택하려는 대상
타입과 다르게 만들 수도 있다. 이는 매치 시 사용할 수 있는 패턴에 더 많은 유연성을 가
져다준다. 결과적으로, 같은 데이터에 대해 다른 뷰를 제공하는 것과도 같다. 이를 통해

어떤 타입의 내부 표현과 클라이언트가 그 타입을 보는 방식 사이에 간접 계층을 둘 수 있다. 따라서 표현 독립성을 유지하면서 패턴 매치를 계속 사용할 수 있다. 표현 독립성은 커다란 소프트웨어 시스템을 사용할 때 아주 유용한 특성이다.

익스트랙터는 유연한 라이브러리 추상화를 정의하기 위해 사용할 수 있는, 여러분의 도구 상자에 넣을 수 있는 또 하나의 도구다. 스칼라 라이브러리는 익스트랙터를 아주 많이 사용한다. 정규표현식 매치가 그 한 예다.

Chapter

27

애노테이션

애노테이션은 프로그램 소스 코드에 추가한 구조화된 정보다. 주석과 마찬가지로 애노테이션도 프로그램 여기저기에 들어갈 수 있고, 변수, 메서드, 표현식, 또는 다른 프로그램 구성요소에 애노테이션을 덧붙일 수 있다. 주석과 달리 애노테이션은 구조가 있다. 따라서 기계가 처리하기 더 쉽다.

27장에서는 스칼라에서 애노테이션을 사용하는 방법을 보여준다. 일반적인 애노테이션 문법과 몇 가지 표준 애노테이션을 어떻게 사용하는지 설명할 것이다.

애노테이션 처리 도구를 새로 만드는 방법은 이 책의 범위 밖이므로 설명하지 않는다. 31장에서 한 가지 기법을 보여줄 테지만, 유일한 방법은 아니다. 대신 이번 장은 애노테이션의 사용에 초점을 맞춘다. 애노테이션 도구를 만들기보다는 애노테이션을 사용하는 게 더 일반적이기 때문이다.

27.1 애노테이션이 왜 필요한가?

컴파일해서 실행하는 것 외에도 프로그램으로 할 수 있는 일이 많다. 예를 들면 다음과 같다.

1. 스칼라독^{Scaladoc}과 같이 자동으로 문서를 생성한다.

2. 원하는 스타일로 코드를 보기 좋게 출력한다.

3. 파일을 연 다음 실행 경로에 따라 닫지 않는 경우가 있는지 등의 일반적인 오류가 코드에 있는지 검사한다.

4. 실험적인 타입 검사를 시도한다. 예를 들어, 부수 효과 관리나 소유권 프로퍼티를 보장하는 등의 검사를 해볼 수 있다.

이런 도구를 **메타 프로그래밍**^{meta-programming} 도구라 부른다. 다른 프로그램을 입력으로 취급하기 때문이다. 애노테이션은 프로그래머가 지시사항을 프로그램 소스 코드 여기저기에 집어넣어서 이런 도구를 지원하게 해준다. 이런 사용자 지시사항을 도구가 이용하면 지시사항이 없을 때보다 훨씬 효율적으로 작업할 수 있다. 예를 들어, 애노테이션을 사용하면 앞에서 말했던 도구들을 다음과 같이 향상할 수 있다.

1. 문서 생성기는 특정 메서드가 사용 금지됐음을 알 수 있다.

2. 프로그램에서 프로그래머가 일부러 보기 좋게 만들어둔 부분을 그대로 출력하도록 서식화 출력기에게 지시할 수 있다.

3. 닫지 않은 파일을 검사하는 프로그램에게 특정 파일을 무시하도록 지시할 수 있다.

4. 지정한 메서드에 부수 효과가 있는지 검사하도록 부수 효과 검사기에게 지시할 수 있다.

이 모든 경우에 이론적으로는 프로그래밍 언어에서 추가 정보를 넣을 방법을 제공하도록 만드는 일이 가능하다. 하지만 어떤 언어가 직접 지원하기에는 이런 메타 프로그래밍 도구의 종류가 너무나 많다. 더 나아가, 컴파일러는 단지 코드를 실행하는 데만 관심 있기 때문에 이런 정보를 모두 무시한다.

이런 경우에 대한 스칼라의 철학은 다양한 메타 프로그래밍 도구를 사용할 수 있도록, 핵심 언어와 직교적인 최소한의 지원만을 제공하자는 것이다. 이 경우 최소한의 지원은 애노테이션 시스템이다. 컴파일러는 단지 한 특징, 즉 애노테이션이라는 것만을 이해한다. 하지만 컴파일러는 개별 애노테이션에 어떤 의미도 부여하지 않는다. 그렇기 때문에 각 메타 프로그래밍 도구는 자신에게 필요한 애노테이션을 정의해서 사용할 수 있다.

27.2 애노테이션 문법

전형적인 애노테이션 사용은 다음과 같다.

```
@deprecated def bigMistake() = // ...
```

애노테이션은 @deprecated 부분이다. 여기서는 이를 bigMistake 전체에 대해 적용했다(메서드 본문은 너무 부끄러워 표시하지 않았다). 이 경우 bigMistake 메서드를 작성한 사람이 여러분이 이를 사용하지 않았으면 한다는 표시를 메서드에 한 것이다. 아마도 bigMistake는 미래의 버전에서는 빠질 것이다.

위의 예에서는 메서드를 @deprecated로 애노테이션했다. 애노테이션을 다른 곳에 쓸 수도 있다. 애노테이션은 val, var, class, object, trait, type 등 모든 종류의 선언이나 정의에 사용 가능하다. 애노테이션은 그 바로 뒤에 오는 선언이나 정의 전체에 적용된다.

```
@deprecated class QuickAndDirty {
  // ...
}
```

애노테이션을 표현식에 적용할 수도 있다. 패턴 매치에서 @unchecked 애노테이션을 사용한 적이 있다(15장 참고). 표현식에 애노테이션을 적용하려면 식 다음에 콜론(:)을 추가하고, 그런 다음 애노테이션을 쓴다. 문법적으로는 애노테이션을 타입으로 쓰는 것 같아 보인다.

```
(e: @unchecked) match {
  // 모든 경우를 처리하지는 않음
}
```

마지막으로, 타입에 애노테이션할 수도 있다. 애노테이션을 추가한 타입에 대해서는 이번 장의 뒷부분에서 설명할 것이다.

지금까지 보여준 애노테이션은 @ 뒤에 애노테이션 클래스 이름만 넣었다. 이런 단순한 애노테이션도 많이 사용하고 유용하다. 하지만 더 일반적인 애노테이션 형식은 다음과 같다.

```
@annot(exp₁, exp₂, ...)
```

*annot*는 애노테이션 클래스를 지정한다. 모든 애노테이션은 꼭 클래스가 있어야 한다. *exp* 부분은 애노테이션의 인자다. @deprecated 같은 경우 인자가 필요 없다. 보통 그런 경우에는 괄호를 생략한다. 하지만 원한다면 @deprecated()라고 써도 좋다. 인자가 있다면 @serial(1234)처럼 괄호 안에 인자를 넣어야 한다.

애노테이션에 지정할 수 있는 형식은 애노테이션 클래스에 따라 다르다. 대부분의 애노테이션 처리기는 123이나 "hello"처럼 직접적인 (리터럴) 상수만을 지원한다. 하지만 컴파일러 자체는 타입 검사를 통과하는 한 임의의 식을 지원한다. 몇몇 애노테이션 클래스는 이를 활용하기도 한다. 예를 들어, 스코프에서 보이는 다른 변수를 참조할 수도 있다.

```
@cool val normal = "Hello"
@coolerThan(normal) val fonzy = "Heeyyy"
```

내부적으로 스칼라는 애노테이션을 그냥 애노테이션 클래스에 대한 생성자 호출로 다룬다. 즉, @를 new로 바꾸면 올바른 인스턴스 생성 표현식이 된다. 따라서 자연스럽게 이름 붙은 인자나 디폴트 인자도 지원할 수 있다. 스칼라가 이미 메서드와 생성자 호출에서 그런 것을 지원하기 때문이다. 애노테이션과 관련해 약간 어려운 부분은, 개념적으로 애노테이션이 다른 애노테이션을 인자로 취할 수 있다는 점이다. 몇몇 프레임워크에서 그런 것을 요구하는 경우가 있다. 하지만 애노테이션을 직접 애노테이션의 인자로 쓸 수는 없다. 애노테이션은 올바른 표현식이 아니기 때문이다. 그런 기능이 필요한 경우 다음과 같이 @ 대신 new를 사용해야만 한다.

```
scala> import annotation._
import annotation._

scala> class strategy(arg: Annotation) extends Annotation
defined class strategy

scala> class delayed extends Annotation
defined class delayed

scala> @strategy(@delayed) def f() = {}
                      ^
```

```
      error: illegal start of simple expression
scala> @strategy(new delayed) def f() = {}
f: ()Unit
```

27.3 표준 애노테이션

스칼라에는 몇 가지 표준 애노테이션이 있다. 그런 애노테이션은 언어 명세에 들어가도 될 정도로 널리 사용되지만, 언어의 기본 요소가 되도록 별도의 문법을 만들 정도는 아닌 기능을 위해 존재한다. 시간이 지남에 따라 비슷한 이유로 새로운 애노테이션이 언어에 조금씩 생길 것이다.

사용금지

때로 클래스나 메서드를 작성하고 나서 나중에 후회하곤 한다. 하지만 (일단 만들어진 경우) 다른 사람이 작성한 코드에서 그 메서드를 호출할 수도 있다. 따라서 다른 사람의 코드 컴파일을 방해할 가능성이 있기 때문에 그 메서드를 무작정 삭제할 수는 없다.

사용금지^{deprecation}는 실수로 드러난 클래스나 메서드를, 문제를 적게 일으키며 삭제할 수 있는 방법이다. 대상 메서드나 클래스를 사용금지 표시하면, 그 메서드나 클래스를 사용하는 쪽은 사용금지 경고를 만난다. 그런 사람들은 이 경고를 받아들여 코드를 업데이트 하는 편이 좋다! 기본 아이디어는 적당한 시간이 지나고 나면 대부분의 사용자가 사용금지한 메서드나 클래스 사용을 그쳤을 것이기 때문에 그런 클래스나 메서드를 삭제해도 안전하리란 것이다.

다음 예와 같이 @deprecated를 앞에 붙이기만 하면 사용금지 표시를 할 수 있다.

```
@deprecated def bigMistake() =        // ...
```

이 애노테이션을 보면 스칼라 컴파일러는 이 메서드 사용자에게 사용금지 경고를 표시 할 것이다.

@deprecated에 문자열을 인자로 넘기면, 경고 메시지와 해당 문자열을 함께 표시한다. 이를 활용해 개발자들에게 사용금지 대상 대신 사용할 내용을 알려줄 수 있다.

```
@deprecated("use newShinyMethod() instead")
def bigMistake() =        // ...
```

이제 호출하는 쪽에는 다음과 같은 메시지가 보인다.

```
$ scalac -deprecation Deprecation2.scala
Deprecation2.scala:33: warning: method bigMistake in object
Deprecation2 is deprecated: use newShinyMethod() instead
    bigMistake()
    ^
one warning found
```

volatile 필드

동시 프로그래밍은 변경 가능한 상태를 공유하는 경우를 잘 처리하지 못한다. 따라서 스칼라 동시성은 Future 지원과 공유된 변경 가능한 상태를 최소화하는 것에 초점을 맞춘다. 자세한 설명은 32장을 참고하라.

그렇지만 프로그래머가 작성하는 동시성 프로그램에 변경 가능 상태를 사용하고 싶을 때가 있다. @volatile 애노테이션은 그럴 때 도움이 된다. @volatile은 컴파일러에게 대상 변수를 여러 스레드가 사용한다는 점을 알린다. 컴파일러는 여러 스레드에서 접근해도 스레드의 동작을 더 예측하기 좋게 그 변수를 구현한다. 대신, 변수 읽기나 쓰기 속도는 더 느려진다.

@volatile 키워드가 보장하는 내용은 플랫폼에 따라 다르다. 다만, 자바 플랫폼에서는 자바 코드에서 필드를 만들고 자바의 volatile 수식자로 그 필드를 수식한 것과 같은 결과를 얻는다.

이진 직렬화

많은 언어가 이진 **직렬화**^{serialization} 프레임워크를 제공한다. 직렬화 프레임워크는 객체를 바이트 스트림으로 바꾸거나 그 반대로 바꾸는 일을 해결해준다. 객체를 디스크에 저장하거나, 네트워크로 전송할 때 이런 기능이 아주 유용하다. XML도 마찬가지 목적에 쓰일 수 있다(28장 참고). 하지만 XML의 사용은 속도나 메모리 사용, 유연성, 이식성 등을 고려할 때 장단점이 있다.

스칼라에는 스칼라만의 직렬화 프레임워크가 존재하지 않는다. 그래서 플랫폼의 프레임워크를 사용해야 한다. 대신 스칼라는 여러 플레임워크에서 유용하게 쓸 수 있는 두 가지 애노테이션을 제공한다. 또한 자바 플랫폼을 사용하는 스칼라 컴파일러는 이 애노테이션들을 자바의 방식대로 해석한다(31장 참고).

우선, 대부분의 클래스는 직렬화 가능하지만 모두 다 그런 것은 아니다. 예를 들어, 소켓 핸들이나 GUI 윈도는 직렬화할 수 없다. 클래스는 기본적으로 직렬화 가능하지 않은 것으로 간주된다. 따라서 클래스를 직렬화 가능하게 하려면 scala.Serializable 마커 트레이트를 믹스인해야 한다. JVM에서 이 트레이트는 java.io.Serializable의 별명이다.

SerialVersionUID 애노테이션은 직렬화 가능한 클래스에서 시간에 따른 변경사항을 다루도록 돕는다. 클래스의 현재 버전에 @SerialVersionUID(1234)와 같이 일련번호를 붙인다. 1234는 물론 원하는 일련번호로 바뀌어야 한다. 프레임워크는 이 번호를 생성한 바이트 스트림에 넣는다. 나중에 바이트 스트림을 읽어와서 객체로 바꾸려고 시도할 때, 프레임워크가 클래스의 현재 버전과 스트림의 일련번호가 같은지 비교할 수 있다. 만약 클래스에 직렬화 시 호환이 불가능한 변경을 가했다면, 버전 번호도 바꿔야 한다. 그러면 프레임워크가 옛 버전의 클래스 인스턴스를 자동으로 거부할 것이다.

스칼라는 직렬화해서는 안 되는 필드를 표시하는 @transient 애노테이션을 제공한다. 어떤 필드를 @transient로 표시하면 그 필드가 들어 있는 객체를 프레임워크가 직렬화하더라도, 그 필드는 직렬화하지 않는다. 객체를 재로딩(역직렬화)할 때는 @transient로 표시한 필드 타입의 디폴트값으로 다시 설정한다.

자동 get, set 메서드

보통 스칼라 코드에는 명시적인 필드 get, set 메서드가 필요 없다. 스칼라에서는 필드 접근과 메서드 호출을 섞어서 사용하기 때문이다. 하지만 플랫폼에 따라 몇몇 프레임워크는 get, set 메서드를 꼭 필요로 하는 경우가 있다. 이를 위해 스칼라는 @scala.reflect.BeanProperty 애노테이션을 제공한다. 필드에 이 애노테이션을 추가하면, 컴파일러가 자동으로 get, set 메서드를 만들어준다. 예를 들어, crazy라는 필드를 애노테이션하면 get 메서드는 getCrazy가 되고 set 메서드는 setCrazy가 된다.

이렇게 만들어진 get, set 메서드는 컴파일 완료 후에만 사용 가능하다. 따라서 이런 get, set 메서드를 호출하는 코드를 애노테이션이 붙은 필드 정의가 있는 코드와 한꺼번에 컴파일할 수는 없다. 스칼라 코드 안에서는 직접 필드에 접근할 수 있기 때문에, 실제로는 이게 별로 문제가 되지 않는다. 이 기능은 일반적인 get, set 메서드를 필요로 하는 프레임워크를 위해 만든 것이다. 보통 프레임워크와 그 프레임워크를 사용하는 코드를 한 번에 컴파일하지는 않을 것이다.

Tailrec

@tailrec는 보통 꼬리 재귀 함수일 필요가 있는 메서드에 애노테이션한다. 예를 들어, 재귀의 깊이가 아주 깊을 것 같은 함수에 사용할 수 있다. 8.9절에서 설명한 대로 이런 메서드에 스칼라 컴파일러가 꼬리 재귀를 최적화함을 분명히 하기 위해 @tailrec를 메서드 정의 앞에 붙일 수 있다. 컴파일러는 최적화를 할 수 없다면 경고 메시지와 이유를 표시한다.

Unchecked

컴파일러는 패턴 매치 시 @unchecked 애노테이션을 이해할 수 있다. 이 애노테이션은 컴파일러에게 매치가 모든 경우를 다 다루는지 걱정하지 않게 한다. 자세한 내용은 15.5절을 참고하라.

네이티브 메서드

@native 애노테이션은 컴파일러에게 메서드 구현이 스칼라 코드가 아니고 런타임을 통해 주어진다는 사실을 알려준다. 컴파일러는 이를 보고 출력 시 적절한 플래그를 설정해준다. 자바 네이티브 인터페이스^{JNI, Java Native Interface} 등으로 실제 구현을 제공해주는 것은

개발자의 책임이다.

@native 애노테이션을 사용할 때 메서드 본문을 꼭 넣어줘야 한다. 그렇지만 그 본문은 출력에는 들어가지 않는다. 예를 들어, beginCountdown 메서드를 런타임이 제공한다는 선언은 다음과 같이 한다.

```
@native
def beginCountdown() = { }
```

27.4 결론

27장에서는 여러분이 가장 일반적으로 알아둬야 하는, 플랫폼과 무관한 애노테이션의 성질들을 설명했다. 먼저 애노테이션의 문법을 다뤘다. 애노테이션을 새로 만들기보다는 사용하는 쪽이 훨씬 더 일반적이기 때문이다. 그런 다음 @deprecated, @volatile, @serializable, @BeanProperty, @tailrec, @unchecked 등의 표준 스칼라 컴파일러가 지원하는 애노테이션을 몇 가지 다뤘다.

31장에서는 자바의 애노테이션 정보를 제공한다. 자바를 대상으로 할 때만 사용 가능한 애노테이션을 다루며, 자바를 목적으로 할 때 표준 애노테이션이 추가로 의미하는 바를 살펴본다. 또한 자바 기반의 애노테이션과 서로 연동하는 방법과 애노테이션을 정의하고 처리하는 자바 기반의 메커니즘을 사용해 스칼라에서 쓸 애노테이션을 만드는 방법도 다룬다.

Chapter

28

XML 다루기

28장에서는 스칼라의 XML 지원을 다룬다. 반 구조화된 데이터에 대해 일반적인 논의를 한 다음, 스칼라에서 XML을 처리할 때 필요한 필수 기능인 XML 리터럴로 노드를 만드는 방법, XML을 파일에 쓰고 읽는 방법, XML 노드를 질의 메서드나 패턴 매치를 사용해 분석하는 방법 등을 보여준다.

28.1 반 구조화 데이터

XML은 **반 구조화 데이터**semi-structured data의 한 형태다. XML은 데이터를 트리 구조로 조직화해뒀기 때문에, 일반적인 문자열보다는 더 구조화되어 있다. 하지만 일반적인 XML은 태그tag 사이에 임의의 텍스트가 들어갈 수 있고, 타입 시스템도 없기 때문에, 프로그래밍 언어의 객체보다는 덜 구조화되어 있다.[1]

반 구조화 데이터는 파일에 프로그램 데이터를 저장하거나, 네트워크를 통해 데이터를 보내기 위해 직렬화할 경우 아주 유용하다. 구조화 데이터를 바이트 수준으로 변환하는 대신, 반 구조화 데이터를 만들거나 반 구조화 데이터에서 구조화 데이터를 만들 수 있

---

1 XML 스키마(Schema)라는 XML을 위한 타입 시스템이 있다. 하지만 이는 이 책의 범위를 벗어난다.

다. 그 후, 반 구조화 데이터와 이진 데이터를 변환해주는 기존 라이브러리 루틴을 사용하면, (데이터 변환에 필요한) 시간을 아껴서 더 중요한 문제에 집중할 수 있다.

많은 반 구조화 데이터가 있지만, 인터넷에서 가장 널리 사용 중인 것은 XML이다. 대부분의 운영체제에 XML 도구가 있고, 대부분의 프로그래밍 언어에도 XML 라이브러리가 있다. XML의 명성이 스스로를 강화하고 있다. XML이 유명하기 때문에 더 많은 도구와 라이브러리가 개발되며, 그로 인해 더 많은 소프트웨어 기술자가 XML을 사용할 것이다. 여러분이 인터넷상에서 통신하는 소프트웨어를 만든다면, 조만간 XML을 사용하는 서비스와 상호작용할 일이 생길 것이다.

이러한 이유로 인해, 스칼라는 XML 처리를 특별히 지원하기로 결정했다. 이번 장은 XML을 생성하고, 정규식으로 처리하고, 스칼라의 패턴 매치를 사용해 처리하는 방법을 보여준다. 이런 기본적인 요소 외에 스칼라에서 XML을 사용할 때 자주 쓰게 될 공통 숙어들도 보여줄 것이다.

28.2 XML 개요

XML은 두 가지 기본 요소로 되어 있다.[2] 텍스트는 보통 때와 마찬가지로 일련의 문자다. 태그는 <pod>와 같이 쓰며, 여는 부등호, 알파벳 또는 숫자로 이뤄진 라벨, 그리고 다시 닫는 부등호로 이뤄진다. 여는 태그와 닫는 태그가 있을 수 있다. 닫는 태그는 여는 태그와 같지만, </pod>처럼 태그 라벨 앞에 슬래시가 있다는 점만 다르다.

여는 태그와 닫는 태그는 마치 괄호처럼 서로 짝이 맞아야 한다. 여는 태그 뒤에 언젠가는 같은 라벨의 닫는 태그가 와야 한다. 그러므로 다음은 불법이다.

```
// 불법 XML
One <pod>, two <pod>, three <pod> zoo
```

더 나아가, 여는 태그와 닫는 태그 쌍 사이에는 올바른valid XML만 올 수 있다. 따라서 상응하는 두 태그가 서로 엇갈릴 수는 없다.

---

2 전체를 다 설명하려면 훨씬 복잡하지만, 이것만으로도 XML을 효과적으로 사용하기에 충분하다.

```
// 마찬가지로 불법이다.
<pod>Three <peas> in the </pod></peas>
```

하지만 다음과 같이 쓸 수는 있다.

```
<pod>Three <peas></peas> in the </pod>
```

태그가 이와 같이 매치돼야 하므로, XML은 내포 관계에 있는 **엘리먼트**element들로 구조화된다. 각 시작과 끝 태그는 엘리먼트를 이루며, 각 엘리먼트는 다른 엘리먼트에 포함될 수 있다. 위의 예에서 전체 `<pod>Three <peas></peas> in the </pod>`도 엘리먼트이고, `<peas></peas>`는 그 전체 엘리먼트 안에 포함된 엘리먼트다.

여기까지가 기본이다. 알아둬야 할 사항이 두 가지 더 있다. 우선, 시작 태그 다음에 바로 닫는 태그가 오는 경우를 짧게 표현하는 방법이 있다. 단지 여는 태그의 라벨 바로 뒤에 슬래시를 넣어주면 된다. 그렇게 생긴 태그는 **빈 엘리먼트**empty element가 된다. 빈 엘리먼트를 사용하면 위의 예는 다음과 같이 짧게 쓸 수 있다.

```
<pod>Three <peas/> in the </pod>
```

두 번째로, 시작 태그에는 **애트리뷰트**attribute가 있을 수 있다. 애트리뷰트는 이름-값 쌍이다. 이름과 값 사이에는 등호를 적는다. 애트리뷰트 이름 자체는 구조가 없는 일반적인 텍스트이고, 값은 큰따옴표("")나 작은따옴표('')로 둘러싸야 한다. 애트리뷰트는 다음과 같다.

```
<pod peas="3" strings="true"/>
```

28.3 XML 리터럴

스칼라에서 올바른 식이 들어갈 수 있는 곳이라면 XML 리터럴을 넣을 수 있다. 그냥 시작 태그를 입력하고, XML을 입력하면 된다. 컴파일러는 XML 모드로 들어가서 여러분

이 XML을 시작한 여는 태그와 매치되는 닫는 태그를 만날 때까지 XML 내용을 읽을
것이다.

```
scala> <a>
          This is some XML.
          Here is a tag: <atag/>
        </a>
res0: scala.xml.Elem =
<a>
  This is some XML.
  Here is a tag: <atag/>
</a>
```

이 식의 결과는 Elem 타입이다. 이는 라벨('a')과 자식('This is some XML...' 등)이 있는
XML 엘리먼트다. 중요한 XML 클래스에는 다음과 같은 것이 있다.

- Node 클래스는 모든 XML 노드의 추상 슈퍼클래스다.

- Text는 텍스트만 포함하는 노드다. 예를 들어, <a>stuff</a>에서 stuff 부분이 바로
  Text 클래스다.

- NodeSeq는 노드의 시퀀스를 갖는다. 얼핏 생각하기에 개별 노드를 처리해야 할 것
  같은 XML 라이브러리의 여러 부분에서 실제로는 NodeSeq를 처리한다. 하지만 Node
  가 NodeSeq를 확장하기 때문에, 여전히 개별 노드에 대해 같은 메서드를 사용할 수
  있다. 조금 이상하게 들릴지도 모른다. 하지만 XML의 경우 이는 잘 동작한다. 각각
  의 개별 노드를 한 원소짜리 NodeSeq라 생각할 수 있다.

정확한 XML을 한 글자 한 글자 쓰는 일만 가능한 건 아니다. XML 리터럴의 중간에 중
괄호로 이스케이프한 스칼라 코드를 넣으면 스칼라 식을 계산할 수 있다. 다음은 간단한
예다.

```
scala> <a> {"hello" + ", world"} </a>
res1: scala.xml.Elem = <a> hello, world </a>
```

중괄호 안에는 임의의 스칼라 문장을 넣을 수 있다. 심지어 추가 XML 리터럴도 넣을 수
있다. 따라서 내포 수준이 깊어지면서 코드가 XML과 일반 스칼라 코드를 넘나들 수 있

다. 다음이 그 예다.

```
scala> val yearMade = 1955
yearMade: Int = 1955

scala> <a> { if (yearMade < 2000) <old>{yearMade}</old>
              else xml.NodeSeq.Empty }
        </a>
res2: scala.xml.Elem =
<a> <old>1955</old>
 </a>
```

중괄호 안의 코드를 계산한 결과가 XML 노드나 XML 노드의 시퀀스이면, 그 노드를 그대로 삽입한다. yearMade가 2000보다 작다면, <old> 태그로 이를 감싸서 <a> 엘리먼트에 넣는다. 그렇지 않다면 아무것도 추가하지 않는다. 위 예에서 '아무것도 없음'을 XML 노드로 표현할 때 xml.NodeSeq.Empty를 사용했음에 유의하라.

중괄호 이스케이프 안에 있는 식의 결과가 XML 노드가 아닐 수도 있다. 내부 식은 계산 결과, 어떤 스칼라값이든 될 수 있다. 그런 경우 결과를 문자열로 변환해 텍스트 노드에 담아서 추가한다.

```
scala> <a> {3 + 4} </a>
res3: scala.xml.Elem = <a> 7 </a>
```

<, >, & 문자는 이스케이프한다. 노드를 다시 출력해보면 알 수 있다.

```
scala> <a> {"</a>potential security hole<a>"} </a>
res4: scala.xml.Elem = <a> &lt;/a&gt;potential security
hole&lt;a&gt; </a>
```

반면, 저수준 문자열 연산을 사용해 XML을 만들면, 다음과 같은 문제에 빠진다.

```
scala> "<a>" + "</a>potential security hole<a>" + "</a>"
res5: String = <a></a>potential security hole<a></a>
```

사용자가 추가한 문자열 안에 XML 태그 </a>와 <a>가 들어 있었다. 이런 동작은 프로그램을 맨 처음 작성한 사람을 놀라게 할 것이다. 원래 의도한 <a> 엘리먼트 내부 영역을 벗어난 위치의 XML 트리에 사용자가 영향을 끼칠 수 있기 때문이다. 이런 종류의 문제를 막기 위해서는 항상 문자열을 사용하지 않고 XML 리터럴을 사용해 XML을 만들어야한다.

28.4 직렬화

이제 직렬화기의 첫 부분을 작성해볼 만큼 스칼라 XML 지원을 충분히 배웠다. 첫 단계는 내부 데이터를 XML로 변경하는 것이다. 이를 위해 필요한 건 XML 리터럴과 중괄호 이스케이프뿐이다.

예를 들어, 여러분의 광범위한 빈티지 코카콜라 온도계 소장품 목록을 추적하는 데이터베이스를 만든다고 하자. 목록의 항목을 담기 위해 다음과 같은 내부 클래스를 만들 수 있다.

```
abstract class CCTherm {
  val description: String
  val yearMade: Int
  val dateObtained: String
  val bookPrice: Int          // 단위: 미국 센트
  val purchasePrice: Int      // 단위: 미국 센트
  val condition: Int          // 1부터 10까지

  override def toString = description
}
```

이 클래스는 온도계의 생산연도, 수집년도, 가격 등의 다양한 정보를 저장하는 간단한 클래스다.

이 클래스의 인스턴스를 XML로 바꾸려면, 다음과 같이 XML 리터럴과 중괄호 이스케이프를 사용하는 toXML 메서드를 추가하면 된다.

```
abstract class CCTherm {
  ...
  def toXML =
    <cctherm>
```

```
        <description>{description}</description>
        <yearMade>{yearMade}</yearMade>
        <dateObtained>{dateObtained}</dateObtained>
        <bookPrice>{bookPrice}</bookPrice>
        <purchasePrice>{purchasePrice}</purchasePrice>
        <condition>{condition}</condition>
      </cctherm>
  }
```

다음은 메서드를 사용해본 결과다.

```
scala> val therm = new CCTherm {
         val description = "hot dog #5"
         val yearMade = 1952
         val dateObtained = "March 14, 2006"
         val bookPrice = 2199
         val purchasePrice = 500
         val condition = 9
       }
therm: CCTherm = hot dog #5

scala> therm.toXML
res6: scala.xml.Elem =
<cctherm>
              <description>hot dog #5</description>
              <yearMade>1952</yearMade>
              <dateObtained>March 14, 2006</dateObtained>
              <bookPrice>2199</bookPrice>
              <purchasePrice>500</purchasePrice>
              <condition>9</condition>
            </cctherm>
```

참고

위 예제의 'new CCTherm' 식은 CCTherm이 추상 클래스여도 여전히 잘 동작한다. 이 문법은 실제로는 CCTherm의 익명 서브클래스를 인스턴스화하기 때문이다. 익명 클래스에 대해서는 20.5절에서 다뤘다.

그건 그렇고, 만약 여러분이 중괄호('{'나 '}') 자체를 스칼라 이스케이프가 아니고 XML 텍스트로 추가하고 싶다면 두 중괄호를 연속으로 쓰기만 하면 된다.

```
scala> <a> {{{{brace yourself!}}}} </a>
res7: scala.xml.Elem = <a> {{brace yourself!}} </a>
```

28.5 XML 분석

XML 클래스가 제공하는 메서드 중 특별히 알아둬야 할 메서드가 세 가지 있다. 이들을
사용하면 스칼라가 XML을 내부적으로 어떻게 표현하는가에 대해 그렇게 많이 고민하지
않고도 XML을 분석할 수 있다. 이런 메서드는 XML 처리를 위한 XPath 언어를 기반으로
한다. 스칼라에서는 늘 있는 일이지만, 이를 외부 도구를 사용하지 않고도 스칼라 코드
안에 직접 써넣을 수 있다.

텍스트 추출

XML 노드의 text 메서드를 호출하면 그 노드 안의 모든 텍스트를 가져올 수 있다. 이때
엘리먼트 태그는 제외하고 가져온다.

```
scala> <a>Sounds <tag/> good</a>.text
res8: String = Sounds  good
```

인코딩한 문자들은 자동으로 디코딩해 가져온다.

```
scala> <a> input ---&gt; output </a>.text
res9: String = " input ---> output "
```

하위 엘리먼트 추출

태그 이름으로 하위 엘리먼트를 검색하고 싶다면, \에 태그 이름을 넘기기만 하면 된다.

```
scala> <a><b><c>hello</c></b></a> \ "b"
res10: scala.xml.NodeSeq = NodeSeq(<b><c>hello</c></b>)
```

\ 연산자 대신 \\ 연산자를 사용하면 '깊은 검색'을 통해 하위의 하위 엘리먼트 등도 가져올 수 있다(res13과 res14를 유심히 비교해보라).

```
scala>  <a><b><c>hello</c></b></a> \ "c"
res11: scala.xml.NodeSeq = NodeSeq()

scala>  <a><b><c>hello</c></b></a> \\ "c"
res12: scala.xml.NodeSeq = NodeSeq(<c>hello</c>)

scala>  <a><b><c>hello</c></b></a> \ "a"
res13: scala.xml.NodeSeq = NodeSeq()

scala>  <a><b><c>hello</c></b></a> \\ "a"
res14: scala.xml.NodeSeq = NodeSeq(<a><b><c>hello</c></b></a>)
```

> **참고**
>
> XPath에서는 /와 //를 쓰는 반면, 스칼라에서는 \와 \\를 사용한다. 그 이유는 //가 스칼라에서 주석의 시작이기 때문이다! 따라서 다른 기호를 사용해야만 하는데, 역슬래시를 쓰면 잘 동작한다.

애트리뷰트 추출

태그의 애트리뷰트를 \ 메서드를 사용해 가져올 수 있다. 다만, 애트리뷰트 이름 앞에 @를 붙여야 한다.

```
scala> val joe = <employee
          name="Joe"
          rank="code monkey"
          serial="123"/>
joe: scala.xml.Elem = <employee rank="code monkey" name="Joe"
 serial="123"/>

scala>  joe \ "@name"
res15: scala.xml.NodeSeq = Joe

scala>  joe \ "@serial"
res16: scala.xml.NodeSeq = 123
```

28.6 역 직렬화

앞에서 설명한 XML 분석 메서드를 가지고, 이제 직렬화기의 반대쪽 짝인 XML을 내부 데이터 구조로 변환하는 파서를 작성할 수 있다. 예를 들어, 다음 코드를 사용해 XML을 CCTherm 인스턴스로 파싱할 수 있다.

```scala
def fromXML(node: scala.xml.Node): CCTherm =
  new CCTherm {
    val description  = (node \ "description").text
    val yearMade     = (node \ "yearMade").text.toInt
    val dateObtained = (node \ "dateObtained").text
    val bookPrice    = (node \ "bookPrice").text.toInt
    val purchasePrice = (node \ "purchasePrice").text.toInt
    val condition    = (node \ "condition").text.toInt
  }
```

이 코드는 입력 XML 노드를 검색해서 node라고 이름 붙이고, 그 안에서 CCTherm을 정의하는 데 필요한 여섯 가지 부분을 찾는다. 텍스트 데이터는 .text를 사용해 추출해서 그대로 넣는다. 다음은 이를 사용해본 것이다.

```scala
scala> val node = therm.toXML
node: scala.xml.Elem =
<cctherm>
            <description>hot dog #5</description>
            <yearMade>1952</yearMade>
            <dateObtained>March 14, 2006</dateObtained>
            <bookPrice>2199</bookPrice>
            <purchasePrice>500</purchasePrice>
            <condition>9</condition>
          </cctherm>

scala> fromXML(node)
res17: CCTherm = hot dog #5
```

28.7 저장하기와 불러오기

데이터 직렬화기의 마지막 부분이 남았다. XML 데이터를 바이트 스트림으로 변환하고 역으로 가져오는 것이다. 이 부분은 이를 처리해주는 라이브러리가 있기 때문에 가장 쉬운 부분이다. 우리가 해야 할 일은 올바른 데이터에 대해 올바른 루틴을 호출하는 것뿐이다.

XML을 문자열로 바꾸려면 toString을 호출하기만 하면 된다. 잘 동작하는 toString이 있으므로 XML을 가지고 스칼라 인터프리터에서 실험할 수 있다. 하지만 모든 것을 바이트로 바꿀 때는 라이브러리 루틴을 사용하는 편이 좋다. 그렇게 하면 결과 XML에 사용할 문자 인코딩에 대한 지시도 들어간다. 만약 직접 문자열을 바이트로 변경한다면 문자 인코딩을 추적하는 짐을 직접 짊어져야만 한다.

XML을 바이트가 담긴 파일로 변경하려면 XML.save 명령을 사용할 수 있다. 파일 이름과 저장할 노드를 지정해야만 한다.

```
scala.xml.XML.save("therm1.xml", node)
```

위 명령을 실행하고 나면, 다음과 같은 therm1.xml 파일이 생길 것이다.

```
<?xml version='1.0' encoding='UTF-8'?>
<cctherm>
        <description>hot dog #5</description>
        <yearMade>1952</yearMade>
        <dateObtained>March 14, 2006</dateObtained>
        <bookPrice>2199</bookPrice>
        <purchasePrice>500</purchasePrice>
        <condition>9</condition>
     </cctherm>
```

읽어오는 일은 저장보다 더 단순하다. 파일에 모든 정보가 들어 있기 때문이다. XML.loadFile에 파일 이름만 넘기면 된다.

```
scala> val loadnode = xml.XML.loadFile("therm1.xml")
loadnode: scala.xml.Elem =
<cctherm>
     <description>hot dog #5</description>
```

```
        <yearMade>1952</yearMade>
        <dateObtained>March 14, 2006</dateObtained>
        <bookPrice>2199</bookPrice>
        <purchasePrice>500</purchasePrice>
        <condition>9</condition>
    </cctherm>
scala> fromXML(loadnode)
res18: CCTherm = hot dog #5
```

여기까지 보여준 것이 필요한 기본적인 메서드들이다. 파일 읽기와 쓰기 메서드에도 다양한 리더^{reader}, 라이터^{writer}, 입력이나 출력 스트림 등을 사용하는 여러 변형이 있다.

28.8 XML에 대한 패턴 매치

지금까지는 텍스트와, XPath와 비슷한 메서드 \와 \\를 사용해 XML을 해부해왔다. 여러분이 다룰 XML의 구조가 어떤지 알고 있다면 이런 메서드만으로도 충분하다. 하지만 때때로 XML이 가질 수 있는 형태가 몇 가지 더 있다. 데이터 안에 여러 가지 종류의 레코드가 있을 수도 있다. 예를 들어, 앞의 온도계 컬렉션을 확장해서 시계와 샌드위치 쟁반을 더 추가할 경우 그럴 수 있다. 또는, 그냥 태그 사이의 공백은 모두 무시하고 싶을 수도 있다. 이유가 무엇이든 간에 이런 가능성을 체로 걸러내기 위해 매턴 매치를 사용할 수 있다.

XML 패턴은 XML 리터럴과 비슷하다. 차이는 {} 이스케이프 안에 식이 아니고 패턴이 들어간다는 점뿐이다. {} 내부에는 스칼라에서 사용 가능한 모든 패턴 언어를 넣을 수 있다. 따라서 새 변수를 바인딩하거나, 타입을 검사하거나, _나 _* 패턴을 사용해 내용의 일부를 무시할 수 있다. 다음 예를 보라.

```
def proc(node: scala.xml.Node): String =
  node match {
    case <a>{contents}</a> => "It's an a: " + contents
    case <b>{contents}</b> => "It's a b: " + contents
    case _ => "It's something else."
  }
```

이 함수에는 세 가지 대안이 있는 패턴 매치가 있다. 첫 케이스는 <a> 엘리먼트 안에 하위 노드가 하나만 들어 있는 것을 찾는다. 이 케이스는 엘리먼트 안의 내용을 contents라는 변수에 넣은 다음, => 오른쪽에 있는 코드를 계산한다. 두 번째 케이스도 비슷하지만, <a>가 아니고 <b>가 태그다. 세 번째는 다른 케이스에서 매치하지 않은 경우를 모두 다룬다. 다음은 이를 써본 것이다.

```scala
scala> proc(<a>apple</a>)
res19: String = It's an a: apple

scala> proc(<b>banana</b>)
res20: String = It's a b: banana

scala> proc(<c>cherry</c>)
res21: String = It's something else.
```

이 함수는 여러분이 원하는 그 함수가 아닐 가능성이 높다. 여기서는 <a>나 <b> 안에 단 하나의 하위 노드만 들어가야 하기 때문이다. 따라서 다음과 같은 경우에는 매치가 실패한다.

```scala
scala> proc(<a>a <em>red</em> apple</a>)
res22: String = It's something else.

scala> proc(<a/>)
res23: String = It's something else.
```

위와 같은 경우에도 매치가 되려면, 노드 하나 대신 노드의 시퀀스에 매치를 시켜야 한다. XML 노드의 '임의의 시퀀스'를 위한 패턴은 '_*'이다. 시각적으로, 이 패턴은 와일드카드 패턴(_) 뒤에 클리니 별^{Kleene star}(0개 이상의 반복을 나타내는 *)이 붙은 것 같아 보인다. 다음은 한 하위 엘리먼트 대신 엘리먼트 시퀀스와 매치할 수 있는 함수다.

```scala
def proc(node: scala.xml.Node): String =
  node match {
    case <a>{contents @ _*}</a> => "It's an a: " + contents
    case <b>{contents @ _*}</b> => "It's a b: " + contents
    case _ => "It's something else."
  }
```

15.2절에서 다뤘던 것과 같이 _*의 결과를 contents 변수에 @ 패턴을 사용해 바운드했다는 사실을 기억하라. 다음은 이 새로운 함수가 어떻게 동작하는지를 보여준다.

```scala
scala> proc(<a>a <em>red</em> apple</a>)
res24: String = It's an a: ArrayBuffer(a , <em>red</em>, apple)
scala> proc(<a/>)
res25: String = It's an a: WrappedArray()
```

마지막 힌트로, XML 트리의 나머지는 무시하면서 일부분을 순회하고 싶은 경우 XML 패턴이 아주 잘 작동한다. 예를 들어, 다음 XML 구조에서 레코드 사이의 공백은 무시하고 싶다고 하자.

```scala
val catalog =
  <catalog>
    <cctherm>
      <description>hot dog #5</description>
      <yearMade>1952</yearMade>
      <dateObtained>March 14, 2006</dateObtained>
      <bookPrice>2199</bookPrice>
      <purchasePrice>500</purchasePrice>
      <condition>9</condition>
    </cctherm>
    <cctherm>
      <description>Sprite Boy</description>
      <yearMade>1964</yearMade>
      <dateObtained>April 28, 2003</dateObtained>
      <bookPrice>1695</bookPrice>
      <purchasePrice>595</purchasePrice>
      <condition>5</condition>
    </cctherm>
  </catalog>
```

눈으로 보면, <catalog> 엘리먼트 안에 두 노드가 있는 것 같아 보인다. 하지만 실제로는 5개가 있다. 두 엘리먼트 사이와 각각의 앞뒤에 공백이 있기 때문이다! 이런 공백을 고려하지 않는다면 온도계 레코드를 다음과 같이 잘못 처리할 수 있다.

```
catalog match {
  case <catalog>{therms @ _*}</catalog> =>
    for (therm <- therms)
      println("processing: " +
              (therm \ "description").text)
}
processing:
processing: hot dog #5
processing:
processing: Sprite Boy
processing:
```

마치 진짜 온도계 레코드가 있는 것처럼 공백을 처리하려고 했던 줄을 살펴보라. 실제로는 이런 공백은 무시하고 `<cctherm>` 엘리먼트 안에 있는 것만 처리하고 싶다. 이런 하위 집합을 패턴 `<cctherm>{_*}</cctherm>`을 사용해 기술할 수 있다. 그리고 `for` 식을 이런 패턴과 매치하는 엘리먼트들만 순회하도록 제한할 수 있다.

```
catalog match {
  case <catalog>{therms @ _*}</catalog> =>
    for (therm @ <cctherm>{_*}</cctherm> <- therms)
      println("processing: " +
              (therm \ "description").text)
}
processing: hot dog #5
processing: Sprite Boy
```

28.9 결론

28장에서는 XML로 할 수 있는 일 중 극히 일부만을 살펴봤다. 이 밖에도 배울 만한 확장, 라이브러리, 도구가 많다. 그중 일부는 스칼라를 위한 것이고, 일부는 자바를 위한 것이지만 스칼라에서도 쓸 수 있다. 몇몇은 언어 중립적인 것도 있다. 이번 장을 마무리하면서, 어떻게 데이터 교환을 위해 반 구조화 데이터를 사용하는가와 그런 반 구조화 데이터를 스칼라의 XML 지원을 사용해 어떻게 접근할 수 있는가를 기억하고 넘어가야 한다.

29

객체를 사용한 모듈화 프로그래밍

1장에서 스칼라에 규모 확장성이 있는 이유 중 하나로, 작은 프로그램을 작성할 때나 큰 프로그램을 작성할 때 같은 기법을 사용할 수 있다는 점을 들었다. 지금까지 이 책에서는 주로 **소규모 프로그래밍**programming in the small[1]에 주의를 기울였다. 즉, 더 큰 프로그램을 작성할 때 구성요소로 사용하는 작은 프로그램 조각들을 설계하고 구현하는 방법을 다뤘다. 이야기의 다른 부분은 **대규모 프로그래밍**programming in the large이다. 이는 작은 조각을 조립하고 조직화해서 더 큰 프로그램, 애플리케이션 또는 시스템을 만드는 것이다. 13장에서 패키지와 접근 수식자를 설명하면서 이 주제를 다룬 적이 있다. 요약하면, 패키지와 접근 수식자를 사용해 큰 프로그램을 패키지와 모듈로 구성할 수 있다는 것이었다. 여기서 **모듈**module은 잘 정의된 인터페이스를 제공하며 내부 구현은 숨기는 '더 작은 프로그램 조각'이다.

프로그램을 패키지로 나누는 것만으로도 굉장히 유용하지만, 추상화할 방법을 제공하지 않기 때문에 한계가 있다. 같은 프로그램에서 패키지를 두 가지 방식으로 재구성할 수 없으며, 패키지를 상속할 수도 없다. 패키지에는 항상 정확한 내용이 단 한 벌 들어 있고, 그 목록은 코드를 변경하지 않는 한 변할 수 없다.

---

1 이 용어는 드레머(DeRemer) 등이 'Programming-in-the-large versus programming-in-the-small'에서 소개했다 [DeR75].

29장에서는 스칼라의 객체지향 기능을 사용해 프로그램을 더 모듈화할 수 있는 방법을 살펴본다. 먼저 모듈로 사용할 수 있는 간단한 싱글톤 객체를 살펴보고, 그 후 트레이트와 클래스를 사용해 모듈을 추상화하는 방법을 설명한다. 이렇게 추상화한 것을 사용해 모듈을 여러 번 재설정할 수 있다. 심지어 같은 프로그램 안에서도 여러 번 재설정 가능하다. 마지막으로, 트레이트를 사용해 여러 파일에 모듈을 분리할 수 있는 실용적인 방법을 보일 것이다.

29.1 문제

프로그램 크기가 커짐에 따라 이를 모듈로 조직하는 일이 더욱더 중요해진다. 첫째, 시스템을 이루는 각기 다른 모듈을 따로따로 컴파일할 수 있으면 여러 팀이 독립적으로 작업할 때 도움이 된다. 또한 어떤 모듈의 구현체를 다른 것으로 바꿀 수 있다는 점도 유용하다. 그렇게 할 수 있으면 개발자 시스템에서의 단위 테스트^{unit test}, 통합 테스트^{integration test}, 스테이징^{staging}, 배포^{release} 등 맥락에 따라 시스템에서 다른 설정을 사용할 수 있다.

예를 들어, 데이터베이스와 메시지 서비스를 사용하는 애플리케이션이 있다고 하자. 개발자는 코드를 작성하면서 데스크톱에서 데이터베이스와 메시지 서비스 모두 목^{mock} 버전을 사용해 단위 테스트를 실행할 수 있다. 목 버전은 각 서비스를 테스트할 때 네트워크나 공유 자원을 사용하지 않아도 충분할 만큼 시뮬레이션해준다. 통합 테스트 단계에는 목 메시지 서비스를 사용하되 데이터베이스는 진짜 개발용 데이터베이스를 사용할 수 있다. 스테이징이나 특히 배포 단계라면 데이터베이스와 메시지 서비스 모두 실제 버전을 사용해야 할 것이다.

이런 종류의 모듈화를 편하게 해주기 위한 기법이라면 몇 가지 필수 요소를 제공해야만 한다. 첫 번째로, 인터페이스와 구현을 잘 분리할 수 있는 모듈 구조를 제공해야 한다. 두 번째로, 어떤 모듈과 인터페이스를 동일한 다른 모듈로 변경하더라도, 그 모듈 인터페이스에 의존하는 다른 모듈들은 재컴파일하지 않아야 한다. 마지막으로, 모듈을 서로 연결할 방법을 제공해야 한다. 이런 연결 과정을 시스템 **설정**^{configuring}이라 생각할 수 있다.

이런 문제를 해결하는 방법 중 하나가 **의존 관계 주입**^{dependency injection}이다. 자바 플랫폼에서는 스프링Spring이나 구글 주스Guice 같은 프레임워크가 이런 기법을 제공하며, 엔터프라이즈 자바 커뮤니티에서는 아주 유명하다.[2] 예를 들어 스프링에서는 기본적으로 모듈 인터페이스를 자바 인터페이스로 표현하고, 모듈 구현을 자바 클래스로 표현한다. 각 모듈 사이의 의존 관계를 기술하고, 애플리케이션으로 '연결하는' 것은 XML 설정 파일을 통한다.[3] 스칼라에서도 스프링을 사용할 수 있다. 그렇게 하면 스칼라 프로그램에서 시스템 수준의 모듈화를 달성하기 위해 스프링의 접근 방식을 적용할 수 있다. 하지만 스칼라에서는 언어 자체가 제공하는 몇 가지 다른 방식이 존재한다. 이번 장의 나머지 부분에서는 객체를 모듈로 사용해 외부 프레임워크를 사용하지 않고도 대규모 프로그래밍의 모듈화를 원하는 대로 달성할 수 있는지 살펴볼 것이다.

29.2 조리법 애플리케이션

사용자가 조리법을 관리하는 엔터프라이즈 웹 애플리케이션을 만든다고 상상해보자. 그 소프트웨어를 **도메인 계층**domain layer과 **애플리케이션 계층**application layer을 포함한 계층들로 나누고 싶다. 도메인 계층에는 **도메인 객체**domain object를 정의한다. 도메인 객체는 비즈니스 개념과 규칙을 담고, 외부 관계형 데이터베이스에 영구 저장할 상태를 캡슐화한다. 애플리케이션 계층에서는 사용자(사용자 인터페이스 계층도 포함)에게 애플리케이션이 제공할 서비스에 대한 API를 노출한다. 애플리케이션은 업무를 조율하고 작업을 도메인 계층의 객체에게 위임하는 방식으로 이런 서비스를 구현한다.[4]

또한 각 계층에 속한 객체를 실제 버전이나 목 버전으로 바꿔치기 할 수 있었으면 한다. 그렇게 할 수 있으면 애플리케이션 단위 테스트를 더 쉽게 작성할 수 있을 것이다. 이 목표를 이루기 위해, 목 버전을 사용하고 싶은 객체를 모듈로 다룰 수 있다. 스칼라에서는 객체가 '작은' 것으로만 머물 필요가 없다. 모듈 같은 '커다란' 것을 만들기 위해 다른 구조를 쓸 필요도 없다. 스칼라가 규모 확장성 있는 언어로 있기 위한 방법 중 하나는 작든

---

2 파울러(Fowler), 'Inversion of control containers and the dependency injection pattern'[Fow04]. 네이버 등에서 검색해보면 한글 번역이나 설명도 많이 찾을 수 있다.

3 물론 자바 애노테이션을 사용하거나 직접 소스 코드에서 프로그램으로 연결할 수도 있다. – 옮긴이

4 각 계층의 이름은 에반스(Evans)의 'Domain-Driven Design'[Eva03]에서 가져왔다.

크든 동일한 구조를 사용한다는 것이다. 예를 들어, 도메인 계층에서 관계형 데이터베이스 객체를 본떠서 처리하고 싶다. 따라서 이를 모듈로 만든다. 애플리케이션 계층에서는 '데이터베이스 브라우저' 객체를 모듈로 다룰 것이다. 데이터베이스는 어떤 사람이 수집한 모든 조리법을 보관한다. 브라우저는 예를 들어 지정한 재료가 포함된 모든 조리법을 찾는 것 같은 데이터베이스 검색과 브라우징을 돕는다.

먼저 할 일은 음식과 조리법을 모델링하는 것이다. 문제를 단순하게 만들기 위해, 리스트 29.1처럼 음식에는 이름만 있게 한다. 조리법은 리스트 29.2와 같이 이름, 재료 목록, 절차로 되어 있다.

리스트 29.1 간단한 Food 엔티티 클래스

```
package org.stairwaybook.recipe

abstract class Food(val name: String) {
  override def toString = name
}
```

리스트 29.2 간단한 Recipe 엔티티 클래스

```
package org.stairwaybook.recipe

class Recipe(
  val name: String,
  val ingredients: List[Food],
  val instructions: String
) {
  override def toString = name
}
```

리스트 29.1과 리스트 29.2의 Food와 Recipe 클래스는 데이터베이스에 저장할 **엔티티**entity 를 표현한다.[5] 리스트 29.3은 이런 클래스의 싱글톤 인스턴스를 보여준다. 이런 인스턴스들은 테스트를 작성할 때 쓸 수 있다.

---

5 예제에 실세계의 자세한 사항을 너무 많이 넣지 않고 깔끔하게 유지하기 위해 각 엔티티 클래스를 단순하게 만들었다. 그렇게 간략화했음에도 불구하고, 이 코드를 약간만 변경하면 각 클래스를 하이버네이트(Hibernate)나 자바 영속성 아키텍처(JPA, Java Persistence Architecture) 등으로 영구 기록할 수 있는 엔티티로 변환할 수 있다. 변환을 위해서는 비공개 Long 아이디 필드와 인자가 없는 생성자를 추가하거나, 필드에 scala.reflect.BeanProperty 애노테이션을 더하거나, 애노테이션이나 별도의 XML 파일을 사용해 적절한 매핑 관계를 설정하는 작업 등이 필요하다.

리스트 29.3 테스트에 사용할 Food와 Recipe 예제

```
package org.stairwaybook.recipe

object Apple extends Food("Apple")
object Orange extends Food("Orange")
object Cream extends Food("Cream")
object Sugar extends Food("Sugar")

object FruitSalad extends Recipe(
  "fruit salad",
  List(Apple, Orange, Cream, Sugar),
  "Stir it all together."
)
```

리스트 29.4 목 데이터베이스와 브라우저 모듈

```
package org.stairwaybook.recipe

object SimpleDatabase {
  def allFoods = List(Apple, Orange, Cream, Sugar)

  def foodNamed(name: String): Option[Food] =
    allFoods.find(_.name == name)

  def allRecipes: List[Recipe] = List(FruitSalad)
}

object SimpleBrowser {
  def recipesUsing(food: Food) =
    SimpleDatabase.allRecipes.filter(recipe =>
      recipe.ingredients.contains(food))
}
```

스칼라는 객체를 모듈로 사용한다. 따라서 프로그램을 모듈화하는 시작점은 테스트하는 동안 데이터베이스와 브라우저 모듈의 목 구현으로 쓰일 두 싱글톤 객체를 만드는 것이다. 목 객체이기 때문에, 데이터베이스 모듈은 간단한 인메모리^{in-memory} 리스트를 사용한다. 이들의 구현은 리스트 29.4에 있다. 데이터베이스와 브라우저는 다음과 같이 사용할 수 있다.

```
scala> val apple = SimpleDatabase.foodNamed("Apple").get
apple: Food = Apple

scala> SimpleBrowser.recipesUsing(apple)
res0: List[Recipe] = List(fruit salad)
```

좀 더 재미를 더하기 위해, 데이터베이스가 음식을 카테고리로 구분한다고 하자. 이를 구현하려면 FoodCategory 클래스를 추가하고, 데이터베이스에 모든 카테고리의 목록을 추가해야 한다. 리스트 29.5를 보라. 마지막 예제의 private 키워드에 유의하라. 이는 클래스 구현 시 아주 유용하며, 모듈 구현에도 마찬가지로 유용하다. private로 정해둔 요소들은 모듈 구현의 일부다. 따라서 다른 모듈에 영향을 끼치지 않고 아주 쉽게 바꿀 수 있다.

리스트 29.5 카테고리를 추가한 데이터베이스와 브라우저 모듈

```
package org.stairwaybook.recipe

object SimpleDatabase {
  def allFoods = List(Apple, Orange, Cream, Sugar)

  def foodNamed(name: String): Option[Food] =
    allFoods.find(_.name == name)

  def allRecipes: List[Recipe] = List(FruitSalad)

  case class FoodCategory(name: String, foods: List[Food])

  private var categories = List(
    FoodCategory("fruits", List(Apple, Orange)),
    FoodCategory("misc", List(Cream, Sugar)))

  def allCategories = categories
}

object SimpleBrowser {
  def recipesUsing(food: Food) =
    SimpleDatabase.allRecipes.filter(recipe =>
      recipe.ingredients.contains(food))

  def displayCategory(category: SimpleDatabase.FoodCategory) = {
    println(category)
  }
}
```

이 시점에 더 많은 기능을 추가할 수도 있다. 하지만 여러분은 이미 핵심 요소들을 배웠다. 프로그램은 싱글톤 객체로 나눌 수 있다. 이들을 모듈로 생각할 수 있다. 이는 그리 대단한 소식은 아니다. 하지만 이런 기능은 나중에 추상화를 시도할 때 아주 유용하다.

29.3 추상화

지금까지 보여준 예제에서 가까스로 애플리케이션을 데이터베이스와 브라우저 모듈로 분리하긴 했지만, 그 설계는 아직도 그리 '모듈화'되어 있지 않다. 문제는 기본적으로 다음과 같이 브라우저와 데이터베이스 모듈 사이에 '단단한 연결'이 존재하기 때문이다.

```
SimpleDatabase.allRecipes.filter(recipe => ...
```

SimpleBrowser 모듈이 SimpleDatabase의 이름을 직접 부르기 때문에, 데이터베이스 모듈을 바꿔 끼우려면 브라우저도 컴파일해야만 한다. 게다가, SimpleDatabase로부터 SimpleBrowser 모듈로의 단단한 연결은 없다.[6] 하지만, 예를 들면 사용자 인터페이스 계층이 브라우저 모듈의 다른 구현체를 사용할 수 있도록 설정할 방법도 찾아볼 수 없다.

하지만 이런 모듈을 더 잘 끼워 넣을 수 있게 하려면, 코드 중복을 피하는 일이 중요하다. 같은 모듈의 다양한 구현들이 많은 코드를 공유하리라 예상할 수 있기 때문이다. 예를 들어 여러 조리법 데이터베이스를 지원하기 위해 같은 코드 기반을 사용하고 싶고, 각각의 조리법 데이터베이스마다 별도의 브라우저를 만들 수 있기를 바란다고 가정해보자. 그렇다면 각 인스턴스마다 브라우저 코드를 재활용하고 싶을 것이다. 브라우저에서 각기 다른 부분은 참조하는 데이터베이스뿐이기 때문이다. 데이터베이스 구현을 제외하면, 나머지 코드는 한 글자도 남김없이 재활용이 가능하다. 이런 경우 어떻게 프로그램을 구성해야 코드 반복을 최소화할 수 있을까? 어떻게 사용하는 데이터베이스 구현과 관계없이 코드를 재설정 가능하게 만들 수 있을가?

답은 이미 익숙한 것이다. 만약 모듈이 객체라면, 클래스가 모듈에 대한 템플릿이다. 따라서 모든 인스턴스의 공통점을 클래스로 기술하는 것처럼, 모든 가능한 설정의 모듈들에서 공통적인 부분을 클래스로 기술할 수 있다.

따라서 브라우저 정의를 객체가 아니라 클래스로 만든다. 그리고 사용할 데이터베이스를 그 클래스의 추상 멤버로 만든다. 리스트 29.6에 코드가 있다. 데이터베이스도 역시 클래스로 만들되, 여러 데이터베이스의 공통점을 가능한 한 많이 집어넣는다. 그리고 각 데이터베이스가 꼭 정의해야 하는 빠진 부분을 명시해둔다. 여기서는 모든 데이터베이스 모

---

6 이건 좋은 일이다. 각 아키텍처 계층은 자기 하위 계층에만 의존해야 하기 때문이다.

들이 allFoods, allRecipes, allCategories 메서드를 제공해야 한다. 하지만 메서드의 구현은 데이터베이스에 따라 각각 다를 수 있으므로, 이들을 추상 메서드로 Database 클래스에 넣는다. 반면, 리스트 29.7처럼 foodNamed 메서드는 추상 Database 클래스 안에 정의할 수 있다.

리스트 29.6 추상 데이터베이스에 대한 val 값을 가진 Browser 클래스

```
abstract class Browser {
  val database: Database

  def recipesUsing(food: Food) =
    database.allRecipes.filter(recipe =>
      recipe.ingredients.contains(food))

  def displayCategory(category: database.FoodCategory) = {
    println(category)
  }
}
```

리스트 29.7 추상 메서드가 있는 Database 클래스

```
abstract class Database {
  def allFoods: List[Food]
  def allRecipes: List[Recipe]

  def foodNamed(name: String) =
    allFoods.find(f => f.name == name)

  case class FoodCategory(name: String, foods: List[Food])
  def allCategories: List[FoodCategory]
}
```

이제, 리스트 29.8처럼 SimpleDatabase 객체를 추상 Database 클래스를 상속하도록 변경한다.

리스트 29.8 Database의 서브클래스로 만든 SimpleDatabase

```
object SimpleDatabase extends Database {
  def allFoods = List(Apple, Orange, Cream, Sugar)

  def allRecipes: List[Recipe] = List(FruitSalad)

  private var categories = List(
    FoodCategory("fruits", List(Apple, Orange)),
    FoodCategory("misc", List(Cream, Sugar)))
```

```
    def allCategories = categories
}
```

이제, 리스트 29.9처럼 사용할 데이터베이스를 지정해 Browser 클래스를 인스턴스화해서 구체적인 브라우저 모듈을 만든다.

리스트 29.9 Browser의 서브클래스로 만든 SimpleBrowser 객체

```
object SimpleBrowser extends Browser {
  val database = SimpleDatabase
}
```

이렇게 만든 모듈은 더 끼워 넣기 좋지만, 예전과 다름없이 사용할 수 있다.

```
scala> val apple = SimpleDatabase.foodNamed("Apple").get
apple: Food = Apple

scala> SimpleBrowser.recipesUsing(apple)
res1: List[Recipe] = List(fruit salad)
```

하지만 이제 리스트 29.10처럼, 원한다면 두 번째 목 데이터베이스를 만들 수 있고 그 데이터베이스에 앞에서와 같은 브라우저 클래스를 쓸 수 있다.

리스트 29.10 학생 데이터베이스와 브라우저

```
object StudentDatabase extends Database {
  object FrozenFood extends Food("FrozenFood")

  object HeatItUp extends Recipe(
    "heat it up",
    List(FrozenFood),
    "Microwave the 'food' for 10 minutes.")

  def allFoods = List(FrozenFood)
  def allRecipes = List(HeatItUp)
  def allCategories = List(
    FoodCategory("edible", List(FrozenFood)))
}
object StudentBrowser extends Browser {
  val database = StudentDatabase
}
```

29.4 모듈을 트레이트로 분리하기

때때로 모듈이 너무 커서 한 파일에 넣기 어려울 때가 있다. 그런 일이 생기면, 트레이트를 사용해 모듈을 여러 파일로 나눌 수 있다. 예를 들어, 카테고리 관련 코드를 주 Database 파일에서 빼서 따로 분리하고 싶다고 하자. 리스트 29.11처럼 그 부분에 대한 트레이트를 만들 수 있을 것이다.

리스트 29.11 음식 카테고리 트레이트

```
trait FoodCategories {
  case class FoodCategory(name: String, foods: List[Food])
  def allCategories: List[FoodCategory]
}
```

이제 Database는 직접 FoodCategory와 allCategories를 정의하는 대신 FoodCategories 트레이트를 섞을 수 있다. 이는 리스트 29.12에 있다.

리스트 29.12 FoodCategories 트레이트를 혼합하는 Database 클래스

```
abstract class Database extends FoodCategories {
  def allFoods: List[Food]
  def allRecipes: List[Recipe]
  def foodNamed(name: String) =
    allFoods.find(f => f.name == name)
}
```

이런 방법을 계속 사용해 SimpleDatabase를 음식과 조리법에 대한 두 트레이트로 분리할 수도 있다. 이렇게 되면 리스트 29.13과 같이 SimpleDatabase를 정의할 수 있다.

리스트 29.13 믹스인만 가지고 만든 SimpleDatabase 객체

```
object SimpleDatabase extends Database
  with SimpleFoods with SimpleRecipes
```

SimpleFoods 트레이트는 리스트 29.14와 같이 만들 수 있다.

```
trait SimpleFoods {
  object Pear extends Food("Pear")

  def allFoods = List(Apple, Pear)
  def allCategories = Nil
}
```

지금까진 아주 좋았다. 하지만 불행히도 다음과 같이 SimpleRecipes를 정의하려 하면 문제가 생긴다.

```
trait SimpleRecipes { // 컴파일 못 함
  object FruitSalad extends Recipe(
    "fruit salad",
    List(Apple, Pear),      // 어~~?
    "Mix it all together."
  )
  def allRecipes = List(FruitSalad)
}
```

문제는 Pear가 객체가 사용하는 트레이트가 아닌 다른 트레이트에 있기 때문에 스코프를 벗어나서 생긴다. 컴파일러는 SimpleRecipes를 SimpleFoods와 함께 믹스인해야 한다는 사실을 알 도리가 없다.

하지만 이를 컴파일러에게 알려줄 방법이 있다. 스칼라는 바로 이런 때를 위해 **셀프 타입** self type을 제공한다. 기술적으로 볼 때, 셀프 타입은 클래스 안에서 사용하는 모든 this의 타입이 어떤 것인지를 가정하는 것이다. 실용적인 측면에서 볼 때, 셀프 타입은 트레이트가 섞여 들어갈 구체적 클래스를 제한한다. 만약 어떤 트레이트가 또 다른 트레이트나 트레이트들과 함께 섞여야만 한다면, 이렇게 함께 사용해야 하는 다른 트레이트를 가정했음을 기술해야 한다. 앞의 예에서는 리스트 29.15와 같이 SimpleFoods만을 셀프 타입으로 명시하면 충분하다.

```scala
trait SimpleRecipes {
  this: SimpleFoods =>

  object FruitSalad extends Recipe(
    "fruit salad",
    List(Apple, Pear),        // 이제 Pear가 스코프 안에 있다.
    "Mix it all together."
  )
  def allRecipes = List(FruitSalad)
}
```

셀프 타입이 있기 때문에, 이제는 Pear를 사용할 수 있다. Pear라는 참조는 암시적으로 this.Pear로 간주된다. 이렇게 하는 것은 안전하다. 왜냐하면 SimpleRecipes를 섞는 '구체적인' 클래스라면 또한 SimpleFoods의 서브타입이어야 하기 때문이다. 이는 Pear가 멤버라는 이야기다. 추상 서브클래스와 트레이트는 이런 제약을 따를 수 없지만, 둘 다 new로 인스턴스화할 수 없기 때문에 this.Pear 참조가 실패할 위험성은 없다.

29.5 실행 시점 링킹

스칼라 모듈의 마지막 특성은 강조할 만하다. 모듈들은 실행 시점에 서로 링크할 수 있다. 따라서 실행 시점의 필요에 따라 어떤 모듈을 링크할지 결정할 수 있다. 예를 들어, 리스트 29.16의 코드는 실행 시점에 데이터베이스를 선택해서 그 안에 있는 모든 사과 조리법을 출력한다.

리스트 29.16 동적으로 모듈 구현체를 선택하는 애플리케이션

```scala
object GotApples {
  def main(args: Array[String]) {
    val db: Database =
      if(args(0) == "student")
        StudentDatabase
      else
        SimpleDatabase

    object browser extends Browser {
      val database = db
```

```
    }
    val apple = SimpleDatabase.foodNamed("Apple").get

    for(recipe <- browser.recipesUsing(apple))
      println(recipe)
  }
}
```

이제, 간단한 데이터베이스를 사용한다면 과일 샐러드 조리법을 볼 수 있다. 학생 데이터베이스를 사용한다면 아무 출력도 볼 수 없을 것이다.

```
$ scala GotApples simple
fruit salad
$ scala GotApples student
$
```

스칼라 코드로 설정하기

다시 이번 장 시작 부분의 원래 예제에 있는 문제로 다시 빠져드는 게 아닌가 생각하는 독자도 있을 것이다. 리스트 29.16의 GotApples 객체는 StudentDatabase와 SimpleDatabase에 대한 단단한 연결을 사용하지 않는가? 여기서 달라진 부분은 여기 있는 단단한 연결은 바뀌칠 수 있는 파일 하나로 지역화됐다는 점이다.

모든 모듈화된 애플리케이션은 구체적 시나리오에 따라 어떤 모듈 구현을 사용할지 지정할 수 있는 방법이 필요하다. 이렇게 애플리케이션을 '설정하는' 동작은 정의상 구체적인 모듈 구현의 이름을 얻는 것과 관계가 있다. 예를 들어, 스프링 애플리케이션에서는 외부 XML 파일 안에서 구현체 이름을 설정한다. 스칼라에서는 스칼라 코드 자체를 사용한다. XML보다 스칼라 소스로 설정하는 편이 더 나은 이유는, 스칼라 컴파일러를 통해 설정을 수행하기 때문에 이름을 잘못 입력하거나 해도 실제 실행하기 전에 발견이 가능하다는 것이다.

29.6 모듈 인스턴스 추적

같은 코드를 사용했음에도 불구하고, 앞 절에서 정의한 브라우저나 데이터베이스 모듈들은 각기 다른 모듈이다. 따라서 각 모듈은 내장 클래스 등의 자신만의 내용을 포함한다.

일례로 SimpleDatabase에 있는 FoodCategory는 StudentDatabase에 있는 것과 다른 클래스다!

```
scala> val category = StudentDatabase.allCategories.head
category: StudentDatabase.FoodCategory =
FoodCategory(edible,List(FrozenFood))
scala> SimpleBrowser.displayCategory(category)
                                    ^
       error: type mismatch;
        found    : StudentDatabase.FoodCategory
        required: SimpleBrowser.database.FoodCategory
```

모든 FoodCategory를 하나로 만들고 싶다면, FoodCategory 정의를 클래스나 트레이트의 밖으로 옮기면 된다. 선택은 여러분에게 달려 있다. 하지만 이미 말한 대로 각 Database는 자신만의 유일한 FoodCategory 클래스를 갖는다.

앞의 예제에서 본 두 FoodCategory 클래스는 실제로도 다르다. 따라서 컴파일러가 불평하는 것이 맞다. 하지만 때로 두 타입이 같은데도 컴파일러가 검증에 실패하는 경우가 있다. 컴파일러가 두 타입이 다르다고 하는데, 프로그래머인 당신이 볼 때는 두 타입이 완벽히 같은 경우가 있을 수 있다.

그런 경우 보통 **싱글톤 타입**singleton type을 사용해 문제를 해결하곤 한다. 예를 들어, GotApples 프로그램에서 타입 검사기는 db와 browser.database가 같다는 사실을 모른다. 그래서 두 객체 사이에 카테고리를 넘기면 타입 오류가 발생한다.

```
object GotApples {
  // 같은 정의들

  for (category <- db.allCategories)
    browser.displayCategory(category)

  // ...
}
GotApples2.scala:14: error: type mismatch;
 found    : db.FoodCategory
 required: browser.database.FoodCategory
       browser.displayCategory(category)
                               ^
one error found
```

이 오류를 피하려면 타입 검사기에게 이 둘이 같은 객체임을 알려줘야 한다. 리스트 29.17과 같이 browser.database의 정의를 바꿔서 할 수 있다.

리스트 29.17 싱글톤 타입 사용

```
object browser extends Browser {
  val database: db.type = db
}
```

database의 타입이 웃기게 생긴 db.type이라는 점을 제외하면 앞의 정의와 같다. 뒤에 붙은 '.type'은 **싱글톤 타입**이라는 뜻이다. 싱글톤 타입은 극히 구체적이어서 한 객체만을 담아둘 수 있다. 여기서는 db가 지칭하는 객체의 타입을 말한다. 보통 그렇게 너무 좁은 타입은 유용성이 떨어지기 때문에 컴파일러가 자동으로 그런 타입을 지정하지는 않는다. 하지만 여기서는 싱글톤 타입을 사용해 컴파일러에게 db와 browser.database가 같은 객체임을 알려주는 방식으로 타입 오류를 없앨 수 있다.

29.7 결론

29장에서는 스칼라의 객체를 모듈로 사용하는 법을 살펴봤다. 이런 접근 방법을 사용하면 간단한 정적인 모듈 외에도 추상적이거나 재사용 가능한 모듈을 다양한 방법으로 만들 수 있다. 또한 더 추상화한 기법도 보여줬다. 클래스 안에서 잘 작동하는 것은 모듈을 구현하기 위해 사용한 클래스에서도 잘 작동하기 때문이다. 언제나 그렇듯, 스칼라의 능력을 어느 정도 활용할지는 여러분의 취향에 달려 있다.

모듈은 대규모 프로그래밍의 일부다. 그렇기 때문에 실험하기 어렵다. 실제 차이를 느껴보려면 큰 프로그램을 만들어봐야 한다. 그럼에도 불구하고, 이 장을 읽은 독자라면 모듈화된 스타일로 프로그래밍하고 싶을 때 어떤 스칼라 기능을 사용할지 알 것이다. 여러분이 스스로 큰 프로그램을 작성하거나, 다른 사람이 작성한 코드에서 이런 코딩 패턴이 눈에 띈다면 여기서 설명한 기법들을 생각해보라.

Chapter

30

객체의 동일성

프로그래밍을 하다 보면 두 객체가 같은지 동일성을 비교할 일이 어디서나 있다. 또한 동일성 비교는 처음 대충 생각한 것보다 훨씬 어려운 일이기도 하다. 30장에서는 객체의 동일성을 자세히 살펴보고, 여러분이 스스로 동일성 검사를 설계할 때 염두에 둬야 할 점에 대해 조언할 것이다.

30.1 스칼라에서의 동일성

11.2절에서 언급했듯이, 스칼라와 자바는 동일성의 정의가 다르다. 자바에는 두 가지 동일성 비교가 있다. == 연산자는 값 타입에 대해서는 자연스러운 등호와 같고, 참조 타입의 경우에는 동일한 객체인지(즉, 두 객체의 주소가 같은지)를 비교한다. 반면 equals 메서드는 참조 타입에 대한 표준 동일성 검사를 제공하는 (사용자 정의) 메서드다. 이런 관례는 더 자연스러워 보이는 == 기호가 항상 자연스러운 동일성을 나타내지는 못한다는 문제가 있다. 자바 프로그램을 작성할 때 초보자가 자주 빠지는 함정이 equals로 비교해야만 하는 두 객체를 ==를 사용해 비교하는 것이다. 예를 들어, 자바에서 두 문자열 x와 y를 x == y로 비교하면 x와 y가 문자가 같은 순서로 나열된 문자열이었다고 해도 false가 나올 수 있다.

스칼라에도 마찬가지로 객체가 같은지 비교하는 동일성 연산자가 있다. 하지만 이를 자주 사용하지는 않는다. 그런 동일성은 x eq y라고 쓰며, x와 y가 같은 객체를 가리킬 때만 true다. 스칼라에서는 == 동일성을 '자연스러운' 동일성을 위해 예약해뒀다. 값 타입의 경우 ==는 자바와 마찬가지로 값을 비교한다. 참조 타입의 경우 스칼라의 ==는 자바 equals와 같다. 새로운 타입에 대해 equals 메서드를 오버라이드하면 ==의 의미를 재정의할 수 있다. equals는 Any 클래스에 있기 때문에 모든 스칼라 클래스는 equals를 상속한다. 오버라이드하지 않은 경우 사용하는 (Any의) equals는 자바의 ==와 마찬가지로 객체 동일성을 사용한다. 따라서 equals(그리고 ==)는 기본적으로는 eq와 같다.

```
final def == (that: Any): Boolean =
  if (null eq this) {null eq that} else {this equals that}
```

30.2 동일성 비교 메서드 작성

equals 메서드를 어떻게 정의해야 할까? 객체지향 언어에서 올바른 동일성 비교 메서드를 작성하는 일은 놀랄 만큼 어렵다. 실제로 상당한 양의 자바 코드를 연구한 뒤, 2007년 논문의 저자들은 거의 대부분의 equals 메서드에 오류가 있다는 결론을 내렸다.[1] 이건 문제다. 왜냐하면 동일성은 다른 많은 것의 근간이기 때문이다. 한 가지 예를 들자면, C라는 타입에 대해 잘못 작성한 동일성 메서드가 있다면 이 C 타입의 객체를 컬렉션에 안심하고 넣을 수가 없다.

예를 들어 두 원소 elem1과 elem2가 같은 경우, 즉 elem1 equals elem2가 true를 반환하는 경우라 하자. 잘못된 equals 구현이었다면 이런 경우라도 다음과 같이 동작하는 컬렉션을 볼 수도 있다.

```
var hashSet: Set[C] = new collection.immutable.HashSet
hashSet += elem1
hashSet contains elem2  // false를 반환!
```

---

1   바지리(Vaziri) 등, 'Declarative Object Identity Using Relation Types'[Vaz07]

다음은 equals 구현 시 일관성이 없는 동작을 야기할 수 있는 네 가지 일반적인 함정[2]이다.

1. equals 선언 시 잘못된 시그니처를 사용하는 경우

2. equals를 변경하면서 hashCode는 그대로 놔둔 경우

3. equals를 변경 가능한 필드의 값을 기준으로 정의한 경우

4. equals를 동치 관계^{equivalence relation}로 정의하지 않은 경우

이번 절의 나머지 부분에서는 이 네 가지 함정에 대해 설명할 것이다.

함정 #1: equals 선언 시 잘못된 시그니처를 사용하는 경우

다음과 같이 점을 표현하는 간단한 클래스에 동일성 연산을 추가한다고 하자.

```
class Point(val x: Int, val y: Int) { ... }
```

너무나 당연해 보이지만, 실제로는 잘못된 다음과 같은 정의를 할지도 모른다.

```
// 잘못된 equals 정의
def equals(other: Point): Boolean =
  this.x == other.x && this.y == other.y
```

이 메서드의 어디가 잘못일까? 처음 봤을 때는 잘 작동하는 것 같아 보인다.

```
scala> val p1, p2 = new Point(1, 2)
p1: Point = Point@37d7d90f
p2: Point = Point@3beb846d

scala> val q = new Point(2, 3)
q: Point = Point@e0cf182

scala> p1 equals p2
res0: Boolean = true

scala> p1 equals q
res1: Boolean = false
```

---

2   이 중 세 번째 함정을 제외한 나머지 함정을 자바에 대해 설명한 것이 『Effective Java Second Edition』[Blo08]에 있다.

하지만 점을 컬렉션에 넣으면서 문제가 생기기 시작한다.

```
scala> import scala.collection.mutable
import scala.collection.mutable
scala> val coll = mutable.HashSet(p1)
coll: scala.collection.mutable.HashSet[Point] =
Set(Point@37d7d90f)
scala> coll contains p2
res2: Boolean = false
```

p1을 coll에 추가했고 p1과 p2가 같은데도 coll이 p2를 포함하지 않는다는 것을 어떻게 설명할 수 있을까? 다음을 보면 이유는 분명해진다. 여기서는 두 점 중 한쪽의 정확한 타입을 가리고 동일성을 검사해봤다. p2a를 p2의 별명으로 만들되, Point가 아니라 Any 타입으로 만든다.

```
scala> val p2a: Any = p2
p2a: Any = Point@3beb846d
```

이제 다시 p2a와 p1을 비교해보면 다음과 같은 결과가 나온다.

```
scala> p1 equals p2a
res3: Boolean = false
```

어디가 잘못됐을까? 사실, 앞에서 정의한 equals는 표준 메서드인 equals를 오버라이드하지 않는다. 왜냐하면 타입이 다르기 때문이다. 다음은 루트 클래스인 Any[3]에 있는 equals다.

```
def equals(other: Any): Boolean
```

Point의 equals가 Any 대신 Point를 파라미터로 받기 때문에, Any에 있는 equals를 오버라이드하지 않는다. 대신 equals를 따로 오버로드할 뿐이다. 현재, 스칼라나 자바는 오버로드를 인자의 동적 타입이 아니라 정적인 타입에 의해 결정한다. 따라서 인자의 정적

---

3 자바에 익숙한 사람이라면 이 메서드에 대한 인자가 Any가 아니고 Object여야 한다고 생각할 수도 있다. 그 부분에 대해 걱정하지 마라. 이 메서드가 바로 그 메서드다. 단지 컴파일러가 Any 타입으로 보여줄 뿐이다.

타입이 Point이면 Point의 equals를 호출한다. 하지만 정적 타입을 Any로 바꾸면 Any의 equals를 대신 호출한다. Any의 equals를 오버라이드하지 않았기 때문에, 이 메서드는 여전히 객체의 동일성을 사용한다.

그것이 p1이나 p2a가 같은 x와 y 좌표인데도 p1 equals p2a가 false로 나오는 이유다. 또한 같은 이유로 HashSet의 contains도 false를 반환한다. contains가 제네릭 집합에 작용하기 때문에, Point에 있는 오버로드한 버전이 아니라 Object에 있는 더 일반적인 equals 메서드를 호출하기 때문이다. 더 나은 equals 메서드는 다음과 같다.

```
// 더 나은 정의. 하지만 여전히 완전하지는 않다.
override def equals(other: Any) = other match {
  case that: Point => this.x == that.x && this.y == that.y
  case _  => false
}
```

이제 euqals의 타입이 제대로 되어 있다. Any 타입의 값을 파라미터로 받아서 Boolean 결과를 내어놓는다. 이 메서드의 구현은 패턴 매치를 사용한다. 우선 다른 객체가 Point인지 검사한다. 만약 Point 타입이라면 두 점의 좌표를 비교하고, 그렇지 않다면 false를 반환한다.

이와 관계있는 다른 함정으로는 ==를 잘못된 시그니처로 정의하는 것이다. 보통 ==를 올바른 시그니처(즉, 파라미터로 Any를 받도록)로 재정의하면, 컴파일러가 Any의 final 메서드를 변경하려 한다고 오류를 표시할 것이다.

스칼라 초보자들은 두 가지 실수를 동시에 저지르곤 한다. 즉, ==를 오버라이드하면서, 잘못된 시그니처를 사용하는 것이다. 예를 들어보자.

```
def ==(other: Point): Boolean = // 이러면 안 된다!
```

이 경우 사용자가 정의한 == 메서드는 Any에 있는 같은 이름의 메서드를 오버로드한 것으로 취급된다. 따라서 컴파일도 문제가 없다. 하지만 이 프로그램의 동작은 equals를 잘못된 시그니처로 만들었을 때와 마찬가지로 불확실해진다.

함정 #2: equals를 변경하면서 hashCode는 그대로 놔둔 경우

함정 #1에서 사용한 예제를 계속 사용할 것이다. 마지막 Point 정의를 따라 p1과 p2a를 다시 비교한다면, 예상한 대로 true를 볼 수 있다. 하지만 HashSet.contains 검사를 해보면 아마 여전히 false가 나올 것이다.

```
scala> val p1, p2 = new Point(1, 2)
p1: Point = Point@122c1533
p2: Point = Point@c23d097

scala> mutable.HashSet(p1) contains p2
res4: Boolean = false
```

사실, 이 결과는 100% 확실하지는 않다. 어쩌면 여러분이 실험해보면 true가 나올 수도 있다. true가 나왔다면 (1, 2) 좌표의 Point를 몇 개 더 만들어서 테스트해보라. 언젠가는 false가 나오는(즉, 집합에 들어 있지 않다고 결과가 잘못 나오는) 경우를 볼 수 있을 것이다. 여기서 문제는 Point가 equals는 재정의했지만 hashCode는 재정의하지 않았다는 데 있다.

예제의 컬렉션이 HashSet이었음에 주목하라. 이는 원소들이 해시 코드에 따른 '해시 버킷 hash bucket'에 들어간다는 뜻이다. contains는 먼저 들여다볼 해시 버킷을 결정한 다음, 주어진 원소를 그 버킷 안의 모든 원소와 비교한다. 여기서 Point 클래스의 최종 버전에서 equals는 재정의했지만 hashCode는 재정의하지 않았다. 따라서 hashCode는 AnyRef에 있는 것이 계속 쓰인다. 그 메서드는 객체 주소를 적당히 바꿔서 해시 코드로 만든다.

p1과 p2의 해시 코드는 그 둘의 필드가 동일한 것을 가리키고 있음에도 불구하고, 거의 확실히 서로 다를 것이다. 서로 해시 코드가 다르다면 집합 안에서 각기 다른 해시 버킷에 들어갈 가능성이 훨씬 높다. contains는 p2의 해시 코드와 일치하는 버킷에서 원소를 검색한다. 대부분의 경우 p1은 다른 버킷에 있기 때문에 결코 찾을 수가 없다. p1과 p2가 우연히 같은 해시 버킷에 들어갈 수도 있다. 그런 경우에는 contains가 true를 반환한다. 문제는 Point의 최종 구현이 Any에서 요구하는 hashCode의 계약을 위반했다는 데 있다.[4]

> 만약 equals 메서드로 따졌을 때 두 객체가 같다면, hashCode를 각 객체에 호출한 결과도 같은 정숫값을 만들어내야만 한다.

---

4 본문에 있는 Any의 hashCode 계약 부분은 java.lang.Object 클래스의 자바독 문서에서 영감을 받았다.

실제로, 자바에서 hashCode와 equals를 항상 함께 정의해야 한다는 사실이 잘 알려져 있다. 더 나아가, hashCode가 equals가 사용하는 필드만 사용해 해시를 결정해도 될 것이다. Point 클래스라면 다음과 같은 hashCode 정의가 적절할 것이다.

```scala
class Point(val x: Int, val y: Int) {
  override def hashCode = (x, y).##
  override def equals(other: Any) = other match {
    case that: Point => this.x == that.x && this.y == that.y
    case _ => false
  }
}
```

물론 이 코드는 가능한 hashCode 구현 중 하나일 뿐이다. ## 메서드는 기본 타입의 값, 참조 타입의 값, 그리고 null 값에 작용하는 해시 코드를 계산하는 것을 짧게 쓴 것임을 기억하라. 컬렉션이나 튜플에 대해 ##을 호출하면, 그것은 컬렉션에 들어 있는 모든 원소에 대해 적당한 해시 코드를 계산해준다. 이번 장에서 다시 hashCode를 어떻게 작성해야 하는지에 대해 길잡이를 제공할 것이다.

hashCode를 추가하면 Point 같은 클래스를 정의할 때 생길 수 있는 동일성 문제를 해결할 수 있다. 하지만 여전히 우리가 살펴봐야 할 문제점이 몇 가지 남아 있다.

함정 #3: equals를 변경 가능한 필드의 값을 기준으로 정의한 경우

Point 클래스를 약간 바꾼 다음 코드를 보자.

```scala
class Point(var x: Int, var y: Int) { // 문제가 있음
  override def hashCode = (x, y).##
  override def equals(other: Any) = other match {
    case that: Point => this.x == that.x && this.y == that.y
    case _ => false
  }
}
```

차이점은 x와 y 필드가 이제 val이 아니라 var라는 것이다. 이에 따라 equals와 hashCode도 변경 가능한 필드의 값을 사용해 계산한다. 따라서 이 두 필드가 변경되면 두 메서드의 결과도 바뀐다. 이렇게 하면 여러 점을 컬렉션에 넣을 때 이상한 일이 생긴다.

```
scala> val p = new Point(1, 2)
p: Point = Point@5428bd62

scala> val coll = collection.mutable.HashSet(p)
coll: scala.collection.mutable.HashSet[Point] =
Set(Point@5428bd62)

scala> coll contains p
res5: Boolean = true
```

이제 점 p의 필드를 바꿔도 여전히 컬렉션에 p가 들어 있을까? 한번 시도해보자.

```
scala> p.x += 1

scala> coll contains p
res7: Boolean = false
```

이상하다. p가 어디로 갔을까? 더 이상한 일은 여러분이 이 집합의 이터레이터가 p를 포함하는지 검사할 때 생긴다.

```
scala> coll.iterator contains p
res8: Boolean = true
```

주어진 집합에는 p가 안 들어 있는데, p가 그 집합의 원소 중에는 있다는 것이다! 물론, 여기서 벌어진 일은 여러분이 x 필드값을 변경했기 때문에 coll 집합에서 p의 버킷을 잘 못 계산한 것이다. 원래의 해시 버킷(x가 바뀌기 전에 계산했던 값)은 더 이상 새로운 해시 버킷과 같지 않다. 다시 말해, 점 p는 집합 coll의 원소로 들어 있긴 하지만 '시야에서 사라졌다'.

이 예제에서 얻을 수 있는 교훈은 equals와 hashCode가 변경 가능한 상태에 의존하면 잠 재적으로 문제를 야기할 수 있다는 것이다. 이런 객체를 컬렉션에 넣는다면 의존하고 있는 상태를 깨지 않도록 조심해야 한다. 그렇지만 그건 쉽지 않다. 만약 객체의 최신 상태를 감안하는 비교가 필요하다면 이름을 equals라고 지어서는 안 된다.

Point의 마지막 정의를 생각해보자. 그 클래스에서는 hashCode 재정의는 없애고, equals는 equalContents 등의 다른 이름을 붙이는 편이 더 나았을 것이다. 이렇게 하면 Point가 기본 equals와 hashCode를 상속한다. 따라서 x 필드의 값을 바꿔도 여전히 coll 내의 어디에 있는지 찾을 수 있었을 것이다.

함정 #4: equals를 동치 관계로 정의하지 않는 경우

scala.Any의 equals 메서드의 계약은 null이 아닌 객체에 대해 equals가 동치 관계 equivalence relation여야 한다고 명시한다.[5]

- **반사성**reflexive: 널이 아닌 값 x에 대해 x.equals(x)는 true를 반환해야 한다.
- **대칭성**symmetric: 널이 아닌 값 x, y에 대해 x.equals(y)가 true를 반환하면 y.equals(x) 도 true를 반환해야 한다. 또한 y.equals(x)가 true이면 x.equals(y)도 true여야 한다.
- **추이성**transitive: 널이 아닌 값 x, y, z에 대해 x.equals(y)가 true이고 y.equals(z)가 true를 반환하면, x.equals(z)도 true를 반환해야 한다.
- **일관성**consistent: 널이 아닌 값 x, y에 대해 x.equals(y)를 여러 번 호출해도 x나 y 객체 에 있는 정보가 변경되지 않은 이상 계속 true나 false 중 한 값을 일관되게 반환해 야 한다.
- 널이 아닌 값 x에 대해 x.equals(null)은 false를 반환해야 한다.

지금까지 Point에 대해 만든 equals 정의는 equals의 계약 조건을 만족한다. 하지만 서브 클래스를 고려해야 하는 경우 문제가 더 복잡해진다. Point의 서브클래스로 Color 타입 의 필드 color를 추가한 ColoredPoint가 있다고 하자. Color가 20.9절과 같이 열거형이라 가정하자.

```scala
object Color extends Enumeration {
  val Red, Orange, Yellow, Green, Blue, Indigo, Violet = Value
}
```

ColoredPoint는 새로운 color 필드를 염두에 두도록 equals를 오버라이드한다.

---

5 hashCode와 마찬가지로 Any의 equals 메서드 계약은 java.lang.Object의 equals 메서드 계약을 기반으로 한다.

```
class ColoredPoint(x: Int, y: Int, val color: Color.Value)
    extends Point(x, y) { // 문제가 있음. 대칭성이 성립하지 않음

  override def equals(other: Any) = other match {
    case that: ColoredPoint =>
      this.color == that.color && super.equals(that)
    case _ => false
  }
}
```

위의 코드는 대부분의 프로그래머가 작성할 법한 것이다. 이 경우 클래스 ColoredPoint
는 hashCode를 오버라이드할 필요가 없다. 새로운 equals 정의는 Point 안에 있던 원래
의 정의에 제약을 더 가한 것이기 때문에(즉, 이 equals는 더 적은 객체들을 같다고 판정한다),
hashCode의 계약이 여전히 성립한다. 만약 색이 있는 두 점이 같다면 그 두 점은 좌표도
같아야 한다. 따라서 이런 점들의 해시 코드는 여전히 같다.

ColoredPoint만 생각한다면 이 equals 정의는 문제없어 보인다. 하지만 점과 색이 있는
점을 섞어서 사용하는 순간 equals의 계약이 망가진다. 다음을 보자.

```
scala> val p = new Point(1, 2)
p: Point = Point@5428bd62

scala> val cp = new ColoredPoint(1, 2, Color.Red)
cp: ColoredPoint = ColoredPoint@5428bd62

scala> p equals cp
res9: Boolean = true

scala> cp equals p
res10: Boolean = false
```

p equals cp는 p의 equals를 호출한다. 이는 Point 클래스에 속해 있다. 이 메서드는 두
점의 좌표만을 염두에 둔다. 따라서 이 비교는 true를 반환한다. 반면에, cp equals p는
cp의 equals, 즉 ColoredPoint에 있는 메서드를 사용한다. 이 메서드는 false를 반환한다.
왜냐하면 p가 ColoredPoint가 아니기 때문이다. 따라서 이 equals 정의는 대칭이 아니다.

대칭성이 깨지면 컬렉션에서 예기치 못한 결과가 생길 수 있다. 다음은 한 예다.

```
scala> collection.mutable.HashSet[Point](p) contains cp
res11: Boolean = true

scala> collection.mutable.HashSet[Point](cp) contains p
res12: Boolean = false
```

p와 cp가 같은 점인데도 한 contains는 성공하고, 다른 하나는 실패한다.

equals의 정의를 어떻게 바꾸면 대칭이 될까? 기본적으로 두 가지 방법이 있다. 관계를 더 엄격하게 만들거나, 더 느슨하게 만드는 것이다. 더 느슨하게 만든다는 것은 두 객체 x, y의 동일성을 비교할 때 x에 y를 비교하거나, y에 x를 비교해 둘 중 하나 이상이 true 이면 성립하게 하는 것이다. 다음은 이런 방법의 코드다.

```
class ColoredPoint(x: Int, y: Int, val color: Color.Value)
    extends Point(x, y) { // 문제가 있음. 추이성이 성립하지 않음

  override def equals(other: Any) = other match {
    case that: ColoredPoint =>
      (this.color == that.color) && super.equals(that)
    case that: Point =>
      that equals this
    case _ =>
      false
  }
}
```

여기 있는 ColoredPoint의 equals 정의에는 예전 것보다 한 가지 경우를 더 다룬다. 즉, 다른 객체가 Point이지만 ColoredPoint가 아닌 경우, Point의 equals를 사용해 동일한지 비교한다. 이렇게 하면 원하는 대로 equals를 대칭적으로 만들 수 있다. 하지만 여전히 equals의 계약이 깨져 있다. 이제 문제는 관계가 더 이상 추이적이지 않다는 것이다!

다음은 추이성이 깨졌음을 보여주는 예다. 색이 다른 두 점을 만드는데, 같은 위치에 만든다.

```
scala> val redp = new ColoredPoint(1, 2, Color.Red)
redp: ColoredPoint = ColoredPoint@5428bd62

scala> val bluep = new ColoredPoint(1, 2, Color.Blue)
bluep: ColoredPoint = ColoredPoint@5428bd62
```

개별적으로 따져보면 redp는 p와 같고, p는 bluep와 같다.

```scala
scala> redp == p
res13: Boolean = true

scala> p == bluep
res14: Boolean = true
```

하지만 redp와 bluep를 비교하면 false가 나온다.

```scala
scala> redp == bluep
res15: Boolean = false
```

따라서 equals의 계약사항에서 추이성 조항을 위반한 것이다.

equals를 더 느슨하게 정의하는 것은 막다른 골목인 것 같다. 이제 관계를 더 엄격하게 만들어보자. 한 가지 방법은 클래스가 다른 객체는 아예 서로 다른 것으로 간주하는 것이다. ColoredPoint와 Point 양쪽의 equals를 모두 고쳐야 이렇게 할 수 있다. 다음과 같이 Point에서는 다른 Point 객체의 실행 시점의 클래스가 자기 자신의 클래스와 일치하는지 살펴봐야 한다.

```scala
// 기술적으로는 맞지만 만족할 수는 없는 equals 메서드
class Point(val x: Int, val y: Int) {
  override def hashCode = (x, y).##
  override def equals(other: Any) = other match {
    case that: Point =>
      this.x == that.x && this.y == that.y &&
      this.getClass == that.getClass
    case _ => false
  }
}
```

ColoredPoint의 equals는 대칭성이 깨졌던 원래의 버전으로 돌려놓는다.[6]

---

6 Point에 새로운 구현을 채택했기 때문에, 이렇게 ColoredPoint를 변경해도 더 이상 대칭성 요구 조건을 깨지 않는다.

```
class ColoredPoint(x: Int, y: Int, val color: Color.Value)
    extends Point(x, y) {

  override def equals(other: Any) = other match {
    case that: ColoredPoint =>
      (this.color == that.color) && super.equals(that)
    case _ => false
  }
}
```

여기서 Point 클래스의 인스턴스는 동일한 클래스의 다른 인스턴스와, 오직 좌표가 같고
실행 시점 클래스가 동일한 경우에만 같다. 실행 시점 클래스가 같은지는 .getClass를 양
객체에 호출해서 반환되는 값을 비교하는 방식으로 검사한다. 이렇게 만든 새로운 정의
는 각기 다른 클래스에 속한 모든 객체 간의 비교가 실패하기 때문에 대칭성과 추이성을
만족한다. 따라서 어떤 색이 있는 점이 그냥 단순한 점과 같아지는 일은 결코 없다. 이런
방식은 수긍할 만하지만, 이런 정의가 너무 엄격한 건 아니냐는 반론을 제기하는 사람도
있을 수 있다.

다음과 같이 (1, 2) 좌표의 점을 지정하는 방법을 살짝 뒤틀어놓은 것을 생각해보자.

```
scala> val pAnon = new Point(1, 1) { override val y = 2 }
pAnon: Point = $anon$1@5428bd62
```

pAnon이 p와 동일한가? 답은 '아니요'다. 왜냐하면 p와 pAnon에 연관된 java.lang.Class
객체가 다르기 때문이다. p의 경우 이는 Point이지만, pAnon은 Point를 상속한 이름 없는
클래스다. 하지만 분명히 pAnon은 좌표 (1, 2)를 가리키는 또 다른 점에 불과하다. 이를 p
와 별개로 취급하는 것은 합리적이지 않아 보인다.

막다른 골목인 것 같다. equals의 계약을 지키면서 여러 단계의 클래스 계층구조에 대해
동일성을 재정의할 방법이 없는 것일까? 사실 그런 방법이 있긴 하다. 하지만 그렇게 하
려면 equals와 hashCode 외에 메서드 하나를 더 정의해야만 한다. 기본적인 아이디어는
클래스가 equals(그리고 hashCode)를 재정의하자마자, 이 클래스에 속하는 객체들은 더 이
상 다른 동일성 메서드 정의가 있는 다른 슈퍼클래스의 객체와 같지 않다는 사실을 명시
해야만 한다는 것이다. 이를 위해 equals를 재정의하는 모든 클래스에는 canEqual 메서

드를 추가한다. 다음은 이 메서드의 시그니처다.

```
def canEqual(other: Any): Boolean
```

이 메서드는 other 객체가 (재)정의한 클래스의 인스턴스라면 true를 반환해야 하며, 그렇지 않다면 false를 반환해야 한다. equals는 이 함수를 호출해서 객체가 양방향으로 비교 가능한지 검사한다. 리스트 30.1은 이렇게 만들어진 새로운 (최종) 구현을 보여준다.

리스트 30.1 canEqual을 호출하는 슈퍼클래스의 equals 메서드

```
class Point(val x: Int, val y: Int) {
  override def hashCode = (x, y).##
  override def equals(other: Any) = other match {
    case that: Point =>
      (that canEqual this) &&
      (this.x == that.x) && (this.y == that.y)
    case _ =>
      false
  }
  def canEqual(other: Any) = other.isInstanceOf[Point]
}
```

이 클래스의 Point 메서드는 다른 객체가 이 객체와 canEqual 해야 한다는 추가 조건을 포함한다. Point의 canEqual 구현은 모든 Point의 인스턴스가 같을 수도 있다고 말한다.

리스트 30.2는 이에 따른 ColoredPoint 정의다. 새로 정의한 Point와 ColoredPoint의 equals가 계약 조건을 만족함을 보일 수도 있다. 동일성은 대칭적이고 추이적이다. Point를 ColoredPoint와 비교하면 언제나 false가 반환된다. 실제로 임의의 점 p와 임의의 색 있는 점 cp에 대해 p equals cp는 cp canEqual p가 false를 반환하기 때문에 false를 반환한다. 반대 방향의 비교인 cp equals p도 역시 false를 반환한다. p가 ColoredPoint가 아니어서, ColoredPoint의 equals에 있는 첫 패턴 매치가 실패하기 때문이다.

리스트 30.2 canEqual을 호출하는 서브클래스 equals 메서드

```
class ColoredPoint(x: Int, y: Int, val color: Color.Value)
    extends Point(x, y) {
  override def hashCode = (super.hashCode, color).##
  override def equals(other: Any) = other match {
```

```
    case that: ColoredPoint =>
      (that canEqual this) &&
      super.equals(that) && this.color == that.color
    case _ =>
      false
  }
  override def canEqual(other: Any) = other.isInstanceOf[ColoredPoint]
}
```

반면, Point의 각기 다른 서브클래스의 인스턴스들은 동일성 메서드들을 재정의하지 않는 한 서로 같을 수 있다. 예를 들어, 새로운 클래스 정의를 가지고 p와 pAnon을 비교하면 true가 나온다. 다음은 몇 가지 예다.

```
scala> val p = new Point(1, 2)
p: Point = Point@5428bd62

scala> val cp = new ColoredPoint(1, 2, Color.Indigo)
cp: ColoredPoint = ColoredPoint@e6230d8f

scala> val pAnon = new Point(1, 1) { override val y = 2 }
pAnon: Point = $anon$1@5428bd62

scala> val coll = List(p)
coll: List[Point] = List(Point@5428bd62)

scala> coll contains p
res16: Boolean = true

scala> coll contains cp
res17: Boolean = false

scala> coll contains pAnon
res18: Boolean = true
```

이 예제는 슈퍼클래스의 equals 구현이 canEqual을 호출한다면 서브클래스를 만든 프로그래머가 해당 서브클래스의 인스턴스가 슈퍼클래스의 인스턴스와 같을 수 있는지 여부를 결정할 수 있음을 보여준다. 예를 들어, ColoredPoint는 canEqual을 오버라이드한다. 따라서 색이 있는 점은 결코 전형적인 기존 point와는 같을 수 없다. 하지만 pAnon이 참조하는 이름 없는 서브클래스는 canEqual을 오버라이드하지 않기 때문에 그 인스턴스는 Point의 인스턴스와 같을 수가 있다.

canEqual을 사용하는 방법에 대해 가능한 비판으로는 이런 접근이 리스코프 치환 원칙에 위배된다는 것이다. 예를 들어, equals에 실행 시간 클래스를 비교하는 방식을 사용하면, 슈퍼클래스의 인스턴스와 같은 서브클래스를 만들 수가 없게 되어 LSP를 어긴다는 것이다.[7] 이런 주장은 LSP가 프로그래머는 서브클래스 인스턴스를 슈퍼클래스 인스턴스가 필요한 곳이라면 어디든 사용할 수 있어야 한다고 말하기 때문이다.

하지만 이전의 예에서 coll contains cp는 cp의 x와 y의 값이 컬렉션에 있는 점의 좌표와 일치하는 경우에도 false를 반환한다. 따라서 이 부분에서 Point가 필요한 곳에 ColoredPoint를 사용할 수 없기 때문에 LSP에 위배되는 것 같아 보인다. 하지만 우리는 이것이 잘못된 해석이라 믿는다. 왜냐하면 LSP는 서브클래스의 행동이 슈퍼클래스와 완전히 같을 것을 요구하는 것이 아니기도 하고, 우리가 구현한 서브클래스는 어떤 의미에서는 슈퍼클래스의 계약을 만족하기 때문이다.

실행 시점의 클래스를 비교하는 equals 메서드를 작성할 때의 문제는 그것이 LSP에 위배된다는 점에 있지 않고, 서브클래스의 인스턴스가 슈퍼클래스의 인스턴스와 같게 만들 수 있는 방법이 없다는 데 있다. 예를 들어 앞의 예에서 우리가 실행 시점의 클래스를 사용하는 방식을 택했다면, coll contains pAnon은 false를 반환했을 것이다. 하지만 이는 바라는 결과가 아니다. 반대로, 우리는 정말로 coll contains cp가 false를 반환하기를 원했다. ColoredPoint의 equals를 오버라이드함으로써, 좌표가 (1, 2)인 남색 점이 색이 없는 (1, 2)의 점과 같지 않음을 기본적으로 말하고 있는 것이다. 이에 따라, 앞의 예제에서 각기 다른 Point의 서브클래스 인스턴스를 컬렉션의 contains 메서드에 넘길 수 있었고, 두 가지 서로 다른, 그러나 둘 다 올바른 답을 얻을 수 있었다.

30.3 파라미터화한 타입의 동일성 정의

앞 예제의 equals 메서드는 모두 인자가 equals 메서드를 포함하는 클래스의 타입과 부합하는지 검사하는 패턴 매치로 시작했다. 클래스를 파라미터화하면 이 방법을 좀 더 응용할 필요가 있다.

---

7 블로크(Bloch), 『Effective Java Second Edition』, p. 39[Blo08]

예를 들어, 이진 트리를 생각해보자. 리스트 30.3의 클래스 계층구조는 이진 트리를 표현하는 Tree 추상 클래스를 정의한다. Tree에는 EmptyTree 객체와 비어 있지 않은 트리를 표현하는 Branch, 두 가지 구현이 있다. 비어 있지 않은 트리에는 원소 elem과 두 자식 트리 left와 right가 들어 있다. 각 원소의 타입은 타입 파라미터 T로 지정한다.

리스트 30.3 이진 트리 계층구조

```
trait Tree[+T] {
  def elem: T
  def left: Tree[T]
  def right: Tree[T]
}
object EmptyTree extends Tree[Nothing] {
  def elem =
    throw new NoSuchElementException("EmptyTree.elem")
  def left =
    throw new NoSuchElementException("EmptyTree.left")
  def right =
    throw new NoSuchElementException("EmptyTree.right")
}
class Branch[+T](
  val elem: T,
  val left: Tree[T],
  val right: Tree[T]
) extends Tree[T]
```

이제 이 클래스들에 equals와 hashCode를 추가할 것이다. Tree 자체의 경우 딱히 할 게 없다. 동일성 관련 메서드는 추상 클래스를 구현하는 각 서브클래스에서 별도로 구현해야 한다고 가정하기 때문이다. EmptyTree 객체의 경우 역시 할 일이 없다. 왜냐하면 AnyRef에서 상속한 equals와 hashCode만으로도 EmptyTree에서는 충분하기 때문이다. 무엇보다도 EmptyTree는 자기 자신하고만 동일하기 때문에, equals가 참조 동일성이어야 한다. AnyRef의 equals가 바로 그렇다.

하지만 Branch에 equals와 hashCode를 추가하려면 다소 많은 작업이 필요하다. 어떤 두 Branch 값들이 서로 같으려면 각각의 elem, left, right 필드가 같아야 한다. 이번 장의 앞 절에서 만들었던 방식대로 equals를 구현하는 편이 자연스럽다. 따라서 다음과 같은 코드를 만들 수 있다.

```
class Branch[T](
  val elem: T,
  val left: Tree[T],
  val right: Tree[T]
) extends Tree[T] {

  override def equals(other: Any) = other match {
    case that: Branch[T] => this.elem == that.elem &&
                            this.left == that.left &&
                            this.right == that.right
    case _ => false
  }
}
```

하지만 이 예제를 컴파일하면 unchecked 경고가 발생한다.[8] -unchecked 옵션을 켜고 컴파일하면 다음과 같이 문제가 드러난다.

```
$ fsc -unchecked Tree.scala
Tree.scala:14: warning: non variable type-argument T in type
pattern is unchecked since it is eliminated by erasure
    case that: Branch[T] => this.elem == that.elem &&
               ^
```

경고가 의미하는 대로, Branch[T] 타입에 대한 패턴 매치가 있지만 시스템이 검사할 수 있는 것은 단지 other가 참조하는 게 Branch(의 일종)인가 하는 것뿐이다. 즉, 시스템은 트리의 원소 타입이 T인지 검사할 수가 없다. 19장에서 그 이유를 설명했다. 컴파일러는 소거 단계erasure phase에 파라미터화한 타입의 원소 타입을 제거한다. 따라서 실행 시점에는 이를 검사할 수 없다.

그럼 우리가 무엇을 할 수 있을까? 다행이도 실제로는 두 자식 Branch가 같은 원소 타입인지를 검사할 필요가 없음을 알 수 있다. 원소 타입이 각기 다른 두 Branch가 같을 수도 있다. 각 필드가 모두 같다면 그렇다. 비어 있는 두 하위 트리와 Nil 원소가 들어 있는 Branch가 그런 경우다. 이런 경우 그런 두 Branch는 정적인 타입과 관계없이 동일하다고 판정하는 것이 바람직하다.

---

8 스칼라 2.11에서는 이 예제에서 경고가 발생하지 않지만 이는 컴파일러 버그다. – 옮긴이

```
scala> val b1 = new Branch[List[String]](Nil,
           EmptyTree, EmptyTree)
b1: Branch[List[String]] = Branch@9d5fa4f

scala> val b2 = new Branch[List[Int]](Nil,
           EmptyTree, EmptyTree)
b2: Branch[List[Int]] = Branch@56cdfc29

scala> b1 == b2
res19: Boolean = true
```

여기서 참이 나온 이유는 앞에서 보였던 Branch의 equals 구현 때문이다. 이 실행 예는 Branch의 원소 타입을 검사하지 않는다는 사실을 잘 보여준다. 만약 타입을 검사했다면 false가 결과로 나왔을 것이다.

이 클래스에서 비교 결과로 나올 수 있는 결과 중 어느 쪽이 더 자연스러운가에 대해서는 이견이 있을 수 있다. 이는 결국 클래스를 어떻게 표현해야 하는가에 대해 마음속에 가지고 있는 모델에 달려 있다. 타입 파라미터가 컴파일 시점에만 존재해야 한다고 생각하는 모델에서는 b1과 b2의 Branch 값이 같다고 간주하는 편이 더 자연스럽다. 반대로 타입 파라미터가 객체의 값의 일부라고 생각하는 모델에서는 그 둘이 다르다고 생각하는 편이 더 자연스럽다. 스칼라는 타입 소거 모델을 채택했고, 타입 파라미터는 실행 시점에 존재하지 않는다. 따라서 b1과 b2는 같다고 생각하는 게 더 자연스럽다.

unchecked 경고를 없애려면 equals 메서드를 조금 바꿔야 한다. 원소의 타입을 T로 지정하는 대신, t 같은 소문자를 사용한다.

```
case that: Branch[t] => this.elem == that.elem &&
                        this.left == that.left &&
                        this.right == that.right
```

15.2절에서, 패턴에서 소문자로 시작하는 타입 파라미터는 알려지지 않은 타입을 표현한다고 했음을 기억하라. 다음을 보자.

```
case that: Branch[t] =>
```

t가 어떤 타입이든 될 수 있으므로, 이 패턴 매치는 어떤 타입의 Branch 값과도 매치할 수

있다. 타입 파라미터 t는 Branch의 알려지지 않은 원소 타입을 표현한다. 이를 밑줄로 바꿔서 다음과 같이 써도 위의 표현과 같다.

```
case that: Branch[_] =>
```

이제 남은 일은 equals와 항상 함께 다니는 다른 두 메서드 hashCode와 canEqual을 Branch에 구현하는 것이다. 다음은 hashCode의 구현 예다.

```
override def hashCode: Int = (elem, left, right).##
```

이건 단지 가능한 여러 구현 중 하나에 불과하다. 앞에서 말했듯이, 기본 원칙은 모든 필드의 hashCode 값을 서로 조합하는 것이다. 다음은 Branch 클래스의 canEqual 구현이다.

```
def canEqual(other: Any) = other match {
  case that: Branch[_] => true
  case _ => false
}
```

canEqual의 구현에 타입 패턴 매치를 사용했다. 또한 isInstanceOf를 사용해 식을 만들 수도 있다.

```
def canEqual(other: Any) = other.isInstanceOf[Branch[_]]
```

트집을 잡고 싶은 생각이 든다면(여러분이 그러기를 권장한다!), 위 식의 _이 지정하는 것이 무엇인지 궁금할 것이다. 정리하면, 기술적으로 Branch[_]은 메서드의 타입 파라미터이며 타입 패턴이 아니다. 그렇다면 어떻게 타입 파라미터 중 일부를 정의하지 않고 그냥 둘 수가 있을까?

정답은 다음 장에 있다. Branch[_]은 **와일드카드 타입**wildcard type이라는 것의 축약 표현이다. 대강 말하자면, 알려지지 않은 부분이 안에 있는 타입을 의미한다. 따라서 기술적으로는 패턴 매치와 메서드 호출의 타입 파라미터에 있는 밑줄은 서로 다르지만 의미는 같다. 즉, 밑줄은 알려지지 않은 것을 표시한다. Branch의 최종 버전은 리스트 30.4와 같다.

```scala
class Branch[T](
  val elem: T,
  val left: Tree[T],
  val right: Tree[T]
) extends Tree[T] {

  override def equals(other: Any) = other match {
    case that: Branch[_] => (that canEqual this) &&
                            this.elem == that.elem &&
                            this.left == that.left &&
                            this.right == that.right

    case _ => false
  }

  def canEqual(other: Any) = other.isInstanceOf[Branch[_]]

  override def hashCode: Int = (elem, left, right).##
}
```

30.4 equals와 hashCode 요리법

이번 절에서는 대부분의 경우 충분한 equals와 hashCode 메서드를 만드는 요리법을 단계별로 보여줄 것이다. 과정을 보여주기 위해, 리스트 30.5의 Rational 클래스에 있는 메서드를 사용할 것이다.

이 클래스를 만들 때, 161페이지의 리스트 6.5에 보인 Rational 클래스에 있는 수학 연산자 메서드는 제거했다. 또한 toString을 약간 개선했고, numer와 denom을 모든 분수를 양의 분모를 갖도록 정규화했다(즉, $\frac{1}{-2}$은 $\frac{-1}{2}$로 변경한다).

리스트 30.5 equals와 hashCode가 있는 Rational 클래스

```scala
class Rational(n: Int, d: Int) {

  require(d != 0)

  private val g = gcd(n.abs, d.abs)
  val numer = (if (d < 0) -n else n) / g
  val denom = d.abs / g

  private def gcd(a: Int, b: Int): Int =
    if (b == 0) a else gcd(b, a % b)
```

```
override def equals(other: Any): Boolean =
  other match {

    case that: Rational =>
      (that canEqual this) &&
      numer == that.numer &&
      denom == that.denom

    case _ => false
  }

def canEqual(other: Any): Boolean =
  other.isInstanceOf[Rational]

override def hashCode: Int = (numer, denom).##

override def toString =
  if (denom == 1) numer.toString else s"$numer/$denom"
}
```

equals 요리법

다음은 equals를 오버라이드하기 위한 요리법이다.

1. equals를 파이널[final]이 아닌 클래스에서 오버라이드한다면, canEqual 메서드를 만들어야만 한다. equals를 AnyRef에서 상속받는다면(이는 이 클래스보다 상속 계층에서 더 높은 곳에 있는 클래스 중에 equals를 재정의한 곳이 없다는 뜻이다), canEqual을 새로 정의해야 할 것이다. 그렇지 않다면 canEqual은 예전 정의를 오버라이드해야 한다. 이 요구사항의 유일한 예외는 AnyRef에서 상속한 equals를 재정의하는 파이널 클래스뿐이다. 이런 경우에는 30.2절에서 이야기한 서브클래스 문제가 생기지 않기 때문에, canEqual을 정의할 필요가 없다. 정의 시 canEqual에 전달할 객체의 타입은 Any여야 한다.

   ```
   def canEqual(other: Any): Boolean =
   ```

2. canEqual 메서드는 인자 객체가 현재 클래스(그 canEqual을 정의한 클래스)라면 true를, 그렇지 않다면 false를 반환해야 한다.

   ```
   other.isInstanceOf[Rational]
   ```

3. equals 메서드 정의에서 전달받는 파라미터의 타입은 반드시 Any여야 한다.

```
override def equals(other: Any): Boolean =
```

4. equals 메서드의 본문을 match 표현식을 하나 사용해 작성하라. match의 셀렉터는 바로 equals가 넘겨받은 객체여야 한다.

```
other match {
  // ...
}
```

5. match 식은 두 가지 경우를 처리해야 한다. 첫 번째 대안 부분에서는 equals 메서드 정의가 있는 클래스의 타입과 같은 타입 패턴을 선언해야 한다.

```
case that: Rational =>
```

6. 이 case 문의 본문에, 객체들이 같기 위해 만족해야 하는 조건을 논리적 곱(&&)을 사용해 작성하라. 만약 오버라이드하는 equals가 AnyRef에서 온 것이 아니라면, 슈퍼 클래스의 equals를 호출하도록 다음과 같은 식을 함께 넣어야 한다.

```
super.equals(that) &&
```

만약 이 클래스에 처음 canEqual을 정의하는 경우라면, equals가 받은 인자에 대한 canEqual을 호출해야 한다. 이때 다음과 같이 this를 인자로 넘겨라.

```
(that canEqual this) &&
```

equals를 재정의한 것을 다시 오버라이드하는 경우, super.equals를 호출하지 않는다면 꼭 canEqual 호출을 해야만 한다. super.equals를 호출한다면, 그 함수가 canEqual을 통한 검사를 수행한다. 마지막으로, 동일성 판정과 관련 있는 모든 필드에 대해 this의 필드들이 equals의 인자로 들어온 객체에 있는 필드들과 같은지 검사하라.

```
numer == that.numer &&
denom == that.denom
```

7. 매치문의 두 번째 case에는 와일드카드 패턴을 사용해 false를 반환하라.

```
case _ => false
```

여러분이 이 요리법을 지키는 한, 동일성이 equals의 계약에서 요구하는 동치 관계를 만족할 것이다.

hasoCode 요리법

hashCode의 경우 다음 요리법을 통해 만족할 만한 결과를 얻을 수 있다. 이 요리법은 『Effective Java』에서 자바 클래스에 대해 권장한 방법과 비슷하다.[9] 계산 시 equals 메서드에서 동일성 계산에 사용했던 모든 필드('중요한 필드')를 포함시켜라. 모든 중요한 필드가 들어 있는 튜플을 만들고, 그 튜플에 대해 ##을 호출하라.

예를 들어 5개의 주요 필드 a, b, c, d, e가 있는 객체의 해시 코드를 구현하기 위해 다음과 같은 코드를 쓸 수 있을 것이다.

```
override def hashCode: Int = (a, b, c, d, e).##
```

equals 메서드가 super.equals(that)을 호출한다면, 여러분이 작성하는 hashCode 계산에서도 super.hashCode를 호출해야 한다. 예를 들어, Rational의 equals가 super.equals(that)을 호출하기 때문에 hashCode는 다음과 같아야 한다.

```
override def hashCode: Int = (super.hashCode, numer, denom).##
```

이런 식으로 hashCode 메서드를 작성한 경우, 전체 해시 코드의 품질은 각 필드의 hashCode를 호출해 얻은 해시 코드의 품질 이상 좋아질 수 없다는 사실을 염두에 둬야 한다. 때때로 어떤 필드에 대해 유용한 해시 코드를 얻기 위해, 단순히 hashCode를 호출하

9　블로크(Bloch), 『Effective Java Second Edition』[Blo08]

기만 하지 않고 무언가 추가 작업을 해야 할지도 모른다. 예를 들어, 필드 중 하나가 컬렉션이라면 그 필드의 해시 코드를 컬렉션에 들어 있는 모든 원소를 기반으로 계산해야 할 수도 있다. 만약 컬렉션 필드가 Vector, List, Set, Map, 튜플이라면 각 클래스에는 이미 전체 원소를 염두에 둔 equals와 hashCode가 오버라이드되어 있으므로, 그냥 필드의 hashCode를 호출하면 된다. 하지만 Array는 그렇지 않다. 배열은 해시 코드 계산 시 원소를 신경 쓰지 않는다. 따라서 배열의 경우 배열의 각 원소를 일반 객체의 개별 필드와 마찬가지로 다뤄야 한다. hashCode를 각 원소에 호출하거나, java.util.Arrays 싱글톤 객체에 있는 hashCode 메서드에 배열을 인자로 넘겨서 해시 코드를 계산하라.

마지막으로, 해시 코드 계산이 프로그램 성능에 악영향을 끼친다면 해시 코드 캐시를 고려해보라. 객체가 변경 불가능하다면 해시 코드를 객체 생성 시 계산해서 필드에 저장할 수 있다. hashCode를 def가 아니라 val로 오버라이드하면 쉽게 그렇게 할 수 있다.

```
override val hashCode: Int = (numer, denom).##
```

이런 방법은 메모리와 계산 시간을 서로 맞바꾸는 것이다. 변경 불가능한 클래스의 각 인스턴스마다 필드에 해시값을 캐시로 저장하기 때문이다.

30.5 결론

되돌아보면, equals를 제대로 정의하는 일은 제대로 하기가 무척이나 어렵다. 여러분은 타입 시그니처에 주의를 기울여야 한다. hashCode를 함께 오버라이드해야 하며, 변경 가능한 상태를 가지고 값을 계산해서는 안 된다. 그리고 작성 중인 클래스가 final 클래스가 아니면 canEqual 메서드를 정의해 사용해야 한다.

올바른 동일성 메서드를 구현하기가 어렵다는 점을 생각해보면, 비교 가능한 클래스를 정의할 때 케이스 클래스로 만드는 것도 좋을 것이다. 그렇게 하면 스칼라 컴파일러가 자동으로 올바른 특성의 equals와 hashCode를 추가해준다.

Chapter

31

스칼라와 자바의 결합

스칼라 코드는 종종 커다란 자바 프로그램이나 프레임워크와 나란히 사용되곤 한다. 스칼라와 자바의 호환성이 좋기 때문에, 대부분의 경우 두 언어를 조합해 사용하는 일은 어렵지 않다. 예를 들어 스윙, 서블릿, JUnit 등의 표준 프레임워크들은 스칼라와 그냥 잘 작동한다. 그럼에도 불구하고, 때때로 자바와 스칼라를 함께 사용할 때 문제를 겪을 일이 생길 것이다.

31장에서는 자바와 스칼라를 조합하는 두 가지 방법을 다룰 것이다. 우선, 스칼라를 자바로 번역하는 방법을 다룬다. 이 방법은 특히 자바에서 스칼라를 호출할 때 중요하다. 그런 다음, 자바 애노테이션을 스칼라에서 사용하는 방법을 알아본다. 기존 자바 프레임워크 안에서 스칼라를 사용하려면 애노테이션이 아주 중요하다.

31.1 스칼라를 자바에서 사용하기

대부분의 경우 여러분은 스칼라를 소스 코드 수준에서 생각할 것이다. 하지만 스칼라가 어떻게 컴파일되는지 잘 알아두면, 시스템이 어떻게 돌아가는지 더 잘 이해할 수 있다. 게다가 자바에서 스칼라를 호출할 생각이라면, 자바 입장에서 볼 때 (컴파일된) 스칼라 코드가 어떻게 보일지를 알아둬야 한다.

일반적인 규칙

스칼라는 표준 자바 바이트코드로 컴파일되도록 구현되어 있다. 가능한 한, 스칼라의 특징을 그에 대응하는 자바 기능으로 직접 변환한다. 예를 들어 스칼라 클래스, 메서드, 문자열, 예외는 모두 자바의 그것과 동일한 바이트코드로 컴파일된다.

이를 이루기 위해 스칼라 설계 시 때때로 어려운 선택을 해야만 했다. 예를 들어, 컴파일 시간이 아니라 실행 시점에 실제 타입을 가지고 오버로드된 메서드를 찾아내도록 만들었다면 좋았을 것이다. 하지만 그렇게 만들면 자바의 설계가 깨지며, 자바와 스칼라를 한데 엮어 사용하기가 더 어려워진다. 따라서 이 경우 스칼라는 자바의 오버로드 메서드 검색을 그대로 사용한다. 따라서 스칼라 메서드와 메서드 호출은 바로 자바 메서드나 자바 메서드 호출과 대응된다.

다른 특성의 경우 스칼라는 자신만의 설계를 따른다. 예를 들어, 자바에는 트레이트와 비견할 만한 것이 없다. 마찬가지로 스칼라와 자바에 모두 제네릭 타입이 있지만, 두 시스템의 자세한 사항은 서로 충돌한다. 이런 언어 특성의 경우에는 스칼라 코드를 직접적으로 자바 구성요소에 대응시킬 수가 없다. 따라서 이런 것은 자바에 존재하는 구조를 조합해 인코딩해야만 한다.

간접적으로 매핑하는 기능의 경우 인코딩은 고정되어 있지 않다. 가능하면 이 변환을 간단하게 만들기 위한 노력을 계속하는 중이어서, 여러분이 이 책을 읽는 시점에는 일부 세부사항이 이 책을 쓰는 현재와 다르게 바뀌었을 수도 있다. 여러분이 사용 중인 스칼라 컴파일러가 어떻게 프로그램을 번역하는지는 javap 같은 도구를 사용해 '.class' 파일을 살펴보면 알 수 있다.

여기까지가 일반적인 규칙이다. 이제 몇몇 특별한 경우를 살펴보자.

값 타입

Int 같은 값 타입은 두 가지 방법으로 자바로 변환된다. 컴파일러는 가능한 한 스칼라 Int를 자바 int로 변환해 더 나은 성능을 얻으려 노력한다. 하지만 컴파일러가 변환하는 데이터가 Int인지 다른 데이터 타입인지 확신할 수 없을 때가 있다. 예를 들어 Array [Any]에 Int만 들어갈 수도 있지만, 컴파일러로서는 이를 알 방법이 없다.

이렇게 대상 객체가 값 타입인지 여부를 확신할 수 없는 경우라면, 컴파일러는 객체를 사용하고 래퍼 클래스에 의존한다. 예를 들어, 자바의 java.lang.Integer 같은 래퍼 클래스는 값 타입을 자바 객체로 감싸서 객체가 필요한 코드 내부에서 이를 조작할 수 있게 해준다.[1]

싱글톤 객체

자바에는 싱글톤 객체와 완전히 동일한 것이 없다. 하지만 정적static 메서드가 있다. 스칼라는 싱글톤 객체를 정적 메서드와 인스턴스 메서드를 조합해 표현한다. 컴파일러는 모든 스칼라 싱글톤 객체마다 그 객체의 이름 끝에 달러 표시를 붙인 자바 클래스를 만든다. 예를 들어, App이라는 싱글톤 객체가 있다면 컴파일러는 App$라는 클래스를 만든다. 이 클래스에는 스칼라 싱글톤 객체의 모든 메서드와 필드가 들어 있다. 이 자바 클래스에는 실행 시점에 만들어질 유일한 객체를 저장할 MODULE$라는 정적 필드가 있다.

완전한 예로, 다음 싱글톤 객체를 컴파일했다고 하자.

```
object App {
  def main(args: Array[String]) = {
    println("Hello, world!")
  }
}
```

스칼라는 자바의 App$ 클래스에 다음 메서드와 필드를 만들어낸다.

```
$ javap App$
Compiled from "App.scala"
public final class App$ {
    public static final App$ MODULE$;
    public static {};
    public void main(java.lang.String[]);
}
```

이것이 일반적인 경우의 컴파일 결과다. 중요하고 특별한 한 가지 경우는 '독립' 싱글톤 객체, 즉 같은 이름의 다른 클래스가 딸려 있지 않은 경우다. 예를 들어, 스칼라 소스 코

---

1 자바 값 타입의 구현에 대해서는 11.2절에서 자세히 다룬 바 있다.

드에 App이라는 이름의 싱글톤 객체는 있지만 App이라는 클래스는 없는 경우를 말한다.
이런 경우 컴파일러는 다음 예와 같이 App이라는 이름의 자바 클래스를 만들고 그 안에
스칼라 싱글톤 객체의 각 메서드에 대한 정적 처리 함수를 만든다.

```
$ javap App
Compiled from "App.scala"
public class App {
    public static void main(java.lang.String[]);
    public App();
}
```

반면, 만약에 App이라는 클래스가 있었다면 스칼라는 여러분이 정의한 App 클래스의 멤
버들을 넣기 위해 자바 App 클래스를 만들었을 것이다. 이런 경우 이름이 같은 클래스 안
에다 싱글톤 처리 함수를 추가할 수 없었을 테고, 자바 코드에서는 MODULE$ 필드를 통해
싱글톤에 접근해야 했을 것이다.

트레이트를 인터페이스로 만들기

트레이트를 컴파일하면 같은 이름의 자바 인터페이스를 만든다. 이 인터페이스는 자바
타입으로도 사용 가능하다. 따라서 이 타입을 사용해 스칼라 객체의 메서드를 호출할 수
있다.

트레이트를 자바 쪽에서 구현하고 싶다면 전혀 다른 이야기가 된다. 일반적인 경우 이런
일을 하는 것은 실용적이지 않다. 하지만 특별히 중요한 한 가지 경우가 있긴 하다. 여러
분이 추상 메서드만을 포함하는 스칼라 트레이트를 만든다면, 그 트레이트는 다른 코드
를 걱정할 필요 없이 자바 인터페이스로 바로 번역될 수 있다. 기본적으로 이는 여러분이
스칼라 문법을 사용해 자바 인터페이스를 작성할 수 있다는 뜻이다.

31.2 애노테이션

스칼라의 일반적인 애노테이션 시스템에 대해서는 27장에서 설명했다. 이번 절은 애노
테이션의 자바 측면을 살펴볼 것이다.

표준 애노테이션의 추가 효과

몇몇 애노테이션은 컴파일러가 자바 플랫폼을 대상으로 할 때 추가 정보를 뱉어내게 만든다. 컴파일러가 이런 애노테이션을 보면 우선 일반적인 스칼라 규칙에 따라 처리한 다음에, 자바를 위한 추가 작업을 수행한다.

사용금지

컴파일러는 @deprecated라고 표시된 메서드나 클래스로부터 만들어진 코드에 자바의 사용금지 애노테이션을 추가한다. 이로 인해 자바 코드가 스칼라의 사용금지 메서드에 접근하는 경우 컴파일러가 경고를 표시할 수 있다.

volatile 필드

volatile 필드도 비슷하다. 스칼라에서 @volatile로 표시된 필드에서 생성된 코드에는 자바 volatile 수식자가 붙는다. 따라서 스칼라의 volatile 필드는 정확히 자바의 의미를 따라 작동한다. 그에 따라 volatile 필드에 대한 접근 순서는 자바 메모리 모델의 volatile 필드에 대해 정의된 규칙을 따라 정해진다.

직렬화

스칼라의 두 가지 표준 직렬화 애노테이션은 모두 상응하는 자바 애노테이션으로 번역된다. @serializable 클래스에는 자바의 Serializable 인터페이스가 추가된다. @SerialVersionUID(1234L) 같은 애노테이션은 다음과 같은 자바 필드 정의로 변환된다.

```
// 자바 직렬화 버전 표시
private final static long SerialVersionUID = 1234L
```

@transient로 표시된 변수에는 자바의 transient 수식자가 붙는다.

발생하는 예외

스칼라는 던져진 예외가 잡히는지를 검사하지 않는다. 즉, 스칼라에는 자바 메서드에 있는 throws 선언과 동등한 것이 없다. 모든 스칼라 메서드는 예외를 던지지 않는 자바 메서드로 번역된다.[2]

스칼라에서 이 기능을 뺀 이유는 자바의 예외 검증과 관련한 개발자들의 경험이 만족스럽지만은 않았기 때문이다. 메서드에 throws로 예외를 표시하는 일은 귀찮기 때문에, 너무도 많은 개발자가 필요한 모든 throws 절을 추가하는 대신 예외를 모두 받아서 버려버리는 코드를 작성하곤 한다. 처음에는 일단 그렇게 해놓고 나중에 예외 처리를 개선하려는 의도였을지는 모르지만, 시간에 쫓기는 개발자들이 그 부분으로 다시 돌아와 예외 처리를 제대로 개선하는 경우가 거의 없다. 이런 왜곡된 결과는 의도는 좋았으나 코드를 더 신뢰할 수 없게 만들곤 했다. 상당수의 자바 프로덕션 코드가 실행 시점에 예외를 삼켜버리고 숨긴다. 그렇게 하는 이유는 단지 컴파일러를 통과하기 위해서다.

하지만 자바와 인터페이스하기 위해 어떤 예외를 던질지 친절하게 자바를 위해 표시한 스칼라 코드가 필요한 경우도 있을 것이다. 예를 들어, RMI 원격 인터페이스에는 java.io.RemoteException을 throws에 명시해야만 한다. 따라서 RMI 원격 인터페이스를 추상 메서드만 포함한 스칼라 트레이트로 만들고 싶다면 RemoteException을 throws 절에 넣어야 할 것이다. 이렇게 하기 위해서는 @throws 애노테이션을 추가해야 한다. 예를 들어, 리스트 31.1의 스칼라 클래스에는 IOException을 던지는 것으로 표시된 메서드가 하나 있다. 어쨌든, 자바 컴파일러는 예외를 체크하지만 클래스 검증기는 그렇지 않다!

리스트 31.1 자바 thorws를 추가한 스칼라 메서드

```
import java.io._
class Reader(fname: String) {
  private val in =
    new BufferedReader(new FileReader(fname))

  @throws(classOf[IOException])
  def read() = in.read()
}
```

---

2 이렇게 해도 괜찮은 이유는 자바 바이트코드 검증기가 throws 선언을 검사하지 않기 때문이다. 자바 컴파일러는 그런 선언을 검사하지만, 바이트코드 검증기는 검사하지 않는다.

다음은 자바 쪽에서 볼 때 이 클래스가 어떻게 생겼는지를 보여준다.

```
$ javap Reader
Compiled from "Reader.scala"
public class Reader {
  public int read() throws java.io.IOException;
  public Reader(java.lang.String);
}
```

read 메서드에 IOException을 던질 수도 있다는 자바 thorws 절이 추가됐다는 사실을 확인하라.

자바 애노테이션

자바 프레임워크의 기존 애노테이션을 스칼라 코드에서 바로 사용할 수 있다. 모든 자바 프레임워크는 여러분이 스칼라 코드에 넣은 애노테이션을 마치 자바 코드에 넣은 것처럼 인식할 것이다.

다양한 자바 패키지들이 애노테이션을 활용한다. 예를 들어, 자동화된 테스트를 작성하고 실행할 수 있는 JUnit 4를 보자. 최신 버전인 JUnit 4는 애노테이션을 사용해 여러분의 코드에서 어떤 부분이 테스트인지를 구분한다. 기본 아이디어는 여러분의 코드에 테스트를 원하는 만큼 작성하고, 그 테스트들을 소스 코드를 변경할 때마다 실행하는 것이다. 이렇게 하면, 코드에 새 버그가 생긴 경우 테스트가 실패하기 때문에 버그의 존재를 바로 알 수 있다.

테스트를 작성하는 것은 쉽다. 최상위 슈퍼클래스 안에 코드를 테스트할 메서드를 작성하고, 애노테이션을 더 붙여서 이 메서드가 테스트라고 표시하기만 하면 된다. 예를 들면 다음과 같다.

```
import org.junit.Test
import org.junit.Assert.assertEquals

class SetTest {

  @Test
  def testMultiAdd = {
    val set = Set() + 1 + 2 + 3 + 1 + 2 + 3
```

```
    assertEquals(3, set.size)
  }
}
```

testMultiAdd 메서드는 테스트다. 이 테스트는 여러 원소를 집합에 추가하고, 각 원소가 오직 한 번만 들어갔는지 확인한다. assertEquals 메서드는 JUnit API의 일부인데, 자신에게 넘겨진 두 인자가 같은지 검사한다. 두 인자가 서로 다르면 테스트가 실패한다. 이 경우 테스트는 같은 수를 반복해 넣을 때 집합의 크기가 더 늘어나지 않는지 검사한다.

테스트는 org.junit.Test 애노테이션으로 표시되어 있다. 이 애노테이션을 임포트했다는 사실을 기억하라. 임포트를 했기 때문에 @org.junit.Test라고 안 쓰고 @Test라고만 써도 된다.

이게 테스트를 위해 필요한 전부다. 테스트는 JUnit의 테스트 러너를 사용해 실행한다. 여기서는 명령행 테스트 러너를 사용했다.

```
$ scala -cp junit-4.3.1.jar:. org.junit.runner.JUnitCore SetTest
JUnit version 4.3.1
.
Time: 0.023
OK (1 test)
```

새로운 애노테이션 만들기

자바 리플렉션에서 볼 수 있는 애노테이션을 만들기 위해서는 자바 표현을 사용해 작성하고 javac로 컴파일해야 한다. 이런 경우 스칼라 컴파일러가 지원하지 못하기 때문에, 애노테이션을 스칼라로 작성하는 것이 도움이 되지 않는다. 지원을 하지 않는 이유는, 스칼라 컴파일러가 자바 애노테이션의 모든 가능성을 완벽히 다룰 수는 없다는 어쩔 수 없는 부분과, 나중에라도 스칼라에 스칼라 리플렉션이 도입된다면 스칼라 애노테이션을 스칼라 리플렉션을 사용해 접근해야 한다는 점 때문이다.

다음은 예제 애노테이션이다.

```
// 자바 코드
import java.lang.annotation.*;
@Retention(RetentionPolicy.RUNTIME)
@Target(ElementType.METHOD)
public @interface Ignore { }
```

이 코드를 javac로 컴파일하고 나면 애노테이션을 다음과 같이 쓸 수 있다.

```
object Tests {
  @Ignore
  def testData = List(0, 1, -1, 5, -5)

  def test1 = {
    assert(testData == (testData.head :: testData.tail))
  }

  def test2 = {
    assert(testData.contains(testData.head))
  }
}
```

이 예에서 test1과 test2는 테스트 메서드라고 생각되지만, testData는 비록 'test'로 시작하긴 하나 무시해야 한다.

이런 애노테이션이 존재하는지 검사하고 싶다면, 자바 리플렉션 API를 사용할 수 있다. 다음은 리플렉션이 어떻게 동작하는지 보여주는 예다.

```
for {
  method <- Tests.getClass.getMethods
  if method.getName.startsWith("test")
  if method.getAnnotation(classOf[Ignore]) == null
} {
  println("found a test method: " + method)
}
```

여기서는 리플렉션 메서드 getClass와 getMethods를 사용해 입력 객체의 클래스 안에 있는 모든 필드를 찾았다. 이들은 평범한 리플렉션 메서드다. 애노테이션에만 관련된 부분은 getAnnotation 사용에 있다. 여러 리플렉션 객체에 지정한 타입의 애노테이션을 찾는 getAnnotation이 들어 있다. 여기서는 우리가 새로 만든 Ignore 타입의 애노테이션을 찾는다. 자바 API를 사용하기 때문에 성공 여부는 반환되는 객체가 null인지, 아니면 Ignore 타입인지 살펴봐야 알 수 있다.

다음은 이 코드를 실행한 결과다.

```
$ javac Ignore.java
$ scalac Tests.scala
$ scalac FindTests.scala
$ scala FindTests
found a test method: public void Tests$.test2()
found a test method: public void Tests$.test1()
```

첨언하자면, 자바 리플렉션으로 보면 메서드가 Tests 클래스가 아니고 Tests$ 안에 있다. 이번 장 앞에서 설명했지만, 스칼라의 싱글톤 객체를 자바 클래스로 만들 때 이름의 끝에 달러 기호를 붙인다. 여기서 Tests 스칼라 객체의 구현은 Tests$ 자바 클래스 안에 있다.

자바 애노테이션으로 작업을 할 때는 그 제약사항을 알아둬야 한다. 예를 들어, 애노테이션의 인자에는 상수만 사용할 수 있고 표현식은 넣을 수 없다. 따라서 @serial(1234)는 가능하지만, @serial(x * 2)는 x * 2가 상수가 아니기 때문에 사용할 수 없다.

31.3 와일드카드 타입

모든 자바 타입은 스칼라에 동등한 타입이 존재한다. 스칼라 코드는 모든 합법적인 자바 클래스에 접근할 수 있어야 하기 때문에 이런 타입들이 필요하다. 대부분의 경우 자바 타입을 스칼라로 번역하는 일은 쉽다. 자바의 Pattern은 스칼라에서도 Pattern이며, 자바의 Iterator<Component>는 스칼라에서 Iterator[Component]다. 하지만 어떤 경우에는 지금까지 본 스칼라 타입만으로는 충분하지 않다. Iterator<?>나 Iterator<? extends Component> 같은 자바 와일드카드 타입은 어떻게 처리해야 할까? 이런 타입의 타입 파라미터가 생략된 Iterator 같은 로^{raw} 타입은 어떻게 처리해야 할까? 자바 와일드카드 타입이나 로 타입의 경우, 스칼라에서도 **와일드카드 타입**^{wildcard type}이라고 하는 다른 유형의 타입을 사용한다.

와일드카드 타입을 작성할 때는 **위치 표시자 구문**placeholder syntax을 사용한다. 그것은 8.5절에서 설명한 함수 리터럴을 짧게 쓰는 방법과 비슷하다. 함수 리터럴의 경우 밑줄(_)을 표현식이 들어갈 위치에 대신 사용할 수 있었다. 예를 들어 (_ + 1)은 (x => x + 1)과 같다. 와일드카드 타입도 마찬가지 아이디어를 사용하지만, 표현식 대신 타입을 밑줄이 대신한다. 여러분이 Iterator[_]라고 쓰면 밑줄은 어떤 타입을 대신한다. 그것은 원소 타입이 알려지지 않은 Iterator를 표현하는 타입이다.

위치 표시자를 사용하면서 동시에 상위 또는 하위 바운드를 지정할 수 있다. 단지 밑줄 뒤에 타입 파라미터(19.8절과 19.5절을 참고하라)에서 사용했던 <:을 추가하기만 하면 된다. 예들 들어, Iterator[_ <: Component]는 원소의 타입을 알지는 못하지만 그 타입이 무엇이든 그것이 Component의 서브타입이어야 한다는 뜻이다.

와일드카드 타입을 쓰는 방법은 이제 알았을 것이다. 그럼 어떻게 와일드카드 타입을 사용할까? 간단한 경우에는 와일드카드를 무시하고 기반 타입의 메서드를 호출할 수 있다. 예를 들어, 다음과 같은 자바 클래스가 있다고 하자.

```java
// 와일드카드를 사용하는 자바 클래스
import java.util.*;
public class Wild {
  public Collection<?> contents() {
    Collection<String> stuff = new Vector<String>();
    stuff.add("a");
    stuff.add("b");
    stuff.add("see");
    return stuff;
  }
}
```

스칼라에서 여기에 접근하면 이 클래스의 타입이 와일드카드 타입임을 알 수 있다.

```scala
scala> val contents = (new Wild).contents
contents: java.util.Collection[_] = [a, b, see]
```

이 컬렉션의 원소가 몇 개인지 알고 싶다면, 그냥 와일드카드 부분을 무시하고 다음과 같이 평상시처럼 size 메서드를 호출하면 된다.

```
scala> contents.size()
res0: Int = 3
```

더 복잡한 경우, 와일드카드 타입이 더 이상해질 수도 있다. 와일드카드 타입에는 이름이 없어서, 그것을 두 가지 장소에서 사용할 방법이 없다. 예를 들어, 변경 가능한 스칼라 집합을 contents의 원소로 초기화하고 싶다고 하자.

```
import scala.collection.mutable
val iter = (new Wild).contents.iterator
val set = mutable.Set.empty[???]    // 어떤 타입이 와야 할까?
while (iter.hasMore)
  set += iter.next()
```

세 번째 줄에서 문제가 생긴다. 자바 컬렉션에서 이 타입에 이름을 붙일 방법이 없다. 따라서 set의 타입을 제대로 쓸 수가 없다. 이런 타입 문제를 우회하려면, 두 가지 방법이 가능하다.

1. 와일드카드 타입을 메서드에 전달할 때, 메서드에 위치 표시자에 대한 파라미터를 추가한다. 이제는 와일드카드 타입에 이름이 붙었기 때문에 원할 때 원하는 만큼 그 이름을 사용할 수 있다.

2. 메서드에서 와일드카드 타입을 반환하지 않고, 위치 표시자 타입 각각에 대한 추상 멤버를 갖는 객체를 반환한다(추상 멤버에 대한 더 자세한 설명은 20장을 참고하라).

위의 예제는 두 방법을 함께 사용해 다음과 같이 쓸 수 있다.

```
import scala.collection.mutable
import java.util.Collection
abstract class SetAndType {
  type Elem
  val set: mutable.Set[Elem]
}
def javaSet2ScalaSet[T](jset: Collection[T]): SetAndType = {
  val sset = mutable.Set.empty[T]        // 이제 T에 이름이 있다!

  val iter = jset.iterator
  while (iter.hasNext)
```

```
    sset += iter.next()
  new SetAndType {
    type Elem = T
    val set = sset
  }
}
```

스칼라에서 보통 와일드카드 타입을 쓰지 않는 이유를 볼 수 있을 것이다. 와일드카드 타입으로 무언가 복잡한 일을 하려면, 이를 추상 멤버로 변경해야 하곤 한다. 따라서 결국엔 추상 멤버를 처음부터 쓰게 될 것이다.

31.4 스칼라와 자바를 함께 컴파일하기

보통 자바 코드에 의존적인 스칼라 코드를 컴파일하려면, 먼저 자바 코드를 컴파일해서 클래스 파일로 만든다. 그 후 자바 코드의 클래스 파일을 클래스 경로에 넣어서 스칼라 코드를 빌드한다. 하지만 자바 코드가 다시 스칼라 코드를 참조한다면 이런 방법을 사용할 수가 없다. 그런 경우라면 코드를 컴파일하는 순서와 관계없이, 이쪽 방향이나 저쪽 방향 모두 찾을 수 없는 외부 참조가 생긴다. 양쪽 방향 모두 불가능한 경우가 흔히 있는 일은 아니다. 대부분의 경우 이런 일은 여러분이 자바 파일 중 일부를 스칼라 파일로 교체했기 때문에 발생한다.

이런 빌드를 지원하기 위해, 스칼라는 자바 클래스 파일을 참조해 컴파일하는 방법과 함께 자바 소스 코드를 참조해 컴파일하는 것도 지원한다. 명령행에서 자바 소스 파일들을 스칼라 파일과 마찬가지로 컴파일러의 인자로 넘기기만 하면 된다. 스칼라 컴파일러는 자바 파일을 컴파일하지는 않는다. 하지만 자바 파일을 읽어서 내부에 어떤 것이 있는지 살펴볼 것이다. 이런 기능을 사용해 먼저 스칼라 코드를 자바 소스 파일을 사용해 컴파일하고, 그런 다음 자바 코드를 스칼라 클래스 파일을 사용해 컴파일할 수 있다.

다음은 전형적인 빌드 순서를 보여준다.

```
$ scalac -d bin InventoryAnalysis.scala InventoryItem.java \
    Inventory.java
```

```
$ javac -cp bin -d bin Inventory.java InventoryItem.java \
    InventoryManagement.java
$ scala -cp bin InventoryManagement
Most expensive item = sprocket($4.99)
```

31.5 자바 8 통합

스칼라 2.12부터는 자바 8부터 향상된 자바 언어와 바이트코드를 통한 이점을 누릴 수 있다.[3] 자바 8의 새 기능을 활용해서, 스칼라 2.12 컴파일러는 더 나은 트레이트 이진 호환성을 제공하는 더 작은 클래스와 jar 파일을 만들 수 있다.

람다 표현식과 SAM 타입

스칼라 프로그래머의 관점에서 볼 때, 스칼라 2.12에서 자바 8과 관련해 가장 눈에 띄는 개선은 자바 8에서 **람다 표현식**lambda expression으로 익명 클래스 인스턴스 식을 간략히 표현하는 것처럼 스칼라의 함수 리터럴을 사용할 수 있다는 점이다. 자바 8 이전에 메서드에 어떤 동작을 넘기려면, 자바 프로그래머들은 익명 내부 클래스anonymous inner class 인스턴스를 다음과 같이 정의하고는 했다.

```
JButton button = new JButton(); // 자바 코드
button.addActionListener(
  new ActionListener() {
    public void actionPerformed(ActionEvent event) {
      System.out.println("pressed!");
    }
  }
);
```

이 예제에서는 `ActionListener`의 익명 인스턴스를 만들어서 스윙 `JButton`의 `addActionListener` 메서드에 전달했다. 버튼이 눌리면 스윙은 이 인스턴스에 있는 `actionPerformed` 메서드를 호출한다. 그에 따라 `"pressed!"`가 출력된다.

---

3 스칼라 2.12에서는 자바 8의 기능이 주는 이점을 누리기 위해 자바 8이 필수다.

자바 8에서는 오직 하나의 추상 메서드[SAM, single abstract method]만 있는 클래스나 인터페이스의 인스턴스가 필요한 곳에 람다 표현식을 사용할 수 있다. ActionListener에는 메서드가 추상 메서드인 actionPerformed밖에 없으므로, ActionListener도 바로 그런 인터페이스다. 따라서 스윙 버튼에 액션 리스너를 등록하기 위해 람다 표현식을 사용할 수 있다.

```
JButton button = new JButton(); // 자바 8 코드
  button.addActionListener(
    event -> System.out.println("pressed!")
  );
```

스칼라에서도 같은 상황에서 익명 내부 클래스의 인스턴스를 사용할 수 있다. 하지만 그보다는 함수 리터럴을 사용해 다음과 같이 하는 편을 더 선호할 것이다.

```
val button = new JButton
button.addActionListener(
  _ => println("pressed!")
)
```

21.1절에서 봤듯이, ActionEvent => Unit 함수 타입을 ActionListener로 변환하는 암시적인 변환을 정의하면 이런 코딩 스타일을 사용할 수 있었다.

스칼라 2.12에서는 심지어 그런 암시적 변환이 없더라도, 같은 경우에 함수 리터럴을 사용할 수 있게 됐다. 자바 8과 마찬가지로 스칼라도 단 하나의 추상 메서드[SAM]만을 선언한 클래스나 트레이트의 인스턴스가 필요한 곳에 함수 타입을 사용하도록 허용한다. 스칼라 2.12 이후의 모든 SAM에서 그것이 가능하다. 예를 들어, increase라는 추상 메서드만 들어 있는 Increaser라는 트레이트를 정의하면

```
scala> trait Increaser {
         def increase(i: Int): Int
       }
defined trait Increaser
```

이제 Increaser를 인자로 받는 메서드를 정의할 수 있을 것이다.

```
scala> def increaseOne(increaser: Increaser): Int =
        increaser.increase(1)
increaseOne: (increaser: Increaser)Int
```

이 새 메서드를 호출하기 위해 다음과 같이 Increaser 트레이트의 익명 인스턴스를 넘길 수도 있다.

```
scala> increaseOne(
        new Increaser {
          def increase(i: Int): Int = i + 7
        }
      )
res0: Int = 8
```

Increaser가 SAM이므로, 스칼라 2.12에서는 익명 인스턴스 대신 함수 리터럴을 사용할 수 있다.

```
scala> increaseOne(i => i + 7) // 스칼라 2.12
res1: Int = 8
```

스칼라에서 자바 8 스트림 사용하기

자바의 Stream은 java.util.function.IntUnaryOperator를 인자로 받는 map 메서드를 제공하는 함수형 데이터 구조다. 스칼라에서는 Stream.map을 호출해서 다음과 같이 Array의 모든 원소를 증가시킬 수 있다.

```
scala> import java.util.function.IntUnaryOperator
import java.util.function.IntUnaryOperator

scala> import java.util.Arrays
import java.util.Arrays

scala> val stream = Arrays.stream(Array(1, 2, 3))
stream: java.util.stream.IntStream = ...

scala> stream.map(
        new IntUnaryOperator {
          def applyAsInt(i: Int): Int = i + 1
```

```
        }
      ).toArray
res3: Array[Int] = Array(2, 3, 4)
```

IntUnaryOperator가 SAM 타입이기 때문에 2.12 이후의 스칼라에서는 함수 리터럴을 사용해 이를 더 간결하게 처리할 수 있다.

```
scala> val stream = Arrays.stream(Array(1, 2, 3))
stream: java.util.stream.IntStream = ...

scala> stream.map(i => i + 1).toArray // 스칼라 2.12
res4: Array[Int] = Array(2, 3, 4)
```

함수 타입을 만들어내는 표현식이 모두 SAM 타입으로 변환될 수 있는 게 아니고, 오직 함수 **리터럴**만 SAM 타입으로 변환된다는 사실에 유의하라. 예를 들어, 다음 val 표현식에서 f는 Int => Int 타입이다.

```
scala> val f = (i: Int) => i + 1
f: Int => Int = ...
```

f가 앞의 예제에서 stream.map에 넘겼던 함수 리터럴과 같은 타입이기는 하지만, 이 f를 IntUnaryOperator가 필요한 곳에 사용할 수는 없다.

```
scala> val stream = Arrays.stream(Array(1, 2, 3))
stream: java.util.stream.IntStream = ...

scala> stream.map(f).toArray
<console>:16: error: type mismatch;
 found    : Int => Int
 required: java.util.function.IntUnaryOperator
      stream.map(f).toArray
              ^
```

f를 사용하려면 다음과 같이 명시적으로 함수 리터럴 안에서 그것을 호출해야 한다.

```
scala> stream.map(i => f(i)).toArray
res5: Array[Int] = Array(2, 3, 4)
```

또는 f를 정의하면서 그것의 타입을 Stream.map이 원하는 타입인 IntUnaryOperator로 지정할 수 있다.

```
scala> val f: IntUnaryOperator = i => i + 1
f: java.util.function.IntUnaryOperator = ...

scala> val stream = Arrays.stream(Array(1, 2, 3))
stream: java.util.stream.IntStream = ...

scala> stream.map(f).toArray
res6: Array[Int] = Array(2, 3, 4)
```

스칼라 2.12와 자바 8을 사용하면 여러분은 스칼라에서 컴파일한 메서드를 자바에서 호출하거나, 스칼라 함수 타입에 자바 람다식을 사용하거나 할 수 있다. 스칼라 함수 타입은 트레이트로 정의되고 그 안에는 구체적인 메서드들이 들어 있지만, 스칼라 2.12 버전부터는 트레이트를 **디폴트 메서드**^{default method}가 있는 자바 인터페이스(그 또한 자바 8에 새로 도입된 기능이다)로 컴파일한다. 따라서 자바에서 볼 때 그것은 SAM이다.

31.6 결론

대부분의 경우 스칼라가 어떻게 구현됐는지는 무시하고, 원하는 코드를 작성해 실행하면 된다. 하지만 때때로 '엔진룸 안쪽 살펴보기'가 좋은 경우가 있다. 따라서 31장에서는 스칼라가 자바 플랫폼 위에서 어떻게 구현되어 있는지를 세 가지 측면으로, 즉 스칼라 코드가 자바로 어떻게 번역되는지, 스칼라와 자바 애노테이션을 어떻게 함께 사용할 수 있는지, 스칼라의 와일드카드 타입으로 자바 와일드카드 타입을 어떻게 가져와 쓸 수 있는지를 설명했다. 또한 스칼라와 자바를 혼용하는 프로젝트를 컴파일하는 방법에 대해 다루고, 자바 8에 맞춰 스칼라 2.12 트레이트와 함수 리터럴에 대한 취급이 어떻게 달라졌는지 설명했다. 여러분이 스칼라와 자바를 함께 사용할 때면 이런 주제는 항상 중요하다.

Chapter

32

퓨처와 동시성

다중코어 프로세서가 널리 퍼지면서 **동시성**^{concurrency}에 대한 관심도 늘어났다. 자바는 공유 메모리^{shared memory}와 락^{lock}을 기반으로 하는 동시성을 지원한다. 그 지원만으로도 충분하기는 하지만, 실제로는 그런 방식을 제대로 사용하기가 아주 어렵다는 사실이 밝혀졌다. 스칼라의 표준 라이브러리는 Future(퓨처)를 사용해 변경 불가능한 상태를 비동기적으로 변환하는 것에 집중하는 방식으로 그런 어려움을 피할 수 있게 해준다.

자바에도 Future가 있지만 스칼라의 것과는 아주 다르다. 두 퓨처 모두 비동기적인 계산의 결과를 표현하지만, 자바의 퓨처에서는 블로킹^{blocking} 방식의 **get**을 사용해 결과를 얻어와야 한다. 자바에서 get을 호출하기 전에 isDone을 호출해 Future가 완료됐는지를 검사할 수 있고, 그에 따라 블로킹을 방지할 수도 있기는 하지만, 계산 결과를 사용해 다른 계산을 수행하려면 Future가 완료되기를 기다려야만 한다.

반면, 스칼라의 Future에서는 계산 결과의 완료 여부와 관계없이 결괏값의 변환을 지정할 수 있다. 각 변환은 원래의 Future를 지정한 함수에 따라 변환한 결과를 비동기적으로 담은 것을 표현하는 새로운 Future를 만든다. 계산을 수행하는 스레드^{thread}는 암시적으로 제공되는 **실행 컨텍스트**^{execution context}를 사용해 결정된다. 이런 방식을 사용하면 불변 값에 대한 일련의 변환으로 비동기 계산을 표현할 수 있고, 공유 메모리나 락^{lock}에 신경을 쓸 필요가 없다.

32.1 낙원의 골칫거리

자바 플랫폼에서는 각 객체와 연관된 논리적인 **모니터**^{monitor}를 통해 데이터에 대한 여러 스레드의 접근을 제어한다. 이 모델을 사용하려면 어떤 데이터를 공유할지 결정하고, 이 데이터에 접근하거나 제어하는 코드 주변을 synchronized 문으로 감싸야 한다. 자바 런타임은 락 메커니즘을 사용해 동기화된 부분을 같은 락으로 보호해서 한 번에 한 스레드만 들어갈 수 있게 보장한다. 이를 통해 여러 스레드의 공유 데이터 접근을 조절할 수 있다.

호환성을 위해 스칼라도 자바의 동시성 기본 요소들을 지원한다. 스칼라에서도 wait, notify, notifyAll 메서드를 사용할 수 있고, 그들 모두 자바와 같은 의미를 갖는다. 기술적으로는 스칼라에 synchronized 키워드가 있는 것은 아니지만, 다음과 같이 사용할 수 있는 synchronized가 이미 정의되어 있다.

```
var counter = 0
synchronized {
  // 이 안에는 한 번에 한 스레드만 들어올 수 있음
  counter = counter + 1
}
```

불행히도, 프로그래머들은 공유 데이터와 락 모델을 사용해 튼튼한 다중 스레드 애플리케이션을 신뢰성 있게 구축하기가 아주 어렵다는 사실을 알게 됐다. 특히 애플리케이션의 크기와 복잡성이 커지면 상황은 더 나빠진다. 문제는 프로그램의 각 지점에서 여러분이 접근하거나 변경하는 데이터 중 어떤 것을 다른 스레드가 변경하거나 접근할 수 있는지를 추론해야 하고, 어떤 락을 현재 갖고 있는지를 알고 있어야만 한다는 점에 있다. 각 메서드 호출마다 그 메서드가 어떤 락을 가져오려고 하는지 추론하고, 락을 얻는 과정에서 교착 상태^{deadlock}에 빠지지 않을 것임을 확신할 수 있어야 한다. 문제를 더 복잡하게 만드는 건, 프로그램이 실행되는 도중에 새로운 락을 얼마든지 만들 수 있기 때문에 여러분이 고려해야 하는 락이 컴파일 시점에 고정되어 있지 않다는 점이다.

설상가상으로, 다중 스레드 코드에서는 테스트도 신뢰할 수 없다. 스레드가 비결정적이기 때문에, 어떤 프로그램을 테스트할 때 개발자 컴퓨터에서 천 번 성공했더라도 사용자 컴퓨터에서는 첫 번에 잘못될 수도 있다. 공유 데이터와 락이 있는 경우에는 프로그램의 올바름을 논리적으로 따져서 보장해야만 한다.

더 나아가, 동기화를 더 많이 추가한다고 문제를 해결할 수 있는 것도 아니다. 모든 것을 동기화하는 건, 아무것도 동기화하지 않는 것만큼 해롭다. 문제는 새로운 락 연산이 경합 조건race condition을 제거할 수 있다고 해도, 동시에 교착 상태의 가능성을 높인다는 점에 있다. 제대로 락을 사용하는 프로그램은 경합도 교착 상태도 없어야 한다. 따라서 어느 한 쪽 방향을 과도하게 추가하는 것만으로는 동기화 문제를 안전하게 풀 수 없다.

java.util.concurrent 라이브러리는 고수준의 동시성 프로그래밍 추상화를 제공한다. 이 동기화 도구를 사용하면 다중 스레드 프로그래밍을 할 때 직접 자바의 저수준 동기화 기본 요소를 사용해 직접 추상화된 동기화 기능을 만드는 것보다 훨씬 오류의 여지가 적 다. 하지만 동시성 도구도 역시 공유 데이터와 락 모델을 바탕으로 하기 때문에, 그 모델 을 사용할 때 발생하는 근본적인 어려움을 해소해주지는 못한다.

32.2 비동기 실행과 Try

모든 문제를 해결할 수 있는 도깨비 방망이는 아니지만, 스칼라의 Future는 공유 데이터 와 락의 필요성을 줄여주고, 때로는 아예 없애줄 수도 있는 동시성 처리 방식을 제공한 다. 여러분이 스칼라의 메서드를 호출하면 그것은 '여러분이 기다리는 동안' 계산을 수행 해 결과를 반환한다. 만약 그 결과가 Future라면 그것은 비동기적으로 진행할 다른 계산 을 표현하는 것이며, 보통 그런 계산은 별도의 스레드를 통해 이뤄진다. 그 결과 Future 에 대한 많은 연산에는 기능을 비동기적으로 실행하기 위한 전략을 제공하는 암시적인 **실행 컨텍스트**execution context가 필요하다. 예를 들어, 여러분이 아무런 암시적 실행 컨텍스트 (scala.concurrent.ExecutionContext의 인스턴스여야 한다)도 제공하지 않고 Future.apply 팩토리 메서드를 통해 퓨처를 만든다면, 다음과 같은 컴파일 오류를 볼 수 있다.

```
scala> import scala.concurrent.Future
import scala.concurrent.Future

scala> val fut = Future { Thread.sleep(10000); 21 + 21 }
<console>:11: error: Cannot find an implicit ExecutionContext.
    You might pass an (implicit ec: ExecutionContext)
```

```
    parameter to your method or import
    scala.concurrent.ExecutionContext.Implicits.global.
      val fut = Future { Thread.sleep(10000); 21 + 21 }
                      ^
```

이 오류 메시지는 문제를 해결할 수 있는 한 가지 방법을 알려준다. 바로 스칼라가 제공하는 전역 실행 컨텍스트를 임포트하는 것이다. JVM에서 전역 실행 컨텍스트는 스레드풀^thread pool^을 사용한다.[1] 암시적인 실행 컨텍스트를 스코프로 가져오고 나면 퓨처를 만들 수 있다.

```
scala> import scala.concurrent.ExecutionContext.Implicits.global
import scala.concurrent.ExecutionContext.Implicits.global

scala> val fut = Future { Thread.sleep(10000); 21 + 21 }
fut: scala.concurrent.Future[Int] = ...
```

이 예제로 만든 퓨처는 제공된 전역(global) 실행 컨텍스트를 사용해 비동기적으로 코드 블록을 실행한 다음 42라는 값으로 완료된다. 퓨처가 실행을 시작하고 나면 스레드는 10초간 슬립^sleep^한다. 따라서 이 퓨처가 완료되려면 적어도 10초가 걸릴 것이다.

Future의 isCompleted와 value라는 메서드를 사용해 폴링^polling^이 가능하다. 아직 완료되지 않은 퓨처에 대해 isCompleted를 호출하면 false를, value를 호출하면 None을 돌려받을 것이다.

```
scala> fut.isCompleted
res0: Boolean = false

scala> fut.value
res1: Option[scala.util.Try[Int]] = None
```

퓨처가 완료되고 나면(여기서는 최소 10초는 지난 다음이어야 한다) isCompleted가 true를 반환하며, value는 Some을 반환한다.

---

1   Scala.js에서 전역 실행 컨텍스트는 자바스크립트의 이벤트 큐(event queue)를 사용한다.

```
scala> fut.isCompleted
res2: Boolean = true

scala> fut.value
res3: Option[scala.util.Try[Int]] = Some(Success(42))
```

value가 반환한 옵션에는 Try가 들어 있다. 그림 32.1에서 볼 수 있듯이 Try는 T 타입의
값이 담겨 있는 성공을 나타내는 Success이거나, 예외(java.lang.Throwable의 인스턴스)가
들어 있는 실패를 나타내는 Failure 중 하나다. Try의 목적은 동기적 계산에 있는 try 식
이 하는 역할을 비동기 계산을 할 때 제공하는 것이다. 그것을 사용하면 계산이 결과를
정상적으로 반환하지 않고 예외를 발생시키면서 갑자기[abruptly] 완료되는 경우를 처리할
수 있다.[2]

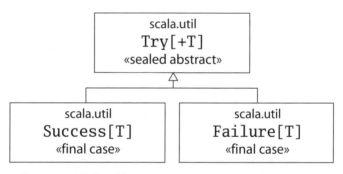

그림 32.1 Try의 클래스 계층구조

동기적 계산의 경우 try/catch를 사용하면 메서드가 던지는 예외를 그 메서드를 실행하
는 스레드 안에서 잡을 수 있다. 하지만 비동기 계산에서는 계산을 시작한 스레드가 다른
작업을 계속 진행하는 경우가 종종 있다. 그래서 그 비동기적 계산이 나중에 예외로 실패
할 때 원래의 스레드가 catch 절에서 예외를 처리할 수가 없다. 따라서 비동기적 활동을
나타내는 Future를 사용해 작업하는 경우에는 Try를 사용해서 해당 활동이 값을 만들어
내는 데 실패해 예외를 발생시키면서 갑자기 완료되는 상황을 대비해야 한다. 다음은 비
동기 활동이 실패하는 경우 어떤 일이 벌어지는지를 보여주는 예다.

---

2   자바의 Future도 비동기 계산이 던질 수 있는 예외를 처리할 수 있는 방법을 제공한다. 비동기 계산을 수행하는 과정에서 오
    류가 발생하는 경우, 자바 퓨처에 있는 메서드는 ExecutionException으로 감싼 예외를 던질 것이다.

```
scala> val fut = Future { Thread.sleep(10000); 21 / 0 }
fut: scala.concurrent.Future[Int] = ...

scala> fut.value
res4: Option[scala.util.Try[Int]] = None
```

10초 후에는 다음과 같은 일이 벌어진다.

```
scala> fut.value
res5: Option[scala.util.Try[Int]] =
    Some(Failure(java.lang.ArithmeticException: / by zero))
```

32.3 Future 사용하기

스칼라의 Future에서는 Future 결과에 대한 변환을 지정해서 **새로운 퓨처**를 얻을 수 있다. 새로 만들어지는 퓨처는 원래의 비동기 계산과 그 결과에 대한 변환, 이렇게 두 가지 비동기 계산을 조합한 것을 표현한다.

map으로 Future 변환하기

그런 연산에 있어 가장 토대가 되는 것은 map이다. 어떤 비동기 연산을 기다리면서 블록시키고 그 연산의 결과를 받아서 계산을 계속 진행하는 대신, 그냥 퓨처에 대해 map을 사용해 다음 계산을 엮어 넣으면 된다. 그렇게 하면, map에게 인자로 넘긴 함수를 사용해서 원래의 비동기 연산 결과를 비동기적으로 변환하는 새로운 퓨처를 결과로 얻는다.

예를 들어, 다음 퓨처는 10초 후 완료될 것이다.

```
scala> val fut = Future { Thread.sleep(10000); 21 + 21 }
fut: scala.concurrent.Future[Int] = ...
```

인자의 값을 1 증가시키는 함수를 이 퓨처에 매핑하면 다른 퓨처를 얻는다. 새 퓨처는 원래의 덧셈과 그 결과에 1을 증가시키는 연산으로 이뤄진 새로운 계산을 표현한다.

```
scala> val result = fut.map(x => x + 1)
result: scala.concurrent.Future[Int] = ...

scala> result.value
res5: Option[scala.util.Try[Int]] = None
```

원래의 퓨처가 완료되고 나면 그 결과에 (map을 통해 넘긴) 함수가 적용된다. 그리고 map이
반환한 퓨처도 완료된다.

```
scala> result.value
res6: Option[scala.util.Try[Int]] = Some(Success(43))
```

이 예제에서 수행한 연산(퓨처의 생성, 21 + 21 계산, 42 + 1 계산)이 각기 다른 세 가지 스레
드에서 실행됐음을 유의하라.

for 식으로 Future 변환하기

스칼라의 퓨처에는 flatMap 정의도 들어 있기 때문에, 여러분은 for 표현식으로 퓨처를
변환할 수 있다. 예를 들어, 다음 두 퓨처는 10초 후 42와 46을 결과로 내놓는다.

```
scala> val fut1 = Future { Thread.sleep(10000); 21 + 21 }
fut1: scala.concurrent.Future[Int] = ...

scala> val fut2 = Future { Thread.sleep(10000); 23 + 23 }
fut2: scala.concurrent.Future[Int] = ...
```

이 두 퓨처를 가지고, 다음과 같이 각 결과의 합을 비동기적으로 구하는 새로운 퓨처를
만들 수 있다.

```
scala> for {
         x <- fut1
         y <- fut2
       } yield x + y
res7: scala.concurrent.Future[Int] = ...
```

원래의 두 퓨처가 완료되고 나면 마지막 합계 계산도 완료된다. 다음과 같은 결과를 볼
수 있을 것이다.

```
scala> res7.value
res8: Option[scala.util.Try[Int]] = Some(Success(88))
```

for 식이 변환을 직렬화[3]하기 때문에,[4] 앞의 예제에서 두 퓨처를 for 식보다 더 먼저 만들지 않았다면 그 둘이 병렬로 실행되지 않을 것이다. 예를 들어 앞의 예제가 완료되기까지는 10여 초가 걸리지만, 다음 for 표현식은 최소 20초가 걸린다.

```
scala> for {
          x <- Future { Thread.sleep(10000); 21 + 21 }
          y <- Future { Thread.sleep(10000); 23 + 23 }
        } yield x + y
res9: scala.concurrent.Future[Int] = ...

scala> res9.value
res27: Option[scala.util.Try[Int]] = None

scala> // 완료되려면 최소 20초가 지나야 함

scala> res9.value
res28: Option[scala.util.Try[Int]] = Some(Success(88))
```

Future 만들기: Future.failed, Future.successful, Future.fromTry, Promise

앞의 예제에서 퓨처를 만들기 위해 사용했던 apply 메서드 외에, Future 동반 객체는 이미 완료된 퓨처를 만들기 위해 successful, failed, fromTry라는 세 가지 팩토리 메서드를 제공한다. 이런 팩토리 메서드에는 ExecutionContext가 필요하지 않다.

successful 팩토리 메서드는 이미 성공한 퓨처를 만든다.

```
scala> Future.successful { 21 + 21 }
res2: scala.concurrent.Future[Int] = ...
```

failed 메서드는 이미 실패한 퓨처를 만든다.

---

3   여기서 직렬화는 객체를 영속 저장소에 저장하거나 네트워크 등을 통해 전달하기 위해 인코딩하는 직렬화가 아니라, 여러 비동기적 연산을 동기적으로 순서대로 실행하게 만들어준다는 뜻이다. - 옮긴이

4   이 예제에서 보여준 for 식은 fut2.map을 fut1.flatMap에 전달하는 호출로 변경될 것이다. 결국 fut1.flatMap(x => fut2.map(y => x + y))와 같다.

```
scala> Future.failed(new Exception("bummer!"))
res3: scala.concurrent.Future[Nothing] = ...
```

fromTry 메서드는 Try로부터 이미 완료된 퓨처를 만든다.

```
scala> import scala.util.{Success,Failure}
import scala.util.{Success, Failure}

scala> Future.fromTry(Success { 21 + 21 })
res4: scala.concurrent.Future[Int] = ...

scala> Future.fromTry(Failure(new Exception("bummer!")))
res5: scala.concurrent.Future[Nothing] = ...
```

퓨처를 만드는 가장 일반적인 방법은 Promise를 사용하는 것이다. 프라미스가 있으면 그 프라미스에 의해 제어되는 퓨처를 얻을 수 있다. 여러분이 퓨처를 완료하면 퓨처도 완료될 것이다. 다음 예제를 보자.

```
scala> val pro = Promise[Int]
pro: scala.concurrent.Promise[Int] = ...

scala> val fut = pro.future
fut: scala.concurrent.Future[Int] = ...

scala> fut.value
res8: Option[scala.util.Try[Int]] = None
```

success, failure, complete라는 이름의 메서드를 사용해 프라미스를 완료할 수 있다. Promise에 대해 이런 메서드를 호출하는 방법은 앞에서 이미 완료된 퓨처를 만들었던 방법과 비슷하다. 예를 들어, success 메서드는 퓨처를 성공시킬 것이다.

```
scala> pro.success(42)
res9: pro.type = ...

scala> fut.value
res10: Option[scala.util.Try[Int]] = Some(Success(42))
```

failure 메서드는 예외를 인자로 받으며, 프라미스와 연결된 퓨처는 그 예외로 실패한다. complete 메서드는 Try를 받는다. 퓨처를 인자로 받는 completeWith 메서드도 있다. 그 프라미스의 퓨처는 여러분이 completeWith에 넘긴 퓨처의 완료 상태를 그대로 반영한다.

걸러내기: filter, collect

스칼라 퓨처는 filter와 collect라는 메서드를 제공한다. 그 둘을 사용하면 퓨처값에 대해 성립하는 특성을 확인할 수 있다. filter 메서드는 퓨처의 결과를 검증하며, 결과가 올바른 경우에는 그 값을 그대로 남겨둔다. 다음은 Int가 양수인지 확인하는 예를 보여준다.

```
scala> val fut = Future { 42 }
fut: scala.concurrent.Future[Int] = ...

scala> val valid = fut.filter(res => res > 0)
valid: scala.concurrent.Future[Int] = ...

scala> valid.value
res0: Option[scala.util.Try[Int]] = Some(Success(42))
```

퓨처값이 올바르지 않은 경우, filter가 반환하는 퓨처는 NoSuchElementException으로 실패한다.

```
scala> val invalid = fut.filter(res => res < 0)
invalid: scala.concurrent.Future[Int] = ...

scala> invalid.value
res1: Option[scala.util.Try[Int]] =
  Some(Failure(java.util.NoSuchElementException:
  Future.filter predicate is not satisfied))
```

Future도 withFilter 메서드를 제공하기 때문에 for 표현식 안에서도 필터를 사용할 수 있다.

```
scala> val valid = for (res <- fut if res > 0) yield res
valid: scala.concurrent.Future[Int] = ...

scala> valid.value
res2: Option[scala.util.Try[Int]] = Some(Success(42))

scala> val invalid = for (res <- fut if res < 0) yield res
invalid: scala.concurrent.Future[Int] = ...

scala> invalid.value
res3: Option[scala.util.Try[Int]] =
  Some(Failure(java.util.NoSuchElementException:
  Future.filter predicate is not satisfied))
```

Future의 collect 메서드를 사용하면 퓨처값을 검증하고 변환하는 작업을 한 연산에 수행할 수 있다. collect에 전달된 부분 함수가 퓨처의 어떤 결과에 대해 정의되어 있는 경우, collect가 반환하는 퓨처는 부분 함수로 그 값을 변환한 결과를 가지고 성공할 것이다.

```
scala> val valid =
         fut collect { case res if res > 0 => res + 46 }
valid: scala.concurrent.Future[Int] = ...

scala> valid.value
res17: Option[scala.util.Try[Int]] = Some(Success(88))
```

그렇지 않은 경우 collect가 반환하는 퓨처는 NoSuchElementException으로 실패한다.

```
scala> val invalid =
         fut collect { case res if res < 0 => res + 46 }
invalid: scala.concurrent.Future[Int] = ...

scala> invalid.value
res18: Option[scala.util.Try[Int]] =
  Some(Failure(java.util.NoSuchElementException:
  Future.collect partial function is not defined at: 42))
```

실패 처리하기: failed, fallbackTo, recover, recoverWith

스칼라 퓨처는 실패한 퓨처를 다룰 수 있는 방법을 제공한다. 그런 방법에는 failed, fallbackTo, recover, recoverWith가 있다. failed 메서드는 임의 타입의 실패한 퓨처를 그 실패를 야기한 예외를 저장한 Future[Throwable] 타입의 성공한 퓨처로 바꿔준다. 다음 예를 보자.

```
scala> val failure = Future { 42 / 0 }
failure: scala.concurrent.Future[Int] = ...

scala> failure.value
res23: Option[scala.util.Try[Int]] =
  Some(Failure(java.lang.ArithmeticException: / by zero))

scala> val expectedFailure = failure.failed
expectedFailure: scala.concurrent.Future[Throwable] = ...
```

```
scala> expectedFailure.value
res25: Option[scala.util.Try[Throwable]] =
  Some(Success(java.lang.ArithmeticException: / by zero))
```

`failed` 메서드를 호출한 대상인 원래의 퓨처가 성공하는 경우 `failed`가 반환하는 퓨처는
`NoSuchElementException`으로 실패한다. 따라서 `failed`는 퓨처가 실패하리라 예상하는 경
우에 더 적합하다. 다음 예를 보자.

```
scala> val success = Future { 42 / 1 }
success: scala.concurrent.Future[Int] = ...

scala> success.value
res21: Option[scala.util.Try[Int]] = Some(Success(42))

scala> val unexpectedSuccess = success.failed
unexpectedSuccess: scala.concurrent.Future[Throwable] = ...

scala> unexpectedSuccess.value
res26: Option[scala.util.Try[Throwable]] =
  Some(Failure(java.util.NoSuchElementException:
  Future.failed not completed with a throwable.))
```

`fallbackTo` 메서드를 사용하면 `fallbackTo`를 호출한 대상 퓨처가 실패한 경우 사용할 수
있는 대안 퓨처를 지정할 수 있다. 다음은 실패한 퓨처 대신 성공적인 퓨처를 사용하는
예다.

```
scala> val fallback = failure.fallbackTo(success)
fallback: scala.concurrent.Future[Int] = ...

scala> fallback.value
res27: Option[scala.util.Try[Int]] = Some(Success(42))
```

`fallbackTo`를 호출한 대상 퓨처가 실패했는데, `fallbackTo`에 인자로 전달된 퓨처도 실패
하는 경우에는 그 실패가 무시된다. `fallbackTo`가 반환하는 퓨처는 원래의 퓨처에서 발
생했던 예외를 가지고 실패할 것이다. 다음 예를 보자.

```
scala> val failedFallback = failure.fallbackTo(
         Future { val res = 42; require(res < 0); res }
       )
```

```
failedFallback: scala.concurrent.Future[Int] = ...

scala> failedFallback.value
res28: Option[scala.util.Try[Int]] =
  Some(Failure(java.lang.ArithmeticException: / by zero))
```

recover 메서드를 사용하면 실패한 퓨처를 성공적인 것으로 변환할 수 있다. 다만, 원래
의 퓨처가 성공한다면 그 결과가 그대로 유지된다. 예를 들어 ArithmeticException으로
실패하는 퓨처에 대해 recover 메서드를 사용하면, 다음과 같이 성공을 실패로 바꿀 수
있다.

```
scala> val recovered = failedFallback recover {
         case ex: ArithmeticException => -1
       }
recovered: scala.concurrent.Future[Int] = ...

scala> recovered.value
res32: Option[scala.util.Try[Int]] = Some(Success(-1))
```

원래의 퓨처가 실패하지 않는다면, recover가 반환하는 퓨처도 그 결과와 같은 값으로 성
공적으로 완료된다.

```
scala> val unrecovered = fallback recover {
         case ex: ArithmeticException => -1
       }
unrecovered: scala.concurrent.Future[Int] = ...

scala> unrecovered.value
res33: Option[scala.util.Try[Int]] = Some(Success(42))
```

마찬가지로 recover에 전달한 부분 함수가 원래의 퓨처가 실패한 예외에 대해 정의되어
있지 않다면, 원래의 실패가 변경 없이 그대로 전달된다.

```
scala> val alsoUnrecovered = failedFallback recover {
         case ex: IllegalArgumentException => -2
       }
alsoUnrecovered: scala.concurrent.Future[Int] = ...

scala> alsoUnrecovered.value
res34: Option[scala.util.Try[Int]] =
  Some(Failure(java.lang.ArithmeticException: / by zero))
```

recoverWith 메서드는 recover와 비슷하다. 차이는 recover는 문제가 생기면 값으로 복구하는 데 반해, recoverWith는 퓨처값으로 복구한다는 데 있다. 다음 예를 보자.

```
scala> val alsoRecovered = failedFallback recoverWith {
         case ex: ArithmeticException => Future { 42 + 46 }
       }
alsoRecovered: scala.concurrent.Future[Int] = ...

scala> alsoRecovered.value
res35: Option[scala.util.Try[Int]] = Some(Success(88))
```

recover에서와 마찬가지로 원래의 퓨처가 실패하지 않거나, recoverWith에게 전달된 부분 함수가 원래의 퓨처가 실패한 예외에 대해 정의되지 않은 경우, 원래의 성공(또는 실패)이 그대로 recoverWith가 반환하는 퓨처를 통해 전달된다.

두 가지 가능성 모두를 매핑하기: transform

Future의 transform 메서드는 퓨처를 변환하기 위한 두 가지 함수를 받는다. 하나는 성공적인 경우를 변환하고, 다른 하나는 실패인 경우를 변환한다.

```
scala> val first = success.transform(
         res => res * -1,
         ex => new Exception("see cause", ex)
       )
first: scala.concurrent.Future[Int] = ...
```

원래의 퓨처가 성공하면 첫 번째 함수가 쓰인다.

```
scala> first.value
res42: Option[scala.util.Try[Int]] = Some(Success(-42))
```

원래의 퓨처가 실패하면 두 번째 함수가 쓰인다.

```
scala> val second = failure.transform(
         res => res * -1,
         ex => new Exception("see cause", ex)
       )
```

```
second: scala.concurrent.Future[Int] = ...

scala> second.value
res43: Option[scala.util.Try[Int]] =
  Some(Failure(java.lang.Exception: see cause))
```

앞의 예에서 본 transform 메서드를 사용하는 경우 성공한 퓨처를 실패로 만들거나, 실
패한 퓨처를 성공으로 만드는 것은 불가능하다. 그런 종류의 변환을 쉽게 할 수 있도
록 스칼라 2.12부터는 Try를 받아서 Try를 돌려주는 함수를 인자로 받는 오버로드된
transform을 제공한다. 다음 예를 보자.

```
scala> val firstCase = success.transform { // 스칼라 2.12
         case Success(res) => Success(res * -1)
         case Failure(ex) => Failure(new Exception("see cause", ex))
       }
first: scala.concurrent.Future[Int] = ...

scala> firstCase.value
res6: Option[scala.util.Try[Int]] = Some(Success(-42))

scala> val secondCase = failure.transform {
         case Success(res) => Success(res * -1)
         case Failure(ex) => Failure(new Exception("see cause", ex))
       }
secondCase: scala.concurrent.Future[Int] = ...

scala> secondCase.value
res8: Option[scala.util.Try[Int]] =
Some(Failure(java.lang.Exception: see cause))
```

다음은 새 transform 메서드를 사용해 실패를 성공으로 변환하는 예를 보여준다.

```
scala> val nonNegative = failure.transform { // 스칼라 2.12
         case Success(res) => Success(res.abs + 1)
         case Failure(_) => Success(0)
       }
nonNegative: scala.concurrent.Future[Int] = ...

scala> nonNegative.value
res11: Option[scala.util.Try[Int]] = Some(Success(0))
```

퓨처 조합하기: zip, Future.foldLeft, Future.reduceLeft, Future.sequence, Future.traverse

Future와 그 동반 객체는 여러 퓨처를 조합할 수 있는 다양한 메서드를 제공한다. zip 메서드는 2개의 성공적인 퓨처를 두 값의 튜플을 제공하는 퓨처로 만들어준다. 다음 예를 보자.

```
scala> val zippedSuccess = success zip recovered
zippedSuccess: scala.concurrent.Future[(Int, Int)] = ...

scala> zippedSuccess.value
res46: Option[scala.util.Try[(Int, Int)]] = Some(Success((42,-1)))
```

하지만 두 퓨처 중 하나라도 실패하면 zip이 반환하는 퓨처도 동일한 예외로 실패할 것이다.

```
scala> val zippedFailure = success zip failure
zippedFailure: scala.concurrent.Future[(Int, Int)] = ...

scala> zippedFailure.value
res48: Option[scala.util.Try[(Int, Int)]] =
  Some(Failure(java.lang.ArithmeticException: / by zero))
```

두 퓨처 모두 실패하는 경우 zip이 돌려주는 퓨처도 실패하는데, 이때는 zip을 호출한 원래의 퓨처에 있는 예외를 가지고 실패한다.

Future의 동반 객체는 퓨처의 Iterable 컬렉션 결과를 누적할 수 있는 foldLeft 메서드를 제공한다. 누적 결과도 퓨처를 통해 전달된다. 컬렉션 안의 모든 퓨처가 성공하면 결과 퓨처도 누적 값을 가지고 성공한다. 컬렉션에 있는 퓨처 중 하나가 실패하면 결과 퓨처도 실패한다. 여러 퓨처가 실패하면 결과 퓨처는 가장 먼저 실패한(즉, Iterable 컬렉션에서 가장 먼저 실패한) 퓨처의 예외 값으로 실패한다. 다음 예를 보자.

```
scala> val fortyTwo = Future { 21 + 21 }
fortyTwo: scala.concurrent.Future[Int] = ...

scala> val fortySix = Future { 23 + 23 }
fortySix: scala.concurrent.Future[Int] = ...

scala> val futureNums = List(fortyTwo, fortySix)
```

```
futureNums: List[scala.concurrent.Future[Int]] = ...

scala> val folded =
         Future.foldLeft(futureNums)(0) { (acc, num)
           => acc + num
         }
folded: scala.concurrent.Future[Int] = ...

scala> folded.value
res53: Option[scala.util.Try[Int]] = Some(Success(88))
```

Future.reduceLeft 메서드는 초깃값(위 예에서 0) 없이 폴드를 진행한다. 대신 최초의 값
으로 첫 번째 퓨처의 값을 사용한다. 다음 예를 보자.

```
scala> val reduced =
         Future.reduceLeft(futureNums) { (acc, num) =>
           acc + num
         }
reduced: scala.concurrent.Future[Int] = ...

scala> reduced.value
res54: Option[scala.util.Try[Int]] = Some(Success(88))
```

빈 컬렉션을 reduceLeft에 넘기면 결과 퓨처는 NoSuchElementException으로 실패할 것
이다.

Future.sequence 메서드는 퓨처로 이뤄진 TraversableOnce 컬렉션을 TraversableOnce 값
이 담긴 퓨처로 변환해준다. 예를 들어, 다음 예제는 List[Future[Int]]를 Future[List
[Int]]로 변환하기 위해 sequence를 사용한다.

```
scala> val futureList = Future.sequence(futureNums)
futureList: scala.concurrent.Future[List[Int]] = ...

scala> futureList.value
res55: Option[scala.util.Try[List[Int]]] = Some(Success(List(42, 46)))
```

Future.traverse 메서드는 아무 타입의 원소로 이뤄진 TraversableOnce를 퓨처의
TraversableOnce로 변환하고, 값의 TraversableOnce로 완료하는 퓨처로 그것을 '시퀀스
화'해준다. 다음은 Future.traverse를 통해 List[Int]를 Future[List[Int]]로 바꾸는 예
를 보여준다.

```
scala> val traversed =
         Future.traverse(List(1, 2, 3)) { i => Future(i) }
traversed: scala.concurrent.Future[List[Int]] = ...

scala> traversed.value
res58: Option[scala.util.Try[List[Int]]] =
  Some(Success(List(1, 2, 3)))
```

부수 효과 수행하기: foreach, onComplete, andThen

퓨처가 완료된 다음 부수 효과를 수행해야 할 때가 있다. 퓨처는 그런 경우 사용할 수 있
는 메서드를 몇 가지 제공한다. 가장 기본적인 메서드는 foreach다. 이 메서드는 퓨처가
성공적으로 완료된 경우 부수 효과를 실행한다. 예를 들어 다음 예에서는 퓨처가 실패하
는 경우에는 println이 실행되지 않고, 성공한 경우에만 실행된다.

```
scala> failure.foreach(ex => println(ex))

scala> success.foreach(res => println(res))
42
```

yield가 없는 for는 foreach 호출로 바뀌기 때문에, for 식을 사용해도 마찬가지 효과를
얻을 수 있다.

```
scala> for (res <- failure) println(res)

scala> for (res <- success) println(res)
42
```

Future는 '콜백callback' 함수를 등록하기 위한 두 가지 메서드를 제공한다. onComplete 메
서드는 퓨처가 결국 성공하거나 실패했는지 여부와 관계없이 완료 시 실행된다. 그 함수
에는 Try가 전달된다. 따라서 퓨처가 성공한 경우에는 Success가, 실패한 경우에는 예외
가 들어 있는 Failure가 전달된다. 다음 예를 보자.

```
scala> import scala.util.{Success, Failure}
import scala.util.{Success, Failure}

scala> success onComplete {
```

```
        case Success(res) => println(res)
        case Failure(ex) => println(ex)
      }
42

scala> failure onComplete {
        case Success(res) => println(res)
        case Failure(ex) => println(ex)
      }
java.lang.ArithmeticException: / by zero
```

Future는 onComplete로 등록한 콜백 함수의 실행 순서에 대해 아무것도 보장해주지 않는다. 여러분이 콜백 함수가 호출되는 순서를 꼭 강제로 지정하고 싶다면, andThen을 대신 사용해야 한다. andThen 메서드는 여러분이 그 메서드를 호출한 대상 퓨처의 동작을 그대로 반영(똑같은 방식으로 성공 또는 실패)하는 새로운 퓨처를 반환한다. 하지만 그것은 콜백 함수가 완전히 실행되기 전까지는 완료되지 않는다.

```
scala> val newFuture = success andThen {
        case Success(res) => println(res)
        case Failure(ex) => println(ex)
      }
42
newFuture: scala.concurrent.Future[Int] = ...

scala> newFuture.value
res76: Option[scala.util.Try[Int]] = Some(Success(42))
```

콜백 함수를 andThen에 넘기고 그것이 실행 시점에 오류를 발생시킨다면, 그 오류가 이후의 콜백으로 전파된다거나 andThen이 반환하는 결과 콜백의 실패로 보고되지 않는다는 사실에 유의하라.

스칼라 2.12에 추가된 메서드: flatten, zipWith, transformWith

스칼라 2.12에 추가된 flatten 메서드는 Future 안에 Future가 내포된 것을 내포된 타입의 Future로 변환한다. 예를 들이, flatten은 Future[Future[Int]]를 Future[Int]로 변환할 수 있다.

```
scala> val nestedFuture = Future { Future { 42 } }
nestedFuture: Future[Future[Int]] = ...

scala> val flattened = nestedFuture.flatten // 스칼라 2.12
flattened: scala.concurrent.Future[Int] = Future(Success(42))
```

역시 2.12에 추가된 zipWith 메서드는 기본적으로 두 퓨처를 함께 묶어서, 결과 튜플에 map을 수행한다. 다음은 이렇게 zip 한 다음 map을 하는 2단계 과정을 보여준다.

```
scala> val futNum = Future { 21 + 21 }
futNum: scala.concurrent.Future[Int] = ...

scala> val futStr = Future { "ans" + "wer" }
futStr: scala.concurrent.Future[String] = ...

scala> val zipped = futNum zip futStr
zipped: scala.concurrent.Future[(Int, String)] = ...

scala> val mapped = zipped map {
         case (num, str) => s"$num is the $str"
       }
mapped: scala.concurrent.Future[String] = ...

scala> mapped.value
res2: Option[scala.util.Try[String]] =
    Some(Success(42 is the answer))
```

zipWith를 사용하면 같은 연산을 한 단계 만에 할 수 있다.

```
scala> val fut = futNum.zipWith(futStr) { // 스칼라 2.12
         case (num, str) => s"$num is the $str"
       }
zipWithed: scala.concurrent.Future[String] = ...

scala> fut.value
res3: Option[scala.util.Try[String]] =
    Some(Success(42 is the answer))
```

스칼라 2.12에서는 transformWith로 퓨처를 얻을 수도 있다. 그 경우 Try를 받아서 Future를 돌려주는 함수를 사용해 퓨처를 변환할 수 있다. 다음 예를 보자.

```
scala> val flipped = success.transformWith { // 스칼라 2.12
         case Success(res) =>
```

```
            Future { throw new Exception(res.toString) }
          case Failure(ex) => Future { 21 + 21 }
        }
flipped: scala.concurrent.Future[Int] = ...

scala> flipped.value
res5: Option[scala.util.Try[Int]] =
    Some(Failure(java.lang.Exception: 42))
```

이 transformWith 메서드는 스칼라 2.12에 새로 추가된 transform 메서드와 비슷하다. 다만 transform에 전달하는 함수는 Try를 만들어내지만, transformWith에 전달하는 함수는 퓨처를 만들어낸다는 점이 다를 뿐이다.

32.4 Future 테스트

스칼라 퓨처의 장점 중 하나는 블로킹을 피할 수 있도록 여러분을 돕는다는 것이다. 대부분의 JVM 구현에서 수천 개의 스레드를 만들고 나면 컨텍스트 전환에 따른 비용이 커지면서 도저히 용납할 수 없을 정도로 성능이 나빠진다. 블로킹을 피하면 여러분이 바쁘게 일을 시키기로 결정한 스레드의 수를 일정하게 제한할 수 있다. 게다가 스칼라에서는 필요한 경우 퓨처의 결과를 블로킹 방식으로 기다릴 수도 있다. 스칼라의 Await 객체는 퓨처의 결과를 기다리기 위해 블로킹하는 과정을 편하게 만들어준다. 다음 예를 보자.

```
scala> import scala.concurrent.Await
import scala.concurrent.Await

scala> import scala.concurrent.duration._
import scala.concurrent.duration._

scala> val fut = Future { Thread.sleep(10000); 21 + 21 }
fut: scala.concurrent.Future[Int] = ...

scala> val x = Await.result(fut, 15.seconds) // 블록됨
x: Int = 42
```

Await.result는 Future와 Duration을 인자로 받는다. Duration은 Await.result가 얼마나 오래 Future의 완료를 기다릴지를 결정한다. 그 시간이 지나면 타임아웃[timeout]이 발생한

다. 이 예제에서는 15초를 Duration으로 지정했다. 따라서 이 예제에서는 Await.result의 타임아웃이 발생하기 전에 퓨처가 결괏값인 42로 완료돼야만 한다.

블로킹을 일반적으로 용납할 수 있는 한 가지 경우로는 비동기 코드의 테스트를 들 수 있다. 이제는 Await.result가 반환되고 나면 그 결과를 가지고 계산을 수행할 수 있다. 예를 들어, 테스트 안에서 단언문^{assert}을 사용할 수 있다.

```
scala> import org.scalatest.matchers.should.Matchers._
import org.scalatest.matchers.should.Matchers._

scala> x should be (42)
res0: org.scalatest.Assertion = Succeeded
```

그 대신, 스칼라테스트^{ScalaTest}의 트레이트인 ScalaFutures가 제공하는 블로킹 요소를 사용할 수도 있다. 예를 들어, ScalaFutures가 암시적으로 Future에 추가해주는 futureValue 메서드는 퓨처가 성공할 때까지 스레드를 블록시킬 것이다. 퓨처가 실패하면 futureValue는 그 문제를 설명해주는 TestFailedException을 던진다. 퓨처가 성공하면 futureValue는 퓨처의 성공적인 실행 결과를 반환한다. 따라서 그 값을 단언문으로 테스트할 수 있다.

```
scala> import org.scalatest.concurrent.ScalaFutures._
import org.scalatest.concurrent.ScalaFutures._

scala> val fut = Future { Thread.sleep(10000); 21 + 21 }
fut: scala.concurrent.Future[Int] = ...

scala> fut.futureValue should be (42) // futureValue가 블록된다
res1: org.scalatest.Assertion = Succeeded
```

테스트 중에 블로킹을 사용하는 경우가 좋을 때도 종종 있지만, 스칼라테스트 3.0에는 퓨처를 블로킹하지 않고 테스트할 수 있는 '비동기^{async}' 테스트 스타일이 추가됐다. 퓨처가 있다면, 결과가 나올 때까지 블록했다가 결과에 대해 단언문을 수행하는 대신, 대상 퓨처에 직접 단언문을 매핑할 수 있다. 그러면 Future[Assertion]이 스칼라테스트에게 전달된다. 그 예를 리스트 32.1에서 보여준다. 퓨처에 대한 단언문이 완료되면 스칼라테스트는 테스트 리포터^{reporter}에게 비동기적으로 이벤트(테스트 성공, 테스트 실패 등)를 보낸다.

```scala
import org.scalatest.funspec.AsyncFunSpec
import scala.concurrent.Future

class AddSpec extends AsyncFunSpec {

  def addSoon(addends: Int*): Future[Int] =
      Future { addends.sum }

  describe("addSoon") {
    it("will eventually compute a sum of passed Ints") {
      val futureSum: Future[Int] = addSoon(1, 2)
      // 단언문을 Future에 대해 매핑할 수 있다. 그 후 결과로
      // 나오는 Future[Assertion]을 스칼라테스트에게 보낸다.
      futureSum map { sum => assert(sum == 3) }
    }
  }
}
```

이 비동기 테스트 용례는 퓨처를 다룰 때의 일반 원칙을 잘 보여준다. 그것은 일단 '퓨처 공간'에 들어가면 계속 퓨처 공간에 남기 위해 노력하는 것이다. 퓨처를 블록하고 그 결과를 사용해 계산하려 하지 마라. 비동기적으로 새로운 퓨처를 만들어내는 변환을 계속 수행하라. 퓨처 공간에서 결과를 얻기 위해서는 퓨처가 완료되면 비동기적으로 실행되는 부수 효과를 등록하라. 이런 접근 방법을 사용하면 스레드를 최대로 활용하는 데 도움이 될 것이다.

32.5 결론

동시성 프로그래밍은 강력한 기능을 선사한다. 이를 사용하면 코드를 단순화하면서 다중 프로세서의 이점을 누릴 수 있다. 불행히도, 가장 널리 사용되는 동시성 기본 요소인 스레드, 락, 모니터는 교착 상태와 경합으로 가득 찬 지뢰밭이다. Future는 그런 지뢰밭에서 나올 수 있는 한 가지 방법을 제공해서, 여러분이 교착 상태나 경합의 큰 위험 없이도 동시성 프로그램을 작성할 수 있게 해준다. 32장에서는 스칼라의 퓨처를 다룰 때 쓸 수 있는 여러 부품 중에서 퓨처 생성, 변환, 테스트 등에 관련된 기본적인 요소들을 소개했다. 그 후 이런 요소를 일반적인 퓨처 스타일의 일부분으로 활용하는 방법을 보였다.

Chapter

33

콤비네이터 파싱

작고 특수한 목적의 언어를 처리해야 할 때가 종종 있다. 예를 들어, 프로그램의 설정 파일을 읽어야 하는데 그 설정 파일을 XML보다 더 수정하기 쉽게 만들고 싶을 수 있다. 프로그램 입력을 처리하기 위한 언어가 필요할 수도 있다. 예를 들어, 불리언 연산자(시리, 'space ships'가 들어가고, 'love stories'가 안 들어간 영화를 찾아줘)를 사용해 검색어를 지정할 수 있다. 어떤 이유든 **파서**parser가 필요할 것이다. 입력 언어를 프로그램에서 처리 가능한 데이터 구조로 변환하는 방법이 필요하다.

기본적으로 이를 처리할 수 있는 방법은 몇 가지 없다. 그중 하나는 자신의 파서(그리고 어휘 분석기lexical analyzer)를 처음부터 개발하는 것이다. 경험이 많지 않다면 이런 일은 힘이 든다. 그런 작업에 아주 익숙하다고 할지라도 여전히 시간이 많이 걸린다.

다른 방법은 여러 파서 생성기parser generator 중에서 하나를 사용하는 것이다. 잘 알려진 파서 생성기로는 C로 작성된 Yacc이나 Bison, 또는 자바로 작성된 ANTLR이 있다. 이런 파서 생성기와 함께 Lex, Flex, JFlex 같은 스캐너 생성기scanner generator도 아마 필요할 것이다. 몇 가지 부담만 빼면, 이 선택이 최고의 방법이 될 수도 있다. 먼저 이런 새 도구를 배워야 하고, 때로 이해하기 힘든 도구 오류 메시지도 배워야 한다. 또한 도구의 출력을 여러분의 프로그램과 연결하는 방법도 알 필요가 있다. 이로 인해 프로그래밍 언어 선택이 자유롭지 못할 수도 있고, 도구 사슬tool chain이 복잡해질 수도 있다.

33장에서는 세 번째 대안을 소개한다. 별도의 파서 생성기에 대한 도메인 특화 언어^{DSL}를 사용하는 대신에 **내부 도메인 특화 언어**^{internal domain specific language}, 즉 내부 DSL을 사용할 것이다. 내부 DSL은 **파서 콤비네이터**^{parser combinator} 라이브러리로 구성할 것이다. 파서 콤비네이터란 파서를 구축할 때 빌딩 블록으로 사용할 수 있는 스칼라 연산자와 함수다. 이해하기 쉽도록 문맥 자유 문법^{context-free grammar}의 생성 규칙과 각 빌딩 블록을 일대일로 연결할 것이다.

이 장에서는 지금까지 설명하지 않았던 언어 기능을 하나 소개할 텐데, 바로 33.6절에 있는 this 별명^{alias}이다. 그러나 이 장은 이전에 설명했던 다른 여러 기능들을 아주 많이 사용한다. 특히 파라미터화한 타입, 추상 타입, 함수 객체, 연산자 오버로드, 이름에 의한 호출 파라미터, 암시 변환 등이 중요한 역할을 한다. 본 장은 이런 언어 요소를 조합해서 아주 높은 (추상화) 수준의 라이브러리를 어떻게 설계할 수 있는지 보여준다.

이 장에서 설명하는 개념은 이전 장보다 약간 더 어렵다. 컴파일러 개발에 대한 지식이 충분할 경우 이 장을 읽어보면 많은 도움이 될 것이다. 더 나은 안목에서 여러 가지를 조합하는 방법을 배울 수 있기 때문이다. 그러나 이 장을 이해하기 위한 유일한 전제 조건은 정규 문법^{regular grammar}과 문맥 자유 문법(앞으로 CFG라 쓸 것임)에 대해 아는 것이다. 이 둘에 대해 잘 모르는 독자라면, 이번 장을 그냥 넘어가도 좋다.

33.1 예제: 산술식

한 가지 예를 가지고 시작하자. 부동소수점 수, 괄호, 이항 연산자(+, -, *, /)로 이뤄진 산술 연산식에 대한 파서를 구현해보자. 언제나 첫 단계는 파싱할 언어 문법을 작성하는 것이다. 다음과 같이 산술 연산식 문법을 작성할 수 있다.

```
  expr ::= term {"+" term | "-" term}
  term ::= factor {"*" factor | "/" factor}
factor ::= floatingPointNumber | "(" expr ")"
```

여기서 |는 대안(둘 이상 중 어느 하나)이며, { ... }는 0번 이상의 반복을 의미한다. 이 예제에는 사용하지 않았지만, [...]는 ... 부분이 있을 수도 있고 없을 수도 있다는 선택적

생성을 의미한다.

이 CFG는 공식적으로 산술식 언어를 정의한다. 모든 식(expr로 표시)은 *term* 하나이거나, 그 뒤에 + 연산자와 *term*, 또는 - 연산자와 *term*이 반복해 올 수 있다. 모든 *term*은 *factor* 하나이거나, 그 뒤에 * 연산자와 *factor*, 또는 / 연산자와 *factor*가 반복해 올 수 있다. 한 *factor*는 부동소수점 수 리터럴이거나, 괄호 안에 들어간 *expr*이다. 이 문법은 이미 연산자의 상대적 우선순위를 표현하고 있다. 예를 들어, *는 +보다 더 단단하게 연결되어 있다. 왜냐하면 * 연산자는 *term*을 만들어내지만, +는 *expr*을 만들고, *expr*은 *term*을 포함할 수 있으나, *term*은 *expr*이 괄호 안에 들어 있을 때만 *expr*을 포함할 수 있기 때문이다.[1]

이제 문법을 정의했다. 다음은 무엇을 할까? 스칼라 콤비네이터 파서를 사용한다면, 기본은 이미 완성이다. 리스트 33.1처럼 체계적으로 문자를 바꿔치기 할 필요가 있고, 파서를 한 클래스 안에 포함시킬 필요가 있다.

리스트 33.1 산술식 파서

```
import scala.util.parsing.combinator._

class Arith extends JavaTokenParsers {
  def expr: Parser[Any] = term~rep("+"~term | "-"~term)
  def term: Parser[Any] = factor~rep("*"~factor | "/"~factor)
  def factor: Parser[Any] = floatingPointNumber | "("~expr~")"
}
```

산술식 파서는 JavaTokenParsers 트레이트를 상속한 클래스 안에 들어 있다. 이 트레이트는 파서를 작성하는 기본적인 장치를 제공한다. 또한 지시어, 문자열 리터럴, 숫자 같은 단어의 종류를 인식하는 몇 가지 기본 파서도 제공한다. 리스트 33.1의 예에서는 이 트레이트에서 상속한 floatingPointNumber만을 사용했다.

Arith 클래스 안에 있는 세 정의는 산술식에 대한 생성 규칙production을 나타낸다. 보면 알 수 있지만, CFG의 생성 규칙과 아주 비슷하다. 실제로, 간단한 문자 바꿔치기를 여러 번 수행함으로써 CFG 규칙에서 자동적으로 이 생성 규칙을 만들 수 있다.

1. 모든 생성 규칙은 각각 별도의 메서드가 된다. 그래서 def를 앞에 붙일 필요가 있다.

---

1 1 + 2 * 3이 있다면, *expr* 안에 *term*을 포함할 수 있기 때문에, 2 * 3을 먼저 *factor* * *factor* 규칙을 사용해 *term*으로 묶고, 이를 다시 *term* + *term* 규칙을 사용해 *expr*로 묶을 수 있다는 말이다. – 옮긴이

2. 각 메서드의 결과 타입은 Parser[Any]다. 그래서 '::=' 기호를 ': Parser[Any] ='로 바꿔야 한다. Parser[Any] 타입의 뜻은 나중에 설명할 것이다. 또한 그것을 더 간결하게 하는 방법도 보여줄 것이다.

3. 문법에서는 순차 합성을 따로 표기하지 않지만(X ::= "first" "last"라면 "first" 다음에 "last"가 바로 오는 것을 뜻한다), 프로그램에서는 ~로 명시적으로 표현해야 한다. 그래서 생성 규칙의 모든 연속적인 기호 사이에 ~를 넣어야 한다. 리스트 33.1에서는 ~ 주위에 어떤 공백도 넣지 않았다. 그렇게 하면 파서 코드가 원래의 문법과 시각적으로 유사한 형태를 유지한다. 즉, 그 문법 공백을 단지 ~로 바꿔치기 한 것과 같다.

4. 반복은 { ... } 대신에 rep(...)으로 표현한다. 마찬가지로(이 예에서는 없지만), 선택 생성은 [...] 대신 opt(...)으로 표현한다.

5. 각 생성 규칙의 끝에 있는 마침표(.)는 생략한다. 그러나 원한다면 세미콜론(;)을 쓸 수 있다.

여기까지가 전부다. 그 결과, Arith 클래스에는 expr, term, factor라는 3개의 파서 정의가 생긴다. 각 파서 정의를 산술식이나 산술식 일부를 파싱하기 위해 사용할 수 있다.

33.2 파서 실행

연습 삼아 아래의 작은 프로그램을 가지고 파서를 돌려보자.

```
object ParseExpr extends Arith {
  def main(args: Array[String]) = {
    println("input : " + args(0))
    println(parseAll(expr, args(0)))
  }
}
```

ParseExpr 객체는 첫 번째 명령행 인자를 파싱하는 main 메서드를 정의한다. main은 입력받은 원래의 인자를 출력한 다음, 그것을 파싱한 결과를 출력한다. 파싱은 다음 표현식을 통해 수행한다.

```
parseAll(expr, 입력)
```

이 식은 expr 파서를 주어진 입력으로 호출한다. parseAll은 입력을 모두 다 파싱할 수 있기를 기대한다. 즉, 일부만 파싱하고 문자가 남아서는 안 된다. parse라는 메서드도 있다. 이 메서드는 입력의 앞부분을 파싱하고 나머지는 읽지 않고 남겨두는 것을 허용한다.

다음과 같이 산술 파서를 실행할 수 있다.

```
$ scala ParseExpr "2 * (3 + 7)"
input: 2 * (3 + 7)
[1.12] parsed: ((2~List((*~(((~((3~List())~List((+
~(7~List()))))))~)))))~List())
```

출력 결과는 그 파서가 [1.12] 지점까지 입력 문자열을 성공적으로 분석했음을 보여준다. [1.12]는 첫 줄의 12번째 열(즉, 전체 입력 문자열)을 파싱했다는 뜻이다. 지금은 parsed: 뒤에 있는 결과를 무시하자. 그 결과는 그리 쓸모 있지도 않을뿐더러, 나중에 더 구체적인 파싱 결과를 가져오는 방법을 알게 될 것이다.

합법적인 식이 아닌 문자열을 시도해볼 수 있다. 예를 들어, 닫는 괄호만 많이 써볼 수도 있다.

```
$ scala ParseExpr "2 * (3 + 7))"
input: 2 * (3 + 7))
[1.12] failure: `-' expected but `)' found
2 * (3 + 7))
           ^
```

여기서 expr 파서는 산술식의 마지막 닫는 괄호가 나오기 직전까지 모든 것을 파싱했다. 그 후, parseAll 메서드는 오류 메시지를 출력한다. 그 오류 메시지는 마지막 닫는 괄호가 있는 지점에 연산자가 하나 있어야 한다는 것을 나타낸다. 왜 이런 오류 메시지가 출력됐는지, 그리고 어떻게 이 오류 메시지를 더 보기 좋게 할 수 있는지는 나중에 알게 될 것이다.

33.3 기본 정규표현식 파서

산술식 파서는 또 다른 파서인 floatingPointNumber를 사용했다. Arith의 슈퍼트레이트인 JavaTokenParsers에서 상속한 이 파서는 자바 형식의 부동소수점 수를 인식할 수 있다. 그러나 자바와 좀 다른 형식으로 된 숫자를 파싱할 필요가 있다면 어떻게 하면 될까? 이 경우 **정규표현식 파서**^{regular expression parser}를 사용할 수 있다.

기본 아이디어는 정규표현식을 파서로 사용하자는 것이다. 정규표현식은 자신이 매치할 수 있는 모든 문자열을 파싱한다. 결과는 파싱한 문자열이다. 예를 들어, 리스트 33.2에 있는 정규표현식 파서는 자바의 식별자를 파싱한다.

리스트 33.2 자바 식별자를 위한 정규표현식 파서

```
object MyParsers extends RegexParsers {
  val ident: Parser[String] = """[a-zA-Z_]\w*""".r
}
```

리스트 33.2의 MyParsers 객체는 RegexParsers 트레이트를 상속한다. 이에 반해, Arith는 JavaTokenParsers를 상속한다. 스칼라 파싱 콤비네이터는 트레이트로 계층화되어 있다. 이들은 모두 scala.util.parsing.combinator 패키지 안에 있다. 최상위 트레이트는 Parsers다. Parsers는 모든 종류의 입력에 대해 가장 일반적인 파싱 프레임워크를 정의한다. RegexParsers는 바로 다음 단계에 있다. 그 파서는 문자열의 시퀀스를 입력받아, 정규표현식으로 파싱한다. JavaTokenParsers는 더욱더 전문화한 것이다. JavaTokenParsers는 자바에서 정의한 여러 기본적인 단어 종류(즉, 토큰^{token})별로 파서를 구현한다.

33.4 또 다른 예: JSON

JSON^{JavaScript Object Notation}(자바스크립트 객체 표기법)은 대중적인 데이터 상호 교환 형식이다. 이번 절에서는 JSON 파서를 작성하는 방법을 보여줄 것이다. JSON 문법은 다음과 같다.

```
value ::= obj | arr | stringLiteral |
          floatingPointNumber |
```

```
               "null" | "true" | "false"
       obj ::= "{" [ members ] "}"
       arr ::= "[" [ values ] "]"
   members ::= member {"," member}
    member ::= stringLiteral ":" value
    values ::= value {"," value}
```

JSON 값은 객체, 배열, 문자열, 숫자, 또는 예약어인 null, true, false 중 하나다. JSON 객체는 중괄호 안에 멤버들을 쉼표로 분리해놓은 것이다(아무것도 안 들어 있을 수도 있다). 각 멤버는 문자열/값의 쌍이다. 각 쌍의 문자열과 값은 콜론(:)으로 구분한다. 마지막으로, JSON 배열은 중괄호 안에 여러 값을 쉼표로 구분해놓은 것이다. 예를 들어, 리스트 33.3은 주소록을 JSON 객체로 표현한 것이다.

리스트 33.3 JSON 형식의 데이터

```
{
  "address book": {
    "name": "John Smith",
    "address": {
      "street": "10 Market Street",
      "city"  : "San Francisco, CA",
      "zip"   : 94111
    },
    "phone numbers": [
      "408 338-4238",
      "408 111-6892"
    ]
  }
}
```

스칼라 파서 콤비네이터를 사용하면 이 주소 데이터를 쉽게 파싱할 수 있다. 완전한 파서는 리스트 33.4에 있다. 이 파서는 산술 연산식 파서와 구조가 같다. 이 역시, JSON 문법의 생성 규칙과 직접적으로 연결할 수 있다. 문법을 간결하게 하기 위해 repsep라는 단축 표기를 사용한다. repsep 콤비네이터는 주어진 구분자 문자열에 의해 분리된 항목의 시퀀스(비어 있을 수도 있음)를 파싱한다. 예를 들어, 리스트 33.4를 respep(member, ",")로 파싱하면, 쉼표로 member 항목을 구분해 파싱한다. 이 부분을 제외한 나머지 부분은, 산술식 파서와 마찬가지로 원래의 문법과 파서를 그대로 대응시킬 수 있다.

```scala
import scala.util.parsing.combinator._

class JSON extends JavaTokenParsers {
  def value : Parser[Any] = obj | arr |
                            stringLiteral |
                            floatingPointNumber |
                            "null" | "true" | "false"

  def obj    : Parser[Any] = "{"~repsep(member, ",")~"}"

  def arr    : Parser[Any] = "["~repsep(value, ",")~"]"

  def member: Parser[Any] = stringLiteral~":"~value
}
```

JSON 파서를 테스트할 때, 파서가 명령행 입력이 아니라 파일을 파싱하도록 프레임워크를 약간 변경할 것이다.

```scala
import java.io.FileReader

object ParseJSON extends JSON {
  def main(args: Array[String]) = {
    val reader = new FileReader(args(0))
    println(parseAll(value, reader))
  }
}
```

이 프로그램의 main 메서드는 우선 FileReader 객체를 생성한다. 그리고 나서 파일 리더가 반환하는 문자열을 JSON 문법의 value 생성 규칙에 따라 파싱한다. parseAll과 parse에 오버로드한 여러 버전이 존재한다. 두 번째 인자로 문자 시퀀스를 받는 버전 말고, 입력 리더를 받는 오버로드 버전이 있다.

리스트 33.3에 있는 "address book" 객체를 address-book.json 파일에 저장하고, 그에 대해 ParseJSON 프로그램을 실행한다면 다음과 같은 결과를 볼 수 있다.

```
$ scala ParseJSON address-book.json
[13.4] parsed: (({~List((("address book"~:)~(({~List(((
"name"~:)~"John Smith"), (("address"~:)~(({~List(((
"street"~:)~"10 Market Street"), (("city"~:)~"San Francisco
,CA"), (("zip"~:)~94111)))~})), (("phone numbers"~:)~((([~
List("408 338-4238", "408 111-6892"))~]))))~})))~})
```

33.5 파서의 결과

ParseJSON 프로그램은 성공적으로 JSON 주소록을 파싱한다. 그러나 결과가 이상해 보인다. 즉, 입력을 리스트나 ~ 콤비네이션으로 서로 엮은 시퀀스처럼 보인다. 이 결과는 그다지 유용하지 않다. 가독성이 파싱 전의 입력보다 좋지 않을 뿐만 아니라, 조직화되어 있지 않아서 컴퓨터로 분석하기 쉽지 않다. 이제 무언가 손을 대야 할 때다.

무엇을 해야 할지 알기 위해, 콤비네이터 프레임워크 안에서 개별 파서가 (파싱이 성공한 경우) 반환하는 결과가 무엇인지 먼저 알 필요가 있다.

1. 문자열로 된 파서("{"나 ":" 또는 "null" 등)는 문자열 자체를 반환한다.

2. """[a-zA-Z_]\w*""".r 같은 정규표현식 파서도 파싱한 문자열 자체를 반환한다. 이는 JavaTokenParsers 트레이트에서 상속한 stringLiteral, floatingPointNumber 등의 정규표현식 파서도 마찬가지다.

3. 순차 합성[2] P~Q는 P와 Q의 결과를 모두 반환한다. 이 결과는 ~라는 케이스 클래스의 인스턴스이기도 하다. 따라서 P가 "true", Q가 "?"를 반환한다면, 순차 합성 P~Q는 ~("true", "?")를 반환한다. 이 인스턴스는 (true~?)라는 문자열을 출력한다.

4. 대안 합성 P | Q는 P나 Q 중에서 어느 쪽이든 성공한 결과를 반환한다.

5. 반복 합성 rep(P)나 repsep(P, separator)는 P의 모든 실행에서 나온 결과를 리스트로 반환한다.

6. 선택적 합성 opt(P)는 스칼라 Option 타입의 인스턴스를 반환한다. P가 성공해서 결과로 R을 내놓는다면 Some(R)을 반환하고, 실패한다면 None을 반환한다.

이러한 규칙을 안다면, 이제 앞의 예에서 본 파싱 결과가 어떻게 나온 것인지 추론할 수 있다. 그러나 그 출력은 여전히 그다지 편하지 않다. JSON 객체를 JSON 값의 의미를 나타내는 스칼라 표현으로 연결하는 편이 더 좋을 것이다. 더 자연스러운 표현은 다음과 같다.

---

2 factor ::= "(" expr ")". 같은 문법 생성 규칙에서는 공백이나 |를 각각 순차 생성, 대안 생성이라 부를 수 있다. 하지만 이를 파서로 구축할 때 사용하는 ~나 | 등은 문법 규칙을 파서로 표현하면서 여러 파서를 합성(composition)하는 연산자이기 때문에 합성이라 부른다. – 옮긴이

- JSON 객체는 Map[String, Any] 타입의 스칼라 맵으로 표현할 수 있다. 모든 멤버는 그 맵의 키/값 바인딩이 된다.
- JSON 배열은 List[Any] 타입의 스칼라 리스트로 표현한다.
- JSON 문자열은 스칼라 문자열로 표현한다.
- JSON 숫자 리터럴은 스칼라 부동소수점 수(Double)로 표현한다.
- true, false, null은 그와 동일한 이름의 스칼라값으로 표현한다.

이 표현을 생성하기 위해 콤비네이터를 하나 더 사용할 필요가 있는데, 바로 ^^이다.

^^ 연산자는 파서 결과를 **변환**한다. 이 연산자를 사용하는 표현식은 P ^^ f라는 형태다. P는 파서이고, f는 함수다. P ^^ f는 P와 완전히 동일한 문장을 파싱한다. P가 성공해서 결괏값 R을 반환할 때마다 P ^^ f는 f(R)을 결과로 돌려준다.

예를 들어, 부동소수점 수를 파싱해서 스칼라 Double 타입으로 변환하는 파서는 다음과 같다.

```
floatingPointNumber ^^ (_.toDouble)
```

다음은 문자열 "true"를 파싱하고 스칼라 불리언값 true를 반환하는 파서다.

```
"true" ^^ (x => true)
```

이제 좀 더 어려운 변환이다. 다음은 JSON 객체에 대해 스칼라 맵을 반환하는 새 파서다.

```
def obj: Parser[Map[String, Any]] = // 더 개선할 여지가 있다.
  "{"~repsep(member, ",")~"}" ^^
    { case "{"~ms~"}" => Map() ++ ms }
```

~ 연산자의 결과는 ~라는 이름의 케이스 클래스 인스턴스를 반환한다는 사실을 기억하라. 아래에 그 클래스 정의가 있다. 이 정의는 Parsers 트레이트 안에 있다.

```
case class ~[+A, +B](x: A, y: B) {
  override def toString = "("+ x + "~" + y + ")"
}
```

이 클래스 이름은 의도적으로 순차 콤비네이터 메서드 ~와 같게 만든 것이다. 이런 방식을 통해, 파싱 결과를 그와 동일한 구조 패턴과 연결할 수 있다. 예를 들어, "{"~ms~"}" 패턴은 파싱 결과 문자열 "{" 뒤에 파싱 결과 변수 ms가 오고, 그 뒤에 다시 "}"에 대한 파싱 결과가 온 것과 매치할 수 있다. 이는 ^^의 왼쪽 파서가 반환하는 것과 정확히 일치한다. 원래의 케이스 클래스 버전에서는 ~ 연산자(정확히는 케이스 클래스 이름)를 먼저 표시하기 때문에 같은 패턴이 ~(~("{", ms), "}")가 된다. 하지만 이는 읽기 쉽지 않다.

"{"~ms~"}" 패턴 목적은 중괄호를 벗기는 것이다. 그래서 repsep(member, ",") 파서 결과에서 멤버 리스트를 얻을 수 있다. 이런 경우에 패턴 매치를 한 다음 그 즉시 버려지는 불필요한 파싱 결과를 피하는 또 다른 방법이 있다. 그 방법은 ~>와 <~ 콤비네이터를 사용하는 것이다. 둘 다 ~와 같이 순차 콤비네이터를 표현한다. 그러나 ~>는 단지 오른쪽의 결과만을 유지한다. 반대로, <~는 왼쪽 결과만 유지한다. 이 콤비네이터를 사용하면 JSON 객체 파서를 더 간결하게 표현할 수 있다.

```scala
def obj: Parser[Map[String, Any]] =
  "{"~> repsep(member, ",") <~"}" ^^ (Map() ++ _)
```

리스트 33.5는 의미 있는 결과를 반환하는 완전한 JSON 파서를 보여준다. address-book.json 파일을 이 파서에 넣는다면, 다음 결과를 볼 수 있다(보기 쉽게 들여쓰기를 하고 줄을 바꿨다).

```
$ scala JSON1Test address-book.json
[14.1] parsed: Map(
  address book -> Map(
    name -> John Smith,
    address -> Map(
      street -> 10 Market Street,
      city -> San Francisco, CA,
      zip -> 94111),
    phone numbers -> List(408 338-4238, 408 111-6892)
  )
)
```

```scala
import scala.util.parsing.combinator._

class JSON1 extends JavaTokenParsers {

  def obj: Parser[Map[String, Any]] =
    "{"~> repsep(member, ",") <~"}" ^^ (Map() ++ _)

  def arr: Parser[List[Any]] =
    "["~> repsep(value, ",") <~"]"

  def member: Parser[(String, Any)] =
    stringLiteral~":"~value ^^
      { case name~":"~value => (name, value) }

  def value: Parser[Any] = (
      obj
    | arr
    | stringLiteral
    | floatingPointNumber ^^ (_.toDouble)
    | "null"  ^^ (x => null)
    | "true"  ^^ (x => true)
    | "false" ^^ (x => false)
  )
}
```

여기까지가 여러분 스스로 파서를 처음 작성할 때 필요한 모든 파서 콤비네이터다. 기억하기 쉽도록 표 33.1에 지금까지 설명한 파서 콤비네이터를 정리해뒀다.

표 33.1 파서 콤비네이터 요약

파서 콤비네이터	요약
" ... "	리터럴
" ... ".r	정규표현식
P~Q	순차 합성
P 〈~ Q, P ~〉 Q	순차 합성. 왼쪽이나 오른쪽의 결과만을 반환함
P | Q	대안 합성
opt(P)	선택적 합성
rep(P)	반복 합성

(이어짐)

파서 콤비네이터	요약
repsep(P, Q)	P 사이에 Q가 들어가는 반복 합성
P ^^ f	결과 변환

세미콜론 추론 끄기

리스트 33.5에서 value 파서의 본문을 괄호 안에 넣어야만 한다는 점에 유의하라. 이는 파서 표현식 안에서 세미콜론 추론을 끄기 위한 트릭이다. 4.2절에서 첫 줄이 중위 연산자로 끝나지 않거나, 두 줄이 괄호나 각괄호 안에 들어 있지 않다면, 두 줄 사이에 세미콜론이 있다고 가정한다는 사실을 설명했다. 이제, 다음과 같이 | 연산자를 각 줄의 맨 앞에 쓰지 않고 맨 뒤에 쓸 수도 있다.

```
def value: Parser[Any] =
  obj |
  arr |
  stringLiteral |
  ...
```

이렇게 하면 이 value 파서의 본문에 어떤 괄호도 필요 없다. 하지만 첫 번째 선택사항을 표현한 줄 마지막에 |를 쓰는 것보다는, 두 번째 선택사항의 맨 앞에 | 연산자를 쓰는 것을 선호하는 사람들도 많다. 일반적으로, 그렇게 하면 컴파일러는 다음처럼 두 줄 사이에 원하지 않는 세미콜론이 있다고 가정한다.

```
  obj;  // 컴파일러가 묵시적으로 세미콜론을 삽입한다.
| arr
```

이 세미콜론은 코드의 구조를 변화시키고, 컴파일 실패를 야기한다. 식을 모두 다 괄호 안에 넣는다면, 세미콜론 추론을 피할 수 있고 컴파일도 제대로 된다.

기호 이름과 영숫자 이름

표 33.1에 있는 파서 콤비네이터 대부분은 기호로 된 이름을 사용한다. 이런 이름에는 장단점이 있다. 단점을 이야기하자면, 기호 이름을 배우는 데 시간이 걸린다는 점을 들 수 있다. 스칼라 콤비네이터 파싱 라이브러리에 친숙하지 않은 사용자는 ~, ~>, ^^ 등을 보고 아마도 어리둥절할 것이다. 반면, 기호 이름을 사용하면 길이가 짧고, 연산자 우선순위나 결합 법칙을 맞추기 위해 적절한 이름을 고를 수 있다는 장점이 있다. 예를 들어, 파서 콤비네이터에 있는 ~, ^^, | 등의 이름은 의도적으로 우선순위가 점점 낮아지는 연산자를

선택한 것이다. 전형적인 문법 생성 규칙은 파싱 규칙과 변환 부분으로 이뤄진 여러 대안들로 구성된다. 파싱 부분은 일반적으로 ~ 연산자에 의해 분리된 여러 순차적 요소를 포함한다. ~, ^^, | 같은 순서로 우선순위가 정해지면(뒤쪽이 더 낮음), 괄호를 사용하지 않아도 생성 규칙을 작성할 수 있다.

게다가, 기호 연산자는 영숫자^{alphanumeric}(영문자 또는 숫자) 연산자보다 시선을 덜 집중시킨다. 파서에서는 콤비네이터 그 자체보다 문법 구성요소에 집중하는 편이 좋기 때문에, 이런 성질이 더 중요하다. 차이점을 알기 위해, 순차 합성(~)을 andThen으로, 대안 합성(|)을 orElse로 바꾼 것을 상상해보자. 리스트 33.1의 산술식 파서는 다음과 같이 보인다.

```scala
class ArithHypothetical extends JavaTokenParsers {
  def expr: Parser[Any]   =
    term andThen rep(("+" andThen term) orElse
                     ("-" andThen term))

  def term: Parser[Any]   =
    factor andThen rep(("*" andThen factor) orElse
                       ("/" andThen factor))

  def factor: Parser[Any] =
    floatingPointNumber orElse
      ("(" andThen expr andThen ")")
}
```

코드가 더 길고, 모든 연산자나 괄호 사이에 있는 문법을 '더 보기 어렵다'는 사실을 눈치 챘을 것이다. 반면, 콤비네이터 파서를 처음 보는 사람이라면 오히려 이 코드를 보고 어떤 일을 하는지 알아채기 더 쉬울 것이다.

33.6 콤비네이터 파서 구현

지금까지 스칼라 콤비네이터 파서를 사용해 쉽게 파서를 만들 수 있음을 보았다. 콤비네이터는 스칼라 라이브러리 그 이상도 이하도 아니기 때문에 스칼라 프로그램과 아무 문제 없이 조합할 수 있다. 따라서 파서가 전달하는 결과를 처리하는 코드를 파서와 결합하는 것은 아주 쉽다. 또는 특정 소스(파일, 문자열, 문자 배열 등)로부터 입력을 받는 파서를 임시로 만드는 것도 아주 쉽다.

어떻게 그럴 수 있을까? 이제부터는 콤비네이터 파서 라이브러리의 '내부 구조'를 관찰할 것이다. 파서가 무엇이며, 지금까지 보아온 기본 파서나 파서 콤비네이터는 어떻게 구현할 수 있는지를 볼 것이다. 간단한 콤비네이터 파서만 작성하기 원한다면, 이를 읽지 않아도 좋다. 그렇지만 이번 장의 나머지 부분을 읽는다면, 콤비네이터 파서를 더 깊이 이해할 수 있고 일반적인 콤비네이터 DSL의 설계 원칙을 배울 수 있다.

스칼라 콤비네이터 파싱 프레임워크의 핵심은 scala.util.parsing.combinator.Parsers 트레이트에 있다. 이 트레이트는 모든 기본적인 콤비네이터와 Parser 타입을 정의한다. 따로 명시하지 않으면, 앞으로 두 절에 걸쳐 설명할 정의들은 이 트레이트 안에 모두 들어 있다. 다시 말해, 다음 트레이트 정의 안에 있다고 가정하자.

```
package scala.util.parsing.combinator
trait Parsers {
    ...  // 따로 언급하지 않으면 코드는 이 안에 들어 있다.
}
```

Parser는 근본적으로 어떤 입력 타입에서 파서 결과를 반환하는 함수에 불과하다. 처음으로 추정하면, 파서 타입은 다음과 같을 것이다.

```
type Parser[T] = Input => ParseResult[T]
```

파서 입력

때때로, 파서는 가공하지 않은 문자 시퀀스 대신 토큰 스트림을 읽는다. 그런 경우, 가공하지 않은 문자 스트림을 토큰 스트림으로 변환하는 별도의 어휘 분석기가 있기 마련이다. 파서의 입력 타입은 다음과 같이 정의할 수 있다.

```
type Input = Reader[Elem]
```

Reader 클래스는 scala.util.parsing.input 패키지에 있다. 이것은 Stream과 유사하지만, 지금까지 읽은 모든 원소의 위치 정보를 갖고 있다. Elem 타입은 개별 입력 원소를 표현한다. Elem은 Parsers 트레이트의 추상 타입 멤버다.

```
type Elem
```

따라서 Parsers의 서브클래스와 서브트레이트는 Elem 클래스를 파싱할 입력 원소의 타입으로 반드시 인스턴스화해야만 한다. 예를 들어, RegexParsers나 JavaTokenParsers는 Elem을 Char로 만든다. 그러나 다른 타입으로 Elem을 설정하는 것도 가능하다. 예를 들어, 개별 어휘 분석기가 반환하는 토큰의 타입으로 설정할 수도 있다.

파서의 결과

파서는 입력에 따라 성공하거나 실패할 수 있다. 그러므로 ParseResult 클래스는 성공과 실패를 나타내는 2개의 서브클래스를 갖는다.

```
sealed abstract class ParseResult[+T]
case class Success[T](result: T, in: Input)
  extends ParseResult[T]
case class Failure(msg: String, in: Input)
  extends ParseResult[Nothing]
```

Success 케이스 클래스는 파서에서 반환한 결과를 result 파라미터 안에 가지고 다닌다. 파서의 결과 타입은 어떤 타입이든 될 수 있다. 그래서 PraserResult, Success, Parser 클래스 모두가 타입 T를 가지고 파라미터화되어 있다. 타입 파라미터는 주어진 파서가 반환하는 결과의 종류를 나타낸다. Success에는 두 번째 파라미터인 in도 있다. 그것은 파서가 지금까지 읽은 곳 바로 다음 입력을 가리킨다. 이 필드는 파서를 서로 연결하기 위해 필요하다. 이를 사용해 파서 뒤에 바로 다른 파서를 적용할 수 있다. 이렇게 구성하는 것이 순수하게 함수형으로 파싱을 작성한 것임에 유의하라. 입력을 부수 효과를 통해 읽지 않는다. 대신, 한 스트림 안에 입력을 유지한다. 파서는 입력 스트림의 일부를 분석한 다음에 나머지 부분을 결과에 포함시켜 반환한다.

또 다른 ParseResult의 서브클래스는 Failure다. 이 클래스에는 파서가 왜 실패했는지를 나타내는 msg가 있다. Success와 같이, Failure의 두 번째 파라미터도 남은 입력 스트림이다. 하지만 이는 파서 연결(파싱에 실패하면 더 이상 파싱을 진행하지 않는다)을 위해 필요한 것이 아니다. 다만 입력 스트림에서 올바른 위치에 오류 메시지를 두기 위해 필요하다.

파서의 결과는 타입 파라미터인 T에 대해 공변적이다. 따라서 String을 결과로 반환하는 파서는 AnyRef를 반환하는 파서 타입 대신 사용할 수 있다.

Parser 클래스

앞에서 설명한 내용에서 파서는 입력을 받아서 파싱 결과를 반환하는 함수다. 하지만 이 특징은 많이 간략화한 것이다. 이전에 다뤘던 예에서 두 파서의 순차 합성을 위한 ~와 대

안 합성을 위한 | 같은 **메서드**를 파서들이 구현할 수 있음을 보여줬다. 그래서 Parser는 실제로는 Input => ParseResult[T]라는 함수 타입을 상속하고, 다음과 같은 메서드를 추가로 정의한 클래스다.

```
abstract class Parser[+T] extends (Input => ParseResult[T])
{ p =>
  // 이 파서의 동작을 지정하는 메서드들
  def apply(in: Input): ParseResult[T]
  def ~ ...
  def | ...
  ...
}
```

파서는 함수이기(즉, 함수를 상속하기) 때문에 apply 메서드를 정의할 필요가 있다. Parser 클래스에 apply라는 추상 메서드가 있음을 볼 수 있다. 그러나 그와 동일한 메서드가 부모 타입 Input => ParseResult[T]를 상속한 모든 케이스 클래스에 있기 때문에, 이 메서드는 단지 문서화를 위해 있는 것일 뿐이다. Parser 추상 클래스를 상속하는 개별 파서는 여전히 내부에 apply 메서드를 구현할 필요가 있다. 그러한 개별 파서에 대해서는 this 별명에 대해 다음 절에서 먼저 다룬 다음 논의할 것이다.

this 별명 붙이기

파서 본문의 시작 부분에 신비한 표현식이 있다.

```
abstract class Parser[+T] extends ... { p =>
```

클래스 템플릿을 여는 중괄호 뒤에 'id =>' 같은 절이 바로 오면, 이 클래스 this에 대한 별명으로 식별자 id를 정의하는 것이다. 이것은 클래스 본문에서 스칼라 컴파일러가 id가 this에 대한 별명임을 안다는 점을 제외하면, 마치 다음처럼 쓰는 것과 같다.

```
val id = this
```

예를 들어, id.m이나 this.m을 사용해서 클래스의 객체 비공개 멤버object-private member m에 접근할 수 있다. id.m과 this.m은 완전히 같다. 하지만 val을 사용해 id를 this로 정의했

826

다면 id.m은 컴파일에 실패한다. 그 경우 스칼라 컴파일러는 id를 일반 식별자로 취급하기 때문이다.

29.4절에서 이와 같은 문법을 본 적이 있는데, 트레이트에 셀프 타입을 지정할 때 사용했다. 별명은 또한 외부 클래스의 this에 접근해야 할 때 식별자를 짧게 쓸 수 있는 수단이기도 하다. 여기 그 예가 있다.

```
class Outer { outer =>
  class Inner {
    println(Outer.this eq outer) // true를 출력할 것이다.
  }
}
```

이 예에서는 내부 클래스 Outer와 Inner를 정의한다. Inner 안에서 Outer 클래스의 this 값을 각기 다른 표현식을 사용해서 두 번 참조한다. 첫 번째 방식은 자바 방식을 사용한다. 즉, 바깥쪽 클래스의 이름 다음에 마침표를 찍고 예약어 this를 붙인다. 그러면 그 표현식은 바깥쪽 클래스의 this를 참조한다. 두 번째 방식은 스칼라식 방법이다. outer 클래스에서 this에 대한 별명인 outer를 만든 다음, 내부 클래스에서 그 별명을 직접 참조할 수 있다. 별명만 잘 선택하면, 스칼라 방식이 더 간결하고 또한 명확하다. 828페이지 리스트 33.6에서 이런 예제를 볼 것이다.

단일 토큰 파서

트레이트 Parsers에는 토큰을 하나만 파싱하기 위해 사용하는 제네릭 파서 elem이 있다.

```
def elem(kind: String, p: Elem => Boolean) =
  new Parser[Elem] {
    def apply(in: Input) =
      if (p(in.first)) Success(in.first, in.rest)
      else Failure(kind + " expected", in)
  }
```

이 파서에는 2개의 파라미터가 있다. 어떤 종류의 토큰을 파싱해야 하는지 나타내는 문자열인 kind와 Elem 파라미터로 받는 술어 함수인 p가 있다. p는 어떤 원소가 파싱해야 하는 토큰인지를 알려준다.

입력 in에 대해 파서 elem(kind, p)를 호출하면, 입력 스트림의 첫 번째 원소를 술어 p로 테스트한다. p가 true를 반환하면, 파싱에 성공한다. 그 결과는 원소 그 자체이고, 나머지 입력은 파싱한 원소 바로 뒤에서 시작하는 입력 스트림이다. 반대로 p가 false를 반환하면 파싱에 실패하며, 어떤 종류의 토큰이 와야 하는지 알려주는 오류 메시지를 결과에 반환한다.

순차 합성

elem 파서는 원소를 단지 하나만 읽는다. 더 흥미진진한 구문을 파싱하기 위해서는 여러 파서를 순차 합성 연산자 ~를 사용해 연결할 수 있다. 앞에서 본 것처럼 P~Q는 우선 P 파서를 주어진 입력 문자열에 적용하고, P가 성공한다면 P를 파싱하고 남은 입력에 대해 Q를 적용한다.

~ 콤비네이터의 구현은 Parser 클래스의 메서드다. 그 정의는 리스트 33.6에 있다. Parser 클래스 안에 'p =>' 부분이 있기 때문에, p가 this의 별명이 된다. 따라서 p는 ~의 오른쪽 피연산자(즉, 호출 대상 객체)를 지정한다. 오른쪽 피연산자는 q다. 이제 p~q를 어떤 입력 in에 대해 실행하면, 먼저 p를 in에 대해 호출해서 그 결과를 패턴 매치를 사용해 분석한다. p가 성공하면 q를 나머지 입력 in1에 대해 호출한다. q가 성공하면 전체 파싱에 성공한 것이다. 결과로 p의 결과(즉, x)와 q의 결과(즉, y)를 둘 다 포함하는 ~ 객체를 반환한다. 반면, p나 q 중 어느 하나든지 실패하면, p~q의 결과는 p 또는 q가 반환하는 Failure 객체다.

리스트 33.6 ~ 콤비네이터 메서드

```scala
abstract class Parser[+T] ... { p =>
  ...
  def ~ [U](q: => Parser[U]) = new Parser[T~U] {
    def apply(in: Input) = p(in) match {
      case Success(x, in1) =>
        q(in1) match {
          case Success(y, in2) => Success(new ~(x, y), in2)
          case failure => failure
        }
      case failure => failure
    }
  }
}
```

~의 결과 타입은 타입 T와 U의 원소를 가진 ~ 케이스 클래스의 인스턴스를 반환하는 파서다. T~U 타입 표현식은 파라미터화한 타입인 ~[T, U]를 읽기 쉽게 쓴 것이다. 일반적으로 스칼라는 항상 A op B 같은 이진 타입 연산자를 op[A, B]라는 파라미터화한 타입으로 해석한다. 이는 패턴의 경우와 유사하다. 패턴에서도 P op Q라는 이항 연산자 패턴을 op(P, Q) 같은 호출 패턴으로 해석할 수 있다.

나머지 순차 합성 연산자도 <~와 ~>는 ~처럼 정의할 수 있다. 결과를 계산하는 방법을 약간 조정하기만 하면 된다. 그러나 다음과 같이 ~를 사용해 이들을 정의하는 것이 더 우아한 기법일 것이다.

```
def <~ [U](q: => Parser[U]): Parser[T] =
  (p~q) ^^ { case x~y => x }
def ~> [U](q: => Parser[U]): Parser[U] =
  (p~q) ^^ { case x~y => y }
```

대안 합성

대안 합성 P | Q는 주어진 입력에 대해 P나 Q 중 어느 하나를 적용한다. 먼저 P를 시도한다. P가 성공하면, 전체 파싱은 성공하며 P의 결과를 전체 결과로 반환한다. 그 반대로 P가 실패하면, Q를 P와 동일한 입력에 대해 시도한다. 그런 경우 Q의 결과가 전체 파서의 결과다.

여기 Parser 클래스에 있는 메서드 |의 정의가 있다.

```
def | (q: => Parser[T]) = new Parser[T] {
  def apply(in: Input) = p(in) match {
    case s1 @ Success(_, _) => s1
    case failure => q(in)
  }
}
```

P와 Q 둘 다 실패하면, Q가 돌려주는 실패 메시지를 반환한다는 점에 주의하라. 이 선택은 미묘하다. 33.9절에서 이에 대해 논의할 것이다.

재귀 다루기

~나 | 메서드에 있는 q 파라미터는 이름에 의한 호출이다. 즉, 타입 이름 앞에 =>가 있다. 따라서 인자로 전달받은 q 파서를 실제 q가 필요한 경우에만 계산한다. 그렇기 때문에 q 는 반드시 p를 시도해본 다음에만 실행한다. 이런 규칙을 활용해 수없이 많은 괄호로 에 워싸인 숫자를 파싱하는 다음과 같은 재귀적 파서를 작성할 수 있다.

```
def parens = floatingPointNumber | "("~parens~")"
```

만약 |와 ~가 값에 의한 호출로 파라미터를 전달받았다면, 이 정의는 어떤 것도 읽지 못 하고 즉시 스택 오버플로를 야기할 것이다. parens의 우변 중간에 다시 parens가 재귀적 으로 나타나기 때문이다.

결과 변환

Parser 클래스의 마지막 메서드는 파서의 결과를 변환한다. P ^^ f 파서는 P가 성공할 때 만 성공한다. 그 경우, P의 결과를 f 함수에 넘겨서 변환한 값을 반환한다. 여기에 그 메 서드의 구현이 있다.

```
def ^^ [U](f: T => U): Parser[U] = new Parser[U] {
  def apply(in: Input) = p(in) match {
    case Success(x, in1) => Success(f(x), in1)
    case failure => failure
  }
}
} // Parser의 끝
```

어떤 입력도 읽지 않는 파서

어떤 입력도 읽지 않는 파서 2개가 있는데, 바로 success와 failure다. success(result) 파서는 항상 인자로 받은 result를 가지고 성공한다. failure(msg) 파서는 항상 오류 메 시지인 msg와 함께 실패한다. 이 두 파서는 Parser 클래스를 포함하고 있는 Parsers 트레 이트가 정의하는 메서드다.

```
def success[T](v: T) = new Parser[T] {
  def apply(in: Input) = Success(v, in)
}

def failure(msg: String) = new Parser[Nothing] {
  def apply(in: Input) = Failure(msg, in)
}
```

선택적 합성과 반복 합성

Parsers 트레이트에는 선택적 합성과 반복 합성인 opt, rep, repsep도 들어 있다. 이들은
모두 순차 합성, 대안 합성, 결과 변환을 사용해 구현됐다.

```
def opt[T](p: => Parser[T]): Parser[Option[T]] = (
  p ^^ Some(_)
| success(None)
)

def rep[T](p: => Parser[T]): Parser[List[T]] = (
  p~rep(p) ^^ { case x~xs => x :: xs }
| success(List())
)

def repsep[T](p: => Parser[T],
    q: => Parser[Any]): Parser[List[T]] = (
  p~rep(q~> p) ^^ { case r~rs => r :: rs }
| success(List())
)
} // Parsers 트레이트의 끝
```

33.7 문자열 리터럴과 정규표현식

지금까지 본 파서들은 한 단어를 파싱하기 위해 문자열 리터럴이나 정규표현식을 사용
했다. 문자열이나 정규식 지원은 Parsers의 서브트레이트인 RegexParsers에 들어 있다.

```
trait RegexParsers extends Parsers {
```

이 트레이트는 문자 시퀀스만 입력으로 받는다는 점에서 Parsers 트레이트보다 더 특화되어 있다.

```
type Elem = Char
```

RegexParsers 트레이트 안에는 다음과 같이 literal과 regex 메서드의 정의가 있다.

```
implicit def literal(s: String): Parser[String] = ...
implicit def regex(r: Regex): Parser[String] = ...
```

두 메서드에 모두 implicit 수식자가 있다. 그래서 String이나 Regex가 인자로 들어오고, Parser가 필요할 때마다 자동으로 이 두 파서를 사용한다. 그것이 바로 문자열 리터럴과 정규표현식을 직접 이 두 메서드를 호출하지 않고도 문법을 기술할 때 사용할 수 있는 이유다. 예를 들어, "("~expr~")"라는 파서는 자동으로 literal("(")~expr~literal(")")로 바뀐다.

또한 RegexParsers 트레이트는 기호 사이에 있는 공백 문자를 처리한다. 이를 위해 literal이나 regex 파서를 실행하기 전에 handleWhiteSpace라는 메서드를 호출한다. handleWhiteSpace 메서드는 정규표현식 whiteSpace를 만족하는 가장 긴 입력 시퀀스를 거른다. 그 정규표현식의 디폴트 정의는 다음과 같다.

```
  protected val whiteSpace = """\s+""".r
} // RegexParsers의 끝
```

공백을 다른 방법으로 처리하고 싶다면, whiteSpace를 오버라이드할 수 있다. 예를 들어, 공백을 거르지 않고 싶다면 빈 정규표현식을 가지고 whiteSpace를 오버라이드할 수 있다.

```
object MyParsers extends RegexParsers {
  override val whiteSpace = "".r
  ...
}
```

33.8 어휘 분석과 파싱

문법 분석을 종종 두 단계로 나누곤 한다. **어휘 분석**^{lexical analysis} 단계는 입력 안에 있는 개별 단어를 인식하고 이를 몇 가지 종류의 **토큰**^{token}으로 분류한다. 그 후, 토큰의 순서를 분석하는 **문법 분석**^{syntactical analysis} 단계가 있다. 문법 분석은 파싱^{parsing}이라고도 한다. 하지만 어휘 분석 또한 파싱 문제로 간주할 수 있기 때문에, 문법 분석만을 파싱이라고 부르는 것은 다소 부정확하다.

지금까지 묘사한 Parsers 트레이트는 두 단계에서 모두 사용할 수 있다. 트레이트의 입력 원소가 추상 타입인 Elem이기 때문이다. 어휘 분석을 하고 싶다면 Elem을 Char로 초기화할 수 있다. 이는 한 단어를 구성하는 개별 문자를 파싱한다는 뜻이다. 그다음에, 문법 분석은 Elem을 **어휘 분석기**^{lexer}가 반환하는 토큰 타입으로 인스턴스화한다.

스칼라 파싱 콤비네이터는 어휘 분석과 문법 분석을 위한 많은 도구 클래스를 제공한다. 이들은 분석 종류마다 하나씩 두 하위 패키지 안에 포함돼 있다.

```
scala.util.parsing.combinator.lexical
scala.util.parsing.combinator.syntactical
```

파서를 구문 분석기와 문법 분석기로 나누길 원한다면, 스칼라독^{Scaladoc} 문서에서 이 두 패키지를 참고해야 한다. 그러나 단순한 파서라면 앞에서 보여준 정규표현식을 사용한 접근 방법만으로도 충분하다.

33.9 오류 보고

아직 다루지 않은 주제가 하나 남았는데, 바로 파서가 어떻게 오류 메시지를 만들어내는 가 하는 문제다. 파서 오류 보고는 다소 난해하다. 파서가 어떤 입력을 거절할 때, 일반적으로 많은 실패가 발생한다는 게 문제다. 여러 대안 파서가 실패했고, 여러 선택 지점에서 재귀적으로 실패했음에 틀림없다. 이렇게 일어나는 수많은 실패 중 어느 것을 오류 메시지로 사용자에게 내보내야 할까?

스칼라 파싱 라이브러리는 단순한 휴리스틱^{heuristic}을 구현한다. 모든 실패 중에서 가장 최근의 입력 위치에서 발생한 실패를 하나 선택한다. 즉, 파싱에 성공한 가장 긴 접두사prefix를 선택하고, 그 접두사를 계속해서 파싱할 수 없는 이유를 설명하는 오류 메시지를 출력할 것이다. 최근 위치에 실패 지점이 여럿 있다면, 마지막에 방문했던 지점을 선택한다.

예를 들어, 다음과 같이 시작하는 주소록에 JSON 파서를 실행하는 것을 생각해보자.

```
{ "name": John,
```

이 문장에서 유효한 가장 긴 접두사는 '{ "name": '이다. 그래서 JSON 파서는 John이라는 단어에 오류 표시를 할 것이다. JSON 파서는 이 지점에 값value이 오리라 기대한다. 그러나 John은 식별자다. 식별자는 값으로 인정되지 않는다(아마도 JSON 작성자가 따옴표로 이름을 묶는 것을 잊었던 것 같다). 이 문서에 대해 파서가 만들어내는 오류 메시지는 다음과 같다.

```
[1.13] failure: "false" expected but identifier John found
  { "name": John,
            ^
```

"false"를 기대했다는 부분은 JSON 문법의 value 생성 규칙에서 "false"가 마지막 대안이라는 사실로부터 나왔다. 그 지점에서 마지막 실패가 바로 그것이었다. JSON 문법을 자세히 아는 사용자는 오류 메시지를 재구축할 수 있다. 그러나 비전문가는 이 오류 메시지에 놀랄 것이며, 잘못된 정보가 제공될 소지가 있다.

value 생성 규칙의 마지막 대안으로 '모든 것을 잡아내는' 실패 지점을 추가함으로써 더 나은 오류 메시지를 만들 수 있다.

```
def value: Parser[Any] =
  obj | arr | stringLit | floatingPointNumber | "null" |
  "true" | "false" | failure("illegal start of value")
```

이렇게 추가하면 유효한 문서로 인정하는 입력 집합은 변하지 않는다. 추가한 내용이 하는 일은 단지 오류 메시지를 개선하는 것뿐이다. 이렇게 명시적으로 추가한 실패 지점이 마지막 대안이 되어 오류를 보고하기 때문이다.

```
[1.13] failure: illegal start of value
  { "name": John,
             ^
```

오류 보고에서 '최종 정상 지점'을 구현하기 위해 Parsers 트레이트 안에 있는 lastFailure라는 필드를 사용한다. 이 필드는 마지막으로 읽었던 입력 지점에서 일어난 오류를 표시하기 위해 사용한다.

```
var lastFailure: Option[Failure] = None
```

처음에 이 필드를 None으로 초기화한다. 이 필드를 변경하는 곳은 Failure 클래스의 생성자 안이다.

```
case class Failure(msg: String, in: Input)
    extends ParseResult[Nothing] {

  if (lastFailure.isDefined &&
      lastFailure.get.in.pos <= in.pos)
    lastFailure = Some(this)
}
```

phrase 메서드가 이 필드를 읽는다. 그 메서드는 파서 실패 시 마지막 오류 메시지를 내보낸다. 아래에 Parsers 트레이트의 phrase 구현이 있다.

```
def phrase[T](p: Parser[T]) = new Parser[T] {
  lastFailure = None
  def apply(in: Input) = p(in) match {
    case s @ Success(out, in1) =>
      if (in1.atEnd) s
      else Failure("end of input expected", in1)
    case f : Failure =>
      lastFailure
  }
}
```

phrase 메서드는 인자인 p 파서를 실행한다. p가 입력을 완전히 소비하면서 성공하면 phrase도 p의 성공 결과를 반환한다. p는 성공했지만 입력을 완전히 읽지 않았다면,

"end of input expected"라는 오류 메시지를 반환한다. p가 실패하면, lastFailure에 들어 있던 실패나 오류를 반환한다. lastFailure를 비함수적으로 다룬다는 점에 주의하라. Failure 생성자나 phrase 메서드는 부수 효과를 사용해 lastFailure를 변경한다. 함수형 버전으로 같은 방식을 구현할 수도 있다. 하지만 그렇게 구현하려면 결과가 Success나 Failure인지 여부와 관계없이 모든 파서의 결과에 lastFailure 값을 계속해서 전달해나가야만 한다.

33.10 백트래킹과 LL(1)

파서 콤비네이터는 **백트래킹**backtracking을 사용해 여러 대안 사이에 파서를 선택한다. P | Q라는 표현식 안에서, P가 실패하면 P에서 사용했던 입력과 동일한 입력을 가지고 Q를 시도한다. P가 실패하기 전에 일부분 다른 토큰으로 파싱이 가능했다고 하더라도 마찬가지다. 이런 경우 같은 토큰을 Q에 대해 다시 파싱할 것이다.

백트래킹을 사용해 문법을 파싱하려면 문법을 만들 때 몇 가지 제한이 필요하다. 꼭 필요한 것은 왼쪽 재귀 생성 규칙left-recursive production을 피해야 한다는 점이다. 다음과 같은 생성 규칙을 보자.

```
expr ::= expr "+" term | term
```

*expr*이 즉시 자기 자신을 호출하기 때문에 호출만 계속 늘어나고 더 이상 진전이 없다.[3, 4] 다른 한편으로, 백트래킹은 같은 입력을 여러 번 파싱 시도할 수 있기 때문에 잠재적으로 비용이 더 든다. 예를 들어, 다음 생성 규칙을 보자.

```
expr ::= term "+" expr | term
```

expr 파서를 (1 + 2) * 3과 같이 *term*이 될 수 있는 올바른 입력에 적용한다면 어떻게 될

---

3   심지어 왼쪽 재귀가 존재해도 스택 오버플로를 피할 수 있는 방법이 있다. 하지만 그러기 위해서는 더 복잡한 콤비네이터 프레임워크가 필요한데, 이 책을 쓰는 현재 시점에는 아직 미구현 상태다.

4   스칼라 파서 라이브러리에 들어 있는 PackratParsers를 사용해 왼쪽 재귀 문법을 처리할 수도 있다. – 옮긴이

까? 첫 번째 대안을 실행할 것이고, +를 매칭할 때 실패할 것이다. 그러고 나서 같은 입력에 두 번째 대안을 시도할 테고, 파싱에 성공할 것이다. 결국 *term*을 두 번 파싱한다.

백트래킹을 피하기 위해 문법을 수정할 수도 있다. 예를 들어, 산술식의 경우 다음 두 규칙 모두 잘 작동한다.

```
expr ::= term ["+" expr]
expr ::= term {"+" term}
```

많은 언어가 소위 'LL(1)'이라는 문법을 따른다.[5] 콤비네이터 파서를 그 문법으로부터 만든다면 결코 백트래킹을 하지 않을 것이다. 즉, 입력 지점이 다시 이미 읽은 앞부분으로 돌아가는 경우는 결코 없을 것이다. 예를 들어, 이번 장 앞에서 본 산술식 문법이나 JSON의 *term*은 모두 LL(1)이다. 그래서 파서 콤비네이터 프레임워크의 백트래킹 기능은 LL(1) 언어 입력에 대해 결코 발생하지 않는다.

콤비네이터 파싱 프레임워크에서 ~!라는 연산자를 사용하면, 문법이 LL(1)이라는 사실을 명시할 수 있다. 이 연산자는 ~ 순차 합성과 같다. 그러나 이미 파싱한 입력을 다시 읽기 위해 백트래킹하지는 않는다. 이 연산자를 사용해 산술식 파서의 생성 규칙을 다른 방식으로 작성하면 다음과 같다.

```
def expr : Parser[Any] =
  term ~! rep("+" ~! term | "-" ~! term)
def term : Parser[Any] =
  factor ~! rep("*" ~! factor | "/" ~! factor)
def factor: Parser[Any] =
  "(" ~! expr ~! ")" | floatingPointNumber
```

LL(1) 파서의 이점은 더 간단한 입력 기법을 사용할 수 있다는 것이다. 입력을 연속으로 읽고, 일단 읽은 입력은 버릴 수 있다. 그것도 일반적으로 LL(1) 파서가 백트래킹 파서보다 더 효율적인 이유 중 하나다.

---

5 아호(Aho) 등, 『Compilers: Principles, Techniques, and Tools』[Aho86](한국어판: 『컴파일러: 원리, 기법, 도구』, 유원희 등 역, 교보문고)

33.11 결론

지금까지 스칼라 콤비네이터 파싱 프레임워크의 필수 요소를 모두 보았다. 진짜 유용한 기능을 작성하는 데 놀랍도록 적은 코드만 필요했다. 이 프레임워크를 사용해 아주 큰 CFG에 대한 파서를 만들 수 있다. 이 프레임워크를 사용하면 빠르게 시작할 수 있을 뿐만 아니라, 새로운 문법이나 입력 방법에 맞춰 변경할 수도 있다. 스칼라 라이브러리이기 때문에 스칼라의 나머지 부분과 매끄럽게 잘 통합할 수 있다. 그래서 큰 스칼라 프로그램에 콤비네이터 파서를 통합하는 것은 쉽다.

콤비네이터 파서의 불리한 면 하나는, Yacc이나 Bison 같은 파서 생성 전용 도구에서 만든 파서와 비교할 때 그다지 효율적이지 않다는 점이다. 그 이유는 두 가지가 있다. 첫째, 콤비네이터 파싱에서 사용되는 백트래킹 방법 자체가 효율적이지 않다. 문법과 파서 입력에 따라서는 백트래킹 때문에 지수적으로 느려질 수도 있다. 문법을 LL(1)으로 만들고 백트래킹이 없는 순차 연산자 ~!를 사용하면 이를 해결할 수 있다.

콤비네이터 파서 성능에 영향을 주는 두 번째 문제는, 같은 연산자 집합에서 파서 생성과 입력 분석을 함께 담당한다는 점이다. 그에 따라, 입력에 따라서 매번 파서를 새로 만들어낸다.

이 문제는 극복할 수 있다. 그러나 파서 콤비네이터 프레임워크를 다르게 구현해야 한다. 최적화된 프레임워크라면, 더 이상 파서를 입력에서 파싱 결과를 반환하는 함수로 표현하지 않을 것이다. 그 대신 파서를 트리로 표현할 수 있다. 모든 생성 단계는 트리에서 케이스 클래스로 표현할 수 있다. 예를 들어, 순차 합성을 Seq라는 케이스 클래스로 표현하고 대안을 Alt로 표현하는 등의 방법을 쓸 수 있다. '가장 바깥쪽' 파서 메서드인 phrase는 이렇게 기호로 표현한 파서를 받아서, 표준 파서 생성기 알고리즘을 사용해 아주 효율적인 파싱 테이블로 변환할 수 있다.

이런 방법을 사용할 때의 이점은 사용자 관점에서 일반적인 콤비네이터 파서와 비교할 때 어떤 부분도 바뀌지 않는다는 점이다. 사용자는 여전히 ident, floatingPointNumber, ~, | 등을 써서 파서를 작성한다. 각 메서드가 파서 함수가 아니라 기호화한 파서 표현을 생성한다는 사실을 사용자가 알 필요는 없다. phrase 콤비네이터가 이러한 표현을 실제 파서로 변환하기 때문에 이전처럼 모든 것이 잘 동작한다.

이런 전략을 사용하면 성능 면에서 두 가지 장점이 있다. 먼저, 파서 생성을 입력 분석과 분리할 수 있다. 다음과 같이 쓸 수 있다고 생각해보자.

```
val jsonParser = phrase(value)
```

그리고 이 jsonParser를 다른 여러 입력에 적용한다면, 입력을 읽을 때마다 jsonParser를 생성하지 않고 오직 한 번만 생성하면 된다.

둘째로, 파서 생성기는 LALR(1)과 같은 효율적인 파싱 알고리즘을 사용할 수 있다.[6] 이 알고리즘은 백트래킹을 사용하는 파서보다 일반적으로 훨씬 더 빠르다.

현재까지 스칼라로 작성한 최적화된 파서 생성기는 없다. 그러나 그런 생성기를 만드는 일도 확실히 가능할 것이다. 누군가가 그런 생성기를 만들어 제공한다면, 표준 스칼라 라이브러리로 쉽게 통합할 수 있을 것이다. 그러나 그런 생성기가 미래 어느 시점에 있다고 가정한다 해도, 현재의 파서 콤비네이터 프레임워크를 유지할 만한 이유가 있다. 콤비네이터 파서는 파서 생성기보다 훨씬 더 쉽게 이해하고 적용할 수 있다. 그리고 파싱 속도 차이는 매우 큰 입력을 파싱하지 않으면 실제로 문제가 되는 경우가 많지 않다.

6　아호(Aho) 등, 『Compilers: Principles, Techniques, and Tools』[Aho86](한국어판: 『컴파일러: 원리, 기법, 도구』, 유원희 등 역, 교보문고)

Chapter
34

GUI 프로그래밍

34장에서는 그래픽 사용자 인터페이스^{GUI}를 사용하는 스칼라 애플리케이션을 작성하는 법을 배운다. 우리가 만들 애플리케이션은 자바의 스윙^{Swing} 프레임워크의 GUI 클래스에 접근하도록 돕는 스칼라 라이브러리를 사용한다. 개념적으로 이 스칼라 라이브러리는 하부의 스윙 클래스를 닮았다. 하지만 하부 스윙의 복잡한 부분을 상당 부분 감춰준다. 여러분은 이 프레임워크를 사용한 GUI 프로그램 개발이 실제로 상당히 쉽다는 사실을 알게 될 것이다.

스칼라가 단순화했다고 하더라도, 스윙 같은 프레임워크는 상당히 다양한 클래스와 각 클래스가 제공하는 수많은 메서드로 이뤄진 다채로운 시스템이다. 이러한 다채로운 라이브러리에서 길을 잃지 않으려면, 스칼라 이클립스 플러그인 같은 IDE를 사용하는 편이 좋다. IDE의 좋은 점은 자동완성 기능이 패키지에서 사용할 수 있는 클래스나 객체에서 사용할 수 있는 메서드 등을 알려준다는 점이다. 이를 통해 잘 알지 못하는 처음 접하는 라이브러리를 더 빠르게 배울 수 있다.

34.1 첫 번째 스윙 애플리케이션

첫 스윙 애플리케이션으로 먼저 버튼이 하나만 있는 창을 만들 것이다. 스윙 프로그래밍을 하려면 스칼라의 스윙 API 패키지에서 여러 클래스를 임포트해야 한다.

```
import scala.swing._
```

리스트 34.1은 여러분의 첫 번째 스칼라 스윙 애플리케이션의 코드를 보여준다. 파일을 컴파일해 실행하면 그림 34.1의 왼쪽과 같은 창을 볼 수 있다. 창의 크기는 그림 34.1의 오른쪽과 같이 더 커질 수도 있다.

리스트 34.1 간단한 스칼라 스윙 애플리케이션

```scala
import scala.swing._
object FirstSwingApp extends SimpleSwingApplication {
  def top = new MainFrame {
    title = "First Swing App"
    contents = new Button {
      text = "Click me"
    }
  }
}
```

그림 34.1 간단한 스윙 애플리케이션: 최초 상태(왼쪽), 크기를 변경한 후(오른쪽)

리스트 34.1의 코드를 하나하나 들여다봤다면, 다음과 같은 부분을 발견했을 것이다.

```scala
object FirstSwingApp extends SimpleSwingApplication {
```

임포트 다음 첫 줄에서 FirstSwingApp은 scala.swing.SimpleSwingApplication을 상속한다. 이 부분이 scala.App을 상속하는 전통적인 명령행 애플리케이션과 다른 점이다.

SimpleSwingApplication에는 자바 스윙 프레임워크를 초기화하는 코드가 들어간 main 메서드가 이미 있다. 이 main 메서드는 그 후 top 메서드를 호출한다. top 메서드는 상속하는 클래스에서 제공한다.

```
def top = new MainFrame {
```

다음 줄은 top 메서드를 구현한다. 이 메서드는 최상위 GUI 컴포넌트를 정의한다. 보통은 어떤 종류의 Frame이 최상위 컴포넌트가 된다. Frame은 임의의 데이터를 포함할 수 있는 창이다. 리스트 34.1에서는 최상위 컴포넌트로 MainFrame을 사용했다. MainFrame은 일반적인 스윙 Frame과 같지만, 창이 닫히면 GUI 애플리케이션이 모두 함께 끝난다는 점이 다르다.

```
title = "First Swing App"
```

프레임에는 여러 애트리뷰트가 있다. 가장 중요한 것 중 두 가지는 타이틀 바에 표시할 프레임의 제목과 창 자체에 표시할 내용을 들 수 있다. 스칼라의 스윙 API에서 이런 애트리뷰트는 프로퍼티로 표현한다. 18.2절에서 스칼라에서는 프로퍼티를 게터와 세터 메서드의 쌍으로 표현한다는 사실을 배웠다. 예를 들어, Frame 객체의 title 프로퍼티는 아래의 게터 메서드

```
def title: String
```

그리고 다음 세터 메서드로 표현할 수 있다.

```
def title_=(s: String)
```

앞에서 본 title 할당문이 호출하는 세터 메서드가 바로 이 메서드다. 할당을 하면 창의 머리 부분에 지정한 제목을 표시한다. 아무것도 대입하지 않고 내버려뒀다면 창의 제목은 비어 있을 것이다.

```
contents = new Button {
```

top 프레임은 스윙 애플리케이션의 뿌리가 되는 컴포넌트다. 이는 Container다. 따라서 다른 컴포넌트를 그 안에 정의할 수 있다. 모든 스윙 컨테이너는 contents 프로퍼티를 포함한다. 이를 통해 컨테이너에 들어갈 컴포넌트를 지정하거나, 내부의 컴포넌트를 얻을 수 있다. 이 프로퍼티의 게터는 Seq[Component] 타입이다. 이는 컨테이너가 일반적으로 여러 객체를 내부에 포함할 수 있다는 사실을 보여준다. 하지만 프레임은 항상 contents 에 컴포넌트를 하나만 넣을 수 있다. 이 컴포넌트는 세터 contents_=를 사용해 설정하거나 변경할 수 있다. 예를 들어, 리스트 34.1에서 top 프레임의 contents에 단 하나의 Button이 들어가 있는 모습을 볼 수 있다.

```
text = "Click me"
```

이 버튼도 제목이 있다. 여기서는 'Click me'다.

34.2 패널과 레이아웃

다음 단계로 애플리케이션 top 프레임에 두 번째 내용으로 텍스트를 추가할 것이다. 그림 34.2의 왼쪽 이미지는 이 애플리케이션의 모양을 보여준다.

그림 34.2 입력에 반응하는 스윙 애플리케이션: 최초(왼쪽)와 클릭 이후(오른쪽)

앞 절에서 프레임에는 자식 컴포넌트가 하나만 들어갈 수 있다고 말했다. 따라서 프레임에 버튼와 레이블을 추가하려면 둘을 모두 집어넣을 컨테이너 컴포넌트를 별도로 만들어야 한다. Panel은 어떤 정해진 배치 규칙에 따라 모든 자식 컴포넌트들을 표시해주는 컨테이너다. Panel의 서브클래스 구현은 아주 간단한 것부터 복잡한 것까지 여러 가지 배치 방식이 있다. 사실, 복잡한 GUI 애플리케이션을 만들 때 가장 어려운 부분 중 하나가 컴포넌트를 제대로 배치하는 것이다. 모든 종류의 장치에서 다양한 창 크기에 관계없이 제대로 표시하기란 쉽지 않다.

리스트 34.2 패널 위에 컴포넌트 모으기

```scala
import scala.swing._

object SecondSwingApp extends SimpleSwingApplication {
  def top = new MainFrame {
    title = "Second Swing App"
    val button = new Button {
      text = "Click me"
    }
    val label = new Label {
      text = "No button clicks registered"
    }
    contents = new BoxPanel(Orientation.Vertical) {
      contents += button
      contents += label
      border = Swing.EmptyBorder(30, 30, 10, 30)
    }
  }
}
```

리스트 34.2는 전체 구현을 보여준다. 이 클래스에서 두 하위 컴포넌트는 버튼과 레이블이다. 버튼은 앞에서와 마찬가지다. 레이블은 변경할 수 없는 텍스트 필드를 표시한다.

```scala
val label = new Label {
  text = "No button clicks registered"
}
```

리스트 34.2의 코드는 BoxPanel 안에 컴포넌트를 위아래로 쌓는 간단한 수직 레이아웃을 선택한다.

```scala
contents = new BoxPanel(Orientation.Vertical) {
```

BoxPanel의 contents 프로퍼티는 (처음에 비어 있는) 버퍼다. 버튼이나 레이블 원소를 추가할 때는 += 연산자를 사용한다.

```
contents += button
contents += label
```

또한 패널의 border를 지정해서 두 자식 컴포넌트 주위에 경계를 추가할 수 있다.

```
border = Swing.EmptyBorder(30, 30, 10, 30)
```

여타 GUI 컴포넌트의 경우와 마찬가지로 경계는 객체로 표현한다. EmptyBorder는 Swing 객체의 팩토리 메서드로, 인자는 경계의 위, 오른쪽, 아래, 왼쪽을 지정한다.

간단하지만 이 예제는 벌써 GUI 애플리케이션의 기본 구조를 잘 보여주고 있다. GUI 애플리케이션은 컴포넌트로 만들며, 각 컴포넌트는 Frame, Panel, Label, Button 등의 scala.swing 클래스다. 컴포넌트에는 프로퍼티가 있으며, 애플리케이션은 이를 변경할 수 있다. Panel 컴포넌트는 다른 여러 컴포넌트를 contents 프로퍼티에 넣을 수 있다. 따라서 GUI 애플리케이션은 결국 컴포넌트의 트리로 이뤄진다.

34.3 이벤트 처리

반면, 이 애플리케이션에는 아직도 중요한 특성이 하나 빠져 있다. 리스트 34.2의 코드를 실행하고 버튼을 클릭해도 아무 일도 일어나지 않는다. 실제로 이 애플리케이션은 완전히 정적이다. 즉, 애플리케이션을 종료하는 top 프레임의 닫기 버튼을 제외한 다른 모든 사용자 이벤트에 반응하지 않는다. 다음 단계로 애플리케이션을 더 다듬어서 버튼이 얼마나 자주 눌렸는지 레이블에 출력하게 만들 것이다. 그림 34.2의 오른쪽 부분은 버튼이 몇 번 눌린 다음 애플리케이션이 어떤 모양이어야 하는지 보여준다.

이 동작을 만들려면 사용자 입력 이벤트(버튼 클릭)를 동작(레이블 표시 변경)과 연결해야 한다. 자바나 스칼라는 기본적으로 이벤트 처리 시 동일한 '발행/구독' 접근 방식을 따른다. 컴포넌트는 발행자나 구독자가 될 수 있다. 발행자는 이벤트를 발행하고, 구독자는 발행자에게 구독을 신청해서 발행되는 이벤트를 받아본다. 발행자는 소위 '이벤트 소스event source'이며, 구독자는 소위 '이벤트 리스너event listener'다. 예를 들어 Button은 이벤트 소스이며, ButtonClicked라는 이벤트를 발행해서 자신이 눌렸다는 사실을 전달한다.

스칼라에서 이벤트 소스를 구독하는 것은 listenTo(source)를 호출함으로써 이뤄진다. deafTo(source)를 호출하면 이벤트 소스 구독을 중지할 수 있다. 현재 예제 애플리케이션에서 맨 처음 해야 할 일은 top 프레임이 버튼에서 발생하는 이벤트를 받기 위해 버튼에 구독을 요청하는 것이다. 이를 위해 top 프레임의 코드에 다음 호출을 추가해야 한다.

```
listenTo(button)
```

이벤트 통지를 받는 것은 이야기의 반쪽일 뿐이다. 나머지 절반은 이벤트를 처리하는 것이다. 이 부분이 바로 스칼라 프레임워크가 자바 스윙 API와 가장 다른(그리고 가장 극적으로 단순한) 부분이다. 자바에서 이벤트 신호를 보낸다는 것은 구독하는 객체들이 꼭 구현해야만 하는 Listener 인터페이스에 있는 notify 메서드를 호출한다는 의미였다. 보통 이를 위해 상당히 많은 양의 준비 코드와 간접 참조가 필요했다. 그로 인해 이벤트 처리 애플리케이션은 읽거나 쓰기가 어려웠다. 반면, 스칼라의 이벤트는 액터에 메시지를 전송하는 경우와 같이 구독 중인 컴포넌트가 받을 수 있는 실제 객체다. 예를 들어, 버튼을 클릭하면 다음과 같은 케이스 클래스의 인스턴스인 이벤트 객체가 만들어진다.

```
case class ButtonClicked(source: Button)
```

이 케이스 클래스의 파라미터는 사용자가 클릭한 버튼을 가리킨다. 다른 모든 스칼라 스윙 이벤트와 마찬가지로, 이 이벤트 클래스 또한 scala.swing.event 패키지에 들어 있다.

컴포넌트가 들어오는 이벤트에 반응하게 하려면 reactions라는 프로퍼티에 핸들러를 추가할 필요가 있다. 다음은 핸들러의 예다.

```
var nClicks = 0
reactions += {
  case ButtonClicked(b) =>
    nClicks += 1
    label.text = "Number of button clicks: " + nClicks
}
```

이 코드의 첫 줄은 변수 nClicks를 정의한다. 이 변수는 버튼이 눌린 횟수를 저장한다. 나머지 줄은 중괄호 사이의 코드를 top 프레임의 reactions 프로퍼티에 **핸들러**^{handler}로 추가한다. 핸들러는 이벤트를 패턴 매치하는 함수로 정의한다. 이는 아카 액터의 receive 메서드가 메시지에 대한 패턴 매치로 만들어지는 것과 비슷하다. 앞의 핸들러는 ButtonClicked(b) 형태의 이벤트와 패턴 매치한다. 따라서 ButtonClicked 클래스의 인스턴스와 매치한다. 패턴 변수 b는 클릭된 실제 버튼을 가리킨다. 앞의 코드에 있는 이 이벤트의 동작은 nClicks를 증가시키고 레이블의 텍스트를 변경한다.

일반적으로 핸들러는 이벤트와 매치해 어떤 동작을 수행하는 부분 함수다. 또한 여러 케이스를 사용해 한 핸들러 안에서 여러 종류의 이벤트를 처리할 수도 있다.

reactions 프로퍼티는 contents 프로퍼티와 마찬가지로 컬렉션을 구현한다. 일부 컴포넌트에는 reactions에 이미 이벤트 처리가 들어 있는 경우도 있다. 예를 들어, Frame에는 사용자가 오른쪽 맨 위의 닫기 버튼을 클릭하면 자신을 닫는 처리가 이미 들어 있다. += 로 reactions에 처리를 추가하면 그 반응이 표준 반응에 덧붙여진다. 개념상 reactions에 설정한 핸들러들은 스택을 구성한다. 지금 살펴보는 예제에서 최상위 프레임이 이벤트를 받으면 가장 먼저 실행해보는 핸들러는 ButtonClicked와 매치하나 보는 것이다. 왜냐하면 이 핸들러를 가장 나중에 프레임에 설정했기 때문이다. 만약 도착한 이벤트가 ButtonClicked라면 이 패턴과 연관 있는 코드가 실행된다. 핸들러 코드를 실행한 다음, 시스템은 이벤트 스택에서 이벤트와 매치하는 다른 핸들러를 더 찾아서 호출한다. 만약 도착한 이벤트가 ButtonClicked 타입이 아니라면 그 이벤트는 바로 다음 핸들러 스택으로 전달된다. reactions에서 -= 연산자를 사용해 핸들러를 제거할 수도 있다.

리스트 34.3은 전체 애플리케이션을 보여준다. 이 코드는 스칼라 스윙 프레임워크의 필수적인 요소들을 보여준다. 애플리케이션은 컴포넌트의 트리로 구성하며, top 프레임부터 시작한다. 이 코드에 있는 컴포넌트는 Frame, BoxPanel, Button, Label이지만, 스윙 라이브러리는 다른 여러 컴포넌트도 제공한다. 각 컴포넌트는 애트리뷰트를 설정해 변경할 수 있다. 두 가지 중요한 애트리뷰트에는 트리의 자식들을 정해주는 contents와 이벤트에 대한 반응을 결정하는 reactions가 있다.

```scala
import scala.swing._
import scala.swing.event._

object ReactiveSwingApp extends SimpleSwingApplication {
  def top = new MainFrame {
    title = "Reactive Swing App"
    val button = new Button {
      text = "Click me"
    }
    val label = new Label {
      text = "No button clicks registered"
    }
    contents = new BoxPanel(Orientation.Vertical) {
      contents += button
      contents += label
      border = Swing.EmptyBorder(30, 30, 10, 30)
    }
    listenTo(button)
    var nClicks = 0
    reactions += {
      case ButtonClicked(b) =>
        nClicks += 1
        label.text = "Number of button clicks: " + nClicks
    }
  }
}
```

34.4 예제: 섭씨/화씨 변환기

또 다른 예제로 섭씨와 화씨 온도를 변환하는 GUI 프로그램을 작성할 것이다. 이 애플리케이션의 사용자 인터페이스는 그림 34.3과 같다. 두 텍스트 필드(흰색)가 각각 레이블과 함께 있다. 한 텍스트 필드는 섭씨 온도를 표시하고, 다른 것은 화씨를 표시한다. 사용자는 두 텍스트 필드 중 아무것이나 고칠 수 있다. 사용자가 둘 중 한 입력값을 변경하면, 다른 필드는 자동으로 변경된다.

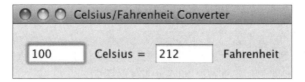

그림 34.3 섭씨/화씨 변환기

리스트 34.4 온도 변환기 구현

```
import swing._
import event._

object TempConverter extends SimpleSwingApplication {
  def top = new MainFrame {
    title = "Celsius/Fahrenheit Converter"
    object celsius extends TextField { columns = 5 }
    object fahrenheit extends TextField { columns = 5 }
    contents = new FlowPanel {
      contents += celsius
      contents += new Label(" Celsius  =  ")
      contents += fahrenheit
      contents += new Label(" Fahrenheit")
      border = Swing.EmptyBorder(15, 10, 10, 10)
    }
    listenTo(celsius, fahrenheit)
    reactions += {
      case EditDone(`fahrenheit`) =>
        val f = fahrenheit.text.toInt
        val c = (f - 32) * 5 / 9
        celsius.text = c.toString
      case EditDone(`celsius`) =>
        val c = celsius.text.toInt
        val f = c * 9 / 5 + 32
        fahrenheit.text = f.toString
    }
  }
}
```

리스트 34.4는 이 애플리케이션의 전체 코드다. 맨 앞에 있는 임포트 문은 축약형이다.

```
import swing._
import event._
```

이 두 임포트는 예전에 사용했던 다음 임포트 문들과 같다.

```
import scala.swing._
import scala.swing.event._
```

이렇게 줄일 수 있는 이유는 패키지가 scala에 포함되어 있기 때문이다. scala 안에 scala.swing이 있다. scala 패키지 안에 있는 모든 것은 자동으로 임포트된다. 따라서 scala.swing 대신 swing만 써도 된다. 마찬가지로, scala.swing.event도 scala.swing 아래 있는 하위 패키지인데, 이미 scala.swing 안의 모든 것을 임포트했기 때문에 event라고만 써도 scala.swing.event를 지정할 수 있다.

TempConverter 안의 두 컴포넌트 celsius와 fahrenheit는 TextField 객체다. 스윙의 TextField는 한 줄짜리 텍스트를 편집할 수 있는 컴포넌트다. 기본 너비가 있는데, 이를 columns 프로퍼티를 이용해 지정할 수 있다. 단위는 글자 수다(두 필드 모두 5로 했다).

TempConverter의 contents는 패널로 구성했다. 패널에는 두 텍스트 필드와 각 필드를 설명하는 레이블 2개가 들어가 있다. 패널은 FlowPanel 객체에 속한다. 따라서 모든 원소를 차례로 표시한다. 이때 프레임의 너비에 따라 한 줄 또는 여러 줄로 각 원소를 표시한다.

TempConverter의 reactions는 두 가지 케이스가 들어간 핸들러다. 각 케이스를 두 텍스트 필드의 EditDone 이벤트와 매치시킨다. 패턴의 형식을 주의 깊게 살펴보라. 각 원소 이름을 역따옴표로 둘러쌌다.

```
case EditDone(`celsius`)
```

15.2절에서 설명했듯이, celsius를 역따옴표로 감싸면 이벤트가 celsius 객체에서 비롯된 경우에만 매치할 수 있다. 역따옴표가 없다면 모든 EditDone 클래스의 이벤트와 매치가 일어나고, 패턴 변수인 celsius에 바뀐 필드를 저장한다. 물론 이건 원하는 결과가 아니다. 또는 두 TextField 객체를 Celsius와 Fahrenheit처럼 대문자로 시작할 수도 있다. 이렇게 하면 역따옴표 없이 case EditDone(Celsius)처럼 매치할 수 있다.

EditDone 이벤트의 두 액션은 한 단위를 다른 단위로 변환한다. 각각은 변경된 필드의 값을 읽어서 정수로 바꾸는 일을 맨 처음 한다. 그 후 온도 변환 공식에 따라 온도를 변환한다. 그런 다음, 변환 결과를 다른 텍스트 필드에 문자열로 저장한다.

34.5 결론

34장에서는 스칼라의 스윙 프레임워크 래퍼를 사용해 GUI 프로그래밍을 약간 맛볼 수 있었다. GUI 컴포넌트를 조합하는 방법, 컴포넌트의 프로퍼티를 변경하는 방법, 이벤트를 처리하는 방법을 살펴봤다. 한정된 지면으로 인해 간단한 컴포넌트를 몇 가지만 다룰 수 있었다. 여러 종류의 컴포넌트가 많이 있는데, scala.swing 패키지를 스칼라 문서에서 찾아보면 그런 컴포넌트에 대해 알 수 있다. 35장에서는 더 복잡한 스윙 애플리케이션을 개발하는 예제를 보여줄 것이다.

스칼라 래퍼가 사용하는 원래의 자바 스윙 프레임워크에 대한 교재도 많이 있다.[1] 스칼라 래퍼는 하부의 스윙 클래스를 닮았다. 하지만 가능하면 개념을 단순화하고 일관성을 더 많이 갖도록 노력했다. 또한 단순화를 위해 스칼라 언어의 특성을 폭넓게 활용했다. 예를 들어, 스칼라의 프로퍼티 에뮬레이션이나 연산자 오버로드를 도입함으로써 할당 연산자나 += 연산자를 사용해 프로퍼티 정의를 쉽게 할 수 있다. 스칼라의 '모든 것이 객체다'라는 철학으로 인해 GUI 애플리케이션의 main 메서드를 상속하는 것이 가능하다. 따라서 이 메서드는 사용자 애플리케이션에서는 보이지 않고, 그 안에 있는 여러 요소를 설정하기 위한 얼개 코드들도 마찬가지다. 마지막으로 가장 중요한 것을 말하자면, 스칼라가 제공하는 1급 계층 함수와 패턴 매치를 사용해 이벤트 핸들링을 컴포넌트의 reactions 프로퍼티로 엮어낼 수 있고, 이를 통해 애플리케이션 개발자가 훨씬 더 편하게 개발을 할 수 있다.

1　예를 들어, 『The Java Tutorials』[Jav]를 참고하라.

Chapter

35

SCells 스프레드시트

앞에서는 스칼라 프로그래밍 언어의 여러 요소를 살펴봤다. 35장에서는 이런 요소를 한데 모아서 확장 가능한 애플리케이션을 개발하는 방법을 살펴볼 것이다. 하려는 일은 SCells라고 이름 붙은 스프레드시트 애플리케이션을 만드는 것이다.

이 작업이 흥미로운 이유가 여럿 있다. 첫째, 스프레드시트에 대해 모르는 사람은 없기 때문에 애플리케이션이 어때야 하는지 쉽게 이해할 수 있다. 둘째, 스프레드시트는 여러 가지 다양한 프로그래밍 기법을 연습할 수 있는 프로그램이다. 시각적인 측면을 보면, 스프레드시트는 다채로운 GUI 애플리케이션처럼 보인다. 기호적인 측면을 살펴보면, 계산 공식을 다뤄야 하기 때문에 이를 파싱하고 해석할 수 있어야만 한다. 계산의 측면도 있다. 커다란 표를 어떻게 점증적으로 갱신할 수 있을지를 고려해야만 한다. 반응성의 측면에서 스프레드시트는 이벤트에 대해 복잡한 방식으로 반응하는 프로그램처럼 보인다. 마지막으로, 재사용 가능한 컴포넌트들을 모아서 애플리케이션을 구성하는 컴포넌트의 측면이 있다. 이런 모든 관점을 이번 장에서 깊이 다룰 것이다.

35.1 화면 프레임워크

먼저 애플리케이션의 기본 화면 프레임워크를 작성하는 것부터 시작한다. 그림 35.1은
사용자 인터페이스의 첫 이터레이션을 보여준다. 스프레드시트가 스크롤 가능한 표라는
사실을 볼 수 있을 것이다. 0부터 99까지 100개의 행이 있고, A부터 Z까지 26개의 열이 있
다. 스윙의 Table을 담은 ScrollPane을 정의해 이 스프레드시트를 표현할 것이다. 리스트
35.1은 코드를 보여준다.

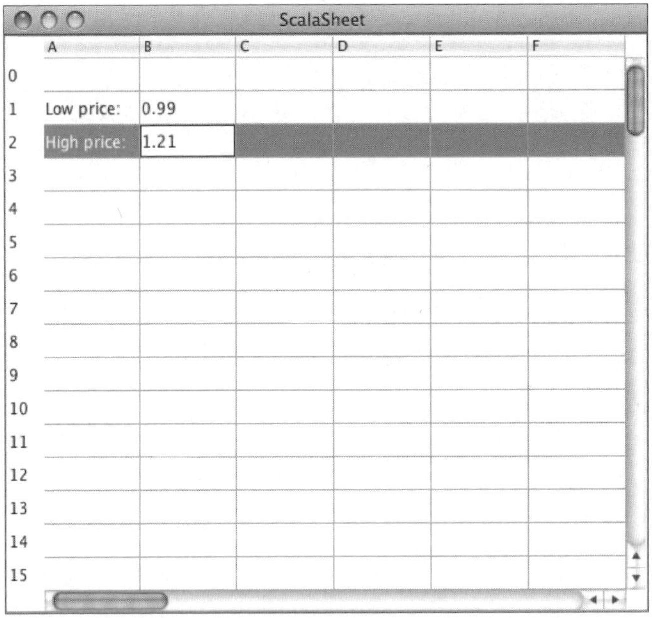

그림 35.1 간단한 스프레드시트 테이블

리스트 35.1 그림 35.1의 스프레드시트 코드

```
package org.stairwaybook.scells
import swing._

class Spreadsheet(val height: Int, val width: Int)
    extends ScrollPane {

  val table = new Table(height, width) {
    rowHeight = 25
    autoResizeMode = Table.AutoResizeMode.Off
    showGrid = true
    gridColor = new java.awt.Color(150, 150, 150)
```

```
  }
  val rowHeader =
    new ListView((0 until height) map (_.toString)) {
      fixedCellWidth = 30
      fixedCellHeight = table.rowHeight
    }
  viewportView = table
  rowHeaderView = rowHeader
}
```

리스트 35.1에 있는 스프레드시트 컴포넌트는 org.stairwaybook.scells 패키지 안에 정의된다. 이 패키지에는 스프레드시트 애플리케이션에 필요한 모든 클래스, 트레이트, 객체가 들어갈 것이다. scala.swing 패키지로부터 스칼라 스윙 래퍼의 필수 요소들을 임포트한다. 스프레드시트 자체는 높이와 너비를 (셀의 개수로) 파라미터로 받는다. 이 클래스는 그림 35.1과 같이 아래쪽과 오른쪽에 스크롤바를 덧붙여주는 ScrollPane을 확장한다. 스프레드시트 클래스는 table과 rowHeader라는 두 하위 컴포넌트를 갖고 있다.

table 컴포넌트는 scala.swing.Table을 상속한 이름 없는 클래스다. 클래스 본문의 4줄은 테이블의 애트리뷰트를 일부 설정한다. rowHeight는 테이블의 줄 높이를 포인트 단위로 지정하고, autoResizeMode를 사용해 테이블 크기 자동 조정을 끄며, showGrid를 통해 셀 사이의 그리드 선을 표시하고, gridColor를 사용해 그리드의 색을 어두운 회색으로 지정한다.

rowHeader는 그림 35.1에서 왼쪽에 행 번호 헤더를 표시하는 부분으로, 0부터 99까지의 값을 표시하는 ListView다. 그 본문의 두 줄은 셀의 너비를 30포인트로, 셀의 높이를 테이블의 rowHeight와 같은 값으로 설정한다.

ScrollPane의 두 필드를 설정해 전체 스프레드시트를 조립한다. viewportView 필드를 table로 설정하고, rowHeaderView 필드를 rowHeader 리스트로 설정한다. 두 뷰 사이의 차이는 스크롤 페인의 뷰 포트는 두 스크롤 막대 사이에서 스크롤되는 영역이지만, 왼쪽의 행을 표시하는 머리줄은 가로 스크롤바를 옮겨도 움직이지 않는다는 점이다. 별나게도 스윙은 이미 테이블 맨 윗줄에 기본 머리 열을 제공한다. 따라서 이를 별도로 명시적으로 작성할 필요는 없다.

리스트 35.1에 있는 기본적인 스프레드시트를 실행해보려면, Spreadsheet를 만드는 메인 프로그램이 필요하다. 리스트 35.2에 그런 프로그램이 있다.

리스트 35.2 스프레드시트 애플리케이션의 메인 프로그램

```
package org.stairwaybook.scells
import swing._

object Main extends SimpleSwingApplication {
  def top = new MainFrame {
    title = "ScalaSheet"
    contents = new Spreadsheet(100, 26)
  }
}
```

Main은 SimpleSwingApplication을 상속한다. 스윙 애플리케이션을 실행하는 데 필요한 저수준의 세부사항은 SimpleSwingApplication이 알아서 수행한다. 여러분이 해야 할 일은 최상위 창을 애플리케이션의 top 메서드에 정의해주는 것뿐이다. 본 예에서 top은 두 가지 원소를 지정한 MainFrame이다. 제목(title)은 "ScalaSheet", 내용(contents)은 100행과 26열로 이뤄진 Spreadsheet라는 클래스의 인스턴스다. 이것이 전부다. 이 애플리케이션을 scala org.stairwaybook.scells.Main으로 실행하면, 그림 35.1과 같은 스프레드시트를 볼 수 있어야 한다.

35.2 데이터 입력과 화면 표시 분리하기

지금까지 만들어진 스프레드시트를 조금이라도 사용해본 사람이라면 셀이 표시하는 내용이 항상 셀에 입력한 것과 같다는 사실을 알 수 있다. 실제 스프레드 시트는 이런 식으로 동작하지 않는다. 예를 들어, 수식을 입력하는 경우에는 계산 결과를 표시해야 한다. 따라서 셀에 입력한 내용은 셀이 출력해야 하는 내용과 다르다.

실제 스프레드시트 애플리케이션을 만드는 첫 단계로, 데이터 입력과 표시를 분리하는 작업을 해야 한다. 화면 표시 메커니즘은 Table 클래스의 rendererComponent 메서드에 있다. 이를 바꾸려면 rendererComponent를 오버라이드해서 다르게 작동하도록 만들어야 한다. 리스트 35.3은 새 rendererComponent 메서드를 사용하도록 바꾼 Spreadsheet다.

리스트 35.3 rendererComponent 메서드가 있는 스프레드시트

```scala
package org.stairwaybook.scells
import swing._

class Spreadsheet(val height: Int, val width: Int)
    extends ScrollPane {

  val cellModel = new Model(height, width)
  import cellModel._

  val table = new Table(height, width) {

    // 예전과 마찬가지로 설정한다.

    override def rendererComponent(isSelected: Boolean,
        hasFocus: Boolean, row: Int, column: Int): Component =
      if (hasFocus) new TextField(userData(row, column))
      else
        new Label(cells(row)(column).toString) {
          xAlignment = Alignment.Right
        }
    def userData(row: Int, column: Int): String = {
      val v = this(row, column)
      if (v == null) "" else v.toString
    }
  }
  // 나머지는 예전과 같다.

}
```

rendererComponent 메서드는 Table 클래스의 기본 메서드를 오버라이드한다. isSelected 와 hasFocus 인자는 셀 선택 여부와 포커스가 셀에 있는지를 알려주는 불리언값이다. 셀에 포커스가 있다면 키보드 이벤트가 셀로 전달된다. 나머지 두 인자 row와 column은 셀의 좌표다.

새로운 rendererComponent 메서드는 셀이 입력 포커스를 갖고 있는지 검사한다. 만약 hasFocus가 참이면 셀을 편집 중일 것이다. 따라서 사용자가 지금까지 입력한 데이터를 갖고 있는 편집 가능한 TextField를 표시해야 한다. 내용은 this(row, column)을 통해 가져올 수 있다.[1] userData 메서드는 빈 셀에 대해 null이 아니라 ""(빈 문자열)을 표시하게

---

1   this(row, column)은 마치 생성자 호출처럼 보인다. 하지만 여기서는 현재 Table 인스턴스의 apply 메서드를 호출하는 표현식이다.

만든다.

지금까지는 너무 좋았다. 하지만 포커스가 없는 셀에는 어떤 것을 표시해야 할까? 실제 스프레드시트라면 그 셀의 값을 표시할 것이다. 따라서 실제로는 두 가지 테이블이 있는 셈이다. 첫 번째 테이블은 사용자가 입력한 것을 저장한다. 두 번째 '숨은' 테이블은 셀의 내부 표현과 어떤 정보를 표시할지를 저장한다. 스프레드시트 예제에서 테이블은 이름이 cells인 셀의 2차원 배열이다. 어떤 주어진 좌표의 셀이 포커스가 없다면 rendererComponent는 cells(row)(column)의 원소를 표시한다. 이 원소는 편집이 불가능하기 때문에 TextField 대신 Label을 사용해 표시해야 한다.

내부에서 사용할 셀의 배열을 정의할 일이 남았다. 이를 Spreadsheet 클래스에서 직접 할 수도 있지만, 보통은 GUI 요소와 내부 모델을 분리하는 것을 권장한다. 그래서 앞의 예에서 Model이라는 클래스를 새로 만들어서 그 안에서 셀의 배열을 생성했다. 이 모델은 Model 타입의 값 cellModel을 Spreadsheet에 넣어서 사용한다. cellModel 정의 다음에 오는 import 절은 cellModel의 멤버를 Spreadsheet 안에서 클래스 이름을 붙이지 않고 사용할 수 있게 한다. 리스트 35.4는 우선 단순화한 Model 클래스를 보여준다. 이 클래스는 내부 클래스 Cell과 Cell의 2차원 배열 cells를 정의한다. 그 후 배열의 각 원소를 새 Cell을 사용해 초기화한다.

리스트 35.4 Model 클래스의 첫 번째 버전

```
package org.stairwaybook.scells
class Model(val height: Int, val width: Int) {
  case class Cell(row: Int, column: Int)
  val cells = Array.ofDim[Cell](height, width)
  for (i <- 0 until height; j <- 0 until width)
    cells(i)(j) = new Cell(i, j)
}
```

이게 전부다. 변경한 Spreadsheet를 Model 클래스와 함께 컴파일하고 실행해보면 그림 35.2와 같은 창을 볼 수 있다.

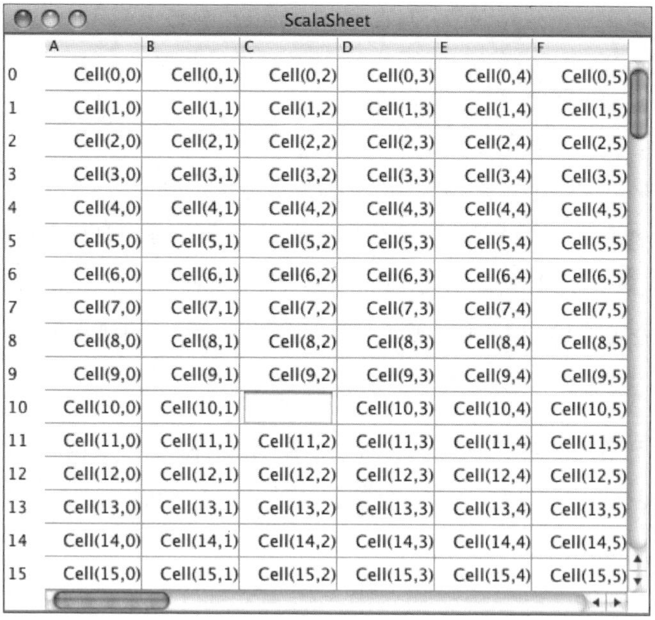

그림 35.2 자신의 상태를 보여주는 셀들

이번 절의 목적은 셀이 표시하는 값이 그 안에 입력되어 있는 값과 달라지게 하는 것이었다. 대충 만들긴 했지만, 분명 그 목표를 달성했다. 새 스프레드시트에서 여러분은 원하는 것은 무엇이든 셀에 입력할 수 있다. 하지만 입력 포커스를 잃은 셀은 단지 좌표만 표시한다. 분명, 아직 모든 것을 이룬 건 아니다.

35.3 식

스프레드시트 셀에 들어가는 실제 데이터는 두 가지 종류가 있다. 하나는 실제 **값**^{value}이고, 다른 하나는 값을 계산하기 위한 **식**^{formula}이다. 스프레드시트에 사용할 수 있는 식에는 세 가지 종류가 있다.

1. 1.22, -3, 0 같은 수

2. '연간 매출', '감가상각', '합계' 같은 텍스트 라벨

3. '=add(A1,B2)'나 '=sum(mul(2, A2), C1:D16)'처럼 다른 셀의 내용을 가지고 새로운 값을 계산하는 수식

값을 계산하는 식은 항상 등호(=)로 시작하고 뒤에 산술식이 온다. SCells 스프레드시트의 산술식은 모든 식은 함수를 인자 리스트에 적용한다는 아주 간단한 관례를 똑같이 따른다. 함수 이름은 식별자다. add는 이항 덧셈 연산이며, sum은 임의 개수의 피연산자(인자)를 더한다. 함수 인자는 수, 셀에 대한 참조, 셀의 범위(예: C1:D16)에 대한 참조, 또는 다른 함수 호출이 있다. 나중에 보겠지만, SCells가 채용한 아키텍처에서는 원하는 새로운 함수를 믹스인을 통해 쉽게 추가할 수 있다.

식을 다루는 첫 단계는 이를 표현하는 타입을 써 내려가는 것이다. 예상했겠지만 공식의 종류를 각각의 케이스 클래스로 표현한다. 리스트 35.5는 이런 식으로 케이스 클래스를 정의하는 Formulas.scala라는 파일의 내용이다.

리스트 35.5 식을 표현하는 클래스들

```
package org.stairwaybook.scells

trait Formula

case class Coord(row: Int, column: Int) extends Formula {
  override def toString = ('A' + column).toChar.toString + row
}
case class Range(c1: Coord, c2: Coord) extends Formula {
  override def toString = c1.toString + ":" + c2.toString
}
case class Number(value: Double) extends Formula {
  override def toString = value.toString
}
case class Textual(value: String) extends Formula {
  override def toString = value
}
case class Application(function: String,
    arguments: List[Formula]) extends Formula {

  override def toString =
    function + arguments.mkString("(", ",", ")")
}
object Empty extends Textual("")
```

리스트 35.5에서 보인 Formula 트레이트에는 다섯 가지 자식 케이스 클래스가 존재한다.

- Coord: A3 같은 셀 주소를 표현한다.
- Range: A3:B17 같은 셀 범위를 표현한다.
- Number: 3.1415 같은 소수를 표현한다.
- Textual: '감가상각' 같은 텍스트 라벨을 표현한다.
- Application: sum(A1,A2) 같은 함수 호출(함수 적용)을 표현한다.

각 케이스 클래스는 앞의 리스트에서와 같이 toString 메서드를 오버라이드해서 표준적인 방식을 따라 식을 표시한다. 또한 편의를 위해 빈 셀을 표현하는 Empty 객체를 만들었다. Empty 객체는 빈 문자열을 인자로 하는 Textual 클래스의 인스턴스다.

35.4 식의 파싱

앞 절에서는 여러 종류의 식을 살펴보고 식을 어떻게 문자열로 표시할 수 있는지를 다뤘다. 이번 절에서는 이 과정을 반대로 수행하는 방법(사용자 입력을 Formula 트리로 변환하는 과정)을 살펴본다. 이번 절의 나머지 부분에서는 실제로 이런 변환을 담당하는 파서인 FormulaParsers 클래스의 여러 구성요소를 하나하나 살펴볼 것이다. FormulaParsers는 33장에서 설명한 콤비네이터 프레임워크를 바탕으로 한다. 특히 식 파서는 33장에서 설명했던 RegexParsers의 인스턴스다.

```
package org.stairwaybook.scells
import scala.util.parsing.combinator._

object FormulaParsers extends RegexParsers {
```

FormulaParsers의 첫 두 원소는 식별자와 십진수를 파싱하는 외부 파서다.

```
def ident: Parser[String] = """[a-zA-Z_]\w*""".r
def decimal: Parser[String] = """-?\d+(\.\d*)?""".r
```

첫 정규표현식을 보면 식별자는 문자나 밑줄로 시작한다. 그 후 임의의 '단어' 문자가 올 수 있다. 이를 문자, 숫자, 밑줄을 함께 의미하는 정규표현식 코드로 표현했다. 두 번째 정규표현식은 십진수를 나타낸다. 맨 앞에 음수 부호(-)가 나타날 수 있고, 표현되는 숫자가 하나 이상 그다음에 온다. 그리고 소수 부분이 그 뒤에 선택적으로 올 수 있다. 소수 부분은 마침표(.)와 그 뒤에 오는 0개 또는 그 이상의 숫자로 이뤄진다.

객체 FormulaParsers의 다음 부분은 cell 파서다. 이는 C11이나 B2 같은 어떤 셀의 좌표를 인식한다. 먼저 정규표현식 파서를 호출해 좌표의 형식을 알아낸다. 좌표는 영문자 하나와 그 뒤에 1개 또는 2개의 숫자로 이뤄진다. 그런 다음, 파서가 반환한 문자열의 문자와 숫자 부분을 나눠서 각각을 셀의 열과 행의 인덱스로 변경해 좌표를 만든다.

```
def cell: Parser[Coord] =
  """[A-Za-z]\d+""".r ^^ { s =>
    val column = s.charAt(0).toUpper - 'A'
    val row = s.substring(1).toInt
    Coord(row, column)
  }
```

cell 파서는 한 글자로 된 열 좌표만을 받는다는 제약이 있음에 유의하라. 따라서 이보다 큰 열 인덱스는 파싱이 불가능하기 때문에, 실질적으로 본 스프레드시트의 열을 최대 26개로 제한한다. 파서를 더 일반화해서 여러 영문자를 열 인덱스로 사용할 수 있게 하는 것도 좋다. 그건 연습문제로 남겨둔다.

range 파서는 셀의 범위를 인식한다. 범위는 두 셀 좌표 중간에 콜론(:)이 있는 경우다.

```
def range: Parser[Range] =
  cell~":"~cell ^^ {
    case c1~":"~c2 => Range(c1, c2)
  }
```

number 파서는 십진수를 인식한다. 이를 Double로 변환해서 Number 클래스 인스턴스에 넣는다.

```
def number: Parser[Number] =
  decimal ^^ (d => Number(d.toDouble))
```

application 파서는 함수 호출을 인식한다. 함수 호출은 식별자 뒤에 괄호로 둘러싸인 인자 식들이 들어가는 형태다.

```
def application: Parser[Application] =
  ident~"("~repsep(expr, ",")~")" ^^ {
    case f~"("~ps~")" => Application(f, ps)
  }
```

expr 파서는 공식을 인식한다. 공식은 '='뒤에 와서 최상위 식이 되거나, 함수의 인자가 될 수 있다. 이러한 공식에는 셀, 셀의 범위, 수, 함수 호출이 있다.

```
def expr: Parser[Formula] =
  range | cell | number | application
```

expr 파서의 정의는 약간 과하게 단순화한 것이다. 셀의 범위는 실제로는 함수 인자에만 들어갈 수 있기 때문이다. 최상위 식에는 범위를 사용할 수 없다. 원한다면 공식 문법을 바꿔서 최상위 식과 인자 식을 분리하고, 최상위 식에서는 범위를 뺄 수 있다. 본 스프레드시트에서는 식을 계산하는 단계에서 그런 오류를 감지한다.

textual 파서는 임의의 입력이 등호(=)로 시작되지 않은 경우를 텍스트로 인식한다('='로 시작하는 문자열은 식이라는 점을 다시 기억하기 바란다).

```
def textual: Parser[Textual] =
  """[^=].*""".r ^^ Textual
```

formula 파서는 어떤 셀에 들어갈 수 있는 모든 종류의 올바른 입력을 인식한다. 공식은 수, 텍스트, 또는 등호로 시작하는 식 중 하나다.

```
def formula: Parser[Formula] =
  number | textual | "="~>expr
```

이제 스프레드시트 셀의 문법을 마무리한다. 마지막 메서드인 parse는 앞에서 정의한 문법을 사용해 입력 문자열을 Formula의 트리로 변환한다.

```
  def parse(input: String): Formula =
    parseAll(formula, input) match {
      case Success(e, _) => e
      case f: NoSuccess => Textual("[" + f.msg + "]")
    }
} // FormulaParsers 끝
```

parse 메서드는 모든 입력을 공식 파서로 파싱한다. 성공하면 결과 식을 반환한다. 실패하면 오류 메시지가 포함된 Textual 객체를 반환한다.

여기까지가 공식 파싱에 필요한 모든 것이다. 이제 남은 것은 파서를 스프레드시트와 통합하는 일이다. 그러기 위해 Model에 있는 Cell 클래스에 formula 필드를 추가한다.

```
case class Cell(row: Int, column: Int) {
  var formula: Formula = Empty
  override def toString = formula.toString
}
```

새로운 Cell 클래스에 셀의 formula를 표시해주는 toString 메서드를 추가한다. 이를 통해 공식을 제대로 파싱했는지 알 수 있다.

마지막 단계는 파서를 스프레드시트에 통합하는 것이다. 공식을 파싱하는 작업은 사용자가 셀에 입력하는 데 대한 반응으로 일어난다. 셀 입력 완료는 스윙 라이브러리에서 TableUpdated 이벤트를 통해 모델링한다. TableUpdated 클래스는 패키지 scala.swing.event에 속한다. 이벤트는 다음과 같다.

```
TableUpdated(table, rows, column)
```

이벤트에는 바뀐 테이블과 함께 바뀐 셀의 행과 열 좌표가 들어 있다. rows 파라미터는 Range[Int] 타입[2]의 범위이며, column 파라미터는 정숫값이다. 따라서 실제로 TableUpdated 이벤트는 영향받은 여러 셀을 표시할 수 있다. 다만, 같은 열을 공유하는 연속적인 범위의 행인 경우에만 가능하다.

---

2 Range[Int]는 '1 to N' 같은 스칼라 표현식의 타입이기도 하다.

테이블이 바뀌면 영향을 받은 셀들을 다시 파싱해야 한다. TableUpdate 이벤트에 반응하기 위해 리스트 35.6과 같이 table의 reactions 값에 대해 케이스를 하나 추가한다. 이제, 테이블 변경 시 모든 관련 식의 셀도 사용자 데이터에 맞게 변할 것이다. 지금까지 논의한 클래스를 컴파일하고 scells.Main 애플리케이션을 실행하면 그림 35.3과 같은 스프레드시트 애플리케이션을 볼 수 있다. 셀에서 타이핑을 하면 내용을 편집할 수 있다. 편집이 끝나면 셀은 공식을 표시한다. 또한 그림 35.3의 입력 포커스가 있는 셀처럼 =add(1, x)와 같이 잘못된 식을 시험해볼 수도 있다. 입력을 잘못하면 오류 메시지가 뜬다. 예를 들어, 그림 35.3에서 변경한 필드를 떠나면 오류 메시지로 [`(' expected]가 셀에 보일 것이다(모든 오류 메시지를 보려면 마우스로 열을 드래깅해서 넓게 만들어야 한다).

리스트 35.6 공식을 파싱하는 스프레드시트

```
package org.stairwaybook.scells
import swing._
import event._

class Spreadsheet(val height: Int, val width: Int) ... {
  val table = new Table(height, width) {
    ...
    reactions += {
      case TableUpdated(table, rows, column) =>
        for (row <- rows)
          cells(row)(column).formula =
            FormulaParsers.parse(userData(row, column))
    }
  }
}
```

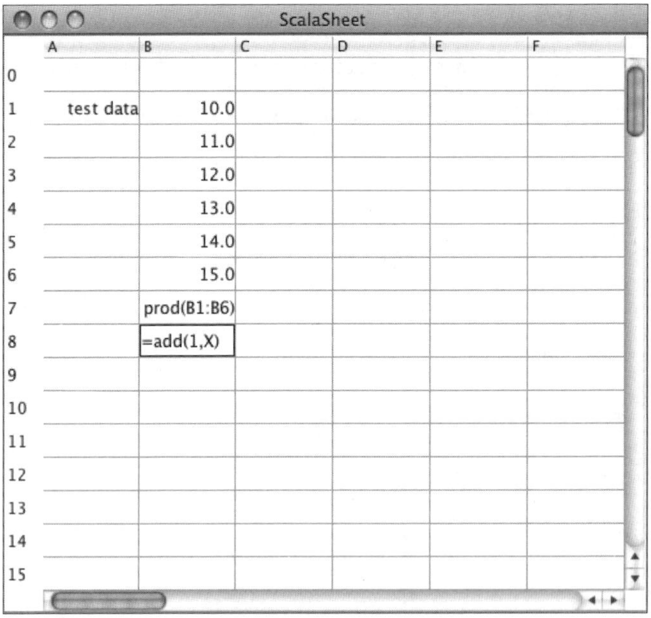

그림 35.3 공식을 표시하는 셀들

35.5 계산

물론 스프레드시트는 결국에는 식을 표시하지만 말고 결과를 계산해야 한다. 이번 절에서는 계산을 위한 구성요소를 설명한다.

필요한 것은 evaluate라는 메서드다. 이 메서드는 식을 받아서 현재 스프레드시트 내에서 계산한 결과를 Double로 반환한다. 이 메서드를 새 트레이트 Evaluator에 넣을 것이다. 식에서 참조하는 셀의 현재 값을 알아내기 위해, 메서드는 클래스 Model 내의 필드에 접근할 수 있어야 한다. 반면, Model 클래스는 evaluate를 호출할 수 있어야 한다. 따라서 Model과 Evaluator 사이에는 상호 의존성이 있다. 클래스 간의 상호 의존 관계를 표현하는 방법을 29장에서 이미 살펴봤다. 그 방법은 상속은 한 방향으로 하고, 슈퍼클래스나 트레이트 내에서는 셀프 타입을 사용하는 것이다.

866

스프레드시트 예제에서 Model 클래스는 Evaluator를 상속해서 그 안의 evaluation 메서드를 사용할 수 있다. Evaluator는 반대 방향의 접근을 위해 다음과 같이 셀프 타입을 Model로 정의한다.

```
package org.stairwaybook.scells
trait Evaluator { this: Model => ...
```

이를 통해 Evaluator 안의 클래스 this 값은 Model이라고 가정할 수 있고, cells 배열도 cells나 this.cells를 통해 접근할 수 있다.

기본 연결이 끝났으므로 Evaluator의 내용에 집중할 수 있다. 리스트 35.7은 evaluate 메서드의 구현을 보여준다. 여러분이 예상한 대로 이 메서드에는 식의 타입에 대한 패턴 매치가 들어 있다. Coord(row, column)이라는 좌표에 대해, evaluate는 그 좌표에 있는 셀의 배열을 반환한다. Number(v)라는 수에 대해서는 값 v를 반환하고, Textual(s) 텍스트 라벨에 대해서는 0을 반환한다. 마지막으로, 함수 호출 Application(function, arguments)가 있다. 먼저 모든 인자의 값을 계산한다. 그리고 function으로 넘겨받은 이름의 함수를 operations 테이블에서 찾은 다음, 그 함수에 모든 인잣값을 적용한다.

리스트 35.7 Evaluator 트레이트의 evaluate 메서드

```
def evaluate(e: Formula): Double = try {
  e match {
    case Coord(row, column) =>
      cells(row)(column).value
    case Number(v) =>
      v
    case Textual(_) =>
      0
    case Application(function, arguments) =>
      val argvals = arguments flatMap evalList
      operations(function)(argvals)
  }
} catch {
  case ex: Exception => Double.NaN
}
```

operations 테이블은 함수 이름을 함수 객체로 매핑한다. 이 테이블은 다음과 같다.

```
type Op = List[Double] => Double
val operations = new collection.mutable.HashMap[String, Op]
```

정의를 보면 알 수 있듯이, 각 연산은 값의 리스트를 받아 값을 반환하는 함수로 되어 있다. Op 타입은 이런 타입을 편하게 쓰기 위한 별명이다.

입력 오류를 처리하기 위해 evaluate 내의 계산을 try-catch 안에 넣었다. 셀 공식을 계산할 때 잘못될 수 있는 경우가 꽤 있다. 예를 들어 좌표가 범위를 벗어나거나, 함수 이름을 찾을 수 없거나, 함수 인자의 개수가 틀리거나, 산술 연산이 오버플로가 일어나거나 잘못된 연산을 수행하는 경우 등이 있을 수 있다. 이런 에러가 일어나면 우선 'NaN[Not a Number]'(수가 아님) 값을 반환한다. Double.NaN은 IEEE 부동소수점 표준에서 정상적인 방법으로 표현할 수 없는 값에 사용한다. 보통 이런 수는 0으로 나누거나, 오버플로가 발생한 경우에 반환된다. 리스트 35.7의 evaluate 메서드는 오류 종류와 관계없이 이 값을 반환한다. 이 방법을 택하면 구현이 간단하고 이해하기 어렵지 않다는 장점이 있다. 단점은 모든 오류를 같은 결과로 요약하기 때문에 잘못된 부분에 대한 정보가 사라진다는 것이다. 원한다면 더 자세히 오류를 표현하는 연습을 SCells로 할 수도 있다.

인자를 계산하는 것은 최상위 공식을 계산하는 것과 다르다. 인자는 리스트일 수 있지만, 최상위 함수는 그렇지 않다. 예를 들어 sum(A1:A3)의 A1:A3라는 식은 셀 A1, A2, A3의 값을 하나의 리스트에 담아 반환한다. 그 후 이 리스트를 sum 함수에 전달한다. 인자 식 안에서 리스트와 단일 값을 섞어서 사용할 수도 있다. 예를 들어, 연산 sum(A1:A3, 1.0, C7)은 5개의 값이 결과로 나온다. 리스트 인자를 처리하기 위한 또 다른 계산 함수인 evalList가 있다. 이 함수는 공식을 받아서 값의 리스트를 반환한다.

```
private def evalList(e: Formula): List[Double] = e match {
  case Range(_, _) => references(e) map (_.value)
  case _ => List(evaluate(e))
}
```

evalList가 전달받은 공식이 Range라면 그 범위가 참조하는 모든 셀의 값으로 이뤄진 리스트를 반환한다. Range가 아니라면 결과는 해당 공식을 계산한 결괏값 하나로만 이뤄진 리스트다. 어떤 공식이 참조하는 셀은 별도의 함수 references가 계산한다. 다음은 그 정의다.

```
def references(e: Formula): List[Cell] = e match {
  case Coord(row, column) =>
    List(cells(row)(column))
  case Range(Coord(r1, c1), Coord(r2, c2)) =>
    for (row <- (r1 to r2).toList; column <- c1 to c2)
    yield cells(row)(column)
  case Application(function, arguments) =>
    arguments flatMap references
  case _ =>
    List()
}
} // Evaluator 끝
```

references 메서드는 Range만 지원하지 않고 모든 공식을 처리할 수 있다는 점에서 지금 이 시점에서 우리에게 필요한 것보다 좀 더 일반적이다. 나중에 갱신이 필요한 셀을 판단하기 위해 여기서 추가한 기능이 필요한 시점이 올 것이다. 이 메서드의 내용은 공식의 타입에 따른 단순한 패턴 매치다. 좌표 Coord(row, column)에 대해서는 해당 좌표에 들어 있는 셀로 이뤄진 원소가 하나뿐인 리스트를 반환하고, Range(coord1, coord2) 식에 대해서는 두 좌표 사이에 있는 모든 셀을 for를 사용해 모아서 반환한다. 함수 호출인 Application(function, arguments)는 각 인자가 참조하는 모든 셀의 리스트를 flatMap으로 하나로 합쳐서 반환한다. 나머지 두 타입인 Textual이나 Number는 빈 리스트를 돌려준다.

35.6 연산 라이브러리

클래스 Evaluator 안에는 셀에 대해 수행할 수 있는 연산이 정의되어 있지 않다. operations 테이블은 처음에 비어 있다. 아이디어는 이런 연산을 다른 트레이트에서 정의해서, Model 클래스에 믹스인하는 것이다. 리스트 35.8은 일반적인 산술 연산을 제공하는 트레이트의 예다.

```
package org.stairwaybook.scells
trait Arithmetic { this: Evaluator =>
  operations ++= List(
    "add"   -> { case List(x, y) => x + y },
    "sub"   -> { case List(x, y) => x - y },
    "div"   -> { case List(x, y) => x / y },
    "mul"   -> { case List(x, y) => x * y },
    "mod"   -> { case List(x, y) => x % y },
    "sum"   -> { xs => xs.foldLeft(0.0)(_ + _) },
    "prod"  -> { xs => xs.foldLeft(1.0)(_ * _) }
  )
}
```

재미있게도, 이 트레이트가 외부에 노출하는 멤버는 전혀 없다. 이 트레이트가 하는 일은 트레이트 초기화 시 operations 테이블에 정보를 넣는 것뿐이다. operations 테이블에 대한 접근은 Evaluator의 셀프 타입을 통해 할 수 있다. 이는 모델에 접근하기 위해 Arithmetic 클래스에서 사용했던 것과 같은 기법이다.

Arithmetic 트레이트에 정의한 일곱 가지 연산 중에서 다섯 가지는 이항 연산이고, 두 가지는 임의 개수의 인자를 받을 수 있다. 이항 연산은 같은 방식을 따른다. 예를 들어, 덧셈 연산 add는 다음과 같은 표현식으로 정의할 수 있다.

```
{ case List(x, y) => x + y }
```

이 연산은 두 원소 x와 y로 된 리스트를 받아서 x와 y의 합을 반환한다. 만약 리스트의 원소 개수가 2개가 아니라면 MatchError가 발생한다. 이는 SCell 계산 모델의 '망가지게 내버려두기' 철학과 맞아 떨어진다. 이 철학 아래에서 잘못된 입력은 실행 시점에 예외를 발생시키고, evaluation 메서드 안의 try-catch에 의해 처리된다.

마지막 두 연산 sum과 prod는 길이가 정해지지 않은 인자 리스트를 받아서 원소들 사이사이에 이항 연산자를 삽입한다. 따라서 이들은 List 클래스에서 /: 연산자로 표시하는 '왼쪽 폴드'의 한 형태라 할 수 있다. 예를 들어, 수로 이뤄진 List(x, y, z)의 합을 구하기 위해 이 연산은 0 + x + y + z를 계산한다. 여기서 첫 피연산자 0은 빈 리스트의 결괏값이다.

다음과 같이 Arithmetic 트레이트를 Model 클래스에 믹스인하면 이 연산 라이브러리를 스프레드시트 애플리케이션에 도입할 수 있다.

```
package org.stairwaybook.scells

class Model(val height: Int, val width: Int)
    extends Evaluator with Arithmetic {

  case class Cell(row: Int, column: Int) {
    var formula: Formula = Empty
    def value = evaluate(formula)

    override def toString = formula match {
      case Textual(s) => s
      case _ => value.toString
    }
  }
  ... // 나머지는 앞 절의 예제와 같음
}
```

Model 클래스에서 바뀐 또 다른 부분은 셀이 자신을 표시하는 방법과 관계가 있다. 새 버전에서 셀이 표시하는 값은 그 셀 내부의 공식을 따른다. 만약 공식이 Textual 필드라면, 그 필드의 내용을 글자 그대로 표시한다. 다른 모든 경우에(즉, Textual 필드가 아닌 경우)는 공식을 계산하고, 그 계산의 결괏값을 표시한다.

변경한 트레이트와 클래스를 컴파일하고 메인 프로그램을 실행해보면 실제 스프레드시트와 비슷한 모습을 볼 수 있다. 그림 35.4는 한 예를 보여준다. 여러분은 셀에 공식을 입력하고 값의 계산을 볼 수 있다. 예를 들어, 그림 35.4에서 C5 셀의 입력 포커스를 닫으면 sum(C1:C4)를 계산한 결과인 86.0을 볼 수 있어야만 한다.

하지만 아직도 여전히 빠진 중요한 부분이 있다. 여러분이 그림 35.4에서 C1 셀의 값을 20에서 100으로 변경한다고 해도, C5의 합계는 자동으로 166으로 바뀌지 않는다. C5의 값을 갱신하려면 C5를 클릭해야만 한다. 아직 덜 된 부분은 셀의 값이 변경되면 관련 셀의 값을 자동으로 갱신하는 기능이다.

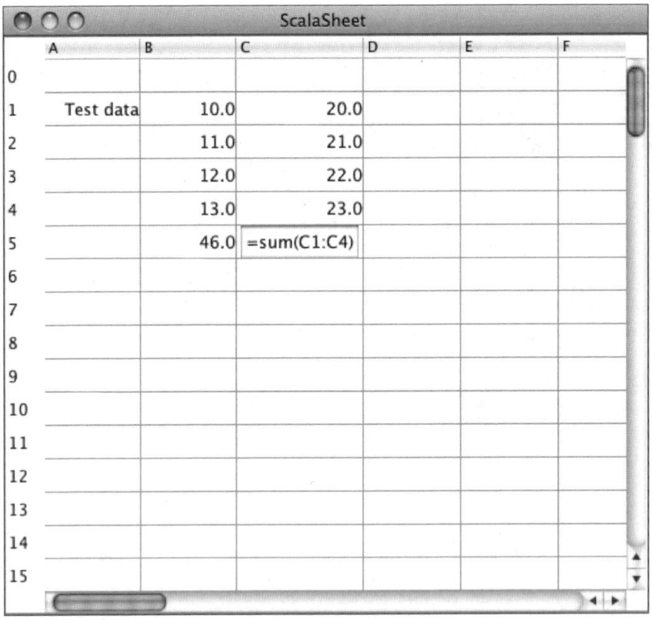

그림 35.4 계산을 수행하는 셀들

35.7 변경 전파

어떤 셀의 값이 바뀌면 그 값에 의존하는 모든 셀은 자신의 값을 다시 계산하고 표시를
갱신해야만 한다. 이를 달성하는 가장 쉬운 방법은 어떤 변경이 발생한 다음에 스프레드
시트의 모든 값을 재계산하는 것이다. 하지만 그런 방법은 스프레드시트 크기에 따른 규
모 확장성이 없다.

더 나은 방법은 변경된 셀을 공식에서 참조하는 셀만을 재계산하는 것이다. 이벤트 기반
의 발행/구독publish/subscribe 프레임워크를 사용해 변경을 전파하는 것이 아이디어다. 어떤
셀에 공식을 대입한다면, 그 셀은 그 공식이 참조하는 모든 셀에 대해 값 변경을 통지받
도록 가입한다. 이런 셀 중 어느 한 셀의 값 변경은 그 셀을 구독하는 셀의 재계산을 촉발
한다. 재계산 결과 어떤 셀의 값이 변하면 그 셀은 다시 자신을 구독하는 모든 셀에게 재
계산을 하라고 통지한다. 이 과정은 모든 셀의 값이 안정화될 때까지, 즉 더 이상 값이 바

꿔는 셀이 없을 때까지 계속된다.[3]

Model 클래스의 발행/구독 프레임워크는 스칼라 스윙 프레임워크의 표준 이벤트를 사용해 구현했다. 여기 새로운(그리고 마지막) 버전의 Model 클래스가 있다.

```
package org.stairwaybook.scells
import swing._

class Model(val height: Int, val width: Int)
extends Evaluator with Arithmetic {
```

이전 버전의 Model과 비교해보면, 이 버전에는 swing._ 임포트가 들어가 있다. 따라서 스윙의 이벤트 추상화를 바로 사용할 수 있다.

Model에서 바뀐 핵심사항은 내부 클래스 Cell이다. Cell 클래스는 이제 Publisher를 상속한다. 따라서 이벤트를 발행할 수 있다. 이벤트 처리 부분은 두 프로퍼티 value와 formula의 세터에만 들어 있다. 다음은 새로운 Cell이다.

```
case class Cell(row: Int, column: Int) extends Publisher {
  override def toString = formula match {
    case Textual(s) => s
    case _ => value.toString
  }
```

외부에서 볼 때 value와 formula는 Cell 클래스의 두 변수처럼 보인다. 실제 구현은 두 비공개 필드를 사용하는 공개 게터 value와 formula, 그리고 공개 세터 value_=와 formula_=로 되어 있다.

```
private var v: Double = 0
def value: Double = v
def value_=(w: Double) = {
  if (!(v == w || v.isNaN && w.isNaN)) {
    v = w
    publish(ValueChanged(this))
  }
}
```

---

3 셀 사이에 순환 참조가 없다는 가정이 필요하다. 이번 장 끝에서 이 가정을 없앨 방법에 대해 논의할 것이다.

value_= 세터는 새 값 w를 비공개 필드 v에 대입한다. 새 값이 이전 값과 다르면 ValueChanged 이벤트에 자기 자신을 인자로 넣어 발행한다. 값이 변경됐는지 판정하는 일은 NaN을 고려해야 하기 때문에 약간 어렵다. 자바 명세에서는 NaN이 자기 자신을 포함한 모든 값과 다르다고 되어 있다! 따라서 두 값이 같은지 검사하고 싶다면 NaN을 따로 다뤄야만 한다. 즉, 두 값 v, w는 둘이 ==로 검사 시 같거나, 두 값이 모두 NaN인 경우(즉, v.isNaN과 w.isNaN이 모두 true)에 같은 값으로 판정해야 한다.

value_= 세터가 발행/구독 프레임워크에서 발행 쪽을 담당하듯, formula_= 세터는 구독을 담당한다.

```
private var f: Formula = Empty
def formula: Formula = f
def formula_=(f: Formula) = {
  for (c <- references(formula)) deafTo(c)
  this.f = f
  for (c <- references(formula)) listenTo(c)
  value = evaluate(f)
}
```

셀에 새로운 공식을 대입하면, 우선 deafTo를 사용해 기존에 가입했던 모든 구독을 해지한다. 그리고 새로운 공식을 비공개 변수 f에 대입하고, listenTo를 사용해 그 공식이 참조하는 모든 셀에 구독 가입한다. 마지막으로 새로운 공식을 가지고 value를 새로 계산한다.

Cell 클래스에서 변경한 마지막 코드는 ValueChanged 이벤트에 대해 어떻게 반응할지를 지정한다.

```
  reactions += {
    case ValueChanged(_) => value = evaluate(formula)
  }
} // Cell 클래스의 끝
```

ValueChanged 클래스도 Model 안에 들어 있다.

```
case class ValueChanged(cell: Cell) extends event.Event
```

Model 클래스의 나머지 부분은 다음과 같다.

```
  val cells = Array.ofDim[Cell](height, width)

  for (i <- 0 until height; j <- 0 until width)
    cells(i)(j) = new Cell(i, j)
} // Model 클래스의 끝
```

이제 스프레드시트 코드를 거의 다 완성했다. 마지막으로 남은 것은 바뀐 셀을 다시 화면에 표시하는 부분이다. 지금까지의 값 전파는 셀 내부의 값에만 관심이 있었다. 그래서 보이는 테이블에는 영향을 끼치지 못했다. 이런 문제를 해결하는 한 가지 방법은 value_= 세터의 마지막에 redraw 명령을 추가하는 것이다. 하지만 그런 식의 구현은 모델과 뷰를 엄격하게 구별한 지금까지의 제약을 깨는 셈이다. 더 모듈화가 잘된 해결 방법은 ValueChanged 이벤트를 받는 모든 테이블에 통지해서 자신을 스스로 다시 그리게 하는 것이다. 리스트 35.9는 이런 방식으로 구현한 스프레드시트다.

리스트 35.9 마지막 스프레드시트 구현

```
package org.stairwaybook.scells
import swing._, event._

class Spreadsheet(val height: Int, val width: Int)
    extends ScrollPane {

  val cellModel = new Model(height, width)
  import cellModel._

  val table = new Table(height, width) {
    ... // 리스트 35.1과 같은 설정

    override def rendererComponent(
        isSelected: Boolean, hasFocus: Boolean,
        row: Int, column: Int) =
      ... // 리스트 35.3과 같음

    def userData(row: Int, column: Int): String =
      ... // 리스트 35.3과 같음

    reactions += {
      case TableUpdated(table, rows, column) =>
        for (row <- rows)
          cells(row)(column).formula =
            FormulaParsers.parse(userData(row, column))
      case ValueChanged(cell) =>
        updateCell(cell.row, cell.column)
```

```
    }
    for (row <- cells; cell <- row) listenTo(cell)
  }
  val rowHeader = new ListView(0 until height) {
    fixedCellWidth = 30
    fixedCellHeight = table.rowHeight
  }
  viewportView = table
  rowHeaderView = rowHeader
}
```

리스트 35.9의 Spreadsheet 클래스에서 변경한 부분은 두 군데뿐이다. 첫째, table 컴포넌트는 이제 listenTo를 통해 모델의 모든 셀을 구독한다. 둘째, 테이블의 반응 부분에 새로운 케이스를 하나 추가했다. 그건, ValueChanged(cell) 이벤트를 받으면 해당 cell을 다시 그리도록 updateCell(cell.row, cell.column)을 호출하는 케이스다.

35.8 결론

35장에서는 부분적으로 사용자의 편의보다는 구현하기 가장 간단한 방법을 택하긴 했지만, 완전히 함수적인 방식으로 스프레드시트를 개발했다. 200줄이 채 안 되는 코드로 스프레드시트 작성이 가능했다. 게다가 이 스프레드시트의 아키텍처는 변경이나 확장이 쉽다. 이 코드로 좀 더 실험해보고 싶다면, 다음과 같이 변경하거나 기능을 추가해보기를 권한다.

1. 사용자와의 상호작용에 따라 행이나 열의 개수가 바뀌게 만들 수 있다.

2. 이항 연산자나 그 밖의 함수 등 다른 종류의 공식을 추가할 수도 있다.

3. 셀이 자기 자신을 재귀적으로 참조하게 만들 수도 있다. 예를 들어 셀 A1에 add(B1, 1)이라는 공식이 있고, B1에 mul(A1, 2)가 있다면, 두 셀 중 어느 한쪽이 재계산되면 스택 오버플로가 일어난다. 분명 이런 일이 벌어지는 것은 그리 좋은 상황이 아니다. 대신에 그런 상황을 아예 금지하거나, 셀 중 하나를 건들거나 변경하면 한 반복 단계만 재계산을 진행하는 방법 등을 택할 수 있다.

4. 오류 처리를 향상할 수도 있다. 더 자세한 오류 메시지를 통해 어디가 잘못됐는지 사용자에게 알려줄 수 있다.

5. 공식 편집 필드를 스프레드시트 위에 추가해서 공식이 길어도 더 편하게 편집이 가능하게 할 수 있다.

이 책의 첫 부분에서 스칼라의 규모 확장성에 대해 강조했다. 우리는 스칼라가 객체지향과 함수적인 구성요소를 한데 엮어서 간단한 스크립트부터 아주 커다란 시스템까지 모든 범위에 사용할 수 있는 언어라고 주장했었다. 대부분의 다른 언어에서는 200줄보다 더 많은 코드가 필요했겠지만, 여기서 보여준 스프레드시트는 여전히 작은 시스템이다. 하지만 스칼라에 규모 확장성을 부여하는 여러 요소가 실제 쓰이는 예를 이 애플리케이션에서 볼 수 있다.

스프레드시트는 스칼라 클래스와 트레이트의 믹스인 조합을 활용해 구성요소를 유연하게 조합한다. 요소 간의 재귀적인 의존성은 셀프 타입을 사용해 표현한다. 정적인 상태를 완전히 제거했다. 클래스가 아닌 유일한 최상위 구성요소는 공식 트리와 공식 파서뿐이다. 이들은 모두 완전히 함수적이다. 이 애플리케이션에는 공식에 접근하거나 이벤트를 처리할 때 고차 함수와 패턴 매치를 아주 많이 사용했다. 따라서 이 프로그램은 객체지향과 함수형 프로그래밍이 어떻게 하면 부드럽게 엮일 수 있는지를 보여주는 좋은 예다.

스프레드시트 애플리케이션이 이렇게 간결한 이유 중 하나는 여러 강력한 라이브러리를 사용할 수 있기 때문이다. 파서 콤비네이터 라이브러리는 파서를 작성할 때 쓸 수 있는 내부 도메인 특화 언어DSL를 제공한다. 이 라이브러리가 없었다면 공식을 파싱하는 작업은 훨씬 더 힘들었을 것이다. 스칼라 스윙 라이브러리의 이벤트 처리는 제어 추상화의 힘을 보여주는 좋은 예다. 여러분이 자바의 스윙 라이브러리를 안다면 아마도 스칼라 리액션 개념의 간결함에 감사할 것이다. 특히, 전통적인 발행/구독 디자인 패턴에서 notify 메서드와 리스너를 일일이 구현하는 번거로움과 비교해보면 더욱 그렇다. 따라서 이 스프레드시트는 고수준 라이브러리를 단지 언어의 확장처럼 보이게 해주는 확장성extensibility의 이점을 보여준다.

A

유닉스와 윈도우에서의
스칼라 스크립트 사용

유닉스와 비슷한 운영체제를 사용한다면, 파일 맨 앞에 '파운드뱅(#!)'을 사용하면 스칼라 스크립트를 셸 스크립트처럼 실행할 수 있다. 예를 들어, 다음을 helloarg라는 파일에 저장하자.

```
#!/bin/sh
exec scala "$0" "$@"
!#
// 첫 번째 인자에게 인사한다.
println("Hello, " + args(0) + "!")
```

맨 앞의 #!/bin/sh가 파일의 첫 줄이어야만 한다. 일단 아래와 같이 이 파일에 실행 권한을 허용하자.

```
$ chmod +x helloarg
```

그러면 다음과 같이 호출해도 이 스칼라 스크립트를 실행할 수 있다.

```
$ ./helloarg globe
```

윈도우라면 스칼라 스크립트를 helloarg.bat라는 이름으로 저장하되, 배치 파일 맨 위에 다음 내용을 입력하면 동일한 효과를 얻을 수 있다.

```
::#!
@echo off
call scala %0 %*
goto :eof
::!#
```

- **1급 계층 함수**^{first-class function}(1급 함수): 스칼라는 1급 계층 함수를 지원한다. 이는 함수를 (x: Int) => x + 1 같은 함수 리터럴 문법으로 표현할 수 있고, 함수를 객체로 표현할 수 있다는 뜻이다. 이런 객체를 함숫값^{function value}이라 한다.

- **for 내장**^{for comprehension}: for 표현식을 이렇게 부르기도 한다.

- **JVM**: JVM은 자바 가상 머신^{Java Virtual Machine}의 줄임말이며, 런타임^{runtime}(실행 시점과는 다른 의미이며, 실행 시점에 프로그램을 실행하기 위한 환경을 의미한다)이라고도 한다. 스칼라 프로그램은 JVM 위에서 실행한다.

- **가리다**^{shadow}: 지역 변수를 새로 선언하면 그 변수 선언이 있는 스코프를 둘러싼 스코프에 있는 같은 이름을 접근하지 못하게 막는다.

- **값**^{value}: 스칼라에서 어떤 계산이나 표현식의 결과는 값이다. 스칼라에서는 모든 값이 객체다. 값이라는 용어는 기본적으로 메모리(JVM의 힙이나 스택)에 있는 객체의 이미지를 의미한다.

- **값에 의한 호출 파라미터**^{by-value parameter}: 파라미터의 타입 앞에 =>이 없는 경우(예: (x: Int))에는 값에 의한 호출 파라미터라 한다. 값에 의한 호출을 할 경우, 함수에 파라미터를 전달하기 전에 인자를 계산한다. 값에 의한 호출 파라미터는 이름에 의한 호출 파라미터와 대조적이다.

- **값 타입**^{value type}: 값 타입은 AnyVal의 서브클래스를 말한다. Int, Double, Unit 등이 있다. 이 용어의 의미는 스칼라 소스 코드 수준에서 성립한다. 실행 시점에 자바 원시 타입에 대응하는 값 타입의 인스턴스는 원시 타입의 값이나 java.lang.Integer 같은 래퍼 타입^{wrapper type}의 인스턴스로 구현할 수 있다. 시간이 지남에 따라 런타임은 값 타입의 인스턴스를 원시 타입이나 래퍼 타입 사이에서 변환해준다(박싱^{boxing}하거나 언박싱^{unboxing}한다).

- **결과**^{result}: 스칼라 프로그램의 모든 표현식은 결과를 내놓는다. 스칼라의 모든 식이 내놓는 결과는 객체다.

- **결과 타입**^{result type}: 메서드의 결과 타입은 해당 메서드를 호출한 결과 만들어지는 값의 타입이다(자바에서는 이를 반환 타입^{return type}이라 한다).

- **경로 의존적 타입**^{path-dependent type}: swiss.cow.Food 같은 타입을 말한다. 이때 swiss.cow는 어떤 객체를 가리키는 경로다. 이 타입의 의미는 접근 시 사용하는 경로에 따라 달라진다. 그래서 swiss.cow.Food와 fish.Food가 있을 때, 이 둘은 각기 다른 타입이다.

- **공변성**^{covariant}: 타입 파라미터 앞에 덧셈 기호(+)를 추가하면 클래스나 트레이트의 타입 파라미터에 공변 표기를 붙일 수 있다. 그렇게 하면 클래스나 트레이트를 표기가 붙은 파라미터 타입과 공변적인 타입으로 다룬다. 이는 서브타입 관계가 타입 파라미터의 서브타입 관계와 같은 방향으로 성립한다는 뜻이다. 예를 들어, List는 타입 파라미터에 대해 공변적이다. 따라서 List[String]은 List[Any]의 서브타입이다.

- **구조적 타입**^{structural type}: 세분화한 타입^{refinement type} 중에 세분화한 것이 기반 타입이 아니라 멤버들인 경우를 말한다. 예를 들어, { def close(): Unit }는 구조적 타입이다. 왜냐하면 이 타입의 기반 타입이 AnyRef이며, AnyRef에는 close라는 멤버가 없기 때문이다.

- **꼬리 재귀**^{tail recursive}: 함수가 자기 본문의 맨 마지막에서만 자기 자신을 재귀적으로 호출할 때 이를 꼬리 재귀라 한다.

- **내놓다**^{yield}: 표현식은 결과를 내놓을 수 있다. yield 키워드는 for 표현식의 결과를 지정한다.

- **다중 정의**^{multiple definition}: 'val v1, v2, v3 = 표현식' 같은 표현 방식을 사용해 동일한

표현식을 가지고 여러 변수를 정의하고 초기화하는 것이다. 표현식을 한 번만 실행해서 각 변수에 같은 값을 초기화하는 게 아니고, 한 표현식을 여러 번 실행해 각 실행 결과를 각각의 변수에 할당한다는 점에 유의하라.

- **단일 접근 원칙**uniform access principle: 단일 접근 원칙은 변수나 파라미터가 없는 함수를 같은 문법 표현을 사용해 사용할 수 있어야 한다고 주장한다. 스칼라는 파라미터가 없는 함수의 경우 괄호를 생략할 수 있게 함으로써 이 원칙을 지원한다. 그에 따라, 클라이언트 코드에는 영향을 끼치지 않으면서 파라미터가 없는 함수 정의를 val로 바꾸거나, 거꾸로 val을 파라미터가 없는 함수로 바꿀 수 있다.

- **대수적 데이터 타입**algebraic data type: 여러 가지 대안들로 이뤄진 타입으로, 각 대안은 각각의 생성자를 갖는다. 보통 대수적 데이터 타입은 패턴 매치를 사용해 분해할 수 있다. 이런 개념은 명세 언어specification language나 함수형 언어functional language에서 많이 볼 수 있다. 스칼라에서는 케이스 클래스case class를 사용해 대수적 데이터 타입을 표현할 수 있다.

- **대안**alternative: 매치 표현식의 경우 중 하나를 의미한다. 형식은 'case 패턴 => 표현식'이다. 케이스case라 부르기도 한다.

- **도달할 수 없는**unreachable: 스칼라 수준에서 어떤 객체에 도달할 수 없게 될 수 있다. 이런 경우 해당 객체가 차지하고 있는 메모리는 런타임이 회수할 수 있다. 도달할 수 없는지 여부를 꼭 참조 여부만으로 결정하는 것은 아니다. 모든 참조 타입 (AnyRef의 인스턴스)은 JVM 힙heap에 있는 객체로 구현한다. 어떤 참조 타입의 인스턴스가 도달할 수 없는 상태가 되면, 실제로도 그 객체에 대한 참조가 없는 상태여야 하며, 쓰레기 수집기가 수집할 수 있다. 값 타입(AnyVal)은 원시 타입 값이나 힙에 있는 자바 래퍼wrapper 타입의 인스턴스로 구현할 수 있다(예: java. lang.Integer). 값 타입 인스턴스는 그 인스턴스를 의미하는 변수의 전체 생명주기 동안에 때때로 박스에 들어갈 수도 있고(원시 값에서 래퍼 객체로 변환), 박스에서 나올 수도 있다(래퍼 객체에서 원시 타입 값으로 변환). 어느 순간 래퍼 객체로 JVM 힙에 있는 값 타입 인스턴스가 도달할 수 없게 되려면, 실제로도 그 인스턴스를 참조하는 것이 없어야 하며, 이런 경우 쓰레기 수집기가 처리할 수 있다. 하지만 원시 값으로 구현한 값 타입 인스턴스에 도달할 수 없는 경우라면, 참조

가 없는 상태가 되지 않는다. 왜냐하면 해당 객체는 실행 시점에 JVM 힙에 존재하지 않기 때문이다. 런타임이 이런 도달할 수 없는 값이 차지하는 메모리를 회수할 수 있는 경우도 있다. 예를 들어, 실행 시점에 자바 원시 타입인 int로 구현한 Int 타입의 인스턴스는 실행 중인 메서드의 스택 프레임상에 존재할 것이다. 따라서 그 메모리는 메서드가 끝나고 스택 프레임을 팝pop할 때 '회수'하는 셈이다. String 같은 참조 타입의 메모리는 도달할 수 없는 상태가 된 후, JVM의 쓰레기 수집기가 회수할 것이다.

- **도우미 메서드**helper method: 클래스의 멤버인 도우미 함수를 의미한다. 도우미 메서드는 보통 비공개private인 경우가 많다.

- **도우미 함수**helper function: 근처의 다른 함수에게 서비스를 제공하기 위해 만든 함수다. 도우미 함수는 지역 함수로 구현하는 경우가 일반적이다.

- **독립 객체**standalone object: 동반 클래스가 없는 싱글톤 객체다. 독립 싱글톤 객체라고도 한다.

- **동반 객체**companion object: 어떤 클래스와 같은 소스 파일 안에 있고, 그 클래스와 이름이 같은 싱글톤 객체다. 동반 객체와 클래스는 서로의 비공개 멤버에 접근할 수 있다. 게다가, 동반 객체에 있는 모든 암시적 변환implicit conversion은 해당 클래스를 사용하는 모든 곳에서 암시적 변환 검색 스코프 안에 들어간다.

- **동반 클래스**companion class: 한 소스 파일 안에 있는 싱글톤 객체singleton object와 클래스의 이름이 같다면, 그 클래스를 싱글톤 객체의 동반 클래스라 한다.

- **동일성**equality: 따로 언급하지 않는 한, 동일성은 '=='가 표현하는 관계다. '참조 동일성'을 참고하라.

- **런타임**runtime: 스칼라 프로그램을 실행해주는 자바 가상 머신Java Virtual Machine, 즉 JVM을 말한다. 런타임은 자바 가상 머신 명세Java Virtual Machine Specification가 정의한 가상 머신, 그리고 스칼라 표준 API와 자바 API를 위한 자바 런타임 라이브러리로 이뤄진다. 실행 시점run time(run과 time 사이에 공백이 있다)이라는 어구는 프로그램이 실행 중인 순간을 의미하며, 컴파일 시점compile time과 대조적인 개념이다.

- **리터럴**literal: 1, "One", (x: Int) => x + 1 등이 리터럴의 예다. 리터럴은 어떤 객체를 묘사하는 간단한 방법이다. 리터럴은 만들어낼 대상 객체의 구조를 정확하게 (텍스

트로) 표현한다.

- **메서드**method: 메서드는 어떤 클래스, 트레이트, 싱글톤 객체의 멤버인 함수다.

- **메시지**message: 액터는 서로에게 메시지를 보내서 통신한다. 메시지를 받아도 수신자가 실행 중인 것을 방해하지는 않는다. 수신자는 현재 진행 중인 활동을 마치고 자신의 불변조건이 계속 성립할 때까지 기다렸다가 다음 메시지를 처리할 수 있다.

- **메타 프로그래밍**meta-programming: 메타 프로그래밍 소프트웨어는 소프트웨어를 입력으로 받는 소프트웨어다. 컴파일러도 메타 프로그램이고, 스칼라독scaladoc도 메타 프로그램이다. 애노테이션을 가지고 어떤 작업을 하려면 메타 프로그래밍 소프트웨어가 필요하다.

- **멤버**member: 멤버는 클래스, 트레이트, 싱글톤 객체의 본문에 있는 이름이 붙은 구성요소를 말한다. 멤버는 그 멤버의 소유자의 이름 다음에 마침표(.)를 붙이고 멤버의 간단한 이름을 붙여서 접근할 수 있다. 예를 들어, 어떤 클래스의 최상위 수준에서 정의한 필드나 멤버는 그 클래스의 멤버다. 어떤 클래스 안에 정의한 트레이트는 그 클래스의 멤버다. 한 클래스의 내부에 type 키워드로 정의한 타입도 바로 그 클래스의 멤버다. 어떤 패키지 안에 정의한 클래스는 그 패키지의 멤버다. 반면, 지역 변수나 지역 함수는 그 변수나 함수를 둘러싼 블록의 멤버가 아니다.

- **명령형 스타일**imperative style: 명령형 프로그래밍 스타일은 연산의 순서를 주의 깊게 설계해서 각 연산의 효과가 올바른 순서로 일어나게 만드는 것이다. 이런 스타일은 루프를 통한 반복, 데이터의 값을 그 자리에서 변경하기, 부수 효과side effect가 있는 메서드로 특징 지을 수 있다. 명령형 스타일은 C, C++, C#, 자바 등의 주요 패러다임으로 함수형 스타일functional style과 대조적이다.

- **무공변성**nonvariant(invariant라고도 함): 어떤 클래스나 트레이트의 타입 파라미터는 아무 표시가 없으면 무공변이다. 즉, 그 타입 파라미터에 해당하는 타입 인자가 다른 경우 각각의 클래스나 트레이트는 서로 서브타입 관계가 없다. 예를 들어, Array가 타입 파라미터에 대해 무공변이기 때문에 Array[String]은 Array[Any]의 서브타입도 아니고 슈퍼타입도 아니다.

- **문**statement(명령, 명령문): 어떤 표현식expression, 정의definition, 임포트import를 말한다. 즉, 스칼라 소스 코드에서 템플릿이나 블록에 들어갈 수 있는 것들을 의미한다.

- **믹스인**mixin(혼합, 섞어 넣기): 믹스인이란 믹스인 합성에서 사용하는 트레이트를 일컫는 말이다. 다른 방식으로 설명하자면, 'trait Hat'이라고 말하면 Hat은 그냥 트레이트에 불과하다. 하지만 'new Cat extends AnyRef with Hat'이라는 문장에서는 Hat을 믹스인이라고 부른다. 동사로 사용하는 경우 '믹스인한다(혼합한다)'라고 말한다. 예를 들어 트레이트를 클래스에 믹스인하거나, 다른 트레이트에 혼합할 수 있다.

- **믹스인 합성**mixin composition: 트레이트를 클래스나 다른 트레이트에 섞어 넣는 과정을 말한다. 믹스인 합성과 전통적인 다중 상속이 다른 부분은 트레이트를 정의하는 시점에는 어떤 타입이 슈퍼타입이 될지 알 수 없다는 점에 있다. 트레이트를 다른 클래스나 트레이트에 합성할 때마다 컴파일러가 슈퍼타입을 새로 결정한다.

- **바운드 변수**bound variable: 어떤 표현식에서 바운드 변수란 그 식에서 정의하고 그 식 안에서 사용하는 변수를 말한다. 예를 들어 (x: Int) => (x, y)라는 함수 리터럴 표현식의 본문에서는 x와 y라는 변수를 사용한다. 하지만 x만 바운드 변수다. 여기서 Int 타입의 유일한 인자로 정의했기 때이다. 묶인 변수나 엮인 변수라고 부르기도 한다.

- **반공변성**contravariant: 클래스나 트레이트의 타입 파라미터 앞에 뺄셈 기호(-)를 추가하면 타입 파라미터에 반공변 표기를 붙일 수 있다. 그렇게 하면 클래스나 트레이트를 표기가 붙은 파라미터 타입과 반공변적인 타입으로 다룬다. 반공변 관계란 서브타입 관계가 타입 파라미터의 서브타입 관계와 반대 방향으로 성립한다는 뜻이다. 예를 들어, Function1은 첫 번째 타입 파라미터에 대해 반공변이다. 그래서 Function1[Any, Any]는 Function1[String, Any]의 서브타입이다.

- **반 구조화 데이터**semi-structured data: XML 데이터는 반 구조화되어 있다. 일반 이진 파일이나 텍스트 파일보다는 더 구조화되어 있지만, 프로그래밍 언어의 데이터 구조처럼 완전히 구조를 갖춘 데이터는 아니기 때문이다.

- **반환**return: 스칼라 프로그램에서는 함수가 값을 돌려준다. 이 값을 그 함수의 결과result라 한다. 이를 그 함수가 그 값을 반환한다고 말하기도 한다. 스칼라에서는 모든 함수가 객체를 반환한다.

- **변경 불가능**immutable(불변): 어떤 객체를 만들고 나서 클라이언트가 그 값의 변화를 관찰할 수 없는 경우, 그 객체를 변경 불가능 객체라 한다. 변경 불가능한 객체와 변경

가능한 객체가 있다.

- **변성**^{variance}: 어떤 클래스나 트레이트의 타입 파라미터에 변성 표기를 붙일 수 있다. 이런 표기에는 공변성^{covariant}(+로 표시)이나 반공변성^{contravariant}(-로 표시)이 있다. 이런 변성 표기는 제네릭 클래스나 트레이트에 대해 서브타입 관계를 어떻게 적용할지 알려준다. 예를 들어, List 클래스는 타입 파라미터에 대해 공변적이다. 따라서 List[String]은 List[Any]의 서브타입이다. 디폴트, 즉 +나 - 애노테이션이 없는 경우에 타입 파라미터는 무공변성이다.

- **변수**^{variable}: 어떤 객체를 의미하는 이름이 붙은 실체^{entity}다. 변수는 val이거나 var일 수 있다. val과 var 모두 정의 시 초기화해야만 한다. 하지만 var만 나중에 다른 객체를 가리키도록 재할당할 수 있다.

- **부분 적용 함수**^{partially applied function}: 표현식에서 함수를 사용하는데 인자 중 하나 이상을 제공하지 않는 경우를 말한다. 예를 들어, 어떤 함수 f가 Int => Int => Int 타입이라면 f와 f(1)은 부분 적용 함수다.

- **불변조건, 무공변성**^{invariant}: 이 단어는 두 가지 용례가 있다. 어떤 데이터 구조를 제대로 구성했을 때^{well formed}, 항상 만족시키는 어떤 특성을 의미할 수도 있다. 예를 들어, 정렬한 이진 트리의 불변조건은 각 노드가 자신의 오른쪽 하위 노드(오른쪽 하위 노드가 있는 경우)보다 순서가 앞서야 한다는 것이다. 이를 불변조건이라 한다. 한편, 때때로 변성^{variance}이 없음을 의미하는 단어로 쓰이기도 한다. 예를 들면, 'Array 클래스는 타입 파라미터에 대해 무공변^{invariant}하다'고 말하는 경우에는 이 뜻이다.

- **블록**^{block}: 하나 이상의 표현식이나 정의를 중괄호({})로 둘러싼 것이다. 블록을 계산할 때는 내부의 모든 표현식과 선언을 순서대로 처리하고, 가장 나중에 있는 표현식의 값을 블록 전체의 결괏값으로 반환한다. 블록은 함수나 for 표현식, while 루프의 몸통으로 자주 사용하며, 여러 명령을 한 그룹으로 다루고 싶을 때 어느 곳에서나 사용할 수 있다. 더 공식적으로 말하자면, 블록은 외부에서 결괏값과 부수 효과만을 관찰할 수 있는 캡슐화한 프로그램 구성요소다. 그렇기 때문에 같은 중괄호라고 해도 클래스나 객체 정의 부분의 중괄호는 그 안에 있는 메서드나 필드를 외부에서 볼 수 있기 때문에 블록이 아니다. 이 경우에는 중괄호가 템플릿^{template}을 형성한다.

- **서브클래스**^{subclass}: 어떤 클래스는 자신의 슈퍼클래스^{superclass}와 슈퍼트레이트^{supertrait}

의 서브클래스다.

- **서브타입**subtype: 스칼라 컴파일러는 어떤 타입이 필요한 곳이라면 어디라도 그 타입의 서브타입을 허용한다. 타입 파라미터를 취하지 않는 클래스나 트레이트의 경우 서브타입 관계는 서브클래스 관계를 그대로 반영한다. 예를 들어 Cat 클래스가 추상 클래스 Animal의 서브클래스이고, 두 클래스 모두 타입 파라미터를 받지 않는다면, Cat 타입은 Animal 타입의 서브타입이다. 마찬가지로, Apple 트레이트가 Fruit 트레이트의 서브트레이트이고, 둘 다 타입 파라미터를 취하지 않으면, Apple 타입은 Fruit 타입의 서브타입이다. 하지만 타입 파라미터를 취하는 클래스나 트레이트라면, 변성variance이 작용하기 시작한다. 예를 들어, List 추상 클래스는 자신의 유일한 타입 파라미터에 대해 공변covariant적이라고 선언에 적혀 있다(List는 List[+A]다). 따라서 List[Cat]은 List[Animal]의 서브타입이며, List[Apple]은 List[Fruit]의 서브타입이다. 방금 설명한 여러 타입의 클래스는 모두 List임에도 불구하고 이런 서브타입 관계가 성립한다. 반면에, Set은 타입 파라미터에 대해 공변적이지 않다(아무 표시 없이 Set[A]라고 되어 있을 것이다). 따라서 Set[Cat]은 Set[Animal]의 서브타입이 아니다. 서브타입은 슈퍼타입과의 계약contract을 올바르게 구현해야만 한다. 그래야 리스코프 치환 원칙을 적용할 수 있다. 하지만 컴파일러는 단지 타입 검사 수준에서 이런 특성을 검증할 수 있을 뿐이다.

- **서브트레이트**subtrait: 어떤 트레이트는 자신의 모든 슈퍼트레이트supertrait의 서브트레이트다.

- **선언**declaration: 추상 필드field, 메서드, 타입을 선언할 수 있다. 선언은 어떤 엔티티entity(프로그램에 있는 어떤 존재)에 이름을 부여하지만 구현은 하지 않는다. 선언과 정의definition의 핵심 차이는 정의는 엔티티에 이름을 붙이면서 구현도 제공하는 반면 선언은 그렇지 않다는 점이다.

- **세분화한 타입**refinement type: 기반 타입base type 뒤에 중괄호를 넣고 그 안에 멤버를 나열해서 정의한 타입을 말한다. 중괄호 안에 있는 멤버가 꼭 들어 있는 타입만으로 기반 타입을 더 세분화한다. 예를 들어, '풀grass을 먹는 동물animal'의 타입은 Animal { type SuitableFood = Grass }다.

- **셀렉터**selector: match 식에서 매치시킬 대상 값을 셀렉터라 한다. 예를 들어, 's match {

case _ => }'에서 셀렉터는 s이다.

- **셀프 타입**^{self type}: 어떤 트레이트의 셀프 타입은 트레이트 안에서 호출 대상 객체인 this에 대해 가정하는 타입이다. 트레이트를 혼합하는 모든 구체적 클래스는 트레이트의 셀프 타입과 부합해야 한다. 셀프 타입을 가장 일반적으로 사용하는 경우는 29장에서 설명한 것처럼 큰 클래스를 여러 트레이트로 나누는 경우다.

- **수식자**^{modifier}: 어떤 클래스나 트레이트, 필드, 메서드 정의를 어떤 식으로든 제한하는 키워드다. 예를 들어, private 수식자는 정의하는 중인 클래스, 트레이트, 필드, 메서드 등이 비공개라는 사실을 지정한다.

- **슈퍼클래스**^{superclass}: 어떤 클래스의 슈퍼클래스는 자신의 직접 슈퍼클래스^{direct superclass}, 직접 슈퍼클래스의 직접 슈퍼클래스 등으로 거슬러 올라가면서 Any에 이르는 모든 클래스다.

- **슈퍼타입**^{supertype}: 어떤 타입은 자신의 모든 서브타입의 슈퍼타입이다.

- **슈퍼트레이트**^{supertrait}: 어떤 클래스나 트레이트의 슈퍼트레이트는 어떤 클래스나 트레이트에 믹스해넣은 모든 트레이트와 그것의 슈퍼클래스의 슈퍼트레이트, 그리고 이러한 트레이트의 슈퍼트레이트들이다.

- **술어**^{predicate}(조건 함수): 술어는 결과 타입이 Boolean인 함수를 의미한다.

- **스크립트**^{script}: 최상위 선언과 명령문을 포함하는 파일로, 컴파일하지 않고 스칼라가 직접 실행할 수 있다. 스크립트는 반드시 정의가 아닌 표현식으로 끝나야 한다.

- **시그니처**^{signature}: 시그니처는 타입 시그니처^{type signature}를 짧게 줄인 말이다.

- **실행 시점 타입**^{runtime type}: 어떤 객체가 실행 시점에 갖는 타입이다. 이와 반대로 정적 타입^{static type}은 어떤 표현식이 컴파일 시점에 갖는 타입을 말한다. 대부분의 실행 시점 타입은 타입 파라미터가 없는 간단한 클래스다. 예를 들어 "Hi"의 실행 시점 타입은 String이며, (x: Int) => x + 1의 실행 시점 타입은 Function1이다. isInstanceOf를 사용하면 실행 시점 타입을 검사할 수 있다.

- **싱글톤 객체**^{singleton object}: object 키워드로 정의한 객체다. 각 싱글톤 객체의 인스턴스는 유일하다. 어떤 싱글톤 객체와 같은 이름의 클래스가 한 소스 파일 안에 있으면, 싱글톤 객체를 그 클래스의 동반 객체라 한다. 거꾸로 그 클래스는 객체의 동반 클래스다. 동반 클래스가 없는 싱글톤 객체를 독립 객체^{standalone object}라 한다.

- **애노테이션**annotation: 소스 코드에 들어가 있으며 프로그램 문법 구조의 일부분에 덧붙인 텍스트다. 애노테이션은 컴퓨터가 처리 가능하기 때문에, 스칼라를 확장할 때 사용할 수 있다.

- **연산**operation: 스칼라에서 모든 연산은 메서드 호출이다. 메서드를 b + 2와 같이 연산자 표기법operator notation을 사용해 호출할 수 있다. 이런 표기법으로 작성한 표현식에서 +는 연산자operator다.

- **와일드카드 타입**wildcard type: 와일드카드 타입은 알려지지 않은 타입 변수에 대한 참조가 들어 있는 타입이다. 예를 들어 Array[_]는 와일드카드 타입이며, 원소의 타입을 전혀 알 수 없는 배열을 의미한다.

- **외부 생성자**auxiliary constructor: 클래스 정의 본문의 중괄호 안에서 정의한 추가 생성자다. 마치 결과 타입이 없는 this라는 이름의 메서드 정의와 같다.

- **이름에 의한 호출 파라미터**by-name parameter: 파라미터 타입 앞에 =>가 있는 경우 그 파라미터를 이름에 의한 호출 파라미터라 부른다. 예를 들면 (x: => Int)가 있다. 이름에 의한 호출을 한 경우, 그 파라미터에 전달한 인자는 해당 메서드 호출 전에 계산하지 않고 메서드 내부에서 해당 이름을 사용하는 시점에 계산한다. 어떤 파라미터가 이름에 의한 호출이 아니라면, 모두 값에 의한 호출이다.

- **익명 클래스**anonymous class: 익명 클래스는 클래스나 트레이트 이름 뒤에 중괄호({})가 오는 new 표현식으로부터 스칼라가 만들어내는 합성 서브클래스synthetic subclass다. 중괄호에는 익명 서브클래스의 본문을 넣는데, 비워둘 수도 있다. 하지만 new 뒤에 있는 이름이 추상 멤버가 있는 클래스나 트레이트라면 반드시 그 추상 멤버를 익명 클래스의 중괄호 안에 있는 본문에서 구체화해야만 한다.

- **익명 함수**anonymous function: 함수 리터럴function literal을 이렇게도 부른다.

- **인스턴스**instance: 인스턴스 또는 클래스 인스턴스는 객체object이며, 실행 시점run time에만 존재하는 개념이다.

- **인스턴스화**instantiate: 어떤 클래스를 인스턴스화하는 것은 그 클래스로부터 객체를 새로 만드는 것이다. 인스턴스화는 실행 시점에만 일어난다.

- **인자**argument: 함수를 호출할 때 함수의 모든 파라미터parameter마다 전달하는 실제 값이 바로 인자다. 반면, 파라미터는 (함수 안에서) 인자를 가리키는 변수를 말한다. 인

자는 호출 시 전달하는 객체다. 추가로, 애플리케이션은 애플리케이션 싱글톤 객체의 main 메서드에 Array[String] 타입의 (명령행) 인자를 받을 수 있다.

- **자유 변수**free variable: 어떤 표현식에 있는 자유 변수란 표현식 안에서 쓰이는데 표현식 안에 정의가 없는 변수다. 예를 들어, 함수 리터럴 표현식 (x: Int) => (x, y)를 보면 x와 y라는 변수가 있다. 이때 y는 이 표현식 안에 정의가 없기 때문에 자유 변수다.

- **재귀적**recursive: 어떤 함수가 자기 자신을 호출하면 재귀적이라고 말한다. 만약 어떤 함수가 가장 나중에 수행하는 표현식이 자기 자신을 재귀적으로 호출하는 것이면, 이를 꼬리 재귀적tail recursive이라고 말한다.

- **재할당 가능**reassignable: 어떤 변수는 재할당 가능하거나 그렇지 않다. var 변수는 재할당 가능하지만, val 변수는 재할당 불가능하다.

- **정의**definition: 스칼라 프로그램에서 무언가를 정의하려면 이름과 구현을 제공해야 한다. 클래스, 트레이트, 싱글톤 객체, 필드, 메서드, 지역 함수, 지역 변수 등을 정의할 수 있다. 정의를 하려면 항상 구현이 따라와야 하기 때문에, 추상 멤버는 선언할 수는 있지만 구현할 수는 없다.

- **정적 타입**static type: '타입'을 참고하라.

- **제너레이터**generator: 제너레이터는 for 식에서 어떤 val을 정의하면서 일련의 값을 할당하는 부분이다. 예를 들어, for(i <- 1 to 10)에서 제너레이터는 i <- 1 to 10이다. <-의 오른쪽에 있는 표현식을 제너레이터 표현식이라 한다.

- **제너레이터 표현식**generator expression: 제너레이터 표현식은 for 표현식에서 일련의 값을 만들어낸다. 예를 들어, for(i <- 1 to 10)에서 제너레이터 표현식은 1 to 10이다.

- **제네릭[1] 클래스**generic class: 타입 파라미터를 받는 클래스다. 예를 들어, 타입 파라미터를 받기 때문에 scala.List는 제네릭(타입 일반적) 클래스다.

- **제네릭 트레이트**generic trait: 타입 파라미터를 받는 트레이트다. 예를 들어, scala.collection.Set 트레이트는 타입 파라미터를 받기 때문에 제네릭 트레이트다.

---

1 자바 등에서 제네릭/제네릭스라는 말이 이미 널리 쓰이고 있기 때문에 번역에도 제네릭을 그대로 사용했다. 우리말로 바꾼다면 '타입 일반적', '타입 일반화한' 정도로 번역 가능할 듯하다. – 옮긴이

- **주 생성자**primary constructor: 어떤 클래스의 중심 생성자로 주 생성자만 슈퍼클래스의 생성자를 호출할 수 있다. 또한 주 생성자는 전달받은 인잣값을 사용해 필드를 초기화하고 클래스의 중괄호 사이에 있는 최상위 코드를 모두 실행한다. 이때 슈퍼클래스 생성자에 넘기는 값 파라미터를 제외한 나머지 필드만을 초기화하며, 클래스의 본문에서 사용하지 않는 필드는 제외한다. 따라서 이런 필드는 최적화 시 제거할 수 있다.

- **지역 변수**local variable: 지역 변수는 블록 안에 들어 있는 val이나 var 정의를 말한다. 지역 변수와 비슷하지만, 함수의 파라미터는 지역 변수라고 하지 않으며, 그냥 파라미터라고 말하거나 '지역'을 붙이지 않고 '변수'라고만 부른다.

- **지역 함수**local function: 지역 함수는 블록 안에 들어 있는 def 정의를 말한다. 반면, 클래스나 트레이트, 싱글톤 객체의 멤버인 def는 메서드라고 한다.

- **직렬화**serialization: 어떤 객체를 파일에 저장하거나 네트워크로 전송할 수 있도록 바이트 스트림으로 직렬화할 수 있다. 나중에 바이트 스트림을 역직렬화해서 원래의 객체와 같은 객체를 얻을 수 있다. 심지어 원래 객체가 있던 컴퓨터가 아닌 다른 컴퓨터에서도 역직렬화를 할 수 있다.

- **직접적 서브클래스**direct subclass: 어떤 클래스는 직접적 슈퍼클래스의 직접적 서브클래스다. 직접적 하위 클래스라고도 한다.

- **직접적 슈퍼클래스**direct superclass(직접적 상위 클래스): 클래스나 트레이트가 바로 이어받은 클래스로, 상속 계층구조에서 어떤 클래스의 바로 위에 오는 클래스를 말한다. Child의 extends 절에서 Parent라는 클래스를 언급한다면, Parent가 Child의 직접적 슈퍼클래스다. Child의 extends 절에서 Parent라는 트레이트를 언급한다면, Parent의 직접적 슈퍼클래스가 Child의 직접적 슈퍼클래스다. Child에 아무 extends 절이 없다면 AnyRef가 Child의 직접적 슈퍼클래스다. 어떤 클래스의 직접적 슈퍼클래스가 타입 파라미터를 취하는 경우, 예를 들어 Child가 Parent[String]을 확장한다고 하면 Child의 직접적 슈퍼클래스는 Parent이지 Parent[String]이 아니다. 반면, Parent[String]은 Child의 직접적 슈퍼타입supertype이다. '슈퍼타입'에서 클래스와 타입의 구분에 대한 설명을 찾아보라.

- **참조**reference: 참조는 자바에서 포인터pointer를 추상화한 것이다. 참조는 JVM 힙heap에 있는 객체를 유일하게 식별해준다. 참조 타입 변수는 객체에 대한 참조를 저장한다.

스칼라에서는 참조 타입(AnyRef의 인스턴스)을 JVM 힙에 있는 객체로 구현하기 때문이다. 반면 값 타입value type 변수도 때때로 참조를 저장할 수 있고(박스로 싼boxed 래퍼 타입wrapper type의 참조), 그렇지 않을 때도 있다(해당 객체를 원시 타입의 값으로 표현). 일반적으로 스칼라 변수는 객체를 나타낸다. 여기서 '나타낸다[2]/참조한다refer'라는 말은 '참조 값을 저장한다'는 말보다 더 추상적인 개념이다. 만약 어떤 변수의 타입이 scala.Int이고, 그 객체를 자바의 원시 int 값으로 표현하고 있다면, 해당 변수는 여전히 Int 객체를 나타내지만, 실제 이 변수는 어떤 참조와도 관련이 없다 .

- **참조 대상이 아닌**unreferenced: '도달할 수 없는'을 참고하라.

- **참조 동일성**reference equality: 참조 동일성은 두 참조가 같은 자바 객체를 가리킨다는 뜻이다. 참조 동일성은 참조 타입에만 해당하며 AnyRef의 eq 메서드로 검사할 수 있다 (자바 프로그램에서는 자바 참조 타입에 ==를 사용해 참조 동일성을 결정할 수 있다).

- **참조 타입**reference type: 참조 타입이란 AnyRef의 서브클래스인 타입을 말한다. 실행 시점에 참조 타입의 인스턴스는 언제나 JVM 힙에 존재한다.

- **참조 투명성**referential transparency: 어떤 함수가 시간에 따른 환경 변화temporal context와 무관하고, 부수 효과가 없을 때 이 함수를 참조 투명하다고 말한다. 참조 투명한 함수에 어떤 입력을 전달해 호출하는 것은 프로그램의 의미에 영향을 주지 않고, 해당 입력에 대한 그 함수의 결괏값으로 대치할 수 있다.

- **참조한다, 나타낸다**refer: 실행 중인 스칼라 프로그램의 변수는 항상 어떤 객체를 나타낸다. 심지어 해당 변수에 null을 할당했다고 해도 개념적으로 그 변수는 Null 객체를 나타낸다. 런타임에서는 객체를 자바 객체나 자바 원시 타입의 값으로 구현한다. 하지만 스칼라에서는 프로그래머가 코드의 실행을 상상할 때 더 높은 추상화 수준에서 생각하도록 한다. '참조'를 참고하라.

- **초기화**initialization: 스칼라 소스 코드에서는 어떤 변수를 정의하려면 그 변수를 객체로 초기화해야만 한다.

- **커링**currying: 여러 파라미터 목록을 받는 함수를 정의하는 방법이다. 예를 들어, def f(x: Int)(y: Int)는 파라미터 목록을 2개 받는 커링한 함수다. 커링한 함수는 f(3)

---

2 이 책의 본문 번역에는 '참조한다'라는 용어만 사용했다. - 옮긴이

(4)와 같이 여러 인자 목록을 넘겨서 호출한다. 하지만 f(3)처럼 커링한 함수를 부분 적용[3]partial application할 수도 있다.

- **클래스**class: class 키워드를 사용해 정의할 수 있으며, 추상abstract 클래스이거나 구체 concrete(구상이라고도 함) 클래스일 수 있다. 또한 인스턴스를 생성할 때 타입 파라미터와 값 파라미터를 받게 만들 수 있다. new Array[String](2)에서 인스턴스화하고 있는 클래스는 Array이며, 결괏값(인스턴스)의 타입은 Array[String]이다. 파라미터를 받는 클래스를 타입 생성자type constructor라 한다. 반대로 '어떤 타입의 클래스는 무엇이다'라고 말하기도 한다. 예를 들어, Array[String] 타입의 클래스는 Array다.

- **클로저**closure: 자유 변수free variable를 포획한capture 함수 객체를 말한다. 다른 말로, 함수 객체를 생성하는 시점에 스코프scope에서 볼 수 있었던 변수에 대해 '닫혀 있다closed'라고 설명하기도 한다.

- **타깃 타이핑**target typing: 타깃 타이핑은 예상 타입을 고려해넣는 형태의 타입 추론type inference이다. 예를 들어, nums.filter((x) => x > 0)이라는 표현식을 보고, 스칼라 컴파일러는 x의 타입이 nums의 원소 타입과 같다는 사실을 추론해낸다. 왜냐하면 filter 메서드는 인자로 받은 함수를 nums의 모든 원소에 호출할 것이기 때문이다.[4]

- **타입**type: 스칼라는 컴파일 시점에 프로그램의 모든 변수와 표현식에 타입을 부여한다. 타입은 어떤 변수가 의미할 수 있는 값의 범위를 제한하거나, 실행 시점에 표현식이 만들어낼 수 있는 값의 범위를 제한한다. 변수나 표현식의 타입을 해당 객체의 런타임에서의 타입과 구분하고 싶은 경우 정적 타입static type이라는 말로 표현한다. '타입'이라고만 하면 보통은 그냥 정적 타입을 의미한다. 타입과 클래스는 다르다. 클래스는 타입 파라미터를 받아서 여러 타입을 만들어낼 수 있기 때문이다. 예를 들어, List는 클래스이지만 타입은 아니다. List[T]는 자유 타입 파라미터가 있는 타입이다. List[Int]와 List[String]은 타입이다(이런 경우 자유 타입 파라미터가 없기 때문에, 그라운드 타입ground type이라고 부른다). 어떤 타입에 대한 '클래스'나 '트레이트'가

---

3 다만 스칼라에서는 부분 적용하려면 _을 사용해 f(3)_과 같이 해야만 한다. – 옮긴이

4 저자들은 이렇게 이야기하지만, 타입 추론기는 그냥 타입만을 보고 따질 뿐이다. 단지 nums가 List[T]이고, 모든 List[T]의 메서드 filter는 모든 S 타입에 대해 (T –⟩ S) –⟩ List[S]라는 타입이 돼야 한다는 사실로부터 nums의 T와 함수가 받을 T 가 같다는 사실을 추론해냈을 뿐이다. 인자로 받는 함숫값을 실제 filter 내부에서 호출하느냐 마느냐 여부는 중요하지 않다. – 옮긴이

있을 수 있다. 예를 들어 List[Int]의 클래스는 List이고, Set[String]의 트레이트는 Set이다.

- **타입 생성자**^{type constructor}: 타입 파라미터를 취하는 클래스나 트레이트를 말한다.

- **타입 시그니처**^{type signature}: 메서드의 타입 시그니처는 파라미터의 이름과 타입, 개수, 순서와 함께 메서드의 결과 타입으로 이뤄진다. 클래스(트레이트, 싱글톤 객체도 마찬가지)의 타입 시그니처는 그 클래스가 선언한 상속과 믹스인 관계와 각 멤버와 생성자의 타입 시그니처를 합한 것이다.

- **타입 제약**^{type constraint}: 몇몇 애노테이션은 타입 제약이다. 의미는 타입에 추가로 제한^{limit}이나 제약을 부여해서 해당 타입에 속한 값의 범위를 줄인다는 뜻이다. 예를 들어 @positive라는 타입 제약을 Int에 부여해서, 32비트 정수 중에 양수인 경우만을 의미할 수 있다. 표준 스칼라 컴파일러는 타입 제약을 검사하지 않는다. 따라서 별도의 도구를 사용하거나 컴파일러 플러그인을 사용해 처리해야 한다.

- **타입 파라미터**^{type parameter}: 제네릭 클래스나 메서드의 파라미터 중에서 반드시 타입으로 채워야만 하는 것을 의미한다. 예를 들어 List의 정의는 'class List[T] { ...'라고 시작하고, Predef 객체의 멤버인 identity 메서드 정의는 'def identity[T](x:T) = x'이다. 이 두 경우 모두 T가 타입 파라미터다.

- **템플릿**^{template}: 템플릿은 클래스, 트레이트, 또는 싱글톤 객체 정의의 본문이다. 템플릿은 타입 시그니처를 정의하고, 클래스나 트레이트 또는 객체의 동작과 초기 상태를 정의한다.

- **트레이트**^{trait}: trait 키워드로 정의하는 트레이트는 어떤 값 파라미터도 받지 않는 추상 클래스와 비슷하다. 트레이트는 믹스인 합성^{mixin composition}이라는 과정을 통해 다른 트레이트나 클래스에 '섞어 넣을^{mix in}' 수 있다(믹스인한다고 말하기도 한다). 어떤 트레이트가 다른 클래스나 트레이트에 섞여 들어간 경우 해당 트레이트를 믹스인^{mixin}이라 부른다. 트레이트를 하나 이상의 타입으로 파라미터화할 수 있다. 타입 파라미터를 이런 트레이트에 제공하면 타입을 만든다. 예를 들어 Set은 타입 파라미터를 하나만 받는 트레이트이고, Set[Int]는 타입이다. 이런 경우, Set이 Set[Int]의 트레이트라고 말한다.

- **파라미터**^{parameter}: 함수는 0개 또는 그 이상의 파라미터를 받을 수 있다. 각 파라미터

는 이름과 타입을 지정해야 한다. 인자[argument]는 함수를 호출할 때 실제 전달하는 객체를 의미하며, 파라미터는 이렇게 인자로 받은 객체를 함수 내부에서 표현할 때 쓰는 변수라는 점에서 그 둘은 서로 다르다.

- **파라미터 없는 함수**[parameterless function]: 파라미터를 받지 않는 함수로, 빈 괄호를 사용하지 않고 정의한다. 파라미터 없는 함수를 호출할 때는 괄호가 없어도 된다. 이를 통해 단일 접근 원칙[uniform access principle]을 지원한다. 단일 접근 원칙을 따르면 def를 val로 마음대로 변경해도 클라이언트 코드를 바꾸지 않아도 된다.

- **파라미터 필드**[parametric field]: 클래스의 파라미터로 정의한 필드를 말한다.

- **파라미터 없는 메서드**[parameterless method]: 파라미터 없는 메서드는 클래스, 트레이트, 싱글톤 객체의 멤버인 파라미터 없는 함수다.

- **패턴**[pattern]: match 식의 대안(케이스)에서, 패턴은 case 키워드 뒤에 오며, 패턴 가드나 => 기호 앞에 온다.

- **패턴 가드**[pattern guard]: match 식의 대안에서, 패턴 가드는 패턴 뒤에 온다. 예를 들어, 'case x if x % 2 == 0 => x + 1'에서 패턴 가드는 'if x % 2 == 0'이다. 해당 패턴과 매치할 수 있고, 패턴 가드가 참인 경우에만 패턴 가드가 있는 케이스를 선택한다.

- **표현식**[expression]: 결과를 내놓는 스칼라 코드 조각이다. '어떤 표현식을 계산[evaluate](평가)하면 결과가 무엇이다'라고 이야기하거나, '표현식이 무슨 무슨 값을 결과로 한다'라고 이야기한다.

- **프로시저**[procedure]: 프로시저는 결과 타입이 Unit인 함수다. 따라서 프로시저는 부수 효과를 위해서만 실행하는 함수다.

- **필터**[filter]: for 표현식에서 if 다음에 불리언 표현식이 있는 것을 말한다. for(i <- 1 to 10; if i % 2 == 0)에서 필터는 if i % 2 == 0이다. if의 오른쪽에 있는 값을 필터 표현식이라 한다.

- **필터 표현식**[filter expression]: 필터 표현식은 for 표현식에서 if 다음에 있는 불리언 표현식을 발한다. for(i <- 1 to 10; if i % 2 == 0)에서 필터 표현식은 i % 2 == 0이다.

- **할당**[assign](대입): 어떤 객체를 변수에 할당(대입)할 수 있다. 할당하고 나면 변수가 그 객체를 참조한다[refer].

- **함수**function: 함수에 인자 목록을 전달하면서 호출하면, 결과를 만들어낼 수 있다. 함수에는 파라미터 목록parameter list, 본문, 그리고 결과 타입result type이 있다. 클래스, 트레이트, 싱글톤 객체의 멤버인 함수를 메서드method라 부른다. 다른 함수의 내부에 정의한 함수를 지역 함수local function라 한다. 결과 타입이 Unit인 함수는 프로시저procedure라 한다. 소스 코드에 있는 익명 함수anonymous function를 함수 리터럴function literal이라 부른다. 함수 리터럴은 실행 시점run time에 함숫값이라 부르는 객체로 인스턴스화한다.

- **함수 리터럴**function literal: 스칼라 소스 코드에 있는 이름이 없는 함수를 말한다. 함수 리터럴 문법으로 정의한다. 예를 들면, (x: Int, y: Int) => x + y 등이 함수 리터럴이다.

- **함수형 스타일**functional style: 함수형 프로그래밍 스타일은 함수와 결과 계산evaluation을 강조하며, 연산이 일어나는 순서는 강조하지 않는다. 이 스타일은 함숫값을 루프 메서드(재귀 메서드)에 전달하는 것, 변경 불가능한 데이터immutable data, 부수 효과가 없는 메서드로 특징 지을 수 있다. 하스켈Haskell이나 얼랭Erlang 등의 언어에서 주요 패러다임paradigm이며, 명령형 스타일imperative style과는 대조적이다.

- **함숫값**function value: 일반적인 함수와 마찬가지로 호출 가능한 함수 객체를 의미한다. 함숫값의 클래스는 scala 패키지의 FunctionN 트레이트(Function0, Function1 등) 중 하나를 확장(상속)한다. 함숫값에 있는 apply() 메서드를 호출하는 것을 함숫값을 '호출invoke'한다고 말한다. 자유 변수free variable를 포획한 함숫값을 클로저closure라 한다.

- **합성 클래스**synthetic class: 합성 클래스는 프로그래머가 작성하지 않고 컴파일러가 자동으로 만들어낸 클래스다.

- **호출**invoke: 메서드, 함수, 클로저에 인자를 제공하면서 호출할 수 있다. 호출이란 이런 호출 가능한 객체의 본문을 구체적인 인자와 함께 실행한다는 뜻이다.

- **호출**apply(적용[5]): 메서드, 함수, 또는 클로저closure를 인자에 적용할 수 있다. 즉, 메서드 등에 인자를 제공해 호출한다는 뜻이다.

---

5   본문에서는 가능하면 호출이라는 단어로 통일했으며, 적용을 일부 사용했다. – 옮긴이

참고 문헌

- [Abe96] Abelson, Harold and Gerald Jay Sussman. *Structure and Interpretation of Computer Programs*. The MIT Press, second edition, 1996
  한국어판:『컴퓨터 프로그램의 구조와 해석』, 김재우, 안윤호, 김수정 역, 인사이트, 2008

- [Aho86] Aho, Alfred V., Ravi Sethi, and Jeffrey D. Ullman. *Compilers: Principles, Techniques, and Tools*. Addison-Wesley Longman Publishing Co., Inc., Boston, MA, USA, 1986. ISBN 0-201-10088-6
  한국어판:『컴파일러(원리, 기법, 도구)』, 유원희, 신승철, 우균 역, 피어슨 에듀케이션 코리아, 2009

- [Bay72] Bayer, Rudolf. "Symmetric binary B-Trees: Data structure and maintenance algorithms." *Acta Informatica*, 1(4):290-306, 1972

- [Blo08] Bloch, Joshua. *Effective Java Second Edition*. Addison-Wesley, 2008.
  한국어판:『이펙티브 자바』, 심재철 역, 대웅, 2009

- [DeR75] DeRemer, Frank and Hans Kron. "Programming-in-the large versus programming-in-the-small." *Proceedings of the international conference on Reliable software*, pages 114-121. ACM, New York, NY, USA, 1975. doi:http://doi.acm.org/10.1145/800027.808431(2014년 7월 확인)

- [Dij70] Dijkstra, Edsger W. "Notes on Structured Programming.", April 1970. 사적으로 돌았던 내용. http://www.cs.utexas.edu/users/EWD/ewd02xx/ EWD249.PDF(2014년 7월 확인)

- [Eck98] Eckel, Bruce. *Thinking in Java*. Prentice Hall, 1998
  한국어판: 『Thinking in Java 4/e』, 심재철, 최정국 역, 지앤선, 2007

- [Emi07] Emir, Burak, Martin Odersky, and John Williams. "Matching Objects With Patterns." *Proc. ECOOP*, Springer LNCS, pages 273-295. July 2007

- [Eva03] Evans, Eric. *Domain-Driven Design: Tackling Complexity in the Heart of Software*. Addison-Wesley Professional, 2003
  한국어판: 『도메인 주도 설계: 소프트웨어의 복잡성을 다루는 지혜』, 이대엽 역, 위키북스, 2011

- [Fow04] Fowler, Martin. "Inversion of Control Containers and the Dependency Injection pattern." January 2004. http://martinfowler.com/ articles/injection.html(2014년 7월 확인)

- [Gam95] Gamma, Erich, Richard Helm, Ralph Johnson, and John Vlissides. *Design Patterns: Elements of Reusable Object-Oriented Software*. Addison-Wesley, 1995
  한국어판: 『GoF의 디자인 패턴』, 김정애 역, 피어슨 에듀케이션 코리아, 2007

- [Goe06] Goetz, Brian, Tim Peierls, Joshua Bloch, Joseph Bowbeer, David Homes, and Doug Lea. *Java Concurrency in Practice*. Addison Wesley, 2006

- [Jav] *The Java Tutorials: Creating a GUI with JFC/Swing*. http://docs.oracle.com/ javase/tutorial/uiswing/(2014년 7월 확인)

- [Kay96] Kay, Alan C. "The Early History of Smalltalk." *History of programming languages—II*, pages 511-598. ACM, New York, NY, USA, 1996. ISBN 0-201-89502-1. doi:http://doi.acm.org/10.1145/234286.1057828

- [Kay03] Kay, Alan C. Stefan Ram에게 '객체지향 프로그래밍object-oriented programming' 의 의미에 대해 보낸 전자우편, July 2003. http://userpage.fu-berlin.de/~ram/ pub/pub_jf47ht81Ht/doc_kay_oop_en(2014년 7월 확인)

- [Lan66] Landin, Peter J. "The Next 700 Programming Languages." *Communications of the ACM*, 9(3):157-166, 1966

- [Mey91] Meyers, Scott. *Effective C++*. Addison-Wesley, 1991
  한국어판: 『이펙티브 C++(3판)』, 피어슨 에듀케이션 코리아, 2006

- [Mey00] Meyer, Bertrand. *Object-Oriented Software Construction*. Prentice Hall, 2000

- [Mor68] Morrison, Donald R. "PATRICIA—Practical Algorithm To Retrieve Information Coded in Alphanumeric." *J. ACM*, 15(4):514-534, 1968. ISSN 0004-5411. doi:http://doi.acm.org/10.1145/321479.321481

- [Ode03] Odersky, Martin, Vincent Cremet, Christine Röckl, and Matthias Zenger. "A Nominal Theory of Objects with Dependent Types." *Proc. ECOOP'03*, Springer LNCS, pages 201-225. July 2003

- [Ode05] Odersky, Martin and Matthias Zenger. "Scalable Component Abstractions.", *Proceedings of OOPSLA*, pages 41-58. October 2005

- [Ode11] Odersky, Martin. *The Scala Language Specification, Version 2.9*. EPFL, May 2011. http://www.scala-lang.org/docu/manuals.html(2.12 버전 명세 있음)

- [Ray99] Raymond, Eric. *The Cathedral & the Bazaar: Musings on Linux and Open Source by an Accidental Revolutionary*. O'Reilly, 1999
  한국어판: https://wiki.kldp.org/wiki.php/DocbookSgml/Cathedral-Bazaar-TRANS(2014년 7월 확인)

- [Rum04] Rumbaugh, James, Ivar Jacobson, and Grady Booch. *The Unified Modeling Language Reference Manual (2nd Edition)*. Addison-Wesley, 2004

- [SPJ02] Simon Peyton Jones, et.al. "Haskell 98 Language and Libraries, Revised Report." Technical report, http://www.haskell.org/onlinereport, 2002

- [Ste99] Steele, Jr., Guy L. "Growing a Language." *Higher-Order and Symbolic Computation*, 12:221-223, 1999. Transcript of a talk given at OOPSLA 1998

- [Ste15] Steindorfer, Michael J and Jurgen J Vinju. "Optimizing hash-array mapped tries for fast and lean immutable JVM collections." In *ACM SIGPLAN Notices*, volume 50, pages 783–800. ACM, 2015

- [Vaz07] Vaziri, Mandana, Frank Tip, Stephen Fink, and Julian Dolby. "Declarative Object Identity Using Relation Types." *Proc. ECOOP 2007*, pages 54–78. 2007

| 찾아보기 |

Programming in Scala 4/e

창시자가 직접 집필한 **스칼라 언어의 바이블**

발 행 | 2021년 1월 15일

지은이 | 마틴 오더스키·렉스 스푼·빌 베너스
옮긴이 | 오 현 석·반 영 록·이 동 욱

펴낸이 | 권 성 준
편집장 | 황 영 주
편 집 | 이 지 은
디자인 | 윤 서 빈

에이콘출판주식회사
서울특별시 양천구 국회대로 287 (목동)
전화 02-2653-7600, 팩스 02-2653-0433
www.acornpub.co.kr / editor@acornpub.co.kr